U0445466

中国近代社会史研究集刊（第八辑）
中国社会科学院近代史研究所社会史研究中心 主办

华北城乡与近代区域社会

肖红松 唐仕春 主编

中国社会科学出版社

图书在版编目（CIP）数据

华北城乡与近代区域社会/肖红松，唐仕春主编．—北京：中国社会科学出版社，2019.1

ISBN 978-7-5004-9593-2

Ⅰ.①华… Ⅱ.①肖…②唐… Ⅲ.①文化史—华北地区—近代—文集 Ⅳ.①K292-53

中国版本图书馆CIP数据核字（2018）第260643号

出 版 人	赵剑英
责任编辑	吴丽平
责任校对	李　莉
责任印制	李寡寡
出　　版	中国社会科学出版社
社　　址	北京鼓楼西大街甲158号
邮　　编	100720
网　　址	http://www.csspw.cn
发 行 部	010-84083685
门 市 部	010-84029450
经　　销	新华书店及其他书店
印刷装订	北京君升印刷有限公司
版　　次	2019年1月第1版
印　　次	2019年1月第1次印刷
开　　本	710×1000　1/16
印　　张	30.5
字　　数	470千字
定　　价	98.00元

凡购买中国社会科学出版社图书，如有质量问题请与本社营销中心联系调换
电话：010-84083683
版权所有　侵权必究

编辑委员会

主　　任：夏春涛
委　　员：李长莉　赵晓阳　唐仕春
　　　　　吕文浩　李俊领　王　康
执行编辑：唐仕春

目 录

序 …………………………………………………………………………（1）

区域社会史理论反思

社会经济史研究方法理论的反思：从现代化到区域研究 …… 刘石吉（3）
寻找中国社会生活史之途：以燕大社会调查为例 ………… 赵晓阳（10）
聚焦山西：中国宗族史研究的新区域 …………… 张俊峰 李佩俊（25）

京津冀区域社会

京津冀区域：近代社会文化生态考察 ………………………… 李长莉（37）
悔携破砚上长安：清末京官王庆云的"北漂"生活
　　——以《荆花馆日记》为核心的研究 ………………… 李学通（50）
北洋政府时期海河河道管理权争夺案研究 …………………… 徐建平（68）
1928—1937年北平市社会局与慈善事业：
　　以香山慈幼院和龙泉孤儿院为中心 ………… ［日］大江平和（77）
共赴国难：卢沟桥事变后平津地区的慈善救助
　　——以世界红卍字会为例 …………………………… 曾桂林（96）
沦陷时期天津烟毒问题探析 …………………… 肖红松 吕天石（112）

区域经济与社会生活

仓储与漕务：道咸之际漕粮海运的展开 ……………………… 周　健（133）
释"高利贷"：基于中国近代乡村之考察 ……………………… 李金铮（174）
论近代山西茶商在鄂南的活动模式及其影响 ………………… 李灵玢（197）

"讨价还价"：天津的同业公会与
  日用商品之价格管制（1946—1949）………………… 魏文享（215）
民国时期豫西的械斗、打蝥与蹚将 ……………… 刘振华　刘　平（239）
集团生活与新礼俗
  ——卢作孚与梁漱溟乡村基层自治模式之辨 ………… 杨彦哲（257）
从冷清到热烈
  ——从华北根据地公历新年的变化看中共的
  社会动员 …………………………………………… 韩晓莉（281）

文化与教育

维新运动时期《国闻报》《直报》关于科举
  改革的报道 …………………………………… 八百谷晃义（297）
清末直隶的庙产兴学运动 ………………………………… 许效正（313）
晚清教育转型与传统士子的调适及应对 ………………… 霍红伟（330）
有关东京同文书院 ………………………… ［日］马场毅　李昱中　译（346）
日系在华中文报纸《顺天时报》的
  论说撰稿人浅析 ………………… ［日］青山治世　殷　晴　译（365）
地方文化与传教运动：圣公会在山东历史探析 ………… 胡卫清（383）

性别与生活

中国"性伦文化"研究述评 ……………………………… 梁景和（409）
从事实别居到法律别居：清朝到民国
  时期夫妻别居的权利和义务
  ——以近代北京地区案例为视角 ……………………… 李红英（425）
战争、国家与性别：抗战时期的妇女节纪念 …………… 任祖凤（442）

会议综述

"华北城乡与近代区域社会"暨第六届中国近代
  社会史国际学术研讨会综述 ………………… 肖红松　杨　豪（461）

序

2015年9月19—20日，在华北古城保定召开了以"华北城乡与近代区域社会"为主题的第六届中国近代社会史国际学术研讨会。这次会议由中国社会科学院近代史研究所社会史研究中心与河北大学历史学院共同主办，来自中国大陆和台湾各高校和科研单位，以及日本、澳大利亚等国家的近百位学者参加会议，这是中国近代社会史学界的又一次盛会。

"中国近代社会史国际学术研讨会"是每隔两年举办一次、延续多年的系列会议，自2005年首次举办，至今已举办了六届，走过了整整十年。历次会议主题如下：

第一届——2005年青岛会议，主题：近代中国的城市·乡村·民间文化；

第二届——2007年乌鲁木齐会议，主题：晚清以降的经济与社会；

第三届——2009年贵阳会议，主题：近代中国社会控制与社会流动；

第四届——2011年苏州会议，主题：近代中国的社会保障与区域社会；

第五届——2013年襄阳会议，主题：社会文化与近代中国社会转型；

第六届——2015年保定会议，主题：华北城乡与近代区域社会。

由上可见，历次会议主题各有侧重，涉及中国近代社会史诸多重要研究领域，反映了业内学者探索问题的多样与深化。每次会后，我们都选取一些主题比较集中的论文结集成册，编为"中国近代社会史研究集刊"，迄今已经出版了七辑，记录了历次会议上研究者们探索的足迹。

这次保定会议提交论文70余篇，以大会和专题小组的形式进行了两天的交流与研讨。论文讨论的关键词一是"华北"，二是"区域"，这也是本次会议的主题。对于"华北"区域的界定，目前还有一些不同说法，我们采用的是一般所认同的河北、河南、山东、山西、内蒙古5个省级行政区及北京、天津两个直辖市涵盖的地域。相较于以往历次会议的全国性宏观主题，本次会议首次收缩、集中到区域，且是以华北为中心的地方性区域。这一主题的选定，固然有河北大学研究重心的吸附力效应，也是本系列会议重心由宏观而分散趋向地方且集中的标志，同时体现了近年来中国近代社会史研究区域化这样一个重要学术趋向。

本次会议论文论述的内容形式多样，有的偏重理论探讨，有的侧重实证研究；有的致力于区域整体性观察，有的集中在省域乃至村落、人物的个案深入解析，可谓丰富多彩，是华北区域研究最新成果的一次集中展示。我们依会议惯例，组成编委会选取一些论文，并征得作者同意，汇编成这册"中国近代社会史研究集刊第八辑"，题名与会议主题名一致，即《华北城乡与近代区域社会》。限于出版经费和篇幅，我们从参会论文中选取了25篇讨论比较集中的论文编入，并按内容归纳为"区域社会史理论反思""京津冀区域社会""区域经济与社会生活""文化与教育""性别与生活"五个专题，具体内容读者自可翻阅书内各篇，在此不再重复。至于会议其他论文的内容，读者可在本书最后的会议综述中作进一步了解。

本书收入的这些论文，从不同侧面对近代华北及区域史相关问题作了比较深入的探讨，对这些领域的研究都有所推进。其中一个突出亮点，是提出了一个新的研究领域——京津冀区域社会史。在此次会议一年前的2014年，国家刚刚制定了"京津冀协同发展"的重大发展战略，"京津冀区域"成为国家深化改革新布局的一个创新发展新"特区"，必将以"首都圈"城市群的优势，成为我国发展升级的又一战略高地。要实现这一发展战略，需要集中区域的全部力量，发掘各种资源，协同组合，集中发力。

京津冀地区自元明以来一直是我国历史文化的中心区域，具有十分丰厚的历史文化资源。特别是近代以来，京津冀是中国政治、文化变动及社会转型的核心区域，由此形成了区域内中心城市及城乡关系的特殊格局及区域特性。这些历史积淀构成了今天区域关系的基础，因此从京津冀区域作为一个整体的角度，探索近代以来区域内的历史变迁，各城市之间、城乡之间的结构关系，为今天的区域发展战略提供历史资源与借鉴，是我们历史学者应当承担起的时代责任。缘于此，这次会议提出了"京津冀区域社会史"的学术概念，试图将原来已有的三地各自相对独立和分散性的研究引向整合，建立起"京津冀区域"这样一个新的研究视角。当然，提出这一新理路只是开始，还需要更多的研究者沿着这一新路进一步扩展、深入开掘，只要假以时日，持续努力，就会使这一新领域结出更多的研究成果，为"京津冀协同发展"这一国家发展战略做出史学界的贡献。这本论集记录了迈出的第一步，我们也由此期盼着以后会有更多的学术投入及研究成果，开创出一个生机勃发、硕果累累的新领域。

"京津冀区域"对我本人而言，还有一份浓浓的乡情。我出生在河北，成长于天津，工作在北京。过去别人问我是哪里人，往往三地难以说清，如今我则可以大声告知："我是京津冀人！"京津冀已经成了一个区域整体，成为我的共同家乡，我愿意为家乡的建设发展做出一份贡献！

最后要感谢本论集的各位作者，将他们的研究成果提供给这个平台，使同好读者得以借此分享他们的研究心得。感谢河北大学历史学院肖红松教授和中国社会科学院近代史研究所唐仕春副研究员花费心血编辑了这本论集，为这次会议留下了共同探索的印记，也为中国近代社会史学术园地奉献上一朵新花。

期待中国近代社会史学术研究在业内同人的不懈探索和共同努力下，不断前行，步步登高，为史学园地和社会发展奉献更多、更好的研究成果！

李长莉

2018 年 2 月 4 日　立春于北京

区域社会史理论反思

社会经济史研究方法理论的反思：从现代化到区域研究

刘石吉

（台北"中研院"人文社科中心暨近代史研究所）

一 前言：回首江南路

感谢受邀参加近代社会史研讨会。此次会议主题为"华北城乡与近代区域社会"，华北研究非我专长，我倒是对江南社会经济史有所涉猎，于近代区域研究（地域社会）方法理论略有心得体会。现在仅能就"社会经济史研究方法理论的反思：从现代化到区域研究"题纲扼要说明。关于个人多年来对江南区域研究的心得感想，已另文另处发表（以《回首江南路》为题）[1]，这里不再赘述。

1978年我首度在台湾发表5篇江南市镇的相关研究（刊于当年的《食货》月刊及《思与言》学刊）。1982—1984年在哈佛大学访学时，拜识韦庆远、叶显恩教授，经由他们推荐，以上各文辑为专著《明清时代江南市镇研究》，1987年中国社会科学出版社印行（定价人民币1.1元的小书）。与此题较相关的，另有一文《小城镇大问题：江南市镇研究的回顾与展望》，发表于华中师范大学主编的《近代史学刊》第2辑，2005年。以上这些旧作或可提供今天在座的年轻朋友们参考[2]。

---

[1] 收入邹振环、黄敬斌主编《变化中的明清江南社会与文化》，复旦大学出版社2016年版。

[2] 另以英文综论，参见：Liu, Shih-chi, "Some Reflections on Urbanization and the Historical Development of Market Towns in the Lower Yangtze Region, ca. 1500-1900," *The American Asian Review*, Vol. 2, No. 1 (Spring, 1984), pp. 1-27。

二 西方冲击与中国反应：现代化理论的批判

我研究江南市镇其实有点"无心插柳"，虽早植根苗，但迄未成荫。想研究社会经济史倒是很早就决定的。1970年我从台湾大学本科毕业继续读研究生，那时历史学界普遍以革命史、政治史的研究为主干，海峡两岸历史学研究的主流可说异曲而同工，而国外正流行哈佛学派的理论"西方冲击—中国反应"（Western Impact vs. China's Response）模式，也就是现代化史观。两边注重的都是帝国主义侵略中国（清朝），中国怎么做反应；一方面是内忧外患，另一方面救亡图存的过程。一部中国近代史就是一部国民革命的奋斗历史，（大陆）这边就是反帝、反封建的历史。

回忆1970年在台湾大学历史研究所选修郝延平先生的"近代化与中国近代史专题"。当时"现代化"或"近代化"（Modernization）理论，在70年代的美国算是比较末流了，可是在台湾却方兴未艾。社会学家金耀基写过《从传统到现代》《现代人的梦魇》这一类书，当年台湾的大学生几乎人手一册，在那个时代非常时髦。大陆学术界这些年一直介绍西方现代化理论，事实上西方社会科学领域中已经不讲这一套了。当年我在郝先生的课上看了很多现代化理论的书，如：C. E. Black, *The Dynamics of Modernization*（《现代化的动力》）、Maron Levy, *Modernization and The Structure of Societies*（《现代化与社会结构》）、S. N. Eisenstadt, *Modernization: Protest and Change*（《现代化：对抗与变革》），而以 *A History of Modern World*（《近代世界历史》）之类的巨著，作为近代史实的比较参照读本。

现代化理论的背景缘起，简单说这个理论其实是为帝国主义做辩护的。因为16世纪以来西方文明超越了亚非国家。欧洲对外扩张，他们自认为打开中国门户，是为了使东亚地区变成"现代化国家"，西方人自以为怀抱着"文明使命"和"白种人的负担"。后来柯文（Paul Cohen）写了《在中国发现历史》，检讨了以哈佛学派为中心的这种理论。当时哈佛的费正清（John K. Fairbank）与赖世和（Edwin O. Reischauer）写的《东亚：传统与变革》是美国各大学中国近代史的主要教材，套用汤恩比（Arnold J. Toynbee）的模式就是"挑战—反应"的过程。也就是说西方挟着优势的现代化文明到东方来，是为了要使东亚、南亚这些"异教徒"

地区变成"现代化国家"。这样一套理论持续了很久，所以对中国近代历史的早期研究几乎都集中在中外关系史。

与现代化理论密切相关的是经济发展的"阶段论"，阶段论也就是如何从传统社会到近代社会、农业社会到工商社会的转变过程。经济学家罗斯托（W. W. Rostow）1960年出版《经济成长的阶段》（*The Stages of Economic Growth*）一书，认为经济发展是有阶段性的，每一个国家要具备某些"先决条件"（preconditions）才可能像飞机一样"起飞"（take-off）。最早"起飞"的是英国，后来是西欧国家、美国、日本，很多国家到了20世纪初才"起飞"，这就是阶段论。哈佛著名的经济史家乔欣克隆（Alexander Gerschenkron）在1962年也出版了《经济落后的历史透视》（*Economic Backwardness in Historical Perspective*），这本书前几年翻译成中文在国内出版。他批判这种阶段论，以为后进国家经济发展不一定需要具备各个阶段条件才能起飞，才能在结构上起变化；个别国家在工业化过程中，引导部门（leading sector）是不一样的：英国可能是私人资本家；在德国就是中央银行扮演重要的角色；日本以及清时代的中国，政府的角色非常重要。明治维新时代的日本，政府角色是较为成功的，可是清朝就比较失败和迟缓，所以发展中国家自有其"落后的优势"，其经济发展不见得要完全具备先进国家经历的那几个阶段。

三 社会经济史理论方法与相关研究的简要评述

20世纪60—70年代，国际学界研究社会经济史，基本上是用量化的方法，就是很强调新经济史，新社会史也是其中的一部分。计量史学派就是Cliometric School，Clio是希腊神话中管历史的女神，metrics就是数量的方法，这个字翻译成"计量历史学"。1978年美国《经济史学报》（*Journal of Economic History*）集中检讨近半个世纪以来经济史研究的三大学派。首先提到的就是用数量方法来研究经济史的Cliometric School，其次是马克思学派（Marxist School）、年鉴学派（Annales School）。所以研究计量经济史、新经济史，似乎是经济学家的专长。典型的例子是罗伯特·福格尔（Robert Fogel），以精密的计量方法与回归分析，专门研究19世纪美国铁路与经济成长。另外一个是有名的制度学派的道格拉斯·诺斯（Douglass North），这两位学者后来同时得到诺贝尔经济奖（1993年），这是该奖首次颁发给研究经济史的学者，可见当时数量方法非常盛行。这是那个时代社会经济史研究的显学。

关于20世纪美国新经济史（亦即计量历史学派）的成果与展望，台湾刘翠溶教授已在1975年《美国研究》（"中央研究院"欧美所出版）中，有较详尽的介绍可参考。中国历史上，20世纪以前可资量化的资料十分欠缺（地方志资料在这方面普遍贫乏），数据较不可靠。明清经济史的英文论著方面，自从何炳棣、萧公权、柏金斯（Dwight Perkins）的宏观巨著以降，各种专题著作颇富新意，成果丰硕，但主要仍以社会经济史（Socioeconomic History）为主，从史料中爬梳考证为论述基础。国人全汉升、王业键、郝延平、刘翠溶、侯继明、张仲礼、赵冈教授都卓有成就，成一家言。而19世纪中叶以后，最完整的统计资料是各港口的海关报告，这批海关资料无疑是近代外贸最为重要的史料宝库。清代经济史料的量化分析，最有成就并取得丰硕成果的是王业键教授过去三十年来所致力整理分析的清代宫中档粮价资料，其次是刘翠溶、李中清（James Lee）教授利用族谱资料所做的人口史研究。20世纪较有系统的经济史料之调查搜集，以卜凯（John L. Buck）为主的金陵大学农学院在全国各地所做的农家经济、土地利用的调查资料，以陶孟和、陈达、陈翰笙、巫宝三、汤象龙为首的中研院社会科学所，以及日本南满铁道株式会社的中国农村旧惯调查（包括日据时期的台湾），是其中最具代表者。

1970年我开始在台大读中国近代史专业的研究生时，就考虑到应该另辟蹊径，也在许倬云、郝延平、王业键教授（三位均先后被选为"中研院"院士）的熏陶影响下，较多关注社会经济史的理论方法及中英日文的新作。当时正值青春岁月，怀着浓重的知识饥渴，在此新领域中趣味横生，探求寻索，着实下了一番功夫。但台湾当时却找不到很好的参考作品，而这方面研究最具成果的两个重镇，一是中国大陆以马列为主的政治经济学来解释中国社会经济史，特别集中在资本主义萌芽问题的讨论。大陆学界受马克思主义影响，长久以来，社会经济史的研究为其重点。在20世纪50—60年代以来探讨中国资本主义萌芽问题时，也整理出版不少社会经济史料丛书，如近代农业、手工业、工业史、矿业史、海关史、钱庄史、各类银行史、物价史、水利史、航运史、外贸史、外债史、赋税史、盐茶业史、侨汇史、铁路史,以及各地碑刻史料、契约文书等数据。前辈学者梁方仲、傅衣凌、彭雨新、彭泽益、吴承明、李文治、严中平、方行、章有义、孙毓棠、巫宝三、汤象龙、何廉、方显廷、张仲礼、宓汝成、聂宝璋、张国辉、汪敬虞、洪焕椿、伍丹戈、韦庆远等,均做了开创性贡献。而吴承明教授关于中国资本主义发展史与明清至近代国内市场的研究,以及经济史研究方法论的阐述,颇多创意,在理论上已大大超越了传统马克思主义的范畴。另外是日本学者的相关研究,例如:加藤繁、旗田巍、天野元之助、宫崎市定、周藤吉之、藤井宏、寺田隆信、西嶋定生、村松佑次、重田德、小山正明、田中正俊、佐伯富、斯波义信等的作品。美国也有三部综合论述明清及近代社会经济史的划时代著作:何炳棣《明初以降人口及其相关问题,1368—1953》,柏金斯《中国农业发展,1368—1968》,萧公权《十九世纪的中国乡村》。而费慰恺(Albert Feuerwerker)、施坚雅(G. W. Skinner)、马若孟(Ramon Myers)、罗友枝(Evelyn Rawski)、张仲礼、侯继明、郝延平、王业键等经济史家的著作也在当时出版。

四　新左派(新马克思学派)与区域研究的兴起

到了20世纪60年代末期,随着美国越南战争的失败,社会科学界"新左派"兴起,周锡瑞(Joseph Esherick)、裴宜理(Elizabeth Perry)、黄宗智(Philip Huang)、李中清(James Lee)、王国斌(R. Bin Wong)、彭慕兰(Kenneth Pomeranz)等都是在"新左派"影响下对中国历史重新提出解释。"新左派"在西方史学界影响更早更大,其主要论著集中发表在《过去与现在》(*Past and Present*)、《新左派评论》(*New Left Review*)学刊中。最著名的是霍布斯鲍姆(Eric J. Hobsbawm),他是英国杰出的新马克思主义学者。此外还有汤普森(E. P. Thompson)的《英国工人阶级的形成》(1968),这本书在当时非常通行和畅销。周锡瑞当年主编一个刊物叫《关心亚洲学人论集》(*Bulletin of Concerned Asian Scholars*,后改名 *Critical Asian Studies*),其中有一专文《哈佛论中国——为帝国主义做辩护》,可说检讨了以哈佛学派费正清为主的这种"挑战—反应"模式。到了70—80年代以后,西方学者就比较专注于研究中国社会内部的变化,主要探讨没有西方影响下的中国历史、中国社会到底是怎么回事——所谓中国的"传统内变迁"(change within tradition)。这几十年来研究焦点集中在中华帝国晚期（Late Imperial China），也就是近世史的明清时期。晚近有关中国历史，特别是明清历史的英文书名大概都会加一个"中华帝国晚期"，这可以说是美国学术界对中国历史研究的一个再检讨与新诠释。

"新左派"主要强调区域发展及地域社会的特征及歧异性。这种区域研究主要是第二次世界大战之后，美国在冷战时代深感对第三世界的了解不足，区域研究（Area Studies, Regional Studies）应运而兴，各大学及研究机构普遍设立区域研究中心。这对区域经济史与地域社会研究产生很大影响。经济史研究由以 W. W. Rostow 为代表的阶段论逐渐走向区域研究，如 developed、developing、underdeveloped area（已开发、开发中、低开发地区）等别类，或如华勒斯坦（Immanuel Wallerstein）所谓的"世界体系"(World-system) 中的 core、periphery、semi-periphery（核心、边陲、半边陲）的分类法，以及所谓的"依赖理论"(dependency theory——Andre G. Frank)；或取法于社会人类学有关乡村及城市的小小区（little community）研究法（如芝加哥学派 Robert Redfield、Robert Park、Louis Wirth 等学者）。近年来日本学界森正夫、滨岛敦俊、岸本美绪、山田贤、山本英史、上田信、片山刚、松田吉郎、三木聪等人强调近世中国的"地域社会"理论等。中国新一代学者为主的"华南区域研究"学派，如 David Faure（科大卫）、Helen Siu（萧凤霞）、陈春声、刘志伟、郑振满等，以及为数众多的江南、华中、华北研究及闽台区域研究学者，兹不列举。区域经济史及地域社会文化史，以至庶民社会及大众文化（popular culture）的研究蔚为热潮，逐渐成为当前主要关注的课题。

有关近代华北区域社会经济史研究的国外学者重要论著，例如：马若孟（Ramon Myers）[①]、裴宜理（Elizabeth Perry）[②]、黄宗智（Philip

---

[①] Myers, Ramon H. *The Chinese Peasant Economy: Agricultural Development in Hopei and Shantung 1890–1949*. Cambridge: Harvard University Press, 1970.

[②] Perry, Elizabeth. *Rebels and Revolutionaries in North China, 1845–1945*. Stanford, Calif.: Stanford University Press, 1980.

Huang)①、杜赞奇（Prasenjit Duara）②、周锡瑞（Joseph Esherick）③、贺萧（Gail Hershatter）④、彭慕兰（Kenneth Pomeranz）⑤、顾琳（Linda Grove）⑥、韩书瑞（Susan Naquin）⑦、David Buck⑧、David Strand⑨、Ruth Rogaski⑩、关文斌⑪、董玥⑫、李怀印⑬等。日本学者旗田巍、山根幸夫、寺田隆信、内山雅生、足立启二、吉泽诚一郎等。台湾学者张玉法、林明德、何汉威、吴蕙芳、邱仲麟、刘素芬等。国内学者的相关论著，近年成果非常丰硕，此处不再一一列举。⑭

---

① Huang, Philip C. *The Peasant Economy and Social Change in North China*. Stanford, Calif.：Stanford University Press, 1985.

② Duara, Prasenjit. *Culture, Power, and the State：Rural North China, 1900 – 1942*. Stanford, Calif. ：Stanford University Press, 1988.

③ Esherick, Joseph. *The Origins of the Boxer Uprising*. Berkeley：University of California Press, 1987.

④ Hershatter, Gail. *The Workers of Tianjin, 1900 – 1949*. Stanford, Calif. ：Stanford University Press, 1986.

⑤ Pomeranz, Kenneth. *The Making of a Hinterland：State, Society, and Economy in Inland North China, 1853 – 1937*. Berkeley：University of California Press, 1993.

⑥ Grove, Linda, *A Chinese Economic Revolution：Rural Entrepreneurship in the Twentieth Century*. Lanham, Md. ：Rowman & Littlefield, 2006.

⑦ Naquin, Susan. *Shantung Rebellion：The Wang Lun Uprising of 1774*. New Haven：Yale University Press, 1981；Naquin, Susan. *Peking ：Temples and City Life, 1400 – 1900*. Berkeley：University of California Press, 2000.

⑧ Buck, David D. *Urban Change in China：Politics and Development in Tsinan, Shantung, 1890 – 1949*. Madison：University of Wisconsin Press, 1978.

⑨ Strand, David. *Rickshaw Beijing：City People and Politics in the 1920s*. Berkeley：University of California Press, 1989.

⑩ Rogaski, Ruth. *Hygienic Modernity：Meanings of Health and Disease in Treaty-port China*. Berkeley：University of California Press, 2004.

⑪ Kwan, Man Bun. *The Salt Merchants of Tianjin：State-Making and Civil Society in Late Imperial China*. Honolulu：University of Hawai'i Press, 2001.

⑫ Dong, Madeleine Yue. *Republican Beijing：The City and its Histories*. Berkeley：University of California Press, 2003.

⑬ Li, Huaiyin. *Village Governance in North China：1875 – 1936*. Stanford, California：Stanford University Press, 2005.

⑭ 参见张丹、仝群旺辑《1950年以来华北区域社会史研究论著索引》（此文收入江沛、王先明主编《近代华北区域社会研究》一书，天津古籍出版社2005年版，第407—460页）。

寻找中国社会生活史之途：
以燕大社会调查为例

赵晓阳

（中国社会科学院近代史研究所）

1912年，在英国留学的陶孟和与同学梁宇皋想要给外国人编纂一部论述中国社会生活的书籍。他们最初以为，在中国社会生长的人，每天所经历的日常生活都是中国社会所发生的事情，将其写出来应该不太困难。但在写作的时候他们才发现，个人的经验很有限，个人所知的不过是社会生活中很小的一部分，而历史上中国人的日常生活记录却是少之又少。传统古籍更多记录的是所崇拜的大人物、大思想，涉及平常百姓的生活，往往沿用的都是一些"空泛且捉摸不定的套话"，没有记载老百姓的日常生活到底是怎样的。中国的历史没有一部是描写人民的历史，中国人是"哑国民"。

陶孟和自此发了一个宏愿，要把中国社会的各个方面调查一番。一方面可以了解中国社会的长处，将对人民生活有益之处保存下来；另一方面总结出社会的"不良之处"，再探讨改进社会的方法。因为"有了真的了解就得到真的解决。……我们也必先求了解中国问题各种的情形，然后才有配提议解决方案的资格，然后才有支配那问题的能力"。[①]

中国社会生活史有系统、有意识的记录，与社会学在中国的创建和发展有密切的关系，社会学在中国的创建又与现代意义上的社会调查在中国的兴起是如影随形、紧密相连的。所谓现代意义上的社会调查，是

---

① 陶孟和：《怎样解决中国的问题》，《孟和文存》卷一，上海亚东图书馆1925年版，第49页。

人们为了一定的社会服务或学术研究的目的，针对某种社会事实和现象，或某个区域的社会概况，有意识地运用询问、实地观察或征集问卷等方法，从事资料信息的收集和整理工作，以求了解事物实情的一种感性认识活动，或以此为依据做进一步理性分析的认识活动。这种带有极强烈科学含义和实用针对性的社会调查在中国的出现与社会学在中国的兴起是紧密相关的。

社会调查最早出现于19世纪的欧洲。据社会学先驱吴文藻先生的研究，"社会调查本源可以溯到法国黎伯勒（Frederic le Play）在当时实地考察工人生活所作的许多家庭账簿研究"。[①] 1837年法国实证哲学家孔德正式提出了"社会学"的概念。19世纪末20世纪初，社会学作为一门独立学科逐渐建立。几乎在同一时期，随着近代社会的"西学东渐"的社会大浪潮，社会学传入中国。

晚清维新派在万木草堂和时务学堂的教学大纲中，均设有"群学"（当时将社会学译为"群学"）课程。据孙本文先生考证，最先采用"社会学"一词者"当推谭嗣同的《仁学》"[②]。1902年，章太炎翻译的日本岸本能武太的《社会学》出版，这是国内最早的译作。1903年，严复翻译的斯宾塞的《群学肄言》出版，"可算是西洋社会学输入中国的起点"。[③] 严复对社会学的功能和重要性非常推崇，认为"学问之事，以群学为要归，惟群学明而后知治乱盛衰之故，而能有修齐治平之功"。[④] 据冯友兰先生的研究，严复最早向中国人介绍社会调查的科学方法，"为中国社会学从历史社会学走向二三十年代的实证社会学创造了条件，开辟了道路"。[⑤]

随着人类学、社会学和民族学的发展，社会调查逐渐普及，并被西方社会接受为一种了解社会、研究社会的有效科学方法。近代中国社会

[①] 吴文藻：《西方社区研究的近今趋势》（1935年撰写），《吴文藻人类学社会学研究文集》，民族出版社1990年版，第151页。

[②] 孙本文：《当代中国社会学》，胜利出版公司1948年版，第5页。

[③] 许仕廉：《中国社会学运动的目标经过和范围》，《社会学刊》第2卷第2期，1931年3月，第4页。

[④] 严复：《原强》，载中国社会科学院哲学研究所中国哲学组编《中国哲学史资料选辑》（近代之部），中华书局1959年版，第359页。

[⑤] 杨雅彬：《近代中国社会学》上册，中国社会科学出版社2001年版，第56页。

调查开始于戊戌维新时期，虽然当时已经出现了各种各样的调查，但很难讲这是一种科学意义上的社会调查。笔者并不同意在晚清已经开始了现代意义上的社会调查的观点，其实中国传统学术中也有社会调查的记录和运用，如司马迁撰写的《史记》、徐霞客撰写的《徐霞客游记》，都有基于实地调查的资料和口述访谈，但与今天所言的基于科学观念和精神形成的"社会调查"的概念是不同的。①

中国真正科学意义上的社会调查兴起并盛行于 20 世纪上半叶，调查所涉及的范围极为广泛，政治、经济、军事、社会阶层、灾害与环境、文教、卫生、交通、婚姻家庭、宗教、人口等几乎所有内容，都逐步进入社会调查的视野。可以这么认为，当时社会的政、教、学等社会各方力量，都很重视社会调查。而这些社会调查为我们今天的社会生活史研究留下了数量巨大的资料。

一 英文社会调查：最早的中国社会生活史

社会学是一门中国"本无"的学科，最早讲授社会学的均为外国传教士，最早创建的社会学学科也是在教会大学中。1905 年圣约翰大学（教会大学）开设社会学课程，美国基督教传教士阿瑟·孟（Arthur S. Mann）② 以当时在美国流行的白格达（Walter Bagehot）的《物理与政治》（Physics and Politics，1872）为课本，讲授社会学。这在社会学家许仕廉先生的回忆中也得到印证。③ 1913 年，沪江大学也开设了社会学课程。1914 年 2 月，美国基督教浸礼会传教士、布朗大学社会学硕士葛学溥（Daniel Harrison Kulp）在沪江大学（教会大学）创办了社会学系，这是我国第一个在大学里设立的社会学系，开设了社会制度、社会经济、社会工程、社会心理学、社会调查等多方面的课程。除本校老师讲授外，

---

① 晚清年间的社会调查，可参考李章鹏《清末中国现代社会调查肇兴刍论》，《清史研究》2006 年第 2 期。
② 阿瑟·孟，1904 年在取得耶鲁大学学士后，作为传教士来华。1907 年，他为救一位朋友，在广西溺水身亡。为了纪念他，圣约翰大学将一幢学生宿舍楼取名为"思孟堂"。
③ 许仕廉：《中国社会学运动的目标经过和范围》，《社会学刊》第 2 卷第 2 期，1931 年 3 月，第 6 页。

还邀请了布朗大学教授白克令（H. S. Bucklin）、狄莱（J. Q. Dealey）等短期来华任教。① 1917 年清华学校也开设了由美国人狄德莫（C. G. Dittmer）讲授的社会学课程。除教会学校外，中国人最早讲授社会学的是章太炎的弟子、留学日本的康心孚，他于 1916 年在北京大学讲授社会学，② 后来成为著名社会学家的孙本文就是从康心孚的课堂上开始了学习社会学的生涯。

燕京大学是民国年间基督教会主办的 13 所大学之一，由英美等国的基督教新教的公理会、长老会、伦敦会兴办的通州协和大学和美以美会办的汇文大学合并，于 1919 年在北京正式成立。1922 年秋，在普林斯顿—北京中心（Princeton in Peking）③ 的支持下，步济时（John S. Burgess）、甘博（Sidney David Gamble）、甘霖格（Lerning Sweet）、艾德敷（Dwight W. Edwards）的倡议和努力下，在燕京大学创办了社会学系。几位创建人的经历、志向非常相似，均毕业于普林斯顿大学社会学系，均受美国"学生志愿海外传教运动"（Student Volunteer Movement for Foreign Mission）派遣来华任传教士，均在北京基督教青年会任干事。学生志愿海外传教运动是美国历史上最大的向海外派遣受过高等教育专业传教士的运动，曾派遣 2524 名传教士到中国，占所有外国派遣来华的新教传教士的三分之一，而普林斯顿大学正是该传教运动的发源地。④ 与以往派遣的传教士有很大不同的是，该运动所派遣传教士都受过高等教育，受过一定程度的专业知识和训练，上述在高校开设社会学课程和创建社会学系的外国传教士，均是受此运动派遣来华。今天在美国耶鲁大学神学院档案馆内，还保存了大量当年派遣学生传教士来华的资料。

社会学系创建之初，开设了两门课程，一是"社区组织"，由步济时讲授；二是"社会调查"，由甘博和步济时共同讲授。步济时任第一任系

---

① 杨毓骢：《中国社会学的四个时期》，《社会学刊》第 2 卷第 3 期，1931 年 4 月，第 21 页。

② 孙本文：《当代中国社会学》，胜利出版公司 1948 年版，第 224 页。

③ 普林斯顿—北京中心是普林斯顿大学基督教青年会的学生组织，1906 年受基督教北美协会委托在北京发起成立，后将重点放在燕京大学，1930 年改为普林斯顿—燕京基金会。

④ Clifton J. Philips, The Student Volunteer Movement and Its Role in China Mission, 1886 – 1920, John Fairbank edited, The Missionary Enterprise in China and American, Cambridge: Harvard University Press, 1974, p. 105.

主任，教学内容侧重宗教服务、社会工作和社会调查，基督教男女青年会和慈善机构等成为学生重要的学习场所。[1] 因步济时是首个讲授社会工作的学者，也因此被誉为"中国的社会工作之父"[2]。燕京大学社会学系虽然是我国大学中设立的第三个社会学系，[3] 却是民国年间最有活力和最有贡献的社会学系，创造出了中国社会学历史上众多的"第一"，形成了著名的"燕京学派"。

早在创建社会学系之前，甘博、步济时等人已经以北京基督教青年会为依托，进行了大量的专业社会学工作，为创建燕大社会学系奠定了坚实基础。1913年11月，步济时在北京基督教青年会里成立了北京社会实进会（Student Social Service Club），这是"第一个"在中国进行社会调查的机构。[4] 参加者多为北京地区的大中专学生和青年教师，有200多名成员，陶孟和、瞿秋白、谢冰心、瞿菊农、郑振铎等人都是主要成员。1914—1915年，步济时指导青年人对北京地区的302名人力车夫进行了人力车夫调查，这是近代中国"第一个"系统的社会调查。[5]

1919年11月，北京社会实进会还创建了中国"第一份"社会学研究的期刊《新社会》[6]。这是"五四"时期极有影响的一份刊物，遵循以社会调查来研究社会问题，以社会服务来研究社会问题，极力鼓吹社会改造，围绕社会改造登载文章，提倡社会服务，反映社会实况，以调查报告的形式描述劳工、贫穷、妇女等社会问题，社会服务的最终目的是实现社会改造，而社会改造的成功，需要全社会人民的觉悟。郑振铎、瞿菊农、瞿秋白、许地山等都是重要撰稿人。

---

[1] 张玮瑛等：《燕京大学史稿》，人民中国出版社2000年版，第338页。

[2] 王立诚：《美国文化渗透与近代中国教育：沪江大学的历史》，复旦大学出版社2001年版，第106—107页。

[3] 郑杭生、李迎春：《中国社会学史新编》，高等教育出版社2000年版，第67页。

[4] 徐宝谦：《北京社会实进会》，《中华基督教会年鉴》，中华基督教协进会1916年版，第96页。

[5] Yung-chen Chiang, *Social Engineering and the Social Sciences in China*, Cambridge University Press, 2001, pp. 26 - 31. 杨雅彬：《近代中国社会学》上册，中国社会科学院出版社2001年版，第68页；阎明：《一门学科与一个时代：社会学在中国》，清华大学出版社2004年版，第17页；郑杭生、李迎春：《中国社会学史新编》，高等教育出版社2000年版，第76页。

[6] 《新社会》创建于1919年11月1日，到1920年5月25日被警察局查封，仅存在了六个多月。

1918—1919 年，步济时和甘博等人按照"春野城调查"方法，在北京进行了一项更大规模的城市调查①，于 1921 年在美国出版了的调查报告《北京社会调查》（Peking: A Survey）②。这份社会调查报告内容丰富，包罗万象，从政治、经济、历史、地理、商业、政府、人口，到教育、健康、娱乐、慈善、监狱、健康、娼妓、宗教等诸多方面，规模之大、范围之广、内容之详细，前所未有，实在是堪称"前所罕见""轰动一时"③。它甚至受到美国政府的重视，也得到各国社会学者的赞赏。作为"首次对一个东方城市的社会调查"，杜威称赞该书是"任何外国传教界中以基督教观点而做的最好的社会调查"。著名传教士明恩溥（Arthur Henderson Smith）说它"从表层而深入，第一次向外界展现了北京的内貌"。耶鲁大学神学院毕海澜（Harian Page Beach）教授称这本书"是在非常艰难条件下所做的最好的社会调查报告。我不太相信能有什么文字能和这本来之不易、既准确又极为有趣的调查报告相比"。④ 该书的出版，同时也标志着中国城市调查的开始，步济时和甘博也被誉为社会调查方法的先驱。⑤ 多年以后，在中国社会学家眼里，它仍然是"本着科学的精神，以研究北京社会状况为科学的研究中国社会状况的第一书"。⑥

《北京社会调查》也是著名的春田调查方法"第一次"运用于中国的社会调查中。春田调查方法（Spring Field Survey），旧称"春野城调查"，现在学界通译为"春田调查"。调查由美国罗素赛奇基金会（Russell Sage Foundation）主持，对于发展科学的社会调查有很大贡献。此前的调查，专门社会调查方法尚未发达，因此错误很多，而春田调查方法是社会学

---

① 李景汉：《中国社会调查运动》，《社会学界》第 9 卷，1936 年，第 80 页。
② Peking: A Survey, New York: George H. Doran & Co. 出版，全书共 538 页，有大量照片和统计图表。1940 年，福武直将其译为日文，由日本生活社出版，共 512 页，照片 26 张，题名《北京的支那家族生活》。
③ 傅愫冬：《燕京大学社会学系三十年》，《咸宁师院学报》1990 年第 3 期，第 42 页。
④ 邢文军：《中译本引言》，载甘博著、陈愉秉等译《北京的社会调查》，中国书店 2010 年版，第 9 页。
⑤ 孙本文：《当代中国社会学》，胜利出版公司 1948 年版，第 211 页；傅愫冬：《燕京大学社会学系三十年》，《咸宁师院学报》1990 年第 3 期，第 42 页。
⑥ 孙本文：《研究社会问题的基础》，《社会科学季刊》（国立北京大学）第 1 卷第 4 期，第 680 页，1923 年 8 月 15 日。

专业调查的开始和基础，著名社会学家吴文藻先生称其为"后来一切同样调查的模范"。①

1922 年，华洋义赈会邀请燕京大学农村经济系教授戴乐仁（J. B. Tayler）和麻伦（C. B. Malone）组织包括燕京大学在内的 9 所大学的 61 名学生对直隶、江苏、安徽、山东等省 240 个村进行调查。调查成果《中国农村经济之调查》（*The Study of Chinese Rural Economy*）于 1924 年由华洋义赈会印行。

1926—1927 年，步济时等燕京大学师生对北京 42 个行会的成员、组织、集会、财务、功能进行了调查，这是第一次也是唯一的一次用社会调查的方法研究中国的传统机构行会，1928 年由纽约 AMS Press 公司出版了《北京行会》（*The Guilds of Peking*）一书。1928 年，步济时以《北京行会》调查报告获得了哥伦比亚大学社会学博士学位。后由申镇均翻译为日文，牧野巽校阅，1942 年由日本生活社刊印，名《北京のギルト生活》，共 361 页，照片 17 张。赵晓阳将其译为中文，2011 年由清华大学出版社出版。调查之初，步济时的妻子斯黛拉·费什·步济时（Stella Fisher Burgess）———一位在日本的美国传教士的女儿，也参与了北京民俗调查，1924 年由 Truth Hall Press 出版了她撰写《北京的旅行队》（*A Peking Caravan*）。

1929 年，燕京大学社会学和社会工作系出版了甘博撰写的《北京的工资》（*Peking Wages*），研究北京地区的工资状况。

1928—1930 年严景耀在燕京大学社会学系任教期间，在中央研究院社会科学研究所资助下，带领学生对 20 个城市的犯罪情况进行调查，收集了 300 多个犯罪类型的个案，并从 12 个省的监狱记录中抄编了一些统计资料。1929 年，燕京大学社会学和社会工作系出版了严景耀撰写的《北平犯罪研究》（*A Study of Crime in Peiping*），涉及北京的犯罪情况、数量、范围、性质、与社会的关系、改变的方式等。他还在《社会学界》上发表了《北平犯罪之社会分析》（1928 年）、《中国监狱问题》（1929 年）等。1934 年，他以此完成了在芝加哥大学的博士论文《中国的犯罪

---

① 吴文藻：《西方社区研究的近今趋势》，《吴文藻人类学社会学研究文集》，民族出版社 1990 年版，第 152 页。

问题与社会变迁的关系》(Crime in Relation to Social Change in China),中译本在1986年由北京大学出版社出版。

1933年,纽约Funk and Wagnalls Company出版了甘博和燕大学生共同撰写的《北平的中国家庭是怎样生活的》(How Chinese Families Live in Peking),内容包括社会数据、收入、食物消费支出、衣服、房子和房租、取暖、灯和冬天、娱乐、婚礼和葬礼、个人家庭预算、夏天调查结果等诸多方面,这种调查在中国是"第一次"。研究旨在解释中国的家庭收入和消费之谜,它可以表明中国人在这世界上最大的非工业城市之一的城市里的生活状况,从8银圆到550银圆一个月的生活数据,基于283个家庭一年的跟踪调查。调查显示,食物支出占全部生活费的70%,衣服支出占12%,房租占8%,而用于文化教育、社会交往、医疗等费用仅仅平均占5%。该调查机构还出版了由李景汉翻译的中译本,即《二十五年来北京之物价工资及生活程度》。这个调查是"恩格尔系数"运用于中国社会生活中的调查和研究,以当时西方流行的"生活费研究法",将家庭开销分为食品、服装、住房、燃料、杂费5项,看调查对象生活程度的高低。如食品费占总支出的费用越低,杂费(包括教育社交娱乐等)所占比例越高,则说明人们生活水平越高。甘博的研究结果显示,中国人的食品费在总支出中占79%,与美国三个类似的研究相比,说明中国人的生活水平非常低。

中国最早的农村调查在1914年,清华大学社会科学系教授狄德莫(C. G. Pittmer)指导学生对清华园附近的195个农户进行了调查,1918年以《中国生活标准的估计》(An Estimate of the Standard of Living in China, The Quarterly Journal of Economics, Vol. 33, November 1918)为题发表。他对北京西郊清华园附近的195户居民生活进行了调查,其中100户为汉族家庭,95户为满族家庭,职业包括工人、农民、车夫、军人、木匠、理发匠及少量学人等,内容包括家庭预算、生活情形、社会调查等。他的调查更侧重于对当地民众经济收入和生活之间关系的分析,也是最早运用恩格尔系数研究中国农村的案例。

二 信仰社会调查：留美学派的旨趣

社会调查是以系统的科学方法调查社会的实际情况，用统计方法整理收集的材料，分析社会现象构成的要素，由此洞悉事实真相，发现社会现象的因果关系。根据调查的结果，研究改善社会的方案。民国大量以社会学为基础的社会调查，为今天社会史研究留下了大量的资料。

在社会学移植的过程中，中国的社会调查开始起步。促成民国社会调查起步和兴盛的原因大致有两个，一是外国人希望通过社会调查来研究和认识中国；二是外国人通过社会调查来研究中国社会和问题的方法，对于正在探究的中国精英知识分子有很大的启发，成为他们学习模仿的对象和榜样，同样希望通过社会调查来认识自己的社会。

民国时期，西方的社会学、人类学等注重使用社会调查方法的学科也逐渐走向成熟。这种重视现实改良分析的社会调查的需求在美国发展十分迅速，它的特点是"开始即为解决实际问题而作"，"完全为对付实际需要而来"[①]。在这样的观念和理念下，最早将社会学带入中国的基督教会和基督教学校的师生们，开始按照实证社会学的方法着手对中国社会进行了调查。对燕京大学社会学系创建人、均毕业于社会学专业的步济时和甘博等人来讲，更将社会调查与社会改造结合起来，成为社会改造的基础。虽然留日学生在传播社会学的晚清早期岁月里可谓首当其冲，但美国传教士和留美学生则后来者居上，远远扩大和推进了社会学在中国的进程。1918年，陶孟和在《新青年》第4卷第3号上发表《社会调查》，极力提倡开展社会调查，据目前所知，这应该是中国人最早提倡开展社会调查。在他看来，社会调查是一种从根本上进行的革命，是实现以科学方法改造社会的基础，是建设新中国的重要工具。他的这些思想和认知得到当时很多学者的认同，逐渐把社会调查作为研究社会、发现社会规律的一个基本方法，这是民国时期各种社会调查的重要基础。

1924年，由甘博个人出资，燕京大学社会学系开始聘请中国社会学

---

① 吴文藻：《西方社区研究的近今趋势》，《吴文藻人类学社会学研究文集》，民族出版社1990年版，第152页。

者许仕廉来主讲社会学原理等。之后，又聘请了陶孟和、李景汉（主讲社会调查与研究方法）、朱友渔等人来系任教。许仕廉还联合孙本文等南北方知名社会学者，于1930年成立中国社会学社，创办了《社会学界》及《社会学》杂志，增聘了言心哲、倪逢吉、张鸿钧、严景耀、关瑞梧、雷洁琼，兼职教师张友渔、章元善、朱积中等。

许仕廉在1925年的《对于社会学教程的研究》中，提出了办理燕大社会学系的指导思想，其中主要内容之一即是"特别注重社会调查，使学生明了中国现实的社会情况，并掌握收集科学材料的方法"，"一切课程计划要符合中国现实社会的需要"。号召每个学生选择一个社会问题来进行研究，成为深刻了解中国社会的途径和方法。对广大学习社会学的同人来讲，通过社会调查来学习社会学学科，不但是专业要求，同时也是专业的目的。由于许仕廉的大力推动，社会学系逐渐形成了理论、社会工作、社会调查三者并重的学科建设体系。[①] 这种工作发展模式一直持续到50年代社会学系被取消。但这种三者并重的理念是社会学一直到今天从教学到研究都关注的理论和实践构架体系。

1926年，燕大社会学系正式开设了社会调查课程，由留美教授李景汉讲授。除了讲课外，李景汉还带领学生在燕京大学附近的黑山扈、海淀、成府、挂甲屯等地，对146户农民家庭进行实地调查，将调查成果写成《北平郊外之乡村家庭》（1929年商务印书馆出版）一书，该书反映了北京下层民众生活的艰辛与贫穷。这是我国"第一个"由中国人进行的农民家庭情况的调查报告，成为以后"家庭调查的蓝本"，在方法上贡献很大。[②]

三 改造农村社会生活：以清河为重点

在认同社会调查是科学认识社会的方法的前提下，在整个社会高度

[①] 许仕廉：《燕大社会学系教育方针商榷》，《燕大周刊》第104、105期，1926年11月19日、12月6日；《建设时期中教授社会学的方针及步骤》，《社会学界》第3卷，1929年9月；《对于社会学教程的研究》，《社会学杂志》第2卷第4号，1925年4月。

[②] 张玮瑛等编：《燕京大学史稿》，人民中国出版社1999年版，第343页；杨雅彬：《近代中国社会学》，中国社会科学出版社2001年版，第82页。

关注农村危机的社会氛围中，20世纪30年代中期，燕大社会学将社会调查的重点逐渐从城市转向农村社会调查。这种转向是中国社会危机、世界局势氛围和基督教会共同关注和发力的结果。

在世俗社会重视农村社会问题的同时，世界基督教会也很重视农村问题。1928年，世界基督教协进会在耶路撒冷召开大会，提出了"建造基督教的乡村文明"的口号，世界各地的基督教会逐渐将乡村建设作为工作重点。1930—1931年，美国平信徒海外传教事业调查团给予中国基督教会的乡村工作很高的评价，但也提出建议，应该集中力量创建乡村建设中心。1931年，重视农村建设、努力通过农村农业改革的"美国农业之父"包德斐（Kenyon L. Butterfield）再次来华，提倡农村工作，推广乡村社会建设理念。这时任燕大社会学系主任的著名农村社会家杨开道正是包德斐的博士生。

对中国这样一个传统的农业国家而言，农村问题始终都是最重要的社会问题。近代社会危机的进一步加深，农村和农民大多陷入了衰败和挣扎，农村和农民也越来越引起整个社会的关注。在农业人口高达90%的民国时期，农村问题也就是中国的问题。为了寻找治疗病症的方法，各路人马都逐渐采用更为科学和专业的手段，来探求一种解决农村问题的方法。

从众多的农村调查中就可以看出，他们的农村调查都有强烈的复兴农村和改造农村的初衷，旨在了解农村社会的真实情况，作为复兴农村的基础。李景汉多次强调，中国的社会调查要特别注重应用，而不要纯为研究学理、求得知识，只"为调查而调查"，不举行调查则已，举行调查必须要有一个清楚的目的和宗旨，使人们根据调查的结果来改善社会实际生活，解决社会问题，增进人类幸福。[①]

农村调查和农村建设实验一直是燕大社会学系教学和研究的重点工作，30年代初还开设了"农村社会学"和"中国农村运动"等课程。可以说，在很大程度上，燕大开展农村调查的繁荣景象和努力进取，也顺应了这一时期农村危机日益加深、乡村建设运动蓬勃兴起的社会环境。[②]

---

① 李景汉：《实地社会调查方法》，北平星云堂书店1933年版。
② 王贺宸：《燕大在清河的乡建试验工作》，《社会学界》第9卷，1936年8月。

这时的燕大社会学系师生们，不仅进行了深入了解中国的农村调查，更在调查之后，进行了一系列的农村建设和农村改造的社会实践。其中最为知名的是燕大社会学系主导的河北省的昌平县清河镇调查、山东省的汶上县和济宁县调查、河北省的定县调查，同时还不断派学生前往定县中华平民教育促进会、汶上和济宁乡村建设基地以及清河试验所等地实习。

1928年，燕大社会学系获得美国洛克菲勒基金会的2000美元的资助。系主任许仕廉等人认为对一个特定地区进行定量分析可能会更有价值，更能产生有针对性的社会改造案例。由燕大社会学系许仕廉任主席，农村社会学家杨开道为秘书和实际调查指导者，燕大社会学系在清河镇开展了长达两年的农村社会调查，试图从中国固有的民众仪式和实地环境中寻找改造农村的途径。清河镇虽然在河北省昌平县，但实际距离燕大北边约4公里，步行1个多小时即可到达。调查范围包括40个村，面积达200多平方公里，22444人，3996个家庭。[①] 根据初步调查和反复研讨，他们制定出包含12个问题的详细调查大纲，即历史背景、地理背景、生态关系、人口、家庭婚姻、经济状况、政治状况、教育状况、健康与卫生、宗教信仰、游戏、社会病态。

1930年，出版了杨开道、许仕廉等与学生共同完成的《清河的社会学调查报告》(*Ching Ho: A Sociological Analysis, the Report of a Preliminary Survey of the Town of Ching Ho, Hopei, North China*)，内容包括历史、地理、生态、人口、家庭和婚姻、商店、经济、经济机构、政治、教育、宗教等方面。后又以中文题名《一个市镇调查的尝试》，发表在《社会学界》1931年第5期上，成为我国的"第一部"市镇调查报告。[②]

根据调查结果，提出了五项社会改造的措施。一、成人教育。根据当地居民的文盲率极高，男子为45%，妇女为96%，应该开办识字班和图书室等。二、儿童教育。6—11岁的学龄儿童入学率仅为45%，可将已经停办了的小学重新开放，由燕大师生义务教学。三、乡村医疗。农村

---

① Dwight W. Edwards, *Yenching University*, New York: United Board for Christian Higher Education in Asia, 1959, p. 286.

② 杨雅彬：《近代中国社会学》，中国社会科学出版社2001年版，第82页。

民众看病困难，公共卫生意识淡薄，缺乏基本的卫生认识和卫生习惯。为方便民众，请协和医院每周派医生来一至两次，收费低廉。还配合国民政府卫生署颁布的种痘条例，为当地民众施种牛痘。还从北平第一助产士学校请来助产士一名，特别开展接生、产前产后检查，普及妇女生育知识等。四、帮助农民建立销售合作社，提倡改良农副业，推广优质家禽养殖，向民众推广科学养殖的知识和品种。五、当地政府部门与当地民众合作，修建道路及排水系统，最终将清河镇建成本地区的模范镇。试验期间为7年，经费每年七八千元，前四年由燕大社会学系负担，之后逐渐增加自筹比例，七年之后全部由当地筹办。

1930年，在清河镇正式成立"试验区"。1932年，设立了调查研究、农村卫生、农村服务和农村经济四股，开办了家庭工艺厂、花生酱厂、毛织工厂、补习学习和医院，开展了儿童福利、职业训练、公共卫生、文化学习、公共娱乐、体育活动等福利事业；并根据当地需要，组织了信用合作社、消费合作社和小本借贷，试图以此发展和改善农民的经济生活。[①] 试验所计划包括乡村合作、公共娱乐、民众教育、家庭个案服务、童子服务、公共卫生、乡村图书馆，以及演说团、农业推广、植树屯田、乡村调查等。[②]

清河试验区是我国"第一个"大学设立的农村实验基地，给学生运用各种理论联系实际提供了实践的场所，"是给社会学系同学实习机会"。[③] 调查过程中，社会学系的学生经常来"试验区"调查实习，或选一专题作调查、写论文，或参与到社会服务活动中去。燕大社会学系学生以清河为调查基地，撰写了多篇论文，如王武科的《中国消费合作运动研究举例》（1933年学士毕业论文）；李鸿钧的《清河小本贷款研究》（1934年学士毕业论文）、邓淑贤的《清河试验区妇女工作》（1934年学士毕业论文），邱雪巍的《一个村落社区产育礼俗的研究》（1935年学士

[①] 王贺宸：《燕大在清河的乡建实验工作》，《社会学界》1936年第9期；许仕廉：《一个市镇调查的尝试》，《社会学界》1931年第5期；许仕廉：《燕京大学社会学及社会服务学系1933—1934年度报告》，《社会学界》1934年第8期。

[②] 许仕廉：《燕京大学社会学系研究与推广工作》，《中华基督教会年鉴1929—1930年》，中华全国基督教协进会1930年版，第135页。

[③] 同上。

毕业论文);《清河小学》(1935年)、《清河合作》(1935年)、《燕大社区服务个案之分析》(1941年)。尤其可称道的是,其中还有论文发表在当时最有品质的社会学刊物上,如万树庸的《黄土北店村社会调查》(《社会学界》1932年第6卷,1932年学士毕业论文);蒋旨昂的《卢家村》(《社会学界》1934年第8卷,1934年学士毕业论文);王贺宸的《燕大在清河的乡建试验工作》(《社会学界》1936年第9期);黄迪的《清河村镇社区:一个初步研究报告》(《社会学界》1938年第10期)。燕大清河实验区研究股还在当时的《北平晨报·社会研究》版面上,经常向社会介绍清河镇的各类调查成果和相关信息,扩大调查研究和实践的社会影响。如《河北昌平县概况》,《北平晨报·社会研究》周刊第5、6、7期,1933年10月4日、11日、18日;《礼俗调查的尝试:北平清河镇左近四十村》,《北平晨报·社会研究》周刊第40、41、43、46、47、48、49、51期,1934年6月27日,7月4日、11日、8月1日、8日、15日、22日,9月5日。

虽然当时全国上下都在从事各类方式乡村建设实验活动,但清河试验区却有其特色,即充分利用了燕大社会学系的优势。时人曾专门指出他们的典型特色:"他们所举办的事业,只求适合现有经济能力,所可担负的程度,决不求若何铺张,并且要根据本地民俗风化,与实际环境,找出合宜的社会控制技术。"[1]

社会的改良进步最需要的是稳定的环境和充裕的时间,而这恰恰是近代中国所最缺少的两个条件。1935年,已经将社会学系并入后成立的法学院,还成立了农村建设科。清河镇的调查和试验,一直进行到七七事变后,时局动乱,活动被迫停止。

四 余 论

社会调查的最根本意义是如何着手认识社会,作为社会学研究的基本方法,它与传统治学方法不同。社会调查要从数量众多的普通人民的琐碎生活中,发现规律,它在中国的运用和推广,意味着向传统思维方

---

[1] 苗俊长:《中国乡村建设鸟瞰》,《乡村改造》1937年第1期,第17页。

式及生活习惯的挑战。而社会调查的特殊性致使国人目光向下,关注平民生活,以"到民间去"为志向,由此实现了社会的改造。对中国这样一个长年注重"精英文化"的国家而言,实地调查的意义非同小可。它不仅在于描述某些社会现象,获得一些具体的统计数字来认识社会事实,社会调查更重要的贡献在于它触及了在整个思想观念上如何着手认识、解决中国的问题。

由上述多个社会调查报告可知,这是首批以科学的方法实地观察、分析中国社会生活所获得的开创性成果。二三十年代燕大社会学系已经开展了现代学术意义上的社会调查,创建了中国社会学史上众多的"第一"。调查内容从社会风俗、家族组织,到行会制度、城市居民生活,非常有助于我们了解当时的社会风貌。采用的调查方法,有访谈法、问卷法、统计图表、生活费研究、社区功能分析等,都是当时西方社会学界所通行的方法。

社会调查是一场"真正的革命",是"以有系统的方法从根本上来革命","是要实现以科学的程序改造未来的社会,是为建设新中国的一个重要工具,是为中国民族找出路的前部先锋"。[①] 在这些有志于用新知识、新方法来改造和服务社会的民众心目中,传统那根深蒂固的"唯书惟上"的知识观,已经逐渐被注重物理实证和社会实践的观念所代替。他们逐渐认定社会理论来源于实地考察与研究,也强调社会调查对社会理论的修正和提升意义。民国时期的社会调查的重要作用就在于让人们对中国社会有了去认识的兴趣以及继续研究的基础。[②]

由于社会调查所具有本质特性,社会学学者们从一开始就把眼光放在了社会底层,即使是为了了解社会现象的纯粹学术调查,也不会选择对社会精英阶层进行调查,而是把目光锁定在社会的普通阶层。"调查工作不是为了调查而调查,必须要着眼于社会的实际的改造。"[③] 而这些调查的资料成为我们今天研究近代社会史的最佳依赖者和最大来源之一。

[①] 李景汉:《社会调查在今日中国之需要》,《清华周刊》第 38 卷第 7、8 期合刊,1932 年 11 月 21 日。

[②] 费孝通:《中国社会学的成长》,《燕大文史资料》第 2 辑,北京大学出版社 1991 年版,第 153 页。

[③] 晏阳初:《序》,载李景汉《定县社会概况调查》,上海人民出版社 2005 年版,第 2 页。

聚焦山西：中国宗族史研究的新区域

张俊峰 李佩俊
（山西大学中国社会史研究中心）

学界关于宗族问题的研究，历来就是热点话题，但研究案例大多以长江以南的福建、广东、江浙、安徽、江西等地为代表，学者也普遍认为这些地区的宗族最具典型性、代表性。在宗族研究领域最有成就的为华南学者群体，主要代表人物包括张小军、陈春声、刘志伟、郑振满等，以及科大卫、萧凤霞等，他们高举历史人类学的旗帜，出版了丰硕的研究成果，形成了广泛的学术影响，在宗族研究界享有一定的话语权，国内的宗族研究多年来一直唯江南、华南地区的宗族研究马首是瞻。

相较于江南、华南宗族，北方地区的宗族长期以来一直被认为是力量弱小、不发达、不具典型性的宗族。无论国内、外学者，在开展宗族研究时，无不优先选择江南区域作为其研究领域。北方宗族在较长时间内，则处于无人问津的边缘化状态[①]。

一 山西宗族研究已成学界热点

近年来，随着宗族研究的深入、研究领域的扩展，北方地区的宗族问题开始引起学者们的关注，不少学者为其摇旗呐喊，其学术领域不单是历史学，还包括人类学学者。如常建华在《近十年明清宗族研究综述》中讲到"北方宗族研究长期缺乏，甚至有人认为北方没有宗族，近年来

---

① 刘金梅：《华北地区缺乏宗族之刻板印象与文献的关系》，《青海民族研究》2015年第2期。

随着宗族研究的不断深入，人们越来越关注北方宗族问题，北方宗族研究已成气候"。① 中央民族大学人类学者兰林友在《论华北宗族的典型特征》一文中指出，"为了清晰地透视华北村落的宗族/家族现实结构，以及与村落政治、国家的关系，有必要对华北的村落宗族特征进行探讨"。② 就连华南学派的主要代表科大卫也发出了《告别华南》的宣言，他讲道："我感觉到不能一辈子只研究华南，我的出发点是去了解中国社会。研究华南是其中的必经之路，但不是终点。""我们需要跑到不同的地方，看看通论是否可以经得起考验。需要到华北去，看看在参与国家比华南更长历史的例子是否也合乎这个论点的推测。"③ 各位学者不仅将宗族研究的关注点转到华北，而且也做出了一些研究成果，但总体而言，其研究的出发点都带有比较性，都有意无意地将华北宗族与华南对比。如兰林友对比南北宗族的差异，提出了"华北宗族是一种不完备的残缺宗族"这一论断，显然是将华南宗族作为标准来讨论的。

目力所及，当前学界对山西宗族的研究，均存在这样的特征。赵世瑜及其学生邓庆平、韩朝建、王绍欣等，近年来也开始关注山西宗族。在《社会动荡与地方士绅——以明末清初的山西阳城陈氏为例》一文中，赵世瑜考察了山西阳城的陈氏士绅宗族，在明末清初的社会动荡时期所发挥维系基层社会稳定的作用。④ 韩朝建在《"忠间"：元明时期代州鹿蹄涧杨氏的宗族建构》⑤ 文章中，以金元时期的汉人世侯——杨氏宗族为例，分析了杨氏族人按照当时的标准礼仪来建设宗族，得到了官府的承认与表彰，由此使杨氏在当地社会获得较高的影响力。邓庆平的《名宦、宗族与地方权威的塑造——以山西寿阳祁氏为中心》，考察了寿阳祁氏宗族如何在地方社会建立权威，以及如何保存这种优势并利用当地的社会

---

① 常建华：《近十年明清宗族研究综述》，《安徽史学》2010年第1期。
② 兰林友：《论华北宗族的典型特征》，《中央民族大学学报》（哲社版）2004年第1期。
③ 科大卫：《告别华南研究》，《学步与超越：华南研究会论文集》，香港文化创造出版社2004年版。
④ 赵世瑜：《社会动荡与地方士绅——以明末清初的山西阳城陈氏为例》，《清史研究》1999年第2期。
⑤ 韩朝建：《"忠间"：元明时期代州鹿蹄涧杨氏的宗族建构》，《历史人类学学刊》2010年第1期。

资源。① 王绍欣在《祖先记忆与明清户族——以山西闻喜为个案的分析》中，指出闻喜户族与明代立户入籍政策和赋役里甲制度的关系，表明闻喜户族具有与长江流域的户族大致相同的特点。② 这些论文大多收入赵世瑜主编的《大河上下：10 世纪以来的北方城乡与民众生活》一书中。不难发现，上述研究尽管在努力呈现山西宗族自身的特色和功能，却仍然未能脱离弗里德曼的宗族研究范式，依然侧重于从功能论的角度探讨宗族的建构，以及宗族在地方社会与国家治理之间的关系。山西宗族作为黄土高原宗族的一种区域类型，究竟在形成和发展变迁逻辑上有着怎样的内在特性，仍有待于进一步深入发掘。

常建华教授多年来一直从事华北宗族的研究，看到了与华南宗族的区别与联系，在认同华南学派成就的同时，另辟蹊径，总结宗族研究的特点与经验，提出了：明代宗族组织普及是因为"宗族乡约化"的观点。③ 明代嘉靖后期，国家在地方大力推行乡约，地方官员试图将宗族与乡约结合，在族内宣讲圣谕，按圣谕建祠，以乡约化的形式来组织宗族，达到管理族人、稳定地方社会秩序的目的。④ 在对山西洪洞韩氏、刘氏、晋氏三宗族的研究中⑤，常建华利用其"宗族乡约化"理论，分析了以科举仕宦而强盛的士大夫宗族，在地方官推行乡约教化的契机下，按照乡约组织宗族，使宗族以乡约化的形式组织起来，进而创建宗族，约束族人。常建华的学生王霞蔚，与其师一脉相承，在《明清时期的山西代州冯氏——以〈代州冯氏族谱〉为中心》⑥ 中，讲述了以商业和科举兴家的冯氏，在创建宗族的同时，注重乡约与族规的结合，树立了良好的家风，冯氏在当地社会中颇具影响力。

此外，近年来日本学者饭山知保对元代汉人世侯及其家族历史的研

---

① 邓庆平：《名宦、宗族与地方权威的塑造——以山西寿阳祁氏为中心》，《清史研究》2005 年第 2 期。
② 王绍欣：《祖先记忆与明清户族——以山西闻喜为个案的分析》，《历史人类学学刊》2010 年第 8 卷第 1 期。
③ 常建华：《明清史学术文库：明代宗族组织化研究》，故宫出版社 2012 年版。
④ 常建华：《明代徽州的宗族乡约化》，《中国史研究》2003 年第 3 期。
⑤ 常建华：《宋以后宗族的形成及地域比较》，人民出版社 2013 年版，第 177—246 页。
⑥ 王霞蔚：《明清时期的山西代州冯氏——以〈代州冯氏族谱〉为中心》，《中国社会历史评论》第 10 卷，2009 年，第 150—165 页。

究也颇引人注目。他利用 13 世纪后半叶到 14 世纪中叶集中出现的"先茔碑",探讨了金元时期北方家族继承系谱与建立碑刻的关系,指出建碑具有与编纂家谱一样的社会功能,应利用先茔碑进一步探讨北方"宗族"的概念、组织特点及其与社会结构的互动①。这样的研究,不仅将华北宗族的研究时段从明清向前推进到了金元时代,而且提醒学界应高度重视金元时代对于华北宗族发展演变具有的特殊意义。

通过上述简要梳理,不难看到,对于华北地区的宗族,学者们各有其研究特色,这对于我们今后的研究,提供了很多借鉴之处。然而,当我们将宗族从方法、视角、史料等层面剥离出来,进行更深层次的理论反思和对话时,研究者却面临着一个共同的困惑:中国范围内的宗族研究究竟具有怎样的内涵与特质?是否能够形成一个共识并以之为基础,进一步整合力量和资源,推动汉人宗族研究走向新的高度呢?对此问题,学者们有着各自不同的理解。

二　对宗族概念的多样性认知和理解

开展宗族史研究的第一步,首先要树立正确的宗族观。如果没有正确的理解,是根本无法翻越宗族研究这座大山的。目前为止,学界主要有作为功能的宗族、作为系谱的宗族、作为文化和礼仪制度的宗族三种认知和理解。在此基础上,要结合经典文献中有关宗族的"标准化"论述和现实社会中的宗族实践(因为宗族是从历史中走来),来理解宗族的本质意涵。

弗里德曼做宗族问题研究,从学术上来说是要挑战人类学的非洲世系群理论。在非洲那样一个长期无国家的部落社会里,人们需要依靠世系群的裂变来维持社会的长期运转。但是在中国这样一个有着上千年专制主义中央集权的国度里,宗族又是以何种理由来存在的呢?在他看来,

---

① 饭山知保:《金元时期北方的修谱与碑刻》,见 2011 年 8 月复旦大学历史系主办"传承与变革:10—14 世纪中国的多边政治与多元文化"学术研讨会论文集;饭山知保:《蒙元统治与晋北地方精英的变动——以〈定襄金石考〉为中心》,郑振满主编《碑铭研究》,社会科学文献出版社 2014 年版。

按照非洲经验，宗族和国家是完全对立、无法共存的。但是中国的经验挑战了人类学的非洲经验。原来中国和非洲的差别很大。学者杜靖的研究指出：弗里德曼之所以重视中国宗族的功能因素而忽略系谱，除了秉承非洲世系群研究中的 corporation 概念外，一是他要面对第二次世界大战后英国的福利问题，所以他按照西方人类学惯例做了跨文化研究为自身社会提供经验；二是他想与非洲世系群特征相区分，因为强调世系不容易把中国宗族与非洲世系群区别开来；三是有中国社会思想史和中国人民实践经验的支撑；四是通过中国宗族集体主义的经济生产方式和消费理念来批判西方个体主义，并达成对西方搭建在个体主义基础上的社会运转机制的反思。①

受弗里德曼影响至深的华南、江南宗族研究，多将宗族视为一种功能性实体组织。一个同居共财的祭祀群体，按照理学家的标准创建宗族，在地方社会中，获得了国家层面上的正统性与话语权，从而依恃其权威占有更多的稀缺资源；同时，按照族规维持族中秩序，承担地方的社会责任，成为基层社会的自治组织，起到稳定社会的作用。在这种意义上，宗族成为维护自身利益、稳定社会秩序的功能性实体。

以钱杭、陈其南为代表的学者，强调宗族的系谱原则。钱杭曾指出："宗族可以有也可以没有完善的组织形态和各种功能；决定宗族存在与否，支撑宗族架构的基本要素，既不是血缘关系，也不是组织和功能，而是世系关系。"② 如果一个群体要证明自己是宗族，就必须认真建构合乎规范的"世系"，否则不足以称之为宗族。对于当代汉人宗族的复兴，钱杭认为，其关键机制是归属感，并称这种归属感是与生俱来的先验性因素。杜靖新近的一项研究则认为归属感是一种历史情境问题，只有在特定情境、历史脉络中才会激发出来。钱杭将归属感的源头追溯至早期儒家经典文献，得出其先验性特征；而杜靖以历史长期实践发展的角度，提出归属感是实践的结果。③ 这一点显示了从文献与实践不同角度出发对

---

① 杜靖：《弗里德曼为什么只重视中国宗族的功能而忽略系谱——兼论作为一种福利制度的中国宗族》，《青海民族研究》2015 年第 1 期。
② 钱杭：《宗族建构过程中的血缘与世系》，《历史研究》2009 年第 4 期。
③ 杜靖：《四维归属感：重释当代汉人宗族建设——兼与钱杭先生讨论》，《探索与争鸣》2015 年第 4 期。

于宗族归属感问题的认识分歧，尚有待商榷。

人类学者张小军，更多地从文化、制度的层面去理解宗族的，指出宗族是一种文化符号、一套制度。在张小军看来，宗族是中国文化的底色，是区别中华与夷狄的标志，在国家范围内推行宗族礼仪，可以使王朝教化广泛传播，并起到凝聚国人民心、增强国家向心力的目的。① 这是作为文化符号的宗族。作为制度的宗族又包括两种情形，一种认为宗族是一项礼制，另一种将宗族视为一项社会福利制度。杜靖指出，无论是早期的《仪礼》《礼记》，还是宋代理学家的设计均把宗族看作一项礼仪制度。尤其是宋代张载的"宗法"概念和《朱子家礼》，明显将宗族设计为一项拜祖制度，起到慎终追远、敬宗收族的目的。② 如林耀华最初就是从"拜祖"角度入手来理解中国宗族的。

当我们把宗族当成一种文化和制度去认识的时候，就很容易理解，何以各地宗族发展会呈现出多元的复杂面相，具有各自不同的发展特点。多样性的问题，基本上就属于现象学的范畴。过去我们很多的研究，就是过于集中于现象学了，即表象的历史。因此根本无法深入去了解宗族的内涵究竟是什么。而是根据某些区域特有的经验事实，将宗族理解为某种实体性的组织、结构、功能性的东西。这是问题的关键所在。

问题是，目前学界尤其是历史学界的研究者，多数是将宗族视为弗里德曼意义上的功能性实体组织来看待的，这种观点占据了主流，已然成为一种固化的观念。宗族研究若停留于此，只能是在做重复工作，重复地为华南、江南的研究做注脚，没有提升的空间。我们要做的，是将上述几种对宗族的理解结合起来，既存异又求同，更要留心观察这几种宗族观相互之间的关联性、过渡性，不再将华南、江南案例基础上的宗族研究作为唯一的范例或标本，重视从区域实践出发，揭示出中国宗族的多样性面貌和本质特征，挑战、颠覆既有的宗族观念，发现新的宗族概念和运转逻辑，树立全新的宗族观念。

---

① 张小军：《再造宗族：福建阳村宗族"复兴"的研究》，香港中文大学哲学博士学位论文，1997年。

② 杜靖：《弗里德曼为什么只重视中国宗族的功能而忽略系谱——兼论作为一种福利制度的中国宗族》，《青海民族研究》2015年第1期。

三 开展山西宗族研究的初步设想

基于上述学术史和宗族概念的重新理解,笔者认为当前宗族研究在山西的实践,不妨从以下四个层面来进行研究和整合。

第一层面,从水利的立场出发研究宗族。以水为中心是山西大学中国社会史研究中心开展明清以来山西区域社会史研究的一个重要切入点,在行龙教授"走向田野与社会"学术理念指导下,他们凝练出"水利社会"这一中观区域社会史研究理论,在开展以水为中心的整体社会史研究过程中,主张从类型学视角出发,将山西水利社会区分为"泉域社会""流域社会""沟域社会""湖域社会"等多种类型,围绕水资源的开发利用、社会组织、制度、文化习俗等,形成了他们对明清以来水资源日益匮乏条件下山西区域社会历史变迁的总体认识。① 近年来,随着研究的深化,我们发现原先为研究者所忽视的"宗族"问题与水利资源开发利用、地域社会的历史变迁之间存在着密切关系,将宗族研究引入水利社会史,实现由水利而宗族,将二者有机地结合起来,进一步讨论宗族、水利、市场、祭祀等中层理论之间的相互关系,成为山西区域社会史研究中一个新的学术增长点②。这样就有可能站在水利的立场,结合宗族问题的研究,开辟出一个宗族研究的新区域,并与学界已有的山西宗族研究形成呼应并展开积极的学术对话,学术前景令人期待。

第二层面,在一个更为广泛的层面探讨山西区域社会中的宗族问题。在研究中,我们时常看到山西区域内存在众多的世家大族,如河东裴氏、太原王氏、万荣薛氏、永济杨氏,以及大量的汉人世侯宗族,如平遥梁

---

① 参见张俊峰《水利社会的类型——明清以来洪洞水利与乡村社会变迁》,北京大学出版社2012年版。

② 参见张俊峰《神明与祖先:台骀信仰与明清以来汾河流域的宗族建构》,《上海师范大学学报》2015年第1期;张俊峰、张瑜《清以来山西水利社会中的宗族势力——基于汾河流域若干典型案例的调查与分析》,《人类学研究》第三辑,浙江大学出版社2013年版;张俊峰、武丽伟《明以来山西水利社会中的宗族——以晋水流域北大寺武氏宗族为中心》,《青海民族研究》2015年第2期。

瑛家族、定襄周氏、武氏、浑源孙氏、曲沃靳氏、阳泉和河津的史氏等①。山西的宗族资料十分丰富，而目前大规模的宗族研究并未展开。虽然常建华、赵世瑜等知名学者已经做过不少颇有影响的研究工作，极富启迪意义。但还有大量的系统资料发掘、田野调查和研究工作有待进一步加深和强化。在此，我们认为率先开展对山西地区宋金元时代和明清以来相继出现的大姓望族的研究很有必要。科大卫也曾惊叹道："山西的地方历史史料非常丰富，但其地方历史一直未被仔细研究过，真是奇怪得很。"② 对于科氏的这一批评，我们也理应做出必要的反思与回应。

第三层面，从中国近现代史学科视域出发，研究山西地域的商业性宗族也不可或缺。明清时期，晋商对山西区域社会的发展做出过重要贡献，是海内外著名的商业群体，过去在经济史的研究中虽有所涉及，但是，以宗族建构实践为主题的研究是个很大的缺憾，晋商宗族研究在开展山西宗族史研究中理应成为一个重要的组成部分。同时，由晋商宗族研究，也可以进一步响应或回应华南研究者提出的宗族庶民化、常建华的宗族乡约化等问题。

第四层面，要大力开展新中国成立后山西新修谱牒的研究，尤其是1949—1979年这30年间的新谱研究。关于新谱，最近上海师范大学钱杭教授已经给出了一个确切的定义："是相对于中华人民共和国成立之前所编、刻、印、抄而成之'旧谱'而言的谱牒类文献。"他进一步将新谱区分为1949—1979年和1980年以后两个阶段，将前三十年的新修谱牒区分为"新旧谱"和"半新谱"，1980年以后形成的谱牒成为"全新谱"。③ 笔者认为，1949—1979年，即所谓集体化时代的新谱研究应当是一个重点领域。对于谱牒学而言，诚如钱杭教授所提出的那样，在时段上、内容上均具有显著的时代特性，且长期为学界所忽略。对于社会史而言，

---

① 关于汉人世侯，国内外金元史研究的学者早有涉及，可供参考的论文有饭山知保《蒙元支配与晋北地区地方精英阶层的变动》，载李治安主编《元史论丛》2005年第10辑，第39页。王霞蔚《金元以来山西汉人世侯的历史变迁——以平遥梁瑛家族为例》，《中国社会历史评论》2011年第12卷，第140—150页。

② 科大卫：《皇帝和祖宗：华南的国家与宗族》，江苏人民出版社2010年版。

③ 钱杭：《关注"新谱"——中国谱学史研究的深化之路》，《光明日报》2014年5月27日第16版。

旗帜鲜明地从社会史角度开展集体化时代中国乡村社会研究，已经是当前中国史学界一个很受关注的新领域。[①] 笔者所在的山西大学中国社会史研究中心在集体化时代山西农村档案文献资料收集方面已经做了不少工作。我们发现，在进行村庄一级档案资料的收集过程中，与之并存数量最多的文献类型，就是家谱、碑刻和契约文书。因此，以形成于集体化时代的新谱为切入点，对于侧重于村庄档案为中心的集体化时代研究而言也是一个极大的推动。

就开展宗族研究的条件而言，我们认为在山西地区有着很好的条件。实践表明，这里有着非常丰富的宗族资料和很好的研究基础。山西省家谱中心是华北地区开展家谱收藏和数据化整理最早的资料中心，与美国犹他家谱学会有着长期密切的联系。山西省图书馆也建有专门的家谱数据库，系统收集以山西地区为中心的族谱资料，山西各地宗族碑刻资料汗牛充栋，管见所及太原晋祠东庄高氏、花塔村张氏、北大寺武氏、王郭村王氏、曲沃曲村靳氏等，都有宗族碑刻陈列于本族祠堂或当地寺院中；山西民间的寻根祭祖活动更是数不胜数，如河曲南沟的周氏宗族，"网上织网"重修家谱，一时间在网络上引起轰动，已成为我们观察宗族实践活动的一个现实例证。此外，在田野调查中，宗族是最容易进入的一个话题，聊起宗族，人们经常会主动拿出家谱神轴，滔滔不绝地讲述家族的故事。在现实生活中，还存在大量的宗族实践、建构活动等，这为我们的研究提供了条件、可能与保障。

最后要强调的是，学界关于宗族的认识，无论是功能性的实体、系谱、文化符号，还是先验的归属感，或是实践活动，都是几代学者研究经验的积累，对此，我们应当充分尊重。在研究中，我们只有灵活运用前人的成果，并积极对话、争鸣，才能真正有利于山西区域的宗族研究。桃李不言，下自成蹊，希望通过对山西地区宗族社会史的研究实践，努力提出黄土高原的本土化宗族概念、类型，进一步丰富并推动当前国内外历史学界对中国宗族问题的认识和理解。

---

① 行龙：《自下而上：当代中国农村社会研究的社会史视角》，《当代中国史研究》2009年第4期；行龙：《资料革命：中国当代社会史研究的基础工作》，《河北学刊》2012年第2期。

京津冀区域社会

京津冀区域：近代社会文化生态考察

李长莉

(中国社会科学院近代史研究所)

"京津冀一体化"（或称"京津冀协同发展"），是最近国家发展战略中提出的一个新的区域发展规划，并已开始快速推进实施。这对于京津冀地区发展将是一个时代转折点，必将对这一地区社会发展和民众生活带来极大的多方面影响，如今这一影响的效应已经开始显现。但对于京津冀一体化如何实施、效果如何、未来前景等，无论是负责规划的专家官员，还是生活其中的民众，都很关心，有不少议论，也不乏各种疑虑和争议。而且三地官民从各自角度权衡利弊得失，各有不同的感受。因此需要各方面人员对与此相关的问题加强研究，以尽可能做出趋近理性、科学、全面、稳妥的判断和规划，使得这一区域性改革趋利避害，造福于国家和人民。京津冀现状，是由历史演变积淀而来，因此，摸清京津冀区域关系的历史脉络，考察各方面的历史积淀，揭示历史演变与当今现状的联系及其影响，是现实向历史学者提出的一个紧迫课题。

"京津冀一体化"不只是简单的行政区联合，而且涉及社会、经济、文化等各种资源的重新配置，因此要分析各地社会文化等软件的差异与共性，考虑其契合度、匹配度，包括社会风俗、生活方式、思想观念、民风民俗、社会流动等，这些是区域一体化发展的基础和土壤，是软性环境，也可以概括为"社会文化生态"。因此，立足今天，回溯考察京津冀区域社会文化生态变迁的历史，有助于认识与思考"京津冀一体化"实施的内在软潜力及效应。本文仅先作一宏观综合性梳理，以期推动这一领域的研究。

京津冀区域与以往区域史研究中的区域不同，这是一个跨省市、以首都为中心的区域，这在全国是独特的。以往与京津冀有关的区域史研究，有北京、天津、保定、石家庄等城市史，也有河北省史志（新中国成立前天津也属河北省），但还未见将京津冀作为一个区域整体的研究成果。京津冀一体化的现时决策，提出了这样一个跨行政区划的新视角，促使我们从这样一个新的区域视角，来回望考察这一区域的历史变迁。这对于我们历史学者来说，是一个新课题，是亟待我们去研究、开掘的新研究领域。本文只是作为一个开头的引子，提出这一新课题，并从社会文化生态这一视角略作考察，以求抛砖引玉，希望引起有志研究者对这一课题进一步展开研究。

一 "京津冀区域"与"社会文化生态"

中国史学界自 20 世纪 90 年代兴起"区域史研究"，与重点记述建置沿革、风俗物产等地方状况的地方志，以及偏于记述政治事件人物的地方史等传统书写方式有所不同，新"区域史研究"更加注重区域内社会、经济、文化、政治等诸因素的相互联系及综合作用，力求深入考察地域社会文化特性，探索地方性与普遍性之间的关系。在近代区域史研究中"区域"的概念，一般以行政区划的省、市或具有一定共同性的自然、经济、行政区域为界定范围（如长江流域、江浙、华北等）。"京津冀区域"则是一个与以往不同的首都及周边地域交叉又跨行政区划的新型区域概念。

"京津冀区域"从现在的行政区划而言，由首都北京市、天津直辖市及河北省二市一省组成，三地不仅在地理上相互交错、彼此环绕，而且这一地域具有深远的"一体性"历史渊源。三地战国时期分属燕国与赵国，汉朝、三国时称冀州，宋朝为大名府，明朝迁都北京后为京师地区，清朝称直隶（北京为顺天府），1928 年后改称河北省（北部部分地区民国时期曾划入新增设的热河省及察哈尔省），新中国成立后沿续河北省，北京、天津为直辖市（天津 1958—1966 年为河北省辖）。从地域行政区划的历史变迁来看，京津冀区域一体性有深远的历史流脉。

明清以来，定都北京，形成这一区域的特殊关系，京师直隶地区负有拱卫和服务京城的功能。省会保定被称为"畿辅首善之区",是北京通往南方的陆路门户,天津则是京杭大运河的枢纽、北京通往南方的水路津梁。自1860年第二次鸦片战争后,天津开口通商,京津冀区域格局发生了重要变化。一方面天津地位迅速上升,虽仍属直隶,但成为北方地区对外通商、洋务及海防重心,也成为保定之外的另一个省中心,且重要性日益超过保定,形成了以北京为中心,以直隶、天津和保定两翼拱卫京师的区域格局。另一方面,晚清以后海上轮船航线及陆地铁路相继开通,由南方往来天津,及与北京、保定间交通日趋便利,京津冀区域关系更加密切,一体化程度强化,对全国的影响力也增强。直至1928年国民政府取代北洋政府,定都南京,政治中心南移,京津冀区域对全国的影响力有所减弱,但仍是北方的中心。1937年日本侵占华北,建立日伪统治,这一区域受到重大损害,直至1945年抗日战争胜利才恢复建制。1949年新中国成立后,再次定都北京,京津冀区域地位及影响力也再度上升。可见近代以来,京津冀区域一直是一个重要的特殊区域,尤其是1900—1928年以北京为中心政治变动剧烈时期,这一区域特性更加凸显,全国性影响力也较大,对此后这一区域发展产生了深远影响。因此,超越以现在省市区划为界的区域史划分,开辟跨域"京津冀区域史"研究领域,是一个具有历史与现实意义的新研究路径。

研究"京津冀区域史"可以有多种视角,着眼于区域基础状况的"社会文化生态史"可以说是对这一区域作基础研究的视角,也是一个新的史学研究概念。

"生态学"是19世纪中叶提出的生物学概念,研究生物与自然环境的相互作用关系。后来有社会学家提出"社会生态学",研究人类社会与环境的相互作用。又有人类学家提出"文化生态学",研究人类文化与环境的相互作用。"社会文化生态"这一说法,在媒体上偶见,但基本上都是非学术性的泛用,还未见有确定的学科体系、有确定学术界说的"社会文化生态学"。如果将"社会文化生态"作为一个学术概念的话,应当是一种综合社会生态学与文化生态学,跨学科、多角度的综合交叉性的概念。在史学界,也尚未见有明确提出"社会文化生态史"的概念,但已有用"社会文化生态"这一词汇。台湾学者王尔敏2009年出版《明清社会文化生态》（广西师范大学出版社）一书，应是首次也是迄今少有的以"社会文化生态"这个词命名的一本史学著作。此书是汇集作者对明清时期经济发展、社会风气以及社会思潮变化的专题研究论文的结集，也许由于各篇论文内容涉及经济、社会、文化等诸多方面，作者也产生一些与"生态"一词相关的联想，遂以"社会文化生态"这个涵盖广泛，又有一定关联性的词汇命名。但书中并未对"社会文化生态"这个词作概念上的解说与界定，全书也并非以"社会文化生态"构建体系，因此，此书所用的"社会文化生态"一词，还不是一个正式的学术研究概念，而只是一个泛化的词汇。

在此提出"社会文化生态史"这个概念，是综合借鉴上述各学科的理论方法，建构一个适合于史学研究的新的学术概念或新视角。"社会文化生态史"，即研究社会文化与环境相互作用的状态、机制及其演变历史的一门学问。与专注单一领域纵向变迁的专史研究方法相比，这是一种强调社会变迁中多因素相互作用、相互联系、互动关系、综合效应等网状关系的研究方法或学术视角。运用这一新视角，可以与专史视角相互补充，以求对历史更加全面、深入地考察。这一新视角也可以拓展历史研究的新领域和新方向。

由于"社会文化生态史"这一视角注重多元性、联系性、互动性、综合性，把握利用这一视角进行研究具有较大难度。因此，在进行具体研究时，可以从范围或体量上作一限定，也可从多种元素中选取若干特定元素，这些都可据研究者的视角和关注问题而定，以更便于进行典型性的深入研究。从限定空间角度以特定区域为范围的"区域社会文化生态史"就是一个较好的研究路径。

结合前述对"京津冀区域"的界定，运用"社会文化生态史"这一新视角，进行"京津冀区域社会文化生态史"的研究，对这一特定区域社会文化诸因素与环境互动变迁历史进行考察，应是一个有拓展空间的新研究方向，也是一个有现实意义的研究课题。在此提出这一新研究路向，并从近代这一区域若干社会文化元素与环境互动形成的生态及其效应试作一初步探讨。

二 省会流转与区域社会生态

区域界定的首要因素是行政区划，这是国家管理社会的基本制度，自古以来，中国历朝政府将属地划分区域，派驻官员进行管理，是中央政府统治辖地的主要标志。满人取代明朝入主中原建立清朝，定都北京，将明京师地区设为直隶，直属中央政府，位列其他各行省之首，赋予其拱卫京城之功能。

行省的中心和心脏是省长官驻扎地省城，即省会，为全省行政、经济及文化中心，也是官府控制各种地方资源的总汇之地。自清初迄今三百多年间，河北省会屡经流转，近代以后变动尤其频繁。清初直隶省会曾在大名、真定（今正定），康熙八年（1669）移保定，此后直至晚清共二百余年未变。直隶原设巡抚，雍正二年（1724）改直隶巡抚为总督，以一省设总督，与全国大部分地方两省设总督相比，更凸显直隶地位之重。第二次鸦片战争天津开口通商后，设三口通商大臣于天津，同治九年（1870）直隶总督兼北洋通商大臣，夏住天津，冬住保定，直隶遂形成实际上保定、天津双省会的特殊格局。至光绪二十八年（1902）后，省会移天津，北洋政府时期沿之。1928年国民党统一全国后，建都南京，北京改称北平，降为省级城市，直隶省改河北省，地位也随之下降，省会由天津迁至北平。1930年，省会又从北平迁至天津，1935年从天津移驻保定。1937年日军侵占河北省，成立日伪省政府，国民政府河北省政府撤离，迁至河南，成为流亡政府。1945年抗战胜利后，国民政府所属河北省政府迁至北平，次年迁至保定，1947年又迁回北平。1949年中华人民共和国成立，建都北京，以天津为直辖市，河北省会为保定。1958年天津市又划归河北省，省会由保定迁至天津。1966年4月，省会又由天津迁至保定，天津改为直辖市。1968年1月，省会由保定迁至石家庄市，至今未变。

清朝以来河北（直隶）省会移动情况表①

年份	省会移驻城市
清初	大名
清初	真（正）定
1669（康熙八年）	保定
1870（同治九年）	保定、天津（总督兼北洋大臣冬住保定，夏住天津）
1902（光绪二十八年）	天津
1928	北平（直隶省改河北省）
1930	天津
1935	保定
1937	天津（日伪政权）
1939	保定（日伪政权）
1945	北平
1946	保定
1947	北平
1949	保定
1958	天津（1949年1月至1958年2月为中央直辖市，1967年1月恢复为直辖市）
1966	保定
1968年至今	石家庄

由上可见，自清初至今河北省会共变动17次，特别是1870—1968年的100年间，省会在保定、天津、北京三地之间频繁流转移动达14次之多，其中1870—1949年的80年间移动11次，平均约7年变动一次，其变换频率之高、次数之多、间隔之短，在历史上及全国都是独一无二的。这一现象正反映了这一百年间，跨越清代、中华民国、新中国三个时期，中国社会剧烈变动，而京津冀三地正处于政治变动的中心，省会频繁变动，正是全国政治剧烈变动产生的共振联动效应。这一现象也形成了近代京津冀区域的特殊政治环境和社会文化生态。

---

① 据河北省地方志编纂委员会编《河北省志》第2卷《建置志》（河北人民出版社1993年版）等编制。

近代河北省会在保定、天津、北京（平）三地之间频繁移动，反映了作为"首善之区"的河北省重心因时势变换而移动，以及三地关系的变动，也反映了三地的定位因政治时势的变动而发生变化，是政局变动对区域格局形成的联动效应。同时，三地作为省会时间的长短，也在一定程度上决定了全省各种资源在当地积淀的深浅程度。保定自清康熙八年（1669）定为省会后，直至光绪二十八年（1902），持续时间最长，达234年，而且主要是在近代前的传统时代，因此保定的传统资源积淀最为深厚。1860年第二次鸦片战争后，北方沿海的天津（直隶，今河北）、牛庄（奉天，今辽宁）、登州（山东）三口开放通商，清政府设立三口通商大臣，衙门设于天津，管理三口通商、关税、外交、海防、洋务等事务，成为管理北方对外事务的跨省长官。天津也成为北方地区通商、洋务、海防、外交等对外事务的总汇之地，地位快速上升。1870年三口通商大臣改为北洋通商大臣，并由直隶总督兼任，从此直隶总督成为兼有跨省管理对外事务的特殊职能。此后二十多年间，这一重要职位一直由实力派官僚李鸿章担任，他与京城朝廷具有特殊关系，深为清廷所倚重，以直隶为基地而成为权力首屈一指、超过全国各地方督抚的封疆大吏和辅政重臣。他作为直隶总督和北洋大臣双重身份，每年来往流转于保定和天津两个衙门之间，形成了实际上天津与保定双省会的格局。1901年李鸿章死于任上，袁世凯继任直隶总督兼北洋大臣直至1907年，以天津为基地推行地方自治，办理新政，颇有成效，深为清廷所倚重。1902年省会移至天津，直至1928年首都转为南京，天津一直为省会。

自1870—1949年的80年间，是中国社会变动及京津冀地区变动最为剧烈时期，省会在三地移动也最为频繁，其间保定为省会44年，天津67年（包括与保定双省会时期），北平（京）5年。天津在这一时期作为新省会持续时间最长，并经李鸿章和袁世凯两大重臣前后相继经营几十年，成为全省乃至全国各种近代新资源的荟萃集聚之地。北平只是1928年首都南移后，才作为河北省级城市而短时期作为河北省会，正反映了北平与河北省的尴尬关系，其时间短暂也使得其难以整合汇聚省内资源。

京、津、保从地理上也恰成国家心脏部位的三角，省会虽然在三地之间频繁移动，但汇集全省的各种资源，不会马上完全跟随省会在短时间内迁移，仍然会有一定的留存、延置、联系、共享等，因此三地形成了十分密切的资源流动与共有关系,构成关系密切、资源共有的三角形地域网络,区域一体化特征明显,这是近代京津冀区域社会生态的基础。

三 社会流动与区域文化生态

清末民初,政局变动,京津冀区域变动剧烈,政治、经济、文化等资源流动与配置随之变动,对社会生活造成的一个重要影响是社会流动的结构、流向、范围与数量发生变化,对区域文化生态产生影响,社会流动与文化生态形成互动效应。

如天津是早期新式教育的一个重要基地。1870年李鸿章任直隶总督兼北洋大臣后,开始以天津为基地兴办洋务、编练新式海陆军,为了培养新式军事人才,陆续开办了多所军事技术学堂,如水雷学堂、北洋水师学堂、电报学堂、北洋武备学堂、西医学堂等,使天津成为甲午战争前全国新式学堂数量最多、新式技术人才最为集中之地[①]。

清末新政时期,袁世凯继任直隶总督兼北洋大臣,并将省会改为天津而为常驻之地。他自甲午战争后主持在天津小站编练北洋新军起家,任直隶总督后又以天津为基地举办新政、搞地方自治,成为全国的样板。但是,由于庚子国变之后,列强逼迫清政府签订《辛丑条约》中规定,天津附近不得驻兵,袁世凯便把北洋新军的基地移至保定,在保定创办军事学校,以培养军队人才和干部。

1902年袁世凯在保定东关外创练常备军(新军)并设军政司(旋改督练公所),下设兵备、参谋、教练三处。5月,袁世凯奏准在保定东关外开办"北洋行营将弁学堂"。1903年袁世凯又奏请开办陆军小学堂、中学堂、大学堂,进行正规军事教育训练。当年在保定建成"北洋陆军速成武备学堂",于8月开始第一届招生。1906年,清政府为了统一兵制,将兵权收回中央,设立陆军部,同年8月将北洋陆军速成武备学堂停办,在该校原址创设"通国陆军速成武备学堂",成为第一所直属中央陆军部管辖的全国性军事学堂。至1911年前还陆续在保定校址开办陆军军官学

[①] 关于洋务学堂情况,可参见李长莉《先觉者的悲剧——洋务知识分子研究》,学林出版社1993年版,第33—38页。

堂、陆军预备大学堂等。1912年袁世凯任中华民国总统后，任命段祺瑞为陆军总长，当年7月，经陆军部批准把陆军预备大学堂搬至北京，并更名为陆军大学。10月，于保定原址开办保定陆军军官学校。保定这些军校培养了一大批军事人才，对于此后中国社会产生了深远影响，使得保定的社会文化生态与中国军事政治人才之间，产生了互动效应。保定陆军军官学校（简称保定军校），自其前身1902年创办的"北洋行营将弁学堂"起，直至1923年停办，前后延续21年，共训练了近1万名军官，其中1600多人获得将军头衔。这些人遍布后来的军界和政界，在中国近代政治舞台上发挥了重要作用。[①] 保定军校因而与后期的广东黄埔军校齐名，成为我国近代培养军事政治人才的基地。北保定、南黄埔；前保定、后黄埔，并称为中国近代将军的摇篮。

保定在此期间虽然不再是省会，但又转而成为军事政治人才培养基地，而且超越直隶省区域性而成为全国性军政人才培养基地。保定乃至直隶的社会流动与文化生态发生相应变化。下面以1907年入陆军部"通国陆军速成武备学堂"学生蒋介石自述《中华民国六年前事略》[②]回忆在保定军校生活为例，考察此时蒋介石作为一个浙江年轻读书人在保定军校的学习生活与文化生态之间的互动状况。虽然他在保定军校仅数月，其这篇回忆自述也较简略，但可从中窥见他亲身经历的保定军校文化生态的一些场景。

1. 浙江青年入保定军校的跨地域流动

袁世凯于1902年、1903年在保定先后设立的"北洋行营将弁学堂""北洋陆军速成武备学堂"，本来是为他属下的北洋新军培养人才，所招学生也主要以直隶本地人为主。1906年，清政府设陆军部，将保定武备学堂收归陆军部直属，改称"通国陆军速成武备学堂"，使保定军校由地区性上升为全国性，是第一个中央政府直属全国性军事人才培养基地。该校扩大到面向全国招生，各省限定考送名额，主要由各省军队弁目、

---

① 参见郑志廷、张秋山《保定陆军学堂暨军官学校史略》，人民出版社2005年版；张力云《从北洋武备学堂到保定陆军军官学校》，http://blog.sina.com.cn/s/blog_6753f3ef0102v9el.html。

② 此篇蒋介石亲撰自述作为《蒋介石日记》的组成部分，藏于美国斯坦福大学胡佛档案馆。

军事学堂学生等选送，少量从社会上招考。而当时正值科举废除，年轻读书人缺乏出路，又值富国强兵、救亡图存的社会思潮盛行，年轻读书人遂纷纷以投考军校为出路，全国精英人才向保定流动、会聚，因而才有了远在一千余公里之外浙江的蒋介石，千里迢迢、车船周转、跨越数省而来到保定入军校。

蒋介石（1887—1975年）出身浙江奉化普通盐商家庭，少年丧父，孤儿寡母备受欺凌，遂立志上进，以求出人头地。他少承旧学，后逐新潮，1906年4月，年仅19岁的他不顾族人劝阻而自费赴日本求学，但因志在军事而无清政府保送不能进入日本陆军学校，故当年冬即回国。第二年春，恰遇陆军部"通国陆军速成武备学堂"向全国招生，蒋闻讯即从家乡溪口赶往省城杭州投考。他自述投考保定军校的情形道："春往杭州……陆军部保定全国陆军速成学堂招考，须由各省督练公所考送。当时投考者千余人，而所招之额除武备弁目等各校保送外，所余者只十四名，余竟获选。""宁波六县中当选者又仅余一人而已。"第一所全国性军事学校招生，浙省招生名额为40人，而投考者达千余人，足见知识青年投考军校之热烈，而除了地方官校等保送外，向社会青年招生名额仅14名，足见竞争之激烈，蒋以宁波六县中仅取中一人，应是百里挑一的青年优秀人才。

蒋于是夏与浙省同乡一起北上保定，他记述临行前母亲给他一百元银洋，而"当时当选同学皆穷苦者为多……此时余虽只有百圆，然实为同学（之中）最富者，凡同学拮据或病痛向余告贷者，余必力资以周之"。由此看来，考上同学多为贫穷家庭出身，而在考试竞争中能脱颖而出，也多为贫穷有志、好学上进的青年才俊。蒋虽家中经商而略有积蓄，但他自少失父，饱尝旧乡族制度之苦，自少即立志求上进、成大业。这批来自全国各地、出身中下层、才学优异、立志上进的青年，作为第一所全国军校的第一期学生，会集保定军校，成为未来军政后备人才，也成为后起的社会力量。

2. 军校师生群体关系及效应

保定军校为第一所面向全国招生的军校，师生构成多样、来自地域不同，形成跨越地域、阶层、族群的不同层次的群体，形成多元多样的学生群体及师生群体关系。

第一，学生群体关系。

起初最重要的是传统的各省、县籍同乡关系，形成同乡群体。蒋自述道："到保定后，余既病，人皆有同乡与亲友为之助理，惟余则举目无亲，无人招呼，惟日夜思念家母而已。"蒋因宁波六县中仅其一人入选，因而举目无亲，缺乏同乡亲友群体关系的照应，这正是新式全国性学堂招生造成的跨地域流动，使以往同乡群体关系有所减弱。

第二层学生群体关系是入学后形成同窗同学关系群体，由于同乡关系减弱，跨地域的同学关系遂增强。如与蒋同为第一期入学，而来自四川的张群，由保定军校与蒋同学结缘，后又一同赴日本军校留学，此后成为终生追随蒋的亲信密友、得力幕僚。而保定军校前后校友，更成为蒋日后军政事业的主要人才群体。

第三层学生群体关系是满汉族群关系。保定军校全国招生，北京满人子弟与各地汉人青年共学于一堂，又值反满革命风潮渐兴之时，满汉群体关系突出。蒋自述道："当在学堂肄业期间，同学之间，满汉畛域甚明。……当时同队中，惟余一人无发辫，故满人对余自益注目，余亦时加警惕，谨慎小心，深自藏拙。"保定军校满汉同窗，但畛域分明，反映了满汉矛盾的公开化，汉人知识青年中反满革命意识渐萌，故与满人势成对抗。蒋介石因前一年赴日留学而剪掉了发辫，此举虽在留学人员中已较普遍，但在风气保守的北方，特别是清政府直属的保定军校，剪辫隐含的反满意味，自然难以避免刺激满人心理，或被视为激进、异类，甚至被视为有反清倾向的革命党。蒋以剪辫唯此一人，自然备受注目，蒋因此而"谨慎小心，深自藏拙"，反映了保定军校满汉学生同校，日益尖锐的满汉矛盾在军校内的投射。

第二，师生关系中外与世代矛盾。

首先是学生与日本教官关系。保定军校聘请日本教官为学生上课，蒋在自述中记述了他在日本医学教官课堂上发生的一幕：有一天，日本军医教官在讲堂桌上放了一块土，用以讲解微生物原理，解释说这一块土"好比中国一国，中国人在中国有四万万人，总如四万万微生虫寄生在此土内一样"。这番话明显带有对中国人侮辱意味，蒋身为胸怀志向的热血青年，当即拍案而起，他自述"余闻此言，实不能再忍，愤激之情出于天性"，当时他明知按军校校规，公然反对教官轻则除名回籍，追缴学费，重则被监押拘禁，但他"愤不顾身……驰至讲台之上，分此土为八块"，直面日本教官质问道："你日本有五千万人，是土亦像五千万微生虫寄生在此八分之一之土内一样呢？"蒋以一初入校新生，在讲堂上当众反驳日本教官，在当时军校氛围之下实为出人意料之举，当即引起满堂震惊，"各同学闻余质问，全堂为之失色，而日本教官无言可对，竟恼羞成怒，他又见余无发辫，就指向余曰：你是革命党！"蒋毫无惧色，挺身指责日本教官说，你指"我们中国人皆是虫，没有一个人"，显为对中国人的侮辱。"这位日本教官更难下台，只说：'你这学生，真放肆无忌，不守规矩，我去报告总办再说，罢了。'"由蒋亲述在保定军校与日本教官当堂对抗的这番爱国壮举的情景，可以感受当时军校学生与日本教官的复杂关系，作为弱国之民既要以日本人为师，又遭受其侮辱的时代氛围，而蒋以热血青年不计个人利害而当堂反抗的爱国情怀和超人勇气，反映了当时有志爱国青年的风貌。蒋也因此事件而受到同学的敬佩，引起全校师生注意。

这一事件反映了清末时期，经庚子国变，中国面临亡国灭种之危，开始仿效日本、学习西方，实行新政，同时富国强兵、救亡图存、抵抗外辱的社会思潮在知识青年中涌动。在保定军校这一保守之地，蒋这位来自浙江较为开化地区，并曾经留学日本、受到新思想启发的有志青年，在面对日本教官侮辱中国言行面前，敢于不顾个人前途安危，起而抗争，反映了当时他所代表的有志青年的勇气，也反映了这时期中国贫弱落后正奋起革新、受外强压迫又不得不向外强学习的困窘境地。

再看军校中本国师生关系。保定军校的总办及教职员，多为清官场和兵营学堂的旧式官僚、旧教官，知识新旧掺杂，观念保守，旧官场习气严重，身份职责所系，他们仍属清旧官僚营垒，特别是京津冀一带保守风气浓厚，他们在政治观念与政治态度上与青年学生不同。在蒋这位受新社会思潮影响的青年学生看来，"官长闻革命之言，莫不为之色变而老朽殊不堪言"。但毕竟时势所趋，世风所向，他们的观念也受到新世代的影响而有所变化。如蒋以剪掉发辫的形象而能够被录取，可见军校管理者对激进青年仍有一定的包容度。军校总办赵理泰是出身北洋武备学堂、长期任职军事学堂、旧习气较重的官僚，发生蒋与日本教官冲突风波后，赵并未应日本教官要求对蒋严厉惩办，只是令监督对蒋"严加训斥",不许其以后当堂顶撞教官了事。由此可见,赵也认为日本教官辱华言论其错在先,对蒋行为予以一定理解宽容。虽然经此事件后,蒋感到"满人与官长防余更甚",但似乎总办及"官长"并未对他过于为难。在数月后军校选拔赴日留学生时,总办还对本不符合条件但积极申请的蒋介石予以特殊关照,破格予以录取,可见赵对蒋的"激进"形象和爱国勇气,还是有一定的包容和理解,或许还有一定程度的赏识。保定军校的师生群体就是在这样多元矛盾中共存,并相互影响,反映了这一特殊时势、特殊环境下的文化生态。

四 结 语

京津冀区域具有一体化的历史渊源,除历史地理因素之外,近代以后,特别是1870—1949年河北省会在保定、天津、北平(京)三地间频繁流转,资源共有,形成了一体化的密切关系,构成近代京津冀区域社会生态的基础。

清末民初省会流转及各种资源的变动配置,对区域文化生态产生重要影响。如清末新政时期保定设立军事学校,成为军事人才培养基地,并从地方性扩展为全国性,产生了深远的社会效应。蒋介石自述1907年在保定军校生活情形,展现了保定军校扩展为全国性军校后,引起全国性人才流动和文化生态的变化,学生群体关系及师生关系,反映了新旧、南北、中外、世代等不同群体关系及矛盾。

近代京津冀区域具有跨省市、首都中心等特点,对这一区域的特点及近代社会文化生态变化加以考察,有助于观察这一特殊区域社会文化生态的历史变迁过程及其机制、特点,对于认识和处理当今京津冀区域一体化的现实课题会有所帮助。

悔携破砚上长安：
清末京官王庆云的"北漂"生活
——以《荆花馆日记》为核心的研究

李学通

（中国社会科学院近代史研究所）

包罗万象的社会学和不断创新的历史学，越来越关注人们的日常生活，并试图加以考察和分析，使我们对历史——那个我们先辈们曾经生活的社会，有一个更全面、更真切的了解和认识。特别是那些我们今天社会生活中遇到的现实问题，总想在昨天的历史中找到可参照的经历和经验。

今天中国社会中的"北漂"一词，是特指那些非北京户口或非北京地区出生，而在北京生活和工作的外乡人。尽管他们实现了在北京就业，但因为这些身份，使他们在生活和心态上有一些共同的特征，如租房而居，没有固定的住所，对北京的社会习俗存在隔膜，缺少认同感，从生活状况和心态上给人漂泊不定的感觉。

本文中的清末京官王庆云，虽然与今天的"北漂一族"不可简单类比，但从他所留存于世的、保留有自道光二十六年至咸丰三年总共近八年，相当丰富日常生活记录的《荆花馆日记》中，我们可以看到，清末社会中，王庆云的日常生活也竟然与今天的"北漂"有许多共同的特征。本文即欲从清末京官日常生活的角度，对《荆花馆日记》相关内容作一介绍与解读，力图在宏大叙事之外的细节中，看到清代历史的另一层面。

王庆云的京官履历

王庆云，字家镶，号雁汀，福建闽县人，生于清嘉庆三年（1798），卒于同治元年（1862）。嘉庆二十一年（1816）入县学，22岁中举后，十年间他曾先后五上公车——五度进京会试，终于道光九年（1829）33岁时会试中贡士第56名，殿试二甲第20名，赐进士出身，以朝考第10名入选翰林院庶吉士。道光十二年（1832）四月散馆，列一等，授翰林院编修。道光十四年（1834），奉命典试广西，任乡试正考官。道光十七年（1837）初，任功臣馆纂修、国史馆协修，八月出任贵州学政三年。除道光二十二年至道光二十五年丁忧在籍四年外，王庆云在京师翰林院、顺天府、户部等衙门任职、生活十余年。咸丰三年（1853），简放陕西巡抚，四年末调补山西巡抚，七年六月出任四川总督。咸丰九年四月，咸丰帝特调其出任两广总督，行至湖北，病发请辞。同治帝登极前，降旨征召起用退闲官员，授都察院左都御史，旋改授工部尚书，未到任而病殁，赐谥"文勤"。

王庆云京官履历的基本内容，他自己用三句话概括为：起家词馆，两权京兆，三载农司。

自道光九年会试以后，33岁的王庆云即开始居京生活。先是三年翰林院庶吉士，二年翰林院编修。道光十四年五月曾经奉命典试广西，随即丁忧回籍，道光十七年正月服阕，再次入都供职。在翰林院，充功臣馆纂修、国史馆协修，不到一年，于同年八月简放贵州学政。道光二十一年初，王庆云贵州学政三年任满，回京复命，初仍在翰林院，负责教习辛丑科庶吉士，充功臣馆纂修、国史馆纂修。居京又不到一年时间，再度因其父于九月殁于福州，即撑眷返籍。此前他先后陆续在京生活了近7年时间。

在籍丁忧，盘桓四年之后，直至道光二十五年十一月，王庆云方别亲北上，次年二月到京，继续任职翰林院，充文渊阁校理、国史馆提调。道光二十七年五月，翰詹大考，王庆云列名第一，开始受到道光皇帝的关注，先是由正七品编修超擢从四品侍讲学士，充日讲起居注官，翌年七月，转补侍读学士。道光二十九年，以读学第三升授正四品通政使司副使。不过两年由编修升至正四品，未做过翰詹五六品官。这正是王庆云"起家词馆"时期。

虽因翰詹大考而出名,但他官运的真正转折点,是在咸丰帝即位后。咸丰皇帝即位后,命大臣保荐人才,王庆云得到好友、礼部侍郎曾国藩的举荐,三月诏擢詹事府詹事,仍充日讲起居注官。该年十二月,王庆云奉命署理顺天府府尹,署事三阅月;交卸未旬日,又再次奉令派署,即使咸丰元年(1851)五月授户部左侍郎兼管三库事务后,王庆云仍兼署顺天府尹,直至咸丰二年十一月末,是所谓"两权京兆"。可以说王庆云是个纯粹意义上的"京官",因他不仅仅是一个在京师生活的官员,更是一个主管首都地方的最高行政长官。

自咸丰元年五月擢授户部左侍郎兼管三库事务,咸丰二年二月奉旨署户部右侍郎兼管钱法堂事务,至咸丰三年十一月简放陕西巡抚,王庆云任户部侍郎有二年半的时间。因户部掌理户籍财政,按古礼尚书又被称为大司农,侍郎称少司农,故又有"三载农司"之说。

从道光九年(1829)会试以后至咸丰三年(1853)十一月简放陕西巡抚,除道光十四年五月曾经奉命典试广西,随即丁忧回籍3年,道光十七年八月至道光二十年末出任贵州学政3年,道光二十二年至道光二十五年丁忧在籍4年外,王庆云在京师任职、生活十余年。《荆花馆日记》中,记载保留自道光二十六年(1846)闰五月起至咸丰三年(1853)十一月,总共7年多京师日常生活记录。

这一时期,正值鸦片战争之后中国历史三千年未有之变局的开端。太平天国起义爆发,道光皇帝驾崩,新君咸丰继位,改朝换代。我们从日记中看到,京官王庆云的日常生活,基本还是传统的、旧的模式,但也可以看到一些变化,看到一些新因素的出现、新事物的萌发,新变革的酝酿。

入不敷出,经常借债

王庆云生于福建福州城南,据说其祖上业贾,曾经富饶,但他出生之时已家道衰落,家中生计颇窘。他5岁(周年4岁)入塾就读,因家中无力延师,附学伯姑林家,嘉庆二十一年19岁中秀才,入县学。王庆云从20岁以后一边学习,继续应试,一边入馆授徒,"以馆谷持家",以为人当家庭教师的收入养家，"先后授徒白石头乡叶家、程家"等。

王庆云出身贫寒，既非"富二代"亦非"官二代"，完全靠个人力学成才，通过科举之途，成为体制内的知识分子，用知识改变命运，打通向社会上层流动之路。

自道光九年会试以后，王庆云即留京学习、工作，特别是道光二十六年返京任职后，王庆云在翰林院当编修，充功臣馆纂修、国史馆纂修，从事清朝历史的研究编纂工作，还担任"研究生导师"——负责教习辛丑科庶吉士，包括状元张之万等8人，虽然在八月十二日"派署提调"，实际主持国史馆工作，但相对后期担任顺天府尹和户部侍郎而言，工作尚属清闲，每日多是读书写作，与师友朋僚交游酬应，吟诗习字，但薪俸也很低。尽管资俸为编检第一，而且俭朴节用，经济状况一直颇为窘迫拮据，生活堪称清贫。

从道光二十八年四月至咸丰三年的五年半的时间里，日记中有确切具体记载的，王庆云至少先后借债多次。具体记录为：

> 二十八年四月廿六日薄宦二十年，京师举债，自是日始。借萧三兄二百金，息分半。
> 二十九年十二月廿四日从星方借来百金。
> 三十年二月初二日借用苌生二百金。
> 四月初六日借用蔗翁百五十金，应于七月末还。
> 十月二十四日借用萧霈之银三百两，京平九九色，息一分五厘。生事交迫，势不能不举债，受之以节，庶它日不至负人。
> 十一月初三日先还西垣前辈银五十两。
> 咸丰元年九月十六日候龚太仆。前借百五十金，作两次还毕。①

---

① 据笔者考证如下：一、日记中所记蔗翁、西垣前辈、龚太仆应为一人，即龚文龄。龚文龄，榜名昌龄，福建侯官人，字蔗汀，号西园，一作西垣，道光二十九年至咸丰元年任太仆寺卿。龚为王庆云同乡前辈，故日记中或称之为蔗翁、西垣前辈，或称为龚太仆。二、由此可知，四月初六日借用蔗翁百五十金，应于七月末还。十一月初三日先还西垣前辈银五十两。咸丰元年九月十六日候龚太仆。前借百五十金，作两次还毕。此三处所记，实应为一次借债两次分还的记录。即于四月初六借百五十金，十一月初三日先还五十两，后于咸丰元年九月十六日还百两，共作两次还毕。而且四月所借150两，原计划七月末还，但实际不仅分两次，而且直到次年九月方还清。可见其经济窘迫之状。三、亦可知，文中所谓金，实指代银两，并非黄金。

咸丰三年十一月初一日，奉命简放陕西巡抚。出京前于十一月初七日昨晚借用天亨号银一千两。期六个月，至来年五月初六日，息八厘。

据此统计，王庆云居京期间先后多次借债，最多的一次借1000两，最少的一次借100两，以私人借债居多，一次向天亨号（商号或银号）拆借。兼署顺天府尹以后，特别是升至户部侍郎以后，即未再借债，可见随着职务的升迁，薪俸相应提高以后，经济情况稍有改善，但也并未有大的实质性的改变。接到陕西巡抚任命之后出京之前，大约因路途遥远，为筹措盘缠，他又向天亨号借银1000两。此款后于四年三月初七日，从陕西派人"解还天亨银一千两，息银四十八两"。

租房而居，七年八迁

京官王庆云之所以需要借债，一方面是因为京官薪俸低，另一方面也是因为家庭负担不小。当时在京随其居住者有妻有妾（日记中记为婢，其子所作年谱记为庶母），有子有女，有媳有孙，有仆有婢。因为家中人口众多，住房也是不小的问题。解决住房问题，不外自建、购买与租赁。清代京官的流动性很大，因为不断会有升转外放，或年迈返籍；又经常有丁忧回籍守制的可能，在北京一住数十年的人不多，所以租房更适合大多数汉族京官的生活状况，因此多数北漂的京官，大都赁屋而居。这也就促成了北京房屋租赁业的繁荣，有大量会馆和民居房屋常年专事出租。

据日记所载，王庆云单身一人在北京时，曾居住南城的琉璃厂四宝斋后身。自道光二十七年五月家眷进京后，又先后迁居米市胡同、椿树胡同、南横街，都是在外城。署理顺天府尹后，按清代制度要求，迁入顺天府衙门（鼓楼东大街）居住。卸任顺天府尹后，又先后在内城灯市口、烧酒胡同赁屋而居。加上琉璃厂四宝斋后身之前未注明地址的居所，王庆云在京七年半的生活，屡次迁徙，竟先后有八处居所，而且除顺天府署之外，均赁屋而居，直至外放赴任陕西巡抚，始终没有购房计划。

据有人研究，与王庆云同一时期在京任职的曾国藩，13年间总计搬家8次，其中仅道光二十年就换了5次住处。①

王庆云租房而居的具体情形如下：

> 道光二十六年九月廿二日移寓琉璃厂四宝斋后身。
> 二十七年六月十三日移寓于米市胡同。
> 二十九年二月十二日移居椿树胡同。
> 三十年三月初十日移寓南横街。
> 三十年十二月十五日署理顺天府尹后，于咸丰元年正月初十日眷属进署。
> 咸丰二年十一月廿二日交卸京尹篆务后。十二月初九日辰刻移居灯市口新宅。
> 咸丰三年四月初七日午刻移寓烧酒和［胡］同新居。（即今王府井大街的韶九胡同。）
> 十一月初一日午初闻有陕西巡抚之命。十二日巳刻出都……家眷定次日行。

从上述记载可以看到，王庆云在京生活的这几年，居住最久的是顺天府署，近两年时间；最短的琉璃厂四宝斋后身、灯市口，仅住了四个月。虽然没有到居无定所的程度，但给人的感觉确实是一种"北漂"的状态。

另外，所租房子的居住条件也不太好。道光二十七年五月，王庆云因准备搬家四处找房子，看中了一处，觉得"甚合式，因与接赁"，但终因租价问题而放弃，选了米市胡同稍差的房子。这固然与其崇尚节俭、不求宽敞奢华的生活态度有关，但深究此事，更与其不宽裕的经济条件相关联。五月廿八日的日记中，有这样一句话："余非不肯住宽宅，但于心不安耳。"（二十七年五月廿八日）米市胡同的房子甚至不是南向的正房，而是西晒的东屋，王庆云不得不前厅盖凉棚……藉此稍以蔽日。因为此屋朝向不好，而且冬天"夜，大风破屋，青灯荧然搦管成"（二十八年二月十一日）。夏天则"雨如注，寓屋墙坏"（六月廿六日）。他一家

---

① 张宏杰：《给曾国藩算算账》，中华书局2015年版，第54页。

又不得不先后移居椿树胡同和南横街。

王庆云也是个非常有生活情趣的人，虽然房屋不大，朝向不好，但仍然寓中移竹莳花，书画萧寂。

署理顺天府尹以后，按清朝制度，王庆云全家移入顺天府衙门居住。卸任后，因为担任户部侍郎，每天要入署办事，而且时常上朝、值班，再住外城非常不便，于是王庆云在"于趋朝赴署甚便"（咸丰二年十一月二十九日）的内城灯市口租了一套房子，但住了不到四个月就又搬了出来。咸丰三年四月初七移寓烧酒胡同新居。当天，他在日记中对房屋有这样一个评价："前寓灯市口，厅事宏敞，而雕绘太华，性颇不习。此屋虽狭，而联络谨严，实远胜之。"这只是前半句，后面还有半句话："且赁价不及其半，岁可省三百余缗。"

当时的银钱兑换比率，道光初年一两白银约换钱一千文，道光二十年以后，银贵钱贱，一两白银就可以换到制钱一千六七百文了。同一时期曾国藩的租房价格可为参考：道光二十年底，曾国藩在骡马市大街北的棉花六条胡同的房子，每月房租8000文，全年需银66.95两。道光二十四年迁居"极为宽敞"的前门外碾儿胡同，有房屋28间，月租3万文。年租金需251.04两。[①] 按此计算，当时银两与制钱的兑换价约一两银兑换一千四百余文。

如果照一两银兑换1400文折算，300缗（千文）即约合银214两。一个三品的顺天府尹，一年只有130两俸银，即使再加上130两的恩俸，年收入也只有260两白银。当然这不包括130斛的禄米。正二品的侍郎俸银也只有155两，加上恩俸也才310两，再有155斛的禄米。一年能省200多两银子，对于两袖清风的王庆云而言，当然是个需要算计的数字。

尽管内城的房屋租金贵，而且住在城南可以与朋友望衡对宇，有友朋之乐，但是此时的王庆云身膺要职，从公鲜暇，酬应恐无余力，欲于内城避喧。况内城于趋朝赴署甚便，于是仍不得不在内城赁屋而居。

有关他的居住情况，日记中还有一些记载颇有意思，那就是咸丰皇帝对王庆云的住房问题也很关心，在多次召见时问及他的住房问题。

担任顺天府尹后，咸丰元年四月十一日王庆云入朝报雨，在乾清宫

[①] 张宏杰：《给曾国藩算算账》，中华书局2015年版，第54页。

西暖阁，君臣二人有这样一段对话：

> 问：城外寓所是自己的？
> 答：是租的，寓所现在退还。
> 问：将来卸事如何？
> 答：将来随时再觅。

咸丰元年五月二十日因升任户部左侍郎兼管三库事务（仍兼署顺天府尹），王庆云入朝谢恩，咸丰皇帝再问起他的住房状况：

> 问：家眷系住署中否？
> 奏：家眷皆已搬进顺天府衙门。
> 问：尔两处公事如何办理？
> 奏：臣住在顺天府，其公事早晚随时办理。至户部衙门，系日里随各堂同到办理。

咸丰元年十二月，为王庆云奉旨将赴山西查办晋省盐务事，咸丰元年二十二日、二十三日咸丰皇帝连续两天分别在北海玉兰轩和紫禁城养心殿召见。因为王庆云赴山西出差，顺天府尹由他人兼署，咸丰帝又问及他的居住情况：

> 问：尔家眷迁居未？
> 答：臣因临行未得房子，尚借居署中。
> ……
> 问：尔城外无房子？
> 答：无房子。

咸丰三年正月十一日王庆云入朝奏事，蒙召见于乾清宫西暖阁。因为他已于咸丰二年十一月廿二日交卸京尹篆务，咸丰皇帝第四次问及他的住房问题。

问：尔现住城外否？

臣答：臣上年十一月末由顺天府卸事，移住城内，便于当差。

问：在何处？

臣答：在灯市口，离东华门不远。

驽马破车，早出晚归

与住房条件紧密相关的是交通出行问题。虽然翰林院、通政使司、詹事府均为闲曹，但班还是要上的。翰林院各官，属文学侍从之臣，也是要分班值宿，以备顾问，皇帝出京，也要随侍扈从。凡皇帝御门听政、朝会宴享、大祭祀、大典礼、每年勾决重囚及常朝，日讲起居注官都必须到场侍班，谒陵、校猎、巡狩也要随侍扈从；而詹事府詹事更是位列九卿，凡皇帝坐朝或秋审、朝审以及九卿、翰、科、道会议之事，也是要侍班或参加集议。京城面积辽阔，宫廷衙署皆在内城，王庆云居住外城，不论入署办公，还是上朝，仍至赴西郊圆明园侍班值日，抑或访师拜友，交通出行是每天日常生活必须面对的问题。

王庆云先前居住的几处地方，琉璃厂、米市胡同、椿树胡同、南横街等都在宣武门外，一般进内城到翰林院、国史馆等处上班或上朝都要经宣武门、崇文门或正阳门。例如：

道光二十七年十二月二十日，时住宣武门外米市胡同的王庆云，寅正二刻登车，卯初三刻进朝房会齐。王庆云上朝路上的时间换算成24小时制，应是5点15分至6点45分，用去1个小时30分钟。最快的时候路上也要一个小时，如道光二十八年二月初三日寅初进城，寅正至朝房。

道光二十九年八月初八日，时住椿树胡同，由家至崇文门用了45分钟，当时7时半方开门的崇文门城门尚未开启。

如果要赴圆明园觐见或侍班，则半夜就要起床登车，路上需要3个多至4个小时。如：

道光二十七年二月廿四日御门侍班。丑正赴海淀，寅正二刻到。卯初进朝房。凌晨2点出发，赶到圆明园已是5点30分，路上用了3个半小时。

六月十二日丑正赴园，卯初到。辰初引见于勤政殿。这次觐见2点出发6点到，花费4个小时。

九月廿二日洞明堂勾到侍班。丑正一刻开车，行十一刻，卯初到外朝房更衣，卯正一刻进大宫门内朝房齐班。2点15分出发，6点到，花费3小时45分钟。

最快的一次，九月廿七日值日。丑正赴圆明园，寅正一刻到。卯初进内朝房，卯正叫起。2点出发，5点15分到，用时3小时15分钟。

而且无论风雨寒暑，都必须入朝入署值班。例如，道光二十七年五月十六日因翰詹大考第一，在圆明园受道光皇帝单独召见。子初即起，丑正到园。出门雨甚，将至园放月，旋晴。

道光二十九年十月廿四日赴园值日。寅初一刻升车，霜月满野，风息寒轻。卯初三刻到，即入朝房，卯正二刻余始宣。

咸丰元年六月廿八日将寅初，大雨如注，数刻滂沱，坳堂皆满，踏雨登车，水至马腹，绕道至再，始进东华，辰初行礼。

因为各种原因，如气候、道路，或者车辆的问题，迟到的现象也在所难免。

道光二十八年十一月初一日寅初起，交寅正赴海淀。入朝辰初，已宣起，迟两刻矣。4点出发，8点入朝，迟到半个小时。

十一日勾到侍班。将交寅正开车，进朝房已交辰初，宣召过矣。4点开车，8点进朝房，宣召已过，又迟到了。

而且由于住在外城，许多活动不方便，例如道光二十八年五月廿一日因为要随侍皇帝祭地，王庆云前一天借宿顺天府，"昨宿衡甫京兆署中，谈两时许，稍睡。丑初出安定门，赴地坛侍班"。

道光二十八年九月初七日苌生赠一骡。咸丰二年二月廿一日京寓三骡一马患疫一空，前与秀峰言欲在晋购买，秀峰转属延守代觅。余谓未行以前交价方能清楚，若将来送京，事事不便，因托他词谢之。七月十七日涤生送来辕骡一匹。

鲁莽医生，幼女夭折

王庆云在北京生活期间身体不佳，时常求医服药，日记中所见服药记录有200余处。究其原因，或与时常饮酒过量，以及不适应北京气候相关。

最初有三次是请徐森堂诊治。

如，道光二十六年六月二十日胸口似有风痰，头重背痛，两日饭未减。晚，服徐森堂药。据大夫所言，六脉偏阳，表滞里数，乃暑传肺经，外受寒凉，包里暑热。治宜清暑散寒，顺气。

道光二十七年一月廿三日感冒已愈，而前后隐似肿楚，请徐森堂诊，云前本感寒，今为余气闭塞。晚，服方。廿四日再服未效，可不服矣。药之无效者即为害，是宜切戒。

道光二十七年二月初六日未刻忽恶寒甚，重衾盖裘乃发热。延姜春帆来诊。……服后得汗，夜半渐清爽，便浊，瘥十之八，实为对病。

或是因为徐森堂药效果不佳，而姜春帆之方颇有效果，后有病遂多改请姜春帆诊治。日记中记录姜春帆处有14次。① 王庆云本人亦略通医道，对大夫所开药方，时常自己增减。与姜春帆熟悉后，也时常相互探讨病症、脉象与医方。

王庆云居京期间，与医药相关最重要的一件事情是幼女洺儿的夭折，而且日记中记载求医问药经过颇细。

据日记所载：（道光）二十七年二月廿九日午后，洺儿病。

开始似未很在意，延至三月初三日洺儿病颇紧，药入即吐。

初四日弱女颐肿之后，痰涎昏壅，扰扰者日以继夜。但因从宫中得一平安保生丸，服之得苏，还颇自安，并打算将医方抄送家乡，普惠众人。然而，申刻再服，不如前之效。

初五日洺儿病愈急，闻有效之医，是日并延请。

先后请来为幼女诊治的大夫有郑小山、顾医、王医梦龄、姜春帆、张医、朱医六位医生。对于医生所开之方，王庆云半信半疑，顾医之方愚意幼齿何足以当峻剂，置不服。王医梦龄之方，因其中有生大黄、朴硝、大青、人中黄等，虽以为此方近是，但以弱龄尝峻剂，非至险时，断断不忍出此。终以舐犊之爱，不敢令服。姜春帆所开三子降气汤，因前两方已无效，不之信。对张医的方子，又意其缓不及事。因为昨夜服

---

① 翁同龢日记中，亦有翁同龢之父翁心存延请姜春帆看病的记载，如：咸丰十年十月十二日大人昨日倦卧，今晨仍头痛呕吐不能饮水，延姜春帆来诊。十三日仍延姜公，大人渐愈，食粥。

小山方，虽下膈之药无多，而却清醒半刻，今强灌之，或可有效，因令再服。而半杯之药，过膈曾不一二匙，神色愈变。再请朱医来诊，云胃气已绝，不开方而去，于是复请春帆，将前数方与商，定服王方。煎令饮之，竟不能下。最后只能至于坐视其毙，而终无及。此境此情无可形状，直以不堪二字尽之。

初六日洽儿殇。知交闻者，多来问讯。曾见者每怜其慧，咨嗟叹惜，而况于鞠之者哉。至极不堪时，只有齐死生彭殇为一致，颇能解脱。

王庆云事后反省为女儿治病经过，认为医之可与言者，药皆不效，而卤莽之医，其言反中。但卤莽之言不敢信，卤莽之剂不敢服，最后欲服而不能下，爱儿反而害儿。

道光二十六年八月初十日在一次朋友聚会之时结识刑部郎中郑敦谨①，以后直至三十年郑小山出任山东登州知府以前，王庆云不病时常请郑小山开方。

道光二十九年八月廿三日晚，郑小山来诊。廿六日小山再诊，加减前方。

道光三十年四月十八日晨起稍差，适郑小山兄至寓，烦其一诊。

道光三十年郑敦谨出任山东登州知府后，至王庆云外放陕西巡抚前，在京看病开方，又多请李晓村。

王庆云身体不适与其频繁聚会饮酒过量不无关系，据日记所载，饮酒过量10余处，尽管他也在日记中常常自省：数日胸膈不快，食量减半，饮酒犹充大户，何不自爱。

人际网络，老乡同事

王庆云在京生活时期，人际网络交游范围主要以在京的福建同乡，己卯乡试、己丑会试同年为核心，其中包括林则徐（少穆）、林镜帆（林则徐哲嗣）、沈葆桢（幼丹，林则徐外甥、女婿，道光二十七年进士，选庶吉士，后官江西巡抚、福建船政大臣、两江总督兼南洋大臣等）、何秋

---

① 郑敦谨，字小山，湖南长沙人，道光十五年进士，时任刑部郎中，道光三十年七月出任山东登州知府。同治九年官至刑部尚书。

涛［愿船，福建光泽人。地理学家。道光二十四年（1844）进士，官刑部主事、外郎、懋勤殿行走。究心北疆形势，集蒙古、新疆、东北及早期中俄关系史料，著《北徼汇编》，咸丰帝赐名《朔方备乘》］等。此外也有一些京官同僚，如礼部侍郎曾国藩（涤生）、大理寺卿倭仁（艮峰），以及御史季芝昌（仙九）、袁甲三（午桥）等。聚会的原因或师友堂庆祝寿，或同年雅集，课诗、消寒，或与同乡后辈联课，习楷看书，或有同乡、友朋到京之类，饮酒下棋，不一而足。

道光二十七年翰詹大考名列第一以后，王庆云先后被授予侍读学士、侍讲学士，充起居注官，道光二十九年转升通政使司副使。这是他由体制内的知识分子向行政官员转轨的过渡期，日常生活也开始发生变化。

据粗略统计，道光二十八年一年中，王庆云参加各种集、小集、雅集共25次，饮、招饮50余次，平均三四天即有一次聚会，其中记载饮酒"过量""饮过量"就有5次。例如该年二月即有8次聚会饮宴，甚至是连日聚会。如：

> 二月廿四日蒋誉侯招饮。①
> 廿五日薇堂招饮。②
> 廿六日章圃招饮家酿，饶有故乡风味。
> 廿九日星方、小初招饮。③
> 三月初一日晚，弼夫招饮。④
> 廿六日贺曹颖侍御堂庆，岵瞻、吉甫、随季、薇堂小集。
> 廿七日昨饮过量，将旦方眠，晏起不免废事。
> 廿八日午后，通家诸友邀饮陶然亭，顺贺镜波堂庆。

---

① 蒋元溥（1803—?），字誉侯，湖北天门人。道光八年探花。后任翰林院编修、国史馆协修、文渊阁校理、国史馆纂修、国史馆总纂官等。

② 蔡征藩（1810—1859），字价期，号薇堂、韦堂，福建福州人。曾任国史馆协修官、江西道监察御史、陕西道监察御史、四川道监察御史、吏科给事中等。

③ 刘良驹，字叔千，号星方，江西南丰人，道光十六年由己丑科进士，任户部主事。

④ 陈景亮（1810—1884），字弼夫，福建闽县人，刑部尚书陈若霖之子。道光二十年进士，后任云南按察使、布政使。

四月初十日晚，蒌堂前辈招饮，李滋园前辈、戴纯士、黄华农、曾涤生在坐。

十二日晚，饮吉甫处，过量。

十四日晚，邀吉甫、枢北、薇堂小饮，子章、伯恬适至。

十六日枢北招饮，过量。①

其中又以在京福建同乡、乡试同年的聚会最多，逢年过节，更是如此。如：

道光二十七年正月初一日早，至新旧两会馆②。烧香，顺拜各客。晚，招吉甫、平仲、随季、翊云小饮。

初五日下午，新馆同乡团拜，到者十八人。

十五日又作灯谜十余。聚友朋，谈节物，亦俗语所云应景者，而少年结习尚未能忘，此亦一端也。晚，老馆清音，至四鼓回寓。

十六日是日，大风，料理会馆用账。夜梦还家。

二月初一日往才盛馆③。光绪初年由王庆云之孙状元王仁堪购建，改作福建会馆。

初二日巳正回寓，即往才盛馆。是日，同乡团拜，夜演灯戏，至子初方散。

作为福州同乡，王庆云与林则徐哲嗣林镜帆、女婿沈葆桢（幼丹）交往密切，视林则徐为前辈，也有书信往来。《荆花馆日记》中提及林则徐的地方有20余处。例如，道光二十七年二月廿三日：奉到少穆前辈手翰，并委书都匀陶济园封翁家传。来信勉以文章事业，毋徒以笔陈图作铁门限。道光二十九年四月廿七日：少穆前辈书来，

---

① 林国华（1802—1857），字枢北，台湾台北人，祖籍福建龙溪，台湾林本源家族的重要人物。日记中有近50处二人交往记载，如：二十八年二月廿一日枢北过寓，与谈台湾风土。十月初九日午后，过锡侯，并候枢北。挽枢北尊堂联：虎符警旦，忆思柳亭前，风浩紫泥荣瞿茀；豸绣奔星，恰早梅岭上，鹭门素旐威莪蒿。十月十四日为枢北题其尊人柳州公传后。名平侯，号石潭。

② 据梁章巨《归田琐记》：吾闽各郡，在京皆有会馆。道光年间福建会馆并非后来光绪年间的福建会馆。

③ 又名财神馆，位于宣武门大街南头，大门临街，后门临车子营，为堂会演戏之所。李家瑞：《北平风俗类征》，上海文艺出版社1985年版，第317页。

以洱茶为赠。

所谓物以类聚，人以群分。这种以同乡、同年、同僚为契机所产生的日常交游酬应，日积月累，自然就会产生志同道合者同声相应、同气相求的效应，而且不可避免地在他们的政治生活中发生作用，产生影响。

道光二十九年林则徐在云贵总督任上引疾开缺回乡后，王庆云等积极主张和支持林则徐再度出山。他先是于道光三十年三月三十日"致林镜帆书，为少穆先生劝驾"，未见效果。五月，咸丰帝下登极求贤诏，经大学士潘世恩，尚书孙瑞珍、杜受田等举荐，清廷命转饬林则徐"迅速北上，听候简用，毋稍延缓"。七月初六日，王庆云"闻少穆先生尚未应诏束装，拟为劝驾之书"。虽然林则徐此次出山又因故未果，王庆云仍不甘心，在八月初三日收到林则徐来函之后，又于次日的复函中再次劝驾，并在日记中保留下了这封信的最后一段内容：

> 出则当肩其事，而为公难者，世间无易就之业，亦无必不可成之功，视其人方略何如耳。此事从来如三年之艾。今上春秋鼎盛，必不责效目前，但使审度形势，专一事权，终当收无穷之利。且都人士喁望之情，与九重侧席之意，正以需人，担荷时艰，若人尽畏难，谁与共济？

此函与林则徐十月最终接受钦差任命，再次出山或许也不无关系。

再以王庆云与曾国藩的交往为例。《荆花馆日记》中，涉及曾国藩的内容总计有200余处。

据日记所载，王庆云与曾国藩最初的交往为道光二十七年九月十三日，时任内阁学士兼礼部侍郎衔的曾国藩，与王庆云被分派为当年武会试的正副主考官。二人因工作关系相识，此后酬应往还，日见频繁，甚或相互引为知己，惺惺相惜，日益亲密。曾国藩对王庆云颇为看重。咸丰帝登极后，曾国藩于道光三十年三月在应诏陈言折中，主张用人行政二者并重，同时举荐时任通政使司副使的王庆云。

据《荆花馆日记》三月十八日所载："赴园复命。晤涤生，以保举告。予谓前已有信坚却，何尚尔耶。答以非为进讲，因于掌中书封字相示。问以折子递未，曰已进矣。为愕然久之。回朝房告敬堂，则曰此不必辞。进城，晤艮峰，又曰当勉力以答知己。闻前数日涤生与艮峰、敬堂议及此事，乃悟此举固出涤生，至诚二公亦尝赞之，故更不踌躇也。"

王庆云对曾国藩也极为欣赏。同月二十六日《荆花馆日记》有记："涤生任事之勇，与人之一，余所不及。"

与林则徐由同乡私谊而生公交相反，王庆云与曾国藩的交往是由公务交往中的相互欣赏，进而产生私谊。曾国藩见王庆云常赴圆明园值日，而车马不济，往来"车中颠簸颇乏"，遂以辕骡相赠。

咸丰二年曾国藩丁忧回籍后，王庆云身膺户部侍郎兼顺天府尹重任，公事猬集，二人也时常函札往来。面对漕运或海运同僚纷争如讼的乱象，王庆云不禁慨叹："河漕大局，惟涤生可与议此，而今又契阔，环顾喟然。"（十月十四日）十月十六日作书与曾国藩，书中有云："偶有疑难，思欲商度，环顾喟然。此景此情，非寻常朋友离索之比，又不敢轻以语人，惟兄能共喻之也。"

此后曾国藩在乡组织湘军，率军在前线镇压太平天国起义，王庆云则出任陕西、山西等地督抚，实际担任起在后方为清廷筹济饷源的重任。虽然二人此后再未谋面，但关系却更加紧密。据《荆花馆日记》咸丰四年九月初五日载：致涤生书，良友久别，刺刺不能自休。而且这种联系也变得更为重要——关系朝廷安危。同月二十九日日记：

> 得涤生九月望日书。前在衡州造船募勇，未毕而贼至，有宁乡之胜，旋败于岳州。贼以大股南犯，再胜之于湘南，而复有靖江之失。于是常、澧被掠，窥长沙愈急。近者岳州十三战仅败一次，余皆全胜。转战而前，克复武汉，事机凑泊，有不尽由人力者。现在贼退蕲、黄已下，须趁势追剿云云。因与子临书，言：吾辈为国家典守财赋，遇此得力之兵，而不络绎饷馈，可云辜负。长江数百里，涤生以孤军深入，以后解饷，难于今日云云。读涤生奏稿，须眉毕现，使人勃勃有生气，惜字多未及发抄，使人人共见。

王庆云以此项饷需尤关全局，遂移缓就急，停支本省兵饷等款，先行解往前线备用。在湘军与太平天国的战争中，如果没有王庆云从晋陕两地源源不断的财政支持,其结局是不可想象的。这其中既有源于王庆云"吾辈为国家典守财赋,遇此得力之兵,而不络绎饷馈,可云辜负"(咸丰四年九月二十九日)的政治自觉,当然也包含他在任京官期间与曾国藩建立的私人交谊与惺惺相惜。

悔携破砚上长安

深究王庆云这种"漂"的生活状态,除了经济的因素,也不能不考虑他作为中国人,特别是中国知识分子,那种内在的文化心态,即视做官为宦游,住京城只是侨居,对当地社会没有归属感,始终有一种"漂"的心态。

福建生长的王庆云,对于在北京生活居住的兴趣不高,5次赴京应试,他也从不在京久住,每试榜发即归,甚至壬午、癸未两年连科,亦未留京。道光二十五年十一月丁忧服阕,回京复职之时,王庆云也与其弟言:吾无意求显宦,今未五十,遽欲投闲,无以谢戚好。暂别四五年,迟亦不过十年,便归里。

在王庆云日记中,极少看到他与北京本地人士的交流接触(如果皇帝不算北京土著的话)和对北京地域文化的关注,更谈不到融入,而是看到他对家乡强烈的魂牵梦萦般的思念:

二十七年正月十六日是日,大风,料理会馆用帐。夜梦还家。

二十九年十月的一天,在圆明园值班的朝房中,他与同事聊起前夜的梦境:前夜梦还家,有具存无故之乐。予语家人,以不愿远游,家人皆以为然,醒乃自失,今长安亦宦海矣。

甚至到了咸丰三年,已官至户部侍郎的王庆云,在日记中还有这样的心态表达:我有荆花堪展卷,悔携破砚上长安。(正月初二日)

虽然实现了在北京就业,并官至户部侍郎,王庆云多年的京城生活状态依然给人一种"漂"的感觉,甚至与今天的"北漂"们也有某种程度的相象:入不敷出,经常举债;租房而居,七年八迁;每天驽马破车,早出晚归;人际交往圈子局限于老乡聚会,下棋喝酒;个人内心始终处于一种不踏实不稳定的漂泊状态,魂牵梦萦是回到家乡与亲人团聚;等等。这些有关清末京官日常生活的丰富历史信息,为我们更全面地了解认识晚清社会,提供了颇有价值的参考。

北洋政府时期海河
河道管理权争夺案研究

徐建平

（河北师范大学历史文化学院）

关于海河河道的治理问题，海河工程局以《辛丑条约》为护身符，长期占有海河河道的使用权和管理权。由于更多的是为自身利益考虑，海河工程局只将海河河道为其所用，对于海河并未予以统筹治理，海河危害日渐严重，甚至到了影响天津商埠贸易的地步。海河工程局对于海河疏于管理的行为引起直隶地方政府的不满，为此，直隶地方政府与海河工程局开始争夺海河河道管辖权，希望收回海河河道管辖权。

一 海河河道管理矛盾焦点

根据《天津条约》的规定，海河河道的管理工作主要由海河工程局负责。但是，出于多种原因，海河流域河道的管辖与治理权限的争夺，一直没有停息，对海河工程局侵夺海河管辖权的做法表示强烈不满。尤其是海河淤塞问题日益严重，不仅严重影响天津港的贸易，而且也影响京直航运，直隶省政府多次尝试争取对海河拥有更大的管理权。

1924年，鉴于海河淤浅严重，有绅民向北洋政府建议收回海河工程局对海河的管理权，抓紧落实修治海河工程，北洋政府当局不愿触及这一矛盾而未采取积极行动。其后，海河虽然恢复航行，但海河管理中所存在的问题并未根本解决。由于海河航道的畅通与否直接关系到天津商埠的发展，以及京东、京南千百万人民的生活问题。所以有人提出，即便一时不能收回海河工程局对海河航道的管辖权，如果中国方面派出若干负责人员督办此事，进一步加强对海河河道的管理绝非难事。但内务部、京东河道局，以及直隶省政府三方面均未提出切实可行的措施。而且，"筹款一层，亦以权限问题未能解决"。① 由于管辖权限不清，所以互相推诿，方案迟迟未能出台。之后，天津商会、顺直省议会虽然有所行动，但效果并不明显。

海河工程局本来负有疏浚海河的责任，但由于始终未能解决海河淤塞问题，严重影响了直隶的进出口贸易。海河淤塞严重时，海河工程局禁止大轮船入口。据海河工程总局报告，许多年份，吃水量在 11 尺以上的轮船已禁止通行，实际上，亦只有吃水在 10 尺以下之轮船可以行使，否则须将载货卸于塘沽，方能空船进港口。据记载，"政记、招商、怡和、太古各公司轮船，多半多停在塘沽，不能进口"。② 海河淤塞不仅影响到天津城市贸易及经营方式和生活方式，而且由于轮船在这里需要停泊，所以杂货、旅店业、娼妓业等发达起来。"大店杂货店及绸缎布匹商陆续增加，大商号多设分支店于该处。日人经营旅馆业亦颇繁昌，该处已成弦歌市街灯红酒绿之巷。"③

海河河道管辖权推诿的背后是利益问题，由于海河水势低浅，河道淤塞，中外各公司航业船只均须在塘沽等待一两日，候至潮水盛涨时，始能入口。出口轮船离津亦非常不易，各运输公司均受到一定打击。虽然直隶地方政府与海河工程局交涉，请求竭力修浚，但是，"无相当办法使航运即日恢复原状"。④

二 海河水权纠纷

关于海河的治理问题，直隶全省河务筹议处处长黄国俊约集海河工程司平爵内、测量局长梁心田、河务局长宋文轩、海防指挥官吴秋舫、津海道尹锡章、政务厅长陆长佑、南北运河、大清河、子牙河三和工警

---

① 《治河权限问题迄未解决》，《大公报》1927 年 12 月 26 日。
② 《海河淤塞航行不便》，《大公报》1927 年 9 月 2 日。
③ 同上。
④ 同上。

长李宝森、赵英汉、冉凌云等人商议治河要策,并研究河务进行办法。在讨论过程中,各方之间产生了利益分歧。

海河工程局提出的治河方案与直隶省发生了利害冲突,所以首先向顺直水利委员会提出质疑:(1)当海河急需清水之时,何以提起苏庄泄水闸门致使潮白河来水不能下达?天津并设法杜绝以后类似之举动,致使清水耗于无用之地;(2)请考虑海河工程局总工程师所条陈之补救计划,使永定河浑水不能流入海河。海河工程局总工程师认为,欲将永定河改道,需银三千万元至四千万元,为数巨大,一时无法施工,若为救急起见,应将永定含淤之水令其经过闸门,使勿流入海河。照此办法,则永定河原有之出水道界于永定、大清两河入运河之间者,可以恢复而整理之,使其与新开河相通。自此,永定河浑水可流入金钟河,不与大清河之清水混合。此项计划是一种临时补救措施,在永定河根本改道工程未实行以先,可使永定河浑水不入海河。海河工程局的上述说法,其实恰恰说明了其在水源的使用权限和管理权限上出现的矛盾态度,海河工程局不肯投入经费,反而试图派人干预、监控顺直河道管理,尤其加强对苏庄闸的监控。

参与治理顺直水道治理工作的杨豹灵,对于遏制海河淤塞办法表达了自己的观点。他认为,海河目前沦于不良状况,其原因主要是由于淤塞问题造成的。由于永定河淤沙下注壅积日深,以致潮涨时仅能通行吃水10尺以下之轮船。影响所及,对于天津商埠存在问题关系巨大。他认为,永定河若仍照现状经北运河入海,不另筹一适当尾闾以为宣泄淤泥水量之用,将必然发生如下结果:(1)溃决堤岸,使数千民命田庐遭淹没;(2)淤塞海河,使华北唯一之通行要道顿为梗阻,津埠繁盛之区并沦荒废。长期在海河工程局工作的平爵内对于海河淤塞也提出了自己的看法,他赞同在永定河另辟永久而且直接之尾闾,以求能在三角淀附近形成一新淀。对于上述不同意见,直隶地方政府提出了解决办法:(1)仍令永定河之水在杨柳青之北泄入两河,并在汇流之处添做调节活闸;(2)培筑三角淀之堤身,并沿北运河堤加做滚水石坝宣泄;(3)修治普济河,并在欢坨做活闸使与金钟河相通。但是此种办法将使永定河下游增高,如果治本办法不能实施,天津商埠之危险将会进一步增加。

由于清水资源有限,为争夺清水,冲突不可避免地发生。为灌溉天津小站稻田，直隶地方政府坚持维护自己的利益，设法将永定河改道。直隶河务局局长方作霖在实际考察了天津的情况后谈了自己的看法。他说："海河渐形淤垫，窃恐有碍汛水宣泄，当经面请省长，转饬海河工程局注意疏浚，未见声复。目下愈淤愈甚，而海河工程局救济无术，闻将之委过于各闸泄水，以为卸责地步。""查上游各闸向属其他各机关管辖者，职局未悉其详，至南运河之九宣闸及北运河之新开河闸，启闭均照向章办理，并未完全提放。八月二十九日，海河工程局函请闭闸，当即饬知各闸遵办。本月十三日，据九宣闸报告，按照向意应提一日闭一日，因维持海河，改为每日晚闭早启。二十日，据新开河报告，原提六空内有三空早已被淤，不能过水，其余三空轮流起落。因恐全闭，帆船聚众要挟，致滋事端，虑闸门久闭亦将转动不灵也。职局因恐海河工程局仍有诿卸，复令九宣闸完全关闭。新开河之耳闸关系北塘海口及各河交通，船只时有往来，难以永久关闭，已饬将船只放过，随即关闭，每日一潮启放仅三小时，二潮不过六小时。"[①] 上述做法仅仅解决了一时的推行困难，并未从根本上解决问题。从上述资料看，直隶地方政府试图努力协调灌田用水与租界用水问题，但只是权宜之计。为从根本上解决问题，只有另谋他策。

在制订解决方案时，直隶河务局局长方作霖提出，目前最好的办法是将永定河改道。他认为，海河垫淤主因实为上游来源含沙过多所致，目前治标办法应为设法减少泥沙输入量。汇入海河的河流当中，含沙量最多的一为滹沱河，二为永定河。滹沱河素无堤防，所含沙顺流而下注，最易停淤。而永定河因其中上游河水含沙量较大，所以要减少海河之淤，除引导永定河水由他途入海外，别无善策。至于解决办法，他认为永定改道不外两途：一个办法是由北运河开挖减河，导永定河水经塌河淀汇入金钟河，这样可以使海河减少淤垫。但是，当春季海河水量不足用时，若令永定完全改道，不加限制，则海河难免淤垫而水量供给不足，对于航运有所妨碍。所以，还要在拟挖减河及北运河各建一闸，以资调节水量。水小之时，将减河之闸关闭，仍由北运下注用以维持海河水量。伏

---

① 《顺直水利委员会修治河游沙的办法、计划和各界人士的函》，北京市档案馆藏，J007-003-00001。

秋水涨，含沙成分较多时，则将北运河之闸闭塞，使河水由减河排泄，不致有因噎废食之弊。另一个办法是将北运河霍家嘴旧减坝开通，导其入金钟河。此线路程较短，经过村落亦稀，且京奉铁路原有过水桥梁无需另建，用费较省。但是，距永定河下口稍远，恐怕其宣泄力弱，不得不详加考虑。为落实上述意见，直隶河务局责令永定河河务局、北运河河务局及时采取措施，以期免除水患。

为协调海河中下游用水矛盾，直隶河务局又向海河工程局提出许多意见。在谈到唐官屯闸的使用问题时，直隶河务局提出，因小站稻田需要清水等原因，所以它不能常闭。此外，对于新开河闸的使用也存在较多矛盾，由于海河工程局和直隶河务局各执己见，事情始终得不到解决。从海河水权纠纷看，海河工程局既然要依靠海河清水供给其日常使用，但是又不肯花经费帮助直隶改造河道。内务部虽出面协调，但问题终未解决。

三　海河航运权的争夺

就海河河道航行问题，直隶地方政府与海河工程局，乃至天津租界发生了很多矛盾。以1924年木筏运行问题为例，天津海关税司提出，嗣后海河内不准木筏行驶。海河工程局提出《木筏行驶章程》是1907年制定的，当时来津轮船数量较少，现在情况发生了变化。"一九〇七年来船共八百五十六只，一九〇八年来船共七百八十八只，迨至民国二十年竟有一千四百四十七只。且运木料轮船多半停泊于旧德国租界河沿，此项木料卸下后均乘涨潮时流过万国铁桥，唯进口各轮船亦乘涨潮时同时驶入，故木筏常为轮船危险物品。"[1]此外，木料的主人往往任凭木料浮在河边，若勒令其移往他处非常困难。这种情况在旧德国租界河沿下游更为严重。所以，"该处大小船无不受其阻碍"。[2] 对于天津海关禁止木筏在海河行驶的规定，天津商会坚决反对。天津绅商在呈农商部的公函中称，

---

[1] 《津海关督监刘彭寿会同商会拟定木筏运行海河章程六条》，天津市档案馆等编：《天津商会档案汇编》（1912—1928），第3册，天津人民出版社1992年版，第3218页。

[2] 同上

海关税务司提议取消《木筏行驶海河章程》将危及木商全体生命。他们认为，木商转运货物，其质料庞大，须捆筏下水行驶，此种做法由来已久，无法变更。今一旦取消《木筏行驶海河章程》，不啻断绝该商输运之路。不久，在农商部的协调下，天津关监督、天津税务司、天津总商会等部门共同制定了《修改木筏行驶海河暂行章程》。该《章程》规定："一、凡木料一经卸入河内，即须结筏驶往其所欲往之地点，愈速愈妙。二、所有木筏长不准过十丈，宽不准过二丈。三、木筏两端昼间必须各悬一红旗，夜间必须各悬一白光明灯。四、木筏行驶之时，须沿靠河岸而行，愈近愈佳，俾各项船舶在河道中间行驶无碍，如必须停驶，只准停住河道无弯曲之处。五、木筏驶经本港，务须沿靠河东河岸而行，愈近愈佳。六、如违犯以上定章，应科罚驾驶木筏人，至多不愈关平银一百两。"[1] 修改后的《木筏行驶海河暂行章程》，虽然对船商有诸多限制，但还是允许船商得以继续使用海河航道进行运输，最终维护了天津木商在海河运输的权利。

为争夺海河航运权，直隶地方政府还通过建立水警保证对海河的控制权。1922年，直隶全省河务筹议处召开会议，议决各河重要地点应由水上警察拨派炮船分段驻守以重河防。之后，直隶河务局将各河重要地点拨炮船防守。驻防地点主要有：（甲）天津驻防地点：金汤桥、赵家场、金钢桥、黄家花园、大红桥、北大关、金花桥；（乙）子牙河驻防地点：高庄子、王家口、刘各庄桥、臧家桥；（丙）南运河驻防地点：独流镇、唐官屯、捷地镇、码头镇；（丁）大清河驻防地点：台头村、石沟村、苏桥镇、药王庙、史各庄、苟各庄、十方院、新安镇。此外，对于个别重要地方，直隶加强了水警力量。直隶水上警察局在重要地区加强了巡检。如在"静海、独流、献县、臧家桥、五口镇、胜芳、杨柳青、药王庙、由各庄等处往来巡梭以卫行旅而重河防"。[2] 水警驻防地点的安排主要是维护河道治安和船只往来安全，但是也有因为测量河道，保护相关人员而特设的驻防点。

---

[1] 《津海关督监刘彭寿会同商会拟定木筏运行海河章程六条》，天津市档案馆等编：《天津商会档案汇编》（1912—1928），第3册，天津人民出版社1992年版，第3215页。

[2] 《水上警察分巡河流》，《大公报》1922年3月20日。

此外，水上警察在疏导水上交通、维护沿河居民财产安全方面有一定成效。1924年，天津河务局以大清河千里堤两岸民情强悍，不法村民偷挖河堤之事时有发生，呈请省长饬水上警察局派拨巡船保护。水上警察派巡船四只，"分驻任丘县属之十方院大树、刘庄、西大坞、李广村四处，往来梭巡以备不测"。[1] 1925年，天津赵家场河内停泊船只，因久不开桥，不能行船，船户多不满意。该桥属陆地警察管理，非由水上警察管理。水上警察闻报后及时与陆地警察交涉，各船得以开行。"各船商见水上警察如此维护彼辈，无不感激。"[2] 水上警察局自成立后，在维护水上运输安全、疏导内河航运交通等方面发挥了重要作用。

四　内务部协调海河河道管理权

海河河道管理问题得不到妥善解决，是多头管理和互相推诿造成的。海河工程局、顺直水利委员会、直隶地方政府均有责任。尤其在涉及投入资金时，三方很难达成一致意见。为此，内务部多次牵头予以调解。在这一过程中，直隶地方政府不仅做出了巨大让步，而且采取了较为得力的措施。

首先，明晰各方的职责。顺直水利委员会主要职责是直隶全省河道改善及避免水灾之计划，但该会成立之前，海河工程局已经成立。根据规定，海河工程局主要负责海河干流的浚淤和维护工作，以保证该河段的正常通航。其次，明确我国对于海河及沿海的测量权。我国海底线直到清末一直未能测量，以致海权为外人所夺，直隶省为沿海省份之一，在我国所居地位十分重要。为此，北洋政府特设海军测量局，派员着手测量。《益世报》曾发表文章称："我国创立数千年，领水之界迄未明定。自与各国交通以来，因领海界线未定，丧失主权不知凡几。查领海界线与国家主权、人民利益有关者厥有四端：渔业权、税务权、引水权、防海权。一二项仅关国家税收问题，其三四两项，国权所寄，犹为重要。从前，我国海岸线系由英国海军于前清咸丰年间擅代测量制图，以我国

---

[1] 《派炮船保护堤岸》，《大公报》1918年8月4日。
[2] 《水上警察维护船商》，《大公报》1925年4月2日。

之领界竟由外人越俎代庖，言之齿冷。年来水面主权已非我有，实因我国平日海道不自测绘，界线无从明定，只得听外自由论断。海军当局有鉴及此，因设立海道测量局，弧顶领海界线，俾得收回一切主权。""直、鲁各省在进行之中，此图一出，可以洗从前外人代测之耻。"[1] 再次，在海河河道改造过程中妥善处理官民关系。为避免因河道改造引起民众反抗，直隶地方政府采取了相应的措施，即以优厚的条件弥补民众的损失。如，在海河裁弯取直工程进行过程中，村民抱怨各处圈地太多，百姓损失太大。海河裁弯购地局经过与各县及各村长磋商，采取以清丈地亩后的实际亩数予以补偿的办法，官民关系得到了较好的处理。最后，成立修治直隶河道筹办处。因海河工程局办事不力，海河淤浅，渔船不能驶入。北洋政府内务部采纳顺直水利委员会杨豹灵的意见，由沈瑞麟亲自察勘，决定工程办法。并且成立修治直隶河道筹办处，负责测量及工程建设。

通过海河管理权、用水权、沿海测量权的探讨和争夺，北洋政府认识到京直河道管理权的必要性，并通过顺直水利委员会加强了对海河河道的管理。顺直水利委员会是在中央政府的支持下，专门负责京直河务的水政的机构，是近代中国水政由行政辖区管理到流域管理较早的机构之一，是一种全新的管理模式。它的成立无论是在资金、技术还是管理上，都与传统的治水模式有较大不同。传统时代的水权主要是指水的所有权和使用权，多数水案中争夺的是水的使用权而非所有权。长期以来，京直水案通过国家权力和社会默认的非正式制度来界定合法的水使用权，形成一套制度。从京直一些典型水案的特点看：其一，不是争夺水的所有权、使用权，而是水的管理权和治理权；其二，在水资源分配和管理上，既有京直地方社会内部水权分配问题，也有京直地方政府与海河工程局之间水权的争夺；其三，不同权力组织和用水主体之间，在水权问题上既斗争又妥协；其四，水案解决方式主要通过舆论或争讼，而不再是械斗。因水权而导致的冲突，通过政府介入、协调，并未引起大规模动乱。尽管如此，京直对水资源的利用、监督和协调，未能达到理想状态。当然，关于河道的管理，因京师河道的特殊性引起了内务部的高度

---

[1] 《测量直省海道之计划》，《益世报》1923年3月12日。

重视，并由内务部直接监管，出台了一系列规章制度，使京师河道的管理有法可依。而海河河道的管理问题直到北洋政府统治结束，始终未能得到妥善解决。

1928—1937年北平市社会局与慈善事业：
以香山慈幼院和龙泉孤儿院为中心

［日］大江平和

（日本御茶之水女子大学）

一 绪 言

沈洁指出："从1927年到1937年为止，对于中国社会事业而言，是一个重要的发展期，也是一个中国社会事业的形成期"[1]，这一时期正处于建构带有中国色彩的社会事业阶段。那么，究竟它的实际情况如何？本文首先关注自1928年到1937年，在北平市主管慈善事业的北平市社会局，概观其十年动向，再以香山慈幼院和龙泉孤儿院这两所慈善机构为例，考察北平市社会局如何参与慈善事业，它与慈善机构之间有何种往来，进而力图阐明北平市社会局的特征与历史性定位。

本文考察的时期以1928年为起点，1937年为终点。经过1927年"四一二"政变，南京国民政府成立，第二年即1928年北伐结束，"训政期"开始，由国民政府实现全国统一，随之北平特别市社会局（后改称为北平市社会局）成立。因1937年日中战争爆发，北平市陷于日本军统治之下变成北京特别市，随之社会局也被日本军强行改组及改编，因而以1937年为考察的终点。

在考察的时期中，虽然可以承认，已包括可称得上是"社会救济事业"内涵，然而本文使用"慈善事业"时，援用中方的定义，使用广义

---

[1] 沈洁：《"满洲国"社会事业史》，ミネルヴァ书房1996年版，第289页。

上的"慈善事业"[①]。

关于民国时期的北平市社会局,中方已有不少研究,如张继才[②]、李小尉和胡琴娥[③]、刘荣臻[④]、曹文娟[⑤]等。张继才指出:社会局成立后改变了以往没有统一的组织、没有确定的经费、公职人员官僚化色彩浓厚的局面。李小尉、胡琴娥指出:南京国民政府成立后,国家权力对民间慈善组织表现出越来越强大的干预态度,在这过程中,国家通过对社会慈善救助资源的整合,加速了建立社会保障法制化的进程。刘荣臻指出:在中国社会救助这一"公共领域"内,国家与社会关系具有中国传统政治文化与近代色彩的双重特征,是一种中国本土化的关系,它体现的是公民社会的国家主义模式。另外,曹文娟对北平市救济院加以考察。上述研究总的来说,从宏观的框架去掌握北平市社会局,或侧重于北平市救济院,并没有深入探讨北平市社会局如何参与教育行政以及推动法制化的进程,也没有关注北平市社会局与慈善机构的往来文件等细节内容。而在日本或欧美,据笔者了解,目前还没有关于北平市社会局的先行研究。因受到资料方面的局限,虽然北平市社会局处于重要的过渡期,却很难抓住它的全貌,笔者认为:关于这一点,还存在着不少值得讨论的空间。

关于本文使用的资料,除了北京市档案馆以及上海市档案馆所藏资料外,还使用日方《中国占领地的社会调查》[⑥] 等相关资料。

---

① "倘从社会功能这个角度来考察慈善事业,我们认为慈善事业研究的范围应当包括两大方面:一是慈善救济;二是慈善教育。"参见周秋光、曾桂林《中国慈善简史》,人民出版社2006年版,第11页。

② 张继才:《中国近代官方慈善救济组织建制暨救济制度探析:以1927—1937年北平市政府社会局为例》,《中国社会组织》2013年第6期。

③ 李小尉、胡琴娥:《1927—1937年京津地区国家政权与民间慈善组织的互动关系》,《兰州学刊》2011年4期。

④ 刘荣臻:《社会救济事业中的国家与社会关系探析:以南京国民政府时期(1927—1937)为例》,《山西大学学报》(哲学社会科学版)2013年第2期。

⑤ 曹文娟:《民国北平救济院收容妇女"悬像择配"之考察:以1935年北平市社会局档案为中心》,《历史教学:高校版》2015年第3期。

⑥ [日]永冈正已主编:《中国占领地的社会调查》卷数1—4,近现代资料刊行会2011年版。

二 北平市社会局的成立

(一) 北平市社会局成立的背景

本文探讨管辖慈善机构的北平市社会局。南京国民政府先后在各主要城市设立了社会局，而其中之一就是北平市社会局。首先概观一下1928年北平市社会局成立的背景。"四一二"政变后，蒋介石在南京建立国民政府。经过第二次北伐，国民政府终于在1928年成为代表中国的中央政府，隶属于国民政府的北平特别市也随之成立。但是，当时南京国民政府对各地的掌控力还比较弱小，作为国民政府地方军，张学良（东北）、冯玉祥（河南、陕西）、阎锡山（山西）、李宗仁、白崇禧（广西）等都拥有独自的军事力量，随时有叛变的可能性。为了应对这种局面，南京国民政府需要在军事上付出庞大的财政支出，自然使教育或慈善事业方面的财政始终处于困境①。

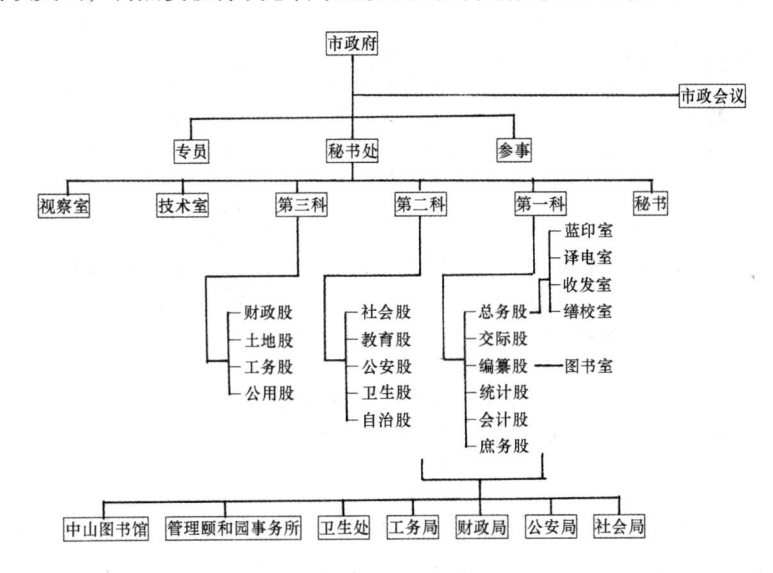

图1 北平市政府组织系统

根据魏树东《北平市财政局实习报告大纲》构成。

---

① 1930年中国公共教育经费支出结构中，中央政府教育经费支出只占10%左右，与日本1881年水平相似。参见商丽浩《政府与社会：近代公共教育经费配置研究》，河北教育出版社2001年版，第125页。

1928年6月，北平特别市市政府成立后，根据同年7月3日颁布的《特别市组织法》和《市组织法》，设立了8个局（财政、土地、社会、工务、公安、卫生、教育、公用）如图1所示。社会局下面设立了秘书及1至3科。图1为魏树东实习时的北平市政府系统图，图2为魏树东实习时的北平市政府社会局组织。表1为历任北平市市长、社会局长、教育局长一览。①

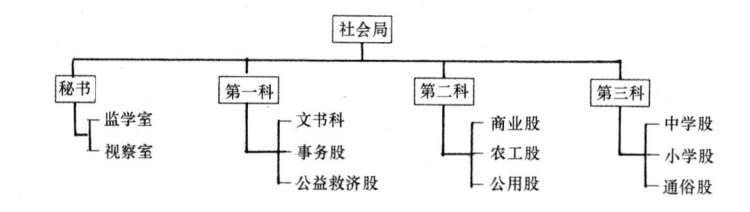

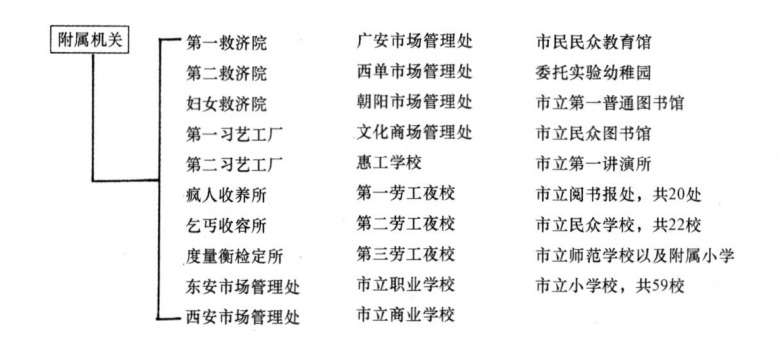

```
                          社会局
         ┌────────┬────────┬────────┬────────┐
        秘书     第一科    第二科    第三科
       ┌─┴─┐    ┌─┴─┐    ┌─┴─┐    ┌─┴─┐
       监学室   文书科   商业股   中学股
       视察室   事务股   农工股   小学股
                公益救济股 公用股   通俗股

附属机关─┬─第一救济院      广安市场管理处   市民民众教育馆
        ├─第二救济院      西单市场管理处   委托实验幼稚园
        ├─妇女救济院      朝阳市场管理处   市立第一普通图书馆
        ├─第一习艺工厂    文化商场管理处   市立民众图书馆
        ├─第二习艺工厂    惠工学校        市立第一讲演所
        ├─疯人收养所      第一劳工夜校    市立阅书报处，共20处
        ├─乞丐收容所      第二劳工夜校    市立民众学校，共22校
        ├─度量衡检定所    第三劳工夜校    市立师范学校以及附属小学
        ├─东安市场管理处  市立职业学校    市立小学校，共59校
        └─西安市场管理处  市立商业学校
```

图2　北平市社会局组织

根据魏树东《北平市财政局实习报告大纲》构成。

关于社会局，职员有局长1人、秘书1人、督学3人、视察员6人、科长3人、主任10人、科员15人、事务员35人、书记27人、出纳员1

---

① 关于北平市概要，参见魏树东《北平市财政局实习报告大纲》手写本，1934年3月。这是1934年当时中央政治学校地政学院的学生魏树东手写的实习报告。该报告中有"现任市长袁良"之记载，由此可推测魏树东的实习是从1933年6月至1935年1月进行的。地政学院因战争之恶化，于1940年停办后，创设了中国地政研究所。此报告中的北平市政府系统图及北平市政府社会局组织图的具体时间不详。

人、医士1人、护士长1人、护士2人、技士1人，合计107人，另外还有附属机关负责人及主持人29人。总数为136名。社会局除了农、工、商事务以外，还兼理教育事务，分别设为秘书处、第一科、第二科、第三科。① 由此可见，北平市社会局的职掌范围非常广泛而且涉及诸多方面。

从市政府发行的资料②找出冠以"北平市社会局"之名的法规时，竟找到63项之多。有的法规虽然没有"北平市社会局"之记载，也有可能属于它的监管范围内，但是本文暂时把这类法规和重复的法规排除在外。大致分类其内容时发现，有关慈善事业的有9项、有关教育的有26项、有关商业的有13项、其他有关社会全体的有15项，从而得知有关教育的内容最多。由此可见，北平市社会局在很大程度上参与了教育行政。

日本人眼里，当时的社会局是怎样的情况呢？有一位日本人叫生江孝之③，他在1939年来到中国，对各地的慈善事业进行了考察。在《调查资料第拾壹号支那社会事业报告书》（以下简称《报告书》）中，生江有如下记述："在中国大城市必定设有社会局、卫生局，可以说这与我国较为普遍。"而它们都是"早在民国时期所设立的""其内容可以说各城市几乎都差不多而且相似"。关于北平市社会局的"职掌范围"，"与在他市的社会局极其不一"，"重点放在商店、物价、金融、农工以及粮食、煤炭等的价格、指数、数量等调查，而直营社会事业相关的事业特别少，只有市的救济院和6所职业介绍事业而已"。但是关于"救济院，目前收容1361人"，一年花费"75600元，相当于社会局一年经费的四成"，可见救济院收容人数和经费之多。另外"如职业介绍事业，以6所设施1个月接待人数只有两百人内外"，由此可见，关于职业介绍事业并没有得到可观的成果。

---

① 据《教育局昨晨归并社会局》，《北平新报》1932年7月22日，教育局归并社会局时，社会局新设第四科，胡道维就任科长。

② 北京市政府参事室：《北平市市政法规汇编》1934年12月；北京市政府参事室编：《北平市市政法规汇编》（第二辑）1937年6月。

③ 生江孝之（1867—1957），日本女子大学教授。后来的人称他为"日本的社会事业之父"。明治四十二年（1909），任内务省嘱托职员，直到大正十二年（1923）辞职为止，作为慈善救济事务负责人，为了调查国外的社会事业以及儿童保护事业，经常出国考察。生江孝之精通日本国内外的社会事业实际情况，为日本的社会福利事业的发展奠定了基础。

表1　历任北平市政府市长、社会局长、教育局长（1928—1937年）

年份	市长	社会局长	教育局长
1928	何成浚（6.？任） 何成浚（7.12免） 何其巩（7.13任）	赵正平（8.6任）	王滨海（？任） 王滨海（8.6免） 李泰棻（8.7任）
1929	何其巩（6.17免） 张荫梧（6.18任）	赵正平（6.17免） 延毓琪（6.20任） 延毓琪（12.26免） 梁上栋（12.26任）	李泰棻（6.17免） 张见庵（6.22任）
1930	张荫梧（10.2免） 王　韬（10.3任）	梁上栋（9.25免） 娄学熙（10.3任）	张见庵（10.2免） 王捷侠（10.4任）
1931	王　韬（3.31免） 周大文（7.1任）		王捷侠（4.2免） 周学昌（4.4任）
1932		娄学熙（7.6调动为参事） 蔡　元（6.21任）	周学昌（7.6调动为参事）
1933	周大文（6.20免） 袁　良（6.21任）		
1934			
1935	袁　良（11.4免） 宋哲元（11.4任） 宋哲元（11.8免） 秦德纯（11.9任）	蔡　元（11.8免） 雷嗣尚（11.8任）	
1936			
1937	秦德纯（7.28免） 张自忠（7.29任） 张自忠（8.18免）	雷嗣尚（7.20辞职）	

根据北京市档案馆藏《北京市公署调查自民国三年起历任北京市职官表》，卷宗号：J001-007-00001构成。

表2　　　　　　　　　　社会局各处、科、股的职掌

处・科	股	职掌
秘书处	督学室 视察室	
第一科	文书股 事务股 公益救济股	撰拟文牍、收发文件、保管案卷、典守印信、职员任免等，统计会计・庶务编纂之办理，公益救济
第二科	商业股 农工股 公用股	公司商号、工商业团体、商民、农民团体之给照登记，关于原有农工商业之保护、监督、奖励、改良及调查，关于家庭载业之调查、设计、发展，关于生道合作社之提倡、保护及监督，关于工业制造品及其他商品之审查、化验、奖励、取缔，关于苗圃、农场、商场、工厂之整顿、管理，关于汽车、马车、货车、人力车、脚踏车之核验、发照、管理，关于度量衡之检查，关于路灯、公共广告场之管理
第三科	中学股 小学股 通俗教育股	市内私立中、小学校之注册、指导、奖励及取缔事项，关市内幼稚教育事项，关于通俗教育事项

根据魏树东《北平市财政局实习报告大纲》构成。

（二）北平市社会局如何应对慈善事业

北平市社会局成立后，赵正平[①]就任初任局长。赵正平在《北平特别市社会局救济事业小史》[②]的序文中表现出他的干劲——"救济事业为职责之一"，他写道："孜孜业业思抚孑遗，或就原有之公营救济机关改革扩充，或新加肇造，筚路蓝缕，唯力是视。"然而此时，自从1928年8月社会局成立以来只经过半年多的时间，而且在北平市的救济机构以私立占多数，因而其影响也应该有一定的局限性。值得关注的是他指出："市帑拮据，救济经费月仅数千元"，接着写道："以视最近日本东京市之岁縻四百余万元者，奚啻霄壤。"由此可见，他意识到当时的日本东京市

---

① 赵正平（1877—1945），字厚生，江苏宝山人。年轻时入浙江陆军学校。后留学日本入早稻田大学。此时加入中国同盟会。毕业后回国。先后任南京临时政府兵站总监部参谋长等职，1928年8月就任北平市社会局长。1929年转任青岛市教育局长。

② 载张研・孙燕京主编《民国史料丛刊734》（社会・社会救济），大象出版社2009年版。

社会局的经费,并与此作对比。对于曾赴日本留学过的赵正平而言,吐露如此感慨也许是理所当然的。到底北平市社会局的预算确实像赵局长所感叹的那样偏低吗?在此与上海市社会局稍作对比,在1930年7月—1931年6月上海市政府经常支出中,占很大部分的是公安局、教育局、工务局,管辖社会福利方面的社会局以及包含在杂项内的公益补助费并不多,尽管如此,上海市社会局的支出额仍达到231017元,占全体支出的4.7%。① 与此相比,根据1932年7月—1933年6月的北平市岁出概算书经常部门,北平市社会局经费为79900元,与社会局附属各机关经费的61541元合算起来也只有141441元,只占全体支出的3.3%,如果只看北平市社会局经费,则只占1.8%。可看出北平市社会局的规模远远不如上海市社会局。

表3　　　　　　　　　北平市市政法规的类型

有关慈善事业法规	有关教育事业法规	有关商业法规	其他法规
北平市社会局附属慈善机关经理委员会章程	北平市社会局小学教员检定委员会组织暂行规程	北平市社会局发给营业执规则	北平市社会局社会调查委员会章程
北平市社会局平粜简章	北平市社会局注音符号推行委员会规程	北平市社会局管理商店女雇员规则	北平市社会局调查汇刊简章
北平市社会局妇女救济院救娼部简章	北平市社会局卫生教育委员会章程	北平市社会局取缔拍卖行规则	北平市社会局印刷释藏经典规则
北平市社会局救济院章程	北平市社会局体育委员会章程	北平市社会局选任会计师暂行章程	北平市社会局保管释藏经典规则
北平市社会局救济院章程（补编）	北平市社会局民众教育馆暂行组织规程	北京市政府社会局东安市场管理规则	北平市社会局劝导队简章
北平市社会局救济院办事细则	北平市社会局检定小学教员暂行规程	北京市政府社会局西安市场管理规则	北平市社会局职业介绍所章程
北平市社会局救济院收容人入院出院章程	北平市社会局检定民众学校职教员暨阅书处管理员暂行规程	北京市政府社会局西单市场管理规则	北平市社会局职业介绍所施行细则

---

① 参见小滨正子《近代上海的公共性与国家》,研文出版2000年版,第117—118页。

续表

有关慈善事业法规	有关教育事业法规	有关商业法规	其他法规
北平市社会局救济院请领养子养女规则	北平市社会局管理暑期补习学校暂行章程	北京市政府社会局广安市场管理规则	北平市社会局办事细则
北平市社会局救济院收容妇女规则	北平市社会局所属中等各学校征收学生费用暨开支暂行规则	北京市政府社会局文化商场管理规则	北平市社会局市民集体婚礼章程
	北平市社会局社会、公安两局会同管理简易小学办法大纲	北京市政府社会局朝阳市场管理规则	北平市社会局筹办市民集体婚礼事务委员会章程
	北平市社会局考察市立图书馆教育馆阅书报处民众茶社暂行办法	北平市社会局商情周刊简章	北京市警察、社会、卫生局取缔开放庙会规则
	北平市社会局民众部字处暂行办法	北京市社会局第一民众茶社暂行简章	北平市社会局戏曲审查委员会章程
	北平市社会局主办民众识字夜班简章	北平市社会局发给营业执照规则	北平市社会局民众问事处暂行办法
	北平市社会局补助私立学校经费规程（已修订）		北平市社会局车辆稽查员服务细则
	北平市社会局考察私立民众学校识字班暨系统外各校暂行办法		修正北平市政府社会局管理长途营业汽车公站章程
	北平市社会局整理私塾办法		
	北平市社会局取缔私塾规程		
	北平市社会局补助私立学校经费暂行规程		
	北平市社会局补助私立学校经费审核委员会组织规程		

续表

有关慈善事业法规	有关教育事业法规	有关商业法规	其他法规
	北平社会局巡回图书保管章程		
	北平社会局巡回图书保管经理规则 附阅书、报规则		
	北平社会局巡回通俗讲演暂行章程		
	北平市社会局附设小学教育实际问题研究处简章		
	北平市政府社会局义务教育委员会组织章程		
	北平市社会局教育设计委员组织规程		
	北平市社会局社会·警察两局会同管理简易小学办法大纲		

根据《北平市市政法规汇编》以及《北平市市政法规汇编第二辑》构成。

北平市社会局如何着手应对慈善机构呢？《社会周刊》的发行是社会局的其中一项事务。《社会周刊》由社会局第三科编印，内容包括：法规、命令、文电、统计，每周发刊一次。下面关注一下慈善立法，关于慈善立法的经过，曾桂林指出："大致可将民国慈善立法分为北京政府和南京政府前后两个时期，前一时期是近代意义上的慈善立法初创阶段，而后一时期则是其发展、完善阶段"，他特别指出：训政期（1928—1937）为"民国时期慈善立法最重要的发展阶段，也是慈善法律体系形成的关键阶段"[①]。如1932年9月内政部颁布的《各地方慈善团体立法办

[①] 曾桂林：《民国时期慈善法制研究》，人民出版社2013年版，第133页。

法》等重要法律法规，都刊登在《社会周刊》上，以便众所周知。由此可见，社会局肩负了向社会推广法律法规的任务，并起到了一定的促进作用。

关于北平市社会局针对慈善事业具体颁行了哪些措施，目前还没有找到能够详细说明的资料。但可以推测，在同样位于华北区域，属于经济中心地的天津，也许会有类似的措施。下面根据《天津特别市社会局民国十七年八月至十八年六月工作简要报告书》[①]，稍作考察。根据此报告书，"关系市民公益"的慈善事业"职局职司社会行政负有整理之责"，"十七年十一月间，建议组织整理慈善机关委员会，并拟具会章提交市政会议后，该案奉令"。其内容是"应由职局会同地方士绅，先将慈善机关择要调查再议整理"，"比经局务会议议决应先召集各慈善机关领袖来局开会商榷办法。职局又行拟定慈善机关注册章程"之后提交市政会议通过。"于十八年二月，曾约集各慈善机关在局开会议决之案"有如下两点："（一）由局按月召集会议一次，以咨接洽而收通力合作之效。（二）遵照注册章程来局注册截至现在已经注册者，计有广仁堂、体仁广生社、北善堂、中国救济妇孺会天津分会者四处，其他本经注册之各慈善机关职局业已去函催促矣。"[②]

由此可见，肩负整理慈善机构责任和任务的社会局，第一步着手的是编制调查表，派工作人员赴各慈善机构，让代表填写并作报告。而天津市在此措施上与地方士绅进行合作，重新拟定注册章程之后提交市政会通过。然而遵照章程来局注册的只有四处。考虑到此报告书的发刊距社会局成立不到半年，天津市社会局整理慈善机构的举措，可算起步不错。

到了1934年5月，北京市社会局将所有机关，即第一救济院、第二救济院、妇女救济院、第一习艺工厂、第二习艺工厂、乞丐收容所进行合并后，成立了北平市社会局救济院。院长由龚齐振担任，统一管理北平的公立慈善救济事务[③]。

---

① 上海市图书馆藏：《天津特别市社会局民国十七年八月至十八年六月工作简要报告书》，第39页。
② 同上。
③ 北京市档案馆藏，卷宗号：J2-1-129；J2-6-88。

概观南京国民政府建立前期最初十年，对北平市社会局而言，一个重大性的事件就是1932年7月17日蔡元就任局长的同时，教育局归并社会局，以往教育局的主管事项归社会局掌理。因缺乏相关资料，详细经过不明，但可从报纸获知大致轮廓。1932年7月22日《申报》中说："北平蔡元及新任教育科长胡道维，今接收教育局、旧人员将裁去一半。"1932年7月22日《北平新报》中说："此次市府裁撤财务局，归并教育局，实为平市教育经费方面着想。"由此可见，归并理由为陷入窘境的教育经费，且有一半的旧人员被裁减。归并之前，正如前文所看到的那样，北平市社会局在很大程度上参与了教育行政，换句话说，教育局和社会局均管辖教育行政。从这一点看来，在此时归并也许并不仅是教育经费的问题。总而言之，以往混淆的教育行政职掌，因归于社会局而得到统一。这对被管辖的慈善机构而言，一方面是行政手续得到统一化，另一方面则迎来了监督、管理强化的局面。同时，从上面提到的报道还可以得知，在教育局与社会局的力量对比中，显然社会局处于高位。因此，以此归并为契机，社会局以及蔡元局长的存在感越来越大，并开始频繁地出现在报纸中。

三　香山慈幼院与龙泉孤儿院

（一）民国时期北平著名慈善机构：香山慈幼院与龙泉孤儿院

香山慈幼院于1920年由熊希龄创办。熊希龄（1870—1937），生于湖南省凤凰县，清末进士、立宪改良派官僚、慈善事业家、教育家等，是一个兼具多种角色的人物。他的生涯大致可分为作为官僚以及政治家的前半生和献身慈善教育的后半生。袁世凯当政时曾任财务总长、国务总理。另外，他还参与成立世界红卍字会，并就任世界红卍字会中华总会会长。1917年9月京畿地区发生大规模水灾，当时熊希龄被任命为水灾河工善后事宜督办，以此为契机，他在北京设立了慈幼局，以便收养受灾儿童。在水灾平息之后，还剩下200多名无人领回家的孤儿。为了对这些孩子进行收养和教育，他在北京西郊成立了一所教育机关，这就是北京香山慈幼院。到1949年被新中国接管为止，北京香山慈幼院持续了约30年之久，培养了约6000名毕业生。

关于龙泉孤儿院，据《北平龙泉孤儿院简章》所载，是在光绪三十二年（1906），以龙泉寺住持道兴接收两孤儿为开端，由龙泉寺依佛教慈悲主义承各界善士辅助设立并定名。该院由龙泉寺捐出占用地基27亩，设在宣武南下洼龙泉寺东侧。当时接收孤儿300余名，年有增减，道兴殁后，由明净住持继任院长。明净逝世之后，当时的院长为该寺百川住持。该院系北平市著名慈善机构之一[①]。该院所收男孤儿以120名为额，以具备无父或兼无母、其亲属确无抚养能力、年在6岁以上12岁以下、身无恶疾之条件者。孤儿出院以年满18岁以上为标准[②]。历年所收孤儿，数逾1000人，孤儿不唯学有实用技能，且皆具初小知识。经费该院每年平均支出八九千元，收入除政捐津贴千余元外，尚有房租、军乐捐、利息及慈善捐等收入，每年收支差可相抵。但自政府南迁后，以前京师警察厅每月所捐小米20石（后改为补助费80元）、学务局每月50元、财政部每月120元均化为乌有，商界捐助亦因市面萧条，多不能继续，其时公家津贴该院者仅市府社会局每月80元，北宁路每月20元，自民国十七年以后，该院却入不敷出，每年不足之数由龙泉寺补助[③]。

（二）日本人眼里的香山慈幼院与美国人眼里的龙泉孤儿院

生江孝之在考察北平慈善事业的时候，也来到香山慈幼院进行了参观。他在《报告书》中写下了该院的情况。《报告书》首先对香山慈幼院规模之大与设备齐全惊叹不已。该院的目的不仅是教养婴幼儿，还进一步按每个人的情况让有才能的人接受高等教育，目的是培养将来能为国家做贡献的人才。保育方法由该校培养的保姆来承担，训育方法是训练和培养独立互助的精神。家庭总部还引进家庭制度。10岁以上的儿童必须在工厂或农场实习，还为儿童筹备了升入公私立大学的奖学金，其毕业生已达100名。其主要财源来自国民政府每月1万元补助金、世界红卍字会每月2.5万元资助等。由于卢沟桥事变的发生和熊希龄逝世，当时还继续经营的只有婴儿部、幼稚园和小学部。一如既往地采用现代西

---

① 《龙泉孤儿院调查记》，《北平新报》1932年3月10日。
② 《龙泉孤儿院简章》，载《北平特别市社会局救济事业小史》，第115—116页。
③ 《龙泉孤儿院调查记（续）》，《北平新报》1932年3月11日。

方各国最新方式，由受过良好训练的保姆进行保育和养育。该院最大的特点是，没有陷入收容制度所带来的弊端，从其规模之大、其教养方法之整齐、生活内容之充实来看，该院可称得上中国第一。正因如此，看到如今其走到衰退之路，实在令人感到遗憾。生江在报告中充满了惋惜："在强调日中亲善的今天，难道没有人打开这个财政困难的局面，继续维持吗？"

1921年，甘博[①]写的《北京的社会调查》[②]中，非常生动地描写龙泉孤儿院的情况，他说道：南城孤儿院（指龙泉孤儿院——笔者注）由庙里的僧人主持，收容抚养了大约250名男孩，只收留12岁以下的男孩，到19岁之后，则需在孤儿院里干活，或者离开孤儿院到外面找一份差事来谋生。印刷、裁剪、木工、染色、制鞋、纺织和编席子都是孤儿院传授的技艺。孩子们睡在一个长长的火炕上，有温暖的睡处。这里的孩子一日三餐，不像大多数政府主持的慈善机构那样一天只有两顿饭。在甘博看来，南城孤儿院的管理工作十分出色，孩子们得到良好的照顾、教育和技艺培训。孤儿院的工作成果令人满意。

四　北平市社会局的监管：以香山慈幼院和龙泉孤儿院为中心

（一）北平市社会局对香山慈幼院与龙泉孤儿院的监管

当时，到底有多少慈善机构在北平市社会局注册呢？通过《北平登记公益及慈善团体统计表》[③]可以知道其具体数字。虽然这是社会局成立4年到5年后的统计表，但是至少可以确认有将近60所慈善机构已注册。在这些已注册的慈善机构中，以香山慈幼院和龙泉孤儿院为考察对象。其理由：这两所机构都是由中国人经营的"教养兼施"的孤儿院；而且，

[①] Sidney David Gamble（1890－1968）、中国名叫西德尼·D.甘博，美国社会学家。终生致力于中国城市和乡村社会调查和研究。引进了西方社会学教育，创办了燕京大学社会学系。

[②] 参见 Sidney D. Gamble. 1921. *Peking , A Social Survey*. New York：George H. Doran。

[③] 北平市政府秘书处第一科统计股编：《北平市政府二十二年度政府统计》，载沈云龙《近代中国史料丛刊》第三编第74辑731，台北文海出版社1987—1990年影印本。

如前所述，香山慈幼院的规模在北平市名列第一，该院院长熊希龄参与北平市社会局主导的北平市公益慈善基金会等事业；另外，龙泉孤儿院成立于清末，每月都会从社会局领取补助金。以上种种均表明，这两所机构与社会局有着密切的关系。

针对香山慈幼院和龙泉孤儿院，北平市社会局究竟如何运用慈善相关法规，如何进行监督管理呢？社会局一项重要任务即收集拟定经济或社会政策所需的相关资料，而且南京国民政府也经常要求各市政府社会局提交这些资料[①]。北平市也为了"了解社会的实际情况，有助于改善并发展社会事业"[②]，基于《北京市社会局社会调查委员会章程》组织社会调查委员会，进行失业调查、慈善事业调查、工人家庭情况以及生活费调查。社会局对香山慈幼院和龙泉孤儿院的监督管理，是以这些调查为基础，指出不符合法规的部分，并要求其改正。表4探讨北平市社会局调查包括香山慈幼院和龙泉孤儿院在内的本地慈状况机关团体的统计情况。

表4　　　　　北平登记公益及慈善机关团体统计　　　　单位：家

类别	1932年	1933年
统计	57	59
赈济	15	15
抚孤	2	2
养老	1	1
同乡会	11	11
职业介绍	3	3
宗教团体	7	7
地方服务	5	6
防灾	3	4
其他	10	10

---

① 安克强：《1927—1937年的上海——市政权·地方性和现代化》，张培德等译，上海古籍出版社2004年版，第158页。原著，Christian, Henriot, *Shanghai, 1927 - 1937: Municipal Power, Locality, and Modernization*, Berkeley: University of California Press, 1993。

② 兴亚院政务部编：《中国社会事业之现状》（调查资料第6号），兴亚院政务部1940年版，第15页。

（二）北平市社会局与香山慈幼院之间的往来文件

1933年1月5日社会局发出[①]的文件中，关于董事的人数，具体列名后指出核与原备案者不符，"究系如何情事，仰即查明回复，以凭核办"。

对此，1933年3月23日社会局第4股受理的来自香山慈幼院的回复说："查属院此次改组董事会，系另行选举董事，因原有董事历年病故及迁移者居多，故此次遵照部令暨　钧局明令，限以十五人为定额，其余董事百余人，均改为名誉董事，留待将来改选及候补。是以呈送校董名册，与原备案之人数略有增减也。"又1933年9月6日来自社会局的文件提及整理学校董事组织的背景说："查年来本市私立小中学校，时起纠纷，解决繁难，症结所在，多由于校董本身之未能健全，校董会既负经营学校全责，应如何以便组织严密而尽职责，各该校董会断难漠视，各该校董尤不应徒拥虚名，本局负主持全市教育之责，为防止未来纠纷计，亟应严行整饬校董之组织，以赴事功，仰各该会即便遵照。"还举出学校董事的三个条件，即"一、各校董须在平有相当职业及固定地址；二、各校董会人数不应过多须能切实负责及能亲自出席大会；三、现任教育行政人员不得充任校董""仰各该会切实遵办，以凭查核"。

对此，1933年10月20日香山慈幼院方面回复说："属院会因董事散处各省市县地方远近不一，奉令后，即行召集，于十月十五日特开董事临时大会，遵照部章，选举常务董事十五人，复于十一月二十五日续开常务董事会议，选举正副董事长常务监察保管各董事，并议决改组章程办事细则各在案。"与此同时，1934年5月1日"照抄中华民国二十二年十一月五日开会记录"详细记载了关于"章程"具体有哪些内容进行修改和删除。由此可见，香山慈幼院对北平市社会局的指令，根据社会局的说法做了较为老练、顺从的应对。

（三）北平市社会局与龙泉孤儿院之间的往来文件

1932年9月30日来自社会部的文件指出：发起人的人数有问题。即，应有五人以上之发起人，"乃该院所列发起人仅系四人"，而且"所

[①] 北京市档案馆藏，卷宗号：J002-003-00076。

订简章核与监督慈善团体法及施行规则并民法上社团各条文亦多未合，仰即遵照前项各法规，重行修正送呈以凭核办"。对此，龙泉孤儿院说："本院发起人尚有徐伯荣等三人"，但是"明令并未指明法定人数究属几人，方符定制，故名单上漏填三人仅呈报四人"，暗地里指责社会局方面解释得不够而表现出不满。由此可见监督慈善团体法的细节并没有及时地落实到基层。关于修改《简章》，"关院务行政属于立法部分，虽因时代进化不无修正之处，但兹事体重大，非经董事会议决定，未便擅行变更"，于是驳回了社会局的命令。

1932 年 11 月（日期不详）发自社会局的文件说："市政府先后令发施行各慈善团体登记应依照施行规则第三条所载依照民法社团或财团之规定"而"该院章程各条除名称目的两项核与上条法规尚无不符外，其他各项均属不合于监督慈善团体法及施行规则各条文亦有抵触之处"。即除了名称和目的以外，所有内容都不合法，然而在本文件中并没有提及其具体内容。相信收到该文件后，龙泉孤儿院一定感到十分困惑。

后来，又接到社会局命令："查该院系在监督慈善团体法未公布以前核准给照之慈善团体，现在应由本局重行核定，其原来章程既与各法规不合，自应由该院召集董事会修正呈送或由发起人修正，再由董事会追认先行呈送以凭核办，据称未便擅行变更等语，殊属不合。"对此 1932 年 11 月 26 日龙泉孤儿院的回复文件中解释说："本院纯为已故龙泉寺住持心学所创办，彼时因有诸大善士热忱赞助，故订立院章时，关于董事一项采名誉制居于赞助地位，与其他一般法人由董事会产生者不同，且名誉董事中有已物故者亦有散处于各省者，欲召集会议势有所未能，故前呈内声叙不便变更。"然后反驳说："章程规定各条款深合先总理提倡慈善事业之精神并无违背监督慈善团体法"，最后"本院不知重行立案适用法定手续究应如何符合未敢臆测为理合具文呈请"。

以上往来文件中可看出龙泉孤儿院的困惑和焦虑。与香山慈幼院的顺从的应对相比，龙泉孤儿院第三任院长百川的应对有点固执己见并略显生硬。对此，社会局对龙泉孤儿院说："应由该院召集董事会修正呈送或由发起人修正，再由董事会追认先行呈送以凭核办。"社会局如此着急地要求修改《简章》，可见其应对开始僵化，也可以看出在这一时期，社会局致力于彻底推广《监督慈善团体法》。

五 结 语

本文在概观了北平市社会局和民国北平市典型的两所慈善机关，即香山慈幼院和龙泉孤儿院之后，分析了其互相的往来文件。从管理的主体来看，由于北平市的政局动荡不安，而且时刻濒临战争的危机。随着北平市权力结构的变化，市长及社会局长亦逐渐变动。教育局归并社会局后，以往教育局的主管事项归社会局掌管，从此社会局以及蔡元局长的存在感则越来越大。从管理的依据来看，社会局通过每周发行一次《社会周刊》推广慈善事业相关的法律法规，为法制化建设起到了一定的促进作用。从往来文件也可以了解到，社会局力图确保"章程"符合《监督管理慈善法》以及依法正常运营"董事会"。从管理的对象来看，香山慈幼院做了较为老练、顺从的对应，与此相反。龙泉孤儿院第三任院长百川的对应有所固执己见而生硬。[1]

以上可以归纳，在南京国民政府成立并颁布条例对慈善机构加强监管的背景下，伴随北平市政府的成立，其下属的社会局承担了对当地慈善机构的监管职能。北平市社会局的成立意味着，摆脱以往传统的慈善救济事业，承认其公共责任，并将其转移为由社会积极铺垫组织和财政基础的社会事业。北平市社会局和其他地区的社会局一样，所面对的首要任务，是如何将传统的慈善机构进一步纳入监管体系的问题，然而，北平社会局也存在一定的特殊性，一是北平政局长期不稳，社会局用于慈善方面的经费十分不足（比如与上海相比）。二是国民政府南迁之后，须对北京国民政府时期登记的慈善机构进行接收，加剧了其工作的复杂性。针对民间的慈善机构，通过社会局与香山慈幼院、龙泉孤儿院的往

---

[1] 虽然不是本文的探讨范围，不过第二次世界大战后，1946年北平社会局做成的慈善机构调查表（北京市档案馆藏，卷宗号：J-003-001-118）中，排名第一为香山慈幼院，其次为龙泉孤儿院。对于香山慈幼院指出："查该院过去成绩尚属优良，设备教养亦为完善。惟查章则与新法未合，董事人数亦超越法定。拟准备案，仍饬其依法修正章程并调整董事，再予审核立案，并将现况列表报社会部。"另外对龙泉孤儿院指出："查该院过去历史悠久，被收孤儿为数甚多，现在设备教养大致亦为妥善。惟查章则与新法尚有未合且董事会无形鲜散。拟暂准备案，仍饬其依法修正章程恢复董事会，再予审核立案，并将现况列表报社会部。"由此可见，20世纪30年代曾经被指出过的问题，经过沦陷日本期间的10年以后也仍然存在。

来文件可以看出，北平市社会局的工作重点与其说在于援助或保护，不如说在于根据新颁行的《监督慈善团体法》等法规反复向民间慈善机构施压，强化其监督与管理职能。

1937年7月"七七事变"后，驻华北日本陆军进驻北平，组织"北平临时治安委员会"。到了1937年12月底，又撤销"北平临时治安委员会"。第二年年初，建立"中华民国临时政府"，随着北平市变成北京特别市，社会局也开始有了新的局面。

共赴国难:卢沟桥事变后平津地区的慈善救助

——以世界红卍字会为例

曾桂林

(湖南师范大学历史文化学院)

1937年卢沟桥事变揭开了中国人民全面抗战的序幕。在此国难当头之际,凡我中华儿女,莫不对日本帝国主义的侵略行径义愤填膺,乃同仇敌忾,共赴国难。国民党官兵在平津前线浴血奋战、保疆卫国之时,全国各界群众也纷纷捐款捐物,慰劳抗日爱国将士,或冒烽火硝烟之险,救护伤兵,收容难民。就卢沟桥事变这一影响中国近代历史进程的重大事件而言,现有成果基本上都属于政治史、军事史研究范畴,相对来说,从社会史角度入手探讨其慈善救济问题,这方面的关注度显然不够。虽然近年来学术界对卢沟桥事变后平津战场的慈善救济问题已有所探讨,但多偏重于中国红十字会的战地救护。[①]其实,世界红卍字会作为20世纪30年代堪与中国红十字会比肩的中国本土慈善组织,事变发生不久即在平津地区积极开展战地救护、难民救济,业绩卓著。然而,这一幕似乎

[①] 这方面的研究成果主要有池子华《红十字与近代中国》,安徽人民出版社2004年版,第299—302页;戴斌武《中国红十字会救护总队与抗战救护研究》,合肥工业大学出版社2012年版,第21—22页。

被埋没于历史的尘埃中，尚未引起学人的注意。①鉴于此，本文拟以世界红卍字会为例，通过梳理该会出版的临时救济报告、刊物及《申报》相关新闻报道等文献史料，试对其在平津战地的慈善救助活动进行较为全面的论述。

一 世界红卍字会救济组织的创设及善款募集

1937年7月7日，日本驻屯军在丰台附近进行夜间演习，公然向中国守军宋哲元部第二十九军射击挑衅，企图占领宛平城，并"向该城包围进攻，轰炸甚烈"②，中国守军奋勇还击，"卢沟桥事变"爆发。日军蓄意挑起事端的消息传来，举国震惊，国共双方立即积极应对，抗日救亡氛围迅速高涨。7月8日，蒋介石即电告宋哲元："宛平城应固守勿退，并须全体动员，以备事态扩大。此间已准备随时增援"，同时致电刘峙、徐永昌，通令准备出师开赴前线。③同日，中国共产党也发表号召抗战的宣言，指出平津危急，华北危急，中华民族已经到了生死存亡的关头，"只有全民族实行抗战，才是我们的出路"。这就吹响了中华民族抗日的战斗号角，也激励了全国军民坚决抗战的信心。社会各界很快行动起来，或"组织战地服务团，出动到前线救护伤员"，或"组织劳军团，携带大批慰劳品，分赴前线及医院慰问"，并积极开展支持抗战各方面的工作。④

---

① 近十年来，世界红卍字会研究斐然可观，已出版的学术著作有高鹏程《红卍字会及其社会救助事业研究（1922—1949）》，合肥工业大学出版社2011年版；高鹏程《近代红十字会与红卍字会比较研究》，合肥工业大学出版社2015年版；论文亦有十余篇，主要有方竟、蔡传斌《民国时期的世界红卍字会及其赈济活动》（《中国社会经济史研究》2005年第2期）、濮文起《民国时期的世界红卍字会》（《贵州大学学报》2007年第2期）、李光伟《道院·道德社·世界红卍字会——新兴民间宗教慈善组织的历史考察（1916—1954）》，硕士学位论文，山东大学，2008年；贺永田《世界红卍字会研究》，硕士学位论文，湖南师范大学，2009年；等等。不过，既有成果均对此阙如未论。

② 章伯锋、庄建平主编：《抗日战争》第二卷上册，《中国近代史资料丛刊》之十三，四川大学出版社1997年版，第55页。

③ 同上书，第56—57页。

④ 何基沣等：《七七事变纪实》，载中国人民政治协商会议全国委员会文史委员会《七七事变》编审组编《七七事变》，原国民党将领抗日战争亲历记丛书，中国文史出版社1985年版，第49—50页。

值此危亡之秋，"以促进世界和平、救济灾患为宗旨"① 的世界红卍字会，更是责无旁贷。早在1937年春夏之际，世界红卍字会中华总会即以豫陕川甘宁黔等省灾情重大，联合各地分会共同筹集赈款，开展赈济，后"又虑各地救济人员缺于训练"，乃决定"遴选救济人才集合训练，期于有事时不至无所措手"②，以便及时组成救济队，同时还制定了《世界红卍字会救济队章程》。该章程第一条即明确了其职责："本会遇有灾患发生，随时组织救济队出发战地或灾区，负救灾恤患、疗伤治病、收容难民、掩埋死亡之专责。"③正当"各省之赈务方殷，而北地之风云忽紧"，7月7日夜，卢沟桥事件猝然爆发，翌日清晨，"炮声不绝于耳，人心大为震骇"。④ 世界红卍字会中华总会立即召开紧急会议，筹措救济事宜。7月9日，世界红卍字会第一联合救济队第一队率先成立，阎承龙任队长，并遴选队员16人，医士2人，分作3组，由曹泰惠、张佛如、胡曜澄率领，于当天午前"分组驰赴四城，相机救济"。⑤ 次日，《申报》据北平专电报道，"平各慈善团体组救护队，今携带应用器具及药品急赴战地施救"⑥。不难想见，世界红卍字会的应急反应颇为迅敏，于战地救护有所预备。

当时日军因后援部队尚未调齐，故提出和谈借为缓兵之计。自7月9日至19日，中日双方代表进行多次反复交涉，第二十九军代表最终被迫与日方签订停战实施条款。⑦尽管此时平津地区一度出现缓和气氛，似乎战事不会再起，实际上，形势却急剧地向恶化方面发展。因为，日本国内正在紧锣密鼓地酝酿进一步扩大对华的侵略。7月11日，日本政府召开五相会议与内阁会议，决定派兵华北，并获天皇批准；15日，日本参

---

① 《世界红卍字会会纲》，《正俗》第1卷第7期，1936年，第21页。
② 世界红卍字会中华总会编：《北平事变临时救济报告》（自7月8日起至9月30日），1937年9月底刊印，"甲编：工作报告"，第1页。
③ 《世界红卍字会救济队章程》，《卍字月刊》第1卷第2期，1938年，"附载"第1页。
④ 世界红卍字会中华总会编：《北平事变临时救济报告》，"甲编：工作报告"第1页。
⑤ 同上书，"甲编：工作报告"第1—2页。
⑥ 《平各团体组救护队》，《申报》1937年7月10日第4版。
⑦ 参见章伯锋、庄建平主编《抗日战争》第二卷上册，四川大学出版社1997年版，第43—48页。

谋本部及驻屯军都拟定了侵华作战要领与计划,得到陆海军的配合。①日本帝国主义既已确定灭亡整个中国的"国策",一时所谓的和平谈判,不过是掩护其军事行动的烟幕。日军在同第二十九军议和时,仍不断向平津地区增兵。至7月下旬,日本基本完成调兵遣将的军事部署,即大举进攻华北。

世界红卍字会鉴于"局势之变幻靡常,救务之工作不容稍缓",趁战事稍缓之际,由中华总会各部门负责人驰赴津门,在津开临时会议,商议进一步救济方法。7月14日,天津分会乃遵照总会章程成立世界红卍字会第三联合救济队第一、二两队,并公推张泽灝、徐云航(后由陆惟松继任)分任第一、二队队长。同时,选定得力队员24人,各司其职。②7月下旬,战事再趋紧张。世界红卍字会中华总会决定联合北平、大兴两分会一致筹备,开展救济。7月22日,成立第一联合救济队第二队,由北平分会推封聿端为队长,张昭严为副队长,下设第一、二组,主任队员分别为周石璇、张华如,共有队员9名;27日,第一联合救济队第三队成立,大兴分会推周慧达充队长,王净尘副之,也设两组,分别由宋安滋、郭在韫负责,共有队员14名。③至此,世界红卍字会筹备工作基本就绪,随时准备出发,以期收分工合作之效。然此间日军屡屡提出无理要求,蓄意再起事端,在遭拒后于26日、27日猛攻南苑、西苑,北平四郊陆续发生激战,战事进一步扩大,难民急剧增多,世界红卍字会中华总会与北平分会、大兴分会遂在北平城郊先后设立12处收容所,临时收容难民妇孺。

救济组织既已设立,筹募款项成为当务之急,赈济成效若何,全赖于此。世界红卍字会以往办理赈济救护事务,所需费用除各界善士自发捐助外,均由总、分会同人合力筹集。卢沟桥事变后,"因交通关系,各会协款汇寄阻滞,而救济事业势如救焚,不可稍缓,虽由同人努力策进,

---

① 参见章伯锋、庄建平主编《抗日战争》第二卷上册,四川大学出版社1997年版,第33—42页。

② 《世界红卍字会天津分会经办民国二十六、七年临时救济报告》(自民国二十六年七月二十九日至民国二十七年二月二十八日止),《卍字月刊》第1卷第8期,1939年,"道慈纪实"第1—2页。

③ 世界红卍字会中华总会编:《北平事变临时救济报告》,"甲编:工作报告"第2—3页。

终感心余力绌之慨"①。于是，世界红卍字会中华总会刊布劝捐公启，吁请全国各地的社会团体、善士及红卍字会各分会、会员踊跃捐助。很快，世界红卍字会的劝募得到全国各界的纷纷响应。先是北平市银行同业公会拨助1万元，北平市政府也发给救济费4000元（内指拨慈善团体联合会800元）。世界红卍字会西南主会拨汇汉口市商会募助3000元，指定拨给一所南苑难民1200元，三所宛平难民800元，临时医院1000元；胶东联合办事处捐赠2500元，东南各会联合办事处转汇万县分会助1000元，香港道院亦捐助1050元。佛教临时救济会积德堂难民收容所也募捐200元，指定拨作青云店难民救济费。此外，又获得许多善士慷慨解囊相助，如周悟坦捐赠1000元，王绍贤（盐业银行经理）、孔慧航、刘华度等3人各捐500元，戴政坤捐300元，李赞侯、张君解各捐200元，捐助100元者亦较多。②其余民众捐赠款额虽不大，少则数角，多则数十元，亦尽绵薄之力捐献，不图名利，甚有不少隐名者、无名氏。正缘于众多好善人士激于爱国之情，又有民胞物与之怀，倾力襄助，积少成多，聚沙成塔，世界红卍字会的慈善救济活动得以铺展。截至1937年9月30日止，世界红卍字会收到社会各界捐赠善款共计洋37141.02元，其中，中华总会经收捐款洋27139.69元，北平分会经收捐款洋1187元，大兴分会经收捐款洋2172元，临时医院、第一收容所经收捐款洋1968元，第二收容所经收捐款洋2099元，第四收容所经收捐款洋89元，第五收容所经收捐款洋770.88元，第六收容所经收捐款洋291.09元，第八收容所经收捐款洋343元，第九收容所经收捐款洋295元，第十二收容所经收捐款洋530.17元，第十三收容所经收捐款洋255.44元。③天津分会也"幸蒙仁人善士筹助巨款，采购大批赈粮，分赴各区查放"。④这就有力地保障了世界红卍字会难民收容、伤兵救护等慈善救济活动顺利进行。

---

① 世界红卍字会中华总会编：《北平事变临时救济报告》，"叙言"第1页。
② 同上书，"乙编：征信录"第7页。
③ 同上书，"乙编：征信录"第5页。
④ 《世界红卍字会天津分会经办民国二十六、七年临时救济报告》，《卍字月刊》第1卷第8期，1939年，"道慈纪实"第1页。

二 世界红卍字会在平津战区的慈善救济活动

由于世界红卍字会未雨绸缪，前期准备充分，事变发生后又能积极应对，其在平津地区的战地赈济得以有序开展。正如世界红卍字会7月17日复函上海慈善团体联合救灾会所称："此次华北事变，敝总会已于本月九日派阎承龙队长率医生员役，携带担架、药品、食粮，出发宛平卢沟桥一带，实施救济，并筹设医院及收容所。其天津暨附近北平各红卍字会均已积极筹备，随时即可出队。万一不幸战事扩大，敝会早经议定整个救济办法，各区红卍字会均可随时整队出发，以救伤亡。"[①] 观其后来的行动，亦确如所言。世界红卍字会在平津的慈善救济工作，简而言之，可分为赈济、收容、掩埋、医疗四方面。

（一）急赈、冬赈

宛平县城位于北平市西南，相距25里，卢沟桥又在县城西门外。卢沟桥事变发生后，附近各村镇人民饱受惊恐，又值天气炎热，伤兵及逃难者所在多有。据报道，7月下旬，"宛平城内外待赈灾民达三千人"[②]，虽然官方有施米之举，但因人多量寡，终究不敷。为此，第一联合救济队第一队队长阎承龙率领队员、医士乘救护汽车先后多次绕道至宛平县城，一面治疗伤病患者，并施送暑药，一面施放临时急赈。7月12日，第一联合救济队第一队首先赴最早交战的宛平南关、西关两处，开展临时急赈，在南关赈济21户，大口37人，小口28人，在西关赈济18户，大口20人，小口19人。中下旬激战再起，该队又于25日分赴宛平城东、南、西、北四关查放急赈。这两次共施放急赈灾民273户，大口1120人，小口991人，计赈款323.1元。[③]其间，还数次在宛平县南关、西关及北平市近郊各村治疗伤病590名，并施送良丹、十滴水、藿香正气水、消暑

---

① 《救护募捐办法·红卍字会》，《申报》1937年7月18日第13版。
② 《宛平城内外灾民待赈》，《申报》1937年7月26日第4版。
③ 世界红卍字会中华总会编：《北平事变临时救济报告》，1937年9月刊印，"甲编：工作报告"第4页。

丸、避瘟散等各种暑药。①世界红卍字会第一联合救济队第一队急赈情形，可详见表1、表2。

表1　　第一联合救济队第一队宛平县城临时急赈人数、赈款一览

次别	日期	施放地点	户数	大口数（口）	小口数（口）	施放款项（元）	备考
第一次	7月12日	宛平南关	21	37	28	10.2	急赈大口二角，小口一角
	7月12日	宛平西关	18	20	19	5.9	
第二次	7月25日	宛平北关	50	249	184	68.2	
		宛平西关	91	398	296	109.2	
		宛平东关	34	167	189	52.3	
		宛平南关	59	249	275	77.3	
合计		宛平四关	273	1120	991	323.1	

资料来源：世界红卍字会中华总会编：《北平事变临时救济报告》，1937年9月刊印，"甲编：工作报告"第4页。

表2　　　　　第一联合救济队第一队施送各种暑药数目

日期	施送地点	药名及数量							
		良丹	十滴水	长春丹	藿香正气水	痢疾药	消暑丸	眼药	避瘟散
7月12日	宛平县各村	144	505	350	70		25		
7月19日	北平西城及西郊	423	930		125	40	25	55	
7月22—23日	北平东南郊各村	473	1980		155	22	75	145	200

资料来源：《世界红卍字会中华总会联合平兴两会经办民国二十六年临时救济报告（第一期）》，《卍字月刊》第1卷第6期，1939年，"道慈纪实"第5—6页。

与此同时，世界红卍字会天津分会也以赈济为主要慈业。天津分会将筹集到的巨款用于采购大批赈粮，派救济队员分赴市内各灾区及大沽

---

① 《世界红卍字会中华总会联合平兴两会经办民国二十六年临时救济报告（第一期）》（自7月8日至9月30日），《卍字月刊》第1卷第6期，1939年，"道慈纪实"第5—6页。

等处挨户调查施放急赈；同时，"为顾及一般流落难民及零星求赈者起见，复有巡救队之组织，以期普及赈济，即于每日派遣巡救队员四人携带赈票、赈款及各种药品，分乘自行车在市郊各处巡回救济"。总计查放1.1万余户，施出赈米31万余斤。① 此外，又赴保定、静海、大城等县及独流镇、王家口等处施放急赈，共计放赈米15万余斤，棉衣7500余件。② 急赈将毕，而时届初冬，天津分会于是又继续举办冬赈，共查放18161户，施出赈米169100斤，玉面15000余斤，赈款1380元，棉衣2700余件，共享赈款75300余元。③ 还须一提的是，义务剧余款1468元，代购玉面2万多斤，也委托该分会查放天津四乡，共赈济89村1.1万余户。

（二）接护难民及掩埋尸体

7月26日、27日，北平事态趋于严重，"南苑、宛平一带沦于枪林弹雨之中，情状至为惨烈"④。至28日，"局势为之一变，四郊多垒，灾民横生"⑤。世界红卍字会即派遣各救济队驰赴被灾地带，设法救济，起初因城门紧闭未能通行，后经外交委员会交涉接洽办理三队通行许可证，从31日起每日由队长阎承龙、封聿端、周慧达等人分率三队乘救护汽车驰赴四郊，分别实施掩埋、抢救、接护及收容各项工作。7月31日，第一联合救济队第一队在南苑大红门一带掩埋尸体41具，在永定门外接护难民551人；第二队则在东便门外接护难民2412人，并送入收容所232人；第三队也在西郊掩埋尸体11具，于西直门外接护难民844人，入所92人；8月1日，第一队继续在大红门一带掩埋尸体80具，死马28匹，在永定门外接护难民104人；第二队则在海淀一带救护伤者，并接护各村庄难民1321人，入所24人；第三队亦在西便、德胜、西直门外救护难民

---

① 《世界红卍字会天津分会经办民国二十六、七年临时救济报告》，《卍字月刊》第1卷第8期，1939年，"道慈纪实"第4—5页。

② 同上书，"道慈纪实"第4页。

③ 同上。

④ 世界红卍字会中华总会编：《北平事变临时救济报告》，1937年9月刊印，"甲编：工作报告"第8页。

⑤ 同上书，"叙言"第1页。

妇孺11人，接护西郊各村1012人。① 此后，救济工作日趋繁重。整个8月，第一联合救济队的三个分队几乎每日都奔走于北平城内与近郊各地，"以地域言，东至青云店、通县、香河，西至西郊、宛平暨于大灰厂、良乡县境，南至南苑、丰台，北至北郊以及沙河、昌平等处"。② 其救济工作则掩埋、救护、收容各项同时并举。直到9月中旬，第一救济队仍在广安门、报国寺、良乡等处忙碌，负责接护难民并送入收容所。③截至9月30日，世界红卍字会第一联合救济队先后掩埋尸体593具，并接护难民13061人。④对于所掩埋的尸体，世界红卍字会都用竹签分别插上标号，并另册注明尸源村庄、掩埋地点及主事人等。此次北平近郊战役中，第一队掩埋尸体最多，达351具，其次为第三队。⑤

（三）难民收容

鉴于平津形势骤变，世界红卍字会中华总会于7月30日先行成立临时难民妇孺第一、二、三收容所，分别收容。后来，"各灾区难民咸以平市为比较安全之地，扶老携幼，日益增多，复于城内增设第五、第六、第七、第八、第十一等各收容所"。为便于难民投止起见，在西郊增设第四、第九、第十二、第十三等收容所，广为收容。每所置主任一员，男女管理员数员，"举凡难民起居饮食管理、训育以及检察疾病卫生等事，悉由主任及管理员负责处理"。⑥如前所述，世界红卍字会各救济队分途出发以后，一面进行掩埋尸骨的救济工作，一面抢救、接护城郊各地难民，以避兵燹，有些则转送运至收容所。对于入所难民，如患有疾病者，由各救济队及临时医院医士轮流分赴各所，施以治疗。难民们于炮火枪声中劫后余生，受外界刺激过甚，心有余悸，世界红卍字会还派人隔日到各收容"多方劝导宽解，以安慰其心神，代为查寻亲属，俾得全其骨

---

① 世界红卍字会中华总会编：《北平事变临时救济报告》，1937年9月刊印，"甲编：工作报告"插页，世界红卍字会第一联合救济队第一、二、三各救济队每日工作概况表。
② 同上书，"叙言"第1页。
③ 同上书，"甲编：工作报告"插页，世界红卍字会第一联合救济队第一、二、三各救济队每日工作概况表。
④ 同上书，"甲编：工作报告"第8页。
⑤ 同上书，"甲编：工作报告"第9—12页。
⑥ 同上书，"甲编：工作报告"第13页。

肉";并对难民中的孕产妇,另设产室,以便调养,并派助产学校医士随时到所,义务接生。难民入所时如衣履单薄,早晚不足御寒,世界红卍字会又分别施给衣裤。① 8月中旬以后,城郊附近各地渐趋平靖,难民陆续返里。截至9月底,还有因事变破产无家可归者数百人,一时难出所,总会决定待以后道路通畅再为设法遣送。据统计,自事变爆发至9月30日,世界红卍字会在北平设立的各所收容难民妇孺达13838人,日给口食,计17万余口数,详情见表3。②

表3　世界红卍字会北平城郊收容所收容人数统计表(1937年7—9月)

所别	主任	所址	入所人数	出所人数	9月底留所人数	按日住食合计人口数	备考
第一收容所	于圆观	安定门大街	3853	3432	421	56024	按日住食合计人口数,系按每日所住食人数计算,以每人一日为单位
第二收容所	吴纯如	石驸马大街	1168	950	236	19921	
第三收容所	王德永	青龙桥	2089	1971	118	27630	
第四收容所	胡曜澄	香山	2132	2057	75	22846	
第五收容所	马渡群	东城魏家胡同	406	356	50	7197	
第六收容所	乔博淑	南长街九道湾	61	61	—	1430	
第七收容所	郭在韫	东城东门仓豆芽菜胡同	163	163	—	2808	
第八收容所	刘安净	崇文门外兴隆街11号	254	254	—	3461	
第九收容所	丁福诚	平西大有庄	1111	1040	71	10193	
第十一收容所	张雪门	阜成门内帝王庙	644	539	105	9240	
第十二收容所	韩涵如	平西海甸	1414	1092	322	14034	
第十三收容所	宋迈造	广安门外观音寺	525	525	—	3442	
统计			13838	12440	1398	178226	

资料来源:据世界红卍字会中华总会编:《北平事变临时救济报告》"甲编:工作报告"第14—15页内容综合。

日军在炮火猛攻北平的同时,7月29日又对天津实施狂轰滥炸。"先投硫黄弹,使房屋燃烧,人民乃四出奔逃,日机遂低飞,以机枪扫射,

---

① 世界红卍字会中华总会编:《北平事变临时救济报告》,1937年9月刊印,"甲编:工作报告"第13页。
② 同上。

无辜市民多因此遭难。此外，各机关住宅被炸或烧者，亦无从计算。"① 另一报道也称，"目前虽无法统计，但众信至少亦在一二千之间"。② 众多的难民被迫流离失所，露宿街头。30日晨涌入法租界，"各处人满街上，行人益多，率皆无处可奔也"；在河东北马路一带，"随地皆有暴露，幼童尤多，更有因伤重奄奄待毙者，为状至惨"。③ 最初，"各处难民即扶老携幼纷纷逃避，但比时各租界均断绝交通"，世界红卍字会天津分会反复与各租界交涉，始获准发通行证，得以出发救济。"而一般难民风餐露宿，厥状至惨，本会爰就难民麇集之处分别觅定广大处所，当时成立难民妇孺收容所九处，总计收容妇孺难民月二万余人。"④ 此外，英租界内也还滞留有难民五六百人，因在租界内不易寻觅宽阔处所，几费周章，终未能设立收容所。对于这部分难民，天津分会则施以临时赈济，每日按名发给馒头两次。后经于租界工部局商准，同意将其全部送入特一区第一收容所内。至8月中旬，天津战事暂停，市内治安平复，各收容所也陆续结束，分别遣散。"遣散时，所有难民每大口发给白米二十斤，国币一元，小口减半。"⑤ 天津市内及近郊的收容情形见表4。

表4　世界红卍字会天津分会临时难民妇孺收容所收容情形一览

所别	所址	收容日期	收容人数（人）	结束日期	结束时人数（人）	遣散发给米数（斤）	遣散发给钱数（元）	附记
第一收容所	特一区18号路徐家大楼	7月29日	6273	8月13日	1332	15940	961.5	结束时每大口发给白米20斤，国币1元，小口减半
第二收容所	特二区平安街鲍家大楼	7月29日	5285	8月14日	627	9150	413.5	

---

① 《难民流离，为状绝惨》，《申报》1937年7月31日第4版。
② 《市民遭难一二千人》，《申报》1937年7月30日第4版。
③ 《难民流离，为状绝惨》，《申报》1937年7月31日第4版。
④ 《世界红卍字会天津分会经办民国二十六、七年临时救济报告》，《卍字月刊》第1卷第8期，1939年，"道慈纪实"第2页。
⑤ 同上书，"道慈纪实"第3页。

续表

所别	所址	收容日期	收容人数（人）	结束日期	结束时人数（人）	遣散发给米数（斤）	遣散发给钱数（元）	附记
第三收容所	特一区三义庄小学校	7月29日	3654	8月9日				由救世军供给饮食
第四收容所	城内府仙戏园	7月29日	737	8月8日	49			后并入第五所
第五收容所	城内玉皇阁	7月29日	996	8月10日	875	4950	425.5	
第六收容所	西马路宣讲所	7月29日	423	8月6日				
第七收容所	北大关宣讲所	7月29日	315	8月8日				
第八收容所	河东贾家大院	7月29日	3878	8月6日				
第九收容所	北营门北天仙	7月29日	2848	8月7日	26			后并入第五所
总计			18354		2621	30040	1800.5	

资料来源：《世界红卍字会天津分会经办民国二十六、七年临时救济报告》，《卍字月刊》第1卷第8期，1939年，"道慈纪实"第3—4页。

由表3、表4可知，世界红卍字会中华总会与北平、大兴、天津三地分会在战事骤发之际及时设立收容所达21处，共收容难民妇孺3万余人，施与衣食，遣散时又给予钱米。日本军国主义对华侵略的扩大化，造成平津地区成千上万的难民。由于世界红卍字会及时进行收容救助，这些难民得以虎口脱险，获得了生存之机，免于流离失所或流为盗匪，并有缘骨肉重逢，夫妻团聚。

（四）医疗救治

世界红卍字会各救济队既尽力于收容掩埋，复以北平四郊受伤患者或轻或重，亟待救治，于是有临时医院之设。世界红卍字会中华总会原附设有卍字医院，但因房屋狭小，设备简陋，为便利伤兵难民治疗，7月30日在慈业筹备处西院组设临时医院，胡睿觉会长任院长，综理一切院务。夏辅和为医务主任，并由附设卍字医院全体医务人员充任，还延请医师、护士多人相助为理。由于战事紧急，临时医院的"病室之设备以及伤病之登记、资遣等事，匆促之间筹设完整，由各救济队在城郊各地随时救护送院收治"，并得到中国红十字各医院的协助，凡属重伤须用大手术者，允予转送医治。凡留住院的难民，其饮食、伤情等均由专员随时视察；衣服不完整者亦由院分别调换，以保持清洁，避免感染。"每日上午八时、下午四时由医务主任会同医士按次换药，稍重者则随时诊视。"其救治情形颇得外界赞许。统计两月之间，共收治伤患302人，临时施诊4323人。除治愈出院外，还有119人伤病未愈，需继续治疗，待痊愈再出院。①

在天津，因遭日军低空轰炸，特别一区徐家大楼第一收容所、特别二区鲍家大楼第二收容所收容难民人数最多，而难民中受有轻重伤患者亦为数不少，亟待医治。缘此，天津分会十分重视医疗救助。第一收容所由德医柏大夫"每日会同医士数人到所治疗一次，所有医药纯尽义务"；第二收容所则由天津分会所属城内县分会"延聘医士，购置药品，组织临时施诊所，每日常川在所负责治疗"。②后来有万国难民治疗救济会派员前往该所治疗，加之战时交通阻梗，该施诊所暂停，而派出全体医务人员每天赴其他收容所巡回治疗。如难民中遇有重伤须做大手术者，则送往马大夫医院免费医治。

三 余 论

世界红卍字会源于道院，而道院历经滨坛、济坛、创立与推广扩展四个时期，③至20世纪30年代已发展成为中国社会一个颇具相当规模与

---

① 世界红卍字会中华总会编：《北平事变临时救济报告》，1937年9月刊印，"甲编：工作报告"第17页。
② 《世界红卍字会天津分会经办民国二十六、七年临时救济报告》，《卍字月刊》第1卷第8期，1939年，"道慈纪实"第4—5页。
③ 《道院溯源》，《正俗》第2卷第5期，1937年，第19页。

影响力的民间宗教。在发展进程中，世界红卍字会与道院二位一体，道院通过采取"以慈展道""以慈护道"的策略，逐步在全国各地尤其是山东、河北、安徽、江苏、北平等省市建立其地方组织，世界红卍字会也随之得到广泛分布，而"华北地区是院会的核心区域，地位凸显"。[1]虽然世界红卍字会的组织结构采取分权形式的事业部制，总会与分会没有严格的隶属关系，组织管理较为松散，但由于分会具有较高的稳定性与适应性，一旦危急发生，"总会与各地分会还是构建起了行之有效的社会救助网络"。[2]当卢沟桥事变爆发后，战事不断向华北地区蔓延扩大，世界红卍字会慨然担负起伤兵难民的救护之责。在这次战地救护中，其参与者主要是中华总会，此外还有北平分会、大兴分会、天津分会。中华总会在其中不仅仅是参与者，而且还起到号召、组织与指挥各分会协力救助的作用。正是在中华总会的协调下，总会与大兴分会、北平分会联合起来，并与天津分会通力合作，或开展急赈冬赈，或收容资遣难民，或诊疗伤兵病员，构成了一个社会救助的区域性网络。在这个网络当中，分会与分会之间也彼此互动，或代募赈款，或协济救助，广泛利用各种社会资源，并将各救济队的机动救助与各收容所、医院的定点救助结合起来，进行跨区域的赈济与救护，使得世界红卍字会的战地救护具有较大的灵活性、协作性，大大拓展了慈善救济的空间。

世界红卍字会中华总会及其地方分会活跃于战场前线与平津地区，不仅鼓舞了前方将士英勇抗日，还救助了大量的难民妇孺，并为其带来了心灵的慰藉与生存的希望。正如天津分会在后来刊印的临时救济报告所言："自卢沟桥事变勃发以来，各地民众奔走流亡……而市内外各处难民扶老携幼，嗷嗷道路，无地栖止"，该会本着救济灾患之旨，"乃就各区觅定广大处所成立临时妇孺收容所九处，前后总计收容难民二万余人，每人每日发给馒首二次，以资存活；伤者病者则分送医院及本所治疗；死者即择地掩埋，不使暴露。迨兵火少息，而孑遗之民或屋舍焚如，或

---

[1] 高鹏程：《红卍字会及其社会救助事业研究（1922—1949）》，合肥工业大学出版社2011年版，第43页。

[2] 同上书，第44、48页。

谋生路断，若不施赈济，势恐悉成饿殍"。①中华总会及北平、大兴分会也较早组织3支救济队、创设12处收容所，收容资遣了数以万计的妇孺难民；掩埋了成百上千具尸骨遗骸。可以毫不夸张地说，世界红卍字会为事变后平津地区乃至华北地区的战事救助倾注了大量心血，做出了重要贡献。概观前述卢沟桥事变后平津地区的救济情形，世界红卍字会无疑是一支极其重要的民间慈善救助力量，其业绩毫不逊色于中国红十字。而且，就个人所目及的史料来看，事变发生后，世界红卍字会的行动比中国红十字会更为迅速，救护也更为得力。②

处此国难危亡之秋，尽管世界红卍字会一再对外宣称："本会为纯粹慈善团体，旨在救济灾患，向不参预一切政治，历经登报，早为各界所共见。倘有以本会名义或会员个人做慈善范围以外之行动者，本会概不负责。近中正值总分各会共同筹进救济之际，特再登报端，即希各界共鉴。"③然而，覆巢之下，安有完卵？在中日民族矛盾日益激化的条件下，世界红卍字会不涉政治的中立态度与立场自然无法坚守。当世界红卍字会秉承其一贯的救灾恤患宗旨，决意为平津地区的伤兵难民积极筹募款物之时，它已慨然担当起救亡图存之责，或许只是自身尚未完全认同而已。其实，数年前世界红卍字会成立东南主会上海办事处开展"一·二八"事变的战地救助，成立总监理部进行长城抗战的战场救护，其谋求政治的合法性以及所蕴含的民族性就已初步显露。正如有论者所指出的，"其政治色彩由所在地居统治地位的政治力量所赋予，毕竟红卍字会要存在下去，就必须按居统治地位的政治力量的要求去行事，否则便无法生

---

① 《世界红卍字会天津分会经办民国二十六、七年临时救济报告》，《卍字月刊》第1卷第8期，1939年，"道慈纪实"第1页。

② 据查阅天津《大公报》、《益世报》、上海《申报》等报刊及有关中国红十字会的档案资料，卢沟桥事变发生后，中国红十字会以"事起仓促，由上海派员前往，势必需时"，乃电令华北分会（设于北平）"从速组织救护队，赴卢沟桥方面救护"，但实际上约在7月10日至14日，北平分会、天津分会才有行动，稍后始赴廊坊、黄村等地开展救护。参见《中国红会派队赴卢救护》，《申报》1937年7月15日第14版；中国红十字会总会编《中国红十字会历史资料选编（1904—1949）》，南京大学出版社1993年版，第505页。

③ 《世界红卍字会总分各会启事》，天津《益世报》1937年7月17日第1版；又见天津《大公报》1937年7月18日第2版。

存"。① 曾在战时日本政府东亚研究所进行过华北村落社会中地方政治与结社结会调查研究的酒井忠夫,对于世界红卍字会在中日战争期间的救济行动也认为:"在重庆政权势力较大的地区,这个教团为重庆政府所组织来从事反日活动",自从国民政府迁都重庆以来,"红卍字会也在重庆设立总会,并调整了各地分会的各项活动。可以说这个教团这样重新组合之后,成为了蒋介石抗战阵营的一翼了"。② 更何况,世界红卍字会原本受红十字会产生于西欧而推行于中国的刺激而创设,它自成立之初就具有较为强烈的文化民族主义倾向,十分期望能够由中华大地而推行于东西方各国。③皮之不存,毛将焉附?国之不存,道院亦将亡。这是世界红卍字会诸位同人先可预见的。由此,在这民族存亡之秋、国难当头之际,世界红卍字会乃毅然、决然地吁请全国各界民众捐募款物,开展战地慈善救济。而缘于抗战事业的正义性,全国各界民众同仇敌忾,也慨解仁囊,或捐衣物,或赠药品,或助米面,源源汇聚于世界红卍字会及其分会,与前方将士一道,共赴国难,为坚持抗战贡献了一份力量。虽然,世界红卍字会在抗战期间沦陷区的活动曾表现出两面性④,但就抗战初期的平津战地救护而言,其行为无疑是值得肯定的。

---

① 高鹏程:《红卍字会及其社会救助事业研究(1922—1949)》,第 245 页。
② [日]酒井忠夫:《道院的沿革》,载王见川等主编《民间宗教》第 3 辑,(台北)南天书局 1997 年版,第 150 页。
③ 参见宋光宇《民国初年中国宗教团体的社会慈善事业——以"红卍字会"为例》,(台北)《文史哲学报》第 46 期,1997 年。
④ 参见高鹏程《红卍字会及其社会救助事业研究(1922—1949)》,第 227—228 页;高鹏程、池子华《南京大屠杀期间红卍字会活动的两面性》,《南京社会科学》2010 年第 6 期。

沦陷时期天津烟毒问题探析[①]

肖红松　吕天石

（河北大学历史学院）

1937年卢沟桥事变爆发至1945年日本败降为止，日本侵略者有计划地在沦陷区内推行毒化活动，以此为侵华的软式战争手段和殖民统治体系的重要组成部分，给中国带来深重的灾难。而天津自日本租界开辟到其败降之前一直是毒化活动的重灾区，沦陷时期当地烟毒制贩吸食之实态更具特色，因此研究天津日伪政权毒化政策、烟毒实态及其危害无疑具有重要的学术意义。目前，中外学者对日本毒化中国问题的宏观性研究较为丰硕，也开始关注日本在华北地区的毒化问题[②]，然而对天津沦陷期间烟毒问题的探究尚显薄弱，故笔者拟就此略作探究以求教于方家。

[①] 项目来源：国家社科基金项目"1933年至1937年日本走私华北及中国各方的应对研究"。本文已刊于《抗日战争研究》2016年第4期，有删改。
[②] 主要研究成果有［日］江口圭一《日中鸦片战争》，宋志勇译，天津人民出版社1995年版；李恩涵《战时日本贩毒与"三光作战"研究》，江苏人民出版社1999年版；王宏斌《鸦片——日本侵华毒品政策五十年》，河北人民出版社2005年版；曹大臣、朱庆葆《刺刀下的毒祸——日本侵华期间的鸦片毒化活动》，福建人民出版社2005年版；郭贵儒《论日本在华北的毒品政策及其危害》，《燕山大学学报》（哲社版）2001年第4期；蒋秋明《日伪在华北各地的鸦片统治政策》，载王宏斌主编《毒品问题与近代中国》，当代中国出版社2001年版；王明星《日本侵略者对山东的鸦片毒化政策》，《抗日战争研究》1998年第3期；岳谦厚、乔傲龙《抗战时期日军对山西的毒化侵略》，《抗日战争研究》2012年第1期；等等。

一 日伪天津政权实施毒化活动的机构与法规

日本对中国的烟毒贸易始于19世纪末，第二次世界大战其战败投降后才告终结。在20世纪二三十年代，日租界"向为毒物渊薮，鸦片交易已成公开之秘密"。① 1921年界内有烟馆70家，吗啡、海洛因批零商店百余家。1929年天津贩卖毒品的日本商行有69家，年销售额在4170万元以上。② "九一八"事变以后，天津日租界内制毒贩毒活动呈迅速蔓延之势。国联秘书厅禁烟组主任罗素爵士（Sir Thomas Russell）在1937年五六月间召开的国联鸦片咨询委员会第22届会议上控诉称，"天津的日本租界，现在以世界海洛因制造及鸦片吸食的神经中枢而闻名。以洋行或外国商行的名义而经营鸦片或海洛因的魔窟数量确已超过千家。不仅如此，还有公然贩卖白面的旅店及其他场所数百家"。③ 远东国际军事法庭的证据显示："一旦日本占领中国的某个地方，那里就成为向下一个地方进行毒品攻势的据点，这种形式的武装侵略日本人称为'平定'。"这种模式从伪满洲国一步步扩展到华北、华中和华南，日本控制的傀儡政权逐步建立了对鸦片的垄断。④ 在这种"平定"政策的引导下，日本侵略者占领天津以后，设立伪禁烟局、土药业公会等机构，执行其鸦片统制政策，管控鸦片之种贩售吸环节，核发各种特许证照，收缴正税附捐，借烟毒敛财，并戕害中国民众。

1. 日伪政权在津设立毒化统制机构

1938年2月24日，伪中华民国临时政府颁布第33号令，将战前南京政府的禁毒法令全部废除⑤，并释放了监狱中的烟毒犯。3月17日，核准北平财政局拟定的《征收土药土膏特种营业特种税捐暂行办法》，准许

---

① 《毒品营业之新猷，设厂自制海洛因》，《大公报》1931年3月23日，第7版。
② 《天津日侨贩卖毒品之铁证》，《拒毒月刊》第31期1929年5月，第19页。
③ ［日］江口圭一：《日中鸦片战争》，宋志勇译，天津人民出版社1995年版，第32页。
④ 向隆万编：《向哲浚东京审判函电及法庭陈述》，上海交通大学出版社2014年版，第87页。
⑤ 《临时政府令》临字第33号，1938年2月24日，伪临时政府行政委员会公报处编《政府公报》第6号。

该局自本月起征收土药土膏店铺捐、营业税。①伪天津市政权仿行此法，颁布了《天津特别市稽征土药土膏特种营业税捐暂行办法》，试行鸦片专卖制度。此种制度安排主要有两方面的内容：其一，许可烟馆合法营业；其二，允许民众吸食鸦片，条件是缴费领取"限期戒烟执照"。②

1940年3月，以汪精卫为首的南京伪"中华民国政府"成立，华北伪政权接受其领导，改组为伪"华北政务委员会"。在兴亚院③华北联络部的推动下，该委员会着手设立华北禁烟局组织体系。同年8月31日公布的《华北禁烟暂行办法》第一条指出"华北政务委员会为厉行禁烟，设禁烟总局，直隶于财务总署，综理禁烟事宜，于必要时得设分局"。④该委员会据此还颁布《华北禁烟总局组织暂行章程》（15条）和《华北禁烟分局组织暂行章程》（9条），明确了各级禁烟局的组织架构和职权范围。

1940年10月，伪华北禁烟总局筹备成立伪天津禁烟分局，并委派许畏墈为筹备员。⑤在伪天津市公署及下属的伪财政局、伪警察局和伪社会局等机构的协助下，该分局于1941年2月15日正式成立，综理天津地方所有鸦片事宜，首任局长由原伪财署税务局秘书黄丙三出任。⑥根据《华北禁烟暂行办法》规定，该分局下设"戒烟所"，该所地址位于天津市河北区西窑洼大街105号状元楼，从1941年12月1日开始"收容"烟

---

① 《统税公署训令》，1938年3月17日，《统税公报》第1卷第3期，第39—40页。
② 《伪天津特别市稽征土药土膏特种营业税捐暂行办法》，天津市档案馆档案（以下简称津档），J0001/3/001161/012。
③ 1938年12月兴亚院成立，由首相任总裁，外相、藏相、陆相、海相兼任副总裁，为日本对华政策的中枢机构，统一指挥在华日军特务部门、监督伪政权施政，并制定军事之外日本在华政治、经济、文化等方面的侵略政策，以达到以战养战、以华治华的目的。次年3月，兴亚院设华北、华中、蒙疆、厦门4个联络部，华北联络部由中将喜多诚一郎任长官。参见李恩涵《战时日本贩毒与"三光作战"研究》，江苏人民出版社1999年版，第83页。
④ 伪华北政务委员会编：《华北政务委员会法规汇编》上册，1941年印行，第647页。
⑤ 《伪华北禁烟总局关于委派许畏墈为天津禁烟分局筹备员请予协助致天津特别市公署的公函》，津档，J0001/3/003653/003。
⑥ 据考证，黄丙三曾于1940年10月22日以伪财务总署税务局秘书身份参加第一次华北经济恳谈会。参见天津市档案等编《天津商会档案汇编（1937—1945）》，天津人民出版社1997年版，第1220页。

民。① 1943年7月，该局改称为伪天津禁烟局②，并迁于天津市河北区宙纬路10号新址。赵松坡为末任局长，其任期至日本战败投降止。抗战胜利后，伪禁烟局财产及人员等都被国民政府天津市党政接收委员会接收处置。③

必须指出的是，伪华北禁烟局系日本兴亚院推行毒化政策的傀儡工具。上述《华北禁烟暂行办法》明确规定，"鸦片制度的实施须全面地接受强有力的日本方面的指导"④，并建立起了日籍联络员驻局机制。即兴亚院华北联络部通过派驻联络员来贯彻日本的毒化政策，指导鸦片统制业务；总局通过日籍联络员协调与兴亚院及伪满、伪蒙等政权的联系；各分局日籍联络员则指导、监督具体业务的开展，负责同当地伪政权交涉事宜。天津分局建立伊始，日籍联络员阿南达也、武信彰等即进驻该局。⑤ 阿南达也于1942年8月25日到任⑥，至1943年9月，日方又派伊势崎清三接任该局联络员。⑦ 这些日籍联络员不仅有权审批该局的法令措施，而且有权建议或直接拟定相关法规，在与各地伪政权的交涉方面也起主导作用。

日伪政权另一个重要的鸦片统制机构是伪土药业公会，其实质是受伪华北禁烟总局指导而垄断鸦片经营业务的机构，通过控制鸦片流通的各个环节以攫取暴利。伪天津土药业分会的地址位于宫北大街14号，该会从伪蒙疆、热河等地区运入鸦片，再按市内各烟馆的规模，每月向其

---

① 《伪天津特别市公署关于津禁烟分局送戒烟所地址并于本年12月1日成立开始收容给宣传处的训令》，津档，J0001/2/000738/009。

② 《伪天津市商会为天津禁烟分局改为天津禁烟局事给各业公会函》，津档，J0128/2/002393/004。

③ 《天津市党政接收委员会呈军委会北平行营为天津禁烟局应归何处接收请示遵由》，津档，J0014-1-000111-001。

④ 《华北禁烟暂行办法》，津档，J0001/3/003743/028。

⑤ 《日伪禁烟总局拟将禁政促进费提成作为褒奖费的报告》，中国第二历史档案馆档案，2005/1899。

⑥ 《伪天津禁烟分局为阿南达也到职日期致天津市商会的函》，津档，J0128/2/002433/022。

⑦ 《伪天津禁烟局为派伊势崎清三任联络员事致天津管区公所函》，津档，J0031/1/000075/002。

供应90两至900两不等的鸦片。① 这类粘贴统税局销毁证、经过伪土药业公会配销的生鸦片，由于身份"合法"，时人称之为"官土"。然而，因局势动荡、烟毒走私及自身经营不良等因素影响，该公会推销"官土"获利不丰，"私土"泛滥。为扭转这一颓势，日本大东亚省北京事务所和日本驻华使馆商议改组禁烟机关。1944年7月，伪土药业公会被改组为伪土药业总公会，资本1000万元，官股商股各占其半。9月，伪禁烟总局下令撤销土药业地方公会和各地土店。10月又清退公会中的商股，改为官办。该总公会从1944年8月到1945年7月所配销的官土共约81万余两。② 8月，日伪在天津的鸦片统制机构随着日本的投降而可耻地终结了。

2. 颁行鸦片统制政策法规

1937年9月3日伪天津治安维持会在日本卵翼下甫一成立，便废止了战前南京国民政府所颁布的禁烟禁毒法规，封闭了市内戒烟院所。③ 1938年3月1日起，北平市开征土药土膏特捐。土药土膏店铺捐由财政局直接征收，土药营业税由财政局派员驻统税分局在土药入库、粘贴销毁证时随征，每两土药征税0.07元。④ 北平征税的消息传到天津后，天津迅速仿行。伪财政局、伪统税分局商定了《天津征收特种营业税捐暂行办法》《稽征土药土膏特种营业税捐处组织规程》，报请伪市公署批准。6月伪财政局成立稽征处，自7月1日起开始征税。天津的土药营业税征收标准与北平相同，但征收范围超过北平，是在土药提运、查验或粘贴销毁证时随征。

1938年11月，伪天津特别市公署颁布了《天津特别市稽征土药土膏特种营业税捐暂行办法》，并将之前颁行的各类特种营业税法案全部作废。该法共计17条，是伪天津政权的一部地方性鸦片统制法令，其第二条规定"凡在本市开设土药土膏特种营业商店者均须缴纳本市特种营业

---

① 秦戈：《日军用鸦片毒化天津的史实》，[日]广濑龟松主编《津门旧恨——侵华日军在天津市的暴行》，天津社会科学院出版社1995年版，第84页。
② 《日伪禁烟总局1944—1945年鸦片配给清册》，中国第二历史档案馆档案，2005/1902。
③ 马模贞主编：《中国禁毒史资料》，第1577页。
④ 《统税公署训令》，1938年3月17日，《统税公报》第1卷第3期，第39—40页。

税捐"。① 此类特种营业税完税执照分为三联，由伪财政局监制，其中甲联由商户自己保管，乙联和丙联分别交伪统税分局、伪财政局存查。为确保土膏税捐征收，其第八条明确规定"如有拖欠或故意违抗情事"需财政局依章法办。② 每家膏店在取得营业资质后，应将获得的"特种铺捐执照"悬挂在店内明显之处，以备随时检查。12月，伪天津特别市公署财政局又对该《暂行办法》进行了修正，颁行了《天津特别市公署财政局修正稽征土药土膏特种营业税捐暂行办法》，其修正的核心内容是将每店每月不分等级的特捐改为按每月营业流水划分等级缴纳。③

1940年秋，伪华北政务委员会陆续颁布了一系列禁烟法令，责令各省市推行，肆意纵毒的迹象愈加明显。在这些法令中，最主要的当是8月31日公布、自10月1日起实行的《华北禁烟暂行办法》。该《办法》共24条，除明确禁烟局的组织职权外，还规定了统制鸦片之种植、运输、买卖、吸食等方面的基本原则，是日伪政权指导华北地区鸦片统制工作的宏观法规。同期颁布的《华北禁烟暂行办法施行细则》是上述《办法》执行层面的法规，共5章37条，在鸦片之种贩售吸特许执照如何领受、特种用途之鸦片如何管理及违法者如何处罚等诸方面做了详尽规定。其后颁布的各类特许执照发放办法则又是基于该细则制定施行的。

《华北禁烟总局征费规则》（1940年8月31日颁布）④ 是伪禁烟局对各类鸦片证照征收税费的基本规则，属日伪鸦片统制政策之核心性法规。该《规则》自1943年6月起被《华北禁烟禁毒征费规则》⑤ 替代，其中征费类别、标准都有较大的调整。对种烟人、收烟人征费方面：罂粟栽种是按栽种面积征收执照费，标准为每亩收12元；收买鸦片，每两收销毁证费2元，发销毁证，须贴于鸦片包装之外以备检查。对吸烟人征收两种费用：其一是登记费，吸烟人申请登记时按年龄大小分别收取5—40元不等的登记费，吸烟人在缴纳登记费后领取吸烟执照，内中载明其每

---

① 《伪天津特别市稽征土药土膏特种营业税捐暂行办法》，津档，J0001/3/001161/012。
② 同上。
③ 《伪天津特别市公署财政局修正稽征土药土膏特种营业税捐暂行办法》，津档，J0001/3/001161/026。
④ 《华北禁烟总局征费规则》，津档，J0001/3/003743/034。
⑤ 马模贞主编：《中国禁毒史资料》，第1565—1567页。

月吸食烟膏量。其二是执照费，按吸烟人每月吸烟量征收。营业执照分5种，按批卖规模、烟灯数等规格收费不等。值得注意的是，该《规则》增加了对烈性毒品征收相关执照费用的规定。对烈性毒品征收照费，表明了华北日伪政权公然承认毒品贸易的合法性，通过对毒品的制贩运输实施管控，借以牟取暴利。

以上所述的各种鸦片许可执照费用属于正式税费，各级禁烟分局在征收后须解交禁烟总局，不得私自截留挪用。此外，华北各省市伪政权还巧立名目，征收多种地方性附加捐费，以致乱象丛生。如1941年8月23日，伪华北政务委员会批准了《天津特别市征收禁烟附加费款实施办法》，内中规定天津所征收的附加捐主要有：土药特种营业税、膏店执照费附捐、售吸所执照费附捐、土药店铺捐、吸烟执照费附捐等。① 1943年《华北禁烟禁毒征费规则》进一步规范了征收附加捐的捐目和捐率。如鸦片贩卖、鸦片售吸所许可执照费附捐可在正费的50%以内征收，栽种罂粟者每亩收8元以内的附捐，收买鸦片者每两征5角以内的附捐。各省市伪政权可按照这一原则自订附捐标准。②

需要特别说明的是，伪天津政权及禁烟分局是在日本侵略者的授意与监督下，在当地全面落实华北禁烟总局的鸦片统制政令，施行各种毒化罪行，使当地鸦片及海洛因等烈性毒品之制造贩卖快速增长。当时的天津与大连、上海并称为"世界三大制贩毒品中心之一"。③

二 天津日伪政权实施毒化活动的多角度分析

1. 广设土药土膏店，诱迫民众吸食

日本占领天津期间，划定区域，鼓励开设土药土膏店、烟馆，诱使民众吸食毒品。伪禁烟局规定，任意商人只要缴纳捐费即可领照经营各类毒品及烟具；对吸烟者更没有任何限制，只要缴费领取吸烟证，即可

---

① 转引自蒋秋明《日伪在华北各地的鸦片统制政策》，王宏斌主编《毒品问题与近代中国》，当代中国出版社2001年版，第123页。
② 马模贞主编：《中国禁毒史资料》，第1567页。
③ Merion and Susie Harris, *Soldiers of the Sun: The Rise and Fall of the Imperial Japanese Army*, New York: Random House, 1991, p. 246.

在任何膏店、烟馆甚至家中吸食鸦片，私售、私吸者则将受到惩罚。

1938年7月，伪天津特别市公署起征土药土膏特捐，允许鸦片合法经营。为保证土药土膏业的安全经营和该项特捐的顺利征收，伪财政局与警察局商议在津市华界及各特别区划出鸦片批零商铺、烟馆经营区，如南市大部，东马路的袜子胡同，北马路的北海楼、大胡同、侯家后等地，共计18处，实则涵盖了津市几乎所有的繁华街区。凡在上述区域内开设土药土膏店铺，可以得到伪警察局保护。① 仅南市的烟馆就有80余家，内中慎德里有17家烟馆，北马路的北海楼有24家烟馆。据伪统税局统计，天津土膏店的数目在1937年底有27家，次年即达167家，1939年猛增至233家；1940年达到237家。② 1944年8月统计，市区在册的土膏店共186家。③

随着战事推进，天津伪政权又将魔爪伸向原法租界，在该区遍设鸦片膏店、烟馆。该地区于1943年被法国维希政府放弃后由日军侵占，收归伪天津特别市政府管理，改为第一区。1944年8月，伪华北禁烟总局批准了《天津特别市第一区（旧法租界）筹设零售鸦片膏店办法》，明示"该区膏店家数暂以五十家为限"，其中新设14家、由其他区域迁入36家，并规定"膏店呈报资本额最低不得少于五万元，如请附设售吸所，其设灯盏数最少须在十盏以上"，即鼓励烟商开设较大规模的膏店。天津禁烟分局拟定该区膏店在中经四路（旧第24号路）、中经二路（旧第30号路）及西开二经路（旧第56号路）等地带设立。④ 这一地区原本是天津最为繁华的商业区域，各色商铺、洋行和银行林立，是中外上流社会人士消费和娱乐中心，但在日伪政权的肆意纵毒下迅速沦为人间毒窟。

关于津市的土药店营业实况，伪华北禁烟总局统制鸦片配售的流程是在禁烟总局、分局指导下，由伪土药业公会将生鸦片批卖给各地分会，

---

① 孙慎言：《日伪时期天津烟毒及税收》，李秉新等主编《近代中国烟毒写真（上卷）》，第154页。

② 秦戈：《日军用鸦片毒化天津的史实》，[日]广濑龟松主编《津门旧恨——侵华日军在天津市的暴行》，第84页。

③ 《伪天津禁烟局为奉令颁发津市第一区筹设零售鸦片膏店办法致天津特别市政府的函》，津档，J0001/3/007411/001。

④ 《伪天津禁烟局关于奉令颁发津市第一区筹设零售鸦片膏店办法致天津特别市政府的函》，津档，J0001/3/007411/001。

再由各地分会配售给土药店。天津土药店在领取特许执照后，经营生鸦片分销业务。沦陷初期，著名的土药店有"烟土八大家"之称，其中属宫北大街的元泰土药店资本最为雄厚，经理郭岳五系烟土巨商，与日伪上层分子广泛勾结，曾任伪天津土药业分会会长。此外，还有信元、华记等土药店。[1] 这些土药店从土药业公会批发"官土"，加价分销给膏店，或者受公会委托收购本地所产鸦片，或深入产烟区采购烟土运回天津，或收购产烟区土商运津的烟土。当然，这些土药店并非只从事"合法"活动，收购贩售"私土"的现象也非常普遍，并占销售量的很大份额。那么，沦陷八年间天津的鸦片主要来自哪里呢？又是如何被输入呢？请见下节。

2. 诱迫民众种植罂粟，纵容蒙疆热河鸦片输入天津

天津的鸦片少量来自本地出产，大部分依靠伪蒙疆、热河等外部地区输入。1941年，伪华北禁烟总局计划在河北、山西、河南种植罂粟30万亩，经伪财务总署核准该三省种植27万亩。[2] 该局允许天津在指定范围内种植罂粟，每亩"准许地方暂征地方附加税八元以内"，加上种烟户缴纳的执照费12元，每亩烟田负担共计20元的捐税。而在划定范围之外种植罂粟，"地方征收罚款每亩二十元以上作地方之财源"。[3] 该训令显示合法种植户每亩纳捐20元，非法种植户缴纳罚款也是20元，说明伪政权意在充裕财源，根本无心禁种！限于资料，我们无法确知该年度天津烟田面积、产量及收缴量，仅从伪财政局、禁烟局的零散文件中得知烟田主要集中在静海、西青、武清、蓟县等地。

天津的鸦片大部分来自伪蒙疆、热河地区合法配销或非法走私。这些地区于1939年7月被兴亚院划为重点罂粟种植区，并且进行鸦片统购统销，配销大量的鸦片给华北、华东、伪满洲国等地区。前述难波经一在东京审判的证词中也称"关于罂粟的种植，所采用的方法是尽可能将批准的种植地集中到一处地方，如果可能的话集中到边境上。最初指定

---

[1] 秦戈：《日军用鸦片毒化天津的史实》[日]广濑龟松主编《津门旧恨——侵华日军在天津市的暴行》，第86—87页。
[2] 《伪山东省公署为禁种罂粟给各道县的训令》，山东省档案馆档案，J100/1/243/1。
[3] 《伪华北政务委员会为补充核定京津两特别市区栽种罂粟地亩及征收发照办法并所产生鸦片收买程序请知照遵办致财政局等的训令》，津档，J0001/3/004739/005。

的地方是吉林省东北部和热河"。① 而天津则是其重要的鸦片消费市场和转运中枢。从目前掌握的资料看，伪蒙疆公开输入华北的鸦片数量颇为惊人。抗战前，伪蒙疆平均每年输往平津的鸦片约有 700 万两。1938 年该地鸦片出口总计 9854779 两，出口到平津的鸦片达 8908040 两。②1939—1942 年，兴亚院计划伪蒙疆配销总计 1982.62 万两鸦片。其中，1939 年配给天津 10 万两，占当年总配给量的 11.5%；1940 年配给额为 52 万两，占总量的 12.8%。③ 然而，鸦片配给量与实际购销量有较大的差距。如 1940 年伪蒙疆拟配售平津鸦片为 172.5 万两，伪华北禁烟总局却购入了 250 万两。④

鸦片合法运销之外，走私入津也是极为猖獗的。此类走私的动力来源于伪禁烟局鸦片报贴政策。伪禁烟总局通过天津、北京、唐山等分局给鸦片走私者下发证明书，以免除关税放行。该项政策对热河及蒙疆的鸦片走私起着强大的诱导作用。如 1943 年从热河走私到华北的鸦片就有 200 万两，从蒙疆亦有很多鸦片输入华北。⑤ 日伪纵毒政策的保护加之暴利的驱使，催生了各色人等参与的走私活动。走私者有日本军警、特务、浪人等。伪满政府还在热河成立"裕东公司"，网罗一批毒贩充当工作班长收购鸦片，并将鸦片运往平津，卖给日本洋行。⑥ 伪政权要员与大鸦片商勾结走私的例子不胜枚举，许多伪蒙疆政府官员、伪蒙古军军官也因走私烟土大发横财。⑦

天津港是当时北方最重要的内外贸口岸，因而天津还是重要的鸦片转运枢纽。这亦是在日本毒化中国策略中，天津区别于北平、唐山等华北城市的重要因素。如伪蒙疆鸦片就经天津运往日本本土。1943 年 1 月 12 日，伪蒙古联合自治政府经济部长马永魁致电伪华北禁烟总局局长，

---

① 彭一帆译：《远东国际军事法庭庭审记录·中国部分·侵占东北辩方举证》（下），第 311 页。

② ［日］江口圭一：《日中鸦片战争》，第 41 页。

③ 根据［日］江口圭一《日中鸦片战争》第 48、76、81、93 页相关数据计算得出。

④ 马模贞主编：《中国禁毒史资料》，第 1544 页。

⑤ 滕利贵主编：《东北经济掠夺》，中华书局 1991 年版，第 844 页。

⑥ 王珙力、王振兴：《热河的烟毒》，《承德文史文库》卷四，中国文史出版社 1998 年版，第 204 页。

⑦ 《李守信自述》，《内蒙古文史资料》第 20 辑，第 273、294、168—169 页。

称当月 15 日将有"蒙疆产鸦片 420832 两"从张家口经北京运至塘沽，再从塘沽转运神户，希望禁烟总局放行，并声明鸦片过境税"系日本厚生省缴纳"。① 还有大量的鸦片经由天津运往华东、华南沦陷区日占港口，再走私到国统区，十分猖獗。

3. 放纵毒品制售，使天津成为远东闻名的"海洛因制造中心地"

沦陷前，天津被称为"日本在华肆行毒化之总枢纽"，日人制售的毒品有"海洛因、白面、黄面、甜丸、快上快、纸卷、黑膏、鸦片、吗啡、高根等多种，故该市烟民为数甚多"。② 制贩场所大都设在日租界，"日韩浪人暗设机关，制造贩售，比比皆是"。③ 天津日租界出现公开的制毒工厂始于"九一八"事变后。其中规模较大的有居留民团主事田中助太郎在桥立街（今北安道）开设的制毒工厂。华人从事制毒业的有所谓"四大金刚"，其中以陈坤元的势力最大，资金最多，号称"白面大王"。陈氏原在上海制毒，1932 年北来天津，在寿街（今兴安路）开设康昌洋行，制造海洛因，雇日本人冈田为经理，其在华北多地设有秘密贩销处和分行，毒品甚至远销港澳和南洋各地。④

津市所产毒品主要向河北、北平、山东半岛、徐州以南等地区倾销，或转销上海、华南及南洋地区。平日经常有"多数鲜人手提提包，内装毒品，往内地各县乡村兜售"。⑤ 顺德、沙河、内丘、南和等县销售的白面、红丸，"全出天津，运法由日人包送至顺德"。⑥ 日韩毒贩常常往来天津、石门之间，公开携带毒品上下火车。据时人估计，天津仅运往内地的白面一项，每月值 30 万元之多。⑦

天津日租界的毒品还远销欧美各国。根据美国人麦尔文观察，1936 年前后多数制毒工厂"已由热河、满洲及关东租借地移至天津及唐山一带，以天津为中心私运远东各地，并遍及全世界"。⑧ 国联秘书厅禁烟组

---

① 马模贞主编：《中国禁毒史资料》，第 1558 页。
② 同上书，第 1577 页。
③ 同上书，第 1075 页。
④ 大棠：《天津日警署肃毒的用心》，《申报周刊》第 2 卷第 27 期，第 609—610 页。
⑤ 《天津禁毒概况》，《拒毒月刊》第 109 期，第 36—38 页。
⑥ 梅公任：《亡国灭种的鸦片烟祸》，民友书局 1935 年版，第 266 页。
⑦ 叔棣：《触目惊心之毒化问题》，《申报周刊》第 1 卷第 27 期，第 641 页。
⑧ ［美］Marcus Mervine：《天津日租界与毒品贸易》，《禁烟汇刊》第 1 期，第 14 页。

主任罗素爵士在国联鸦片咨询委员会第22届会议上严正指出每周自天津外销海外的海洛因达500公斤，其中六成直销美国，三成经欧洲各国转销美国，另外一成销往他国。这些非法海洛因绝大部分是日本制造的，但制造地点不在日本国内，而在天津日租界、天津周围、大连市内及其周围、满洲、热河以及中国其他城市，制造者均为日本人，或在日本人的监督下制成。① 必须说明的是，日本官厅对于如火如荼的毒品贸易置若罔闻，但不许经由日本输出毒品至美国，运输毒品到美国必须经过上海，所以美国新闻报纸往往称"自上海"或"自中国"运到毒品一批，在美国某埠为联邦巡缉队所缉获，罕见"自日本"运到毒品被缉获的消息。因此被玷辱名誉的非日本而为中国，事实上所有的海洛因皆自天津日租界运出。②

天津沦陷后，市区内制贩毒品及制毒原料的机关不下30家，皆门庭若市，畅销无阻。"洋行""白面窝""白面馆"名称各异，实则由日籍朝鲜人经营的烈性毒品制售窝点。需要说明的是这些洋行受日本领事馆、驻屯军、宪兵队和警察署的庇护，并不向天津统税局、禁烟局纳捐，故无法确知其数。据国民政府禁烟委员会主任王德溥估计出售海洛因或鸦片的一般烟店达2135家。③ 天津附近的驻地日伪军头目也与日朝浪人、汉奸败类等相互勾结，设厂制毒，销往天津或经天津运销各地。前述"白面大王"陈昆元在京津走廊一带开设的工厂规模最大。该厂位于东滩里村，每月能生产海洛因1000件（每件重700两）左右，投入资本500万元，而每月能获利2500万元。该厂股东陈昆元、徐树浦、黄金声等与日本警察署、宪兵队头目交往甚密，得以依托日本势力制贩大宗毒品。④

一般来讲，较大规模的制毒工厂由日伪高官或受其庇护的日朝浪人、汉奸败类开办，从伪蒙疆、热河等产烟区购进鸦片，在天津、北平、张家口、济南、青岛、太原等大中城市制成吗啡、海洛因、红丸、料面等烈性毒品，再依托四通八达的交通线，逐级贩运销售到华北沦陷区城乡

---

① ［日］江口圭一：《日中鸦片战争》，第32页。
② ［美］Marcus Mervine：《天津日租界与毒品贸易》，《禁烟汇刊》第1期，第15—17页。
③ 李恩涵：《日本贩毒与"三光"作战研究》，江苏人民出版社1999年版，第78页。
④ 王龙：《日军包庇天津制毒内幕》，李秉新等主编：《近代中国烟毒写真（上卷）》，第164页。

市镇，广大民众深受其害。

三 日伪政权在天津实施毒化罪行的危害

1. 严重摧残了民众的身心健康，败坏社会风气，消磨民众的抵抗意志

日本在占领天津期间有计划实行鸦片统制政策，在津市遍设土药土膏店、烟馆、白面馆，许可吸毒者缴费领照吸食。南市一带被时人称为烟馆区。烟毒馆的老板们使用各种手段诱惑百姓吸食，有些烟馆甚至雇用女招待来吸引顾客。有些妓馆也开灯揽客，这样前来买春的人往往也染上毒瘾。一些青年学生也不能幸免，"自然其目的本来在色，但为了逗留时间久了，不受馆主的白眼，就得多烧些鸦片，如此这般，有上三两个月，烟毒梅毒就一齐上身了"。①有些烟馆以"奖励"吸毒为诱饵，让老顾客发展新烟民。有的毒品打着戒烟良药的名义，如前述东光剂的推广，使烟民染上更深的毒瘾。

随着吸毒人数增多，津市社会风气也随之败坏。在日伪政权的诱迫下，吸毒成为一种病态社交方式，与以纸烟、茶酒款客相同。鸦片和海洛因被一些中上之家视为待客上品，在各类私人宴会、聚会、舞会中频频出现。伪天津警察局档案卷宗中有大量的逮捕私自吸毒犯的案件，但大都处罚金了事。在毒瘾的驱使下，烟民们往往荡尽家财筹措毒资，为过毒瘾进而不择手段地获利，诱发各种以获取钱财为目的犯罪行为，使得盗窃、抢劫、杀人等刑事案件频发。另外，烟毒扩散也助推了娼妓、乞丐等社会问题的发展。

更为可怖的危害是烟毒使吸毒者精神颓废，彻底丧失抗日斗志和民族意志。在日伪当局诱迫下，越来越多的国人通过精心编制的烟毒售吸网沾染上毒瘾，消磨了抵抗意志，埋头做了顺民，做了良民。日本学者江口圭一指出，一旦沦陷区被鸦片毒化，那么"抗日从肉体及社会上就已经崩溃了"。②很多民族败类被日本侵略者收买，带头吸毒，甘心附逆，

---

① 魏精忠：《平津的毒化》，《大公报》1940年6月16日，第2版。
② 江口圭一：《日中鸦片战争》，第128页。

成为可耻的汉奸。伪天津市财政局局长王砚农吸食鸦片多年，平日上午在家吸烟，下午到机关做事，下属为投其所好多次向其赠烟。① 日本特务机关还通过允许经营贩卖和吸食烟毒窃取了大量情报。

我们还要注意到日伪控制下的天津百业凋敝，唯有烟毒业呈现了畸形的繁荣。事实上，烟毒业培植了大批的汉奸和亲日商人。战前的土商毒贩卖身投敌，扩大营业。"白面大王"陈昆元是典型个案之一。他战前在天津日租界开洋行、制毒品，天津沦陷后又勾结日本军警在静海设立大型制毒厂，制海洛因，运销华南、香港、南洋等地区。因鸦片多来自伪蒙疆地区，陈又攀上伪蒙疆上层人士，摇身一变为伪蒙疆政府实业部官员，成为彻头彻尾的汉奸。

当时国人对日本侵略者推行毒化政策以摧毁中国民众抗日意志之罪恶目的有清醒的认识，并对此进行了猛烈抨击。1939年6月3日，蒋介石在纪念林则徐虎门销烟纪念大会上指出："凡是寇兵所到一处，一切烟馆和吸毒所无不公然开设，甚至强迫我人民吸食，他的用心无非要使我整个中华民族，全都变做烟民毒鬼，逼成奄奄一息，不唯没有精神抗战，而且速其死亡，减其传种。"② 1946年，中国政府在《日本在中国占领区毒化罪行备忘录》中再次明确指出："日本侵略我国，无所不用其极，而施行毒化政策，摧毁我国民健康，企图灭绝我种族，尤为其一贯之手段。"③

2. 日伪政权借烟毒掠夺财富以弱化中国抗战之财力

（1）日伪政权通过征收各种鸦片税费攫取暴利

作为是日本法西斯"以战养战"政策的重要组成部分，用鸦片税以解决财政困难是其在台湾推行鸦片专卖政策取得的经验，后继续在伪满洲国及全面侵华期间日本占领区积极推行，用来筹措军费、缓解财政危机。特别是进入战争相持阶段，日本政府加紧对沦陷区的殖民控制、经济掠夺，全面推行鸦片统制政策实为日本掠夺中国财富之有力手段，其

---

① 孙慎言：《日伪时期天津烟毒及税收》，李秉新等主编《近代中国烟毒写真（上卷）》，第153页。

② 《蒋委员长民国二十八年六三禁烟纪念日训词》，《禁烟纪念特刊》，1939年6月3日，训词第2、5页。

③ 马模贞主编：《中国禁毒史资料》，第1575页。

巨额收益便成为支持"扫荡""蚕食"根据地乃至整个侵华战争军费之一部。《远东国际军事法庭判决书》揭露："依靠与军事行动和政治发展密切相关的毒品交易，为日本设立的各级政府获取了大量基金，而这些基金本来应该由日本或地方税务部门提供的。……日本派遣军的这种特殊的服务机构在大大小小的城市建立起来，接受委托销售鸦片。由兴亚院经济部宣布华北、华中及华南鸦片的需要量并安排配送。售后的利润转交给兴亚院。"①

前已述及，华北伪政权自1938年6月放开烟禁并逐步推行鸦片特许制度后，向鸦片的生产、贩售、吸食者征收捐税。除上述正费之外，华北各省市伪政府还征收名目繁多的地方性禁烟附加捐税。

（2）日伪政权通过购销走私烟毒掠夺更多钱财

日伪政权划定种烟区域，命令种烟农户必须将收获的鸦片全部卖给特许机关，他人不得染指。烟农须交足定额，烟价由收购机关确定，往往比市场价格低很多，加上收购人员压级别、去水分杂质等额外压榨，所以日伪政权就以极低的价格收购大量鸦片，转手加工成烟膏或毒品，高价销售给各土膏店、售吸所，从中牟取暴利。当然，日本侵略者为了获得更高的利润，还大肆进行鸦片走私。

那么，日本究竟从鸦片统制政策中获得了多大的收益呢？这是一个极难考证的问题。因为日方极力掩饰这一罪恶，所有鸦片收益问题均涉机密。如汉奸梅思平供称，"日本自战争以来，财政困难，故在中国到处搜括，无孔不入，鸦片收入自为彼所垂涎。内蒙收卖鸦片之汇兑系先解东京，由大藏省支配，其中即有一部分为大藏省所截留，其数字甚为机密，无可估计，但事实则确然有之。至烟土运至上海等处，卖出后其利益又大部分直解东京。"我们只可从一些零散资料中略见端倪。

档案资料显示，伪华北禁烟总局1940年10—12月收入3379080.5元，1941年收入13444336.29元，1942年收入14343608.94元，1943年收入34126930.46元，1944年收入20262199.25元。蒋秋明考证这些收入并不完整，并认为1940年10月到1944年伪华北禁烟总局征收的税费总

---

① 张效林译：《远东国际军事法庭判决书·全译本》，第388页。

计约1.18亿元。① 单就天津禁烟税费而言，自1938年天津伪政权允许征收禁烟清查费开始至1940年，共征收123万元，由伪天津统税局经管，1941年2月起改由禁烟分局与财政局联合征收。1940年底，天津有土店57家、膏店218家，全年销售和运出土药分别为132万两和79.7万两，当年收取执照捐费19.24万元。② 禁烟分局成立之后，1940年收入126824.5元，次年收入467332.92元，1942年552071.1元，1943年猛增至948159.8元，1944年降至664157.7元，③ 五年的总收入为2758546元。正式税费之外的津市地方附加捐则无法确计。

李恩涵曾推算日本全面侵华8年间在华北各省售卖鸦片利润可达8亿元，再加上私售海洛因，两项合计获得纯利润1319636400元，合329909108美元。④ 而王宏斌估算1938—1945年日伪政权在华北的鸦片收益约为3110万美元，并认为对日伪政权制贩毒品利润进行估价的时机尚不成熟。⑤ 笔者以为，要想更准确地估算日伪在华北的烟毒收益尚需考虑如下问题：一是资料的完整性与真实性问题值得注意。完整性方面，1937年8月至1940年9月，华北试行鸦片统制制度期间统税局、财政局征收之土药土膏捐税资料缺失；伪禁烟总局先后征收的税费达20余项，但档案资料并不能完整呈现该局各年份各项税费收益状况；各省市伪政府征收的禁烟附捐种类繁多，往往是正常税费的三四倍，这部分收入虽难以确计，但总数相当可观；捐税之外，还有鸦片经过层层贩售而产生的销售收益肯定是巨额的，绝大部分由日伪政权攫取瓜分，其数量也需考证补充。真实性方面，如伪蒙疆输入华北的鸦片数量不明确，如前所述1938年为890余万两，而1939—1943年配给量最高仅170余万两，最低60万两，这段时间恰是日本面临战时财政危机、疯狂掠夺中国财富的

---

① 蒋秋明：《日伪在华北各地的鸦片统制政策》，王宏斌主编《毒品问题与近代中国》，第106—117页。
② 转引自天津市地方志编修委员会编《天津通志·财税志》，天津社会科学院出版社1996年版，第266页。
③ 蒋秋明：《日伪在华北各地的鸦片统制政策》，王宏斌主编《毒品问题与近代中国》，第106、111、113、115页。
④ 李恩涵：《战时日本贩毒与"三光作战"研究》，江苏人民出版社1999年版，第93—95页。
⑤ 王宏斌：《鸦片——日本侵华毒品政策五十年（1895—1945）》，第175—176页。

阶段，日方自然不会削减鸦片贸易量。二是鸦片走私数量庞大，即便在日伪政权加强鸦片统制的同时，日本军方、特务机关、伪政权及汉奸官员、奸商败类等鸦片走私狂潮持续不断，这部分利润无法计算。三是毒品收益无法估量。战争期间日本编织巨大的制贩售吸网络，在天津以及其他城市开设制毒工厂、售吸洋行、白面馆，销售毒品数量亦巨，然制贩毒品为国际社会所不容，均秘密进行，故其利润难以估算。

中国检察官向哲浚在远东国际军事法庭上陈述，揭露了日本扶植鸦片及毒品交易的双重目的：一为削弱中国人民的毅力和意志；二为资助日本军事和经济侵略提供巨额的收益来源。① 虽然烟毒收益的去向、总值有待于进一步考证，但毋庸置疑的是日本借烟毒攫取了巨额资金，而所有捐税连同购买土膏料面的资金最终由民众负担，这严重地削弱了中国抗战之财力。从人力角度而言，众多国人尤其是青壮年因吸毒而丧失劳动能力，导致农田荒芜，百业凋敝。资金与劳力的匮乏无疑会严重破坏中国战时经济的发展，也使饱受战争之害的民众生活雪上加霜。

四 结 语

天津沦陷期间，日本侵略者肆意推行毒化活动，以烟毒作为特殊武器，妄图从肉体和精神上消磨中国人的抵抗能力，同时掠夺大量财富，充实侵华战争经费。天津日伪政权设立伪天津禁烟分局等专管机构，执行总局"禁毒"法规，统制毒品的生产、流通、消费各环节，把天津变成闻名的"海洛因制造中心地"。具体而言，强令民众种植鸦片，设厂制造毒品，诱迫民众吸食烟毒，并且征收各类鸦片附加捐费。日本对天津的毒化活动，是沦陷期间天津烟毒泛滥的核心因素。远东国际军事法庭判决书就指出"1937年天津被占领后，使用麻醉品的人数明显上升"。② 日本侵略者毒化天津的罪行更是罄竹难书，纵毒行径严重危害了民众的身心健康，败坏了社会道德和社会风气，消磨了人民的抵抗意志，使一座发达的近代工商业中心城市沦为毒窟。

---

① 向隆万编：《向哲浚东京审判函电及法庭陈述》，第87页。
② 张效林译：《远东国际军事法庭判决书·全译本》，第389页。

本文据实揭露日本在天津的纵毒罪行，旨在为中国人民清算日本侵华战争罪责提供有力的佐证。其实何止津市一地，台湾、东北、华北、蒙疆、华东、华南等各个日占区之内都有日本大规模毒化活动的踪迹可查。这绝不是个别日本军人、警员、浪人、商人的个人行为，而是由日本国策机构——兴亚院（大东亚省）制定并调整对华鸦片政策、由其分支机构、占领军和各地伪政权共同负责实施的服务于整体侵华战争的公开的国家犯罪。这一点在远东国际军事法庭判决书中有明确体现："在华北，特别是河北和山东，1933年的塘沽停战协议签署以后，建立了非军事化区域，中国人难以控制毒品交易。这样就出现了吸食毒品成瘾者大幅上升的局面，由日本人控制的各类公司和协会都在配送毒品。"[①] 而富有正义感的日本学者江口圭一教授也曾指出："日本的鸦片政策是日本国家的犯罪，它表明了日本对中国的战争是多么的肮脏。这种国家犯罪是兴亚院与傀儡政权及军方的有关机关直接导演的。"[②]然而，令人扼腕的是虽然中方检察官及证人向远东国际军事法庭提供了日本鸦片侵华的诸多证据，且判决书最终判定这是一种国家犯罪，但依旧没有任何一名战犯因鸦片或毒品问题被科以刑责。前事不忘，后事之师。笔者旨在抛砖引玉，希望越来越多的国内外史学工作者能够着眼于揭露中微观的日军侵华犯罪事实，用事实说话，以坚实可靠的史实向世界人民展示日本侵华暴行，对各类企图给侵略战争翻案的谬论给予迎头痛击。

---

① 张效林译：《远东国际军事法庭判决书·全译本》，第389页。
② ［日］江口圭一：《日中鸦片战争》，第128页。

区域经济与社会生活

仓储与漕务：
道咸之际漕粮海运的展开[①]

周 健

（华东师范大学历史系）

一 引 言

  自明永乐间迁都北京，漕运成为延续明清两代的王朝定制。清代每岁将山东、河南、安徽、江苏、浙江、江西、湖北、湖南八省的米、麦、豆400余万石运至北京、通州，以供八旗兵丁口粮、官员俸米及皇室食用，是为漕粮。州县征收漕粮后，运至水次的漕船交兑，由旗丁（卫所的世袭屯户）经运河挽运至通州，是为漕粮河运。为此，清朝维持着庞大的漕运官僚系统，赡养了数以万计的卫所丁弁，而每岁消耗的耗米、运费额数亦以百万计。尽管该制度的运行成本极高，但在时人看来，漕运事关天庾，为国脉所系，不可轻议更张。

  然至19世纪前半期的道光、咸丰年间（1821—1861），漕运制度开始发生根本性的转变：在额漕最重的江苏、浙江二省，海运逐渐取代河运，成为此后之常态。至迟在19世纪初，海运在技术层面已无障碍，往返于江南与天津、奉天的商运航线十分成熟，江苏等地的商人驾驶被称作沙船的木帆船，装运棉布等南货北上，贩运豆货南还，每岁可行数次。所谓漕粮海运，即是利用此种商运替代官运。道光、咸丰年间，政府以给发匾额、职衔，载货免税等方式招募商船，于上海装载漕米后放洋，

  [①] 本文定稿前，有幸在多个场合进行报告，得到何汉威、黎志刚、刘昶、郑振满等先生的指点，谨致谢忱！又，本文曾在《中华文史论丛》2015年第4期刊出，收入本书时，笔者又做了一定的修改。

运抵天津,再驳运通州。与河运相比,海运的优势在于便捷、省费,也带来了失业水手安置、列强干涉等安全隐忧。

关于漕粮海运,已有建立在清代档案基础上、坚实的先行研究。李文治、江太新在《清代漕运》一书中将道光以降的"招商海运"定位为晚清漕运的改制政策,分别讨论了海运出台的背景、兑运规则及成效。[①] Jane Kate Leonard 高度评价了道光六年清代的首次海运,将之视为1824—1826年运河危机的有效应对,认为这显示在19世纪早期清朝中央政府在行政策略上的调整与创造能力。[②] 倪玉平的同名专著详细论述了道光朝至清末漕粮海运之沿革。除制度描述之外,该书重在由海运观察晚清的社会变迁,举凡交通近代化、商品经济之发展、中央—地方关系之变动,乃至政治变革、中外关系、社会问题等,均有关注。[③] 此外,戴鞍钢、周育民也分别在关于晚清漕运、财政制度变迁的研究中,论及道咸之际的漕粮海运。[④]

以上李、江与倪二著对海运的基本面已做了坚实的论述,唯其重点在"运"——运道、运输方式及其转变,而对于"漕"——漕粮作为赋税、财政制度的一面,尽管也有涉及,但显有未尽之处。道光年间,对海运认识颇深并促成其事的魏源曾强调,海运的意义不仅在于"运道",更在于"漕事",后者不仅关涉国计,更为东南民生、吏治所系。[⑤] 所谓漕事即漕粮征解,其主要环节:如各省起运交仓额数、相关运费的承担,乃至州县漕务收支、民众漕粮负担等,均与海运政策的形成直接相关,也在河运转向海运的过程中发生了相应的变化。且正如魏源所言,漕务因关涉之事甚多且积弊重重,成为当日重要的经世议题,而海运则被视

---

① 李文治、江太新:《清代漕运》,中华书局1995年版,第430—480页。

② Jane Kate Leonard, *Controlling From Afar*: *the Daoguang Emperor's Management of the Grand Crisis*, 1824 - 1826 (Ann Arbor: Center for Chinese Studies The University of Michigan, 1996), pp. 227 - 246.

③ 倪玉平:《清代漕粮海运与社会变迁》,上海书店出版社2005年版。

④ 戴鞍钢:《清代后期漕运初探》,《清史研究集》(5),光明日报出版社1986年版,第194—229页;周育民:《晚清财政与社会变迁》,上海人民出版社2000年版,第207—212页。

⑤ 魏源:《海运全案跋》《复蒋中堂论南漕书》,《古微堂外集》卷7,《续修四库全书》1522册,上海古籍出版社2002年版,第425、429页。

作去弊之良法。① 因此，对于海运之研究，实不应忽视"漕"（漕务、漕粮）这一层面。

由此，本文将从财政、税收的角度，重新探讨道咸之际的漕粮海运，着重回答以下问题：海运政策是在何种背景下出台的？历届筹办与起运情况如何？海运制度下地方政府的漕务管理与民众的漕粮负担经历了怎样的变与不变？通过此期海运利弊得失的分析，笔者试图讨论19世纪中期中央与地方、地方各级政府间的财政关系，以及政府财政与民众税赋之联系等问题，加深对该时期的政治、财政与社会及其联动关系的认识。本文涉及的区域，主要是最先试行海运且具示范意义的江苏省（苏属）。② 处理的时段，大致为海运再启的道光二十七年（1847），至因苏州、常州落陷而停运的咸丰十一年（1861）。③

二 道光末年的河海并运

（一）减费裕漕：道光二十七年苏松太的海运

清代的首次漕粮海运发生在道光五年（1825）。此前一年，黄水骤涨，清江浦高家堰大堤溃决，致高邮、宝应至清江浦运道浅阻，漕船挽运维艰。在户部尚书英和及江苏督抚琦善、陶澍的推动下，江苏道光五年分漕粮151万余石于六年海运抵津。此次海运只是针对运道梗阻的应急之策，运河疏浚后便告中止，仅行一年。既有研究已指出：道光七年，

---

① 如道光二十七年，包世臣称言："江浙收漕及海运二事，国脉攸系，无有重于此急于此者。"可代表当日经世士人对此的关注。《复陈枢密书》，《包世臣全集·齐民四术》，黄山书社1997年版，第242页。

② 本文所谓"江苏"，不同于今日的行政区划，是指清代苏松粮道或江苏（苏州）布政使所辖的苏州、松江、常州、镇江、太仓四府一州，又称"苏属"。与之相对的是江宁布政使或江安粮道所辖的江北各府，称"江北""宁属"。

③ 漕运的年代标注较为复杂，时人在使用中便不乏混乱之处。盖漕粮于冬季征收，至次年春夏间起运，故每届漕粮从州县征收到运抵通仓是跨年的。以道光二十七年海运为例，准确的表述是：道光二十八年江苏起运二十七年份漕粮，时人称此为道光二十七年海运（以漕粮的年份为准）或道光二十八年海运（以起运时间为准）。本文统一以漕粮的年份来标注，盖主要的运输过程虽发生于次年，但海运的重要环节（如拟定章程、雇觅商船、州县兑交漕粮）均在当年展开。

旻宁亲自谕止海运,而至道光二十六年,他的"独断"又开启了清代的第二次漕粮海运。但道光帝何以做出这一决定,即重启海运的决策是在何种背景与契机下出台的,我们仍不清楚。① 此次海运源于道光二十六年十一月二十五日的上谕,而该上谕的由来,则是同日户部有关漕粮缓缺情况及筹补措施的奏报。②

是日,管理户部事务大学士潘世恩等奏称,南漕岁额460余万石,除旗丁耗米外,交仓应在400万石以上,每年支放330万—340万石,本属有赢无绌。但近年交仓额数"岁短百万及数十万不等",以致兵米、俸米不得不改折,或减成支放。尽管上年豁免道光二十年前缓征之漕粮400余万石,但本年漕粮不但毫无加增,反较上年又短20余万石,较全漕短至100万石。该折附有此前十年间有漕八省的起运额数清单,笔者整理见表1—表3。

表1　道光十七年至道光二十六年(1837—1846)苏松等四省漕粮起运额统计

(单位:石)

年份	苏松	指数	江安	指数	浙江	指数	江西	指数
额征	1641150	100.00	518270	100.00	956620	100.00	768990	100.00
道光十七年	1614080	98.35	442700	85.41	956620	100.00	718580	93.44
十八年	1527270	93.06	436660	84.25	956620	100.00	763476	99.28
十九年	1270880	77.43	447540	86.35	956620	100.00	738420	96.02
二十年	1114080	67.88	254120	49.03	852930	89.16	692290	90.03
二十一年	1006790	61.35	258040	49.79	940130	98.28	751610	97.74
二十二年	937470	57.12	217490	41.96	452040	47.25	726950	94.53
二十三年	852100	51.92	307880	59.41	737820	77.12	751240	97.69
二十四年	949650	57.86	389550	75.16	799360	83.56	768990	100.00
二十五年	1127320	68.69	401000	77.37	839560	87.76	683390	88.87
二十六年	994640	60.60	240170	46.34	800990	83.73	768990	100.00
十年平均	1139428	69.43	339515	65.51	829269	86.69	736394	95.76

说明:该起运额数包括了交仓漕白粮正耗米,及旗丁耗米等,下二表同。

---

① 倪玉平:《清代漕粮海运与社会变迁》,第44—81、84页。他指出,重议海运"最直接的原因是河漕已无法令各方满意",似显含糊。

② 潘世恩等折、清单,道光二十六年十一月二十五日,录副03-3146-014、03-3146-015、03-3146-016,以下两段均据此。

表2 道光十七年至道光二十六年（1837—1846）山东等四省漕粮起运额统计

（单位：石）

	山东	指数	河南	指数	湖北	指数	湖南	指数
额征	344980	100.00	212480	100.00	131930	100.00	133560	100.00
道光十七年	343180	99.48	206150	97.02	117740	89.24	133560	100.00
十八年	326630	94.68	191360	90.06	122516	92.84	133170	99.71
十九年	339360	98.45	205130	96.54	122130	92.57	133220	99.75
二十年	340370	98.67	205710	96.81	97200	73.68	132660	99.33
二十一年	303560	87.99	204790	96.38	96200	72.92	133014	99.59
二十二年	343690	99.63	168420	79.26	79460	60.23	132090	98.90
二十三年	338860	98.23	163010	76.72	101170	76.68	132840	99.46
二十四年	339620	98.45	162620	76.53	114570	86.84	133300	99.81
二十五年	337830	97.93	164750	77.54	93960	71.22	132210	98.99
二十六年	309110	89.60	138470	65.17	114780	87.00	133210	99.74
十年平均	332221	96.30	181041	85.20	105973	80.33	132927	99.53

表3 道光十七年至道光二十六年（1837—1846）有漕八省漕粮起运额统计

（单位：石）

年代	额数	指数	年代	额数	指数
额征	4707980	100.00	二十二年	3057610	64.95
道光十七年	4532610	96.28	二十三年	3384920	71.90
十八年	4457702	94.68	二十四年	3657660	77.69
十九年	4213300	89.49	二十五年	3780020	80.29
二十年	3689360	78.36	二十六年	3500360	74.34
二十一年	3694134	78.47			

由表1可见，以上十年间，苏松、江安二粮道的起运额数在有漕八省中降幅最大，十年的平均起运额分别约为全漕的69.43%、65.51%。尤其是道光二十六年，仅为起运额漕的60.6%、46.34%，确如户部所奏，苏松"尚不敷额漕十分之六"、江安"尚不敷额漕十分之五"。此外，浙江、河南、湖北三省起运额数也有明显下降，十年的平均值较额漕短

少13%—20%不等。由于苏松、江安、浙江三省漕额较重（分别占全漕的34.86%、11.01%和20.32%），其大幅亏短直接反映于交仓总额。道光二十年以降，历年的起运额数始终亏短100万石以上（其中二十二年受鸦片战争影响，为此期最低），仅为额漕的七八成。这直接导致了是年京师仓储告急：各仓现存粮数仅可支撑至明年新漕抵通之时，而来年至少需有漕米三百七八十万石进仓，方可资周转。

有鉴于此，户部请行三年比较之法：各省在漕粮征齐后，将本年起运额数造册报部，若较此前三年均有减少，应设法补足交仓。此外，户部还筹划了更为直接的筹补方策——海运。潘世恩等指出，本年江南州县秋成丰稔，然江苏反称被灾，奏请蠲缓56州县之钱漕。故江苏之亏缺漕额，非尽由于灾歉，亦由浮费繁重所致。道光中后期，江南的漕务浮费大幅扩张：一方面，挽运漕粮的旗丁于兑运时向州县需索"帮费"，以供卫所及沿途仓、漕等衙门规费，并挽运之需；另一方面，州县不得不通过漕粮的浮收勒折来应对，这些浮勒又不均衡地分摊至各粮户：绅衿大户可凭借其身份包揽短交，需索漕规，小户则需承受日重一日的漕粮负担。随着两极分化进程的持续演进，小户多依附于大户，州县税基日益萎缩，唯有捏报灾歉（意味着漕粮的大幅缓征），以为出路。也就是说，漕务浮费的空前膨胀，极大地提高了河运成本，以致江苏州县常年借捏灾亏空漕粮正项，造成南漕岁岁缺额，天庾不敷支放。[1]

由计臣们的表述来看，他们对此有较为清晰的认识，其对策是曾于道光六年试行的海运：

> 道光六年……试行海运，彼时办理颇著成效。现当整顿漕务、清厘帮费之时，可否请旨敕下两江总督、江苏巡抚通盘筹画，于漕务、仓储必期两有裨益。如可仿照前届章程，确有把握，统核漕粮实数，每岁酌分几成，改由海运，既于漕务繁费大有节省，该州县等亦不致藉此捏报灾荒，致亏仓储。

户部的基本思路是"减费裕漕"，盖将江苏额漕酌分数成海运，则河

---

[1] 详见周健《嘉道年间江南的漕弊》，《中华文史论丛》2011年第1期。

运帮费大可节省，州县负担由此减轻，无须捏报灾荒，京师仓储便可期筹补。① 海运的思路既与中枢正在推行的清厘帮费政策相匹配，也为当日有志于改革江苏漕务的经世士人所分享。②

同日，道光帝便有廷寄两江总督壁昌、江苏巡程矞采之上谕，措辞较为严厉：

> （江安、苏松两粮道岁运额漕）似此有减无增，年复一年，伊于胡底。且以京师官兵俸饷立等发给之款，倘因漕粮缺额，以致发领不能足数，尚复成何事体，祖宗旧制，朕何颜对之！

他完全采纳了计臣的筹补之策，谕令江苏督抚仿照成案，每岁酌分漕粮数成，改由海运，并规定自下届漕运（即道光二十八年起运，道光二十七年分漕粮）为始。③

道光二十七年九月新漕开征之前，两江总督李星沅、江苏巡抚陆建瀛遵旨筹议河海并运。据奏，近年银价增昂，漕务浮费加增，又值灾歉频仍，故苏属漕粮"无岁不缓，无县不缓，以致京仓支绌"。本届若仍行河运，可较前稍有加增，但总难全额起运。他们建议本年江苏漕粮河海并运，江安粮道江宁、徐州、淮安、扬州四府及苏松粮道常州、镇江二府，赋额较轻，仍行河运。苏州、松江、太仓二府一州漕白粮改由海运，以节省帮费筹补，可得米30余万石。另一方案是，江苏漕粮仍全数河运，仅将白粮改由海运。④ 事实上，李星沅对海运持相当的保留态度，⑤

---

① 值得注意的是，领衔的军机大臣、管理户部事务大学士潘世恩籍隶江苏吴县，潘氏为苏州大族。可以想见，他对于本地的事务更为了解。更重要的是，当日由本籍京官在京城发声、推动有利于地方的财赋改革，是较为常见的现象，尤其是科举事业最为发达的江南。

② 魏源：《上江苏巡抚陆公论海漕书》，《古微堂外集》卷7，第429页；《复桂苏州第二书》，《包世臣全集·中衢一勺》，黄山书社1993年版，第199页。

③ 《嘉庆道光两朝上谕档》（51），道光二十六年十一月二十五日，广西师范大学出版社2000年版，第411—412页。

④ 《筹议江苏漕务河海并运折》（道光二十七年九月二十四日奉朱批），陆建瀛：《陆文节公奏议》卷2，第21—23页。江苏苏、松、常、太三府一州、浙江嘉、湖二府漕粮内，专设白粮一项，系征糯米或白粳，专供宫廷食用，是漕粮中最重要的一部分。

⑤ 袁英光、童浩整理：《李星沅日记》下册，中华书局1987年版，第712、722、726页。

实际筹议者主要是陆建瀛,但其方案也明显较道光五年成案保守。该折交户部议复后获准,计臣特别强调,苏松太三属漕粮"既经改用沙船,无须帮费,自应将额征、带征之米全数起运",不可再有亏缺。①

然是年十一月,漕运总督杨殿邦具折反对,奏请缓议河海并运。漕督认为,江苏漕粮亏短,未必皆因帮费过重,海运也未必省于河运。更重要的是,如遽改海运,漕船大幅歇减,失业水手人等难以安置,势必成为不安因素。此外,当日洋面不靖,内海之劫盗、外洋之夷氛,随时可能威胁海运。②杨殿邦的言论,代表河运既得利益群体的反对声音,也可见海运"减费裕漕"带来的利益转移。

户部在议复时反驳,苏松太帮费甚重,每岁至少需银八九十万两,岂能于漕务绝无妨碍。至体恤减船丁舵、加强海洋巡哨等事,该省督抚将妥为筹办。尽管漕督的反对并未阻止当年的海运,但此事(特别是杨强调的"漕船未便连年减歇"这一点)直接影响了户部的态度。最明显的表现是,议复折及上谕中的措辞,已由"每岁酌分数成,改由海运"改为"暂由海运"。且称海运一事"可暂不可常,宜少不宜多",来年应"妥筹减费裕漕良策,以期全漕足额,仍归河运旧章"。尽管户部此前便认为,海运不过因时变通之道,河运方属正途。然经杨殿邦事件之后,海运更降格为当年的应急方案,决策者似不打算将其延续,故仍需另筹良策。③

道光二十七年的海运章程,是根据道光五年的成案拟定的。④ 从漕粮制度的角度来看,其中最关键的内容,是漕额的筹补与海运经费的筹措。当日户部筹议海运的初衷,是以节省的河运银米与帮费,补足缓缺之漕

---

① 《嘉庆道光两朝上谕档》(52),道光二十七年十月十三日,第377—381页。

② 杨殿邦奏,道光二十七年十一月二十日,朱批04-01-35-0279-062、04-01-35-0279-063。

③ 《嘉庆道光两朝上谕档》(52),道光二十七年十二月初七日,第493—496页;《户部片奏议覆筹补缓缺米数不应动用正款、粮船水手亟宜安顿》(道光二十七年十二月二十二日),王毓藻辑《重订江苏海运全案·原编》(以下简称《海运全案》)卷1,光绪十一年刻本,第64页。

④ 本段及下段据《苏松太三属漕米全由海运酌定办理章程折》(道光二十七年十一月二十六日奉朱批)、《查明苏松太三属海运米数及续议章程》(道光二十七年十二月十二日奉朱批),陆建瀛《陆文节公奏议》卷2。

额。按苏松太三属额定起运交仓漕粮正耗米1023532石，河运制度下的运费主要有两项：一是给丁耗米122013石，用作旗丁长途挽运的折耗与食用；二是漕项银米（"漕赠"），按漕粮每百石贴银10两、米5石给发，用作运输经费。此外，三属另有起运交仓白粮正耗米52611石，及给丁余耗米13019石。道光二十七年苏属秋歉，漕粮大量缓征，实征漕白粮正耗米802358石零，短缺米273785石零。为符海运足额交仓之例，苏属动用节省河运银米筹补：除动支漕粮给丁耗米89440石、白粮给丁耗米13019石、漕白粮赠五盘耗米57711石外，另拨给丁漕赠银150000余两采买补足。

与之相关的问题是，原有河运经费用于筹补，海运经费又从何而出？漕粮海运的主要支项，包括：（1）沙船水脚、耗米；（2）天津、通仓剥船雇价、食米、经纪耗米；（3）各州县运粮赴沪水脚、南北设局公费等。在咸丰四年以前，江苏海运经费支销的基本原则是不动正帑，"由外筹办"，即各州县"捐解"帮费，名曰"海运津贴"。

毫无疑问，该经费只能出自漕粮之浮勒。道光二十七年筹议之时，苏州知府桂超万便极言其不可，盖"其隐有加赋之实，不特后援为例，贻害无穷，即目前民力亦艰难也"。① 魏源也向陆建瀛强调，海运经费"但用漕项银米即敷办漕，毋庸再提帮费，以滋流弊也"。② 然在督抚的考虑中，海运仅一时试办，漕粮终将复归河运，故帮费不宜遽行裁革，仍按额解充海运经费，而本应用于海运开销的河运节省银米，则移作弥补仓储、库项之需。此为筹议海运时的权宜之策，然江苏如是因循办理者十余年。③

如果从筹补仓储这一点来看，道光二十七年海运确有立竿见影之效。道光二十八年三月，苏松太三属漕白粮正耗米1083115石足额兑竣，放洋北上。④ 七月，户部右侍郎朱凤标在津验收完竣后，对本次海运做了极高

---

① 桂超万：《复包慎伯明府书》，《裕堂文集》卷2，《续修四库全书》1510册，第128页。
② 魏源：《上江苏巡抚陆公论海漕书》，《古微堂外集》卷7，第430—431页。
③ 冯桂芬：《江苏减赋记》，《显志堂稿》卷4，第546页；殷兆镛奏，同治四年五月初二日，录副03-4863-030。
④ 《奏报海运漕粮全数兑竣一律放洋折》（道光二十八年三月初十日奉朱批），陆建瀛《陆文节公奏议》卷3，第4页。

的评价：

> 江苏省苏州、松江、常州、镇江、太仓五府州属十余年来，未经报有全漕。本年苏州、松江、太仓三属改由海运，不独该三属漕额无亏，即河运之常州、镇江两属漕粮，内有丹徒等县缓缺交仓米石，亦经该省督抚于海运节省项下筹补足额，由海搭运。计共筹补米将及三十万石，较之上年河运，计今届交仓米多运五十一万一千三百余石，查验米色一律干洁。①

是年海运不仅补足苏松太三属灾缺米 273785 石，即河运之常、镇二府灾缺米 6970 余石亦于节省项内补足，再加上随正交仓之经纪耗米 13300 余石，共计筹补米 294055 石。② 由此，苏属河海并运共计起运交仓米 1448330 石，较此前三届河运分别多运 433371 石、546203 石、511321 石不等，一改十余年来额漕持续亏短之局面。③ 而且，从此后的历史来看，道咸以降苏属的起运交仓额数再也未达到这一高度。

与道光五年不同的是，道光二十七年之海运并非起因于河道梗阻，财政层面的考虑才是此次重议海运的动因所在。如杨殿邦奏称："近年来河流顺轨，运道畅行，乃论者因灾减过多，诿诸帮费，将苏松太三属漕粮改由海运。"④ 翁心存也认为，海运之行，昔则"藉省转般递运之劳"，今则"以津贴日增，别筹足国恤民之策"。⑤ 户部更明确指出：道光五年"偶因黄河漫口，试行海运"，道光二十七年"又一试行"，则意在"节省帮费，筹补仓储"。⑥ 可见，计臣关注的是仓储，即通过分成海运减省帮费，实现全漕起运。然而，海运对于革新漕务之意义，筹议之初便不为计臣所重。至道光二十八年苏属全漕抵通、京师仓储渡过难关之后，

---

① 朱凤标奏，道光二十八年七月初三日，朱批 04－01－35－0162－167。
② 陆建瀛奏，咸丰元年十一月十八日，宫中档 406001548。
③ 清单，道光二十八年正月二十六日，军机处档 080757。
④ 杨殿邦奏，道光二十七年十一月二十日，朱批 04－01－35－0279－062。
⑤ 《与陆立夫中丞书》（道光二十七年十一月），张剑辑校《翁心存诗文集》下册，凤凰出版社 2013 年版，第 978 页。
⑥ 户部奏，同治八年八月，中国水利水电科学研究院水利史研究室编校《再续行水金鉴·运河卷》第 3 册，湖北人民出版社 2004 年版，第 1048 页。

这一点更是被中枢所忽视。

另外，在海运过程中，帮船停歇、水手失业所引发的不安定因素则被放大。道光二十八年二月，失业水手与英国传教士在青浦发生冲突，导致中外局势紧张。"青浦教案"的深刻刺激，使得道光帝不再考虑继续推行海运。[①] 是年夏，李星沅便已得悉中枢之态度："明年新漕自难海运。"[②] 至冬间筹办新漕之际，他奏称："漕粮本以河运为正途，至道光六年因黄河阻塞，本年因筹裕京仓，先后试行海运，均属权宜之计"，本年苏松太三属漕白粮仍归河运。此前，道光帝也有谕："海运岂能恃为长策？"[③] 于是，道光二十八年起，苏属漕粮重归河运之旧途。在维持定制的考虑下，漕务的种种积弊均被搁置一旁，视而不见。

（二）筹补兵糈：道光三十年苏属的白粮海运

两年后，江苏进行了道光年间的第三次海运。但此次海运规模较小，仅限苏属之白粮，此为道光二十七年筹议河海并运之旧案。道光三十年十一月，两江总督陆建瀛主动奏请海运白粮，其背景却与前案不同。陆氏指出："上届漕白粮海运，系为筹裕京仓；今届海运白粮，本为筹补兵糈，事属判然两途。"缘道光二十九年江南大水，苏属漕粮大幅欠缓，司库不得不垫款支放本省兵行局恤等米，计银158900余两。道光三十年又遭灾歉，仍需筹补本地兵糈42600余石。然司道两库"几无款可拨"，遂以海运白粮为筹款之策。这一方面是由于白粮帮费较重，倍于漕粮，故海运节省之款亦巨。另一方面，苏属白粮不过72000余石，为数无多，海运风险较小。

咸丰元年，苏属道光三十年白粮正耗米72006石由海运交仓。至于本届节省银米，尽管户部要求参照前案，筹补京仓。但江苏方面强调，该项已奏准抵支灾缺兵米，难以买米筹补：节省给丁盘耗米42900余石抵放

[①] 倪玉平：《清代漕粮海运与社会变迁》，第90—100页。
[②] 《李星沅日记》下册，第749页。
[③] 李星沅、陆建瀛奏，道光二十八年十一月初三日奉朱批，录副03-3149-003；《嘉庆道光两朝上谕档》（53），道光二十八年十一月初三日，第373页。

来年灾缺兵糈；漕项银35400余两、帮费22500两，则用于归补司库垫款。①大灾之后，陆建瀛重议海运，其动机仍在财政层面：筹补灾缓兵糈。但与上届不同的是，是年节省银米尽数留于本地支用，全未起运。

三 咸丰年间漕粮海运的再启与中止

（一）咸丰元年、咸丰二年的漕粮海运

道光末年，河运仍是绝对的主流，海运不过偶尔为之，但其省费、便捷却给时人留下深刻的印象。咸丰元年（1851）以降，江苏的漕粮海运迅速取代河运，成为此后之常态。是年八月，黄河在江苏丰县北岸决口，黄水入运，次年河运能否如期进行，成为疑问。更重要的是，当日清廷正于两广用兵，筹备军需已属不易，此时又添河工经费450万两。道光三十年、咸丰元年两年之内，各省因此加增的例外拨款多达2258万两，相当于常年岁出的63%。②清朝的财政管理以收支相对固定为基本原则，应付临时性开支本是其短板。如此巨额支项的骤然加增，势必使清廷陷入前所未有的窘迫。是年秋间，南漕海运之议再起，兴议者便是职司度支的计臣。

九月二十四日，户部尚书孙瑞珍奏请漕粮河海并运，以裕库储，而资周转。据称，道光后期以来，岁入各款因银贵常年短缺，而军需、河工等支项日繁，部库万分支绌。当日户部甫拨银450万两，以济丰工要需，所拨之款"皆系明年京支所必需，届期筹措无资，恐致束手"。孙氏想到三年前的海运成案，盖此事可"以节省为增加"，办理"著有成效"，是可靠的筹款之策。他奏请本年参照道光二十七年成案，海运苏松太三属漕粮：

> 拟请将来岁苏松太三属新漕照案改由海运。计多得之米仍可有

---

① 陆建瀛等奏，道光三十年十一月二十五日，朱批04-01-35-0285-031；陆建瀛等奏，咸丰元年二月十一日，宫中档406000166。
② 何烈：《清咸、同时期的财政》，"国立"编译馆中华丛书编审委员会1981年版，第175—178页。

三十余万石,即以此米粜出换银,可得银六十余万两。又,三属帮船既不出运,行粮耗米等项皆归节省,计通共可得银八九十万两,于常年交仓米数仍无减损,而多得之银,计明岁春间即可听候部拨,于库储不无少补。①

与前案不同的是,当日"仓储尚非甚缺",而"部库则支绌万状",故孙氏改变海运的筹补方式,将节省之项由漕米转化为银两,以济急需。这一变通的意义在于,海运自此成为重要的筹款方策。

几乎是在同时,江南道监察御史张祥晋也呈递了主旨相同的奏疏,请将海运推广至江浙二省,这对海运再启产生了直接的影响。张祥晋指出,当日丰工甫兴,次年河运恐难如期抵通,须事先筹划,且河工需费浩繁,尤应亟筹经费。海运则"既免运道淤塞之虞,又济南河要工之需"。江苏前届海运仅限苏松太三属,节省之银已不下七八十万两,若令常州、镇江二府,及浙江杭嘉湖三府一体遵办,节省之项当在二百万两以上,即可拨解河工,以济急需。②

尽管丰北决口、漕行堪忧确是此事的重要背景,但骤然而至的丰工巨费,才是计臣、言官再议海运的直接动因(是年除江苏外,各省漕粮仍由河运)。也就是说,咸丰元年江苏重启海运的首要考虑,仍在度支层面。然其意义,已由前案的筹补京仓(缓缺之额漕),转变为筹备库储(河工之要需)。值得注意的是,孙、张二人关注的只是可节省多少浮费以济要需。至于这些帮费出自何途,由谁负担,完全不在他们的考虑之内。

九月二十五日,咸丰帝将孙、张二人之议寄予江浙督抚,令其体察地方情形,就海运可否普行妥议具奏。③ 从未办过海运的浙江对此表示反对,巡抚常大淳提出种种理由,称海运窒碍难行:如浙江帮费较少,海运经费不敷;江浙同时海运,沙船难以雇觅;本省出海口不理想,须至

---

① 孙瑞珍奏,咸丰元年九月二十四日,录副03-4362-034、03-4362-035。
② 张祥晋奏,咸丰元年九月二十五日,录副03-4362-037。
③ 《咸丰同治两朝上谕档》(1),咸丰元年九月二十五日,第387页。

上海放洋等。① 已有过三次海运经验的江苏则遵旨将本届苏、松、常、镇、太五府州漕白粮一律改由海运，并抵补足额，酌筹节省银款。在疆吏的表述中，除枢臣强调的库储之外，漕务也是海运的考虑。陆建瀛等奏称：江苏漕粮收兑两难，官民交困，"若欲力筹补救，舍海运诚无良策"，目下军务、河工拨饷浩繁，度支孔亟，"欲于裕漕之中筹节省之计，亦非海运不可"。②

咸丰元年江苏的海运，在筹补额漕、筹措海运经费等关键问题上延续了上届的原则。关于前者，是年苏属实应征交仓漕白粮米 1046255 石零，灾歉缓缺米 398652 石，例应筹补足额。但与上届筹补米石不同，本年因部库支绌，改为筹补银款。是年苏属共筹补银 66 万两，包括（1）节省给丁耗米 213995 石零，一律按 1 两/石粜变，计银 213995 两；（2）各属节省帮费 258364 两；（3）节省给丁漕赠银 187639 两。以上三款分别提解司库，抵充南河工需。故是年筹补银款，除补足缓缺交仓米 398652 石外，尚余银 261348 两，较道光五年、道光二十七年两届海运，均属有盈无绌。本届海运经费约需银 100 万两，仍出自州县节省帮费等款。

咸丰二年，丰工堵筑不力，黄水灌入致运道被淹，江广、浙江等省漕行大幅延期，元年分漕粮至二年秋间仍未抵通。河运危机与财政压力依旧，海运的延续成为十分自然之事。③ 是年苏属实征漕白粮交仓米 1042474 石，筹补缓缺米 405220 石零。正如陆建瀛所称，筹补"名为裕仓，实则筹饷"，故仍折为银款，共计 60 万两。其来源依旧是节省给丁银米与帮费，包括：（1）给丁漕赠、余耗等米 213340 石，按 9 钱/石粜变，合银 192006 两；（2）帮费 261717 两；（3）给丁漕赠银 146276 两。本届银款较上年短少 6 万余两，其原因在于：第一，漕赠项下晒扬米价一款因道库支绌，未能列入；第二，粜变米价由上年的每石 1 两减为 9 钱。

---

① 常大淳奏，咸丰元年十一月二十八日，军机处档折件 082477。
② 本段与下两段据：陆建瀛、杨文定奏，咸丰元年十一月十八日，宫中档 406001548；陆建瀛、杨文定奏，咸丰元年十二月二十四日，宫中档 406001760；《咸丰元年江苏海运说帖》（1851 年），《吴煦档案选编》（6），江苏人民出版社 1983 年版，第 118—120 页。
③ 本段据：陆建瀛、杨文定奏，咸丰二年十二月初六日，宫中档 406003000；陆建瀛奏，咸丰三年正月初九日，宫中档 406003231。

然而，太平天国势力的迅猛发展，给是年的海运带来极大的影响。咸丰三年正月，太平军由两湖进兵江南。二月，先后攻克江宁、镇江、扬州三城，切断了清朝的漕粮运道。由于战事在江南展开，以及江苏布政使倪良耀的渎职，二年分漕粮的海运相当迟缓。更要命的是，苏属开始擅自截留漕粮。是年因运道梗阻，咸丰帝谕令江宁布政使所属及安徽、江西应运咸丰二年分漕粮酌量截留，以充本省军食兵饷。江苏方面以部拨经费缓不济急为由，擅行援例截留漕粮 218500 余石。尽管清廷严谕所截漕米全数克期运津，又将杨文定、倪良耀二人降四级调用，但此项仍为苏属截留。① 故咸丰二年分江苏漕粮的实际起运额数，较原计划的 1042474 石大为减少，仅有 823961 石。② 至 60 万两筹补银款，原议归还复堵丰工案内垫款。然至咸丰三年正月，因军需紧急，户部奏准该款中 50 万两拨解向荣江南大营，其余 10 万两解往江宁，以为防堵之用。③ 然是年"粤匪东窜，民情焕散"，漕粮、地丁大量欠解，该款终无从征解，难以拨用。④ 自咸丰三年起，随着太平天国战争延及江南，江苏的漕粮海运逐渐失去了道咸之交筹补仓储、库款之功效，相反，以军需为由截留漕粮与节省银米，成为此后数年之积习。

（二）咸丰三年漕粮之改折与截留

咸丰三年以降，南方各省的漕运方式为之一变，基本奠定了此后五十年间清朝的漕运格局。首先，浙江在是年加入海运的行列。咸丰二年，因山东运河水势骤涨，浙省漕船北上严重迟缓，来年无船可用。九月，巡抚黄宗汉力排众议，奏准本年漕粮试办海运。咸丰三年，浙省二年分漕白粮 589374 石由沪运津。⑤

咸丰三年太平军攻占镇江、扬州，运道梗阻，江广等省漕粮难以运

---

① 倪良耀奏，咸丰三年三月二十三日奉朱批，录副 03-4363-037；户部奏，咸丰三年三月廿五日，录副 03-4363-039；《咸丰同治两朝上谕档》（3），咸丰三年三月二十五日，广西师范大学出版社 1998 年版，第 128 页；柏葰等奏，咸丰三年四月初二日，录副 03-4363-043。

② 倪良耀奏，咸丰三年七月初五日，录副 03-4363-010；孙瑞珍奏，咸丰三年八月十一日，录副 03-4364-016。

③ 《户部议覆海运章程》（咸丰三年二月初一日），《海运全案·原编》卷 2，第 61—62 页。

④ 何桂清、徐有壬奏，咸丰十年三月十二日，录副 03-4373-035。

⑤ 桂良奏，咸丰四年二月二十二日，录副 03-4365-023。

京。七月，户部奏准江西、湖南、湖北等省漕粮折银解京：花户仍照旧完纳本色，由官将所征漕粮变价解部，稷米每石折银1.3两，粳米每石1.4两。① 十月，江安粮道所属（即安徽、江苏江北府州）也奏准照江广之例，将漕粮折银解部。② 同年，河南泄水阻挡太平军北伐，导致运河淤垫，所征粟米、麦豆奏准变价解京，每石折银1.25两。③ 咸丰七年起，该省固定地办理折漕。④

由此，咸丰三年以降，漕粮仍以本色起解的，只有仍行河运的山东，及改行海运的江苏、浙江，后者的海漕对于京糈支放意义尤大。然咸丰三年八月，上海被小刀会占领，至岁末仍未收复，江浙两省失去了原有的出海口。十一月，户部奏请饬令江苏预筹新漕海运之事。计臣们建议，或将出海口移至浙江乍浦，或参照江广将漕粮、漕项由官折银解京。但考虑到京仓支放，他们强调，折银为"万不得已之计"，非"救时善策"也。⑤ 十二月，江浙两省均奏称，太仓州之浏河口可作为新出海口。浙江据此拟定了海运章程，而江苏则奏请新漕变通办理，照部议改征折色，解京采买。⑥

道光末年以来，漕粮改折与海运同为改革漕务之方策，数次为户部及江苏地方官员所提议，但均未见施行。在咸丰三年这一非常时期，漕粮改折再次被提上议事日程。⑦ 清代江南的土地使用形式以租佃为主，佃户交租于业户，业户以所收租米完纳漕粮。道光末年以来，"银价日昂，

---

① 王庆云：《户部议令江广等省筹办折漕折》（咸丰三年七月初六日），《王文勤公奏稿》卷4，第81—83页；《咸丰同治两朝上谕档》（3），咸丰三年七月十四日，第262—263页。

② 王庆云：《户部议覆安徽、湖北折漕折》（咸丰三年十月十八日），《王文勤公奏稿》卷4，第98—99页。

③ 英桂奏，咸丰四年二月二十三日，朱批04-01-35-0285-057；邵灿奏，咸丰四年，朱批04-01-35-0286-030。

④ 《河南全省财政说明书》，经济学会1914年版，"岁入部·田赋"，第59—60页。

⑤ 祁寯藻奏，咸丰三年十一月二十四日，录副03-4364-042。

⑥ 《怡良等奏报筹备刘河口设局委员办理海运事宜折》、《怡良等奏陈江苏苏常等属本年新漕变通办理情形片》（咸丰三年十二月十五日），《清政府镇压太平天国档案史料》第11册，社会科学文献出版社1994年版，第556—558页；黄宗汉奏，咸丰三年十二月二十七日，录副03-4365-002。

⑦ 本段及下段，除特别注明外均据《怡良等奏陈江苏苏常等属本年新漕变通办理情形片》（咸丰三年十二月十五日），《清政府镇压太平天国档案史料》第11册，第557—558页；怡良、许乃钊奏，咸丰四年二月二十二日，录副03-4365-033。

浮费日增",州县不断提高钱漕征价,业户则将负担转嫁于佃户,"以致官民交怨,业佃相仇,抗粮抗租、拒捕殴差之案,层见叠出"。咸丰三年初,太平军进入江南,地方更不安定。八月,青浦周立春因征漕起事,小刀会与之呼应,一度占领上海、嘉定等六州县。冬间,扬州太平军一二千船齐聚瓜洲,试图归并镇江,南下苏杭,苏、常各属佃户鸣锣聚众,抗不还租。危机之下,苏州府长洲等九县知县会同绅士筹议,为避免开仓时滋生事端,漕粮请照部议每石1.4两之数,无分绅民,改收折色,不准丝毫浮勒。

尽管在总督怡良的表述中,折漕是出于社会安定的考虑,但更重要的动机显然在于筹饷。咸丰三年海运二年分漕粮82余万石,苏属借领、欠解司库银50余万两,复挪移地丁、漕项,始得起运。又因战事的影响,咸丰二年及三年上忙地丁屡催不完,不得不奏请缓征,司库因此有出无入,悉索一空。更要命的是,此时江南大营缺饷严重,恐有哗变之虞。当日立于金陵城外、由钦差大臣向荣主持的江南大营是清朝对抗太平天国的支柱,其饷需主要来自江苏、浙江、江西等省。咸丰三年初太平军攻陷三城后,江苏各项收入均受影响,仅江海关关税一项为大营提供着稳定的饷源。然八月小刀会起事,江苏地方军费大增,更重要的是,英美领事趁机代管江海关,江苏失去大宗的关税收入近一年之久。故在咸丰三年、四年之交,江苏陷入极度的财政困境,江南大营兵勇也因此"缺饷鼓噪"。[1]

受地方军事、财政的联动影响,江苏不欲再将是年漕粮照常征解。怡良先是借称地方不靖,奏请漕粮改折,解京采买,如此可省去海运经费近百万两。且每石解银一两四钱,远低于采买所需,其余六钱(是年苏属漕粮征价每石合银二两)更成为州县盈余,这对本省极为有利。后怡良又以救急为由,擅行"借拨"所征漕折银两,以济饷需。也就是说,苏属并不打算将漕折银解部。折漕的初衷,是将漕米转化为本省急需之银两,以便截留济饷。

这些财政上的考虑,户部看得十分清楚。经苏属一再奏请,他们最终同意是年漕粮可因时变通,改征折色,但仍须在当地采买粳米,由海

---

[1] 龙盛运:《向荣时期江南大营研究》,社会科学文献出版社2011年版,第142—145页。

运津。① 是年，苏属漕白粮因被兵、抛荒蠲缓，仅征586551石。据称除金山征收本色14386石，其余全部按每石一两四钱折征。经过一番讨价还价，苏属仍以本地乏米，且沙船难以雇觅为由，仅将本年应征白粮55326石由本地买米，照旧海运交仓。而大宗的漕粮531225石应折之银723575两（实际征收569000余两），则借口江南大营军饷万分急迫，全数截留。②

（三）咸丰四年的转折

苏属咸丰三年分漕粮因兵事改折，几无起运，这在有清一代江南的漕运史上，几未有先例。当日江南"逆氛未靖""三城未复"，民心不定，筹办次年新漕仍无把握。咸丰四年四月，户部始议改弦更张，轻减苏属的海运负担，保证天庾正供的起解。一是奏请是年秋成起征后，漕运总督由淮安移驻苏州，督办漕务，以代替因军务驻防常州、难以兼顾的江苏督抚。更重要的变化，则是在恢复本色征解的同时，奏准江苏参照浙江海运章程，将河运经费用于海运开销，截去上两届之节省银六十余万两。③

咸丰二年，浙江在黄宗汉主导下实现了漕粮海运，其中的关键环节是解决经费问题。盖当日海运，"必须将河运用项一概节省归公"，海运所需只能出自节省帮费。浙省帮费远少于江苏，不敷海运之需，故此事屡议屡止。而黄宗汉的突破在于，奏准"将办理河运一切作正开销之费，并归办理海运之需"。④ 事实上，江苏督抚在海运咸丰三年分白粮之时，便开始参照浙江章程。是年起运白粮55326石，计有节省盘耗等米32962石零，照例应粜变解部，海运经费另以津贴取诸州县。然当日的实际情况是：各属因漕粮减价改折征收，盈余大减，海运津贴屡提未解，不得

---

① 祁寯藻等奏，咸丰四年正月十一日，朱批04-01-35-0285-053；祁寯藻等奏，咸丰四年三月十一日，录副03-4365-034。
② 《怡良等奏覆采买漕粮及借拨军饷设法归补情形折》（咸丰四年四月十一日），《清政府镇压太平天国档案史料》第13册，第607—609页；怡良、许乃钊奏，咸丰四年四月二十三日，录副03-4365-061。
③ 祁寯藻奏，咸丰四年八月二十九日，朱批04-01-35-0286-008。
④ 黄宗汉奏，咸丰二年九月二十五日，军机处档折件086679。

不由司库垫交；而州县则借津贴之名"加取于民"，以致"浮收日甚，激成变端"。由此，苏属奏请节省余耗等米无须粜变提补，直接用于海运开销。①

在小刀会变乱之余，督抚们多强调，海运的筹补原则与变乱之间存在直接的联系。如漕运总督邵灿奏称，道光二十七年、咸丰元年、咸丰二年三届成案，"或补足灾缺额漕，或另筹节省银款，动至六十余万两之多，因而州县借此名目，遂得恣意浮勒之计，以致刁民抗纳成风，酿成青浦周逆巨案"。② 按照这一思路，以河运经费作为海运开销，使州县从容办理，不致浮勒病民，便成为"弭变清源""釜底抽薪"之策，很快得到中枢允准。

自咸丰四年海运起，"交仓漕米就数起运，毋庸筹补足额"成为章程中的固定条款：

> 此次办理海运，因逆氛未靖，又当改折征收以后，与各上届情形不同。经户部议准，改照浙江章程，以河运钱粮作为海运开销，自应就数起运，毋庸计及筹补。③

原用于筹补的河运银米既作为海运开销，道光末年以来海运"筹补足额"的原则便无法再维持。这意味着，苏属只需将当年所征漕米就数起运，不必再负担此前每岁60余万两的节省银款。至此，海运完全失去了道光末年兴议时筹补额漕的本意。该案为此后历届所继承，除咸丰五年起运节省米43000余石外，江苏在咸同年间再未解交节省银米。④ 这极大地改变了户部与江苏在漕粮分配上的利益格局，天平开始明显倾向后者。盖当日户部"止图正供无误，不遑兼筹节省"。⑤

此后数年，江苏的海运交仓额数较咸丰初年直线下降（参见表4）。

---

① 怡良、许乃钊奏，咸丰四年二月二十二日，录副03-4365-030、03-4365-031；怡良、许乃钊奏，咸丰四年四月二十三日，录副03-4365-061。
② 邵灿奏，咸丰四年十一月二十五日，朱批04-01-35-0286-018。
③ 怡良等奏，咸丰四年十二月二十日，朱批04-01-35-0286-025。
④ 光绪《钦定户部漕运全书》卷92，"筹办海运"，第4—5页。
⑤ 何桂清、徐有壬奏，咸丰十年三月十二日，录副03-4373-035。

咸丰四年分实征漕白粮800398石，虽较上年大有改善，但仍远低于元年、二年两年。不仅如此，咸丰二年以来，以饷需为名，擅行动支本应全数起运的漕粮，成为江苏之积习。四年，怡良奏准截留30万石充饷，实际仅起运500398石。五年、六年两年，江苏又分别截留漕粮20万石、25万石，使得抵通漕额大幅减少。

表4　　　　道咸年间江苏海运交仓漕白粮正耗米数统计　　（单位：石）

年份	实征额数	筹补、节省或搭运额数	截留额数	起运交仓漕白粮额数
道光二十七年	802358	筹补缺额米273700石	无	1076058
三十年	72006	搭运道光二十九年分缓征米4699石	无	76705（仅白粮）
咸丰元年	1046255	节省银66万两，除筹补缓缺米398652石、余银261348两	无	1046255（加筹补米应为1444907）
二年	1042473	原报节省银60万两，实际提银271000余两	218500石	823961
三年	586551	无	531225石（折银723575两）	55326（仅白粮）
四年	800398	无	300000石	500398
五年	912000	支剩给丁余耗43000石	200000石	755000
六年	366202	无	250000石	116202
七年	912291	无	无	912291
八年	993000	无	无	993000
九年	987350	提前商运米230000余石	204341石	1013009
十年	32870	无	无	32870
咸丰年间平均	767939			664696

资料来源：除本文各处相关引文外，另参考《重订江苏海运全案·原编》卷6《原额漕白及各年实运交仓米数》，页63—66。

其中最典型的当属咸丰六年，是年夏秋之际，苏属遭受数十年一遇的旱、蝗重灾。常、镇二府漕粮全行蠲免，苏属实征漕白粮仅366202石。

此时不仅有大量灾民需要救济,但更严重的问题在于饷需。是年江南大营为太平军所破,江苏清军因此增加了人员、军械开支,每月需银40万两以上。然据怡良奏称,本省饷源搜括已尽,各省协饷又欠解累累,以致各路兵饷欠发二至五个月不等。在"民食、兵糈在在可虑"之际,苏属打起了漕粮的主意。怡良原拟仿照咸丰三年,将漕粮全数截留,仅起运白粮,然终不得不兼顾天庚,奏请截留25万石:

> 此项新漕,即使全数起运,尚不及上届之半,而地方存米益空,兵民恐有绝粮之厄,关系实非浅鲜,即全数截留,亦不敷浙江一年协饷之数。惟天庚正供,究不容不兼权并计。溯查咸丰五年截留二十万石,四年截留三十万石,三年本折兼收五十余万充饷。本年秋收既远逊于三、四、五等年,筹饷之难、需饷之急,则更百倍于当年。与其多运少截,仍无济益,何若损上益下,以期保全……俯准将交仓漕粮项下截留二十五万石,抵充军需,则兵饷藉以支持,民食尚可假借,用费亦稍节省,实属一举而三善。①

在怡良看来,截留与否、截留额数完全以咸丰三年、四年、五年的情况为参照,足见截漕已成该省惯习。其次,当日京仓支放全赖江浙海漕,又值江南漕粮因灾大幅减征,但本省军需显然是督抚的首要考虑,而京师仓储不过处于"兼权并计"的地位。所谓"一举而三善",甚至未将天庚考虑在内。

如江苏于所征漕白粮36万石内截留25万石,起运之数便远少于截留,故此议为户部所驳。然而,对于最关键的军饷问题,计臣也拿不出有效的解决之策。② 咸丰七年正月,苏属以军饷万分支绌为由,再请截漕。据称所征新漕内,本色已动支3万石,折色亦动用数万两,实系万不得已,否则有"饷绌兵哗""全局瓦解"之虞。③ 当日,咸丰帝谕准江

---

① 怡良等奏,咸丰六年十二月初一日,朱批04-01-35-0286-041;《薛焕致吴煦函》(1856年12月12日),《吴煦档案选编》(6),第206页。
② 柏葰等奏,咸丰六年十二月十五日,朱批04-01-35-0286-046。
③ 怡良等奏,咸丰七年正月十八日,朱批04-01-01-0123-037。

苏照数截漕济饷。①

咸丰二年至咸丰六年，苏属平均每岁起运交仓漕白粮 450177 石，截留 299945 石。这意味着，每岁所征漕粮之四成为本省截留。如此大规模的截漕，在很大程度上是出于"人"的因素。缘怡良治下的江苏官场吏治窳败，因循敷衍成风，筹饷严重不力。据时人观察，苏省官员筹饷，"两只眼睛，专在天仓漕米上注力"。咸丰七年初，苏省"藩库已不名一钱"，盖所截漕米用尽，地方官员便"袖手置之，不闻不问"。②

（四）何桂清的整顿：咸丰七年至咸丰十年的海运

此种局面因新任两江总督何桂清的到来而大有改观。咸丰七年六月何桂清赴任后，在人事、制度等方面多有整顿，以挽颓风，除积弊。其中最关键的，是重用其亲信王有龄，委以筹饷理财之任。③ 王有龄素称善于理财，七年五月，赴上海清理关税，及沙船、丝茶、洋货三项厘捐，关税则加增额外盈余，厘捐则提高劝捐标准，剔除中饱。不过半月，税额便有大幅提升。此后仅上海一地，每岁关税、厘捐便可得银四百四五十万两，由此保证了江南大营的支应。④ 此外，海运的管理也得到加强。此前历届海运，均于苏州府设局，由知府会督府州正杂各员办理，然事多散漫，催征不前。何桂清则于省城设立海运总局，改由藩臬两司、粮道督办，力除积弊，"米则不准颗粒截留，银则必令丝丝入扣"。⑤

经何桂清、王有龄等在筹饷、吏治方面的筹划、整顿，江南大营不再有缺饷之虞，截漕积习也因之廓清。与怡良不同的是，漕粮设法多筹、

---

① 《咸丰同治两朝上谕档》（7），咸丰七年正月二十七日，第 38 页。

② 《何桂清致自娱室主人》（咸丰七年），《何桂清等书札》，第 52 页。该资料收录的何桂清、黄宗汉等人信札中透露出许多江浙海运之内情，颇具价值。倪玉平最早在相关研究中系统利用了该资料。

③ 王有龄，福建侯官人，咸丰六年，以署理浙江按察使擢云南粮储道，为巡抚奏留浙江，办理防堵。七年五月，何桂清赴两江总督任，将王氏调往江苏，清理财政。七年六月，升任江苏按察使，旋署布政使，八年二月，升江苏布政使。

④ 何桂清奏，咸丰七年六月初六日、六月初七日、七月十九日，朱批 04 - 01 - 01 - 0862 - 049、04 - 01 - 01 - 0862 - 104、04 - 01 - 12 - 0488 - 107、04 - 01 - 14 - 0067 - 022。

⑤ 何桂清、徐有壬奏，咸丰十年三月十二日，录副 03 - 4373 - 035。

绝不轻议截留成为何桂清办理海运的基本理念。① 这一转变直接地体现在起运额数上，大灾后的咸丰七年，江苏实征漕白粮交仓米912291余石，全数由海运津。② 该年的起运额达到咸丰元年以来的最高值，较上年的116202石有霄壤之别。咸丰八年，起运交仓额数又有加增，达到993000余石。③ 后何桂清曾做以下的统计：咸丰四年、五年、六年三年除截留外，共起运交仓1371000余石，而他到任后的七年、八年两年共起运1906000余石，两年较三届尚多535000余石，足见其整顿确有立竿见影之效。④

另外，自咸丰七年海运起，户部也开始向江苏施压，要求恢复筹补节省银米之旧例。计臣指出，自咸丰四年苏省恢复本色海运，奏准免提节省银两，"海运又经行之三年，各州县征收钱漕亦应悉复旧章，本届新漕似应查照咸丰二、三两年成案，以节省银米报部酌拨"。⑤但江苏方面对此未加理睬，咸丰七年、八两年之节省银米，除支销海运经费外，分别余剩172700两、156800两，均凑拨本省军饷。⑥

咸丰九年，漕粮海运受到第二次鸦片战争的严重影响。战争期间，外夷对于海运的威胁始终牵动着中枢与江南督抚们的神经。为保证天庾正供的安全，他们不得不另筹变通之道。户部建议本年南漕不必起运，由部库垫款于北省采买米石，俟江浙收漕后，折价解京归款。⑦ 何桂清则奏请以商运米石预抵漕粮，据称可劝谕沪商先行垫资采购米四五十万石，赶于未经冰冻前运津交兑。如此则"明春不受人之挟制"，京仓亦无匮乏之虞，可俟夷务大局定后再办海运。⑧ 然而情况不如何氏预期的乐观，十一月间，突传英夷将由印度调兵前来，停泊各口，商船因此畏缩不前，

---

① 《何桂清致自娱室主人》咸丰七年六月廿八日、八月三十日，咸丰八年七月初六日，《何桂清等书札》，第53、56、73页。

② 何桂清等奏，咸丰七年十一月十九日，朱批04-01-35-0287-019；何桂清等奏，咸丰八年三月二十七日，朱批04-01-35-0287-044。

③ 何桂清等奏，咸丰八年十一月十九日，宫中档406009576。

④ 何桂清等奏，咸丰十年三月十二日，录副03-4373-035。

⑤ 《户部奏议覆海运章程》（咸丰七年十二月初九日），《海运全案·原编》卷4，第14页。

⑥ 何桂清等奏，咸丰十年三月十二日，录副03-4373-035。

⑦ 彭蕴章等奏，咸丰九年八月初三日，宫中档406010994。

⑧ 何桂清奏，咸丰九年八月二十五日，录副03-4372-063；《何桂清致自娱室主人》（咸丰九年八月十二日），《何桂清等书札》，第75—76页。

仅运米23万余石。

尽管夷氛未靖，海道有险，是年十一月，江苏各属仍照旧开仓征漕。何桂清奏称，本届可起运交仓漕白正耗米987350余石，除归还商运米23万余石，其余全数起运。① 但户部则认为，商运米23万石应作另案办理，来年仍将新漕全数起解。也就是说，户部并不认可商运米石抵充漕粮，他们希图借此向江苏施压，增加起运额数。继咸丰七年后，计臣再次提出，应恢复节省银米报部拨用之旧章，商运米价即于咸丰九年及历年节省银米内归还。② 尽管何桂清一再强调难筹巨款，请于新漕内预抵，仍不得不复奏，遵旨起运全漕。③

战争的阴云使得本年的海运较往年提前，至咸丰十年二月初，漕粮已放洋大半。④ 然此期忽探闻有英船四只北驶，意在拦阻海运，故二月六日咸丰帝有谕：除业已放洋者外，其余漕船暂缓放洋，以防疏失。⑤ 但英舰并未拦阻漕船，江苏也按计划继续海运，据称奉到该谕之时，前四批共计起运交仓米783009石，仅末批204000余石遵旨暂缓放洋。三月，为破江南大营，李秀成奇袭杭、湖，浙江军情紧急，苏属全行戒严。何桂清又称，浙省商贾不通，米价增昂，各项捐税征解不前，奏准将缓运漕米204000余石先行拨济兵粮，借补军饷之不足。⑥

但实际情形似非如此，二月廿七日何桂清书札称，"海运分六批，每批十四万数千石"，"三月中必完"。可知江苏原拟起运漕白粮87万石左

---

① 《苏藩司禀陈办理海运为难情形》（咸丰九年十一月十六日），《海运全案·原编》卷4，第70—71页；何桂清奏，咸丰九年十一月二十七日，录副03-4372-092。
② 《户部奏议覆沪商运米预抵新漕章程》（咸丰九年九月十二日），《海运全案·原编》卷4，第55—56页。
③ 何桂清等奏，咸丰九年十月十七日、十一月初十日，录副03-4372-087、03-4372-088；《督抚奏遵旨全漕起运、前办商运米石作为另案》（咸丰十年二月初四日），《海运全案·原编》卷4，第86页。
④ 何桂清等奏，咸丰十年二月初四日，录副03-4373-018。
⑤ 《咸丰同治两朝上谕档》（10），咸丰十年二月初六日，第49页。
⑥ 何桂清等奏，咸丰十年三月二十七日、三十日，录副03-4373-036、03-4373-031；《户部奏议覆海运末批米石拨济兵粮》（咸丰十年闰三月初九日），《海运全案·原编》卷4，第91—92页。

右（而非奏报的 109 万余石），将于三月内全数放洋。① 据验收漕粮的户部尚书陈孚恩奏称，是年江苏共计起运米 868193 石零（其中交仓米 783009 石），恰与此数相符。② 这意味着，江苏已将咸丰九年分漕粮全数起运，所谓留南济饷的末批漕米 204000 石很可能并不存在。是年，布政使王有龄曾在私下指出，历届海运多有"虚报"，并非"实兑实开"，便是有力的证据。③ 更值得注意的是，这一数字又与此前的商运米 23 万石大致吻合。也就是说，尽管何桂清表面承诺商运米作为另案，但在实际操作中，仍以婉转曲折的方式将其抵充漕粮。同时，他又以恐滋民变为由，拒绝了户部提解节省银米的要求。④ 通过这些细节，我们可以窥见疆吏与枢臣、地方与中央在海运利益分配中的复杂博弈。

在战争的阴影下，江苏分两次起运咸丰九年漕粮，共计交仓米 1013009 石。这一数值较咸丰七年和咸丰八年两年又有所增长，为咸丰年间十届海运中仅次于元年者。同治初年，冯桂芬与李鸿章筹画江苏减赋，便力主将王有龄"所办三年"的漕粮起运额视作兵燹之余可能办理之上限，并据此议定减赋之标准。足见咸丰七年至咸丰九年确为兵兴后江苏漕务最高效的时期。⑤

然而好景不长，咸丰十年四月，省城苏州为太平军攻克，其余各州县亦渐次失陷，几无完善之区。是年漕粮仅松江府属川沙、奉贤、南汇三厅县征得 32884 石，次年由海运津。⑥ 如此微量的起运额，意味着咸丰十年的海运近乎有名无实。而咸丰年间江苏的漕粮海运也就此收场，此后的咸丰十一年、同治元年，因各属尚未收复，该省漕粮全行蠲免停运。⑦

---

① 《致自娱室主人》（咸丰十年二月廿七日），《何桂清书札》，第 83 页。87 万、109 万石内，除交仓漕白正耗米外，还包含沙船耗米、经纪剥船食耗米等。
② 陈孚恩等奏，咸丰十年四月二十三日，宫中档 406012350。
③ 《王有龄致吴煦函（1859 年 12 月 15 日）》，《吴煦档案选编》（6），第 359 页。
④ 何桂清等奏，咸丰十年三月十二日，录副 03-4373-035。
⑤ 冯桂芬：《启李宫保论减赋》《再启李宫保》，《显志堂稿》卷 5，第 563—565 页。
⑥ 薛焕奏，咸丰十一年正月十三日，宫中档 406013872；薛焕奏，咸丰十一年四月二十四日，录副 03-4374-013。
⑦ 《原额漕白及各年实运交仓米数》，《海运全案·原编》卷 6，第 66 页。

四 漕粮海运下的督抚、州县与民众

以上两节中，笔者的目光聚焦于京师、上海、天津等处的相关衙门，以及大洋之上的沙船，主要讨论了道咸之际历届海运的出台、筹备及起运交仓情况，涉及的层面是户部与江苏之间，即中央—地方（省）的财政关系。然而，由河运到海运的运输方式的转变，究竟在漕粮制度与财政管理方面带来了怎样的变革，这是既有研究未曾关注的问题。对此问题的回答，须将目光移至省以下的州县政府与地方民众，漕粮制度最基本的征解环节发生在这一层面。由此，本节主要考察以下两个问题：（1）海运制度下省与州县的财政关系；（2）海运制度下民众的漕粮负担。

（一）省与州县之间

咸丰年间起运交仓额数的起伏，特别是截漕的频繁出现，似乎给人这样的印象：户部的管控力大不如前，督抚之财权渐重。然而仔细观察漕粮制度在省以下的运作，却可发现实际情况并非如此简单。一个不容忽视的事实是，在漕务管理的关键环节，督抚多受制于基层的州县官吏。

咸丰四年秋，漕运总督邵灿奉命移驻苏州，协助江苏督抚督办漕务，革除积弊。此时上海尚为小刀会所占，且是年继三年改折截留后恢复本色海运，办理倍形棘手。当日苏属各州县"纷纷报歉，自二分至三四分不等"，邵氏"明知其不实"，亦只去其弊之太甚，将灾分略加剔除。盖自道光中期以来，因漕务浮费加增，苏属州县无论收成丰歉，历年报灾，以冀缓征漕粮，亏缺正供。"捏灾"成为苏属漕务之积习，"虽在丰收年分，亦必斟酌时宜，奏办歉缓一二分，以为体恤官民地步"。[①]

至咸丰五年，上海收复，苏属秋收丰稔，邵漕督竭力催办，饬令各属少报灾分，增加起运米数。但"各州县迁延观望，总以难办为辞"，仍思浮开歉分，援照上年起运额数。虽经严加申饬，依然置若罔闻，一意觏抗。对此，邵灿的解释是：

---

① 详见周健《嘉道年间江南的漕弊》，第282—286页。

奏报歉分向由巡抚主政，一经详定，即升合无可再加。刻下抚臣远驻大营，军书旁午，所有各属详报歉分，自无暇按亩而稽。加以查歉委员与各属通同一气，不难一详而定，虽漕臣亦无如之何。是以坚持锢习，牢不可破。

办理漕务以核定当年应征额数为先，其数又取决于灾歉分数。凡遇灾歉，各州县先行详报，督抚委员查勘，核定应征应缓确数，由巡抚主政，会同总督、漕督奏明办理。当日江苏巡抚忙于防剿，远驻大营，各属歉分"自无暇按亩而稽"。"加以查歉委员与各属通同一气"，所谓"查勘"，不过虚应故事。

无奈之下，邵灿奏请亲赴苏、松、常、太四属，择要抽查各州县报歉分数，称如此办理，可较上年多办十余万石。① 咸丰帝谕称，抽查歉分"势有难行"，盖"三府一州之地，非该漕督一人旬日之间所能遍历"。但他的解决方案，也不过是令督抚司道再行严饬各属。② 由该例可见，稽核歉分、确定漕额这一基础环节名为巡抚主政，然因查勘难有成效，州县实握有不小的主动权，几可"一详而定"，捏灾痼习遂牢不可破。

咸丰七年，何桂清就任两江总督，发现此前该省并不尽力筹饷，专靠截漕吃饭。他致信京中密友称：

> 断断不忍截漕，况本来不用截，其截者实系为官不为国，为私不为公，此邦文官良心都在瘠〔脊〕背上，良可叹也。两月以来（屡次严札通饬，近已化枉为直）读弟之文者，不知有何面目见我君父，对我军民耶？
>
> 此间上下相蒙，已成积习，牢不可破。凡事为私不为公，为官不为国。即如截漕一事，办得无人有脸敢见我。

可见，截漕并非尽因财源匮乏，在相当程度上是由州县图谋私利、辜恩溺职造成的。总督怡良等亦姑息迁就，见好属员，以致上下相蒙，

---

① 邵灿奏，咸丰五年十月十七日，宫中档406006934。
② 《咸丰同治两朝上谕档》(5)，咸丰五年十一月初二日，第416页。

牢不可破。经何桂清"严札通饬",奏劾劣员,并于关税、厘捐等款另辟饷源,终于破除截漕之积习。从何氏整顿漕务之事,我们似可观察到一个代表"君父""军民"的疆吏与只图私利的地方官在漕粮分配中的冲突与对立。①

这一点在咸丰三年浙江的海运中也表现得相当明显。当日巡抚黄宗汉观察到:

> 通省民情,实无一人不完钱漕。无如苏省败坏至此,浙之州县从而效尤,恨不得汉忽有暴病死了,全漕可以不去,官吏及吃漕规者得以分肥。

至于人事,"则没良丧心之州县、漕书、迄〔包〕揽劣衿、顽梗匪辈,生怕漕务办成,米俱出去,银须起解,多方阻挠,日日盼望贼来,可以不起解矣"。

黄氏对于州县官吏、绅衿心态的描绘可谓入木三分:咸丰三年,太平军进入江南,江苏漕粮全数截留,浙漕征收未受太大影响,然州县亦图效尤,拟趁乱截漕,分肥中饱。可以注意的是,巡抚与州县在此事中处于相当对立的状态:巡抚须对京仓负责,保证漕粮的起解,而州县官吏则更多地考虑漕务中的私利。最直接的表现是,州县官吏"多方阻挠"海运,"日日盼望贼来",甚至恨不得全力办漕的黄宗汉"忽有暴病死了"。②

在省以下的漕粮管理中,一方面是州县以捏灾、中饱等各种方式侵蚀正项,遂其私利;另一方面,由河运到海运,省级衙门对于州县的漕粮管理也在加强。江苏每届海运,例于本省苏、沪两地设局(咸丰七年于苏州改设总局),由司道等员督办,管理海运相关事宜。由此,州县交兑漕粮及相关经费的对象,也由河运制度下本属水次的旗丁、帮船,转变为上海的海运局与沙船。州县除按额兑交漕白粮米之外,另需提解海运津贴与节省银两。

---

① 《何桂清致自娱主人》,咸丰七年六月廿八日、八月三十日,《何桂清等书札》第52—54、56页。

② 《黄宗汉致自娱主人》,咸丰四年四月二十六日,《何桂清等书札》,第131页。

海运津贴、经费，顾名思义是为筹措海运相关费用而向州县摊派之银米。当日江苏海运的基本程序是：每年十二月至正月间，各州县将所征漕粮运至上海，兑交海运局雇觅的沙船，于二月至四月间分批放洋北上。漕粮抵津后，坐粮厅派员率同经纪前往验收，交兑剥船，运至通州。以上各环节中的开支，主要包括以下款目：

（1）沙船水脚、耗米（上海至天津）：

（a）沙船水脚（即雇价），每石银0.4两；

（b）耗米（途中损耗、食用），漕粮每石0.08石，白粮每石0.1石；

（c）沙船神福及正副者舵、水手、犒赏、垫舱、芦席、至津挖泥、纤夫七款，每石计银0.0281两；

（2）天津至通仓经费：

（d）天津剥船食米（船户饭米），漕白粮每石0.0115石；通仓经纪耗米（赴通折耗），漕粮每石0.015石，白粮每石0.018石；

（e）天津剥船水脚及经杂各费（包括苫盖剥船席片、溜米席筒、民船守候口粮、押运员弁兵役薪水饭食、迎护导引哨船弁兵口粮），合计每石约需银0.1两；

（3）各州县运粮赴沪水脚、南北设局公费：

（f）各州县水次驳至上海，每石约需银0.07两；

（g）省局经费约银2000两，沪局经费8000两，津局经费10000两。①

可见，海运经费主要包括各环节中的漕粮运费（赴沪水脚、沙船水

---

① 见江苏历年海运章程，及《饬议浙漕海运河运章程（1852）》，《吴煦档案选编》（6），第138—139页。

脚、天津剥船水脚等）、食耗米（沙船耗米、天津剥船食米、通仓经纪耗米等），以及南北各处设局费用，其中以（1）、（2）两款为大宗。

自道光五年首次办理海运，江苏的海运经费便以由外筹款、不动正帑为基本原则。也就是说，海运各款除津通经费于河运节省项下开销，其余部分在州县帮费内支用。① 至道光二十七年，与五年起运全漕不同，额漕的大幅亏缺成为常态。是年的海运章程确立了道咸之际的基本原则：河运节省银米移作补足额漕之用，海运经费悉于州县帮费内筹解，州县的海运负担因此大为加重。②

在这一原则下，除自行支用的赴沪水脚（f）外，所有海运经费均由州县按漕粮额数解交沪局，其形式有二。一是随漕耗米、水脚等：包括（a）沙船水脚；（b）耗米；（c）神福、犒赏等七款；（d）剥船、通仓经纪食耗米，例于漕粮交兑沙船时捐备带交。州县每兑漕一石，应带交水脚等银0.4281两，食耗等米0.1065石（白粮每石0.1295石）。二是另行提解之帮费，主要用于津通各款（e、g两项），应于当年十二月底前分批解清（实则多有延欠），以便委员先行带津支用。道光二十七年筹办海运之初，藩司即饬各府调查州县历年账簿，据实开报帮费额数，将其"照旧提解，抵作海运经费，及筹补米石之用"。③ 咸丰二年，苏属议定各州县帮费提解之额数，成为此后之基准：

> 苏州府及太仓州太仓、镇洋两县，白粮每石提银1两，漕粮每石0.36两，其中长洲、元和、吴县三县因公捐苏州海运局经费，漕粮每石0.32两；
>
> 松江府华亭、娄县、金山、川沙四厅县，白粮每石1.2两，漕粮每石0.4两，上海、南汇、青浦、奉贤四县，白粮每石1.3两，漕粮

---

① 陶澍：《议覆海运事宜折子》（道光七年十月初七日），《陶云汀先生奏疏》卷20，《续修四库全书》499册，第81页。
② 《司道详覆筹补漕额不敷米石及津通经费动款》（道光二十七年十一月十一日），《海运全案·原编》卷1，第19—20页；《苏松太三属漕米全由海运酌定办理章程折》（道光二十年十一月二十六日奉朱批），《陆文节公奏议》卷2，第26—27页。
③ 《司道会详海运章程》（道光二十七年十一月初八日），《海运全案·原编》卷1，第18页。

每石0.5两；

　　常州府白粮每石0.5两，漕粮每石0.09两；

　　镇江府免提津贴；

　　太仓州嘉定、宝山二县，白粮每石1.2两，漕粮每石0.6两；①

　　各州县按河运帮费之轻重，以定提解之多寡，故解数参差不齐：不仅白粮远重于漕粮，苏、松、太三属也明显高于常、镇二府。

在咸丰元年、咸丰二年两年，除海运经费外，州县还须负担节省、筹补银款。咸丰元年，江苏共筹措节省银66万两。其来源是：（1）给丁余耗等米枭价213995两；（2）帮费258364两；（3）漕赠银187639两零。其中（2）为额外负担，而（1）、（3）两项则属正款。但在（1）的提解中，1两/石的枭价已高于当年米价，州县照枭仍须赔贴。且苏省议定，该项米价每石另须带解帮费1两、6钱不等，即每石连帮费共解银2两（苏松太）、1.6两（常镇）不等。可见，在节省银两的筹措中，帮费也占相当的比重。咸丰二年，江苏报拨节省银60万两，其中帮费261717两，枭变米价仍照前带解帮费。按该项米价系解交折色，无须起运，带解帮费实为省级衙门之盘剥。是年金坛知县吴煦便称，镇江府各属帮费已按漕额悉数提解，"若再每石加提银六钱，洵系重复之款"，本县实无力负担。②

关于海运津贴及节省银两的总体规模，以咸丰元年为例，江苏海运漕粮1046255石，各州县负担海运经费100万两、节省银258364两，核计每石费银1.2两。③同年，浙江布政使也估计，江苏海运每石需银一两一二钱不等，较之河运每石一两四钱略有节省。④

就两款的提解情况来看，咸丰元年各州县大致照数解清。然咸丰二年海运之时，太平军进入江南，钱漕征解维艰，不仅漕粮截留218500石，

---

① 《司道详海运外办章程》（咸丰二年十二月二十四日），《海运全案·原编》卷2，第72—73页。

② 《司道详海运外办章程》（咸丰二年十二月二十四日），《海运全案·原编》卷2，第72—73页；《丹阳金坛溧阳三县请核减漕务经费会禀（底稿）》（1852），《吴煦档案选编》（6），第143—145页。

③ 《咸丰元年江苏海运说帖》（1851），《吴煦档案选编》（6），第118—119页。

④ 《浙江推行漕粮海运之难呈折（1851年11月30日）》，《吴煦档案选编》（6），第115页。

海运津贴、节省银两也大量欠解，仅提银 271000 余两，另由司库垫解 50 余万两，始得勉强起运。咸丰三年秋，面对小刀会起义与太平军南下的危机，江苏漕粮全行改折充饷，仅起运白粮 55326 石。是年，怡良反思到，咸丰初年以来，海运经费、节省银两名由州县捐备，实则取自民间，以致"浮收日甚，激成变端"。后何桂清也指出："元、二两年徒有节省银一百二十万两之名，而所失何止数倍，实属不值。"故是年海运经费未由州县筹措，转于河运银米内作正支销，节省一款亦未提解。①

追咸丰四年，户部根据江苏之请求，正式修改了海运经费的支销原则：以节省河运经费用于海运开销，无须筹补节省银米。此后，在海运各款中，沙船、剥船、经纪食耗等米（b、e 两项）全数改在节省给丁耗米内动支；剥船水脚及津通经杂各费（f 项及部分 h 项）在于节省漕赠银内尽数动支，不敷部分另于帮费内凑足；而沙船水脚（a）、神福、犒赏等七款（c）、运沪水脚（g）等款，仍"循照旧章，由属于节省帮费内抵支"。② 可见，各类食耗米已全于正项内支销，而南北经费仍部分由州县筹解。缘太平军兴后，江苏将部分河运银米移济本省饷需，并未尽数动支海运，故"不敷甚巨"。③ 故自咸丰四年起，尽管海运负担已有轻减，但州县仍有帮费之提解。是年，江苏将咸丰二年的帮费标准核减三成，一律按七成提解，直至同治四年裁革海运津贴。④

（二）民众的漕粮负担

道光年间，河运帮费的普遍存在使得州县的漕粮浮收成为"合理"之事。改行海运后，相关经费仍多出自帮费，浮收的结构性成因依然存在。咸丰元年，御史肇麟便奏称：海运费用繁多，且皆在帮费项下筹措，故州县"仍照旧征收，照常费用，不过改易名目而已"。所谓"改易名

---

① 何桂清等奏，咸丰十年三月十二日，录副 03-4373-035；怡良等奏，咸丰四年二月二十二日，录副 03-4365-030、03-4365-031；何桂清等奏，咸丰九年十一月初十日，录副 03-4372-088。
② 怡良等奏，咸丰四年十二月二十日，朱批 04-01-35-0286-025。
③ 殷兆镛奏，同治四年五月初二日，录副 03-4863-030。
④ 《司道详海运外办章程》（咸丰四年十二月十五日），《海运全案·原编》卷 3，第 52—53 页。

目",即"帮费"变身"海运津贴",而州县仍同前浮收。故其质疑,海运既不能"省小民例外之输将","又与河运有何区别"?① 这一观察可谓相当犀利,由河运到海运,苏属民众的漕粮负担有何变化?19世纪常熟乡民柯悟迟留有笔记《漏网喁鱼集》一部,内中记录道咸间常熟、昭文之漕弊甚详,本节依据该笔记及其他几种常熟士人日记来探讨这一问题。

嘉道以来,江南州县的漕粮浮收不断升级,这些额外的负担又不平均地分摊至各户,漕粮征价"以贵贱强弱为多寡",彼此有数十等之差,此为大、小户现象。② 道光后期,漕粮负担不均日趋严重:大户既享受较低的"短价",又可在注荒中多获灾分(意味着漕粮的蠲缓);小户则不得不负担较高的"长价",又难以获得灾分。以上情况在道光二十五年达到极端:小户长价至每石8元,同期米价大幅下落,小户完漕一石,需付近六石之代价。而在注荒中,尽管此期常熟捏灾常至四分以上,但小户漕粮却"仔粒未注"。柯悟迟感慨,同为一亩之漕,大户之负担不过40—50文,而小户则必要1000文以上,"此中甘苦,迥乎天壤也"。③

在极端的大小户状态下,小户多附入大户,数量骤减,州县之税基日益萎缩。大户揽纳小户漕粮,但不向州县输纳,部分衿监还须索漕规,这对州县的漕粮收支影响极大。道光二十五年冬,常熟知县以漕务"直欲赔累",停止征漕,辞官上省面禀。这引发了该县二十六年的"均漕",即划一大、小户征价,折色每石征洋银3.5元,本色每石收米2.5石,各户一律注荒二分。同年,邻邑昭文爆发了大规模的抗粮抗租事件,引起中枢重视,旨在革除大小户名目的"均漕"不仅延及该县,并推广至苏属各府州。④

道光二十六年改革是对19世纪前半期江南漕赋不均状况的一种纠正,它确实在均平漕价、轻减小户负担方面产生了短期的效果。是年年

---

① 肇麟奏,咸丰元年九月初三日,录副03-4362-029。
② 本段及下段据周健:《嘉道年间江南的漕弊》,第250—269页。
③ 柯悟迟:《漏网喁鱼集》,第5页。
④ 刘广京先生最早利用时任苏州知府的桂超万所撰《宦游纪略》,重建道光二十六年常昭抗粮、苏属"均赋"之始末,及大、小户漕粮负担不均之现象。刘广京:《晚清地方官自述之史料价值——道咸之际官绅官民关系初探》(1978);《经世思想与新兴企业》,联经出版社1990年版,第204—213页。

初，常熟大户翁心存按折色每石3.5元、本色每石2.5石的新章，完纳名下常熟之漕，但其在昭文之漕，仍注荒六分有余，远超新章规定的二分。① 另一位籍隶常熟的士绅龚又村也称，当日"大小户归一律办粮"，"民困稍苏"。② 道光二十六年冬，柯悟迟记录小户漕价，本色每石二石六七斗，折色每石三元七八角。然在注荒中，各户仍有参差，小户虽较均赋前的"仔粒未注"有所改善，可"注缓一分"，然大户仍有"注缓七八分"者。是年，在苏属各府州中，太仓州大致实现了绅民同价，其余多数州县也"于大小户折价量行增减"，尽管"未能画一"。③

道光二十七年，均漕仍继续推行。是年，柯悟迟记录的本色漕价与上年相当，折色则略有提升，每石为四元一二角。龚又村的观察与柯悟迟基本相符：

> 粮户完漕，每石仍须二石五斗，折价每石仍须四洋五分，小户向以四石完一石者，至此稍苏。而大户每石向加数升，多至二三斗，至此益其一倍，甚难支持，幸历年缓征，不至称贷云。④

作为大户，龚氏深切地感受到因均赋而加重的负担：此前每石至多加二三斗，至此需加一倍，每石完纳二石五斗。k唯大户漕粮仍可照灾分缓征数成，尚不致无法承担。

在改行海运的同时，江苏的漕粮征价较此前的长短悬殊状况有所改善，但这主要是由于官方推行的均赋，似与海运并无直接联系。以道光二十六年改章为转折，小户漕价由此前的近6石折纳1石，下降至每石完纳2.5石，折洋4元左右。此后直至咸丰九年，小户征价基本维持在这一水平，即每石折征洋银4—4.5元，或制钱6500文左右。⑤此期征价的一

---

① 张剑整理：《翁心存日记》第2册，中华书局2011年版，第604—605页。
② 龚又村：《自怡日记》卷5，国家图书馆藏钞本，无页码。
③ 曹楙坚奏，道光二十七年八月十七日，军机处折件078428。
④ 龚又村：《自怡日记》卷6。
⑤ 需要注意的是征价的通货单位，道光末至咸丰初年，银贵钱贱之趋势达到顶峰，纹银每两折钱超过2300文，故此期漕价以（洋银）元为单位。咸丰五年、六年起，银价逐渐下落，漕价单位也改为（制钱）文。可见州县官吏可根据银钱比价随时调整征价的核算方式，以保证征收中的有利地位。

个例外的低点出现在咸丰三年，漕粮每石仅折钱4000文，为当年苏属"均赋"之成果。

咸丰三年，受太平军、小刀会之影响，江南民心浮动，抗粮抗租事件达到前所未有的高峰。[①] 州县官面临着"若仍照旧开仓，不浮收不能起运，而一经浮收，必滋事端"的两难境地。当此危急之刻，地方官绅不得不议改弦更张，其中的核心人物是吴县绅士冯桂芬。冯氏认为，江苏州县"岁入仰给于漕"，故浮收不可尽除，救弊之法唯有"绅民均赋"。鉴于本折兼征是引起负担不均的制度背景，而以本色开仓，乡民聚集，易激成事端，因此他建议漕粮一律改征折色。又因当日银贵，征价宜以钱计。在巡抚许乃钊的支持下，冯桂芬与苏州知府乔松年依据州县的漕务收支，核定咸丰三年分苏州府漕粮征价，无分大小户，每石一律4000文，另免征额赋四成。[②]

是年冬间，柯悟迟记："十二月中出示：本年漕米，无分大小户，奉宪折色每石四千，除恩减三分，荒缓一分七厘。"[③] 龚又村也记："（漕粮）所蠲三分而外，复准缓一分八厘……每石定折钱四千，九县一律。"[④] 身份迥异的柯、龚二人记录的征价、荒额几乎一致，足见是年均赋政策确实得到落实。然经征官吏因利益受损，百方计议，思以挠之，为首者是布政使陈启迈及长洲知县向柏龄。另外，支持改革的巡抚许乃钊也因事去职，故均赋仅止维持一年，次年"漕务一切复故"。[⑤] 咸丰三年（1853）距道光二十六年（1846）不过七年，苏属便又一次推行内容大致相同的"均赋"。三年后的咸丰六年（1856），冯桂芬再上"请均赋牒"，

---

① 白凯：《长江下游地区的地租、赋税与农民的反抗斗争：1840—1950》，林枫译，上海书店出版社2005年版，第63—118页。
② 冯桂芬：《癸丑均赋记》，熊月之编：《中国近代思想家文库·冯桂芬卷》，中国人民大学出版社2014年版，第106页；冯桂芬：《与许抚部书》《与赵抚部书》《均赋议》，《显志堂稿》卷5，《续修四库全书》第1535册，第578—579、581—583页，《显志堂稿》卷10，《续修四库全书》第1536册，第1—3页。
③ 柯悟迟：《漏网喁鱼集》，第21页。
④ 龚又村：《自怡日记》卷12。
⑤ 冯桂芬：《癸丑均赋记》，熊月之编《中国近代思想家文库·冯桂芬卷》，第107—108页。

禀请疆吏"蠲除大小户名目"。① 十年之间，均赋之议被反复提出，可见漕赋不均才是当日江苏之常态。

盖各户征价虽在道光二十六年以降渐趋划一，但这并不意味着漕粮负担的均平。在捏荒普遍存在的道咸之际，荒额较征价更具实际意义，因其直接决定了各户应完漕赋的折扣率。据前文翁心存、龚又村等人记述，即便在道光二十六年、咸丰三年等特殊年份，大、小户在荒额分配上也存在差异，而在其余年份，二者的注荒分数始终较为悬殊。② 均赋后两年的道光二十八年，柯悟迟观察到，小户虽可注荒二分，而大户仍可借控漕"设法弥缝"，"长短之弊，于兹又起矣"。咸丰元年，常、昭荒缓四分六七，大户可照额缓征，而小户仅缓一分。咸丰四年，与上年均赋一律荒缓一分七厘不同，是年"荒缓大户二分，小户仅一分"，于是柯氏感叹："弊窦似又起矣。"至遭旱蝗重灾的咸丰六年，常、昭漕粮"恩减"（即蠲免）二分、荒缓二分，然"小户亦难如数，后更甚"，而大户"荒可注五六成"，差距再次被拉大。七年，开仓时小户荒缓五厘，大户则缓至三分，其中"顽劣"者可缓至五分。八年，开仓时小户漕粮恩减一分，大户恩减外，"尚缓三四分，极劣者置之膜外"。九年，小户仅恩减一分，大户则"分优劣，定短长"，即根据"优劣"获得不同的荒额。所谓"劣"者，即不独不纳漕粮，益且诈索漕规之绅衿，可凭借其"劣"获得更多的荒额。是年，柯悟迟感叹道："大小户之甘苦，不啻霄壤也"，而同样的用语也出现在其道光二十四年的记述中。可见在咸丰十年海运停运前，苏属漕粮负担之不均，与道光二十六年改章前几无二致。

且在咸丰军兴后，无论大户、小户，其实际负担均因催科升级而加重。缘太平军进入江南后，苏属钱漕事关兵糈军饷之筹措，故此期催征显较道光年间严酷。咸丰三年正月，布政使倪良耀出示，"军需紧迫，上冬漕尾彻底清催"，七月，"各州县漕尾及上忙严催勒比，常、昭军需局董沿乡勒捐"。漕尾即漕粮尾欠，系州县为保证漕粮按时、足额起运而垫解之民欠，其续征通常不了了之，故清催漕尾实为催科升级的信号。除漕粮、地丁外，针对各行各户的勒捐、抽厘也达到空前的程度。咸丰四

---

① 冯桂芬：《请均赋牒》，《显志堂稿》卷9，第671页。
② 以下数段，除特别注明外，均参见柯悟迟《漏网喁鱼集》，第11—36页。

年，各户完漕竭蹶，"而征愈紧，以济燃眉军饷"。柯氏观察到："各州县漕务，严催酷勒，大户尤甚。"咸丰五年，常、昭岁丰，稻棉收成较佳，然乡民仍感窘迫，盖"赋税繁重故也"。柯悟迟记："如是浮收，严催酷勒，真民不聊生矣。"

咸丰六年，江苏遭旱蝗重灾，大幅缓征、截留漕粮，抵充大营军饷，起运额不足常年之二成。然在征收方面，因军情紧急，其酷烈程度更甚往年，钱漕"终年催比，无日休息，藉提军饷紧急，愈为酷暴"。是冬，昭文县向各户分发催粮启纸，其内云：

> 开仓以来，熟田漕未〔米〕完者甚属寥寥，设有贻误，本县之考成固不足惜，而军营粮米不继，饷绌兵哗，苏郡生灵，何堪设想？深恐各粮户未知底细，视同往年漕米，因循坐观，致误大局。合亟飞布，务望将应完熟田漕粮，不论本折，于五日内扫数清完，以济军需而安生业。

地方官以"饷绌兵哗"、苏郡不保为由，勒令各户于五日内完清漕粮，这确实不同于往年（亦可见"往年"催科并不如此严苛）。柯氏见此，"不禁哈哈大笑，潸然下泪"，慨叹："试问国体何在，官气何有哉？真一大奇文、大奇事。"自该纸发下后，"风行雷厉，严提血比，各粮户逐渐输纳"。七年，常昭漕粮仍"电催雷比，不容稍缓"，以致"小户业田，竟要赔累"。"赔累"即田地产出不敷完漕之用，足见严酷催科下漕赋之重。

关于当日苏属民众漕赋之重，除了小户柯悟迟，关注漕务的士人也多有类似的观察。如孙鼎臣在咸丰年间指出：

> 漕运之法变，运军之费去，横征之弊可绝，而民困其自是苏乎？未也。横征与否，不系兑费之有无也。①

咸丰六年，多次参与改革之事的冯桂芬也观察到州县漕务收支、民

---

① 孙鼎臣：《论漕三》，《畚塘刍论》卷1，咸丰十年刻本，第47页。

众负担在改行海运后的变与不变：

> 今者帮费去而浮数如故，节省免而浮数又如故，海运经费递减，甚至动支漕项，不惜减损帑藏，体恤州县，而浮数汔如故。州县出数年少一年，州县入数年多一年，财尽民穷，依于何底。①

苏漕改行海运后，帮费仅在名义上革除，实则照额转化为海运津贴。咸丰四年以降，江苏以漕项银米用于海运开销，又免提节省银两，州县的海运负担（"出数"）总体呈轻减之势。而州县"入数"虽未必"年多一年"，但横征之弊未绝，民困依旧，却是不争的事实。盖其仍"以起运津贴为说"，浮收漕粮如故。既有研究主要依据海运筹划者的言论，认为改行海运使帮费等开支大为节省，粮户负担因此减轻，有力完纳全漕。②但从时人的观感与漕粮制度的运作来看，民众的漕粮负担——无论是浮收勒折的程度，抑或负担不均的程度——在改行海运前后未有实质性的变化。

五 小 结

道咸之际江苏漕粮改行海运之成因，既有研究多从"运"的角度考虑，强调自然条件与战争的阻力：嘉庆以降运河通行能力的降低、咸丰初年黄河的决口，以及太平天国对于运河沿线城市的占领。但我们应当注意：道光二十七年至咸丰二年间，江苏进行了三次规模各异的海运，同期其余七省漕粮（占清朝额漕的65%以上）则仍行河运，可见自然条件并非决定因素。且在咸丰三年太平天国切断运河之前，不仅是江苏，即浙江亦已加入漕粮海运的行列，则军兴梗阻运道亦不具备完全的解释力。但以上两点确是制度变革的重要背景，且对咸丰四年以降海运的延续产生了直接的影响。然而，海运何以在19世纪中期重启，并取代河运

---

① 冯桂芬：《与赵抚部书》，《显志堂稿》卷5，第582页。
② 李文治、江太新：《清代漕运》，第456—465页。

成为此后之常态，仍须在漕粮制度的内在脉络中进行分析。①

通过历届决策、筹办过程的梳理，笔者认为：财政上的困境才是海运更直接的促成因素。该时期最关键的道光二十七年、咸丰元年两届海运，均源自户部在度支告急之际的提议。前者的背景是道光末年漕粮交仓额数持续下滑，京仓不敷支放；而后者则是为了填补因丰工经费、粤西军需而骤增的开支缺口。此外，道光三十年江苏督抚推动白粮海运，其意也在筹补灾缓之兵糈。可见，海运在道咸之际被计臣、督抚重提，首先在于它是一种有效的筹款方策。海运之策自上而下出台，实为财政压力下的被动之举。事实上，自19世纪中期起，中央、省级政府财政的紧张，屡屡成为晚清漕粮制度变革的直接动因。而在此前，这些变革绝非清政府敢于轻易尝试者。

漕粮海运之所以被视作筹款方策，在于它的经济、省费。道咸之交，计臣们试图通过海运，将流入漕运官僚系统的河运浮费转化为天庾中的漕米，或户部控制下的正帑。在咸丰二年以前，这一目标基本得到实现：江苏的海运漕额较此前有实质性的增长，由此转化而来的节省银两也及时地堵上了丰工经费的缺口。然而太平天国进入江南迅速改变了这一局面，咸丰三年以降，中央政府很少再能分享到海运的红利。为保证战争状态下江南的漕米能照常解京，户部放弃了海运须足额起运的原则，免除了江苏节省银两之负担。不仅如此，交仓漕额还因常态化的截漕充饷进一步降低。自咸丰三年起，海运已基本丧失筹补仓储、库储之机能，节省银米多留于江苏本地支用。同治二年（1863），李鸿章奏请江苏减赋时统计，道光十一年以降的三个十年（1831—1860）中，该省起运漕额节节下滑，咸丰元年至十年间（1851—1860），平均每岁起运约70万石，仅得正额之四成。② 也就是说，道光后期以来中央政府漕粮收入持续亏短的趋势未因改行海运得到扭转，咸同以降的海运交仓额数甚至落后于河

---

① 光绪十一年至光绪二十一年（1885—1895）间，江苏一度恢复河海并运的状态，每岁划拨少量漕粮（5万、10万石不等）河运。这主要是出于中法战争后对于海运安全的顾虑，以及维持河运经制不废的考虑。

② 《裁减苏松太粮赋浮额折》（同治二年五月十一日），《李鸿章全集·奏议一》，第297页。

运时代。①

除了中枢最为关注的仓储·库储之外，海运在财政层面的意义更在于漕务。如道光二十七年魏源致信陆建瀛所言："江苏漕弊，非海运不能除；京仓缺额，非海运不能补。"② 在许多经世官绅眼中，海运是厘清漕务的治本之策：一行海运，旗丁帮费可除，州县负担大为轻减，漕粮可减价、均平征纳，由此官民交困、收兑两难的局面可期改观。这一层意义，尽管计臣、督抚在相关论述中亦有提及，但在实践层面，它毫无疑问是被忽视了。

道咸之交，户部要求江苏以"不动正帑"为原则，保证足额起运漕粮或筹措节省银两，这实质上是中央对于省级财政的压迫。江苏督抚遂将压力转嫁至州县，令其照额解交帮费，充作海运津贴与节省银两。咸丰四年以降，江苏的海运负担有所减轻，但州县仍须提解原有帮费之七成。也就是说，州县的支出结构在改行海运后未有大的变化，浮收的结构性成因始终存在。与此同时，州县仍以海运津贴为护符，持续漕粮的浮收勒折。尽管此期曾两度推行均赋，但未触及征价制度，难以产生持续的效果。另外，州县以捏灾亏短漕粮之弊，不但未因海运而廓清，反在太平天国战中及战后有所放大。从河运到海运，漕务最基本的环节——州县一级的收支并未得到厘清与规范，革除漕弊之目标也自然无法实现。

漕粮海运常被视作道光年间经世之政的典范，时人寄予"足国恤民"之期待，后世研究者也多依据魏源等筹议者之设想，对其作较高评价。

---

① 以上现象反映出太平军兴后户部控制力的下降，但这未必可以解读为地方财权的扩大，乃至"督抚专权"的形成。首先，交仓漕额的下滑也是地方财力匮乏的表现。咸丰军兴后，户部无法为作战各省提供足够的饷需，"就地筹饷"成为当日的一般原则。在此背景下，江苏不得已通过改行海运、截留漕粮来筹饷，以应付庞大的军需开支。因此，这可以理解为地方以"国家之款"（漕粮）办"国家之事"（军务）。其次，尽管中央与省级政府在漕粮收入分配中存在利益冲突，但保证漕粮的起运额数仍是督抚的重要职责。不仅中枢可通过人事的升降赏罚来防止疆吏渎职，官僚的个人责任心也促使其整顿积弊，以对天庾负责。关于此点，怡良与何桂清之例可谓典型。最后，督抚亦未能专擅一省之财权，他们对于州县一级的相关情况了解有限，其集中财权的努力也在相当程度上受制于基层的官绅吏役。以上观点受到何汉威先生《清季中央与各省财政关系的反思》（《中央研究院历史语言研究所集刊》第72本第3分，2001年）一文的启发，特此注明。

② 魏源：《上江苏巡抚陆公论海漕书》，《古微堂外集》卷7，第429页。

但就制度的实际运作来看，海运之实效或并不十分理想。① 本文认为，道咸之际漕粮改行海运，无论在仓储层面，抑或漕务层面，均未产生实质性影响。如咸丰九年，柯悟迟沉痛地反思到：无论道咸之交两议"均赋"、改行海运，还是咸丰四年邵灿、八年何桂清两次整顿漕务，终无实效，漕弊"坚不可破"，以致"小民膏血渐尽"，而"京储仍觉空虚"。② 同治四年，李鸿章奏请裁减苏属漕粮浮收，称言："迨道光末年改行海运，帮丁之积弊虽除，而浮者仍浮，短者愈短，以盈补绌，亏累滋多。"③ 可见，与道光后期的漕务图景相对照，除旗丁不再参与运粮、勒索帮费，其余州县浮收勒折、大小户负担两歧以及漕额亏缺等积弊基本未见改观。这是由于，户部、督抚关注的只是短期内中央与省级政府间漕粮收入的分配格局，他们无意从最基础的州县一级收支入手，改革漕粮制度，尤其忽视"恤民"之意，而后者（漕务）才是前者（仓储、库储）之基础。④ 故户部借海运集中财权的努力，尽管一度颇具成效，终因太平天国战争的影响及基层州县官吏的制约而告失败。

---

① 倪玉平已指出，道光六年漕粮海运的积极意义毋庸置疑，但相关研究的评价似有拔高之处。倪玉平：《清代漕粮海运与社会变迁》，第 69—79 页。

② 柯悟迟：《漏网喁鱼集》，第 34、36 页。

③ 《查明苏松等属裁除浮收实数并本年征收钱漕情形折》（同治四年十二月十八日），《李鸿章全集·奏议二》，第 382 页。

④ 道光二十六年，包世臣与苏州知府桂超万论改革漕务之事，即对桂氏漕政"唯海运稍可补救"之论持保留态度。其理由之一即是其参与筹划的道光六年之海运，"利唯归官，无纤毫之益及闾阎"。可见是年海运与道咸之际的情形亦有相似之处。《复桂苏州第二书》，《包世臣全集·中衢一勺》，第 203 页。

释"高利贷":基于中国近代乡村之考察*

李金铮

(南开大学历史学院、中国社会史研究中心)

"金融业的不足以及短期高利率贷款是中国信贷历史的显著特征。"[①]这是著名史家杨联升先生对中国借贷关系历史的高度概括,不过他并没有对此做价值判断。在我们的日常生活中,高利贷却几乎在所有的层面都被视为一个极端负面的形象。在文学作品中,在影视剧中,高利贷者是面目凶残的吸血鬼,它导致了无数家庭卖儿鬻女、妻离子散、家破人亡。黄世仁、周扒皮、刘文彩等,就是大地主、高利贷者的典型形象,杨白劳是借高利贷的受害者的代表。在国家权力之下,一直将高利贷视为欺压百姓、搅乱了正常的社会秩序的罪魁祸首,规定高利贷利率界限,对之采取打击和取缔的政策。在学术界,绝大多数的论著也都认同此说。在笔者看来,以上所谓高利贷所导致的恶果的确是存在的,不可否认,但国家也好,社会和学界也罢,是否理解了高利贷的真正含义,或者说所界定的高利贷标准是否符合社会事实,有无扩大和泛化高利贷的现象?如果有这种现象,会对社会经济产生什么影响?诸此恐怕仍是未搞清楚而值得继续讨论的问题。与之相反,近些年又有学者发出另一种论调,认为高利贷不存在传统意义上的剥削,所以非但不能打倒,反而需要保

---

* 本文为国家社科基金项目"近代冀中与江南乡村社会经济之比较研究"(15BZS100)成果。

① 杨联陞:《中国货币与信贷简史》,刘梦溪主编《中国现代学术经典·洪业、杨联陞卷》,河北教育出版社1996年版,第575页。

护和发展。面对这一观点，笔者同样怀疑他们是否夸大了高利贷的魅力，持此观点者恐怕同样没有弄清什么是真正的高利贷。本文就以中国近代乡村史为例，对高利贷的基本含义以及与此相关的问题做一论证。

一　众说纷纭的高利贷标准

有必要先把以往关于高利贷概念或标准的种种界定、说法做一梳理，然后再进行评论。

从词源学角度看，"高利贷"这个词并非中国的特产，而是属于外来词。它是英文 usury 的译语，usury 来源于拉丁文 usura，原意是享受 enjoyment，后来即把借钱给别人而收取利息的行为称为 usury。20 世纪 30 年代，不少外文论著被引进国内，其中 usury 大都被译为"高利贷"。1926 年湖南举行第一次农民代表大会，大概第一次明确提出了《湖南第一次农民代表大会取缔高利贷决议案》，明确使用了"高利贷"一词。①

按一般笼统的理解，高利贷之所以成为高利贷，顾名思义，高利率是最为关键的问题。但在历史上，从来就没有形成一个统一的、清晰的概念性表述。

许多国家和地区都曾制定过最高法定利率，也即超过此界限就是高利贷。早在巴比伦时期（前1900—前732，今伊拉克境内），《汉谟拉比法典》就规定谷物借贷最高年利率为 33.33%，银子贷款最高年利率为 20%。在罗马共和国时期，公元前 443 年，颁布《十二铜表法》，将借贷最高年利率限定在 8.333%。到罗马帝国时期，公元 2 世纪，法定借贷利率上限为 12%。在中世纪后期，到 13 世纪，米兰、西西里、维罗纳、热那亚的法定利率上限分别为 15%、10%、12.5%、15%。14 世纪，伦巴第的法定上限为 10%，荷兰、德意志是 43.333%。在文艺复兴时期，到 15 世纪，意大利的法定上限为 32.5%—43.5%。进入现代时期，到 18 世纪，英国的法定上限为 5%—6%。②

---

①　魏悦：《关于高利贷资本的界定》，《探求》2005 年第 4 期，第 60—61 页。
②　[美] 悉尼·霍默、[美] 理查德德·西勒：《利率史》，肖新明、曹建海译，中信出版社 2010 年版，第 14、31、38—39、79、88、96、144 页。

而在学者看来,古希腊哲学家柏拉图和亚里士多德都认为,放贷收取利息无异于盗窃,不但不合乎道德,也是非法。古罗马哲学家加图也写道:"收取利息就是谋杀!"至于教会,无论是基督教还是伊斯兰教,几乎都反对高利贷,甚至反对所有的借贷取息的行为。在325年,基督教第一次大会,就通过一条教规,禁止神职人员放高利贷。在中古时期,基督教会一直谴责高利贷,将所有要求得到报偿的借贷都被归为高利贷,都是违法犯罪。不过,禁令仍限于教士,并未施行于俗人。12世纪以后,随着商业活动的扩大与借贷现象的增加,高利贷的现实与教会禁令出现了巨大的反差,教会内部即出现了"严禁"与"弛禁"之争。严禁派仍然主张严格按照圣经及早期教父们的意见行事,禁止各种形式的借贷取息行为。而弛禁派则主张,应把商业利润与"高利贷"勾当区分开来,只是把高利贷视为以过高利息放债的行为。到15世纪,尽管仍有一派从传统道德出发主张对借贷取息行为加以禁止,但教会对高利贷的禁令实际上已转变为对过高利息的限制。到18世纪以后,随着资本主义的发展,货币需求不断增加,放款取利为资本的使用开拓了广阔的道路,获取利息不再遭受谴责,于是高利贷转变为,"凡是借贷货币或物品而获得额外的,或不合理的利息的行为"。[①]

到了马克思那里,他在《资本论》中对高利贷做过专门讨论。他认为,在中世纪,各国家的利率悬殊,因而关于高利贷的概念差别也很大。高利贷利率是一个因时期不同、地区不同而有差别的概念。不过,他又指出:"可以把古老形式的生息资本叫做高利贷资本。"[②] 这一界定,与古代西欧教会的高利贷含义实际上没什么区别,即只要是有偿借贷,不管量的大小,都属高利贷。不过,从马克思的具体论述来看,高利贷资本的本质特征是重利剥削,它不仅占据了债务人的全部剩余劳动,甚至还占有一部分必要劳动,使其精疲力竭,每况愈下。

直到今天,欧美等国家所界定的高利贷标准仍然各异。譬如,在美

[①] 刘植荣:《中国应出台"反高利贷法"》,http://blog.sina.com.cn/s/blog_46904e310102ecer.html,2012年4月26日;孙诗锦、龙秀清:《试论中世纪天主教会高利贷观念的嬗变》,《学术研究》2007年第6期,第103—107页;魏悦:《关于高利贷资本的界定》,《探求》2005年第4期,第60页。

[②] 马克思:《资本论》第3卷下,人民出版社1975年版,第675、671页。

国，佛蒙特州的最高法定利率为12%，佐治亚州的最高法定利率为16%。新泽西州的法律规定又有个人和企业之别，个人贷款利率不得超过30%，企业贷款利率超过50%被认定为高利贷。其他国家如加拿大规定年利率超过60%即构成高利贷罪，德国规定最高合法利率为20%。①

在中国，尽管高利贷的历史悠久，但历代王朝始终没有出现"高利贷"这一名称，多用"假贷""出责""举贷""举放""举债""称贷"等词来代替它。② 从历代王朝对民间借贷所采取的态度和政策而言，基本上没有反对利息借贷的思想，但于高利则多反对之。汉代以降都曾限制高利贷利率，汉代大概限制年利率为10分，唐代为月利率6分、4分，金代至清代大体限定月利率不得超过3分。③ 也就是说，超过月利3分或年利率36%就是政府所不允许的高利贷。

中华民国建立之后，对民间借贷依然延续了清代的利率政策。到了南京国民政府时期，开始有所改变，对高利贷实行较为严厉的打击政策，规定民间借贷利率不得超过年利率2分（即20%），这一政策比历代王朝所规定的借贷利率标准更加严格。④

在中共革命时期，对民间借贷采取了比国民政府更为严厉的策略。抗日战争时期，各抗日根据地大都实行了较土地革命时期温和的减租减息政策，民间借贷利率仍比国民政府的规定要低，一律以年利率1分至1.5分的标准。也就是说，超过这一利率的借贷就属于高利贷。⑤ 在山东抗日根据地工作的薛暮桥，还根据农业生产利润来规定借贷利率。他认为，借贷最高利率不能超过农业生产利润，农业生产利润一般不到2分，所以农村借贷

---

① 刘植荣：《外国人如何管理高利贷》，http://www.21ccom.net/articles/dlpl/cjpl/2012/1125/71707.html，2012年11月25日。

② 彭信威：《中国货币史》，上海人民出版社2007年版，第78、210、281、394页。

③ 叶孝信主编：《中国民法史》，上海人民出版社1993年版，第269—270、356、472—473、547页；杨联升：《中国货币与信贷简史》，刘梦溪主编《中国现代学术经典·洪业 杨联升卷》，第666—667页；熊正文：《中国历代利息问题考》，北京大学出版社2012年版，第163页。

④ 李漠：《民法债编总论》，上海大东书局1931年版，第126—128页；南开大学商事业讲义：《中国商事法判解例初选本》（四）借贷，1935年印，第1、3页。

⑤ 参李金铮《革命策略与传统制约：中共民间借贷政策新解》，《历史研究》2006年第3期，第119—127页。

利率应当以 1.5 分为法定标准。① 解放战争时期,太行解放区在 1948 年也提出,新民主主义社会自由借贷的利息不能超过生产利润。②

新中国成立以后至今,政府也曾规定高利贷标准。譬如,1991 年最高人民法院《关于人民法院审理借贷案件的若干意见》就规定:"民间借贷的利率可以适当高于银行的利率,但最高不得超过银行同类贷款利率的四倍。"2015 年 8 月,最高人民法院颁布《关于审理民间借贷案件适用法律若干问题的规定》,对民间借贷利率进行了调整,"借贷双方约定的利率未超过年利率 24%,出借人请求借款人按照约定的利率支付利息的,人民法院应予支持。借贷双方约定的利率超过年利率 36%,超过部分的利息约定无效。借款人请求出借人返还已支付的超过年利率 36% 部分的利息的,人民法院应予支持"。这一规定表明,年利率超过 36% 的民间借贷为高利贷,也就是说恢复到金代至北洋政府时期官方规定的利率标准。

从中国学术界来看,在民国时期,费孝通认为,职业放债者以很高利息借钱给农民就是高利贷。③ 孙晓村从农村收益太低的角度,认为年利 5 厘、6 厘以上即为高利贷。④ 在新中国成立以后的当代学者中,迄今仍有不少学者依据马克思的定义,认为前资本主义社会的传统借贷都属于高利贷。⑤ 有的学者以清代为例,认为高利贷资本是指已经从封建官吏、地主和商人的财富积累中分离出来,成为独立的资本形式,通过贷放货币或实物,获取高额利息的生息资本。高利贷资本是商业资本的收益,属于高收益还是低收益,都会自然地同封建地主的土地收益相比较,并会以后者作为衡量准绳。因此就清代土地、商业、高利贷收益的整体水平看,把年利息率在 15% 以上,即高于地租收益的借贷界定为高利贷,或许是可行的。⑥ 有的学者认为,近代中国农村几乎所有的借贷都属于高

---

① 薛暮桥:《关于土地政策和减租减息工作》(1944 年),《抗日战争时期和解放战争时期山东解放区的经济工作》,人民出版社 1979 年版,第 93 页。
② 《新民主主义社会里自由借贷与封建高利贷有啥分别》,《新华日报》太行版 1948 年 10 月 17 日第 4 版。
③ 费孝通:《江村经济》,江苏人民出版社 1986 年版,第 194 页。
④ 中国人民政协文史资料委员会:《孙晓村纪念文集》,中国文史出版社 1993 年版,第 350 页。
⑤ 刘秋根:《试论宋代官营高利贷资本》,《河北学刊》1989 年第 2 期,第 85 页。
⑥ 方行:《清代前期农村高利贷资本问题》,《清史研究》1994 年第 3 期,第 17 页。

利贷,即便月息1分的借贷,也超出农业所获利润,应属高利贷。① 还有的学者包括笔者,在研究民国时期借贷史时,则根据国民政府的规定,认为超过年利20%的借贷就是高利贷。② 对于当今中国民间借贷,有的认为,借贷的利率只要超过或者变相超过国家规定的利率,即构成高利贷。有的学者认为借贷利率可以适当高于国家银行贷款利率,但不能超过法律规定的最高限度,否则即构成高利贷。当然,也有少数学者认为,所有的借贷包括高利贷都是合理的,应该予以承认。③

由上可见,迄今对于何谓高利贷一直没有一个统一的界定,更无明确的抽象性概念。对以上看法,笔者有三点疑问。其一,将一切传统借贷等同于高利贷,显然扩大了高利贷的范围,与历史事实不符。譬如亲友之间的无息借贷和低利借贷基本上属于互利性质,能说是高利贷吗?④ 那些能偿还本利的生活借贷,尤其是带来经营利润的借贷,恐怕也不能说是高利贷。至于多人集资的钱会借贷,原本就是一种互助借贷组织,更不能算高利贷。⑤ 其二,外国暂置不论,在中国历史上,无论是历代王

---

① 徐畅:《二十世纪二三十年代华中地区农村金融研究》,齐鲁书社2005年版,第45页。

② 李金铮:《借贷关系与乡村变动——民国时期华北乡村借贷之研究》,河北大学出版社2000年版,第52页;徐畅:《二十世纪二三十年代华中地区农村金融研究》,第180页。

③ 茅于轼:《理性和全面地看待民间借贷》,《中国科技投资》2011年第8期,第24页;朱海就:《高利贷合法性的理论依据》,http://www.21ccom.net/articles/dlpl/cjpl/2012/0424/58302.html,2012年4月24日。

④ 总体上说,无利息借贷的比例较小。据1937年国民政府全国土地改革委员会出版的调查资料(不包括东北),无利率借贷者占农村负债总户的0.21%。(据中国第二历史档案馆编《中华民国史档案资料汇编》第五辑第一编,财经经济七,江苏古籍出版社1994年版,第39页所载资料计算)但在有些地区,无利息借贷所占比例较为可观。如东北地区农村,据20世纪30年代的统计,在全部借款笔数中,无息借贷的比重为39.3%;在全部借贷资金中,无息借贷比重为43.7%。(据伪满洲国国务院实业部临时产业调查局《农村实态调查报告书》(1935、1936)计算得出,转引李楠《近代东北地区乡村社会的无息借贷》,《东方早报》2015年5月12日B13版)

⑤ 20世纪30年代中期,据江西47个县的统计,靠钱会融通资金占农民借贷总额10%以下的有10个县,占11%—20%的有15个县,占21%—50%的有17个县,占51%—80%的有5个县,有2个县达到70%以上。四川宜宾县5个区的调查也表明,钱会占农民借款来源的19%强,仅次于地主,居第二位。在湖北武昌、汉阳乡村,靠钱会融通资金的比例达到20%,宜昌也在10%以上。(参见孙兆干《江西农村金融与地权异动之关系》,《民国二十年代中国大陆土地问题资料》第86辑,台北成文出版社有限公司、美国中文资料中心1977年版,第45343—45344页;杨予英《宜宾县农村之研究》,《民国二十年代中国大陆土地问题资料》第42辑,第21265—21266页;程理锏《湖北农业金融与地权异动之关系》,《民国二十年代中国大陆土地问题资料》第86辑,第45593页。)

朝还是国民政府、中共革命政权、新中国政府，所定借贷利率标准，为什么是月利率3分，年利率3.6分、2分、1.5分、1分，为什么不得超过国家银行贷款利率的4倍，等等，很少给出理论和实际依据。其三，有人从农业生产利润角度来制定借贷利率标准，但民间借贷主要用于生活消费尤其是救急，而不是生产经营，故只按生产利润来限制借贷利率是不现实的。况且，薛暮桥、孙晓村和徐畅所说的农业利润差距太大，不知是如何计算得来的。① 既然有以上疑问，接下来则需要回答的是，什么是真正的高利贷？

二 超过民间社会认可的借贷利率才是高利贷

经过多年的思考，笔者提出一个以往学者从未提出过的看法，所谓高利贷，是指超出社会广泛认可的高利率借贷。那么，什么是社会认可的借贷利率？一般来说，社会上比较流行的借贷利率就应该是民间比较认可的借贷利率，它是一个随着时代变迁而有所变化的动态利率，也即不同时代有其社会所认可的利率，不可能划定一个超越时代和地区的统一利率。以20世纪二三十年代而言，据1934年中央农业实验所的农村借贷统计，借款平均年利率，以2—4分或者3分为最多，占66.5%；借粮平均年利率，多为6—7分。② 这个利率就是民间比较认可的借贷利率，而社会认可的就不应该属于高利贷范畴。即便是典当业这样一个素被称为穷人后门的高利贷行业，也不一定就是真正意义上的高利贷。经济学家马寅初1936年就指出，典当取利月息2%至3%有其学理与事实上的根据，平民虽为维持日常生活而典质，但也间接有益于生产，因此"典当业就大体上观察，其为便民组织，似无可置疑"。③ 近年有的学者也提出

---

① 徐畅的说法接近历史事实。据1933年17省的统计，就出租地主而言，农业投资收益率平均为8.7%，华北4省为8.3%（据国民政府主计处统计局《中国租佃制度之统计分析》，正中书局1942年版，第83页资料计算），即农业生产利润仅为8厘多。按照薛氏所谓借贷利率必须低于生产利润的理论，最高利率必须限制在8厘以下，岂不比他所说的1.5分还低？

② 据《22省农民借贷来源调查》，《农情报告》第2年第11期，1934年11月所载数据资料整理。

③ 马寅初：《序》，宓公干《典当论》，商务印书馆1936年版，第10页。

了与传统看法相反的意见,认为将典当业划为高利贷非常片面。[①]

超出社会认可的借贷利率,其实就是对债户非常苛刻的高利贷陋俗,由于它们大大超过了社会上流行的平均借贷利率,因而受到舆论的谴责和债户的痛恨,这或许是一个能够反映民间真实生活世界的高利贷概念。民俗学家乌丙安依照同类题材和内容的密切相关性,将中国民俗分为12个系统、48个系列。[②] 遗憾的是,我们从中看不出借贷或金融习俗究竟划归何类。也许高利贷习俗是一种独立的存在,它通常表现为民间俗称的种种名目,可谓花样繁多,不胜枚举。据统计,在江西乡村,高利贷名目竟有23种之多。[③] 由于同名不同义、同义不同名者所在多有,要想准确地分类是很难的。兹仅就借贷方式及其利率的不同特点,粗略划分为以下六类。

第一类,利滚利、驴打滚与印子钱。这种借贷形式是一些地区高利贷的代名词。

"利滚利",即届期不还,以利作本,重计利息,逐期滚算,利息学称作"复利",是债主规避风险的一种有效方式。在河北称为"臭虫利",形容其繁殖过速。[④] 山西称"驹子生息""羊羔生利"[⑤] 等,与臭虫利的意思是一样的。安徽宣城县称"放月利",一般月利3分,每月利上滚利,一年后可滚至5倍。[⑥] 江苏青浦县称"母子债",到秋收不能偿还利息,就重写借据,将利作本,利上滚利,如借对本利1石,次年不还,第3年就还4石。[⑦] 在湖南临湘县,每元每日利息1角,满10天即算复

---

① 马俊亚:《典当业与江南近代农村社会经济关系辨析》,《中国农史》2002年第4期,第40页。
② 乌丙安:《民俗学原理》,辽宁教育出版社2001年版,第29页。
③ 中国社会科学院经济研究所等编:《1949—1952年中华人民共和国经济档案资料选编》农村经济体制卷,社会科学文献出版社1992年版,第27页。
④ 田文彬:《崩溃中的河北小农》(1935年4月),千家驹编《中国农村经济论文集》,中华书局1936年版,第256页。
⑤ 刘大钧:《我国佃农经济状况》,上海太平洋书店1929年版,第55页;崔哲:《"相财主"杀刮农民的"奥妙"》,《晋绥日报》1946年7月26日第4版;宏流:《地主剥削式样》,《晋绥日报》1947年3月30日第4版。
⑥ 华东军政委员会土地改革委员会:《安徽省农村调查》,1952年印,第150页。
⑦ 华东军政委员会土地改革委员会:《江苏省农村调查》,1952年印,第20页。

利，如此计算，借洋1元，1个月须还本利8元。①

"驴打滚"，有的地区指的是利息为本金的1倍，太行山区乡村就有这种借贷习俗，借1元还2元，又称"轱辘利""梯梯利"。② 但其更一般的含义是，届期不还，利息加倍，是一种复利借贷，比利滚利更为苛刻。如河北丰南县的驴打滚借贷，以一年为期，利息为50%，到期不还，利息加倍。③ 在河南新郑县，以一月为期，利率4—5分，"如过期不还，则利率即按数学级数以增加，成为最厉害的复利"!④ 安徽滁县关山乡称"老驴滚"，春季借稻1石，秋收还2石，到期不还，加倍计息，至翌年还4石。⑤ 湖南桃源县称"孤老钱"，每月一对本，即借洋1元，过1个月还2元，过2个月还4元。⑥ 湖北随县称"老呱呱"，借10元，1个月还本利12元，超过1天另收2元，超过2天收4元。⑦

"印子钱"，又称折子钱，债务人分期偿还本息，债主将还款日期及每次应还本利数额写在折子上，每还一次就在折子上加盖印记。这种借贷的主要特点是，数额特小，期限特短，利息特高。在河北，印子钱期限一般为2个月，也有的短至1个月，很少有过百日者。款额多为一两元，10元以上者极少。普通月利20分，如借铜元500枚，每日还本利20枚，一月共还本利600枚。⑧ 在天津郊区，农民向印子房借，最多借5元，每日还5分，120天还完，本利共6元，月利达60%。⑨ 江苏涟水县，借钱10千，按10日摊还，每日缴还本利1200文，合月利60%。⑩ 安徽安庆县，借钱300铜元，每日还款15枚，1个月本利总数450枚，

---

① 冯和法：《中国农村经济资料》，黎明书局1933年版，第1125页。
② 魏宏运主编：《抗日战争时期晋冀鲁豫边区财政经济史资料选编》第二辑，中国财政经济出版社1990年版，第1361页。
③ 丰南县地方志编纂委员会：《丰南县金融志》初稿，1989年印，第5页。
④ 卢锡川：《新郑县唐河农村的调查》，《河南大学农学院院刊》第1卷第3期，1930年12月。
⑤ 华东军政委员会土地改革委员会：《安徽省农村调查》，第99页。
⑥ 冯和法：《中国农村经济资料》，第1124页。
⑦ 湖北随州志地方志编纂委员会：《随州志》，中国城市经济出版社1988年版，第356页。
⑧ 中央银行经济研究处：《中国农业金融概要》，商务印书馆1936年版，第93页。
⑨ 实业部中国经济年鉴编纂委员会：《中国经济年鉴》上，商务印书馆1934年版，第198页。
⑩ 陆国香：《苏北五县之高利贷》，《农行月刊》第1卷第1期，1934年5月，第27页。

合月利50%。①

第二类，加大利。这种借贷之所以称为高利贷，是因为它直接表现为借贷利率的高昂。

钱债有"大加"利的俗称。如山西黄土坡村称"大加一"，月利10分，合年利120%。② 太行山区乡村又称"老一分""十利"，借1元，月利1角，10个月利率为100%。甚至有"加十五""大加二"的借贷，10个月期限，利钱高至150%—200%。③ 江苏嘉定县有"日拆利"，每元每日加利1.2角或1.5角，合月利500%—999%。④

粮债也有加大利的名目。河北赞皇县称"加五利"，又名谷利，借粮1斗还1斗半，并须"尖还"，即所谓平斗借尖斗还。⑤ 山西兴县有"冬五升夏三升"之说，春借冬还，每斗利息5升，如冬季不能偿还，来年夏季再还，每斗加3升利，利率达到80%。⑥ 安徽滁县为"四撞十"，春借4石稻，秋收时连本还10石，利率达150%。⑦ 江苏常熟县有"粒半""粒六""粒七"乃至"粒八"等名目，指5分利、6分利、7分利和8分利。⑧ 浙江丽水县为"对合利"，7月借9月还，利为本的一倍。⑨

第三类，贷放先扣，偿还本利。指债主扣除一部分本金，但债户偿还的，仍是所有本金和利息。

河北盐山县有一种"九出十归外加三"的借贷，债主借给债户9元，按10元还本付息，月息3元，每月还本利13元，月利率达到44.4%。⑩ 山西闻喜县，向商号借贷百元，只给九十四五元，按百元还本付息。有的付给九十四五元后，还预先扣除百元的利息，借款金额减至八九十元，

---

① 汪洪法：《我国农民负债之特质》，《文化建设》第2卷第6期，1936年3月，第79页。
② 宏流：《地主剥削式样》，《晋绥日报》1947年3月30日，第4版。
③ 魏宏运主编：《抗日战争时期晋冀鲁豫边区财政经济史资料选编》第二辑，第1361页。
④ 华东军政委员会土地改革委员会：《江苏省农村调查》，第83页。
⑤ 魏宏运主编：《抗日战争时期晋冀鲁豫边区财政经济史资料选编》第二辑，第1326页。
⑥ 司法行政部编：《民商事习惯调查报告录》，1930年印，第834页。
⑦ 华东军政委员会土地改革委员会：《安徽省农村调查》，第99页。
⑧ 华东军政委员会土地改革委员会：《江苏省农村调查》，第217页。
⑨ 华东军政委员会土地改革委员会：《浙江省农村调查》，1952年印，第30页。
⑩ 张爱国主编：《盐山县志》，南开大学出版社1991年版，第468—469页。

但本金百元仍要全部偿还。① 河南开封县有"大加一"之法，借 1000 文，先扣除 100 文，得 900 文，但仍按 1000 文行息。② 江苏盐城县称"过头钱"，债主将本金按七八折放出，约定两三天或十天、八天偿还，另加 20%—30% 利息。③ 浙江吴兴县南浔区，蚕农冬季借粮，每石先交保证金 2—4 元，不予发还，还时仍照市价计算，并付月利 2—3 分。④ 安徽来安县安乐乡称为"八撞十"，借 8 元作 10 元算，外加利息。⑤ 湖南耒阳县、湖北部分地区称"九出十归外加三"，借 9 元作 10 元，月利 3 元，1 个月还 13 元，月利率达到 44%。⑥

第四类，多算借贷日期。从日期上做文章，是债户提高利率的又一手段。

山西兴县高家村有一种"捆月子"的借贷方法，约定借期半年，到 4 个月时提前还也得出半年的利；如到期还账，则"过三不过五"，也就是超过半年 5 天，算 7 个月的利息。⑦ 山东临沂、郯城二县称为"行利账"，更为苛刻，过期一日，增息半个月，过期半月以上，增息一个月。⑧ 江苏无锡县梅村镇，则是借款过月一日作一月计，如上月 29 日借，至下月 1 日还，利息须以 2 个月计，如本月 5 日借，6 日偿还，亦须支付 1 个月利息。⑨ 浙江义乌县也相类似，以两头月计算利率，2 月 28 日借钱，3 月 1 日清偿，也要算二个月的利息。⑩ 江西兴国县，借谷不管是去年 11 月、

---

① 司法行政部编：《民商事习惯调查报告录》，第 811 页。
② 同上书，第 776 页。
③ 华东军政委员会土地改革委员会：《江苏省农村调查》，第 439 页。
④ 中国经济统计研究所：《吴兴农村经济》，该所刊 1939 年版，第 51 页。
⑤ 安徽省财政厅等：《安徽革命根据地财政经济史料选》第一册，安徽人民出版社 1983 年版，第 291 页。
⑥ 冯和法：《中国农村经济资料》，第 1124 页；南经庸：《湖北农村金融之建设与统治》，《中国经济评论》第 1 卷第 2 期，1934 年 3 月，第 3 页。
⑦ 胡正：《斗垮地主白老婆——高家村诉苦清算大会速写》，《晋绥日报》1947 年 4 月 16 日，第 4 版。
⑧ 华东军政委员会土地改革委员会编：《山东省华东各大中城市郊区农村调查》，1952 年印，第 70 页。
⑨ 倪养如：《无锡梅村镇及其附近的农村》，《东方杂志》第 32 卷第 2 号，1935 年 1 月，第 90 页。
⑩ 吴辰仲：《浙江义乌县农村概况》，千家驹编：《中国农村经济论文集》，第 627 页。

12月还是今年1月、2月、3月，到7月割禾还债时，都要交50%的利息。①

第五类，粮钱借贷互折。农民借粮、借钱，债主根据市场物价的季节变动，对粮食与货币做有利于己的相互折算，以提高借贷利率，其核心是"听涨不听落"。

农民借贷粮食以后的粮钱折转，最为常见。山西五寨县有一种"籽折钱，钱折籽"的粮食借贷形式，1926年沙湾村农民保后子向地主借债40元，当年粮贱，地主将钱折成莜麦40石。第二年，莜麦价格上涨，地主又将40石莜麦折钱280元。经过粮钱互折，年利率高达300%。② 河南方山县称为"放土债"，春夏之际借莜麦1斗，时价1000文，加5行息，至秋后偿还时，如莜麦价格涨至1000文以上，就以1斗加息半斗归还莜麦；如莜麦价格降至1000文以下，就按借麦时1000文的价格加5行息还钱。如果债户不愿还钱，而以莜麦偿还，就按借时的高价折合成低价时的莜麦数额，另加息归还。③ 江苏萧县长安村的借粮，也大致如此，按当年最高市价折成银圆，到收获时再按较低的市价折成粮食归还。譬如借麦1石，按该年最高麦价每石10元计算，到收获时，麦价跌至每石5元，就按此将10元折成2石小麦清偿债务，利息达100%。④ 安徽来安县安乐乡，同样类似，春天借粮1石，到清明时作价，听涨不听跌，待粮食下场时再依当地市价折成粮食偿还，通常借粮1石，要偿还2石左右。⑤ 湖南衡阳县称为"标谷利"，四月、五月间借谷1石，以最高价折为现钱，第二年七月、八月间又以最低价折谷偿还。不仅如此，还要加月利6%—7%，总计利息在300%以上。⑥

此外，也有借钱还粮的折转。以安徽为例，歙县岩寺区农民借相当于30石粮食的钱，按4000元1石折成粮，当时粮价2万元1石，等于借

---

① 《毛泽东农村调查文集》，人民出版社1982年版，第203页。
② 宏流：《地主剥削式样》，《晋绥日报》1947年3月30日，第4版。
③ 司法行政部编：《民商事习惯调查报告录》，第824页。
④ 薛暮桥：《萧县长安村农村经济调查报告》（1932年12月），陈翰笙等编《解放前的中国农村》第三辑，中国展望出版社1989年版，第175页。
⑤ 安徽省财政厅等：《安徽革命根据地财政经济史料选》第一册，第291页。
⑥ 冯和法：《中国农村经济资料》，第1125页。

1石还5石,借30石粮的钱要还150石的粮。① 滁县大王营乡债主先估计秋收新粮上市的价格,再按此对半付钱,并折成粮食放予债户,当地称为"随市作价,听涨不听跌",如稻谷上市估计每石8元,仅借4元或4.5元,秋收时债户还1石。②

第六类,粮食与粮食及其他实物之间的互折。债主不仅将粮食与货币相互折算,还按季节价格变动将不同种类的粮食及其他实物相互折转,以提高借贷利息。

不同种类粮食的折转,指的是春天借米,麦收后麦贱米贵就以米折麦,稻收后米贱麦贵则以麦折成米。以江苏省为例,金坛、武进、太仓、常熟、盐城等县称分别称为"折粮色""翻头利""利加利""捉麦账""种子钱"。第一年春季借米1石,到夏季加利2斗,本利为1.2石,时米贵麦贱,每石米相对于3石麦,1.2石米可折麦3.6石,到秋季,米贱麦贵,又将3.6石麦转为3.6石米。第二年夏季,变为本利4.32石米,再折成12.96石麦,到秋收时又变成12.96石米,如此轮番折转,利息不断攀升。武进县戴田村的周某,以此方式放米2石,5年后竟增至70石。③

至于粮食及其他实物的混合折转,以武进县涂野村为例,有一种豆、麦、纱、稻的相互折算,春季2月借豆4.5石,麦收时折麦8.8石,此后又折成8包纱,稻收后再折成24.5斗稻。④

以上所举,只是对流行的能够归类的高利贷习俗做了描述,其他名目仍有不少,不再赘述。

必须承认,作为一种陋俗的高利贷,对债户所造成的影响是极端恶劣的。最突出的就是,有些债户被高利贷者掠去土地;有的被迫出卖房宅,卖儿鬻女;还有的将妻子、儿子送至债主家做用人;更有一些债户陷入破产的深渊。总之,高利贷在一定程度上加剧了人际之间的矛盾和冲突,危害了社会稳定。流行各地的民谣、俗语,表达了农民对高利贷

---

① 华东军政委员会土地改革委员会编:《安徽省农村调查》,第35页。
② 同上书,第109页。
③ 中共苏南区委员会农村工作委员会:《苏南土地改革文献》,第539—540页;华东军政委员会土地改革委员会编:《江苏省农村调查》,第47、61、140、216、439页。
④ 中共苏南区委员会农村工作委员会:《苏南土地改革文献》,第540页。

者的痛恨情绪。如河北清苑县，流传"八斗九年三十石，十个骡子驮不完，二十五年整一万，升升合合还不算"。① 山东胶东地区，农民称"使了财主的钱，好比上贼船，利上又滚利，典儿卖女也还不完"。② 安徽肥西县上河派村，称高利贷为"黑心钱，绝子绝孙钱"。③ 江西宜春县，农民称交租还债为"过三关，关关好似鬼门关"。④ 湖北宣恩县流传"背债是个无底洞，马打滚，利滚利，不知哪辈人还得清"。⑤ 在苏南等地流传"农民身上两把刀，租子重、利钱高；农民出路有三条，逃跑、上吊、坐监牢"。⑥ 还有一首三字民谣，"驴打滚，印子钱，高利贷，利加利，一还三，年年翻，一年借，十年还，几辈子，还不完"。⑦ 费孝通先生对农村的调查也发现，吴江县县城的每一个高利贷者都有一个外号，如叫"剥皮"，"这一外号说明了公众的愤恨"。⑧ 正因为如此，高利贷一直受到社会精英的谴责。如社会经济学者吴辰仲指出："如果繁重的租佃是农村中吮吸农民膏血的魔鬼，高利贷就是寄生在农民肠胃中的毒蛇。它的残酷和势力的无孔不入，是难以其他东西来比拟的。"⑨ 土地研究专家萧铮等人1936年向国民党第五次全国代表大会提交的议案中也强调："农民一经负债，即如投入万丈深渊而没由自拔，往往以小康之自耕农，寝假而流为佃农、雇农，甚至流离失所，铤而走险，以酿成今日哀鸿遍野，匪盗如毛之危状。"⑩ 由上可见，政府采取打击高利贷政策显然是有其深厚的社会经济基础的。

---

① 河北省统计局：《28年来保定农村经济调查报告》，《中国农业合作史资料》1988年增刊第2期，第98页。
② 朱玉湘：《中国近代农民问题与农村社会》，山东大学出版社1997年版，第245页。
③ 中共苏南区委员会农村工作委员会：《安徽省农村调查》，第50页。
④ 中国人民银行江西省分行金融研究所编：《湘鄂赣革命根据地银行简史》，1987年印，第79页。
⑤ 龚人汉：《解放前的民间借贷及高利贷剥削》，《宣恩文史资料》第4辑，1989年版，第146页。
⑥ 中共苏南区委员会农村工作委员会：《苏南土地改革文献》，第395页。
⑦ 江苏农村金融志编纂委员会：《江苏省农村金融志》，江苏人民出版社1999年版，第241页。
⑧ 费孝通：《江村经济》，江苏人民出版社1986年版，第195—196页。
⑨ 吴辰仲：《浙江义乌县农村概况》，千家驹编《中国农村经济论文集》，第627页。
⑩ 南京中国第二历史档案馆等：《中华民国史档案资料汇编》第五辑第一编，财政经济七，第101页。

不过，仅仅对高利贷的恶果表示义愤是不够的，更应该深究其长期存在的理由。简单地说，借贷供求关系的不平衡才是高利贷生存和延续的真正渊源。以20世纪30年代初来看，中国乡村有60%以上的农户是负债的，农民对借贷的需求相当迫切。① 在此情况下，如果贷方能够满足乃至超出借方的需求，借贷利率不致太高。但事实并非如此，与农民渴望借贷形成强烈反差的是，乡村借贷资金和借贷实物极为稀缺，在借贷双方的交易中，基本上为贷方操控，债户处于被动的弱势地位。正因为债户少有讨价还价的余地，从而"养成高利贷之风气"。② 更有甚者，由于民间流动资金缺乏，贫苦农民就是出高利也借不到债了。如河北临城县，农民借用50元以上的钱，无论利息多大，也无处告贷。③ 山西寿阳县燕竹村，"虽出百分利，跑遍全村，也借不到一元钱"！④ 山东沾化县，"货款利息，常在10分以上，甚至有到20分左右者，然利率虽高，而取借仍复至难"。⑤ 此外，贫穷户借债主要用于解燃眉之急的生活消费，更加助长了高利贷者重利相逼的气焰，正如社会学家潘光旦先生所说的："农民借债，是为了维持全家大小的生活，往往包括当天的夜饭在内。利息低固然要借，利息过高也不能不借。除了马上自杀，完全不做苟延生命的打算，农民在借债和不借债之间，是丝毫没有选择的自由和权利的。"⑥ 当然，与此同时，也要考虑到，同样是因为贫穷债户太多，偿还风险是很大的，于是也为债主提高利率提供了社会基础。正是在此意义上，费孝通先生深刻地指出："单纯地谴责土地所有者或即使是高利贷者为邪恶的人是不够的。当农村需要外界的钱来供给他们生产资金时，除非有一个较好的信贷系统可供农民借贷，否则不在地主和高利贷是自然

---

① 李金铮：《民国乡村借贷关系研究：以长江中下游地区为中心》，人民出版社2003年版，第23—40页；《借贷关系与乡村变动——民国时期华北乡村借贷之研究》，第16—19页。
② 郑槐：《我国目下之乡村借贷情形》，《农林新报》第13卷第16期，1936年6月，第455页。
③ 远：《河北省一个农村经济的调查》，《中国经济》第2卷第8期，1934年8月，第3页。
④ 凉农：《山西寿阳县燕竹村的枯竭景象》，《农村通讯》，中华书局1935年版，第60页。
⑤ 《沾化县志》卷六，1935年石印本。
⑥ 苏南人民行政公署土地改革委员会编：《我所见到的苏南土地改革运动》，1951年印，第17页。

会产生的。如果没有他们，情况可能更坏。"① 在能借到债务已属幸运的境遇之下，竟出现了这样的现象，当债户对高利贷者表示不满的同时，又往往怀有感激之情。如安徽六安县安乐乡，农民就认为放债者"有良心"，高利贷是"救命钱"②，反映了在高利贷盘剥下的矛盾心态与生存经验。

在此情况下，对民间借贷包括高利贷的政策如果太过激烈，就很可能会导致始料不及的结果，此为本文下一部分所要揭示的问题。

三 扩大和泛化高利贷政策及其反应

在近代中国，只有南京国民政府和中共革命政权动用权力，对民间借贷进行了实在的干预，也就是制定利率法令，打击和取缔高利贷。但如前所述，南京国民政府规定年利率不得超过20%；中共革命政权在抗战时期规定不得超过年利率10%或15%乃至低于农业生产利润，解放战争时期又逐步过渡到废除封建债务，这些规定都明显低于当时民间社会所认可的借款年利率30%左右的实际利率，从而等于扩大了高利贷的范围。中共政权虽然也每每规定禁止现扣利、利滚利等高利贷恶俗，"出门利（现扣利）、剥皮利、臭虫利、印子钱等高利贷，一律禁止"，"高利贷者应受刑事处分"。③但在实际操作上，年利率超过10%、15%就被视为高利贷，远比所规定的高利贷恶俗为低。不仅如此，在革命性借贷政策的贯彻过程中，又有把一切借贷行为看作高利贷的泛化左倾现象。譬如，抗日战争时期，晋察冀根据地实行减租减息政策之后，在革命政权和民众组织的宣传和支持下，农民受地主高利贷者残酷剥削的阶级意识增强，对地主阶级的仇恨和斗争力量大大提升，一些地区发生了只减租减息、

---

① 费孝通：《江村经济》，第201、196页。
② 安徽省财政厅等：《安徽革命根据地财政经济史料选》第一册，第299页。
③ 《晋察冀边区减租减息单行条例》（1938年2月），《修正晋察冀边区减租减息单行条例》（1940年2月），魏宏运主编《抗日战争时期晋察冀边区财政经济史资料选编》农业编，南开大学出版社1984年版，第15、22页。

拒绝交租交息的现象，甚至"不付息还本"，把"清理旧债变成废除债务了"。① 到解放战争时期，在彻底的土地改革和废除一切封建债务的过程中，地主高利贷者及其剥削受到史无前例的蔑视和痛恨，它已成为干部、群众最觉可耻的东西。这种意识也反映到借贷关系之中，一些人甚至认为只要有利息就是剥削，私人借贷不能认利。以晋绥边区为例，1946年9月28日《晋绥日报》发表的一篇文章就指出："把反封建剥削了解为'打富济贫'，了解为凡剥削都要马上打倒……有些干部连借钱认利也不准了。"② 1947年冬，有的地方竟把农民之间的借贷关系也视为地主、富农的封建高利贷剥削，一并废除了。③ 1949年2月贾拓夫在西北局财经会议上的报告中也指出，农民有"借贷会不会成了高利贷"的思想顾虑。④

无论是国民政府还是中共革命政权，其扩大或泛化高利贷的政策，都导致了两个结果：一个是民间借贷包括原来社会所认可的普通借贷活动陷于停滞，另一个就是或明或暗的高利贷仍在继续进行。以下的材料就是证明。

南京国民政府实行年利率不得超过20%的法令之后，对民间借贷活动起到了一定的抑制作用。中央银行经济研究处就认为，新利率法令使得"善意之放债人或反因此种立法遂致裹足不前"。⑤ 尤其是典当业，虽然不少地方政府订有单项法规，允许年利率超过20%，但毕竟有中央通令在前，"典业基础，无形中因此发生动摇。有资力者自不能不有所顾虑矣"。⑥ 如江苏北部各县，限制当铺年利不得超过2分，"这么一下子就使所有的当铺关了门，我们经过几个最大的城镇，都曾去看过那些关了门

---

① 彭真：《关于晋察冀边区党的工作和具体政策报告》，中央党校出版社1997年版，第89页。
② 群一：《必须活跃农村借贷关系》，《晋绥日报》1946年9月28日第2版。
③ 《发展农村借贷，保护正当债务关系》，《晋绥日报》1948年5月3日第1版。
④ 贾拓夫：《关于四八年财经工作的检讨及四九年财经工作的任务与方针问题》（1949年2月、3月），刘欣主编：《晋绥边区财政经济史资料选编》总论编，山西人民出版社1986年版，第815页。
⑤ 中央银行经济研究处：《中国农业金融概要》，第262页。
⑥ 宓公干：《典当论》，第301页。

的当铺。他们告诉我们说，非3分钱以上，不能获丝毫利益的"。① 可见，新的法令冲击了正常的民间借贷活动。不过，由于国民政府缺乏民众动员的能力，所以很难实施取缔高利贷的政策，民间借贷包括高利贷习俗依然盛行。地主、富农、商人等对借贷新令采取了比较隐蔽的规避办法，正如中央银行经济研究处所发现的，"高利贷者，自有其种种方法（如令立据者减写利率等）使执法者无从绳之以法"。② 最常用的方法有两种：一种是，在契据不写利息，但债主已预先从放贷本金中扣除利息。如山东泗水县，"高利贷在法律上是不容许的，然而有很多的方法可以不抵触法律。借据上所表现的是很文明的，'借钱若干，如期归还，'即使借据上的银数为四百元，那末借银人至多只得到二百元"。③ 另一种方法更为流行，将归还的本利算在一起，写入借约，不标利率或言明无利。如山西离石县，债主"又想出新的方法了"，"他们把出贷的洋数当归还时的本利总数算出，使揭洋人照此洋数向他们写下借约。这样一来，虽然是五分六分的高利剥削，约据上却还是无利的白白出借，得了高利又送了人情，贷主自然乐而为之了。假如发生纠葛，要保证人随着贷主异口同声说借洋人当初确实是无利白借的，揭洋人反而显得忘恩负义，人财两伤，有冤也无处申诉"。④ 如果说不标利息是高利贷主规避政府法律约束的一种招数，还有一些债主对年利20%的规定根本不予理睬，而是公开放高利贷。据1934年中央农业实验所的农村借贷统计，借款年利率在40%—50%的达到总借款11.2%，50%以上者占12.9%，二者合计占24.1%，这些都是超过社会认可的平均借贷利率以上的借贷。至于年利率20%—40%在国民政府看来属于高利贷，而实际上多属于社会认可的正常借贷，则更处于普遍进行之中。⑤ 这既反映了国民政府对借贷法令实行的无力、无奈，也表明乡村农民经济尤其是农民生活对借贷的需求依

---

① 吴寿彭：《逗留于农村经济时代的徐海各属》，《东方杂志》第27卷第7号，1930年4月，第62页。

② 中央银行经济研究处：《中国农业金融概要》，第261—262页。

③ 韩昭：《山东泗水县的四下涧》，《新中华》第2卷第20期，1934年5月，第83页。

④ 李晓初：《山西离石县高利贷方式的演进》，千家驹编《中国农村经济论文集》，第592页。

⑤ 据《22省农民借贷来源调查》，《农情报告》第2年第11期，1934年11月所载数据资料整理。

然强烈。① 事实上，从整个国民政府统治时期来看，它一方面试图建立信用合作社、农业仓库、合作金库等现代金融网络，扶持农民贷款；另一方面对民间借贷更多是听之任之，后一种态度与历代王朝是基本一致的。

中共革命借贷政策实行以后，由于社会动员能力增强，远比南京国民政府的实施力度大得多。通过减息乃至废债，地主富农高利贷者的债务几乎消失殆尽，负债的农民由此获得了巨大的利益。但与此同时，农民借贷的停滞状态比国统区更为严重。因借贷利率标准的降低乃至左倾的泛化高利贷，使地主富户乃至一般农民为了规避违法风险，都不愿也不敢放贷钱食，以避免露富及出借所带来的损失。中共华北革命的研究者达格芬·嘉图所指出："一个太低的利息率，实际上会使那些有钱借出的人感到沮丧。后果之一是，对农民来说变得难办了。"② 此类事例很多，在抗战时期，晋察冀边区，"农民借贷困难"，不用说减息1分，"就是年利1分半，农民仍不容易获得借款"。③ 晋冀鲁豫边区也是如此，"抗战以后，借贷关系基本上陷于停滞状态"。④ 晋绥边区也反映，"现在相当普遍的现象是农民借不到钱的困难"。⑤ 在山东根据地，借贷困难也成为"今天广大农民群众最感痛苦的事，也是广大农民群众最切望的事"。⑥ 这种状况，直到抗战胜利之初，一直存在。⑦ 解放战争时期，土地改革和废债政策之后，农民借贷比过去更为凝滞。如晋察冀边区，获鹿县东焦村一个新翻身的农民无奈地说："以前碰了歉年，卖地借钱有个活路，如今分

---

① 参见李金铮《高利贷与农家关系新解——以民国时期长江中下游乡村为中心》，《浙江学刊》2002年第6期。

② 达格芬·嘉图：《走向革命——华北的战争、社会变革和中国共产党》，中共党史资料出版社1987年版，第172页。

③ 彭真：《关于晋察冀边区党的工作和具体政策报告》，第98页。

④ 齐武：《晋冀鲁豫边区史》，当代中国出版社1995年版，第323页。

⑤ 《晋西北群众工作总结》（1941），刘欣主编：《晋绥边区财政经济史资料选编》总论编，第136页。

⑥ 《中共山东分局关于减租减息改善雇工待遇开展群众运动的决定》，《大众日报》1942年5月25日，第1版。

⑦ 《区生产大会合作社小组关于合作社问题的讨论总结》（1946年3月），编辑组《华北解放区财政经济史资料选编》第一辑，中国财政经济出版社1996年版，第1366页；《晋冀鲁豫边区1946年上半年冀南银行工作的方针与任务》（1946年1月），编辑组：《华北解放区财政经济史资料选编》第二辑，第77页；群一：《必须活跃农村借贷关系》，《晋绥日报》1946年9月28日第2版。

地翻身倒也好，但碰上这个时候（笔者：连着两年歉收），就很少有办法。"① 在晋冀鲁豫边区，黎城县南堡农会主席说："以前困难还能借当（指战前），现在出大利也闹不来，真把人憋死了。"② 在晋绥边区，岢岚县的农民反映没处借钱，甚至说："农村借贷能活动了，比下一场好雨接救人还来得快。"③ 在山东解放区，渤海区也反映，虽然农村旧的高利贷剥削已基本垮台，但"今天大部分农村金融，还是陷于枯竭状态"。④ 由上可见，农民在减轻债务负担的同时，对借贷停滞充满了怨言，反映了农民的经济和生活离不开借贷活动。

面对农民借贷的停滞，中共政权试图从两个方面进行解决：一方面从建立银行、信用合作社并向农民贷款入手，但这种现代金融机构的建设并非一蹴而就，而是需要一个漫长的过程。何况，当时处于战争年代，成就和效果是很有限的。另一方面，对民间借贷采取了比较缓和的态度，中共政权认为对旧债减息应有一定限度，对新的借贷关系采取了利率自由的措施。这一态度和措施，实际上与其限制利率乃至打击高利贷政策是有一定冲突的，不过在政府农贷微弱的情况下，也只能如此。抗战时期，在1942年1月中共土地政策颁布之前，中共中央及其领导人就对过低的减息政策提出过疑问，并重新审视传统借贷对农民经济和生活的价值。1940年12月毛泽东就指出，一方面应该规定地主实行减租减息，但不要减得太多，"利息，不要减到超过社会经济借贷关系所许可的程度。另一方面，要规定农民交租交息"。⑤ 1942年1月中共中央正式颁布土地政策，除了规定既要减租减息又要交租交息之外，还允许新债利率自由议定，"抗战后的息额，应以当地社会经济关系，听任民间自行处理，政

---

① 丁昆：《农村合作经济的道路》，《人民日报》1949年1月14日第4版。

② 《黎城二区村干部集会讨论开展信用借贷》，《新华日报》太行版1947年4月25日第2版。

③ 《岢岚农村借贷在发展》，《晋绥日报》1948年6月7日第2版。

④ 《渤海区银行工作今后的方针与具体任务》（1947年1月），本书编写组《中国革命根据地北海银行史料》第二册，山东人民出版社1987年版，第305页。

⑤ 毛泽东：《论政策》（1940年12月25日），《毛泽东选集》合订本，人民出版社1969年版，第725页。

府不应规定过低利息额，致使借贷停滞，不利民生"。① 这个政策，一直延续到抗战胜利后1946年5月"五四指示"(《关于清算减租及土地问题的指示》) 颁布之前。但值得注意的是，"五四指示"虽然标志着中共从减租减息向分田废债政策的过渡，但中央对新的借贷关系并无新的规定，表明此前的新债利率自由政策仍然有效。1947年9月中共中央颁布《中国土地法大纲》，中共借贷政策进一步由减租减息向分田废债的过渡阶段进入废除封建地主土地所有制和地主高利贷者债务的阶段。不过，对于新的借贷关系，《土地法大纲》仍无指示，表明原来的利率自由政策继续有效，事实上此后中央的指示也每每强调。1948年7月，中央新华社社论《把解放区的农业生产提高一步》就明令："保护在废除高利贷以后的私人自由借贷，利率在政府未统一规定前得由债主与债户自由议定。此项新的债权，不问其所属阶级如何，一律受到法律的承认。"② 可见，从1942年以来，新发生的借贷关系自由议定利率的政策一直在持续。这体现了中共革命政策的灵活性，一方面通过减息废债给农民恩惠；另一方面通过对新的借贷关系的承认，满足农民的借贷需求。归根结底，这是革命法令与社会经济基础相互矛盾、冲突和调和的结果，再革命的法令也不能不顾及社会经济的内在要求。

当然，所谓新债利率自由议定，也不是毫无边际的。在1942年中央颁布统一的土地政策之后，各个根据地在所发行的执行条例或指示中，大都同时严格禁止现扣利、出门利、大加一、印子钱等高利贷，正如晋绥边区所指出的，"这又是限制了高利贷的盘剥"。③ 晋冀鲁豫边区太行区也强调，新债利率虽然自由议定，"但亦不应过高，形成超经济的剥削"。④ 应该说，在新债利率自由议定的同时，强调禁止高利贷恶俗，是符合高利贷含义的打击高利贷的措施。换句话说，只要打击严格意义上

---

① 《中共中央关于抗日根据地土地政策的决定》及附件（1942年1月）；《关于如何执行土地政策决定的指示》(1942年2月), 中央档案馆编《中共中央文件选集》(1942—1944), 中共中央党校出版社1981年版, 第11—22页。

② 《把解放区的农业生产提高一步》(1948年7月), 《中共中央文件选集》(1948—1949), 中共中央党校出版社1987年版, 第231页。

③ 《晋西北减息交息条例》，《抗战日报》1942年10月10日第4版。

④ 《土地使用暂行条例太行区施行细则草案》(1943年11月), 魏宏运主编《抗日战争时期晋冀鲁豫边区财政经济史资料选编》第二辑, 第583页。

的高利贷恶俗就够了。

然而，在强烈的革命精神之下，无论是减息还是废债政策，都使新债利率自由议定的策略难以真正实现，也即打击高利贷的范围很难控制在高利贷恶俗之内，而是经常扩大了高利贷范围。譬如，在晋察冀平北区，1943年减租减息运动中，有的地方对1943年5月以后的新债也实行了减息，有的规定新债利率不能超过3分，这显然违背了新债利率自由议定的法令。① 山东根据地更为明显，1944年12月，省战时行政委员会对于新的债务规定，借钱还钱不得超过月利3分，粮食春借秋还至多加利50%，借钱还粮或还其他农产的最高利息不得超过50%。② 经济学家薛暮桥甚至指出，"有些地区目前实行时候还有困难，贫苦农民仍可能以更加高的利率，秘密去向地主高利贷者借钱借粮"。所以，"我们宁可让这高利贷秘密存在，不应承认它的合法地位。如果农民感到吃亏太大要求减息，政府可按上列标准处理，即按前定最高利率清偿债务。对于这种违法的高利贷我们还不可能严厉禁止，只能发动债务人自己起来要求减息"。③ 可见，所谓新债自由议定政策是可以变通的，尽管月利3分很难说是高利贷，但为了解决当时农民面临的新的债务负担，又不能不加以限制。这就表明，农民债务负担、农民借贷需求和减息废债、自由议定之间，一直处于相互纠缠的矛盾之中。历史就是这样走过来的，后人没必要苛求，但反思是应该的。

四 余 论

由上所述，以往无论是西方还是中国，无论是政府还是社会、学界，所界定的高利贷标准多有可商之处。笔者认为，只有超过民间社会认可

---

① 《平北的减租斗争》（1943年），魏宏运主编《抗日战争时期晋察冀边区财政经济史资料选编》农业编，第74页。

② 《山东省战时行政委员会关于具体执行"八十训令"的决定》（1944年12月），山东财政科学研究所等编：《山东革命根据地财政史料选编》第二辑（内部），1985年印，第87—88页。

③ 薛暮桥：《关于土地政策和减租减息工作》（1944年），《抗日战争时期和解放战争时期山东解放区的经济工作》，第93—94页。

的借贷利率，才可称之为高利贷。民间认可的借贷利率，一般都是浮动于平均水平上下。超过社会认可利率的借贷，一般就是民间所谓高利贷恶俗。据此衡量，那种认为一切收取利息的借贷都是高利贷的看法显然是泛化高利贷了，那种将平均水平以下的借贷利率认定为高利贷同样扩大了高利贷的范围。这种取向和策略，不管是出于倾向弱势群体的道德约束，还是为了防止社会秩序、经济秩序的失衡，都可能导致借贷凝滞进而影响社会经济整体利益的后果。只有打击和取缔平均借贷利率以上尤其是高利贷恶俗，才是建立在真正高利贷含义之上的态度和措施。与此对照，中共革命期间，1942年以后实行新债利率自由议定，同时又严禁高利贷恶俗的政策，是符合这一认识的。当然，能否落实就是另一回事了。

时至今日，经济界、金融界虽然发表了许多谈论高利贷的文章，有的表示要对高利贷坚决取缔，甚至建议出台高利贷罪，有的则持相反态度，认为高利贷完全合理，不存在剥削。但这些文章基本上仍没有给出一个具有说服力的高利贷概念，至多也只是以国家所规定的不能超过银行借贷利率的4倍或今天的年利率36%作为标准，结果就导致了同一件事情却意见相左的现象。如果按照本文所提出的概念，那么对高利贷当然要坚决取缔，不能绝对地认为存在就是合理的，只能说任何历史现象都有其存在的理由，但存在是一回事，是否公正合理是另一回事。否则，"就会把'什么是公正'等同于现存的一切"。[1] 经济理性与道义经济结合起来，才符合人类社会的和谐发展。与此同时，又不能将那些不属于高利贷的民间借贷也视为高利贷进行打压，正常的民间借贷应该和国家金融一道相互补充，协调发展。否则，就会造成民间借贷的停滞并影响社会经济的正常发展。历史已经给了我们诸多教训，应该认真汲取。

---

[1] ［美］詹姆斯·C.斯科特：《农民的道义经济学》，程立显等译，译林出版社2001年版，第208页。

论近代山西茶商在鄂南的活动模式及其影响

李灵玢

(湖北大学历史文化学院 中国思想文化史研究所)

历史人类学有一个源自人类学的关于区域的有趣的观点,认为:"对于人类学来说,区域只能是研究对象也就是人的区域,随着人的流动,区域也是流动的,区域的边界并非僵硬的地理界线。历史人类学吸取了人类学关于区域的此种认识,这在某种程度上表明,区域研究是跟随着作为研究对象的人的流动和作为研究者问题意识之流动而进行的研究。"[①]笔者在山西茶商的鄂南活动研究中,感受到了这个视角的意义。

一 山西茶商来到鄂南的时间及其生产活动

乾隆八年即公元1743年的一天,鄂南羊楼洞镇乡绅雷兴传家来了数位商人打扮、操浓重山西口音的"西佬"客人。宾主寒暄,用过茶饭,这一干山西客人即在早已腾空的雷家大屋中的几间偏厦住下,与三四个本地人一起,当着正屋大门摆开大案、大秤、算盘、风斗、晒簟,在正门门楣上悬出一方"三玉川"的黑底金字的牌匾。热闹的爆竹声响过,围观的众人逐渐散去,于是不一个时辰,镇上已经传开有西商借了雷家老屋开秤收茶的消息。再过不多久,羊楼洞镇周遭十里八乡的农民开始把自家种在房前屋后零星土地上的粗茶、细茶甚至一般客商不收的老毛

---

① 黄国信、温春来、吴滔:《历史人类学与控区域社会史研究》,《历史研究》2006年第6期。

茶（指用镰刀收割的在夏季生长的茶枝）都送到雷家老屋来，于是众多乡民或挑担，或推独轮车，或肩扛，满载着茶叶，在雷家老屋前排起了一条稀稀拉拉的队伍。屋宅的主人雷兴传则提着茶壶，大声招呼着在卖茶队伍中穿行，为这些乡民倒茶续水；屋里山西腔的报秤、鄂南腔的复唱，拉长着声音在队伍上空回响。这是一个值得纪念的日子，是历史上山西客商在鄂南茶务活动的开始。

据羊楼洞本地的《雷氏宗谱》记载，雷兴传字中万，出生于康熙五十二年癸巳（1713年），卒于乾隆四十三年戊戌（1778年）。他幼时家中并不富裕，父亲雷应琼（字永文）家贫而向学，"酷爱诗书，家虽贫，勉开斋塾，延师课子侄，而雷氏书香自此一振"。[1] 雷兴传是家中长子，他"自少英敏"，曾跟随当地著名塾师"紫溪翁受业，吾乡李蓼滩孝廉见其文，雅称许焉"。[2] 雷兴传虽然"学识过人，惜数奇不偶"[3]，并没能考取任何科举功名，所以"年逾三十始捐举子业，而从事诗古，兼及货殖，遂以富称"[4]。所谓"从事诗古，兼及货殖"，即是弃儒经商的委婉说法。雷兴传三十岁即乾隆八年（1743），如果从这一年作为他与山西茶商合作业茶的起始时间，至他六十六岁去世，其业茶时间约为三十六年。就洞镇商人与西客合作业茶一事，晚清学者叶瑞廷在《莼蒲随笔》中也有如下的记载："闻自康熙年间，有山西估客购茶于邑西乡芙蓉山，洞人迎之，代收茶，取行佣。"[5] 这里的"山西估客"就是从山西远道而来的茶商，而"芙蓉山"即羊楼洞镇边名山，其方位在原蒲圻县之西乡，羊楼洞所产茶叶后来即以该山命名。大约叶氏既距羊楼洞业茶之始已经有年，对所记"康熙年间"亦无十分把握，故很谨慎地使用了一个听闻的"闻"字。所记较之实际，确实稍稍早了一些，而《雷氏族谱》中同样成于晚清的另一篇《清庵公传》则记载："羊楼洞本茶市也。自（清）国初以来，晋人岁挟巨金来此采办，相高大之宅，托为居停主人焉，及秋则计

---

[1] （清）程日阶：《中万雷先生传》，《雷氏宗谱》民国甲子年合修初续崇义堂本，传上。
[2] 同上。
[3] 同上。
[4] 同上。
[5] （清）叶瑞廷：《莼蒲随笔》卷四。

其收茶之值以纳租金。近二百年矣。"① 文中记载的"国初",应当就是指的乾隆时期。

据文史资料记载,乾隆年间,晋商"大盛魁"所属小号"三玉川""巨盛川"两家茶商开始陆续在羊楼洞设厂制茶②。而山西茶商在鄂南羊楼洞茶区的生产活动亦如《雷氏家谱·清庵公传》所记,其主要方式为"岁挟巨金来此采办,相高大之宅,托为居停主人焉,及秋则计其收茶之值以纳租金"。这一点,清同治《崇阳县志》亦有类似记载:"茶,龙泉出产茶味美,见《方舆要览》。今四山俱种,山民藉以为业。往年,茶皆山西商客买于蒲邑之羊楼洞,延及邑西沙坪。其制,采粗叶入锅,用火炒,置布袋揉成,收者贮用竹篓。稍粗者入甑蒸软,用稍细之叶洒面,压成茶砖,贮以竹箱,出西北口外卖之,名黑茶。"③ 志文所称"往年,茶皆山西商客买于蒲邑之羊楼洞",应该就是指的山西客商与雷兴传等洞镇商人的合作。双方进行合作大致的做法是:山西茶商在每年茶季的开始来到鄂南羊楼洞,借雷兴传在羊楼洞的房屋、生产生活用具以及在当地的人脉影响,收购农民种植于边角"畸零之地"的茶叶并加工为成茶。一季之后,客商按照所收购制作的成茶数量比例提成现银,作为固定资产投资的回报付给雷兴传,被称为"租金"或"行佣"。然后山西客商上路,将成茶经船运车载马驮一路向西向北,运至内外蒙古、新疆及俄罗斯销售,到第二年茶季再次返回,重新开始新的一年、新一茶季的合作。

《崇阳县志》所载成茶的制作,也有以后来概初始之嫌。因为据笔者所能够找到的资料,早年羊楼洞茶区参与边贸茶叶的主要品种俗称"帽盒茶",是一种紧压茶。所谓"帽盒茶",实际上是做成矮圆柱形的紧压茶饼,"帽盒"是说其外形,像是清代盛装帽子所用的矮圆柱形帽盒。"帽盒茶运销于鞑靼喇嘛庙、万全等地,此茶据云为西帮茶商在清康熙以前所制,今已无人仿其制法矣。"④ 制造帽盒茶的原料,按照传统的说法,是取于肥地所产的茶叶,这种茶在早春时不采毛尖和嫩叶,特别等到初

---

① (清)游恺《清庵公传》:《雷氏宗谱》民国崇义堂本。
② 李三谋:《晚清晋商与茶文化》,《清史研究》2001年第1期,第42—48页。
③ 同治《崇阳县志》卷4《物产》。
④ 彭先泽:《鄂南茶业》,1947年,湖北省档案馆藏,资料号:LSH2.14—3。

夏之后才采摘，所以枝梗粗老。茶农将鲜叶采摘回后即入热锅快炒杀青，炒后置于木质揉床上踹揉使软，然后晒干成为毛茶。毛茶并不经过发酵，入锅再炒，使水分进一步蒸发，然后用铡刀切断，长一寸许，经过分筛，用篾篓踹装。篓高九寸，装茶时，在地上挖一个土坑，深九寸，恰如篓大，将篓套入洞内，一人手拉麻绳，双足在篓内踩压，边压边加茶叶，至每篓装七斤十二两且压紧为止，用棕遮盖，再用圆形篾箄封口，用麻绳缝合，然后三篓相连，放进一个大篾箩内。大篾箩长三尺，放入后再用竹篾编成十字形捆缚，放在杠杆下加压使形状大小一致即成。由于一再加压，紧致的包装缩小了茶货的体积，可以经受车船上下搬运和骆驼队驮运颠簸，且易于长途贩运及销售时计量。无异味的天然竹棕麻等包装材料有利于在长途运输过程中让茶叶进一步自然风干，保持原味香气。① 这种茶叶的加工方法，是在山西商人的指导下产生，在茶砖产生之前，作为一种先进的经过晋商长途贩运实践考验的方法引进湖北，在很长一段时间里是洞茶最主要的边贸茶制作方式，帽盒茶也是早期很经典的湖茶边贸品种。

在咸丰年间，晋商来到鄂南茶区，才带来不断更新的砖茶制造器械与技术。

砖茶的原料是老青茶，即采于毛尖之后已经舒展长大的茶叶。制作茶砖的老青茶分为洒面（茶砖正表面所用）、二面（茶砖背面所用）和里茶（又称包心，夹在茶砖中心部分）。洒面、二面采摘较早，一般为农历五月初之后开始，将当年生长的叶梗，长五六寸，附叶五六片者，使用茶扎子（一种铁制小刀）连梗带叶一并摘下，入热锅拌炒杀青，之后置于木质揉床上踹揉，稍许摊置后送入蒸甑蒸之，蒸后置布袋内重新踹揉，叫作一次"蒸捆"，"蒸捆"需要反复三次，三次后晒干，即算完成了洒面、二面的粗料。里茶（包心茶）采获较晚，一般为农历八九月份，此时叶梗粗长，茶农使用镰刀收获，将来年生之红麻枝梗带叶一并割下，名之曰"割茶"。里茶的制作更为粗放，热锅快炒杀青之后不行蒸捆，直接晒干即成。② 以上制作多在茶农自己家中进行，制成之茶称为"毛茶"，

---

① 彭先泽：《鄂南茶业》，1947年，湖北省档案馆藏，资料号：LSH2.14—3。

② 同上。

砖茶原料的意思。毛茶制成之后，茶农随即担茶入市，任意到一家茶号谈质论价。茶号起样二斤左右，仔细翻看梗末，如认对庄，双方合意，即可成交，经过秤、叫码、对样、倒茶、退皮、算账等手续，最后付钱。如果未能合意，则茶农另投别家求售。由于当时羊楼洞地区开有很多家茶号，茶农可以有较大选择余地，只是行规样茶不退，一家不成，茶农须忍受两斤样茶的损失。距离茶庄较远且出产量较少的茶户，也有通过上门茶贩收购集中后再售与茶庄的。这一类则手续较简单，看茶、说价、谈秤，均妥即成交，由茶贩雇人挑走，挑夫力资亦归茶贩自理。①

砖茶庄从茶农手中收购来毛茶之后，先将毛茶晒干，然后于室内地上铺上茅草、芦席，将茶叶堆于其上，经数日至数十日，以叶片不变色为度，然后开堆，先用头号大拉筛筛除灰沙及碎茶，将整茶用铡刀切为寸段，再上二号拉筛筛出过长茶段，用刀切细；再依次过三号手筛、四号手筛，直至八号手筛，每筛出长段，则用刀切细；过程之中，剔拣出白梗（上年生长的木质老梗）、茶珠（果）、黄叶等。筛出的灰沙中一般还含有少量碎茶，即过风斗及细筛留茶去杂，最后半成品为不含灰沙且过刀切细合格的碎茶叶，如此里茶即告成。其洒面、二面部分，还须由女工复拣，挑出当年生软质梗茎，用刀切细后混入里茶。洒面与二面均要求观感好，无梗茎。②

压砖阶段，先将洒面、二面、里茶分别置于蒸笼中蒸软，其次将洒面铺入木模，继以里茶，最后铺二面。将铺好茶叶的木模放入木制压榨机，压成茶砖，砖成之后置于通风室内，任其自干。经数日干透后再用包装纸包装，其后即可装入茶箱。③ 茶箱一般为竹制，大小一律，一箱按销地需要的重量和大小规格分别装入24—39块，因此茶砖也称为二四茶或三九茶等。其中三六规格每块重41两，每箱36块，整箱重92.25斤；二七规格每块重55两，每箱27块，整箱重92.81斤；此两种砖茶经由张家口外旅蒙商，销往蒙古及俄国西伯利亚。二四砖茶每块重89两，每箱

---

① 陈启华：《湖北羊楼峒区之茶业》，《中国实业》第2卷第1期，1936年1月15日。
② 实际操作远较本书所述更繁复。参见彭先泽《鄂南茶业》，1947年，湖北省档案馆藏，资料号：LSH2.14—3，第12、14页。
③ 《羊楼洞砖茶生产运销合作社三十六年度业务计划书》，湖北省档案馆藏，资料号：LS31-16-819。

24块，整箱重133.55斤，主销归化（今呼和浩特）、包头两地及新疆地区；三九砖茶每块重55两，每箱39块，整箱重134.06斤，除为晋商商号大盛魁采购外，有余时也还卖给别的旅蒙商，主销蒙古及我国新疆地区。[①] 此外，羊楼洞茶区还曾制造每块重16两的六四砖，主销锦州一带；四五砖每块重41两，主销黑龙江，皆因后来销路不佳而停止制造。

晋商带入羊楼洞茶区的砖茶制造核心技术为木制压茶砖机。据《蒲圻县乡土志》："砖茶机器其柱架及下压机，皆以极大栗木为之，模器多用枫木（如匣斗之类），每副四百件，料费约需千五六百金。"[②] 美国学者艾梅霞在她的著作《茶叶之路》中收入这样一部她称为"这个原始的设备"的木制压茶砖机的清晰照片，照片中的这种压茶砖机由上面一根巨木杠杆和下面一根更加巨大的木头砧木组成。两个巨大木块形成夹角，有点像一部放大无数倍的订书机。在这两个主件近旁有许多起辅助作用的绳索、滑轮和细木杆，而被挤压的茶模就被放在这两个巨大木块之间。在照片的解说词中，艾梅霞这样写道："这个原始的设备是用来制作砖茶的压茶砖机。经过烘焙的茶叶装入长方形模子里，被木头杠杆压成茶砖。为做砖茶而烘制的茶叶上裹着薄薄的一层炭灰，这给了茶叶烟灰色的外观和烟熏的味道。这也使得外国人误以为砖茶是用牛血黏合的：实际上，茶砖是用这个由大木块和杠杆组合成的手工压茶砖机压实的。根据同时期资料，它需要四人来操作。一个人站在杠杆上面的架子上，像马戏团里走钢丝的杂技演员一样往杠杆上踩踩。当杠杆砸到砖茶上面时，另外两个人便抓住杠杆往下压。第四个人负责用绳子和滑轮把杠杆拉上来，准备第二次压下。一个19世纪70年代的俄国观察者是这样描述这一过程的：'如果计算精准并且操作正确，一分钟可以压出六块茶砖。'"[③] 这个解释基本准确，有一点略有误差，那就是茶叶是在经过蒸汽蒸过之后而不是烘焙之后直接被装入砖茶模具之中，所以压出的茶砖还需要经过一段时间的自然干燥。羊楼洞所产茶砖一般还在茶砖正面压有小字商号和

---

① 内蒙古自治区政协文史资料研究委员会：《旅蒙商大盛魁》，载内蒙古政协编《内蒙古文史资料》第12期，内蒙古人民出版社1984年版，第90页。
② 宋衍锦：《蒲圻县乡土志》，蒲圻县教育局1923年版，第87页。
③ ［美］艾梅霞：《茶叶之路》，五海传播出版社2007年版，插图注。

一个代表品牌的大"川"字，这个"川"字来源于道光、咸丰年间最早来到羊楼洞经营砖茶的晋商"长源川""长顺川"及"大盛魁"的小号"三玉川"和"巨盛川"，后经各号仿用，成为洞茶共有标记。有学者用羊楼洞涌流的观音泉、石人泉、凉荫泉三条泉水制成富含矿物质的茶砖来解释洞茶"川"字品牌的由来，① 这种说法似乎地方传说性质太重，且有资料证明，"大盛魁"旗下"大玉川"和祁县渠家的"长源川""长顺川"等早在清乾隆、嘉庆时期就已在福建武夷山地区办茶，"川"字牌号自那时当已出现，故"川"字由羊楼洞三条泉水而来之说似未足采信。但总之，"川"字品牌在北方边地确实非常有名。牧民们从行商的货摊上拿起一块茶砖，先伸出三个手指，隔着包装纸从上往下一摸，就知道这是他们心仪的正宗茶货。羊楼洞当地贡生周顺倜在其《莼川竹枝词》中曾这样描述羊楼洞茶砖：

　　茶乡生计自乡农，压作方砖白纸封。别有红笺书小字，西商监制自芙蓉。②

在"西商"即晋商指导和监督之下，木制压茶砖机"这个原始的设备"，开创了一代名牌大宗商品的传奇。

二　山西茶商在鄂南的活动模式

山西茶商与鄂南本帮绅商之间有清晰的分工。按照上所引《崇阳县志》的说法，那就是："山西估客购茶于邑西乡芙蓉山，洞人迎之，代收茶，取行佣。"当然，这里面还有围绕成茶制作而展开的一系列生产活动，但大体上，每年山西茶商来到鄂南，羊楼洞本地商人通过建立高大行屋等方式与之合作取得一份商业利益，这种模式，在当时当地文献中也被称为行商与坐贾合作的模式，鄂南本地绅商被称为"坐贸""坐贾"，

---

①　定光平：《羊楼洞茶区近代乡村工业化与社会经济变迁》，硕士学位论文，华中师范大学，2004年，第19页。
②　道光《蒲圻县志》卷四《风俗》。

而每年南来北往、行贩千里的山西茶商则被时人称为"行商"。

每年春茶萌动的时候，茶商们就来到羊楼洞，或投旧时行主，或租高大行屋，落地设柜，开秤收茶。一俟茶叶上市，盈库充栋，他们就积极招募茶工，升火开机，压造茶砖。秋分一过，即闭庄关市，不再收茶，时过不久，他们也就分批离开洞市，待来年春天才重新回来。他们这种冬去春来的行为模式被当时人以每年南来北往的候鸟相比，称为"雁行"。

山西茶商在鄂南开办的商号被称为茶庄，"大盛魁"旗下的"三玉川"和"巨盛川"，以及清道光年间羊楼洞的山西茶商"天顺长""天一香""义兴""大德常""大川昌""长裕川""长盛川""宏元川""德原生""顺丰昌""兴隆茂""巨贞和""大合诚""德巨生""瑞兴""源远长""长顺川""长源川""晋裕川""大涌玉""慎独玉""悦来德""昌生""大昌玉""复泰谦""大德生"等，都属于茶庄。茶庄也称茶号，拥有茶叶生产精制机构的还或称茶厂。茶号在产地一般都坐庄收茶，设有经理一人，账房一至二人，正票、秤手、买手、看样、盖印各一人，对样、发毛票各二人，厨房守夜杂役各一人或数人，负责收茶。茶农或行贩运茶到地方，经过看样评级过秤入库最后取钱，完成买卖交易。茶庄这一名称，较多是从商务角度来看的。晋商的茶庄一般都设有茶叶加工厂制作茶砖，从生产角度看它们又可称为茶厂。所以茶庄、茶号、茶厂在羊楼洞往往指的同一商家。

鄂南本地绅商经办的是茶行，茶行又称牙行，它们的主要资产是行屋和一些必要的制茶器具。羊楼洞的行屋，历来建造得十分高大宽敞，一色用三六九寸青砖做到顶，很结实，并铺有地板。房子提供给茶厂做拣茶和堆放、摊凉茶叶之用。[①] 茶厂面积宽大，一般为五进，每个茶行一般并列一至三个大门（可驻扎一师官兵），能贮原茶百余万斤，楼上可晾茶八千箱，拣场能容几百女工同时拣茶（每个人有两只直径二尺多的篾

[①] 雷启汉：《蒲圻羊楼洞义兴砖茶厂》，载《湖北文史资料》第3卷，湖北人民出版社1995年版，第836页。

筥，一个筛盘，坐着拣茶还留有担茶往来的活动余地）。可见厂房之大。①这些行屋"从羊楼洞湾上至木门头，高坳上下，游坳上下，栗树嘴，杨树荗下的两对面排列着高大宽敞的行屋，烟囱林立（据说有四十八个），蔚为壮观"。②从人们的这些回忆中，我们可以依稀想见行屋的规模和用途。

  开办茶行需要有当地身份，还需要向政府当局交钱。在清代是向羊楼洞厘金专局缴纳行税，民国时期需要向省财政厅领取牙贴，照章缴纳贴税（属于湖南的羊楼司和聂市的茶行无须缴纳）。然后被允许招徕茶客落行收茶，加工精制。茶庄与茶行的关系，看起来是茶庄租用茶行的行屋，茶行向茶庄收取租费的关系，但是茶行并不收房租，而是收"行（háng）佣"。所谓"行佣"，指茶行所获得的佣金。为什么不叫租金而叫佣金？是因为茶行是作为合伙人参与经营的，所以他们并不向晋商收房租，而是按照茶庄产茶的数量抽取佣金。佣金的计算按照出茶的箱数，最早每箱抽纹银八钱到一两，按照每百两纹银折合银圆140元计，每箱或约抽银圆1.1—1.4元。后来因物价上涨，佣金略有增加，但不到2元。后又改按茶叶交易额提取佣金。在羊楼洞和羊楼司，是每元提取佣金0.045元，其中买主承担0.02元，卖主承担0.025元。而在聂市，只向买主提取0.02元，卖主不另承担行佣。③

  羊楼洞本地商人作为经营参与方的茶行主，除行屋之外，还需要提供茶庄购茶、制茶及账房厨房所需的若干器具。包括制茶所用的茶筛、铡刀、风斗、晒簟、茶筥、簸箕、样盘、茶锄、钉锄、铁叉、芦席、茅草、磅秤、筹码、扫帚、木耙、篮、盆、梯等，账房所用的算盘等，日常生活用的桌、椅、板凳、床、柜等，厨房所用的锅、灶、碗、盆、水缸、木桶、菜橱等。其费用分为投资利息、折旧及修理三项计算。

  茶行向政府缴纳行税领取牙贴，分长期与短期两种。长期十年，领贴须缴纳贴费200元。县政府每年验贴一次，收取验贴费20元。短期一

---

 ① 陈古愚：《夕日洞茶散忆》，载政协蒲圻文史资料委员会编《蒲圻文史》第2辑，蒲圻市委员会1985年版。

 ② 雷振声：《茶乡话茶香四溢》，载冯金平《赤壁茶与茶马古道》，兰州大学出版社2006年版，附录。

 ③ 陈启华：《湖北羊楼洞区之茶业》，载《中国实业》第2卷第1期，1936年1月15日。

年，须缴纳贴费二元几角，无验贴费。牙贴费在收购毛茶时，在茶农捐中扣取房捐，以资抵补。所以房东只是提前预支牙贴费。① 茶行备下行屋、置办器具、照章缴纳贴费，领取牙贴之后，就可以招徕茶客。由于羊楼洞茶市，"循一行一客习惯"②，一个茶行接待一个茶客，构成一个茶庄，所以在人们心目中，茶行往往又可以指代茶庄。晋商利用羊楼洞当地茶行开办茶庄，落地收茶、制茶，减去不动产的风险，减少生产投资，同时也取得当地政府的合法经营认可。

茶行并不介入茶叶精制生产过程，但作为生产的合作方，有权监督经营的情况。为监督产量和交易金额，茶行行主有权向茶庄推荐干部职员，一般为四人，正票（发钱）、掌秤各一人，毛票（写茶叶斤两数）二人。被推荐的四人，可在堂屋与山西茶商同桌吃饭。③ 可见地位特殊。由于行主的佣金是按照交易额提取，派出行方人员代表行主实行交易全程监督是公平而且必要的。

晋商对于工厂的管理，设有专门的人员。在羊楼洞的茶庄中，主要的管理人员有管庄（经理）、司秤、司账等，制砖厂还另有照拣、照筛、照压、看砖等。晋商非常顾及发挥羊楼洞本地人的才智，多数重要管理岗位，甚至账房先生（司账），都可让本地人担任，但是每当管庄去汉口或外出，必由山西籍"管事"把关，从不让从羊楼洞雇请的先生全面负责。晋商注意借重羊楼洞人才在本地的人缘优势，但也对本地人徇私舞弊的行为严加防范。也许他们太了解地方人情社会的弊病，而事实上，前来交茶的茶农和行贩之中，掺灰、掺次、掺假、以劣充优等行径也确实不少，曾在义兴茶厂担任过"毛票"和"正票"的雷启汉回忆："有一年，我在横冲的叔伯兄弟挑一担茶叶来厂出售。他将次叶压在筐底，上面盖了一层优质茶叶。我按甲级茶开了毛票，茶叶倒出归堆后，次叶翻到上面来了，我仍按甲级付了款。正好（老板）王致中走过，除了疾言厉色地申斥我一顿外（他从来很少申斥人），还通知账房扣了我8元9

---

① 金陵大学农学院农业经济系调查：《湖北羊楼洞老青茶之生产制造及运销》，金陵大学农业经济系，1936年，第15页。
② 《湖北省银行通讯》第10期，1946年10月。
③ 陈古愚：《昔日制茶散忆》，政协蒲圻文史资料委员编，载《蒲圻文史》第2辑，蒲圻市委员会1985年版。

角的工资，正好是我弟弟全部茶叶售数。"① 为了保证质量和茶庄的根本利益，在场域中居于统治地位的晋商需要以非常认真的态度排除一切可能的干扰。

茶行对于茶庄所承担的责任，还有重要的一项是担保客商及行内茶叶之安全，如遇假茶及运输偷漏之情事，亦代为交涉调处，对于卖主贩卖假茶，被查破后，如发生纠纷，则出来调解。② 这是因为掺杂造假之事，在收茶过程中时常发生，而验茶评级称重过程，往往涉及双方利益，故常常发生争执。这时，作为本地主人的茶行就要出面调停，并在纠纷冲突发生时，负责保卫茶客人身及茶庄财产的安全。

羊楼洞地方商人认真地负起了这份解纷释难、护卫茶客的责任。例如最早与外来商人合作而致富的本地茶商之一雷兴传在羊楼洞就极有威信，"其居族里也，义正词严，莫不敬惮"。③ 他的孙子雷炳翰（墨林）"生平慷慨，面折人过。善饮酒，笑语声如洪钟。性朗达，虑事则中。为人决大疑，佥服其识。排解解纷，乡族仰焉"。雷兴传的另一个孙子雷炳蔚（位三，1798—1870），"居宅近市，每岁茶商辐辏，情伪滋生，有不了事，得公一言辄解。于时缙绅冠带之徒，闻公声名，咸请谒焉"。④ 又如为茶商做账房的雷安庆（海澜），"遇不平事，辄理斥之，人自贴然"。⑤ 这种能够在遇到纠纷时稳定局面，维持公理的能力，当然是晋商非常希望在当地得到的支持。

"雁行"的山西茶商抛家别子，自春至秋在鄂南生活，于是多半在鄂南有一个临时的家。这个家的主妇，多半是有妓女身份的当地或江西籍女子。从传唱的小曲中，我们可以感受到在羊楼洞当地的女人和情人们对晋商这种候鸟般去来的情哥哥那一份深切的眷恋和无奈：

---

① 雷启汉：《蒲圻羊楼洞义兴茶砖厂》，《湖北文史资料》第3卷，第839页。
② 陈启华：《湖北羊楼峒区之茶业》，《中国实业》第2卷第1期，1936年1月15日。
③ （清）程日阶：《中万雷先生传》，《雷氏宗谱》民国甲子年合修初续。
④ （清）李霖藻：《雷文庵先生传》，《雷氏宗谱》民国甲子年合修初续。
⑤ （清）雷锡龄：《海澜公传》，《雷氏宗谱》民国甲子年合修初续。传载："羊楼素称茶埠，兄（按指雷海澜）工权算，以贾茶为业，自是铢积寸累，所以赡家计者益充。"按所营当为账房先生。

正月里，正月正，何日望得茶发生，姐若耶，姐在房中急闷闷。
二月里，是花朝，船在江中水漂漂，姐若耶，姐在房中好心焦。
三月里，是清明，红茶客人进了门，姐若耶，姐在房中笑盈盈。
四月里，四月八，梳妆打扮去采茶，姐若耶，梳个盘头好插花。
五月里，是端阳，而今姐儿爱漂亮，姐若耶，浑身摸的是麝香。
六月里，是伏天，漂白的褂子去托肩，姐若耶，夏布小衣扫脚尖。
七月里，七月半，红茶老茶拣一半，姐若耶，日落西山收捡盘。
八月里，是中秋，红茶客人把秤收，姐若耶，姐在房中把客留。
九月里，菊花开，红茶客人把箱排，姐若耶，姐在房中哭哀哀。
十月里，小阳春，红茶客人要动身，姐呀若耶她，收拾打扮送客人。
冬月里，大雪飞，郎走东来姐走西，姐若耶，手扯衣角揩眼泪。
腊月里，满一年，红茶客人到了山西边，姐若耶，吃了年饭思姣莲。①

歌谣中的红茶客人来自"山西"又去往"山西"，带来财富，带走离愁。由于山西客人的需求，羊楼洞娼妓业也很发达。妓女众多，公开合法经营。乐户、旅栈、酒楼、游艺场所及住宅均可公开征召妓女，妓女只需向羊楼洞营业税局登记，并按照其年龄、营业状况等分等缴纳花捐即可。②

三　山西茶商鄂南活动模式的由来

最开始晋商来羊楼洞采买而销往俄罗斯、内外蒙古等边疆地区商贸的茶叶，主要为砖茶亦即"黑茶"，而在此之前，晋商早年的主要茶叶供给地为福建武夷山地区，中心茶市为武夷山的下梅村：

---

① 冯金平：《赤壁茶与茶马古道》，兰州大学出版社2006年版，第107页。
② 《羊楼洞区营业税局经收公安花捐暂行规则》、《羊楼洞区营业税局经收公安堂条捐暂行规则》、《羊楼洞区营业税局妓女登记暂行规则》，湖北省档案馆藏，资料号：LS1-5-4393。

茶市在下梅，附近各县所产茶，均集中于此。竹排三百辆转运不绝，……清初茶业均系西客经营，由江西转河南，运销关外。西客者，山西商人也，每家资本约二三十万至百万，货物往还络绎不绝。首春客至，由行东到河口欢迎，到地将款及所购茶单点交行东，咨所为不问。茶事毕，始结算别去。①

由以上这段文字的描写，可知山西茶商过去曾以福建为传统的购茶中心。晋商在福建办茶时，多买山种植，建屋加工，例如"大盛魁"旗下的"大玉川"就曾在武夷山地区买有五千亩茶山，置有七家制茶工厂。他们的经营模式主要是通过控制"行东"及其相关茶厂按照自己的需要制造茶品。

而晋商第一次较大规模转移到羊楼洞，当是在清道光二十二年（1842）五口通商之后。由于福州开放通商，英国人开始在福州大量采购茶叶，山西商人在传统采购基地武夷地区受到为英国人采购茶叶的沿海地区商人的激烈竞争：

福州通商后，西客（案指山西茶商）生意遂衰，而下府、广、潮三帮继之而起。②

福州、广州和潮州的英商买办在武夷山茶区采办的应该更多为红茶。由于英国需求的支持，他们喊价更高，出手更大，所以也就是在福州通商之后，由于感受到福州（即"下府"）、广州、潮州三帮茶商（实际具有英国茶商买办性质）的竞争，生意逐渐衰微，又有部分山西茶商转到羊楼洞茶区组织货源。据《蒲圻志》统计：清道光年间进入羊楼洞的茶商有70多家，其中山西茶商，有"天顺长"、"天一香"（后更名"义兴"）、"大德常""大川昌""长裕川""长盛川""宏元川""德原生"

---

① 衷于：《茶事杂咏》，载林复泉《武夷茶叶之制作》。转引自李三谋、张卫《晚清晋商与茶文化》，《清史研究》2001年第1期。
② 彭益泽：《中国近代手工业史资料》第1卷，中华书局1962年版，第480页。

"顺丰昌""兴隆茂""巨贞和""大合诚""德巨生""瑞兴""源远长"等40多家①。如果记述属实，则说明五口通商后有更多晋商进入羊楼洞。这些晋商进入羊楼洞茶区之后，投资改良茶种，指导种植，制办新的器械，按照边贸需求改进加工包装工艺，使得羊楼洞商贸茶的生产再上台阶。这时晋商在洞茶区主要采办的，当即为上述同治《崇阳县志》所载"名黑茶"的砖茶②。

山西茶商真正将采制茶叶的重心转到羊楼洞，应该是在咸丰年间（1851—1861）。民国时期的茶叶专家戴啸洲认为："前清咸丰年间，晋皖茶商，往湘经商，该地（指羊楼洞）为必经之路，茶商见该地适于种茶，始指导土人，教以栽培及制造红绿茶之方法。光绪初年红茶贸易极甚，经营茶庄者，年有七八十家，砖茶制造，亦于此时开始。"③戴氏认为咸丰年间有晋皖茶商在羊楼洞经营茶事，是不错的，但这并非如他所言始于偶然机缘，也并非因为其时晋皖等外地茶商路过所见而突发奇想，而是由于太平天国与清军在江南和福建北部茶产区的战争活动，闽茶产量锐减，价格猛增④，晋商通往福建的茶路阻隔。据载："（福建）崇安为产茶之区，又为聚茶之所，商贾辐辏，常数万人。自粤逆（案指太平天国）窜扰两楚，金陵道梗，商贩不行，佣工失业。"⑤而清廷为镇压太平天国及各地起义筹措军饷，多设关卡，实行厘金制度，晋商运茶须逢关遇卡纳税征厘，更加重了成本负担，不得不另辟茶源。由于乾隆年间就已有晋商到达羊楼洞茶区与洞商合作办茶；道光年间更多山西茶商到来的结果，当是使羊楼洞茶区的茶叶种植更具规模，制作亦入轨制；而且与福建相比，湖北羊楼洞经新店蟠河入长江转汉水到西北边境的运输路程要更短更便利，经过的战地和关卡也少得多，所以大批晋商来到羊楼洞茶区可以说是轻车熟路，理所当然。

---

① 蒲圻市委员会编：《蒲圻志》，海天出版社1995年版，第147、284页。
② 同治五年《崇阳县志》卷4《物产》："往年，茶皆山西商客买于蒲邑之羊楼洞，延及邑西沙坪。其制，采粗叶入锅，用火炒。置布袋揉成，收者贮用竹篓。稍粗者入甑蒸软，用稍细之叶洒面，压成茶砖，贮以竹箱，出西北口外卖之，名黑茶。"
③ 戴啸洲：《湖北羊楼峒之茶业》，《国际贸易导报》第5卷第5期。
④ 庞义才、渠绍淼认为由于太平军在福建茶区的军事活动，茶叶价格"提高了百分之五十"，见《论清代山西驼帮的对俄贸易》，《晋阳学刊》1983年第3期。
⑤（清）王懿德：《王靖毅公年谱》卷上，咸丰三年四月纪事。

值得一提的是，当晋商转移至羊楼洞经营茶叶后，其传统的行为模式也发生了重大改变，晋商一改原先在福建沿海一带大手笔"买山种茶""广建行屋"的行为，将建设基础设施的任务转交给了羊楼洞的本地绅商。

这就使得开办茶行最重要的生产资料，当然地成为高大行屋。山西茶商携巨资来羊楼洞收茶制茶，不愿意再将钱投入带不走的土地和房产中。这样做，更由于晋商已有切肤之痛。他们原先在福建办茶，多山种植，建屋加工，而一旦太平天国烽火燃及，全都只能弃置不顾。晋商在武夷山损失惨重，所以来到羊楼洞之后，一改过去作风。他们大力收购茶叶，鼓励农民改种茶树，传播先进种植和采收粗制技术，大量雇用当地茶工，努力改进制茶技艺，却很少买山种茶和造屋。所以行屋也就成了羊楼洞本地商人与晋商合作最必要的物质条件。

羊楼洞本帮商人顺应外来茶客要求，将建行屋作为最重要的生产投资，为此，常常倾其所有。例如羊楼洞商人雷光藻，就曾与家人商议，提出要典当借钱修建行屋。理由是："无屋则无客，无客则无财，为今计，不如重修堂构之为愈。虽所费不赀，典质弗恤也。众疑其计左，而公卒遂其所谋。"① 修建行屋的费用显然是不菲的，但是雷光藻即使去抵押贷款也要集资建屋，在众人的质疑声中依然坚定不移地扩建。这种看法，应当说代表了当时羊楼洞本帮商人心目中关于业茶的共识通则，——与其外出涉险牟利，不如与晋商分工合作，而要参与合作，建行屋是其最基本也是最重要的投资。"无屋则无客，无客则无财"，所以借钱也要造屋。

这种看法在洞商中根深蒂固，可以说是妇孺皆知。例如洞商雷奋吾（奎佃）三十多岁去世，只留下了半座房屋，但雷奋吾的妻子"以为积金满盈，不如房屋为子孙根基，扩而大之，不下千余金"②。这显然就是受茶行以大宅为本观念的影响。正因为如此，羊楼洞的乡绅们都如此热心地修建大屋巨宅。后世见于记载的还有例如雷豫堨（霁轩，1845—1903），他"承茶行世业，以故有宅第葺而新之，拓而崇宏之，主粤商之

---

① （清）雷游恺：《清庵公传》，《雷氏宗谱》民国甲子年合修初续崇义堂本。
② （清）贺子一：《奎佃公传》，《雷氏宗谱》民国甲子年合修初续崇义堂本，传上。

揽有欧洲人之运花茶出口者,其业日发展"。"方公之初起也,田不十亩,屋仅容茶商者一,逮其暮年,则腴田倍增,新拓巨宅四五,能主粤晋大商不一户,且他埠亦时有购入者。"① 由引文提供的数据看,田地仅由十亩增至二十亩,而单价为数千两白银的巨大宅屋却由一而增至四五,洞商心目中重点的投资方向应该不言自明。再如雷豫威,他在继承其父雷莘佃家业后,"扩建茶屋三栋,租与三家外商,兴办'忠信'、'巨忠和'、'怡宏九'茶行"②。也属于典型的建屋办茶行的行事风格。

咸丰二年(1852)、咸丰四年(1854)和咸丰五年(1855),太平军与清军在蒲圻一带反复激战,羊楼洞行屋大都毁于战火。而战乱刚过,百废待兴,大户们又都以百折不回的韧劲开始重建行屋。如雷霭卿,"弱冠理家计及茶庄事,进出动以数万计,不动声色而部署裕如。且凡业茶行者,屋宇即其资本。壬子岁,粤贼猖獗,邑当南北冲要,兵退贼进,贼去兵来,兵与贼互相烧毁,霭卿祖遗房屋二百余间,尽成灰烬,乃贼敛戢不三四年,而颓瓦废垣,已焕然一新矣。又复另辟基址,修竖三百余间"③。在兵贼拉锯战中尽毁祖屋二百多间之后不出三四年,不仅恢复旧产,更另建新屋三百间,洞商建屋极高的积极性于此可见一斑。生动地记述由毁到建这一过程的,还有洞商饶维的谱传:"咸丰初,匪寇四起,公语贼首曰:'吾乡素凋弊,惟吾家颇殷实,一切供应,请独任之。'全人损己。但匪旦去,仍纵一炬。公走避高岗,回顾烽火烛天,大叫昏绝,遂至双目失明。时(其弟)炳臣公贾于远方,(其弟)星五公尚在军中,独公留侍高堂。尚玉公及守宜人慝深山中,饥渴难奈,大叫,公心不安,潜出觅饮食,遇贼掳以去,陷贼中。每候贼祷,则跪祷天佑父母,哀泣见血。数日后,贼以公文弱,使主支籍。一夜贼祷,忽有乌雀集树向公鸣噪。公曰:'是复神明示我也。'随之,鸣行则行,鸣止则止。竟脱离数十里,实孝之所感也。及归,屋舍尽毁,公多方称贷,营造一新。"④ 饶维因亲眼看到自家行屋被毁而一时激愤致双目失明,艰难撑持

---

① (清)雷兆绂:《霁轩公家传》,《雷氏宗谱》民国甲子年合修初续崇义堂本。
② 《东阳祖支下莘佃公房史简述》,《雷氏宗谱》民国甲子年合修初续崇义堂本。
③ (清)贺寿慈:《霭卿公传》,《雷氏宗谱》民国甲子年合修初续崇义堂本。
④ (清)饶青乔:《祖考宗城公暨祖妣邱宜人合传》,《饶氏宗谱》清光绪十三年双峰堂六修本。

到太平天国动乱过后，也借款将行屋修建一新。

行屋的复建，减轻了山西茶客们因战乱所可能遭受的经济损失，也为茶业的继续合作发展提供了更为坚实的基础。咸丰同治时期，晋商们能够在经历战争蹂躏的羊楼洞茶区坚持下来，与羊楼洞本地商人坚韧的努力和全力的支持是分不开的。而晋商对于羊楼洞茶叶基地的经营，又有赖于当地信誉卓著的洞商的合作，所以在支持洞商重建行屋的过程中，晋商也表现得不遗余力。例如当地《游氏族谱》就记载了山西等外地商人对于洞商游龙（天池）重建行屋的支持。

游龙，字天池。少年时即"废学理家政，公私井井。甲寅岁，发兵（按指太平天国军）南下，明年乙卯，公庐舍数百间尽被一炬"，"咸丰庚申辛酉间，楚氛平静，公家山居，地产茶。时西人入华，茶务骤盛，晋豫皖粤诸大商挟巨赀，先后坌集，耳公名，争以万金投公，请为构屋。公固辞不获，造广厦千间，较毁于昔者犹倍焉。家渐丰"。①

游龙所重建的行屋，皆由晋豫皖粤等外地茶商投资建成。这种投资，应该理解为借款垫支，因为引文中所谓"耳公名"，当是听说游龙所具有的令人放心的家族背景（游龙自少时即"废学理家政"，担任族长），和此前良好的社会和商业信誉（公私井井），不担心借款的归还。但即使是借款，数量达到上万两白银，也绝对不是一个小数，在当时亦可称为巨款。晋商之所以愿意慷慨解囊，以巨资资助羊楼洞本地商人复建行屋，除了因为"茶务骤盛"而迫切希望恢复茶叶基地、抓住商业良机的目的，也显示出山西商人凭借与本地绅商长期合作所建立的互信关系，已经在羊楼洞当地建立了稳固的信用体系，地处鄂南的羊楼洞镇已经成为山西商人整个茶叶生产链条中不可或缺的一环，甚至是由山西茶商所构建的一个以茶叶为中心的商业社会的延伸。

四 山西茶商在鄂南活动模式及其影响

山西茶商在鄂南活动的模式是春来秋去，以雄厚的资金、先进的技术和垄断性的茶路运输与当地绅商合作，借其高大行屋为依托开庄收茶

---

① （清）游凤池：《家奉直大夫天池公传》，《游氏族谱》民国九年言堂本。

并设厂制茶,这种模式相对于他们在福建的早期模式有所变化,是在晚清战乱频仍与当局严征暴敛的时代背景之下,适应环境的结果,亦最大限度地维护了晋商自身的经济利益。晋商在鄂南的这种活动模式,对于晋商的家乡山西,不用说是带去了由大量白银所代表的巨额财富,所反映的,是晋商"以末聚财,以本守之"的经营理念。而对于晋商活动的鄂南,则是首先带来了茶地的大规模开发,以及性质为"第一桶金"的财富和竞相建造行屋的当地绅商的行为特点,继而促使其主动引入英国茶商代理,并逐渐壮大自身,为同光时期"洞商"成长为具有相对雄厚的资产、独立特性和独特行为特征的商帮打下了基础。当然,那已经是后话了。

"讨价还价"：天津的同业公会与
日用商品之价格管制(1946—1949)*

魏文享

(华中师范大学中国近代史研究所)

1945年8月15日，日本宣布无条件投降，中国终于夺取抗战之最后胜利。和平消息传遍全国，舆论一片欢乐轻松，对战后重建充满期待。这种胜利久违的民众心理也在物价上面体现出来。在8月最后一周，原本受到物资管制的商品大量半价抛售，全国物价突然下跌。这本是市场供需回归正常的信号，如顺势利导，恢复生产，疏浚交通，稳定货币，或可根本解决物价高悬和物资短缺之苦。孰料这只是极为短暂的轻松时光，至10月间，物价死灰复燃，重回上升通道。进入1946年，通货膨胀已如脱缰之马，一发而不可收。1947年2月，国民政府重启经济管制政策，颁发经济紧急措施方案，对重要日用必需品实施限价。此时的管制吸取了抗战经验，政府部门将行政监察与商会、同业公会的商人组织体系相结合，以期提高政策实效。①

天津为华北经济中心，进出口贸易之集散地，"举凡金融及商品市

---

* 项目说明：2013年国家社会科学基金项目"国家与民间互动视野下的近代所得税研究"的阶段成果，项目编号13BZS051。国家社科基金重大招标项目"近现代海外中华商会研究（南洋地区）"阶段性成果。

① 关于抗战时期的价格问题，在讨论经济统制政策及通货膨胀问题时较多涉及。参见杨培新编《旧中国的通货膨胀》，人民出版社1985年版；张公权《中国通货膨胀史（1937—1949）》，文史资料出版社1986年版；虞宝棠《国民政府战时统制经济政策论析》，《史林》1995年第2期；刘殿君《评抗战时期国民政府经济统制》，《南开经济研究》1996第3期；魏文享《商人团体与抗战时期国统区的经济统制》，《中国经济史研究》2006年第1期；杨雨青《抗战时期物价问题之我见》，《北京社会科学》2012年第1期；等等。

场，其左右社会经济至为举足轻重"。① 在全国经济形势恶化、价格全面上涨的困境中，天津亦在努力应对。在天津市社会局主导的价格控制体系中，商会和同业公会是其中的重要环节。笔者在天津市档案馆查询的行业档案中，发现同业公会与各业限价政策之实施关联密切，其作用并不限于单纯执行限价方案，还与政府频繁进行着"讨价还价"活动。关键在于，在物价急剧上涨过程之中，同业公会是否及如何在涨价与限价之间获得价格均衡？本文选取天津的粮食业、煤炭业、布料业、洗浴理发业等提供日用商品和服务的行业作为研究对象，尝试对同业公会在价格控制体系中的角色进行解读。经由天津各业同业公会的表现，也试图进一步探析内战时期政府价格管制政策之实施途径，探析严重通货膨胀环境中行业组织之应对方略。②

一 "定价"：内战时期天津的价格管理体制及公会职责

抗战胜利后的平静很快逝去，内战烟云弥漫全国。通货膨胀又如恶魔降临，其直接表现就是物价的迅速飞涨。根据财政部颁发的全国定售物价总指数，如以1937年指数为100，1945年已升至163160，1946年达339221，1947年达2697100。③ 再据分地区之物价对比，以1937年1—6月平均指数100为基数，到1947年9月时，上海的指数是4635700，重庆是2590240，长沙是3481400，贵阳是1564323，天津是4574905。④ 物价涨势汹涌而至，西部地区稍低，天津的指数涨幅与上海不相上下。

张公权在抗战后曾担任过经济委员会主任和中央银行总裁。据他的分析，战后初期出现通胀的主要原因是国民政府要发动内战，军事开支

---

① 天津档案馆等编：《天津商会档案汇编》（1945—1950），天津人民出版社1998年版，第844页。
② 参见魏文享《近代工商同业公会研究之回顾》，《近代史研究》2003年第5期；魏文享《回归行业与市场：近代工商同业公会研究的新进展》，《中国经济史研究》2013年第4期。
③ 《财政部颁发全国定售物价总指数》（1947年3月15日），天津档案馆等编《天津商会档案汇编》（1945—1950），天津人民出版社1998年版，第866页。
④ 张公权：《中国通货膨胀史（1937—1949）》，文史资料出版社1986年版，第65页。

成倍增加。中央银行在东北发行巨额的流通券,限期强制伪钞兑换法币,都加剧了物资短缺的境况。① 内战爆发后,又肆意扩张信用货币,滥发钞票。据中央银行的统计数字,1945年增发法币842400百万元,1946年增发法币达2644200百万元,增长3倍有余。1947年,达到29462400百万元法币,1948年1—6月达163332800百万元,法币滥发已经完全失控。② 价格飞涨之下,人心惶恐,投机严重,政府紧急采取措施实行限价政策。1947年,行政院制定了《经济紧急措施方案》,要求平衡预算、取缔投机、发展贸易、稳定物价。关于物价方面,方案规定:行政院指定若干地点为严格管制特价之地,各地政府机关应动员全部力量稳定物价;指定地的一切日用必需品严格议价,依照取缔违反限价、议价条例及评议物价实施方案办理。方案尤其强调要对民生日用必需品保证供应,行业范围以饮食、燃料、布料为主,包括食米、面粉、纱布、燃料、食盐、白糖及食油等。方案关于日用品供应方面还特别规定:民生日用必需物品出售之价格,由主管机关核定公布之。经营之工商行号出售价格不得超过公布价格,不得囤积日用必需品延不供应。如有违反,"以扰乱市场论罪,从重惩处"。③

天津市的物价形势亦极为严重,涨价风潮迅速恶化。1945年11月1日,天津商会召集粮业、油业、猪羊肉业、棉布业、百货业等日用必需品业公会的会长商议应对措施。各代表认为,本市各货存底不丰、外埠交通梗阻导致供不应求是为主因,黑市操纵依然存在,亦可影响物价,会议提出疏通货源、恢复生产、开放查封日伪仓库物资等解决办法。④ 到内战爆发后,经济形势更为严峻。据1947年10月20日《工商新闻》所载,天津物价极为混乱,"为历次涨风未有之现象,物价均向高峰挺进,瞬息万变"。食米市场危机更甚,"米价成野马飞腾,投机米蠹,目无法纪,横行市场,混乱异常"。面粉、纱布、食油各业,货源减少,原料剧

---

① 张公权:《中国通货膨胀史(1937—1949)》,文史资料出版社1986年版,第48页。
② 同上书,第55页。
③ 《经济紧急措施方案》(1947年,国防最高委员会通过,行政院颁布),《经济紧急措施法令汇编》,大东书局1947年版。
④ 《(1945年)十一月一日召开各业公会会长平抑物价谈话会记录》,天津档案馆等编《天津商会档案汇编》(1945—1950),天津人民出版社1998年版,第839—844页。

涨,"货主喊价更见猖狂"。政府派遣便衣经济警察,严厉检查同业交易。① 天津工业会也指出:"年来物价步步狂涨,人心惶恐,大有不可终日之势。长此以往,经济必趋崩溃,治安无法维持,其结果何堪设想。"② 价高世乱,抢购成风,政府和工商界急于寻找应对之策。

依据国民政府的政策设定,国统区的市场管理是采取打击囤积、限价与配售相结合的办法进行的。国民政府重新颁发《非常时期评定物价及取缔投机操纵办法》和《取缔囤积日用必需品办法》两大法规,前者是1939年2月经济部公布,后者是1940年12月公布的,此时旧政新用。③ 1947年2月,行政院通过颁布了《评议物价实施办法》,将商会、同业公会纳入价格评议体系之中。办法规定:全国各重要地点须设立物价评议会,其职掌包括评议民生日用必需品之售价、检举违反议价之行为。评议会由主管官长任主任委员,委员7—11人,由地方政府从参议会、商会、工会及工商同业公会中选聘之。评议分为初议与复议。初议由主管局派员与同业公会代表会同议价,报告物价评议会。评议会核定后,报请地方长官核定公示。议价标准系按成本依向例酌加利润,核定价格由政府公告,商店须将价格表标明于店门前或物品上。成本发生变动有评定新价必要时,须重新议价,未经议价核定前不得加价。④ 商会、同业公会直接以公司、商号为会员,能够准确掌握和监察物价变动情况。特别是同业公会,对于各行业的价格议定,本身就有相当的话语权。政府通过同业公会来贯彻管制政策,对行业利益的保护也是有利的。在天津市,社会局既为同业公会之会务管理机构,也成为价格事务的负责机关。

商人团体是战后人民团体重建的重要内容。1945年11月,社会部发出通令,要求收复区人民团体进行整理登记。凡敌伪指使成立者一律解

---

① 《工商新闻》第51期,1947年10月20日。引自天津档案馆等编:《天津商会档案汇编》(1945—1950),天津人民出版社1998年版,第867页。

② 《天津工业会关于物价狂涨通货膨胀原因剖析并解决办法提案》(1947年10月),天津档案馆等编:《天津商会档案汇编》(1945—1950),天津人民出版社1998年版,第1298页。

③ 《非常时期评定物价及取缔投机操纵办法》和《取缔囤积日用必需品办法》,《经济紧急措施法令汇编》,大东书局1947年版。

④ 《评议物价实施办法》(1947年2月25日行政院通过),《时事公报》1947年2月22日。

散，其余依法调整，重要工商业团体尤应迅速重建。天津市社会局转发社会部令，还要求天津商会提供实施意见。① 在沦陷时期，天津的商会、同业公会多为亲日及投敌分子掌控，在依令对伪商会进行解散之后，首先面临的就是人事改选问题。1945年10月初，天津市政府派杨西园、王晋生、张伯麟、王翰卧、宋棐卿、张紫宸等19人为天津市商会整理委员会委员，杨西园为主任委员，王晋生、张伯麟为副主任委员，10月29日正式办公。② 商整会一面接收旧商会之各项文卷，一面推动各业同业公会改组重建。按照商会的成立程序，公会改组是商会成立的前提条件。经过努力，商会下属的100多个同业公会重新实施登记。1946年10月1日，商整会召开会员代表大会，通过新章程，选举了新的理监事成员，新的天津市商会宣告成立。③

同业公会之整理委员系由社会局在各业中选择"思想正确、信誉卓著并无不良嗜好之会员"担任，如油坊业为张玉琪、宋文彬、张惠村、宁振麒；炭栈业为张金明、杨子如、郭土奎；猪肉业为陈福泰、李富康、杜广新、姜华庭等7人，姜华庭后来还担任会长；饭馆业为邹和印、栾希棠、孙述南等5人；灰煤业为李旺南、袁子真、李景汉等7人；零售粮业为林相臣、张紫宸等5人，张紫宸后担任理事长；帽业是王华甫、印心斋、张誉闻；油业是宁振麒、范玉和、刘子云等5人；斗店业为王玉衡、王子承等6人；糖业是李阔田、徐艺五、赵光汉。④ 是否是"思想正确"无缘得知，可以确定的是整理是由社会局直接掌控。⑤ 为强化商会和同业公会，社会局要求非公会会员应按业类组会，否则应加入公会。光

---

① 《社会局转发社会部收复区人民团体举行总登记并津商会速提供实施意见训令》（1945年11月6日），天津档案馆等编《天津商会档案汇编》（1945—1950），天津人民出版社1998年版，第7页。
② 《天津市商会整理委员会组织规则》（1945年12月），同上书，第10页。
③ 《津商会向社会局呈报该会第一届理事会改选及变动情况函》，同上书，第18页。
④ 《社会局核准委派之各同业公会整理负责人名册》（1946年1月至2月），载天津档案馆等编《天津商会档案汇编》（1945—1950），天津人民出版社1998年版，第90—92页。
⑤ 《社会局颁发非公会会员审核表命津商会遵照办理指令》（1947年3月12日），同上书，第93页。

复初期，天津商会所属同业公会有 115 个，少数公会系合并而来。① 根据 1946 年 9 月的统计，改组后的同业公会有 127 个，覆盖了绝大多数的工业和商业行业。② 同业公会的恢复与重建，使政府得以与各个行业建立组织与制度化的沟通渠道，也获取到了将政策向市场及企业层面推进的组织平台。天津市按照《评议物价实施办法》，建立了各业议价评价委员会。委员会之职责，在于接受各业价格申请，评定价格之合理性，确立各业标准售价。在各同业公会内部，也设立有福民会及类似的价格评议机构，以在业务上与评价委员会对接。

到 1947 年 10 月 27 日，国民政府颁布《工业会法》，将工业会与商会分立，希望更进一步推动工业的改良与发展。天津到 1948 年 5 月召开成立大会，正式设立工业会。按章程规定，会员以同业公会作为团体会员，企业也可以加入作为工厂会员。工业会有大量的工厂会员，团体会员有普通工业 9 个行业的同业公会，重要工业约有 16 个行业的同业公会。③ 据胡光明、任云兰、李勇军等人的研究，在成立之后，工业会与商会在人事方面仍有一定的交叉性。④ 工业会的成立并没有改变社会局与同业公会的组织关系，二者间的信息交流机制依然存在。

二 "限价"：同业公会的议价与控价活动

根据经济紧急措施所规定的限价范围，主要是粮食、棉纱、燃料、食油、食盐和食糖等日用必需品行业。本文也将鞋业、猪肉业、理发业、澡堂业、旅店业、洗染业、百货业等关系民众日常生活的行业纳入考察。天津的粮食行业涉及数个同业公会，分别是粮业同业公会、杂粮斗店同

---

① 《光复初期天津商会所属各同业公会组成情况简明表》（1945 年 10 月），天津档案馆编《天津商会档案汇编》（1945—1950），第 112—118 页。
② 《天津市商会各同业公会会员代表名册》（1946 年 9 月），同上书，第 119—135 页。
③ 《天津市工业会章程》（1948 年 5 月），天津档案馆编《天津商会档案汇编》（1945—1950），第 394 页。
④ 胡光明：《论国民党政权覆灭之前的天津商会与工业会》，《天津社会科学》1999 年第 1 期；任云兰：《天津市独立工业团体的兴起及其对商会的影响》（1946—1950），《天津社会科学》1999 年第 1 期；李勇军：《工业会的成立与商会的分流——以战后上海工业会为个案》，《华中师范大学学报》2008 年第 5 期。

业公会、米业同业公会、面粉业同业公会。粮业主要从事米粮批发，杂粮业又称斗局、斗店，专事采运米麦杂粮囤存发售，米业专售大米。面粉业公会又称三津磨房业同业公会。另如食油、食糖也属饮食范围，公会是机制油业同业公会、糖业同业公会。鞋业、猪肉业、理发、澡堂、旅店、百货等都属于商业同业公会，面粉业有工业同业公会。燃料业即是灰煤商业同业公会。

从天津限价政策的发展阶段看，大致可分为三个时期。第一阶段是从1945年10月物价恢复上涨至1947年2月实行经济紧急措施。在这一阶段，天津市的社会局已经将同业公会纳入价格监控体系之中，同业公会也在自主地参加价格评议活动。这一做法，其实是沿袭了同业公会在沦陷时期及战前的价格调控经验。第二阶段是从1947年2月经济紧急措施全面实行限价政策，至1948年8月19日金圆券取代法币。在这一阶段，天津成立了各业议价评价委员会，同业公会在价格调查、价格评议及价格监督方面发挥重要作用。第三阶段是从1948年8月19日至天津解放时期。金圆券改革后，社会局确立以当天之物价水平作为控价标准，要求相应兑换成金圆券标价。但随着金圆券的超发泛滥，物价狂涨之势并未得到遏制。政府依然要借助于同业公会来进行价格控制。在这几个阶段中，同业公会实际上一直都是价格管理和评议过程中不可或缺的角色。稍不同的是，在第一阶段，因为议价委员会还未成立，价格的评议方式稍有区别。

限价政策的实施包含议价、审核、平售、监督这几个步骤。议价是由同业公会进行业内商议或官民合议，在确定初步价格方案后，将之上报社会局或议价评价委员会，通过后各业方可按价售卖。监督是在平售过程中，禁止有私自涨价或黑市交易行为。在这几个环节中，最为核心的是议价和监督程序。

（一）议价与审核

议价是在官方与同业公会之间展开。在标准价格确定之前，社会局和同业公会都会根据各自准则进行判断，提出自己认为合理的价格。社会局考虑的是物价的涨幅、民众的承受和市场供需情况，因此希望尽量压低价格。在同业公会方面，考虑的是成本额度、市场行情和利润情况，需要尽量维持公司、商号的再生产能力，因此多希望涨价。议价的过程其实是双方价格值的博弈磨合过程。最终议价的结果，取决于官方和议价评价委员会的认定。

从议价程序的发起来看，议价可分为官民合议和提案评议两种。官民合议，即政府或社会局如认为某一行业之价格过高，则召集相关同业公会进行调查了解，或议定限价标准，再予以公布实施。在1945年10月至1947年2月，这种方式采用较多。1946年1月31日，因粮食价格上涨过快，社会局要求批发粮业同业公会、杂粮斗店同业公会、米业同业公会召开联席会议。按照来源及市价情况，考虑到加工运输消耗以及最低利润等，议定批发及零售价格。如稻米较高品质的，批发粮业公会定价为每百斤18000元，零售商加必需费用及利润后，应售价格为每斤199.43元，零售粮业公会公议价格为192元。品质稍次的，批发粮业公会公议价格为每百斤17200元，零售商加必需费用及利润应售价格为每斤190.63元，零售粮业公会公议价格为每斤184元。其余小麦、小麦粉、玉米、小米等均按此规格定价。[①] 议定价格较为详细，分按不同品类分级定价，考虑到成本与利润的比额，也对批发与零售的价格进行了区分。同时，三大同业公会还呈报社会局，因有非会员不遵公议的情况，请社会局派员到市场督饬遵行，并请出布告通知以期一律，"不然则在一市之内开价各市场不同，只限属会会员遵守公议价格事实上亦等于毫无实效之可言矣"。[②] 会员限价，非会员加价，会严重破坏限价的公平性。

在1946年2月25日，天津市政府及社会局要求三津磨房业同业公会会同批发、斗店业同业公会议定米面杂粮零售价格，并通知会员遵照办理。公议价格包括批发公议价格和零售公议价格，经议定小麦每百市斤批发价为法币26000元，零售价为每斤法币348元。玉米批发价百市斤13000元，零售每斤156元。稻米批发百市斤38000元，零售每斤420

[①] 《为拟定食粮公议价格准予备查事致天津市批发粮业同业公会指令（附原呈及表）》，1946年2月8日，天津市档案馆藏，档案号：J0025-3-001130-001。
[②] 《为报送拟定粮食会议价格表事致天津市政府社会局函（附表）》，1946年2月3日，天津市档案馆藏，档案号：J0025-3-001130-005。

元。① 较前价相比，粮食价格已经上涨到惊人的地步，民食与民生都受到极大影响。在议价过程之中，官方也遣派代表参加，议价结果相当于也得到官方认定。

不过因为物价基数已高，在议价中难以片面压低价格，粮食价格仍不断攀升。到1946年8月29日下午，天津市政府召集批发粮业同业公会、磨房业同业公会举行联席会议。到会者有市长代表、市参议会、市党部、警备司令部、河北田赋粮食管理处天津区储运处、警察局、财政局、社会局代表，还有批发粮业公会会长董晓轩，磨房业公会会长张紫宸。会议讨论的主题是平粜结余粮食出售的定价问题。这部分粮食分存在各平售店内，原标售价格过低，因此市政府要求公议适当提价，由各售粮店留购，"以免公家损失"。会议还决定，由三津磨房公会代收价款，在一周内汇缴平价售粮办公处。会议还提出，因市内粮价高涨，应利用平价款1.5亿元采购食粮小组在关外各地迅速采购，"限期运津，续办平，以济民食"。讨论决定由批发粮业及半店业同业公会"克日电俯迅即于一周内购齐运津，以便早日办理平售"。② 同业公会参与粮食定价，同时承担着购粮及平售的重要职责，有助于提高价格分业调控的效率。

提案评议是同业公会经官方指令或自主进行业内评议，将评议价格提交到社会局或议价评价委员会进行审核。如获通过，则公示各业按此价格平售。如遭否决或修改，则需依社会局指令行事，不得自行涨价。在1946年1月底，社会局指令理发业、旅店业、饭馆业、澡堂业公会议定价格呈报核准。到2月初，理发业拟定了分等价格表，如男部理发，特级法币200元，平头180元。旅店业中，特级法币350元每间，甲级300元每间。澡堂业中，特等法币50元，甲级40元，等等。③ 1947年2月，天津市社会局、警察局曾召集汽车商业同业公会、三轮胶皮各公会负责人在警察局讨论重新规定各项车辆雇用价格。关于汽车部分，计坐

---

① 《为会同议定米面杂粮零售价格备案事致天津市政府社会局胡局长呈（附表）》，1946年2月25日，天津市档案馆藏，档案号：J0025-3-001130-014。

② 《处理平粜结余粮食议价会议记录》，1946年8月，天津市档案馆藏，档案号：J0025-2-000640-043。

③ 《为核定各业价格事致理发业职业公会旅店业同业公会等指令（附价格表）》，1946年2月9日，天津市档案馆藏，档案号：J0025-3-001134-001。

车每小时价格 8000 元，载重每趟 35000 元（路远者 4 万元）。公会将此呈送议价委员会第十七次会议审议，通过备案。① 议定价格提交通过后，则向同业公示。公示方式可以是店门前张贴，或者用价格标签注明。

在呈报中，需要与价格表同步提交的还有成本说明书。成本说明书要详细说明本业产品或者劳务的成本构成及相应的比例，再明确规定价格中的利润比例。1946 年 1 月，天津市机制植物油业同业公会接社会局通知，要求该业拟具价格呈报核定，以为平抑物价之标准。公会经议定，呈报油价计算表。公会呈报的花生油价格构成中，花生米百市斤成本 11000 元，开支 400 元，利润 400 元，支出总计 11800 元。产饼量及价值 1404 元，产油量 36 斤，均价计算每百斤 28878 元。② 社会局审议认为价格过高，确定花生油价格为每斤 260 元，要求公会"转饬各会员商号遵照标价售卖，非经呈准不得自行加价。如有违反，即照该公会公约从严议处"。③ 成本说明可以为议价之合理性提供参考，从行业呈报情况看，各业的原料及人工成本都上升很快。1947 年 6 月 12 日，天津煤商业同业公会奉令施行评议物价实施办法，造具议价表及计算书。计算书中，标明米价、亏吨、运费、利息、管理费、捐税，此列入成本，利润按成本 15% 计算，合为总价。④ 1947 年 7 月 19 日，煤业同业公会呈社会局，因社会局认为前此公会呈报价格过高，难以准行，要求参照现行批发及零售价格予以核定，门头沟煤每吨 60 万元，末煤及煤球每吨均 40 万元。公会对此不满，认为此定价"与实际情形相差甚远，本会实在无法接受遵办"，对社会局的核议价格表示抗议。⑤

不论是官方指令的行业议价，还是公会的议价提案，通过社会局或议价委员会的核定，最终成为行业的合法售价。在物价频繁上涨之际，

---

① 《为汽车赁价致市社会局呈（附天津市区汽车雇用价格表）》，1947 年 2 月 17 日，天津市档案馆藏，档案号：J0025-2-000628-018。
② 《为核定花生油价格事致机制植物油同业公会指令（附机制油公会呈公约等）》，1946 年 2 月 10 日，天津市档案馆藏，档案号：J0025-3-001131-001。
③ 同上。
④ 《为报送煤球等价格计算表致天津市社会局呈（附表）》，1947 年 6 月 14 日，天津市档案馆藏，档案号：J0025-3-001274-019。
⑤ 《为无法接受核定门头沟块煤及煤球等价格事致天津市社会局呈（附天津市煤斤价格报告表）》，1947 年 7 月 19 日，天津市档案馆藏，档案号：J0025-3-001274-023。

这一办法可以在一定的时间点上确立与成本相应的市面价格。对于各业呈报价格，社会局具有修改或驳回的权力，社会局及其主导的各业议价评价委员会掌握着最终的决定权。同时，各业议价均提交了成本说明及价格表，以此证明业内的议价也具有合理性。如过分压低价格，黑市交易有可能会变得严重。因此，社会局的议价终审权也受到市场行情的整体制约。

（二）价格监督与惩罚

在限价政策的实施过程中，价格监督极为关键。在市场供需失衡、投机之风盛行的情况下，议定的行业价格公布之后，也可能会有商家冒天下之大不韪，私自加价获利。同时，限价政策是要求同一行业所有商家均须按议定价格平售，替代了商家自身的定价权。在议价之时，公会虽已经考虑到不同品质商品的差异而实行分级定价，但价格的变动区间仍极为有限。无论是暴利投机，还是制度漏洞，都有可能推动商家铤而走险。官方既运用行政体系，也督促公会实施价格监督。

官方监督就是政府部门或社会局组织的经济监督小组直接深入市场之中，对物价进行抽检和督察。1946年10月，天津市政府制定并公布了《取缔金银丝布油粮煤斤价格黑市暂行办法》，规定无论商号人具对于主要物资有操纵黑市等行为，悉加惩处。处罚方式分为拘留、罚金、没收、停止营业、勒令歇业五种。办法由警察局负责执行，以增强其威慑力。[①]同时，天津市社会局还成立了经济监督小组，责令各业成立福民会，协助完成稳定物价任务。在各业福民会成立后，又于1948年9月22日上午成立了福民总会，在市商会召开了成立大会，社会局团体组训科韩克敬科长代表局长参加了会议。[②] 监察人员如发现行业或商家有涨价行为，即呈报政府或社会局，直接下达训令，要求遵守限价。1947年5月19日天津市社会局局长胡梦华给市政府的呈报，国民政府训令天津市政府，要求转饬粮业、斗店两业同业公会，"对于补给机关采购国军副食马秣中之

---

① 《取缔金银丝布油粮煤斤价格黑市暂行办法》（1946），天津档案馆等编：《天津商会档案汇编》（1945—1950），天津人民出版社1998年版，第1286页。

② 《福民总会今正式成立》，《益世报》1948年9月22日。

黄豆料豆，务须按照卯东前当地价格供应，不得任意涨价"。天津市训令社会局执行，社会局分饬两公会执行并通令会员遵照办理。①

社会局对于粮食价格的监察尤为注意，也会派人员监察公会执行议价的情况。1947年6月，天津市社会局的粮食价格监察人员汇报，玉米行市已落至1520元，但磨房同业公会所呈报的玉米面零售价格，"仍未随同减低，殊属非是合行"。市社会局要求公会切实查核，从速平抑物价。公会得社会局命令后，对此进行解释。磨房工业同业公会理事长张紫宸呈报天津市社会局：所查的1520元的价格是崇明次货，不能代表行业的整体价格。公会表示，"本会会员经全体理监事随时督导，尚明大义，顾念民生，所售价格均较应售价格为低"。② 公会以此表示并未因行业私利而忽视平抑责任，以此语对社会局"表明心迹"，同时也将新的售价造表送到。1947年7月，天津市社会局指令磨房工业同业公会，要求仍予以分区继续监督玉米价格，切实平抑以收实效。③ 1947年9月17日，社会局因猪肉门市价格突然增高，经济科也传令猪肉商业同业公会负责人查询原因。公会辩解说，所属会员售价一向根据猪栈业之批发价格增加两成利润售卖，此次价格突涨，"实因批发价格高涨之所致"。④

如有发现公会阳奉阴违、私自加价的情况，社会局会加以惩处。1948年8月26日，天津市社会局训令理发商业同业公会，表示据经济监督小组查报，"该业理发价格超出核定价格甚巨"，但是公会未经呈准即行擅发价目表，"怂恿各理发店高抬价格"，违反了财政经济紧急处分令整理财政及加强管制经济办法第十三、十四条之规定。社会局决定对公会进行惩处，依照商业同业公会法第四十四条第四款之规定，"着该公会

---

① 《奉令转饬粮食、斗店同业公会两同业公会对于补给机关采购国军副食不得任意涨价》，1947年5月19日，天津市档案馆藏，档案号：J0002-2-000650-038。
② 《为玉米价落奉令监督平抑玉粉价格遵令呈报查核由》，1947年6月18日，天津市档案馆藏，档案号：J0025-2-000633-052。
③ 《呈为玉米价落奉令监督平抑玉粉价格等情仰仍分区监察由》，1947年7月23日，天津市档案馆藏，档案号：J0025-2-000633-053。
④ 《为说明近日市面猪肉价格突然增高的原因致天津市政府社会局的呈（附表）》，1947年9月19日，天津市档案馆藏，档案号：J0025-3-001146-006。

自令到之日起停止活动，听候改组"。同时社会局还呈请市政府另予议处。① 1948年9月2日，天津市社会局将理发业违反价格停顿改组事宜呈报社会部，并予备案。② 10月13日，社会局又下达训令，将该会理事长记大过一次，以示警诫。③ 天津市将理发业公会违规之事加以停会处置，又层层上报至社会部，未尝没有杀鸡骇猴、整顿纲纪之意。

政府也运用同业公会来组织生产，以平衡价格。1946年初，天津市为稳定煤炭供应，成立了煤焦供应委员会。代表包括北平行辕、平津铁路局、天津党部、参议会、警备司令部、市政府、社会局、公用局、警察局等党政军机构，还包括天津市商会、天津市灰煤业同业公会的代表。委员会要求灰煤业公会加强采运，将采运情形及售价情况随时汇报。④ 只是这样的建设性的工作难以抵消通货膨胀的负面效应。同业公会在购销中也可能存在包揽私利的情况。1946年9月，天津市为筹划预储民需煤之事，社会局与煤商业公会成立煤炭购销共营处。煤焦供应委员会为统筹机构，共营处为承担具体购销任务的组织，具体活动是配售及平售。但因共营处之垄断，一般煤商反难以生存。1947年1月20日，灰煤业有600家同业联合呈文商会，斥责共营处以低价购入劣煤，又以高价销售，扰乱市场。灰煤同业公会权力被少数理监事控制，拥权自肥，"同业公会理监事之蒙蔽当局，假公济私，甚且攫取不法得利所致"。⑤ 官方监督有其必要。

公会监督是指同业公会通过制定同业公约或处罚条款，对本业会员之售价严加约束，避免自行涨价。如有发现，或进行会内处理，或上报社会局加以惩处。在内战时期，通过制定价格公约的方式来履行限价职

---

① 《为立即停止该公会私发价目表抬高价格事给理发商业同业公会训令》，1948年8月26日，天津市档案馆藏，档案号：J0025-2-002435-013。

② 《为本市理发商业同业公会私发价目表高抬价格令停止事致社会部呈》，1948年9月2日，天津市档案馆藏，档案号：J0025-2-002435-015。

③ 《为该会抬高价格处罚事给天津市理发商业同业公会训令》，1948年10月13日，天津市档案馆藏，档案号：J0025-2-002435-016。

④ 《天津市煤焦供应委员会组织规程草案》（1946），天津档案馆等编：《天津商会档案汇编》（1945—1950），天津人民出版社1998年版，第906页。

⑤ 《天津煤商同业公会煤炭购销处共营处营业概况报告书》（1947年9月12日），天津档案馆等编：《天津商会档案汇编》（1945—1950），天津人民出版社1998年版，第909页。

能的同业公会较为普遍。

在旅店业方面，1945年12月，天津旅店业同业公会制定了《本市旅馆等级及房间定价规定办法》，将旅馆等级分为特级、甲、乙、丙、丁五级，由社会局指派旅馆业代表三人为检定人核查各店设施情形。房间定价亦分甲、乙、丙三级，对应不同等级的旅馆，其定价从高到低不等。特等旅馆的甲级房间是400元，乙级是350元，丙级是300元。办法还规定，"各旅馆认定等有经检定人员检定属实汇报社会局核定后，即由旅馆业同业人会按照等级制备房租价目表分发所属各会员。通知遵照后，非经呈准主管机关不得擅自增价，违者吊销其营业执照"。① 到次年2月，旅店业同业公会又制定了价格处罚公约。其内容如下：

天津旅店业同业公会价格处罚公约（1947年2月）②

1. 本公约以三十五年二月二十日实行之公议价格为标准，凡属本会会员均应一律遵守，其价格表别订之。

2. 首次违犯公议价格而私自增涨者，得由本会降等之处分（如原为甲级会员者，令降为乙级会员）。

3. 再犯者得由理监事会之决议并呈准天津市政府社会局酌视情节处以五千元以上五万元以下之罚金，该款全数由本会捐送慈善团体以作救济之用。

4. 犯第三次者即由本会会员大会予以除名并呈报社会局予以停业之处分。

5. 本公约自呈准天津市政府社会局之日起施行。

价格处罚公约规定，同业遵守公议价格，如有违犯，公会将进行会内惩处，再则呈报社会局予以罚款处理，最为严重者为停业处分。各业

---

① 《本会价格比较表旅馆等级及房间定价规定办法》，1945年12月，天津市档案馆藏，档案号：J0025-3-001134-008。
② 《天津市旅店业同业公会议定价格实行后处罚公约》，1946年3月6日，天津市档案馆藏，档案号：J0025-3-001135-003。

公约也基本上都包含了这些要素，在惩罚的措施方面以会内处罚、呈报罚款、停业处分，更为甚者是吊销营业执照。

再看天津市杂货糖业同业公会的会员公约。1946年1月，天津市杂货糖业同业公会呈报社会局，"因各物售价受时局关系，来源缺乏，又值农历年关，销货甚多，以致价值逐日飞涨"。1月22日，同业公会召集委员平议货品售价，将成本开支利润说明书及处罚公约送呈社会局。① 说明书开列成本及利润构成，具体规定如下：

议价说明书（重量单位：每百斤；货币单位：法币）

品名	成本	开支	利润	售价
大茴	23040	480	480	24000
花椒	21120	440	440	22000
花菜	30720	640	640	32000
木耳	96000	2000	2000	100000
白矾	8448	176	176	8800

资料来源：J0025-3-001138-001，《为核发公议价格表及修正处罚公约事致天津市杂货糖业同业公会指令（附原呈价格表等）》，1946年2月。

杂货糖业同业公会为使约定价格能够得以落实，同步呈报了议定的处罚公约。规定：公议价格会员商号应一体遵守；会员商号初次违犯公约停业三天；二次违犯公约停业一星期计七天；三次违犯公约呈报社会局撤销该号营业执照。② 如屡加违犯，惩罚力度也相应加大，最为严重的是撤销营业执照。

植物油业制定的同业公约是以罚款、停业为主及吊销执照作为惩罚手段。1946年2月，天津市机制植物油业同业公会制定的同业公约规定：本公约各项规定各会员商号应一体遵守；非经呈请社会局核准不得自行加价；如有违反处以三千元（法币）以上五千元以下之罚金；其情节重

---

① 《为核发公议价格表及修正处罚公约事致天津市杂货糖业同业公会指令（附原呈价格表等）》，1946年2月，天津市档案馆藏，档案号：J0025-3-001138-001。

② 同上。

大者得呈请社会局罚令停业若干日或调（吊）销其营业执照。[①] 价格的调整必须得到社会局的同意，才具有合法性，否则即为违规。

猪肉业也关系生活甚密，其价格受粮食影响极大。1947年2月，天津市猪肉商业同业公会制定了价格处罚公约。规定：本公约经会员代表大会议定，全体通过，共同遵守。违背公议价格抬高售价一次者，处罚停业一天。违背公议价格抬高售价两次者，处罚停业十天。违背公议价格抬高售价三次以上者，处罚停业一个月并停止会员应享权利一年。本公约呈准主管官署核准后施行。[②] 处罚是以停业时间的长短为主。

在市场自由交易时期，同业公会就具有议价的职能，其议价权为同业所赋予。同业公会在不违背法令的情况之下，拥有会内制定同业业规或公约的权力，也具有相应的处罚权。会内处罚方式有警告、罚款，至为严重的是开除退会、同业抵制，并无权吊销会员的营业资格。在内战时期的价格管制情况下，同业公会的议价权和处罚权得到强化，目的也是配合政府实施限价政策。同业公会对于同业的经营情况极为熟悉，公会参与价格自律与监察，可以弥补政府价格监管之不足。

就整体情况来看，同业公会不断强调会员遵守标准价格，主动检举或惩罚会员的情况并不多。对于非会员的涨价情况，公会倒是有所检举。1946年12月31日，天津市理发商业同业公会致函社会局，表示本业虽遵守公议价格，但是澡堂旅店所附设的理发部因非公会会员，并未遵守公议价格。公会要求社会局转饬两业理发部"按本业公议价格收费"，以免本业承受损失。[③] 在所发现的处罚案例中，基本上是由经济监督小组发现，方才予以处罚。这或可解释为，在物价普遍上涨的情况下，限价其实是与各业商家的利益相背离的。同业公会在政策管制之下，不得不遵行法令，但缺乏主动禁价的行业自觉性。在1946年涨势初起时，棉花商业同业公会曾向社会局提出严禁各业操纵居奇、强化商业道德四项办法，

[①]《为核定花生油价格事致机制植物油同业公会指令（附机制油公会呈公约等）》，1946年2月10日，天津市档案馆藏，档案号：J0025-3-001131-001。

[②]《为送公议价格表处罚公约事致市社会局呈（附表）》，1947年2月7日，天津市档案馆藏，档案号：J0025-3-001651-066。

[③]《为澡堂旅馆附设理发部分按该业公议价格事致天津市理发商业同业公会指令》，1946年12月31日，天津市档案馆藏，档案号：J0025-3-001132-026。

认为在敌寇统一管制之下,"操纵倒把、黑市暗盘,不顾信用者比比皆是",现在"恶魔已去",应矫正过去,"万不可高抬物价,操纵居奇"。棉花公会提出办法有四:其一为商会拟具商业道德规范,分发各业遵守;其二是会员如有操纵行为,即取消会员资格,交商事公断处惩处;其三为商会应每月召开商情座谈会;其四为各业公会应提供改良议案,研讨推进。①公会所说的道理不错,也是民众期待和平与秩序的真实反映。只是形势比人强,在物价飞升,生产者和消费者都追之不及之时,商业道德也变得脆弱不堪。

三 "涨价":通胀条件下同业公会的提价诉求

在政府管制之下,同业公会制定同业价格公约,严禁会员私自加价,但在物价全面上涨的情况下,单一行业显然难以承受成本的压力。在标准售价落后于物价指数增速之时,同业公会不断通过业内讨论的方式来确定新的行业价格,并将此提交社会局及议价评价委员会。换言之,同业公会在限制会员私自加价,但却以集体代表权在提升行业的价格水平,以维护本行业的利益。

在价格要素构成中,最为主要的就是成本和利润。在限价情况下,利润比例有明确限制,一般来讲不超过两成。绝大多数行业在呈报价格表和成本说明书时,都会明确列出利润数额。在各业呈请涨价的申请中,最为主要的原因是成本上涨。就通常而言,成本范围包括原料、税收、人工、运费等方面,其中税收相对稳定,原料、人工及运费的变化幅度极大。

猪肉业的情况就较为典型。猪肉售卖成本,受粮食、工人工资、运输费用增加的影响,还有屠宰税的费用。1946年10月11日,天津市猪栈商业同业公会呈报社会局,原经议定猪肉公议价格为每市斤1150元,较前有所回落。公会认为对价格有调整之必要,"否则来源停滞,即演肉荒",申请提高价格至1300元每市斤。公会所列原因包括:粮食价格上

---

① 《棉花业人会请严禁各业操纵居奇强化商业道德四项办法提案》(1946),天津档案馆等编:《天津商会档案汇编》(1945—1950),天津人民出版社1998年版,第919页。

涨，工人衣食问题负担增加，猪只喂食费用增加，运输费用增加，还有屠宰税之成本。社会局回文照准。① 到1947年5月间，同业公会刚刚申请猪肉价格调价至3500元，就因"食粮价格直线上升"，再加上外埠产地税、本埠之屠宰税，不论是津东还是平汉线来之猪只，活毛最低价格已经涨至一斤4000元左右。北平等地的批发价更达6000元左右。因此，同业公会不得不又申请调价，"为维护国税及同业计，经本会议定每市斤作价五千五百元"，请社会局批准，"以裕国难而维商艰，暨畅肉源，实为公便"。社会局经议定，批准公会申请，但价格定为5000元，较原定申请减少500元。②

猪栈商业同业公会表示遵照指令施行，"未敢稍违"，但到6月7日再度申请提价至6500元，呈报社会局批准。社会局将此提交各业议价审议委员会第31次会议审定，决定允许调价，但最高不得超过6000元。③此后在6月间，公会提出涨价到7000元获准，涨价至9500元被驳回。至6月25日，公会再度提请提高猪只批发价格为每斤10000元，经提交议价审议委员会讨论，允许该会提价至8500元。④ 1947年9月24日时，公会曾报社会局核定价格为猪肉每斤1.38万元为该业最高批发价，中秋节前不准加价。1947年10月13日，猪栈商业同业公会又呈报社会局，称中秋节已过，食粮与百物均皆升涨，本业价格亦有调整必要，申请调整为1.6万元。社会局训令，不允许超过1.5万元。⑤ 猪肉业同业公会与社会局之间，不断往返讨价还价。同业公会列举成本，议定价格，社会局或予减额同意，或偶尔驳回，但整体上价格仍然节节上升，跟上了物价上涨的步伐。

---

① 《为猪肉公议价格事致猪栈商业同业公会指令（附呈）》，1946年10月11日，天津市档案馆藏，档案号：J0025-3-001105-006。
② 《为核准猪只公议价格事致猪栈业同业公会指令（附呈）》，1947年5月19日，天津市档案馆藏，档案号：J0025-3-001105-013。
③ 《为调整猪只批发价格事致猪栈业同业公会指令（附呈）》，1947年6月7日，天津市档案馆藏，档案号：J0025-3-001105-014。
④ 《为请维持猪只批发价格事致猪栈业同业公会指令（附呈及价格表）》，1947年，天津市档案馆藏，档案号：J0025-3-001105-016。
⑤ 《为调整猪肉批发价格等事致天津市猪栈商业同业公会的指令（附呈）》，1947年10月20日，天津市档案馆藏，档案号：J0025-3-001146-011。

天津洗染业同业公会先后两次制定价格公约，但标准售价仍时时落后于物价指数水平。1946年1月，天津市洗染业同业公会拟定了成本计算表及说明书，呈报天津商会转社会局。所定处罚公约规定：公约价格应共同遵守，不得擅行涨价。如有更改，须开会公议呈请核准。如有违反，第一次予以警告，第二次罚停业七日，第三次调（吊）销营业执照。在14日，社会局派代表参加公会会议，确立了标准价格。[①] 根据公会的制价说明书，价格表分为洗活制价表、染活制价表两种。洗染业务，均注明应用材料类型及耗额、人工伙食、工厂费用，再加上利润，即为价格总成。根据公议的价格表，西服一套洗价为500元，西服大衣560元，毛类大褂400元，布类一尺70元，毛类一两100元。到1946年2月，公会呈社会局申请涨价，理由为颜料价格飞涨，人工日用等项亦较前增加，拟将议价提高，以免亏累。因所调幅度不大，得到社会局批准。[②]

至4月，公会再次申请涨价时，公议干洗西服价格一套已高达1200元，西服大衣为1200元，毛大褂900元，较前有大幅度增加。[③] 到5月，公会又表示，"前调整价格已不适用，另行请求准予施行议定之新价格，以维营业而免赔累"。公会考虑到，洗染衣物无关重要，非日用必需品，"如价格太高必至无人过问"，但因各类公营事业价格上涨，"各种物价生活指数无不逐日上涨，尤以食粮颜料及煤斤增涨为甚"。请当局予以补救。当局也没有什么有用的办法，涨价几乎是唯一的办法。从1946年的5月到10月，公会每一个月都在申请提高价格。到1947年，同样如此。1947年5月时，价格已经上升到西袄一件8500元，西服三件18000元，西裤一件7500元的惊人价格。中式大衣一件22000元，西式大衣18000元。[④] 到1948年3月8日，根据公会议定的干洗部价格，毛料西服是120000元，毛料西袄是60000元。

---

① 《天津市洗染业同业公会违反议价处罚公约》，天津市档案馆藏，档案号：J0025-3-001151-001。

② 《为拟调整议定价格事致天津市政府社会局胡局长的呈》，1946年2月15日，天津市档案馆藏，档案号：J0025-3-001151-004。

③ 《为报公议价格请准予施行事致天津市政府社会局胡局长的呈（附本会公议价格表）》，1946年4月，天津市档案馆藏，档案号：J0025-3-001151-008。

④ 《为调整洗染价格事致会费商号的通知（附临时价格表）》，1947年5月5日，天津市档案馆藏，档案号：J0025-3-001151-027。

到 1948 年 6 月，洗染业公会考虑不同会员的要求，改单一公议价格为甲、乙、丙三级定价，以便会员选择。同业可任选一种作为服务价格。公会还制定了三级价格公约，严禁"自行提高或减低"价格。违规最为严重者，将予停业处罚。① 不过月初定价未过多久，就遭到公会的否定。1948 年 6 月 26 日，公会再呈送社会局，"旬日以来，物价猛涨，较前几达二倍，前呈之价格纵蒙核准，亦已无法适用"。②

再看百货业的情况。1946 年 3 月，社会局要求百货业同业公会议定价格。经召集会员公议，拟定了 81 种商品的门市售价，呈报社会局核准。所列商品，基本都是日用生活品，如毛巾、袜子、床单、水壶、梳子、肥皂、橡皮用品等。社会局派员查核，认为"公会所议售价，较市价为高，且表列伤耗消费开支暨利润金额过多，尤属不合"，公会只得将利润核减，补送核定。③ 天津百货业同业公会也制定有同业价格公约，但是核定价格刚刚下来，就已落后于指数水平。公会反复呈请加价，同业价格依然水涨船高，上升迅速。以某一品牌的大人黄力士鞋为例：1946 年 5 月，第一次公议价格，大人黄力士鞋 5500 元，到 1947 年 6 月 16 日第四次公议价格时，已涨至 25000 元。④

根据各业公会的集体提价呈请的结果来看，虽有被社会局驳加者，但整体上看成功率极高。这也可以解释，为何在一再强调限价的情况下，各业商品及服务的价格依然扶摇直上。在公会的呈报中，最强有力的理由是粮食、原料、燃料、人工、运费及税收等成本上涨。其中，粮食价格对于各个行业都有着直接的影响。这些都是涨价的充分理由，社会局面对成本说明详细的价格表，缺乏完全否决的理由。

但是，成本上涨是物价以如此惊人的速度飞涨的根本原因吗？一般

---

① 天津市档案馆：《为拟实行三级价格事致天津市政府社会的呈（附甲乙丙三种价格表）》，1948 年 6 月 3 日，天津市档案馆藏，档案号：J0025-3-001151-034。

② 《为因物价猛涨依现时洗染原料制价议定甲乙丙三种价格请备案事致天津市政府社会局的呈（附价格表等件）》，1948 年 6 月 26 日，天津市档案馆藏，档案号：J0025-3-001151-036。

③ 天津市档案馆：《为核减公议价格并补报商号违反议价处罚公约事致天津市百货业同业公会的指令（附原呈）》，1946 年 4 月 3 日，天津市档案馆藏，档案号：J0025-3-001192-001。

④ 《为核减公议价格并补报商号违反议价处罚公约事致天津市百货业同业公会的指令（附原呈）》，1946 年 4 月 3 日，天津市档案馆藏，档案号：J0025-3-001192-001。

来说，成本推动型的价格上涨，有其价值传导的机制。在工业制品方面，往往是由原材料传导至生活资料。在农副食品方面，往往是由农产品向食品传导。价格的上涨会存在一定的周期，其幅度也会有相应的区间。但各业的涨价呈请既次数频繁，加价幅度又大，并非单纯成本推动所可以解释。最为重要的理由其实众所周知，就是货币的严重超发。在各业同业公会所列理由中，并未提及这一因素。但事实上，正是恶性的货币信用扩张导致了全国性的、全行业的价格上涨。只是货币超发是宏观的金融因素，在各行业的直接感受中就体现为成本的普遍上涨。到1948年通货膨胀已经达到极为严重的地步之时，有些同业公会在涨价呈请中已经不是单纯列举本业成本，而是结合物价指数和生活指数，将物价比较表提交社会局。

以理发业和澡堂业为例。1948年3月11日，理发商业同业公会呈报社会局，要求提高理发收费价格。公会将调整价格表及物价比较表送报社会局。按理发价目表中所标注，理发分级定价，特级10.5万元，甲级7.5万元，乙级6.6万元，丙级6万元，丁级5.5万元。特级中的平头10万元，光头9万元，刮脸7万元，不一而足。根据公会提交的同日的物价比较表：1948年1月12日，大米每斤是2.2万元，面粉每袋是100万元，玉米面是每斤1.1万元，原煤每吨250万元，煤球每吨220万元，电力每码0.75万元，水价每百加仑0.12万元，头油每磅4万元。到了3月11日，大米每斤就涨至4.6万元，面粉每袋194万元，玉米面每斤1.8万元，原煤每吨500万元，煤球每吨300万元，电力每码1.9万元，水价每百加仑0.5万元，头油每磅涨至16万元。[①] 日常必需品之价格都是上涨，理发费用也应水涨船高。不出意外，呈请被社会局批准。1948年6月8日，天津市澡堂商业同业公会在致社会局的呈报中也反映："各会员营业赔累甚巨，退请调整澡活各价，以维商艰。"会员向公会抱怨，因煤每吨涨价至750万元，水每百加仑已涨至2.8万元，电每码3.4万元。同业不堪重负，6月7日开会集议，调整价格以资救济。头楼的特池和甲池是6万元，乙池是5万元，丙池和丁池是3万元。理发是10万元，刮脸是8

---

① 《为提高理发价格事致理发商业同业公会指令（附理发业公会呈价格表等）》，1948年3月31日，天津市档案馆藏，档案号：J0025-3-001133-001。

万元。① 呈报后涨价方案也得到社会局批准。理发、洗澡,是日常生活中最为普通的消费,而其价格竟以十万计,这已经不是成本上涨所能解释的。只有货币发行信用全失,形同废纸,才会出现如此极端反常的市场价格。

在1948年8月19日,国民政府发行金圆券,每一金圆券兑换法币300万元,所有商品按照8月19日的价格折合金圆券加以冻结。非经批准,不得涨价。天津市社会局要求各业同业公会上报8月19日当天的价格,作为折算新价格的标准,各业同业公会依令而行。但是不料金圆券也迅速充水,物价成百倍千倍狂涨不止,八一九限价形同虚设。1948年9月29日,天津市鞋商业同业公会福民会致天津福民总会说:"本业所售各种鞋类应用原料工资皆非本年八月十九日之售价所能维持成本,拟请福民会设法使原料切实维持八一九价格并便于购买,否则售价请准维持合理提高,以维本业生存。"② 同业公会的意思是本业按照限价发售,但是物价上涨,难以维持,只有请福民会帮助将原料维持限价,以便于本业购买。这一呈请颇具讽刺意味,社会局既无法维持原料价格,也无法将已经上涨的物价收挽回去。在生产环节中,也出现以物易物的交易方式。在1948年10月8日、9日煤商业同业公会致天津市政府的呈请中,就表示因为粮食短缺,窑工多被遣散或自动离去,因此产量低劣,每窑生产一两吨或三四吨。其中提及,门头沟各民窑"售煤不以金圆计价完全取以粮易煤方式",无论小米麦粉以及玉米豆类,都极为欢迎,就是不要金圆券。面粉一袋半易购块煤一吨,面粉一袋换购末煤一吨,其他杂粮亦均比照面价折算。加上运津成本,块煤一吨成本约为面粉三袋,末煤每吨成本约为面粉两袋。③ 这正表明,金圆券的信用已经完全破产,其所代表的价格也失去了价值内涵。

---

① 《为调整澡堂各活价格备案事致澡堂商业同业公会指令(附澡堂业呈澡活价格表)》,1948年6月25日,天津市档案馆藏,档案号:J0025-3-001133-003。
② 《为解决鞋料价格事致天津市福民总会函》,1948年9月,天津市档案馆藏,档案号:J0025-2-002375-016。
③ 《关于市煤商业同业公会陈述门头沟煤生产情形及交易价格致天津市政府代电》,1948年10月25日,天津市档案馆藏,档案号:J0002-3-002260-036。

四　结论：政府限价与集体涨价的角力

价格是商品、服务及资产价值的货币表现形式，直接反映着市场供需状况和商品的边际效用。无论是国家的宏观调控，还是个人的讨价还价，都是希望供给和需求、付出与收益之间找到均衡点。在信用货币体系之下，价格也受到货币及信贷政策的影响。换言之，一时之价格可以说是财政收支、货币政策和商品供需情况的综合反映。在内战时期天津的价格管理体系中，同业公会作为行业组织，承担着政府委托的议价与控价繁重职责。从业内议价、官民合议到议价委员会核议，同业公会的参与使议价程序更为合理。同业公会在议价之中，考虑到成本分布、利润核算等因素，所达成的价格表兼顾了本行业的平均成本。因此，所议定的价格可以说在一定程度上具有临时均衡价格的属性。与通常以均衡价格来评估市场供给量与市场需求量的平衡关系不同，内战时期的市场供求严重失衡，物资短缺，货币超发，公会所议定的价格严格来说并不完全意味着达到供求平衡，更多是反映在这一价格水平上的成本利润均衡，是需要跟上物价全面上涨的步伐。

同业公会既代表同业参与议价，履行其行业代表权，同时也受政府之管制，参与价格监督。同业公会普遍制定了同业价格公约，严格禁止同业私自加价，否则根据情节轻重予以罚款、停业及吊销营业执照等处罚。在内战时期，同业公会的议价权及处罚权因政府授权而得到加强，私自涨价在一定程度上得到遏制。但为了跟上物价指数的上涨步伐，同业公会在履行限价职责禁止私自加价的同时，又以集体呈请方式在推动同业价格水平合法上涨。集体涨价呈请不仅周期短，而且频率高。在粮食行业、猪肉业、洗染业、旅店业、理发业等，几乎是一月数次。甚至是前次提价呈请刚刚核批或还在核议之中，就已提出新的议价呈请。在全面汹涌的涨价潮中，行业议定的标准售价呈现出高度的不稳定性。面对公会的涨价呈请，社会局虽时有削减或批驳，但难以抵挡其汹涌之势。从生产原料到农业产品，价格传导的速度完全超出正常的市场供求变动，市场已经陷入严重恐慌之中，同业公会的集体涨价行动使限价的防线实际崩溃。

同业公会以合法的集体涨价来维护行业的利益和生存空间，是符合其作为行业组织的行动逻辑的，但却与政府将之纳入价格控制体系的初衷相背离。严跃平在分析内战时期上海的同业公会价格协调机制时，认为同业公会体现出妥协与抗争的两面性。[1] 这实际上体现出同业公会作为社团法人在接受政府委托职能与履行同业代理职责的双重角色。张公权批评执行物价管制措施的一项困难是"同业公会的无能"，他认为国民党把同业公会置于它控制之下，原有的作用被破坏。在战时物价管制中，同业公会对维持会员纪律及吸收大商号方面无能为力。政府强制商人加入，但命令未得到完全贯彻。[2] 从限价效果看，这一评判是符合实际的，但又是不全面的。同业公会作为同业会员利益的代言者，其组织立场仍是本行业的生存与发展。在物价全面上涨、物资极度短缺的情况下，保持本行业的价格水平不落后于物价指数及生活指数，是保持行业生产能力和同业生活空间的理性做法。社会局在核议价格之时，对此也并不否认。张公权的另一判断较为全面："就反通货膨胀政策而论，除非把国民经济连成一个整体或外汇能源源而来，以改进供应的情况。否则，物价管制办法是注定要失败的。"[3] 价格的管控需要结合生产供应来加以改善，国民党及政府在国统区通过发行纸币来弥补财政与军事赤字，掠夺民众财富，其本质全为民众洞悉。当消费者无力承受通货膨胀之苦，生产者也无法通过涨价转移成本之时，政治与经济之崩溃亦为期不远。

---

[1] 严跃平：《民国上海同业公会价格协调研究》，博士学位论文，华东师范大学，2013年。
[2] 张公权：《中国通货膨胀史（1937—1949）》，文史资料出版社1986年版，第222页。
[3] 同上书，第65页。

民国时期豫西的械斗、打孽与蹚将

刘振华 刘 平

(上海理工大学马克思主义学院；复旦大学历史系)

对于民间械斗等社会暴力的研究，学界成果颇为丰硕，学者们尤其关注明清以来华南地区械斗与宗族、土客矛盾、会党土匪之间的复杂关系，而对华北地区的械斗、打孽、蹚将等社会暴力的研究则较为薄弱。[①]近代以来，随着社会衰败，豫西"械斗""打孽""蹚将"等形式的社会冲突不断，逐渐演化为一种暴力性的社会习俗。[②]国外学者裴宜理（Elizabeth J. Perry）的《华北的叛乱者与革命者》、贝思飞（Phil Billingsley）的《民国时期的土匪》对近代豫西暴力冲突已有一定的涉及；罗威廉（William T. Rowe）对麻城数百年来暴力史的研究及马俊亚关于近代淮北

[①] 学界对华南地区的械斗研究的代表性成果有：刘平：《被遗忘的战争——咸丰同治年间广东土客大械斗研究》，商务印书馆2003年版；郑振满：《清代闽南乡族械斗的演变》，《中国社会经济史研究》1998年第1期；罗庆泗：《明清福建沿海的宗族械斗》，《福建师范大学学报》2000年第1期；[韩]朴基水：《清中期广西的客民及土客械斗》，《中国社会经济史研究》2005年第4期；陈金亮：《试论清政府治理福建民间械斗的措施》，《求索》2009年第11期。对近代淮北地区"打孽"仇杀恶风研究的相关代表性成果见马俊亚《从武松到盗跖：近代淮北地区的暴力崇拜》，《清华大学学报》（社科版）2009年第4期；陈业新《明清时期皖北地区健讼风习探析》，《安徽史学》2008年第3期。

[②] 本文的"豫西"，以清雍正后河南府、南阳府（含淅川直隶厅）、陕州直隶州、汝州直隶州为核心地区。

社会冲突的研究对笔者从事近代豫西社会研究有一定启发。[1] 本文在学界研究的基础上，主要考察民国时期豫西械斗、打孽、蹚将等形式的社会暴力恶风及其形成的社会原因。

一 豫西的械斗、打孽与蹚将

社会习俗是社会发展的一面镜子，社会习俗的地区性差异构成了地方社会文化的主要特色之一。近代以来，豫西地区逐渐形成一种暴力性的社会习俗，最典型的是"械斗""打孽"恶风的盛行与"蹚将"的普遍蔓延。

其一，"械斗"是近代豫西地区的一大恶风。所谓械斗，一般指家族之间、村与村之间因利益纠纷无法和平解决而各携带武器集体打斗的暴力性社会冲突事件。据调查，民国以前，"邓县南部差不多还是像古时的部落时代，各村都有很深的地域观念，所以常常发生斗争的现象。此村与彼村时常发生冲突，成群结队，奋力斗争，勇往直前，往往为一点屑小事情，能杀伤许多人命，大家却是习以为常。从这里看来，便可知乡村的团结力是如何的巩固！甚至于还有数个乡村联合起来，去和他们共同所仇视的乡村为敌，俨然如同欧战时期的同盟国和协约国一样"[2]。民国初年，"邓州城西冈陵地，习俗强悍，多盗匪。城东南四十里一带，民间有械斗之风，约期约地，群相聚斗，负不起诉，唯待时报复而已"[3]。时人曾这样评述邓县习俗演变特点："邓县自清末政治窳败，上失其道，正义不彰，人心浮动，民风日坏。尚武精神，多用于械斗枪杀；文采表现，半流于刀笔词讼。"[4]

在南阳，据学者当时调查，城东王姓一族素以"械斗"出名。械斗

---

[1] [美]裴宜理：《华北的叛乱者与革命者（1845—1945）》，池子华、刘平译，商务印书馆2007年版；[英]贝思飞：《民国时期的土匪》，徐有威等译，上海人民出版社2010年版；马俊亚：《被牺牲的"局部"：淮北社会生态变迁研究（1680—1949）》，北京大学出版社2011年版；[美]罗威廉：《红雨：一个中国县域七个世纪的暴力史》，李里峰等译，中国人民大学出版社2014年版。
[2] 铁诚：《邓县民性之探讨》，《湍声季刊》1935年第1期。
[3] 白眉初：《鲁豫晋三省志》第3册第1卷，求知学社1925年版，第107页。
[4] 陈舜德：《闲话宛西集》，唯勤出版社1979年版，第211页。

时，由族长抽调全族壮丁，即便书生也要持械应征；不到者惩罚，且遭受族人蔑视。至于是否械斗，"并不在肇事人之愿否，如族中人认为该事有械斗之必要时，肇事人虽不愿亦不可得"①。该族规约称："凡族中一人有受外人之欺侮者，不惜以全族之力与之决斗。"② 在械斗时，当地遵循"杀人者偿命"的习俗，因械斗致死之事被称为"红刹案"，并认为这种死是一种光荣。这种以恶制恶式的械斗结果是把个人事化为族中事，不但未能消弭族际纠纷，反而激化矛盾，对于地方秩序稳定毫无裨益。

1933年7月，国民政府调查人员指出："豫西临汝、伊阳、宜阳、洛宁、登封一带，民风强悍……农民家里都有枪，时常械斗。去年伊阳某村甲乙两姓因事争执，发生械斗，以致全村的人完全杀光，而且杀及两姓的亲戚。后来经地方人士的调停，争斗方罢。最近临汝县也发生同样不幸的事件。"③

在毗邻豫西南的鄂北地区，民风强悍，亦有械斗恶俗。在襄阳，"近河南一带，民多尚武"④。枣阳一带，"匪乱多年，老成凋谢，敦朴之风渐漓。民俗强悍好讼，辗转报复，往往轻蹈法网而不自知。……乡间则好勇斗狠，械斗寻仇，动至相杀。东南山乡及城区附近，因水利经界，时有户族、村庄彼此械斗之风，农村妇女时亦参加械斗"⑤。

其二，除聚众公开械斗外，"打孽"仇杀恶风在豫西尤为盛行。所谓打孽，亦称"打黑枪"，多用暗杀手段杀死自己或家族的仇敌以报仇雪恨。近代以来，豫西民风强悍，民众之间细故结怨，往往动刀动枪，加害对方。轻则致伤，重则殒命。被害一方之家属、近亲、好友等，为图报复，又伺机仇杀。如此恶性循环，民间称之为"打孽"。⑥ 在方城县，据地方志记载："赵河以西，接近南阳东北部，民俗强悍，受人贿使，累年暗杀案颇多，俗称'打孽'，其习俗渐染于城镇。"⑦ 在洛宁县，常有

---

① 刘兴唐：《河南的血族组织》，《文化批判》1936年第3卷第3期。
② 同上。
③ 行政院农村复兴委员会：《河南省农村调查》，商务印书馆1934年版，第90页。
④ 湖北省政府民政厅：《湖北县政概况》第4册，文海出版社1990年影印本，第1105页。
⑤ 同上，第1140页。
⑥ 魏玉林、王华农、刘家骥主编：《中州钩沉》，中华书局2005年版，第140页。
⑦ 民国《方城县志》卷3《风俗》，铅印本，1942年版，第33页。

命案而投诉无门，民众动辄刀枪相见，互相仇杀，当地人谓之"打孽酷"。①

"打孽"有因财物、口角纷争或其他琐屑之事成仇隙者，即可出钱让"打孽"者把仇人或仇人全家打死。曾任临汝县长的毛汝采回忆，临汝村民连天生自称"打孽团长"，其团伙有长枪40多支，短枪20多支，专以替人"打孽"为业，窜扰于临汝、伊阳（今汝阳）、伊川等县边境。②民国时期，南阳县有人以"打孽"为业，只要有人给钱，他们就照出钱人的意图，去执行暗杀"任务"。有的打死1人，有的杀死全家。从1939年到1947年的八年间，南阳赊镇一带专事"打孽"者就有50余人。③

在亲情、宗族意识日趋淡化的豫西，家族内的"打孽"时有发生。民国初期，蜚声豫西的女匪首贺贞，本是普通农村妇女，因被本家大伯欺侮，儿子被"打孽"杀死，她愤而变卖家产拉杆报仇。④在姚雪垠的自传体纪实小说《长夜》中，土匪赵狮子为"打孽"替母报仇，亲手虐杀了他的两个舅舅。⑤

对于豫西"打孽"恶风的存在，国民政府官员毫不避讳。在临汝，河南省地方官员报告：临汝人口稠密，"诉讼素称繁多"，而当地司法腐败，官吏未能秉公办事，以致"微末争端，非涉讼公庭，即不克解决……仇杀、打孽惨剧，尤为比比皆是"⑥。仅在1935年，临汝就发生打孽案件100余起，"多有雇人行凶情事"。⑦1935年3月，河南视察官员在桐柏平氏大街发现一个尚未掩埋的棺木，经询问才知当地有"打孽"之风，"其将棺材厝于大街，不愿掩埋之原因，盖寓卧薪尝胆之意，以图报复也"⑧。

中共党组织也极为关注豫西的"打孽"恶风。1932年，中共巡视员

---

① 洛宁县志编纂委员会：《洛宁县志》，生活·读书·新知三联书店1991年版，第575页。
② 毛汝采：《智擒顽匪连天生》，《临汝文史资料》1987年第4辑，第19页。
③ 王执中：《赊旗镇历史上的兵灾匪患》，《社旗文史》1986年第1辑，第27—28页。
④ 张治水：《张寡妇轶事》，《洛宁文史资料》1988年第2、3合辑，第119—122页。
⑤ 姚雪垠：《长夜》，人民文学出版社1996年版，第82页。
⑥ 河南省政府第五区视察团：《临汝视察报告（1936年）》，《汝州文史资料》1991年第2辑，第3、20页。
⑦ 同上书，第25页。
⑧ 王春元：《视察日记》，《河南政治》1936年第6卷第11期。

在豫西调查指出："洛阳社会完全在封建社会阶段中。人性强悍，家族地方观念特别浓厚——如可打而不可骂，豪绅在各方面——政治上、经济上——支配一切。……农民相互'打孽'，打死人不管多少（打死三五个、十几个是常事），从不向官厅告状而只是报复。"①

由于缺乏解决纠纷的正当途径，豫西这种以暴制暴的"打孽"非但未能消解个人或家族间的矛盾，反而加剧了社会冲突。正如裴宜理在研究近代淮北仇杀恶风时所言："复仇的逐步升级招来日见增多的好斗之士，但随之而来的冲突并没有完全超出仇杀的基本模式。"②

其三，在近代豫西社会影响最大、危害最烈的是蹚将的蔓延与盛行。"蹚将"是清末及民国年间军阀混战时期豫西的一种特殊社会现象，是豫西民众对从事民变武装人群的称呼。"蹚将"称率领杆子谓"架杆"，杆子首领自称"架杆的"，官方及其媒体则称其为"土匪"。"蹚将"与历史上出现过的"绿林""响马""刀客""梁山好汉"是同样性质的称号。

一般认为，"蹚将"由"蹚匠"或"蹚杆匠"演化而来。"蹚将"原指农闲时来自农村从事木匠、石匠、铁匠、泥水匠以及从事沟堰修筑、开垦梯田的工匠，其中以豫西宝丰、汝州、鲁山、伊阳等县为中心。从事这项工作的人大都是附近的农民，在每年冬季农事稍闲后至明年春季种麦时，约四个月的时间从事这种工作。他们在做工时集成股杆，称作"匠班"。一班称作"一杆子"，每一班由有威信的人做"杆头"，出外联系活儿、分发工钱、处理纠纷等。清末民初，宝丰、鲁山、临汝等地就有"蹚匠班"成百上千杆，当地人把这些说走就走说来便来的匠人们称作"蹚匠"或"蹚杆匠"。③

蹚匠来自农民，但其组织纪律性强于普通农民。与普通农民的散漫无组织不同，蹚匠们集股成群，各有首领，平时多换帖为兄弟，内部有一定的组织；其成员大多是年未三十的青壮年男性农民，大都为生活所迫而从事此业，一经组织起来，出现三五人与匪为伍，或成群结队拉杆

---

① 中央档案馆、河南省档案馆：《河南革命历史文件汇集（1927—1934）》，甲9，内部资料，第157页。
② ［美］裴宜理：《华北的叛乱者与革命者（1845—1945）》，第87页。
③ 白朗起义调查组：《白朗起义调查报告》，《开封师范学院学报》1960年第1期。

结帮，变成明"蹚匠"暗杆匪，杀人越货，攻城破寨。久而久之，"蹚匠班"演变成盗匪。一般认为，豫西地区民众称土匪为"蹚将"，其源即出于此。①

自清末至 20 世纪 30 年代，豫西社会秩序失衡，蹚将遍地，成为中原地区一道扭曲的风景。贝思飞指出："河南，尤其是其南部和西部诸县，是典型的'土匪王国'，几个世纪以来以造反者的温床而著称。"② 在辛亥革命后的 30 多年间，仅豫西宝丰县就出现了白朗杆众武装、"老洋人"的"河南自治军"和樊钟秀的"建国豫军"三个拥有数万人之众的蹚将集团，以及孙世贵、王太、崔二旦、李老末等十数个万余人或数千人的武装集团。他们的活动范围，涉及豫、鄂、皖、陕、甘等省广大地区，对社会的政治、经济都造成极大的冲击和影响，成为本地区这一历史时期的特有现象。③

由上观之，近代以来豫西社会械斗、打孽等暴力事件的发生，多由于利益纠纷、司法不公及琐屑之事发生争执，个人或家族大多采取武力方式解决争端。而豫西蹚将的蔓延与盛行，则是本地区民众为生活或各方压力所迫，采取集体施暴的方式重新占有社会资源，满足自身需求。近代豫西械斗、打孽、蹚将等社会冲突的盛行，影响所及，在当地逐渐形成一种暴力性的社会习俗。

二 暴力习俗形成的社会环境

自然和社会环境的差异性使某些地区在历史上容易成为社会矛盾频发的区域。豫西北靠太行，南望伏牛，西倚秦岭，囊括伏牛山、熊耳山、外方山等，所属除南阳盆地、洛阳盆地外，以山区、丘陵地带为主。有

---

① 白朗起义调查组：《白朗起义调查报告》，《开封师范学院学报》1960 年第 1 期。另据笔者对河南省平顶山市非物质文化遗产"蹚将"文化传承人潘运明的访谈：在宝丰、鲁山、郏县等地，在社会上混人物被称作"蹚"，如"蹚光棍""蹚蹚路"，颇有褒扬之意，褒扬之中，人们在口语里把"蹚匠"或"蹚杆匠"演变成"蹚将"。时间：2013 年 8 月 15 日；地点：河南宝丰县政府。

② ［英］贝思飞：《民国时期的土匪》，第 55 页。

③ 张显明：《民国年间宝丰的"杆子"》，《宝丰文史资料》1994 年第 9 辑，第 51 页。

学者认为："某些物质的或地理政治的环境容易滋生一种土匪活动的强有力倾向。比如那些长期贫穷或周期性地遭受自然灾害的地区，那些传统的经济模式已经崩溃的地方，当农事不再可为，其他生计也缺乏时，就会成为骚动蔓延的地区。远离政治中心的地方，或是在国家、省、县的边缘地带，行政管辖形同虚设，也会出现为了生存而直接反抗的洪流。"① 地理学家张相文曾指出："宛、邓近许、洛之郊，川原雄壮，固皆英雄起事之资也。"② 从某种程度上说，民国时期豫西械斗、打蘖、蹚将等社会暴力习俗的形成是当地社会生态恶化造成的。

明末以来，豫西历经战乱，社会冲突不断。明末李自成等部，清中后期的白莲教、太平军、捻军及民国初年的白朗等都曾在豫西活动。从社会生态来看，当地的社会现实"使人找不到别的生路"，极易成为社会暴力滋生的地区。裴宜理指出："在特定的环境下，为了求生存而采取的最具有适应力的策略也许是集体暴力。"③

晚清以降，豫西伏牛山大小杆众林立。自1902年始，王天纵在伏牛山占山为王，结拜绿林好汉与官军对抗十余年。八百里伏牛山中大小寨主不下数十，大都拥众数百至千余。他们携新式快枪，各有其所谓保护区域。1909年，同盟会河南支部利用南阳、洛阳西连川、陕，地利可凭的条件，决定在豫陕边区发动革命。④

民国肇造，豫西社会冲突更趋严重。民国初年的白朗杆众活动于豫、鄂、陕、甘等地，给豫西民众留下深刻影响。1914年，北洋政府发出训令："豫省南阳一带，山麓丛杂，素称盗薮，改革以来，游勇散兵，啸聚尤众，迭经军队剿捕，而地当豫、鄂、秦三省毗连，此击彼窜，迄未尽除。"⑤ 1914年8月，经北洋政府军围剿，白朗杆众溃散，豫西其他各杆暂时蛰伏。此后，北洋政府和河南地方政府均无积极措施治理豫西匪患，

---

① [英] 贝思飞：《民国时期的土匪》，第26—27页。
② 张相文：《南园丛稿》（上），上海书店出版社1996年版，第30页。
③ [美] 裴宜理：《华北的叛乱者与革命者（1845—1945）》，第11页。
④ 张钫：《风雨漫漫四十年》，中国文史出版社1986年版，第42、107—112、284页；王凌云：《豫西旧社会军匪横行的状况》，《文史资料选辑》1963年第38辑，第158页。
⑤ 中国第二历史档案馆：《中华民国史档案资料汇编》第3辑，江苏古籍出版社1991年版，第223页。

致使豫西社会秩序恶化。1920年,记者在南阳访谈:"目下土匪充斥,烧杀奸房,到处皆是。殷实者逃入城,贫困者匿他方,为匪者亦不少。加以前任镇守使吴庆桐坐视不理,遂加猖獗,遗(贻)害无穷。"① 1932年,时人称南阳是"盗匪遍野,人无宁居"的土匪世界。②

豫西猖獗的匪患与驻军的频繁骚扰,加剧了社会秩序的崩溃,在一定程度上助长了当地暴力恶风。在20世纪二三十年代,北洋军阀部队、西北军、河南土著部队"镇嵩军"及地方"蹚将"武装在豫西激战不已。中共方面指出:"河南是各种杂色军队集中的省份,总计有四十至五十万之众,因此在河南一省,就形成割据分裂之现象,万选才之霸据地为洛阳,韩(复榘)、石(友三)为开封、郑州、新乡、彰德,杨虎城为南阳,樊钟秀为许昌一带,徐源泉为信阳一带,和普遍全省之土匪等。在这种情况之下,各因地方收入不同而感觉给养困难,形成相互间冲突的局面,因此战争总以河南为中心,而成为相互利益的焦点。"③ 1926年,镇嵩军与国民二军激战于陕州、灵宝一带,国民二军遗弃各种枪支约7万件,为豫西杂军、土匪所得。1927年,吴佩孚残部阎曰仁师在豫西失败,枪支武器遗留民间。同年,张作霖部战败于洛阳龙门,也遗弃不少武器在民间。④ 曾为豫西民团首领的王凌云回忆:"民元以来,北洋军阀张敬尧、吴佩孚,以及胡景翼、憨玉琨等几次在豫西混战,遗留在豫西的枪支很多;又因当兵的多,当匪的亦多,多数人有了枪,也大都会打枪,人人好勇斗狠,这就造成互相仇杀的恶风。有的因为争夺乡、保长职位,有的因为身受乡、保长的压迫,有的因女色,有的因世仇等等。于是由一方秘密拿钱,买出'打掣'能手,讲好条件,就把对方的人打死。也有子孙为先辈、妻子为丈夫报仇,亲自打死仇人的。"⑤ 至20世纪30年代中期,豫西大股土匪基本被剿灭,然民众藏匿枪支仍为数不少。1936年,"临汝全县共有壮丁44730名,枪支已登记烙印者7321支,而

---

① 杜伟艇:《灾区特别访函》,《兴华》1920年第17卷第39期。
② 《今昔悬殊之南阳》,《河南政治》1932年第2卷第2期。
③ 中央档案馆、河南省档案馆:《河南革命历史文件汇集(1929—1930)》(上),甲4,第343—344页。
④ 张钫:《风雨漫漫四十年》,第286页。
⑤ 王凌云:《豫西旧社会军匪横行的状况》,《文史资料选辑》第38辑,第170页。

隐匿未报者，仍复不少"①。

民国以来，豫西不少人因"打孽"铤而走险入杆为匪，加剧社会动荡。豫西著名"蹚将"李老幺因报私仇杀仇家数十口后，1913年在洛宁拉杆起事。1919年，李老幺杆人枪发展至两千余，成为豫西首杆。② 郭廷以回忆，他家乡舞阳县几个有名的蹚将皆因"打孽"而为匪。回教徒丁万松，"因受汉人欺凌，乘机而起，约有百余人"；朱永安，因其妻受地方绅士侮辱，遂愤而落草，"同伙约七八人，便闹得天翻地覆"；刘宝，忠厚老实，还曾在郭家当过伙计，因其兄"被另一个荒唐的弟弟所累，囚死狱中"，刘宝气愤不过，变卖田产，买了一支五响枪，单枪只身，到处绑票。③

由"蹚将"到"将军"的范龙章则是为其弟报仇愤而加入杆子队伍。范龙章出身豫西伊阳的一个贫穷家庭，不满三岁时其父去世，剩下孤儿寡母，"当时郭村的人谁都欺负我们孤儿寡母，他们甚至想把我母亲卖掉"，他家收获的烟土和耕牛被邻居偷走，家人也不敢过问。其弟与当地局子头赵宝德发生争执被打死后，无人敢主持公道。范龙章被逼上梁山——"聚义打孽"，走上为弟复仇之路。④

更有甚者，有些读书人因"打孽"而拉杆为匪。唐河县小学教师李悦亭因和校长有矛盾，校长打了他一耳光，辱骂他"烂草鞋顶不到人头上"。李悦亭怀恨在心，愤而加入豫西著名"蹚将"崔二旦部，并成为崔部参谋长。1931年5—6月，崔二旦杆众盘踞唐河县城18天，李悦亭活捉崇实小学校长并质问："你看，我能顶到头上吗？"⑤ 经历崔二旦杆众扰城的郑绍康晚年亦曾追忆李悦亭因受辱而加入杆匪之事。⑥ 据中共调查，桐柏县"蹚将"萧六少出身地主家庭，"曾读过书，还在武昌上过中学，后因他妹子被（绑）架，土匪不允放回，告状不发生效力，为复仇起见，

---

① 河南省政府第五区视察团：《临汝视察报告（1936年）》，《汝州文史资料》第2辑，第1页。

② 洛宁县志编纂委员会：《洛宁县志》，生活·读书·新知三联书店1991年版，第427页。

③ 张朋园等：《郭廷以先生访问记录》，台湾"中研院"近代史研究所1986年版，第50页。

④ 范龙章口述：《范龙章将军事略》，河南人民出版社1995年版，第134—140页。

⑤ 田中禾：《月亮走我也走》，作家出版社1993年版，第1—2页。

⑥ 郑绍康：《人生风雨》，《唐河县文史资料》1988年第2辑，第153页。

毁家当匪，现有七八年之久，也没烟瘾，从未奸淫过妇女"①。

随着豫西社会秩序的崩溃，弱势群体在用正常、合法手段无力解决其生存困境时，外出做"蹚将"成了他们的一种生活选择。民国初年，吴世勋指出："当地农民，初皆畏匪，继以匪多，无可隐避，不得不起而自卫；枪林弹雨之中，杀伐余生，胆气日壮，性情日刚，亦往往流而为匪。"② 在河南，农民反抗性较强，"最激烈而普遍的要算豫西一带，整个有十几县，一般说是土匪分据，事实上就是农民无出路的出路"③。正如贝思飞所言："贫穷总是土匪长期存在的潜在背景，而饥饿又是通向不法之徒的强大动力。"④ 1933 年，中共指出当土匪是农民的一种出路："整个的豫西（除孟津、堰师一二县外），因为山多地少……一般劳苦群众，早已陷入破产境地，在极端的饥寒交迫中，群众的出路多半是种烟及匪化或半匪化。"⑤ 1936 年，国民党河南省党部在叶县调查指出："境内屡被大股土匪蹂躏，其发生多自汝、鲁、郏、宝等县而来，烧杀淫掠，为害至惨，大率为生活压迫，或图升官发财而起，似无其他背景。"⑥

从深层次看，豫西社会习俗的暴力化与当地畸形的社会结构有着密切关系。在豫西，大量的土地被少数人所掌握，豪绅势力强大，牢固掌控社会资源，形成了与近代淮北社会相似的"哑铃形"社会结构。⑦

与近代河南其他地方相比，豫西土地集中程度较高。中共巡视员1930 年的报告称："总个的河南，客观上是'中小地主兼富农'这一混合阶级和广大的贫农、雇农和中农对立的社会，惟西南商品经济的势力比较他处弱些，大地主的势力还很雄厚。"⑧ 1933 年，国民政府调查指

---

① 中央档案馆、河南省档案馆：《河南革命历史文件汇集（1934）》，甲 6，第 84 页。
② 吴世勋：《河南》，中华书局 1927 年版，第 49 页。
③ 中央档案馆、河南省档案馆：《河南革命历史文件汇集（1927—1934）》，乙种本，第 202 页。
④ [英] 贝思飞：《民国时期的土匪》，第 20 页。
⑤ 中央档案馆、河南省档案馆：《河南革命历史文件汇集（1933）》，甲 2，第 42 页。
⑥ 《叶县社会调查》，《河南统计月报》1936 年第 2 卷第 12 期。
⑦ 马俊亚：《从沃土到瘠壤：淮北经济史几个基本问题的再审视》，《清华大学学报》2011 年第 1 期。
⑧ 中央档案馆、河南省档案馆：《河南革命历史文件汇集（1929—1930）》（上），甲 4，第 214 页。

出："一般说来，豫中多中小地主，大地主绝少。豫北中小地主亦占优势。……豫西和豫南大地主较多。内乡西北的蒲塘一村上，有罗姓的大地主四五家，拥有土地五六万亩，每年可收租麦一万多担。"① 在豫西南，"唐河、南阳等处，土地非常集中，300 顷的地主有几个，百十顷的地主就太多了，地主也有相当的势力"②。冯友兰回忆："我们那一带土地很集中，大地主有两万多亩土地。有几千亩土地的地主很不少。"③

民国以来，豫西地方政府治理职能长期缺失。中共党组织指出国民党地方政府在豫西处于边缘化的角色：在豫西，"因山多而交通不便，还存有极浓厚的封建统治与剥削方式。那里主要的统治者还是豪绅地主，国民党的势力是没有多大作用的，一区以一个豪绅（多半是由过去土匪的首领，由他的掠夺，现在已成为地主及高利贷的债主）为无上的统治者，他有生杀与（予）夺之权，就是县长也不敢管他们"④。在内乡，别廷芳掌握全县民团，操纵县政，省政府委任的历届县长皆以别廷芳之命是从。⑤ 他甚至还拒绝在宛西三县设立党部，历任河南党政当局都视别为据地自雄的土皇帝。⑥

豫西豪绅势力强大，他们不仅控制着地方各种资源，也掌握着民众的命运。据中共方面报告："整个的豫西，是豪绅地主的封建剥削最残酷的典型。土地甚少，除国民党的捐税与其他各地相同外，最特别的是广大的农民们都在某区某地的少数豪绅们的宰割之下，他们在一区一乡如同小皇帝一样的生杀予夺群众。"⑦ 在南阳，"十分之九的土豪劣绅都是社长，凡是公正一点的大小地主都不肯当社长"⑧。有论者谓："封建势力仍

---

① 行政院农村复兴委员会：《河南省农村调查》，第 4 页。
② 中央档案馆、河南省档案馆：《河南革命历史文件汇集（1928）》，甲 3，第 211 页。
③ 冯友兰：《三松堂自序》，生活·读书·新知三联书店 2009 年版，第 4 页。
④ 中央档案馆、河南省档案馆：《河南革命历史文件汇集（1927—1934）》，甲 9，第 316—317 页。
⑤ 内乡县地方史志编纂委员会：《内乡县志》，生活·读书·新知三联书店 1994 年版，第 17 页。
⑥ 李宗黄：《李宗黄回忆录》第 3 册，中国地方自治学会 1972 年版，第 327 页。
⑦ 中央档案馆、河南省档案馆：《河南革命历史文件汇集》（1933），甲 2，第 291 页。
⑧ 中央档案馆、河南省档案馆：《河南革命历史文件汇集》（1927—1934），甲 8，第 119 页。

极浓厚,各区多为其把持……做区长则甚过南面王,威风不亚于昔之将军。"① 在邓县,基层政权由掌控地方武装的豪绅控制,"小小之民团执事,竟能娶妻妾十余人,掌握生杀之大权"②。

近代以来,持续不断的军阀混战和匪患恶化了豫西的社会环境,社会武化氛围加重。正如张鸣所言:"在旧有的乡村统治秩序崩溃后,原来乡村民间纠纷和危机处理的程序已经基本瓦解了,人们开始借助各种乡村社会以外因素来处理危机,寻求正义。现在动辄采取极端手段,肉体消灭已经成为解决权力纷争的基本方式之一。"③

由于豫西豪绅势力强大,地方政府管理职能长期缺失,当地缺乏一个可以起到缓解社会冲突和矛盾的"中间阶层"。处于社会底层的民众与强势阶层发生纠纷后,由于缺乏正当途径解决矛盾和纠纷,豫西社会的弱势群体为生存所迫往往采取暴力方式维护其利益,以至于械斗、打孽、蹚将等社会暴力恶风盛行,社会武化氛围加重,豫西最终演变为社会冲突不断的"暴力世界"。④

三 从社会风气、文化教育管窥豫西暴力习俗的形成

洛阳、南阳曾是中国古代的重要都会,以其为代表的豫西长期作为封建社会的"基本经济区"之一。⑤ 自先秦至两汉、唐宋时期,豫西社会文化发达,民俗淳厚。明末以来,持续不断的战事和社会冲突使豫西"俗尚狠斗",社会风尚发生了严重的畸变。论者谓:金、元以来,"中原沦陷,数百年中,文教美术渺无可迹。盖圣人之泽衰,大盗之焰长矣"。⑥

"康乾盛世"时期,豫西一带即有轻生、刚劲、好讼等民风。据康熙

---

① 《今昔悬殊之南阳》,《河南政治》1932 年第 2 卷第 12 期。
② 魔敌:《邓县民团兴起之原因及其概况》,《湍声季刊》1935 年第 1 期。
③ 张鸣:《乡村社会权力和文化结构的变迁(1903—1953)》,广西人民出版社 2001 年版,第 65 页。
④ 中央档案馆、河南省档案馆:《河南革命历史文件汇集(1927—1934)》,甲 9,第 157—158 页。
⑤ [美]冀朝鼎:《中国历史上的基本经济区与水利事业的发展》,朱诗鳌译,中国社会科学出版社 1981 年版,第 74 页。
⑥ 吴世勋:《河南》,第 20 页。

《南阳府志》记载，明末以来，"流贼猖獗，土寇纵横，南阳尽为贼薮，少凌长，小加大，淫破义，贱害贵，礼教尽失，人心陷溺，又何可问"①。据乾隆《南召县志》记载，南召县有"好勇轻生"之民风。②据乾隆《唐县志》记载："唐民素无蓄积，一遇水旱，无贫富室，皆悬罄尽……性刚好斗，习已成风，健讼轻生，恬不知怪。"③

清末以来，豫西民风更趋"刚劲"。咸丰时期，镇平庠生王履道"忧世俗好讼，以排解为己任，再三劝谕，必求消释而后已"④。光绪《南阳县志》载，南阳、唐河一带，"习俗刚劲、好义，乐赴人之急，其弊仇杀，勇于私斗"⑤。1902年，河南巡抚锡良称泌阳："界接唐（河）、桐（柏），素称匪乡，人情浮动，遇有刁民乘间煽惑，动则啸聚成群，肆为不法。"⑥ 1904年，继任河南巡抚陈夔龙奏称："南阳民俗本属刁蛮，尤以邓州、新野两处为尤甚。"⑦ 辛亥革命前后，陶希圣随其父生活在豫西一带，曾以其少年眼光观察："中原良家子弟素来习武，以为能事。"据他回忆："豫西南之南阳府，是山岭地带，叶县、襄城诸邑尤多盗贼。其在清末，绿林规矩尚属严厉，即如采花必落网之信条为盗贼所奉行。有曲六妞者，即是以采花被捕，明正典刑，绿林无不引为鉴戒。我在第一中学时，有一年的暑假，由开封往叶县，至初秋，复从叶县返开封。我们坐骡车，走过'扳倒井'、'焦赞穆良寨'，都是盗贼出没的地方，而良民亦筑寨自保。"⑧

20世纪20年代，据吴世勋记述："河南人民，大半农业，勤奋耐劳，习俗强勇，可比直、鲁，而强于鄂、晋诸省。伏牛山一带，自明季流寇往来盘据（踞），民性狂悍，由来已久；如旧南阳府属及豫西全境，除洛

---

① （清）朱璘纂修：康熙《南阳府志》卷一，"舆地志·风俗"。
② （清）陈之陨修，曹鹏翊纂：乾隆《南召县志》，成文出版社1976年版，第201页。
③ （清）吴泰来、黄文莲纂修：乾隆《唐县志》，成文出版社1976年版，第103—104页。
④ （清）吴联元修，王诒运纂：光绪《镇平县志》卷五，"人物志·义行"。
⑤ （清）潘守廉修，张嘉谋纂：光绪《南阳县志》，成文出版社1976年版，第288页。
⑥ 中国第一历史档案馆、北京师范大学历史系：《辛亥革命前十年间民变档案史料》（上），中华书局1986年版，第193页。
⑦ 同上书，第202—203页。
⑧ 戴玄之：《红枪会（1916—1949）》，陶希圣序，食货出版社1982年版，第4页。

阳、陕县城市大道外，皆以勇悍著名，而嵩县、鲁山附近尤甚。"① 1933年，国民政府调查人员指出："土匪是河南全省普遍的现象，而豫西是他们的发祥地。临汝、伊阳、宜阳一带，民风强悍，几乎遍地皆匪；他们以有山岭为藏身之地，出没无常，所以很难肃清。"② 20世纪30年代，调查者总结南阳民风之流变："自昔尚忠朴，秦汉之际，颇好商贾。其后，民多改从事于农业，因之殷富。魏晋而后，习俗世殊，然仍敦朴尚农。明流寇陷城，土匪蜂起，由是俗尚械斗，无朴纯风。清复朴纯敦勤，不习浮华。现民俗激昂，蛮横无比，性多好杀，且日趋奢华。"③

随着社会衰败，素来被称为诗书礼仪之乡的豫西不断演化为文风衰退、武风昌盛的文化僻壤。学者研究，在清代的337个状元、榜眼、探花中，出于河南的只有5人（状元仅1人），而江浙两省状元近70名。④ 自顺治三年（1646）至道光二十年（1840），全国共录取河南籍进士1945名。豫西洛阳由明代的129名减至47名。⑤ 沈松侨指出，明清以降，宛西文风否塞，科第寥落，代之而起的是"武风"的昌盛：镇平自顺治初年以迄同治十三年（1874）年，凡得进士2人、举人14人；淅川县由明代万历甲申（1584）下及咸丰庚申（1860）三百年中，更是礼闱久虚，其勉登乡试榜者亦仅得3人。反之，宛西武风则相对昌盛。同一时期内，镇平武科得隽者凡进士3人、武举16人，其数尚在文科之上，足见本区民风犷悍，重武轻文之一斑。⑥

民国以来，豫西社会风气极为闭塞。唐河县民国初年办女学，邀请较为开明的吴清芝任学监，但她教学生的宗旨仍然是贤妻良母，"旧规矩还是要遵守的，叫你们来上学，是教你们学一点新知识、新本领，并不是叫你们用新知识、新本领代替旧规矩"⑦。冯友兰认为其母办学奉行的

---

① 吴世勋：《河南》，第49页。
② 行政院农村复兴委员会：《河南省农村调查》，第2页。
③ 《今昔悬殊之南阳》，《河南政治》1932年第2卷第12期。
④ 王天奖：《民国时期河南的学校教育》，《河南大学学报》（社会科学版）1996年第3期。
⑤ 李春祥：《河南考试史》，中州古籍出版社1993年版，第342—343页。
⑥ 沈松侨：《地方精英与国家权力——民国时期的宛西自治，1930—1943》，《"中央"研究院近代史研究所集刊》1992年第21期。
⑦ 冯友兰：《三松堂自序》，第38—39页。

是张之洞的"中学为体，西学为用"思想。据他回忆："当时我们家乡较偏僻，风气闭塞，把女子读书视为荒唐事。"① 1927年，中共河南省委批评河南社会风气的闭塞与落后："河南文化特别落后，这几年来，教育停滞，很难产生革命的知识分子输入新思潮，封建关系支配着整个农村。农民生活古朴简陋，保存部落时代相互争斗、杀人放火的习性。枪会领袖，就好像部落的酋长，到现在还在产生天门会中韩裕民（式）的皇帝。"②

豫西的乡村教育更为落后。在南阳县，时人指出："本县自轮轨通，不啻为之瓯脱，地方闭塞，文化落后，言教育则私塾林立，办学校而经费无着。……南阳教育，几至破产，绝无成绩之可言。"③ 据冯紫岗等人调查："南阳县人民教育的程度是很低的，受过中等以上教育的不过二三千人。就一般民众而言，识字者仅及全人口的9.3%。全县以一区（城区）识字者较多，占全人口的16.3%，最小如六区（山区）只占6.2%。较诸欧美各国识字者达90%以上，真有天壤之别了，就是比较中国江、浙两省也相差得很远。"尽管如此，"在这样交通不便、文化低落的环境中，南阳的教育，还要算是发达的"。④ 据河南省的调查，豫西一半县份每百人中的识字人数低于全省平均水平。在豫西南，除镇平、舞阳略高于省平均数外，其他各县每百人识字率都比较低，唐河、南召县每百人的识字率竟只及全省平均数的一半，而鲁山县识字率在豫西最低。在河南全省，女子识字率远低于男子，而豫西多数县份女子识字率（镇平、临汝、鲁山、巩县等8县除外）又远低于豫省女子的平均识字率。⑤

近代河南社会教育落后，旧式戏剧对社会风气的影响极大。道光以来，流行于河南境内的剧种就有12种以上，大多数剧种上演的是历史题材的袍带戏、征战戏，素材多源于《封神演义》《三国演义》《说唐》

---

① 冯友兰：《忆沅君幼年轶事》，《文史哲》1985年第6期。
② 中央档案馆、河南省档案馆：《河南革命历史文件汇集》（1925—1927），甲2，第340页。
③ 《今昔悬殊之南阳》，《河南政治》1932年第2卷第12期。
④ 冯紫岗、刘端生：《南阳农村社会调查报告》，黎明书局1934年版，第77—78页。
⑤ 《人口统计》，《河南统计月报》1936年第2卷第7期。

《水浒传》等历史故事。① 学者指出:"河南百余县,无不有戏剧。因其有声有色,感人最易,河南人民识字者甚少,其历史及普通知识,率得之于戏剧;故戏剧势力之宏大,无殊宗教之神权。"② 但戏剧所演内容除迷信、淫污之外,"大抵扮演水浒、响马传等盗贼劫杀之故事;此种戏剧,暗合强勇之民俗性,耳濡目染,感化最力,常人方目为社会之盗贼,而盗贼且以英雄自况,盖其道德观念,固与常人不同"③。在邓县,"定期演戏以祀神者甚多,尤以春季为盛"④。当地常演奏的戏剧,大多是古代英雄遗事,如"火烧赤壁""长坂坡""过五关""桃园结义""秦琼表功""樊梨花征西""薛仁贵征东"。英雄遗事的熏染,使邓县人"做事只求合乎人情,蔑视道德法律",以至于凡事表现出"积极""勇敢""坚毅"的激烈性,"时常喜好竞争,爱舍生取义……为弱者鸣不平"⑤。

除戏剧外,在民间影响较大的是传统侠义、志怪小说。郭廷以回忆,舞阳一带农人的消遣一般是听职业说书人讲评书,说评话,内容从"三国演义"到神怪的"西游记""封神榜",从通俗的"水浒传""七侠五义""彭公案"到"隋唐演义""北宋杨家将"。⑥ 文化学者王学泰指出:"长期以来,像《水浒传》、《三国演义》这样的作品,既反映了底层社会的游民意识,同时也强化了这种意识的扎根和流行。"⑦

旧式戏剧、小说中英雄故事的传播在一定程度上影响并塑造了乡民的行为方式。萨孟武指出,在水浒世界中,梁山英雄们极为重视义气而轻视亲情。⑧ 在社会冲突不断的豫西,"农民最重视的还是朋友义气"⑨,中共在这里动员农民倍感困难。1927 年,中共党组织指出:"从这种社会里要产生共产主义的组织与革命,自然是很难。所以农民手里作的是阶

---

① 中国戏曲志编辑委员会:《中国戏曲志·河南卷》,文化艺术出版社 1992 年版,第 13—14 页。
② 吴世勋:《河南》,第 26 页。
③ 同上书,第 52 页。
④ 《邓县社会调查》,《河南统计月报》1935 年第 1 卷第 7 期。
⑤ 铁诚:《邓县民性之探讨》,《湍声季刊》1935 年第 1 期。
⑥ 张朋园等:《郭廷以先生访问记录》,第 22 页。
⑦ 王学泰:《我们向历史要什么》,中国华侨出版社 2012 年版,第 2 页。
⑧ 萨孟武:《水浒传与中国社会》,北京出版社 2005 年版,第 12 页。
⑨ 中央档案馆、河南省档案馆:《河南革命历史文件汇集》(1933),甲 6,第 246 页。

级争斗，口里却反对革命。"① 据中共党员报告："豫省风气闭塞，民生憔悴，真所谓达于极点，有勇之徒，遂不甘待毙，同时齐、梁、燕、赵素来性近豪侠，英杰叠出，受历史的遗传崇拜了英雄主义，被环境的驱迫，更实行了土匪生活，其含了极烈的革命性，这是当然可知，然而大半尚不出溃兵败类、地坏亡民之徒。"② 豫西农民的行为方式正如王学泰所言："他们不仅从通俗小说和戏文中获得历史知识、人生经验，而且还从反映游民情绪与意识的通俗小说和戏文中受到反抗现存社会秩序的激励以及学得政治斗争、军事斗争的经验。通俗文学中带有游民气质的英雄永远是他们模范的榜样。"③

社会风气及教育文化发展水平在某种程度上折射出区域社会的内在风貌。由近代豫西社会风气、教育文化流变特点可以看出当地社会暴力习俗演变之一斑。随着豫西社会的衰败，不断暴力化的社会风气加速了豫西社会秩序的崩溃，由此陷入恶性循环的怪圈。

四 结 语

近代以来，"械斗""打孽""蹚将"等社会暴力风俗充斥豫西是不争的事实。特殊的社会环境是豫西社会暴力恶俗形成的外在条件，而落后的社会教育和狂悍的民性则使豫西民众处理社会纠纷时，往往诉诸武力。在社会结构畸形的豫西，底层民众在社会资源的角逐中始终是缺席者，他们被畸形的社会结构所羁縻，最终承担了近代豫西社会衰败的灾难性后果，成为最大的牺牲对象。近代豫西社会暴力恶风的形成是当地社会秩序失衡、社会结构畸变造成的恶果。

从政治层面来讲，作为近代中国社会转型期间局部地区衰败的典型，中央和地方政府对豫西社会的漠视是造成当地社会暴力冲突不断的重要因素。近代以来，随着皇权的式微和中央集权对地方控制的削弱，由于

---

① 中央档案馆、河南省档案馆：《河南革命历史文件汇集》（1925—1927），甲2，第340页。
② 中央档案馆、河南省档案馆：《河南革命历史文件汇集》（1927—1934），甲8，第370页。
③ 王学泰：《中国游民文化小史》，学习出版社2011年版，第249页。

地理位置远离区域政治和经济中心，僻处豫、鄂、陕三省交界的豫西沦为中央和省级政权漠视的边缘地区，豫西各种社会矛盾不但未能得到有效解决，反而更趋严重。在军阀混战、社会秩序日渐崩溃的社会大背景下，日渐猖獗的匪患与狂悍的民性相互激荡，豫西不可避免地演变为"械斗""打孽""蹚将"等社会冲突不断的"暴力世界"。

集团生活与新礼俗

——卢作孚与梁漱溟乡村基层自治模式之辨

杨彦哲

(澳大利亚昆士兰大学历史系)

一 引 言

哈耶克指出,知识,尤其是与具体事务决策相关的知识,具有明显的分散性及地方性的特征。[①] 基于这一论断,我们不难发现,对于幅员辽阔、人口众多的大国而言,地方自治是进行有效管治的重要基础。而对于历史上以农业立国的中国而言,乡村基层自治更是历代国家管理者无论出于何种考虑——如囿于技术、交通条件无法将国家权力完全延伸至基层地方,或试图提升地方治理质量及效率——所必须面临的一大课题。及至20世纪二三十年代,在全国性乡村危机的时代背景下,无数仁人志士对乡村基层自治进行了艰辛的探索。其中,梁漱溟在邹平以"新礼俗"为核心的基层自治实验及卢作孚在北碚所创立的"集团生活"模式,可谓是这一系列基层自治模式探索中的两大典型实践。分析并总结这两大模式的经验、教训,辨析其变革路径,对于当代中国的乡村治理改革仍具有不容忽视的现实意义。

[①] Hayek Friedrich August, "The Use of Knowledge in Society." *The American Economic Review*, Vol. 135, No. 4, 1945, pp. 521–523.

二 梁漱溟的"新礼俗"之梦

在经历了1929年李济深在粤失势的打击及1930年河南村治学院风波后，梁漱溟几经辗转，终于在时任山东省主席韩复榘的极力邀请下，于1931年1月来到邹平，延续他此前未竟的乡建救国大业。[①] 由此，这位自24岁起便怀抱"吾曹不出如苍生何"这一经世济民的豪情壮志的末代大儒，也终于在颠沛半生将近不惑之年得到一块相对稳定的用武之地。

在此之前，梁漱溟虽然也受邀北上参观，考察了不少乡村建设的试点地区，但却始终对这些同道志士们所进行的工作抱有疑虑甚至是异议。在梁漱溟看来，尽管面临着经济侵略、军事威胁等破坏性力量的外部冲击，造成彼时中国风雨飘摇的局面的根本问题却在于内部的"文化失调"——"千年相袭之社会组织构造既已崩溃，而新者未立"——所导致的社会失序。[②] 或许在旁人——乃至今人——看来，梁氏将如此一团乱麻的局势及种种具体的政治、经济、社会问题统统归因于一个抽象的文化问题，着实有些荒谬。然而，梁漱溟自有其独到的判断与逻辑：不尽早恢复社会秩序，则无以提供国家发展所必需的稳定环境；而在西方文化及制度"水土不服"且没有任何现实模板可以简单照搬的情况下，不重建、拯救日益式微的传统文化并由此发展出一套真正适合中国社会的政治、经济制度，则无以重建秩序、凝聚人心。由是观之，从文化入手解决彼时中国的困局，看似曲线救国，实则是真正的治本之策——梁漱溟对此坚信不疑。

值得注意的是，尽管梁漱溟拒斥西方经济、政治等方面的主张，并极力反对西方制度的移植——除却认为中国缺乏西方制度赖以生存的社会文化土壤及经济基础以外，梁氏由"人类文化三期论"中得出的由中国文化转进西方文化是一种退步的结论，也决定了梁氏不可能接纳西方

[①] 梁漱溟：《忆往谈旧录》，金城出版社2006年版，第171页。
[②] 梁漱溟：《乡村建设理论》，乡村书店1939年版，第17—22页。

模式作为中国未来的发展方向①——但这并不意味着梁氏对西方文明和发展模式的全盘否定。梁漱溟认为，"团体组织"是促成西方强大的关键力量之一，而这也恰恰是传统中国的主要弱点所在。西方制度固不可硬搬，但梁氏相信"团体"自有其东方形式，可以通过对于"新礼俗"的培养而形成，一旦形成则可弥补中国在这一方面的不足。② 所谓"新礼俗"，顾名思义，即是一种新式的道德礼俗，这一礼俗既不脱离传统，又较传统更为灵活、高远。梁氏曾指出，他所欲重建的礼俗与道德，绝非完全沿袭旧有的一套早已僵化腐朽的空洞说教与仪式，而是通过一定的引导与讨论，让社会自行孕育出一套新的风俗和规范。③ 以"新礼俗"为根基发展、完善而成的东方形式的自治团体，才是最适合国人的基本组织形式，才能结束国人一盘散沙的局面——由此逐层递进自然衍生而成的行政体系、政治制度及社会文化才能真正解决中国乃至整个东亚所面临的困境，甚至在一定程度上也是饱受资本主义和现代市场经济异化之苦的人类的唯一出路。

至此，结合前文所提及的"文化救国论"，梁漱溟的救国方略也终于穿越种种晦涩模糊乃至纷乱的文字，完整而清晰地呈现在我们眼前：即欲拯救大厦将倾风雨飘摇的中华文明，则必仰赖文化传统及团体组织的力量；而欲重建日益衰落的文化并创造东方式的团体组织，则必以梁氏倡导的"新礼俗"作为基础和方向——否则文化归复必将失之守旧而成为国家发展进程中的阻碍；而团体组织的构建亦将因脱离传统的土壤而无以建立和发展乃至走向一次又一次畸变，进而使社会继续长久处于一种失序状态，人心涣散，更遑论以团体组织之威助力国家进步？由是，我们不难看出，"新礼俗"这一概念是梁漱溟所构想的复兴蓝图的核心组件——"新礼俗"之梦，正是梁漱溟的中国梦。

不过，这样一种"新礼俗"的具体内容究竟为何，我们在梁漱溟的

---

① 梁漱溟：《中国民族自救运动之最后觉悟》，载梁漱溟《中国民族自救运动之最后觉悟》，中华书局1933年版，第63—65页。
② ［美］艾恺：《最后一个儒家——梁漱溟与现代中国困境》，郑大华等译，湖南人民出版社1988年版，第211页。
③ 梁漱溟：《山东乡村建设研究院工作报告》，载乡村工作讨论会《乡村建设实验（第一集）》，中华书局1934年版，第32页。

论著中很难找到清晰确切的描述，仅能从只言片语中体会到其与中国传统的"伦理本位、职业分途"的社会文化的血脉联系和一个大同社会的模糊影像。① 梁漱溟的"新礼俗"并不是一张如孙中山先生的《建国大纲》一般可以让执行者按图索骥、逐条执行的工程计划书，而是一个需要民众、同人与自己在实践中共同探索的理想。邹平，正是进行这一宏大探索的实验场。

梁漱溟没有选择拥有充分的资本及智力资源的城市作为培育"新礼俗"的温床，而是选择凋敝破败的乡村作为其社会改造实验的场所，并以乡村建设作为其救国方略的起点，亦是出于对彼时中国问题的认识。梁氏认为，作为一个传统的农业大国，广大乡村地区及生活在乡村中的农业人口为中国之主体，故中国之破坏与崩溃亦在于乡村之破坏与崩溃。② 由是，乡村建设便能直接作用于中国崩坏的"创面"。同时，梁漱溟选择了"乡约"这一传统中国基层社会组织模式——亦是梁氏梦想中团体组织的东方形式的雏形——作为其乡村建设的基础。这一选择一方面沿袭了传统观念，不存在如照搬西方制度一般制度与精神不符而导致失灵乃至崩溃的问题；另一方面通过乡约精神培育"新礼俗"的同时，通过乡约组织发展农村经济，兼顾解决中国宏观（文化问题）与微观（乡村问题）两个方面的危机。

自北宋年间吕大钧所创《吕氏乡约》以降，中国历史上可考的种种成文乡约不可胜数。及至晚明，以王阳明为代表的一代士人更是纷纷创制各类乡约，以期循序渐进地将天下建设成他们心目中的王道乐土。这些以"德业相劝，过失相规，礼俗相交，患难相恤"为基本精神原则的乡约，背后蕴藏的正是儒家以道德教化而非严刑峻法治理天下的理想。③ 作为邹平实验区基层自治组织的基本形式，梁漱溟选取的乡约模板乃是

---

① 梁漱溟：《我们政治上的第一个不通的路——欧洲近代民主政治的路》，载梁漱溟《中国民族自救运动之最后觉悟》，中华书局1933年版，第125—131页。
② 梁漱溟：《我从事乡村工作的简略回顾》，载梁漱溟《我生有涯愿无尽：梁漱溟自述文录》，中国人民大学出版社2004年版，第97—98页。此外，梁氏亦有"所谓中国近百年史即是一部乡村破坏史"的说法，此种说法参见梁漱溟《乡村建设理论》，乡村书店1939年版，第6页。
③ 董建辉：《明清乡约：理论演进与实践发展》，厦门大学出版社2008年版，第38—63页。

由明末大儒陆世仪所创并被杨开道先生评价为"传统乡约理论完全成熟并走向近代乡治的标志"①的《治乡三约》。②《治乡三约》的主要特征，是针对传统乡约结构中纲与目、虚与实错位的弊端，以乡民推举的约正为核心，统领社学、社仓和保甲。③其中，社学主理"教事"，主要指诸如"教孝、教友、教睦"一类的乡民德育教化及童蒙教育工作，同时包括祭祀司仪以及褒善惩恶等事宜；社仓主理"恤事"，即指救济贫困、抚恤死伤孤寡等福利性事物，同时还要负责"常平仓"的管理，以维持一乡之经济生活的稳定；保甲主理"保事"，除传统上所谓"水火""盗贼"之事外，还包括兴修公共工程等。④我们不难发现，这一乡约构想完整地囊括了一地之教育、经济、政治、军事等机关及其所辖事务，而不再是仅偏重某一方面或只具备某一种功能——如教化或地方安保——的松散的流于形式的务虚组织，或便于统治者实施基层严密管控的机关而已。由是观之，陆氏之《治乡三约》已足以被认为是一套完整且独立的地方基层自治体系。

如前文所述，承载梁漱溟"新礼俗"之梦的基层自治组织框架脱胎于《治乡三约》，仅在机构上做出了一些细微的调整：以乡农学校（社学）及由民众公推之"齿德并茂"的学长为核心统领整个乡村包括合作社、民团等事务，并将同乡众人关系化为以礼俗人伦为基础的师生同学关系，共同学习、探索、"提振志气"并管理本地事务。⑤学界关于梁漱溟在邹平实验区的种种行动及实验过程与结果的相关研究已取得了丰厚的成果。远者如艾恺教授（Guy S. Alitto）所著之《最后一个儒家——梁漱溟与现代中国困境》，⑥近者如任金帅所著之《聚同道于乡野：华北乡

---

① 杨开道：《中国乡约制度》，山东省乡村服务人员训练处1937年版，第247页。
② 梁漱溟：《乡村建设理论》，乡村书店1939年版，第187—198页。
③ 陆世仪曾指出："今之行四法者，虚者实之，实者虚之；纲者目之，目者纲之。此其所以孳孳矻矻而终不能坐底三代之治也。"参见陆世仪《治乡三约》，载《丛书集成三编》，新文丰出版社1997年版，第21卷，第561页。
④ 同上书，第563—569页。
⑤ 梁漱溟：《乡村建设理论》，乡村书店1939年版，第219—226页。
⑥ [美]艾恺：《最后一个儒家——梁漱溟与现代中国困境》，郑大华等译，湖南人民出版社1988年版。

村建设工作者群体研究（1926—1937）》，① 皆是扛鼎之作。为提高研究效率，避免重复叙事，在承继前辈研究成果的基础上，笔者仅就其中值得注意的几个问题稍作阐释。

第一，梁漱溟在推进改革的过程中，拒绝自上而下行政力量的介入。梁漱溟曾一再强调，乡村建设必须是一种"自下而上"的全国性运动，决不可借助任何政治强力来推行，必由私人或社会团体提倡，并"以社会运动的方式来推行"，"政府只能站在一个不妨碍或间接帮助的地位，必不可以政府的力量来推行"。② 此种考虑，一方面或与梁漱溟早年的经历导致其对国民党中央政权的不信任有关；另一方面则是梁漱溟坚信民众的自治组织、自治精神及"新礼俗"的育成，只能通过渐进改革的方式脱胎于民众自发的觉悟，其间不可有任何行政干预或是暴力手段加以催化。对于这一点，笔者深表赞同。行政介入、政府包办等行为，无论出于何种目的，其行为本身便与培育民众自我管理能力及自治精神背道而驰。即便希望借由行政强力作为手段加速实现民众自治这一目标，手段本身就是对目的的背叛，又如何保证最终目的在过程中不被扭曲？然而，在很多情况下，坚持手段正当性与合法性的代价便是成效之不易见。尤其是梁漱溟欲培养的作为民众自我组织基础的"新礼俗"，即使在太平盛世之中，也是需要无数次日常重复实践方能形成的文化模式，更遑论是中华民族风雨飘摇的乱世？事实上，支持、尊敬梁漱溟者如韩复榘，在邹平实验区全面工作开展近两年后，亦感邹平所走的"动员群众"的道路太过迂缓。③ 尽管韩氏并没有明显表现出对梁漱溟的不满，亦不曾减少对邹平的支持，但他确实在1933年从邹平抽调出孙则让等对梁漱溟的乡建模式存在不同看法的人前往菏泽，开创了以加强基层行政统治为特征的"菏泽模式"。④ 这或许可以间接佐证梁漱溟的邹平模式之成效似乎并不如预期般顺利。

第二，乡绅在乡农学校中扮演着重要的角色。在《治乡三约》中，

---

① 任金帅：《聚同道于乡野：华北乡村建设工作者群体研究》，山西人民出版社2013年版。
② 梁漱溟：《乡村建设理论》，乡村书店1939年版，第187—198页。
③ 李庆华：《鲁西地区的灾荒、变乱与地方应对（1855—1937）》，齐鲁书社2008年版，第346页。
④ 同上书，第391—392页。

由众人推举出的"齿德并茂"的约正为一乡之领导核心。在这一标准中，表面上似乎仅对年龄和个人品行有所要求，而并未要求约正一定要有殷实的家境且具备功名等。然而，根据胡庆钧的田野研究，此类约正大抵由地方士绅担任，且掌握此类地方长老权力的士绅均曾经受过相当的教育及具备一定的经济基础。[1] 唯有接受过一定教育的士绅，方能通晓地方上的一切规矩、礼仪，因此一般百姓在日常生活中对其存在一定依赖。由于对经济资源的控制和知识的垄断，士绅自然成为地方的领袖。[2] 作为脱胎于乡约传统的乡农学校，再加上梁漱溟拒绝依靠政府的行政力量以及梁氏本身"不分化乡村而视乡村为整个的，不斗争破坏而合作建设"的以团结求建设的思想[3]——梁氏极力反对发动群众"以一个阶级推翻另一个阶级"的暴力革命，且梁否认中国存在阶级之分——联合、信靠士绅阶层并以之作为乡农学校的领袖便是自然而然之事了。尽管其间确有一干热心士绅耆老极力赞助梁氏的乡村改造事业，[4] "上联士绅"这一构想也还是为梁漱溟带来了不少尴尬的局面。一则有时乡建工作者为了说服地方耆老行动起来加入乡农学校的创办工作，不得不刻意迎逢投其所好，以致说出诸如"我们要提倡中国的旧学问旧道德"等扭曲梁氏"新礼俗"要义的话语。[5] 这无疑会使乡绅误解乡农学校之真义，在其参加实验区工作后难免将其所辖地方民众及自治组织引上一条僵化守旧之异途。二则梁漱溟在发动乡绅参加运动的过程中，只注重以"晓以大义"的方式对其进行精神劝导。倘若不能使其意识到改革与自身有何利害关系——如恢复乡村秩序、巩固其乡村领袖地位、化解对抗等——那么对于一般没有特别强烈的道德信念的乡绅而言，如果维持现状并无不利，他们是绝不愿主动参与到变革中来的，哪怕他们明白这一变革所具有的

---

[1] 胡庆钧：《从保长到乡约》，载费孝通、吴晗等《皇权与绅权》，生活·读书·新知三联书店2013年版，第176页。

[2] 同上书：《论绅权》，第152—154页。

[3] 梁漱溟：《广西国民基础教育与乡村建设运动》，载中国文化书院学术委员会《梁漱溟全集（第5卷）》，山东人民出版社1992年版，第635—636页。

[4] 任金帅：《聚同道于乡野：华北乡村建设者工作群体研究（1926—1937）》，山西人民出版社2013年版，页第269—270页，第272页。

[5] 武绍文：《在第二区山西办理乡农学校经过自述》，转引自任金帅《聚同道于乡野：华北乡村建设者工作群体研究（1926—1937）》，山西人民出版社2013年版，第265页。

进步意义和它的宏大前景。毕竟，无论何种变革，都必然存在机会成本（opportunity cost）以及变革成本（switching cost）。在经济理性人的假设中，对当事乡绅而言，唯有使其意识到维持现状将要付出的代价超过变革的机会成本及变革成本之和（可通过事实恫吓的手法实现此点），或是变革所带来的利益（无论是物质利益还是精神满足）远远超过这些成本时，他们才可能主动参与到变革中来。虽然儒家固有"君子喻于义，小人喻于利"[①] 之训，梁漱溟等一干先贤亦以此立志修身，耻于谈利，乃至拒绝以利为质、以利为饵实现自己的目标，但任凭研究院工作人员在讲坛之上费尽唇舌，台下消极怠惰昏昏欲睡的乡绅便是礼崩乐坏的20世纪对梁漱溟一腔热血的冰冷回应。[②] 由是，既不能挟风起云涌的群众运动之威建立一个理想中的新世界，又不能凭掌握枪杆子和钱袋子的行政强力大刀阔斧除弊立新，所依赖者只是已然日薄西山的末代士绅耆老——其中尚不乏一部份"劣绅化"的乡绅——梁漱溟之艰难尴尬可见一斑。

第三，作为改革的直接执行者，乡村建设研究院培训出的乡村服务人员的能力与素养难以胜任民众的启蒙工作。规劝、暗示与精神引导，是梁漱溟在邹平进行的民众启蒙工作的核心手段。山东乡村建设研究院曾指示教员如此引导民众加入乡村改造事业："一下乡差不多就可以和村庄上的读书人、老年人、办事人，以及一般民众谈论这件事情，仿佛像是给他们一个建议：古时的圣贤这样的做法，我们可不可以也仿做一下？"[③] 同时，在讲解乡建大义时，工作人员还可以"在现实里面多少有一点超现实化，于开明通达里面让他有一点神秘化"。[④] 此外，乡村服务人员还必须掌握诸如"心气必须平稳，不要说得太急太骤，不要刺激得他太重了，使他有些不安，不安他倒不一定能跟着你走。你必须心平气和地提示出问题，使得他暗暗点头才行""……你应使他自己感觉出来与

---

① 《论语·里仁》。
② 乡绅消极对抗的情形，可参见任金帅《聚同道于乡野：华北乡村建设者工作群体研究（1926—1937）》，山西人民出版社2013年版，第265—266页。
③ 萧克木：《邹平的村学乡学》，转引自任金帅《聚同道于乡野：华北乡村建设者工作群体研究（1926—1937）》，山西人民出版社2013年版，第253页。
④ 同上。

以前有什么不同，最好纵你不说他也能感觉出不同"等谈话技巧。① 即便在现在，这样的话语能力要求也绝非一般经过数月培训之新晋学生可以达到的水平。此外，费孝通先生曾指出，在以血缘和地缘为社交基础的乡土中国，外来的陌生人往往难以被视为自己人，不被人所信托，他们在乡人眼中"来历不明，形迹可疑"。② 1931年冬，研究院训练出的第一批300余名学生下乡实习，其中邹平本地学生仅40人，占全部工作人员数量的13%左右。③ 我们不难想见，这批实习生在邹平本地开展工作之难度自然不小，其工作效果亦值得怀疑。这一问题我们可从该批学员自1932年6月毕业后多数并未留在邹平参加工作这一点得到佐证。④ 因为倘若工作开展得力，在那个极度缺乏人才的年代，梁漱溟似乎并没有理由不继续安排这批已经对邹平乡土民情有一定了解的毕业生留在邹平继续他们的工作。外来者的身份，加上难以熟练掌握的启蒙之道，我们不得不怀疑这些基层乡建工作人员的胜任程度。梁漱溟亦曾毫不留情地在乡村工作会议上对来自全国各地的乡建同人批评邹平实验区"乡村服务人员训练部所培训之学生数量虽多，但品质不佳"。⑤ 1935年，由于村学运作出现重大困难，梁氏更是亲自操刀担任县长以整顿村学，同时将所有村学教员调回，重新进行培训和选拔。⑥ 由是观之，梁漱溟对麻木的乡民们"号称乡村运动而乡村不动"⑦的叹惋仅仅是邹平困局的一个方面。缺兵少将的尴尬，或许才是横亘在梁漱溟面前比"穷愚弱私"的农民更难逾越的难关。

　　第四，根植传统之悖论。梁漱溟早年本是一个具有明显西化倾向、

---

① 萧克木：《邹平的村学乡学》，转引自任金帅《聚同道于乡野：华北乡村建设者工作群体研究（1926—1937）》，山西人民出版社2013年版，第254页。

② 费孝通：《乡土中国》，生活·读书·新知三联书店2013年版，第90—91页。

③ 山东乡村建设研究院：《山东乡村建设研究院及邹平实验区概况》，山东乡村建设研究院出版股1936年版，第56页。

④ 梁漱溟：《山东乡村建设研究院工作报告》，载乡村工作讨论会《乡村建设实验（第一集）》，中华书局1934年版，第34页。

⑤ 同上书，第36页。

⑥ 梁漱溟：《一年来的山东工作》，载乡村工作讨论会《乡村建设实验（第三集）》，中华书局1936年版，第300页。

⑦ 梁漱溟：《我们的两大难处》，载梁漱溟《乡村建设理论》，乡村书店1939年版，附录第2—5页。

厌恶种种高玄国故的新派青年。① 此后之所以转向传统寻求中华文明乃至全人类的出路，乃是由其痛感于西方文化在中国"水土不服"引致无数畸变之故。如梁氏所言，彼时中国社会处于一种"千年相袭之社会组织构造既已崩溃，而新者未立"的状态。这一描述包含了两个信息点：其一，既有的传统社会已在各种力量的摧残之下不复存在；其二，西式文明无法在中国本土站稳脚跟。由是，梁氏根据种种考虑，决定建立一种既非传统亦非西式的新社会。当然，为了避免"水土不服"的问题，这一社会形态是以传统社会为基础的。然而，如果用孕育"新礼俗"的传统社会的经济、社会、文化基石还坚实存在，又何必再辛苦下乡"引导""暗示"村民归复传统？凭借日常生活及社会习俗惯性，村民自然会重新组织起来恢复传统的生活方式，并随着物质条件及文化的变迁自然衍生出新的社会模式。而倘若这一传统社会的经济、社会、文化基础已荡然无存，即便研究院一众同人再怎么努力提倡，也是难以归复，而"新礼俗"亦已然失去其存在的基础。概言之，或许在彼时，西方文明在中国遭遇的是空间上的"水土不服"，而中国传统则遭遇的是时间上的"水土不服"。时殊世异，物是人非，在笔者看来，这是比空间上的"水土不服"更令人感到无奈和唏嘘的困境。

概言之，梁漱溟在邹平六年的工作（1931—1937）远未能取得令自己满意的结果。倘若日军并未于1937年侵入山东，或是韩复榘在敌寇压境之时并没有做出撤离决定，使邹平实验区得以延续若干年，为梁漱溟争取更多的时间整顿路线、培养人才，梁漱溟的"新礼俗"之梦能否成真？再经过一段时间的学者与群众的共同探索实践，梁氏所期许的最适合中国国情的东方形态的基层自治组织能否出现？这一切都是未知之数。以"新礼俗"为核心的邹平模式和邹平实验区的终结，其历史原因是复杂的，实难简单粗暴地盖棺定论，尚有大量值得深入探讨的空间。如今我们已很难想象，当梁漱溟离开山东踏上前往重庆的旅程时，当他听闻

---

① 梁漱溟曾在回忆中表示，中学时代他"最不高兴"的便是国文老师教诸如"唐宋八大家"之类的古文，同时对于"古文、词章、文选派之六朝文章"他"无一不厌恶"。同时认为诸如老庄一类的中国哲学，完全是"故示玄妙，骗人误人"的东西。参见梁漱溟《自述》，载梁漱溟《我生有涯愿无尽：梁漱溟自述文录》，中国人民大学出版社2004年版，第40页。

乡农学校被乡民焚毁、研究院培训的教员及工作人员被乡民残忍杀害时，他的心中是一种怎样的感受。① 或许梁漱溟晚年的那一句"我生有涯愿无尽"的背后，依然存在一份对"新礼俗"之梦的无尽执念。

三 "集团生活"在北碚

1946年底，梁漱溟退出国共和谈、辞去民盟秘书长职务后，选择退隐北碚，"静心从事著述"——这一住便是三年，直到1950年迁居北京。梁漱溟感慨北碚由一个"匪盗猖獗、人民生命财产无保障、工农业生产落后的地区"，已然转变成一个"生产发展、文教事业发达、环境优美"的重庆重镇。② 促成这一切转变的，正是梁漱溟的知交故友，民生公司及北碚乡村建设实验区的创始人——卢作孚先生。

同梁漱溟一样，卢作孚也意识到解决乡村问题对于中国发展的关键意义——尤其是基层社会组织和自治问题。卢氏在早年便曾指出："……政治上最后的问题是全国的问题，它的基础却所在乡村。无数乡村乃仅仅绕一城市，乡村人口的总和亦不知若干倍于城市……乡村人民不能自治，不肯过问利害切身的乡村问题，便完全让土豪劣绅专横；自然，他们更不肯过问眼前以外的地方乃至国家的政治问题，便完全让军阀官僚专横。一个乡村问题放大起来，便是国家的问题。乡村地位之重要，就此愈可证明了。"③ 对此，卢作孚给出的解决方案，是以"现代集团生活"彻底重塑基层社会并以之作为孕育现代国民的载体。

笔者曾于《集团生活与现代化——民生公司与北碚乡村建设模式》中详细梳理了卢作孚"现代集团生活"思想的演化过程与脉络，同时也对"集团生活"模式在北碚实验区的实践状况进行了探讨。④ 为免有自我

---

① 梁培恕：《梁漱溟传——我生有涯愿无尽》，明窗出版社2001年版，第214—216页。
② 梁漱溟：《怀念卢作孚先生》，载梁漱溟《忆往谈旧录》，金城出版社2006年版，第126页。
③ 卢作孚：《乡村建设》，载凌耀伦、熊甫《卢作孚文集（增订本）》，北京大学出版社2012年版，第74页。
④ 参见拙作《集团生活与现代化——民生公司与北碚乡村建设模式》，《国家航海》，总第十二辑，2015年8月，第83—96页。

重复之嫌，笔者在本章仅对其间要点做最低限度之必要介绍与讨论。

尽管卢作孚早在1926年便已创办民生公司，并于1927年2月在二十一军刘航琛、陈学池等人及合川、江北等地绅士的推荐下就任"江巴璧合四县特组峡防团练局局长"进而设立了北碚乡村建设实验区，①"集团生活"这一概念真正出现在卢氏的文稿中已是1933年4月的事了。作为卢作孚对民生公司员工进行精神动员的一部分，它被以一种理论同时也是要求的形式出现在民生公司的机关半月刊《新世界》上。② 由是观之，与其说"集团生活"是卢作孚预先准备好的构想，不如说是卢氏在自1924年创办成都市立通俗教育馆起近10年现代化实践及对外学习过程中不断探索而得出的理念。它既是对过去种种经验教训的总结，又是对未来事业——尤其是民生公司及北碚实验区——的指导纲领。较之梁漱溟庞杂的思想脉络和对于一般大众而言显得略为晦涩艰深的阐释，卢作孚的"集团生活"理念更显简洁明快、清晰易懂，且有完整的实践图景——毕竟"新礼俗"大抵脱胎于深刻的哲学思辨，而"集团生活"则完全来源于对现实的分析观察和实践。

所谓"集团生活"，是卢作孚现代化救国论中的关键一环，也是其实现现代化的基础。在卢作孚看来，对于徘徊在亡国灭种边缘的中国而言，最迫切的工作便是要尽快"建设成功一个现代的国家，使其自有不亡的保障"。③ 而欲实现能与近世欧洲、日本诸强比肩的现代化水准并以之作为中国自立于世界的根本，则必有赖于现代组织的建立与发展——而不仅仅是纯粹的"中体西用"式的技术引进——将国人以家庭、亲朋为基础的传统小集团生活，转变为以事业、地方社会为基础的现代大集团生活。卢作孚在其著作中曾多次描绘这种现代大集团生活的图景，譬如：

> 不但我们的工作是集团的，天天进我们的办公室或工场去；我们的学问亦是集团的，天天进我们的图书室或讲演会场去；我们的

---

① 张守广：《卢作孚年谱长编》，中国社会科学出版社2014年版，第95—96、115—116页。
② 卢作孚：《民生公司的三个运动》，载凌耀伦、熊甫《卢作孚文集（增订本）》，北京大学出版社2012年版，第187—188页。
③ 同上书，《建设中国的困难及其必循的道路》，第272页。

游戏亦是集团的，加入我们的音乐会和球队去。但是我们的生产是集团的，有事务所、有工厂、有轮船；我们的消费亦是集团的，最短期间将要有我们的住宅、我们的医院、我们子女的学校、我们乃至于家属的娱乐场或运动场。个人都去解决集团的问题，个人问题都让集团去解决。①

又如：

我们的预备是每个人可以依赖着事业工作到老，不至于有职业的恐慌……凡你需要享用的，都不需要你自己积聚甚多的财富去设置；凡你的将来和你儿女的将来，都不需要你自己积聚甚多财富去预备……只要你替你所在的社会努力地积聚财富，这一个社会是会尽量地从各方面帮助你的，凡你有所需要，它都会供给你的。②

显然，这种现代集团生活本质，是将个人在工作、生活方面对家庭、亲族的依赖，转化为对集体、社会的依赖，并由此使个人完全服务于集团组织——事业、地方和国家——的需要，进而增强其所属的集团组织的竞争力以应对来自其他集团的威胁与竞争。与梁漱溟以"新礼俗"构建的基层组织不同，卢氏所构想的集团生活不仅是一种社会组织的方式，而且是一个将经济生产、社会组织与个人生活严密结合在一起的有机整体：对内，凝聚人心、整合生产、保障生活；对外，抵御外侮、积极竞争、世界称雄。我们不难发现，卢氏的"集团生活"模式与近代造就日本、德国、苏联迅速崛起的国家主义模式如出一辙，这也是卢氏对西方国家现代化道路的一种误会。然而，在彼时列强环伺、山河破碎、人心涣散的危局之中，卢作孚做出这样一种选择亦有其合理性，这是今人无论如何也不该吹毛求疵加以苛责的——无论从学理还是道义。

关于集团生活模式在北碚的实践，笔者在此主要阐释如下几个要点。

---

① 卢作孚：《民生公司的三个运动》，载凌耀伦、熊甫《卢作孚文集（增订本）》，北京大学出版社2012年版，第188页。

② 同上书，《建设中国的困难及其必循的道路》，第269—270页。

第一，以精神动员树立公共理想。无论在通俗馆、民生公司还是北碚实验区，精神动员都是卢作孚用以开展工作的先导。精神动员的目的，是树立彼时在民众及社会生活中缺位的公共理想；而树立公共理想的目的，则是为了凝聚人心，由此结束一盘散沙的时局，作为开展后续工作的基础——对高度集中的集团生活模式而言更是如此，否则一切构想都将流于空谈。卢作孚为峡防局同事及北碚民众树立了这样的公共理想：即通过北碚的乡村建设实验，由地方和基层改造着手，一方面减轻民众的痛苦，另一方面增进民众的幸福，使北碚成为四川乃至全国榜样，为中国的现代化寻找一条通路。① 作为精神动员的载体，卢作孚在舆论引导上下了很大的功夫。1928年3月4日，卢作孚在北碚创办发行《嘉陵江》报。《嘉陵江》报由最初的周刊，进化为三日刊，及至最后变成每日一期的日报。其内容仅以现代国防、交通、产业、文化四大问题为主题，目的是使北碚的民众"都逐渐能够认识现代是一个什么样的世界"。② 唯有民众对于现代化及他们和国家所面临的危机有了一定认识以后，才有可能接受现代化的公共理想，并愿意为此改变过去的生活方式投入新的集团生活。此后，又发行了《工作周刊》及《北碚》月刊等期刊，用以向峡防局职员及北碚民众介绍实验区大小事务及工作的状况，同时宣扬卢作孚所提倡的种种精神和价值取向。除此之外，卢作孚还在峡防局及北碚发行过一些类似领袖语录的单行本，如1929年发行的小册子《怎么样做事——为社会做事》，其中所录皆是卢作孚所撰写的名言，其内容大至舍己为人的公共精神，小至待人接物的行为准则，几乎囊括修身、工作、治学、生活、理想等各个方面。③ 在这样的精神动员中，民众的生活及他们的日常工作都被赋予了崭新的意义，甚至被直接与一个伟大的目标紧密联系起来。卢作孚使他们相信，北碚的生活和民众的精神风貌将成为全国的表率；而他们每日的工作，都作为集团组织的一部分促进着集团的发展。以高尚而远大的目标对人生意义进行重新诠释，使个体意识到

---

① 卢作孚：《乡村建设》，第73页；《四川嘉陵江三峡的乡村运动》，第278—282页。
② 卢作孚：《建设中国的困难及其必循的道路》，载凌耀伦、熊甫《卢作孚文集（增订本）》，北京大学出版社2012年版，第268页。
③ 同上书，《怎么样做事——为社会做事》，第53—55页。

自己的存在对于集体、社会及家国天下的价值，再加上一个颇具威望和能力的英明领袖，热火朝天的集体和组织，这样的精神引导往往存在着难以否定的吸引力和煽动性。

第二，行政强力的主导。与梁漱溟拒绝行政力量介入社会变革不同，卢作孚的北碚模式是以行政强力推动的。得益于卢氏本人的威望和他作为江巴璧合四县特组峡防团练局局长所拥有的行政权力，卢作孚在北碚的工作鲜少遭遇梁漱溟在邹平遇到的尴尬局面。因为梁氏并不掌握地方实权，他也拒绝上级行政权力对基层的干预；而卢作孚本身便拥有地方从财政到武装力量的一切权力，使其在必要时可以以强力推动某些措施的执行。譬如卢作孚为开辟北碚民众公园，同时在园区内建立科学院博物馆，曾派出士兵强行打碎北碚火焰山东岳庙中的菩萨像，"一切偶像，碎为细泥，不日将挑出庙外"。[1] 又如，在修建北川铁路时，当地一刘姓地主以破坏风水为由阻碍施工并打伤工人，卢作孚之弟卢子英亦受命率兵前往弹压。[2] 此外，尚有卢作孚对北碚的整体规划与大刀阔斧的改造，如修建民众会堂、图书馆、免费公立医院、公共运动场、职业教育及民众学校及各类工厂事业等，在极短的时间内便使北碚焕然一新，同时也建立了现代意义上的公共空间——这也是现代公共生活的基础平台——这一切雷厉风行的行动，在完全拒绝行政力量发挥作用的邹平是难以想象的。

第三，以表证法为主的教育方式。为了使民众认识"现代化"并理解"集团生活"的具体形态，卢作孚采取了"表证法"：以实体或实例的展示及实践取代照本宣科式的空洞说教。如为了提起北碚民众对现代交通知识的兴趣，卢作孚先与航空公司约定由成都起飞的班机经过北碚上空时"低飞一匝"，此后再通知民众："明天请到运动场看飞机，看过后，还有人给你讲飞机。"由此，"促成大家一个热烈的活动"。[3] 除此类科学教育采取表证法之外，卢氏主持训练的特务学生队及少年义勇队亦是北

---

[1] 张守广：《卢作孚年谱长编》，中国社会科学出版社2014年版，第190页。
[2] 同上书，第159页。
[3] 卢作孚：《为社会找出路的几种训练活动》，载凌耀伦、熊甫《卢作孚文集（增订本）》，北京大学出版社2012年版，第246页。

碚民众学习"现代集团生活"的表证模板。与梁漱溟从研究院培训出的青年乡村建设工作者一样,特务学生队及少年义勇队也是奋战在社会改造事业一线的急先锋。他们尽管都来自本地民众,可他们却并没有选择以"农民化"的形象和生活进行他们"化农民"的工作,而是在卢作孚的安排下过上了一种"脱离群众"的严苛生活以作为民众新生活的表率。[1] 他们的生活和精神风貌,与民众以往的日常生活及那些无所事事的无赖子弟形成了一种强烈的对比,自然不难获得民众的瞩目。此外,卢作孚在北碚兴办的种种"寓兵于工"的半军事化管理的工厂——如三峡织染厂——亦在节假日向北碚全体居民开放,使他们了解现代工业的运作及工作方式,"把办公、上课、研究的地方以至于寝室、厨房、厕所,都让他们参观完"。[2] 由是观之,这种全方位的表证教育,已不再是简单的授课式的宣讲或是仅仅停留在标本展示层面的教育,整个北碚——包括北碚的生活空间、经济事业及行政力量——已然转变成了一个巨大的表证标本,而民众就生活在其中,其效力是显而易见的。正如陶行知先生所言:"生活即教育,社会即学校。"

第四,自治精神与集团生活训练之根本矛盾。在卢作孚的诸多著述中,我们不难发现卢氏对地方自治问题的关切以及他在培育民众自治精神与能力方面的努力。作为孙中山"军政—训政—宪政"建国理念的忠实追随者,卢作孚深谙地方自治及基层自治组织对于国家治理及实现宪政理想的重要意义。他曾指出:"民主国家欲实现其主权在民之原则,尤不可不从地方自治做起。此层如不能办到,则所谓民治仍无异于官治……我们要实现民治精神,自治便是训练我们的最好机会。"[3] 对于乡村基层自治组织,卢作孚亦曾明确将教育、经济、交通、治安及卫生这五类地方事务划入民众自治的范畴,同时强调"选举"和"开会"是自

---

[1] 卢作孚:《为社会找出路的几种训练活动》,载凌耀伦、熊甫《卢作孚文集(增订本)》,北京大学出版社2012年版,第244—246页。
[2] 刘重来:《论卢作孚"乡村现代化"建设模式》,载刘重来《卢作孚社会改革实践与中国现代化研究》,香港天马出版有限公司2004年版,第66—67页。
[3] 卢作孚:《四川的问题》,载凌耀伦、熊甫《卢作孚文集(增订本)》,北京大学出版社2012年版,第161—163页。

治事业的两大中心问题，应"随时，随地训练人民"的相关意识和能力。① 在北碚实验区的实践中，卢氏曾委派特务学生队及以学生队成员为主的"挨户教师"引导民众在闲暇时间商议如卫生、码头、道路、水患等公共问题的解决办法，并运用集体的力量加以解决。② 在列席了一次民众集体讨论填溪造地的会议后，卢作孚为会议热烈的氛围及民众"勇敢和紧张的精神"深深震撼，以致在其向来平实理性的行文之中一连用了两个惊叹号记述此事："谁说中国人无办法？最有办法的乃是老百姓！谁说公众的事情做不好？你看这一群老百姓是何等做好他们公众的事情！"③ 不过，在赞叹北碚实验区进行的这一切自治训练与实践之余，笔者亦注意到卢氏推动的基层自治实践与其倡导的"集团生活"模式在精神内核上的根本矛盾之处。如前文所述，卢氏的"集团生活"无论是在构想上还是在实践中，都以要求其成员拥有一种"存集体，废私欲"的近乎极端的集体主义精神。卢作孚也曾一再强调如"抛弃个人的理想，造成集团的理想；抛弃个人的希望，集中希望于集团"等以公共理想替代个人理想的价值取向。④ 此后，在总结峡防局工作时，也不无自豪地宣布，"集团生活"在北碚的一系列实践，证明了"人只是为了社会的要求而甘愿牺牲自己，尤其是为了更大的社会"这种精神境界和社会生活方式是可以实现的。⑤ 然而，民主政治及基层自治组织的运作强调对个人权利、个人选择、个人理想的保护与尊重，这显然与"集团生活"的精神取向背道而驰。在这一难以调和的矛盾之下，卢作孚一面进行高度统一的精神动员，一面力促民众自治的发展，倘若这一现实在短期内可以被认为是非常时期所采用的非常手段，但长此以往，自治组织在"集团生活"模式中又当如何自处？卢氏又将如何平衡其中矛盾？笔者暂时不能草率地对这一问题作出解答。不过，卢作孚的这一系列推动民众自治实践的努力，至少可以证明在卢氏本人并无意借助此种带有近乎威权主义色彩的高度集中的"集团生活"模式建立其个人的威权统治，亦将"集团生

---

① 卢作孚：《乡村建设》，载凌耀伦、熊甫《卢作孚文集（增订本）》，第 81—82 页。
② 卢作孚：《为社会找出路的几种训练活动》，第 246 页。
③ 同上书，《四川嘉陵江三峡的乡村运动》，第 281 页。
④ 同上作者及引书，《民生公司的三个运动》，第 187 页。
⑤ 同上作者及引书，《建设中国的困难及其必循的道路》，第 269 页。

活"与某些军政府及寡头集团领导下的威权主义模式划清了界限——后者往往对民众自治能力的养成、自治组织的建立漠不关心,因为它们只关注如何维护自己的统治,而非民众及国家的未来。

毋庸置疑,卢作孚"集团生活"理念的实践确实在历史上留下了浓墨重彩的一笔。北碚实验区在变革效率、群众动员和社会组织重塑方面都取得了彼时其他渐进式改革模式难以企及的成就。尽管从今时今日看来,卢氏的理念亦自有其时代成因与局限性,并非完美无瑕,而北碚实验区的真实面貌亦绝非如晏阳初、梁漱溟等彼时名流或后世学者笔下描绘出的理想国一般的图景,但这并不妨碍我们认知、赞美卢作孚先生在那个年代所建立的不世奇功——它一如既往地鼓舞着后人,并在国家改革前进的道路上给我们以无限的启迪。

四 梁漱溟模式与卢作孚模式辨析

在前文初步了解了"新礼俗"与"集团生活"这两大模式的理念与实践后,本部分将就笔者认为对基层自治改革工作或有启发性的几个问题试做一辨析。

(一) 改革者的社会角色定位

任金帅在研究邹平乡村建社实验区时,创造性地引入了由美国学者乔治·米德(George Herbert Mead)开创的"社会角色"理论,用以阐释邹平乡村建设者在邹平地方社会的活动状况,并指出乡建工作者在邹平开展工作遭遇困难的原因,在一定程度上是由于并不能符合乡民对其自身角色期待造成的"角色错位"、未能严格遵守研究院的种种规章与要求导致其行为背离"角色规范"以及由个人能力原因不能在地方社会网络中扮演好其社会角色等原因造成的。[1]

改革者社会角色定位的模糊,确实是邹平模式的一大症结所在。邹平乡村建设工作者要在毫无行政强力介入的前提下,完成对民众自治精

---

[1] 任金帅:《聚同道于乡野:华北乡村建设者工作群体研究(1926—1937)》,山西人民出版社2013年版,第289—305页。

神的启蒙工作。在某些事务中——如农业生产等——他们是当地乡民的学生；同时，他们又要联合地方绅士以共同推进基层社会组织的重塑，还要执行大量繁杂的无法避免的基层组织行政事务；最后，在育成"新礼俗"的过程中，他们又视民众及地方士绅为共同探索的同人。面对如此庞杂的任务，邹平乡村建设者们一直疲于在各种社会角色中不断进行切换。在这种状况之下，久而久之，这些年轻的工作者们——甚至包括梁漱溟本人——在自己都意识不到的状态下逐渐对自己扮演的社会角色产生迷茫和混乱也是在所难免的。由于对自身角色并没有一个明确的界定，一方面不能厘清自己应该及能够承担哪些任务、不能完成哪些任务，进而无法实现正确的社会角色分工；另一方面，对自己的社会角色尚没有明确的定位，又何谈正确理解和回应其余社会角色对自身角色的期待？不能正确理解和回应其余社会角色对自身角色的期待，又何以形成良性有效的角色互动？邹平改革者"角色模糊"的问题，亦与"新礼俗"理念本身的模糊性及其实践中因坚持理想原则所面临的手段的复杂性有直接的关系。

反观北碚实验区，卢作孚管理下的峡防局及特务学生队、少年义勇队从一开始就对自己在"集团生活"实践中扮演的社会角色有着清晰的定位：社会变革的领导者和推动者。这一定位无疑是建立在他们对未来有清晰蓝图的基础之上。尽管笔者曾提及"集团生活"理论并非卢氏在现代化实践前事先准备好的完整图景，但卢氏至少对现代化的目标、应采用的改革方式及"现代集团组织"的形态有清楚的认识和现成的参照模板，这是梁漱溟的"新礼俗"模式所不具备的。由是，他们以改革先锋队和主力军的姿态对民众进行动员、引导和训练，北碚民众也视卢作孚为精神领袖，视卢氏创办的种种事业、组织为典范，进而由此形成有效的社会角色互动。

综上所述，邹平之失在角色模糊，北碚之得在角色明晰。改革者对自身角色的清晰定位是在改革中开展有效社会互动的关键——当然，这也要取决于在改革进行前，对改革目标的构想是否清晰，关于此点将在本章下一节进行讨论。

(二)"摸着石头过河"与顶层设计

如前节所述,社会角色的清晰与否,很大程度上取决于改革目标及构想的清晰程度。然而,在现实中这一问题又牵涉面对不同的局面所采取的改革方法论的问题。

梁漱溟"新礼俗"在邹平实验区的实践,是一种典型的"摸着石头过河"的改革模式:仅有一个改革大方向及一定的原则,对目标的具体形态并无具体而完整的构想和清晰的实践路线图,同时亦不存在可以参照的模板,只能沿着大方向,严格遵循不与改革精神相违背的原则、手段在探索中前进。这样的模式往往适用于时局紧迫且改革已成为社会各阶层和利益集团之间的最大公约数的境况之下。尽管这一模式面临着模糊性、未来的不确定性以及各阶层、集团之间各行其是导致的利益或理念冲突等因素带来的风险,但其释放的社会活力和源源不断来自多元渠道——而非单一机关——的改革智慧与动力是不容忽视的。这一路径可以由上层发起,但其过程往往是一种自下而上的运动。然而,尽管梁漱溟在邹平采取了这样一种"摸着石头过河的方式",但终究难免面临"号称乡村运动而乡村不动"的尴尬局面,笔者以为这或许是由于这一变革并非是乡建工作者、基层民众及地方士绅的"最大公约数",由是自然难以出现那样一幅释放社会活力后热火朝天地改革探索的画面。

卢作孚的北碚实验区则采取了一种顶层设计的改革路径:即在对问题有清晰的认识及存在可以参照的模板的基础之上,描绘出的具体的改革蓝图,运用明确的手段与强大的自上而下的执行力加以协调、解决相关问题最终促成变革。这一改革路径对改革的领导者及其团队有较高的要求——无论是精神意志、判断力、决策力及执行效率方面——倘若路线和方法得当,易在较短的时间内取得较大的成果。当然,这一路径亦将面临关于程序正义的质疑,以及改革为领导人的错误判断引向歧途的风险。卢作孚及其团队,在既有的改革路线图的基础上,加之强大的精神动员力和执行力,自上而下推动北碚的变革,可谓顶层设计改革模式的一大典范——尽管其间尚有部分目的和手段造成的矛盾有待商榷、解决。

笔者以为,我们并不能因为梁漱溟在邹平的困境便一味贬低"摸着石头过河"的价值；亦不能因为北碚在短期内取得的辉煌成就便盲目推崇顶层设计的伟力。这两种改革路径各有其优势，倘若脱离具体情境和条件，实难奢谈其间优劣。

(三)"表证"与暗示

在邹平模式与北碚实验区实践的对比中，卢作孚教育基层民众所采用的"表证法"，比梁漱溟要求其乡学、村学工作人员对民众进行的启蒙与暗示的教育方法取得了更好的教育效果。究其原因，笔者以为大略有如下三点。其一，对于受众而言，"表证法"较抽象的暗示性启蒙更为直观；其二，"表证法"较空洞的说教更易引起其受众兴趣、吸引注意力，对于一般并未接受过系统及严格的学院式教育的基层民众而言，此点更为重要；其三，暗示与启蒙教育对执教人员的要求颇高，不仅需要相关教员对启蒙的内容有深刻的理解，还要拥有较高的表达能力，而"表证法"则对执行者没有这么高的门槛。

由是观之，在对基层民众进行教育、启蒙的过程中，不妨善加利用"表证法"。尤其在培育自治精神及训练民众一系列具体的与自治组织有关的事宜——如选举、开会等——方面，不妨学习卢作孚的北碚经验，以学生组织或推动基层自治组织建设的团队为先导，身体力行为民众示范，或能收到不错的效果。

(四) 行政强力与民众自主

尽管笔者对梁漱溟坚持自下而上通过发挥民众自主性及民众自觉的力量推动基层自治组织的建设及民众自治精神培养的程序深表认同，但这并不意味着笔者否认卢作孚"集团生活"模式下行政强力的价值。在某些非常时期——如面临严重的外部、内部威胁或是社会各阶层无法形成良性互动乃至积蓄大量不可调和的矛盾冲突时——这样的非常手段将是一种不得已的最后选择。当然，由于行政强力下高度统一的精神动员以及程序的非正当性与民众自治精神存在天生的不可回避的矛盾，使用行政强力手段的领导者在一定时期后，必须对其手段加以调整进而逐步让位于民众自主的力量。由是，以行政强力手段推动民众自治可谓是一把双刃剑。一方面它可以以较高的效率推动改革；另一方面它也在无时无刻伤害着自治精神的内核。最终，倘若改革推动者不能意识到这一问题并对其进行及时调整，它或许会将改革导向弗兰肯斯坦式的悲剧结局——改革被自身反噬，一切成果归零。

由是观之，在理想环境下，基层自治组织的建设与民众自治精神的培养还是应当有赖于民众自主、自觉的运动——尽管这将会是一个相当漫长且需要付出大量心血与耐心的过程——但亦不能一味拒绝行政强力的介入。慎用行政强力创造稳定的理想环境以辅助渐进式的民众启蒙工作，这或许是我们可以从邹平和北碚两大实验区的实践中得到的启示。

五 余 论

综上所述，梁漱溟在邹平以"新礼俗"为方向的实验与卢作孚领导下的北碚实验区，以截然不同的理念及手段推动乡村基层自治的变革，也正是这样截然不同的模式碰撞所产生的火花，才给后世留下了丰富的启迪。然而，我们为何需要推动基层自治组织的建设？为何要培育民众的自治精神？其必要性何在？笔者将在本文的结尾以余论的形式作一初步探讨。

就笔者看来，坚实而成熟的基层自治体系与自治精神对于民主政治而言——特别是大国民主——是不容忽视的基础与前提。如本文在开篇时曾引述的哈耶克的经典论断：知识，特别是那些在人类政治生活中对具体事物进行决策所需要的知识，通常是"有关特定时空的知识"，这一类知识是关于某些特定的人或事物在某个时间和地点的信息，具有明显的分散性和地方性特征，没有一个机构或者个人能够充分掌握这些分散在无数个体手中的知识和信息。[1] 伏尔泰与卢梭等先贤或许也是因为早已意识到这一问题，所以才得出诸如"平民政体似乎只对小国合适"[2] "民主政体适合于小国，贵族制适合于中等国家，君主制适合于大国"[3] 的论断。显然，鉴于知识的分散性和地方性这一特点，规模较小的民主共和

---

[1] Hayek Friedrich August, "The Use of Knowledge in Society." *The American Economic Review*, Vol. 135, No. 4, 1945, pp. 521–523.

[2] ［法］伏尔泰：《哲学辞典》，续建国译，北京出版社2008年版，第496—502页。

[3] ［法］卢梭：《社会契约论》，李平沤译，商务印书馆2011年版，第178—184页。

国无论在民主的质量还是效率上似乎天生就优于实行同样政治模式的大国。然而美国的出现却为民主政治提供了除"小国寡民"以外的另一种选择，即通过高度自治的地方实体组成一个民主的大国。由此可见，自治对于大国民主而言是必不可少的重要基石。此外，倘若民众绝无参与自主管理小区或与自身紧密相连的团体的公共性事务的经验，其公共精神、妥协意识以及纪律性——并非简单的服从，而是对于通过合法途径产生的既定规则的尊重——这些维持现代民主社会正常运作的公民基本素质便难以培养，"自治造就公民，民主仰赖自治"。[1]

由是观之，凡图中国社会主义民主政治之完善与发达者，不可不关注基层自治之问题。当然，由于中国幅员辽阔、人口众多，加之文化传统源远流长，近世以来基层自治体系的建设通常面临着纵向与横向两方面的难题。

就纵向而言，问题在于"旧"与"新"之间的吊诡。作为四大古国中唯一延续至今的文明，尽管受到近一百余年以来"西风东渐"的强力冲击，无论是社会形态、生产力水平还是生产关系都产生了质的变化，但人们的思维方式与行为模式仍或明或暗地受到传统观念、习惯的支配。在这种情况下倘若全然忽视传统，强行加以新式——或谓全盘西式——制度的改造，其结果总不免产生种种"新瓶旧酒"式不伦不类的畸胎，尽管依凭强力加以矫正，在经过一个震荡期后或可实现完全的改造，但其间所付出的代价实在是难以估量的。然而不幸的是，旧有模式在新的社会条件下因其所依赖的生存基础——如农业生产方式、紧密的宗族血亲关系等——的转变或瓦解而失去了归复的可能性。由此，介乎"新""旧"之间令人左右为难的窘境便出现了。

就横向而言，问题在于区域间风俗习惯及发展水平的差异。所谓"十里不同音，百里不同俗"，中国各地区间由于先天自然条件所造成的生产生活方式的差异及历史沿革，其个体间的差异亦是相当明显的。再加上70年代末80年代初年大陆地区改革开放以来区域经济、社会发展水平的不平衡——特别是东部沿海地区与中、西部内陆地区之间的差距——"一刀切"式的方案或难以有效解决问题；而要为各地量身定做

---

[1] 王建勋：《自治二十讲》，天津人民出版社2007年版，第4页。

适合本地区的模式，除却立法与司法领域尚待破局以外，其具体形态和改革方式尚依赖于各地自行探索。

路漫漫其修远兮，吾将上下而求索。

从冷清到热烈

——从华北根据地公历新年的变化看中共的社会动员

韩晓莉

（首都师范大学历史学院）

在中共革命史研究中，中共的群众路线和群众运动被认为是革命取得胜利的关键，而在中共发动群众，密切与基层社会联系的过程中，文化建设无疑是值得重视的方面，其中就包括节日文化建设。近年来，已有不少研究者尝试从节日入手探讨中共的社会动员，研究取得了极大进展，但仍有值得深入之处。[①] 一方面，现有研究主要侧重于考察中共对传统节日的改造利用，对新节日关注不多，相较于传统节日，民众对具有官方色彩的新节日的认可和参与程度似乎更能体现中共社会动员的成效；另一方面，研究多是在共时性层面展开，主要突出政权力量自上而下的节日改造成果，对复杂曲折的摸索过程以及民众主动性的关注较少。在

[①] 相关研究成果包括：韩晓莉：《革命与节日——抗战时期山西革命根据地的节日文化建设》，《中共党史研究》2014年第4期，第104—115页；李军全：《民俗节日与革命动员：华北根据地、解放区乡村社会中的春节（1937—1949）》，《党史研究与教学》2014年第1期，第4—16页；薛云、李军全：《论华北抗日根据地的春节娱乐（1937—1949）》，《抗日战争研究》2012年第1期，第63—75页；李俊领：《民国时期中共根据地与解放区的红色礼俗》，《阜阳师范学院学报》2011年第6期，第116—121页；魏建克：《论延安时期陕甘宁边区"三八"妇女节纪念及其历史价值》，《妇女研究论丛》2010年第2期，第48—53页；童小彪：《"三八"纪念与延安时期的妇女运动》，《妇女研究论丛》2008年第1期，第35—39页；魏宏运：《抗日战争时期太行山的春节文化风貌》，《广东社会科学》2001年第3期，第83—91页；等等。

前人研究的基础上，本文以抗日战争及解放战争时期，华北根据地公历新年的变化为线索，分析中共如何利用现代节日符号开展社会动员，密切与基层社会的关系，以及乡村民众如何被组织起来参与到新年活动中，并借助这一官方平台表达革命态度，进而从节日生活的角度展现中共政权与基层社会之间互动关系的变化。

一 "冷清"的节日

中华民国建立后，代表现代时间观念的公历纪年进入中国，1月1日作为辞旧迎新的时间节点被民国政府规定为新的社会节日，以取代传统的旧历新年。然而，民国政府"除旧布新"的节日改造却遭到地方社会的强烈抵制，于是，社会上出现了新、旧年节并存于一个日历年的局面。相较于充满狂欢色彩的旧历新年，直到20世纪30年代，公历新年在地方社会仍只是一个官方的节日符号，民众对此并无太大反响。

1937年下半年，八路军开赴华北抗日前线，各抗日根据地相继建立。由于政权初创，战事频繁，中共在年节方面，延续了国民政府"官民各分"的二元格局，并没有就公历新年的推行向地方社会施加太大压力。这时期根据地的公历新年活动多在政府机关和军队内部展开，内容以团拜、聚餐、休假为主，乡村民众则仍以旧历新年为辞旧迎新的时间节点，组织庆祝活动。

曾任职129师机要科的杨国宇在日记中记载了1938年他随部队进入山西后度过的第一个公历新年，"冷清"是他对这个节日的主要印象。"过去过年，他们（指徐向前部队）都是同我们一起团拜，今年可冷清。要不是《大公报》的记者和男男女女的大学生同我一起蹲在地下围绕着一大盆统一战线（猪肉白菜红萝卜什么都有）的菜，说说笑笑，很难说就算过年了。"[①] 日记中没有关于部队驻地辽县西河头村组织新年活动的只言片语，而是记录了不久后当地民众过旧历新年的热闹景象，"今天是阴历二十九日，老百姓家家户户都贴对联，在院子中间烧炭"，"辽县今

---

① 杨国宇：《刘邓麾下十三年》，重庆大学出版社1991年版，第33页。

天都戴花帽"。①

根据地建立初期，新旧年节，官民各有侧重的情况一直存在，相较旧历新年的喧嚣热烈，公历新年在乡村社会显得寂静冷清，这在杨国宇此后几年关于驻地新旧年节的日记中多有体现。1939年公历新年，129师总部放假休息，只在1月4日晚组织了干部同乐晚会，播放电影，和驻地群众联欢，营造出些许节日气氛。②2月18日是旧历除夕，民众过年的热情被彻底释放，"是夜群众正过年，到处爆竹如打机枪"，直到农历正月十五，驻地村民仍是"满屋点灯放炮欢"。③1940年1月1日，129师总部在驻地组织了团拜、会餐等内容的新年活动，活动只在军队内部开展，并没有当地村民参加。一个月后的旧历新年，民众显然成为节日的主角，他们按照惯俗，贴对联、烧炭火、放爆竹庆贺新年，直到2月23日农历正月十六，乡村社会仍沉浸于热烈的节日气氛中，"每家烧一堆炭火，锣鼓喧天地过节日"。④作为129师驻地的辽县西河头村尚且如此，可以想见这时期新旧年节在远离政治中心的偏远乡村的不同景象。

1941年1月1日，《晋西大众报》刊载了宣传公历新年的小剧本《张三过新年》，这也从另一侧面反映出，直到1941年，公历新年仍难以被民众接受的现实。剧本中，张三哥要杀猪过公历新年的行为引起了全家老少的不满，"阴历用了几千载，古辈流传有根源，为什么要把阳历换，别别扭扭为那（哪）般"。作者借张三嫂之口，表达了民众对公历新年的疑惑，"阳历又有什么好，人家过冬他过年，初三不见月牙出，十五黑夜月不圆，明明阴阳乱颠倒，不知你为啥爱过阳历年"？⑤尽管剧本以全家人在张三的解释动员下打消顾虑，欢欢喜喜过新年结束，但现实生活中，民众对公历新年的抵触情绪却很难通过一个剧本、几句宣传而消解。

在以农业生产为主的乡村社会，民众不接受公历新年，一方面缘于他们担心公历纪年有违农时，可能引起生产上的混乱，造成生活上的不便；另一方面也在于公历新年所具有的官方色彩，让民众对其敬而远之。

---

① 杨国宇：《刘邓麾下十三年》，第38页。
② 同上书，第92页。
③ 同上书，第97、99页。
④ 同上书，第153页。
⑤ 《张三过新年》，《晋西大众报》1941年1月1日第2版。

伴随着改朝换代进入中国的公历新年，从推行之初就被赋予了官方节日的性质，政府在现代与传统、官方与民间、进步与落后的价值预设下对年节"除旧布新"的改造在某种程度上加剧了民众对公历新年的反感。山西乡绅刘大鹏在其《退想斋日记》中就曾多次表达了对民国政府推行公历新年的不满，并将此与民心向背相联系。"民不遵行阳历，即不倾心于民国，民国于十七年又变为党国，于今三年，仍勒令百姓遵行阳历，而民依旧不遵，可见阳历之不适于民意也。"[1] "官厅勒令庆贺阳历之新年已经二十余年，而民众皆不之遵，可见民心之不顺矣。"[2] 从刘大鹏的记述可以看出，在民众没有对"官"形成高度认同的情况下，对官方节日并不会有太多兴趣，甚至以抵制公历新年的方式表达着对"官"的不满。

虽然根据地建立之初，中共政权和革命军队就展现出不同于国民政府的民主作风和严明纪律，赢得了民众的好感，但由于各项建设工作还未深入，群众组织尚待健全，根据地政权与基层社会之间的互动并不充分，官民之间仍保持着相当距离，这一点从当时中共关于根据地群众工作的总结中也可感受一二。"不少的地方，做群众工作的人依赖着今日边区的各种便利条件，停留在自上而下的号召上，甚至采取了命令的及简单的行政方式去动员群众"，"使一部分群众产生等待、依赖或置身事外的现象，自觉性不高"，"一部分群众总以为战斗是军队的事，与他们无干"。[3] 民众对政治的"置身事外"必定也会反映到他们对公历新年这个官方节日的态度方面。

公历新年在乡村社会的冷遇固然可以理解为当时中国社会普遍存在的新文化遭遇旧传统的尴尬，理解为乡民对有违农时的现代时间观念的抵制，但就根据地政权而言，这也在某种程度上反映了根据地建立初期，官民之间的互动，尤其是文化层面的互动还较为有限。

---

[1] 刘大鹏:《退想斋日记》，乔志强标注，山西人民出版社1990年版，第420页。
[2] 同上书，第468页。
[3] 黄敬:《地方党五个月工作总结与今后工作方针（节选）》（1938年4月），《晋察冀抗日根据地》史料丛书编审委员会、中央档案馆编《晋察冀抗日根据地》第一册（文献选编上），中共党史资料出版社1989年版，第140页。

二 从集会阅兵到团拜联欢

尽管华北各根据地建立初期，公历新年并没有作为社会节日被民众所接受，但它作为一个具有现代意义的时间节点还是被纳入中共的社会动员体系中。新年期间，各根据地在通过机关报刊发表军政领导新年致辞，开展革命宣传的同时，也尝试组织包括政治集会、民兵检阅等形式的群众活动。

1939年公历新年，晋冀豫区委就曾召开包括3万多名群众参会的晋东南各界拥蒋大会，以政治集会的方式展现了根据地军民团结抗战的精神面貌，明确了晋东南各界在晋冀豫区委领导下团结抗日的工作方向。[1] 1941年元旦，太北区的襄垣、辽县以及冀西的内邱等地都组织了包括夜间行军、紧急集合、防空防毒、投弹射击以及政治测验等内容的民兵检阅活动，参加人数从几百到几千不等。[2] 虽然这些新年活动都突破了家庭甚至村社的范围，营造出隆重热烈的气氛，但就主题和内容看，活动多侧重于展示根据地军民团结抗战的决心和力量，与新年辞旧迎新的节日意涵相去甚远，且活动多以特定人群为对象，并不具有广泛的参与性。可以说，根据地建立初期，公历新年活动的受众和社会影响都相对较小，活动的政治象征意义远远大于社会意义。

抗战进入相持阶段后，华北各根据地普遍面临严峻形势，为团结抗战力量、巩固革命政权，公历新年作为密切与群众关系、开展社会动员的时间节点进一步受到中共的重视，流行于军政系统内部的年节庆祝活动出现了由官及民的推广趋势，新年团拜就是其中之一。

团拜作为公历新年期间官方的庆祝活动在民国初年就已出现。民国《大名县志》载："自改行阳历以来，城内每逢年节，县署知会各机关人

---

[1] 区委民运部：《晋冀豫区委群众工作总结报告》（1939年3月16日），太行革命根据地史总编委会编《太行革命根据地史料丛书之七：群众运动》，山西人民出版社1989年版，第123页。
[2] 《襄垣、辽县、内邱元旦举行大阅兵》，《新华日报》（华北版）1941年1月15日第1版。

员及士绅，届时于指定地，行团拜礼，较之诣门互拜，颇称简便。"① 抗战前，新年团拜在中共党政机关和军队内部已十分流行。作为官方活动，中共军政系统的新年团拜多遵循固定规程，显得严肃而正式，并不适合民众参与。以1940年元旦，129师直属队及轮训队在驻地组织的新年团拜为例，早上6点，部队官兵集合于操场，由师长刘伯承、政治委员邓小平、参谋长李达等人分别训话，直属队代表向首长致拜词，呼口号，进行军容风纪检查，最后由大会总指挥宣布散会。② 与旧历年节民众走亲访友，互贺新年不同的是，中共军政系统的新年团拜并不刻意营造欢快热烈的节日气氛，而更像是部门内部的总结动员大会。

随着中共群众工作的深入和节日动员策略的调整，新年团拜的形式和内容开始发生变化。1942年元旦，晋冀豫区委要求地方政府组织面向民众的团拜和联欢活动。于是，从军政机关驻地开始，新年具有了与此前不同的新气象。"各县普遍召开娱乐晚会，并纷纷向抗属拜年、慰问、赠送春联。新年劳军，亦在各地热烈开展。榆社等县政府，并设宴招待名流士绅，藉资联欢。"③ 1943年公历新年，在晋察冀边区政府举行的团拜大会上，不仅有当地民众参加，而且还增加了工作人员与民众列队互相拜年的环节。④ 同一天，18集团军总直属队的新年团拜大会也邀请了晋东南各救国总会及驻地各县群众团体代表参加，"军民融洽一家，喜溢眉宇"。团拜会上，既有边区军政领导从根据地各项工作出发的总结动员，也有群众代表就密切军民关系的表态发言，"情形颇为热烈"。⑤

1943年底，根据中央指示和动员工作的需要，华北各根据地决定利用新旧年节开展大规模的拥政爱民和拥军优抗运动。在确立节日主题后，军队和党政机关率先行动起来，以公历新年为契机密切与群众关系，展现亲民形象。1943年12月26日，太行区党委军区司令部和驻地村民一

---

① 民国《大名县志》，转引自丁世良、赵放主编《中国地方志民俗资料汇编·华北卷》，书目文献出版社1989年版，第431页。

② 杨国宇：《刘邓麾下十三年》，第139页。

③ 《迎接一九四二年 各界热烈庆祝元旦》，《新华日报》（华北版）1942年1月1日第4版。

④ 《庆祝新年 边府开大会》，《晋察冀日报》1943年1月5日第1版。

⑤ 《彭副总司令元旦设宴 招待群众团体代表》，《新华日报》（华北版）1943年1月1日第1版。

起进行大扫除,组织了新年军民同乐晚会,并在元旦召开军民座谈会,由军区领导带头团拜、慰问抗属。① 元旦日,晋绥边区将过去限于机关内部的团拜扩大为各界军民参加的庆祝大会,到会军民2000多人。② 此后,"拥政爱民、拥军优抗"作为年节主题被延续下来,体现军政民亲密互动的团拜活动在各根据地也被进一步推广开来。

抗战胜利后,随着根据地范围的扩大,新年团拜不仅是革命老区军政民之间加强彼此联系的活动,也成为新解放区民众庆祝翻身胜利的方式之一,团拜形式更加多样。1946年新年,在刚刚获得解放的磁县峰峰矿区,晋冀鲁豫军区前方司令部和警卫团与矿区民众举行了隆重的团拜。团拜会上,军区领导首先向工人们致以慰问,并宣誓"要用一切努力,反对国民党发动内战进攻解放区,保卫抗战果实",工人代表当场表示响应政府号召,"要努力生产,巩固后方,军政民团结得像一个铁桶一样"。③ 元旦这天,很多照常生产的矿工为表达他们"空前未有的极端愉快的心情","在紧张的劳动之后,都穿上新衣,冒着大雪跑到工会里集体去为军区首长庆贺新年",有矿工代表还提议写信向毛泽东、朱德等中共领导人拜年。④ 在张家口,市安保大队,"举行盛大的抗属座谈会,倾谈心曲";贸易公司召开干部家属座谈会,"并发动每人访问两家老乡,征询对公家意见";张垣蒙古居民,"于元旦晨举行饶有蒙古风味的团拜礼"。⑤

与根据地建立初期流行于军政系统内的新年团拜相比,抗战中后期到解放战争时期,新年团拜的最大变化在于民众被组织起来,由活动的旁观者变成活动的参与者,甚至是主角,他们在活动中感受到了从未有过的、来自官方的尊重和礼遇,这种尊重和礼遇必然会影响他们对中共

---

① 《各机关都忙着预备 新年要大大的娱乐一番》,《新华日报》(太行版)1943年12月29日第1版。

② 《军民一同庆新年》,《晋西大众报》1944年1月9日第1版。

③ 《晋冀鲁豫军区前方司令部 军民团拜迎接胜利年》,《新华日报》(太行版)1946年1月5日第2版。

④ 《努力生产庆祝解放年 峰峰煤矿增产一倍》,《新华日报》(太行版)1946年1月11日第4版。

⑤ 《晋冀鲁豫边区人民欢庆新年热烈劳军》,《新华日报》(太行版)1946年1月9日第2版。

这个"官"以及公历新年这个官方节日的态度。有学者指出，根据地民众在中共领导的各项文化活动中获得参与感、分享感、权力感、平等感，进而形成与中共目标的一体感，精神上的平等和融合是农民选择中共的重要因素。① 正因为新年团拜在强化社会凝聚力和认同感方面所发挥的积极作用，使得这一年节仪式作为新的节日传统被中共继承下来并延续至今。

三 "推动中心工作"的节日娱乐

在中国传统节日中，娱乐往往是其中必不可少的部分，民众通过参加活动满足信仰、娱悦身心、舒缓压力。为了增加公历新年对民众的吸引力，最大限度地发挥宣传动员的作用，中共在组织新年活动时，尝试加入民众喜闻乐见的娱乐节目。同时，由陕甘宁边区发起的新秧歌运动和戏剧运动在华北各根据地的开展，也不断丰富着公历新年的娱乐内容。到抗战中后期，娱乐逐渐成为华北各根据地新年活动的重要组成。

1940年12月，晋察冀边区戏剧协会拟定了新年戏剧工作大纲，提出组织和动员所有村剧团在新年里演出，"把新年文化娱乐工作的中心一环戏剧工作抓紧，要把他（它）造成一个高潮"。② 同一时间，晋察冀边区各群众团体也向民众发出了新年开展文化娱乐的联合号召，鼓励他们在村救亡室、村剧团和群众团体的组织下，"积极的进行高尚正当的文化娱乐，使新年文娱工作成为群众自觉的运动"。③ 新年期间，太岳区文总、文协在闫寨村联合组织了包括快板剧、合唱、诗歌朗诵在内的晚会，烘托节日气氛。④ 在晋西北边区机关报《晋西大众报》的新年专刊上，刊载

---

① 徐秀丽：《"一日"与未来——从"冀中一日"征文看民众对中共根据地政权的支持》，徐秀丽、王先明主编《中国近代乡村的危机与重建：革命、改良及其他》，社会科学文献出版社2013年版，第310页。
② 中华全国戏剧界抗敌协会晋察冀边区分会：《新年戏剧工作大纲》，《晋察冀日报》1940年12月24日第4版。
③ 《边区群众团体号召热烈庆祝新年 广泛开展文化娱乐》，《晋察冀日报》1941年1月1日第4版。
④ 《反法西斯宣传周中文化日预告》，《太岳日报》1941年12月30日第2版。

了以民间社戏、小调形式编写的剧本，以方便民间剧团学习排演。随着根据地戏剧运动的开展和文化建设工作的深入，中共对新年娱乐的重视程度不断加强，组织新年娱乐甚至成为评价地方政府群众工作的内容之一。1943年12月10日，太行区党委宣传部发出《关于新年文化娱乐工作的通知》，要求"各县要负责整顿旧有农村剧团，编写切合于本地情况为当地群众所喜见乐闻的民间剧本"，利用新年娱乐推动中心工作的开展。《通知》特别提出，"对于不利用新年去密切群众关系，和发动群众热烈庆祝的，都要在报纸上受到公开批评与质问"。①

与公历新年相较，旧历新年在乡村社会有着更广泛的群众基础，娱乐活动也更加丰富，但作为与信仰习俗相关的传统节日，中共在利用旧历新年开展社会动员的过程中，不得不经常面对来自传统的阻力。从这个层面看，尽管公历新年并不具有如旧历新年那样的影响力，但对于这样一个自外部而来的现代节日，政府在节日活动的设计安排方面较少束缚，更便于依据不同时期中心工作的需要来组织娱乐活动，展现亲民形象，密切官民关系。

以1944年新年为例，围绕"拥政爱民、拥军优抗"这一主题，各地新年娱乐以宣传政府群众作风、表现军民鱼水情深、动员民众团结抗日等内容为主。在《晋西大众报》刊载的民间小调《劳动英雄坐花船》中，劳动英雄取代了过去的青年女性，"披红戴花"坐在旱船里，表达着翻身的喜悦和对中共的拥护，"数十年来受苦汉，直起腰杆把身翻"，"毛主席处处为咱想，事事叫人心喜欢，世上若没有共产党，穷人那（哪）能有今天"。②秧歌《劳军》则对比了八路军和旧军队的差别，号召民众新年劳军，"从前的军队似虎狼，见了百姓就把脸翻"，"八路军闹生产，吃穿也要自家管，为了减轻人民负担。他们自己生产还不算，还要帮助老百姓"，"奉劝众同胞，大家要拥军，帮咱八路军，好好打敌人"。③元旦这天，晋绥边区政府在新年团拜后，特意安排了七月剧社和大众剧社联合

---

① 太行区委宣传部：《关于新年文化娱乐工作的通知》，《新华日报》（太行版）1943年12月15日第1版。

② 一知：《劳动英雄坐花船》，《晋西大众报》1944年1月1日第2版。

③ 张友：《劳军》，《晋西大众报》1944年1月1日第2版。

公演新编历史剧《千古恨》，"剧情悲壮动人，引古证今，念及今日反动派的投降分裂活动，无不切齿痛愤"。①其他如《血泪仇》《交城山》《王德锁减租》《糠菜夫妻》等现代革命剧也都是各地新年期间经常上演的剧目。

抗战胜利后，围绕新时期的中心任务，大量以翻身、生产、备战为内容的现代革命剧被创作出来，成为根据地新年娱乐的主要内容。1946年12月22日，晋察冀中央局宣传部专门下发了关于年关工作的指示，要求新年娱乐的内容"应尽量反映战争与工作及有意义的斗争情感或有积极作用的自我批评（如检讨军民关系群众纪律）"。②在随后到来的1947年新年，娱乐与中心工作被更紧密地结合起来。赞皇县政府组织了城街联合剧团，并请宣传队出演《血泪仇》《打渔杀家》《二流子转变》《庆贺翻身》《翻身不忘备战》等革命剧；祁县政府指示全县教职员"大量创作关于反美、反蒋、反阎及冬季生产、翻身运动等宣传材料"，并将1947年1月1日到3日定为宣传期，要求各学校放假3天，专门组织年关娱乐，形成群众性的娱乐运动；榆社县某区决定在新年娱乐中贯彻时事、翻身、生产教育，由小学教员组织化妆宣传，中学生出演《捉特务》《兄妹劳军》等剧。③

戏剧之外，扭秧歌作为深受北方民众喜爱的年节娱乐方式，也出现在了根据地政府组织的新年活动中。与传统年节里民众插科打诨、自娱自乐的秧歌表演不同的是，在官方的参与下，新年秧歌具有了浓厚的政治寓意，成为体现根据地军政民亲密关系的集体舞蹈。1941年新年，《晋西大众报》刊载的小剧本《风雨同舟一条心》就被设计成现代秧歌舞的形式，"军、政、工、农、青、妇、商、儿、共驾一只旱船，工农拉绳，军政掌舵，青妇商儿打桨"，"锣鼓起处，绕场三匝"。④为展示根据地军民的精神面貌，文化部门对秧歌舞表演中的人物造型和舞蹈动作都做出了具体要求，"参加的人物应当是现实的人物——广大的工农兵群众"，

---

① 《边区各界热烈庆祝元旦》，《抗战日报》1944年1月4日第1版。
② 《晋察冀中央局宣传部关于年关工作指示》，《晋察冀日报》1946年12月24日第1版。
③ 《庆祝翻身展开时事宣传，赞皇等县组织年关娱乐》，《新华日报》（太行版）1947年1月1日第2版。
④ 《风雨同舟一条心》，《晋西大众报》1941年1月1日第1版。

"大秧歌里应一律是正派人物,少许反动人物如特务、顽固、反动派……等,只能作为人民欢乐和威风的陪衬,应该严格规定他们的化妆动作和表情","八路军出现在大秧歌里,服装应是整齐朴素的,表情应是活泼而又严肃的,动作要健康、明朗、有力"。① 1945 年新年,晋西北边区政府在驻地组织了有劳动英雄、机关工作人员与群众几百人参加的大型秧歌舞表演,在集体的狂欢中"表现了军民无限亲密的团结气象"。②

在中共组织新年活动,开展社会动员的过程中,娱乐是其最重要的助力之一。与传统年节乡村社会自发组织的娱乐活动不同的是,公历新年的娱乐活动是在政府主导下,围绕不同时期的中心工作设计安排的,民众在享受着活动带来的欢愉的同时,也接受着革命的教育,强化着他们对中共领导的政府和军队的认同感。

四 现代节日与社会动员

随着中共节日文化建设和社会动员工作的深入,根据地的公历新年活动日益丰富,民众对活动的参与热情不断提高。公历新年的变化,既是根据地政府自上而下组织发动的结果,也是根据地各项建设事业逐步推进,民众对中共政权认可程度不断提高的表现。

坚持群众路线,遵守群众纪律是中共领导的政府和军队赢得民众支持,取得革命胜利的要素之一。作为官方节日,公历新年为政府和军队密切与群众联系,检查群众工作提供了平台。1943 年新年,晋察冀边区五专署工作人员集体给村中抗属拜年的活动就曾在当地引起较大反响。"新年元旦,专署全体工作人员,排列成队,由村人带路,锣鼓前导,向所在村各抗属家拜年。每到一家,请出抗属长幼,由领队人和赵秘书代表大家说明拜年敬意后,全体鞠躬致礼。有些老太太老头子感激的流出泪来。"③ 1943 年底,在"拥政爱民、拥军优抗"的节日主题下,各根据

---

① 肖秦:《关于戏剧工作的几点意见》,山西省文学艺术工作者联合会编《山西文艺史料》(第二辑),山西人民出版社 1959 年版,第 96、97 页。
② 《秧歌旱船闹的欢》,《晋西大众报》1945 年 1 月 5 日第 3 版。
③ 《五专区各地军民热烈庆祝反攻年 专署工作人员给抗属拜年》,《晋察冀日报》1943 年 1 月 7 日第 1 版。

地军政部门率先行动起来,利用公历新年检查群众纪律,征求群众意见。太行军区政治部就新年工作做出指示,要求直属各单位在 12 月底之前完成群众纪律检查,内容细化到损坏群众的桌椅板凳要修补,损失的器具要赔偿等事项。① 12 月 25 日,中共中央晋察冀分局发出关于执行拥政爱民及拥军政策的指示,提出要对"军队与党政民关系上双方的错误、缺点,进行深入的彻底的清算"。② 对于习惯仰视"官"的基层民众来说,中共领导的政府和军队新年期间的种种亲民举动必然会对他们产生极大的触动,并引起情感上的共鸣,进而使他们对中共这个"官"和公历新年这个官方节日做出积极回应。

另外,根据地各项建设事业的深入开展,也强化着民众对"官"的心理认同。在经历了根据地建立初期到抗战相持阶段的困难时期后,从 1943 年起,华北各根据地普遍进入恢复和发展阶段,根据地面积不断扩大,各项建设事业取得显著成效,村政建设、减租减息和大生产运动都使民众切实感受到中共领导的政府和军队的不同,他们也以各种方式表达着对政府和军队的拥护和热爱。1944 年新年,在潞城县政府组织的座谈会上,有 33 个劳动英雄发表了对共产党和政府的感想,他们说"共产党和今天的政府都是一心一意叫大家过好时光"。③ 新年期间,各地政府都发动民众给军队写慰问信,太行军区政治部每天都能收到大量的群众来信。尽管写慰问信的活动是在官方的倡导组织下进行的,但透过信中的平实话语不难感受到民众对政府和军队的真心拥护。涉县占凹村村民在信中说:"你们不怕困难,天大的困难你们都克服了。这几年里,我们亲眼看到的,你们总是打胜仗。你们在去年自己还种庄稼,使我们的负担减轻了,我们找不到再有什么别的军队比你们好!"上偏凉村村民来信说:"咱们根据地,不管大镇子和山庄窝铺,都锣鼓喧天,比往年更加红火了,大姑娘、小媳妇都扮高跷,咱们能过这样的时光,都是你们的大

---

① 《各机关都忙着预备 新年要大大的娱乐一番》,《新华日报》(太行版) 1943 年 12 月 29 日第 1 版。

② 《中共中央晋察冀分局关于执行拥政爱民及拥军政策的指示》(1943 年 12 月 25 日),《晋察冀抗日根据地》史料丛书编审委员会、中央档案馆编《晋察冀抗日根据地》第一册(文献选编下),第 890 页。

③ 《新年新气象》,《新华日报》(太行版) 1944 年 1 月 11 日第 2 版。

功劳，我们看的很清楚，没有咱们子弟兵，没有共产党领导，哪里还有这样对劲呢？"①

除了写慰问信，新年期间民众还以实际行动参加到拥军优抗中。1944年新年前三天，武东下黄岩村就组织村民慰问抗属和荣誉军人，"民众送给他们小米四斗，山药蛋一百八十斤"。某村妇救会秘书还发动会员新年请抗属吃饭，全村老幼都到抗属家拜年。② 1945年新年，山西涉县很多地方的村民主动"带羊肉、白面、花生、核桃、柿饼等礼物，到分区向首长贺年并慰劳伤病员"。③ 1946年新年是抗战胜利后的第一个新年，晋冀鲁豫边区民众"自动掀起拥军热潮，纷纷杀猪宰羊慰劳当地驻军"。张家口市各商行发动盛大劳军，"由张市总商会暨各行商联会推选代表，成立商人慰问团，往军区政治部及各医院慰劳，表示全市商民对英勇战士忠诚保卫人民利益的最高敬意"。④

虽然公历纪年一直没有被根据地民众广泛接受，但在官民之间不断加强的亲密互动中，作为官方节日的公历新年还是引起了越来越多民众的兴趣，尤其是在社会动员更充分、官民关系更密切的军政机关驻地和重要市镇，民众开始主动以各种方式庆祝公历新年，新年的节日气氛更显热烈。1942年元旦，在太北各重要市镇，"家家户户张灯结彩，国旗飘扬，春联广告，红绿缤纷，松柏彩楼，雄立街口，笙箫响彻全市，当地驻军更配合民众，进行各种民间娱乐，如高跷、花戏、国术等节目，妇女小孩皆披红带绿，欣喜逾恒。桐峪镇并垒了二十多座大煤火，汽灯花灯一片辉煌，直至更深夜半，始尽欢而散"。⑤ 1944年新年，太行区一些地方的民众自发张贴对联，扎制彩楼，装扮秧歌庆祝新年。⑥ 到1945年，涉县一些乡村在新年前就开始搭台唱戏，并准备在节日里组织跑竹马、扭秧歌、踩高跷、打拳等活动，涉县独立营各驻家新年都贴上了对联、

---

① 《军区政治部收到大批群众的慰问信》，《新华日报》（太行版）1944年1月11日第2版。

② 《新年新气象》，《新华日报》（太行版）1944年1月11日第2版。

③ 《迎接一九四五年各界热烈庆贺元旦》，《新华日报》（华北版）1945年1月1日第4版。

④ 《晋冀鲁豫边区人民欢庆新年热烈劳军》，《新华日报》（太行版）1946年1月9日第2版。

⑤ 《笙歌盈耳极目辉煌 军民共庆新年》，《新华日报》（华北版）1942年1月5日第4版。

⑥ 《新年新气象》，《新华日报》（太行版）1944年1月11日第2版。

挂起了红灯。①

解放战争时期，在中共领导的革命军队的节节胜利中，新解放区的公历新年又被赋予了庆祝翻身胜利的新内涵，民众以走上街头欢庆新年的方式释放着他们压抑已久的热情，分享胜利的喜悦。1947年新年，获得解放的浑源城民众涌上街头庆祝翻身年，"各商号门前悬挂红旗，粘贴对联，霸王鞭、高跷、秧歌舞三十号就活跃起来了，锣鼓喧天，充满各街，人们涌来挤去真是热闹"。②1948年1月1日，石家庄迎来了解放后的第一个新年，民众纷纷涌上街头庆祝胜利，各个单位都组织了秧歌队上街表演，整个城市沉浸在热烈的节日气氛中。"商贩们也暂时停止营业，有的爬上自己的货架，有的登上排子车，有的跑到站岗的凉台上，两旁楼顶、晒台、窗口都站满了人，真是'人山人海'，好些人异口同声的说：'十几年没有这么热闹过了！''解放了，果然不同！'"③

作为具有官方色彩的现代节日，公历新年在乡村社会的存在状态与民众对"官"的认可程度密切相关。尽管公历纪年在根据地社会的普及程度还十分有限，但公历新年却呈现出不断社会化的趋势，节日气氛日益浓厚。根据地民众对公历新年的热情并不单纯是为了感受节日狂欢带来的身心愉悦，他们同时也是以参加活动的方式表达着对中共政权的拥护和支持。

在华北根据地，公历新年经历了从冷清到热烈的变化。这一过程中，既有官方的组织发动，也有民众的主动参与；既有赖于中共社会动员策略的调整，也源自根据地各项建设事业的推进，公历新年变化的背后是官民之间不断加强的密切联系。虽然直到解放战争结束，公历新年所代表的现代时间观念仍没有被根据地民众普遍接受，但他们对公历新年活动的参与热情却逐年高涨。可以说，华北根据地公历新年的变化并不仅仅反映了中共文化建设的成效，它更多体现了中共借助现代节日符号自上而下开展社会动员的努力，体现了官民之间亲密互动关系的形成，而这也正是中共革命取得胜利的关键所在。

---

① 《迎接1945年 各界热烈庆祝元旦》，《新华日报》（太行版）1945年1月1日第4版。
② 《浑源城关群众大庆翻身年》，《冀晋群众报》1947年1月21日第1版。
③ 《石家庄街头风光》，《晋察冀日报》1948年1月10日第2版。

文化与教育

维新运动时期《国闻报》《直报》关于科举改革的报道

八百谷晃义

（台湾慈济大学东方语文学系）

一 前 言

在19世纪末中国社会出现的新事物中，报刊无疑是最重要的事物之一。章清讨论报刊为何能成为士绅阅读空间的一个重要组成部分，指出报刊除了给士绅提供与时务、西学有关的知识以外，还可以传达与士绅的个人利益密切相关的科举改制相关信息，而此种信息更让士绅感到通过阅报汲取时务、西学知识的必要①。

在维新运动时期，维新派积极创办报刊、发表政见，扩大自己的影响力。维新派试图通过报刊动员广大士绅，让他们支持维新运动，而且在一定程度上形成了拥护改革的士绅舆论②。在维新运动时期，清政府对科举制度作出了两种重要的改革措施，即创设经济特科和废八股改试策论③。那么有关科举改制的报道在维新运动时期的报纸中，以何种形式呈

---

① 章清：《清季民国时期的"思想界"——新式传播媒介的浮现与读书人新的生活形态》，社会科学文献出版社2014年版，下册，第669—783页。
② 关于维新运动时期报刊的整体情况，参见汤志钧《戊戌时期的学会和报刊》，台湾商务印书馆1993年版。
③ 关于晚清科举改革的讨论和实际过程，参见王德昭《清代科举制度研究》，中文大学出版社1982年版，第161—249页；关晓红《科举停废与近代中国社会》，社会科学文献出版社2013年版，第18—82页。

现？它与维新运动的进展又有何种关系？

过去关于维新运动时期报刊的研究，大部分都从其刊载的论说内容入手，强调其在介绍新知识、提出改革方案上所起到的作用，很少对思想、政治色彩不是很浓，但与士绅的实际利益密切相关的报道加以分析。最近有部分论著注意到报刊的报道内容与社会风尚之间的关系①，不过这些研究多以上海、湖南等南方地区为考察对象，除了孔祥吉、村田雄二郎关于《国闻报》的研究略涉及报纸和社会氛围的关系以外②，很少能看到北方地区的相关研究。本文以维新运动时期在天津发行的两种报纸《国闻报》和《直报》为素材③，试图探讨该时期天津报纸有关科举改革的报道和其所创造的社会氛围，兼论此种报道对维新运动进展的影响。

二 《国闻报》《直报》中的传统科举

章清在讨论报刊为何进入士绅阅读空间时指出，《申报》等报纸"刊登了不少迎合参加科举考试的士子需求的信息"④。报刊登载与传统科举（在本文，将进士科和与其相关的各种考试称"传统科举"）有关的信息，在北方的《国闻报》《直报》也是如此。而且他们的努力程度和信息分量，并不亚于南方的报纸。

光绪二十四年正好是举办会试、殿试之年。在考试前后，《国闻报》极其详细地报道了相关信息。《国闻报》自二月十七日起至三月初二日

---

① 除了上引章清《清季民国时期的"思想界"——新式传播媒介的浮现与读书人新的生活形态》以外，还有潘光哲《晚清士人的西学阅读史（一八三三——一八九八）》（台湾"中研院"近代史研究所2014年版）等著作对这方面进行了深入的讨论。

② 孔祥吉、村田雄二郎：《从中日两国档案看〈国闻报〉之内幕——兼论严复、夏曾佑、王修植在天津的新闻实践》，载孔氏、村田氏《从东瀛皇居到紫禁城——晚清中日关系上的重要事件与人物》，广东人民出版社2011年版。

③ 关于《国闻报》和《直报》的既有研究，有汤志钧《戊戌时期的学会和报刊》，第336—369页；徐建平《甲午战争时期天津〈直报〉及其对战后的舆论导向》，《历史档案》2004年第3期；王天根《晚清报刊与维新舆论的建构》，合肥工业大学出版社2008年版；李喜所《"中立"与求新：晚清〈直报〉概说》，《南开学报》（哲学社会科学版）2011年第1期；马艺等《天津新闻史》，天津人民出版社2015年版，第25—38页。

④ 章清：《清季民国时期的"思想界"——新式传播媒介的浮现与读书人新的生活形态》，上册，第14—16页。

止，除了二月二十五日和二十八日的两天，其他时间连载了《戊戌科会试章程》（下称《会试章程》）①。《会试章程》刊登后，《国闻报》于三月初八日刊载了清政府三月初六日所下钦点会试考官的上谕②。戊戌科会试于三月初八日入场③，二月底为应试举人纷纷来京的时间，比如自湖南长沙来的杨度，从上海坐船于二月二十六日到天津，二十七日抵达北京④；自山西太原来的刘大鹏，于二月二十五日入都⑤。这两位公车从何处获取了《会试章程》等会试相关信息，无法从他们的日记中得知，而且应试举人在京一般都会拜访同乡京官等人士互通信息。因此或许我们不能太高估报纸刊载这些信息的作用，但在京津地区有一定销量的《国闻报》⑥登载会试相关信息，应给远途来京应试的举人提供了一定便利。

考题和考试通过者的名单，也是很受人关注的信息。《国闻报》在会试期间，刊登会试题目⑦，会试结束后又刊载会试题名录。在刊登题名录时，《国闻报》先在闰三月十二日，刊载了从第六名周维藩到第九十八名章际治共93名的名单，附志称"电传至此，余容续登"⑧，而次日则登载了《官板戊戌科会试题名全录》⑨。不管是否完整，《国闻报》根据电报抢先登载题名录，此举可认为是向读者显示日刊报纸即时性的一种策略。

---

① 参见登载于各日的《京师新闻·戊戌科会试章程》，《国闻报》，国家图书馆出版社2013年影印本。
② 《上谕恭录》，《国闻报》光绪二十四年三月初八日，第2册，第31页。
③ 《京师新闻·戊戌科会试章程》，《国闻报》光绪二十四年二月十八日，第1册，第543页。
④ 北京市档案馆编：《杨度日记》，新华出版社2001年版，第82—83页。
⑤ 刘大鹏：《退想斋日记》，山西人民出版社1990年版，第79页。
⑥ 《国闻报》光绪二十四年二月的每日销量为1500份。其中天津销500份，北京销200份。参见《王修植·七》，上海图书馆编《汪康年师友书札（一）》，上海古籍出版社1986年版，第81页。
⑦ 《京师新闻·会试首场题目》，《国闻报》光绪二十四年三月十二日，第2册，第49页；《京师新闻·戊戌科会试二场题目》，《国闻报》光绪二十四年三月十五日，第2册，第61页。第三场题目未被刊登。
⑧ 《电传戊戌科会试题名录第六名起》，《国闻报》光绪二十四年闰三月十二日，第2册，第170页
⑨ 《官板戊戌科会试题名全录》，《国闻报》光绪二十四年闰三月十三日，第2册，第174页。

《国闻报》于闰三月十四日又刊登了《戊戌科会试题名录误字更正》①，以确保信息的可信度。《直报》比《国闻报》早一日即在闰三月十一日登载《电传戊戌科会试题名全录》②，接着还报道新贡士赴天安门等相关信息③。

《直报》于闰三月初五日报道说，"北闱乡、会试揭晓之前一日，琉璃厂向有出卖红录之举。嗣于己丑科起，因报录者争先抢报，致启争端，遂尔禁绝，数年以来，已寂寂无闻"，但"今年戊戌科会试，经龙文斋刻字铺为首，商议公送全本红录"，"初十日午后在琉璃厂东门内观音阁庙内出看红录"④，这则报道若属实，此次会试揭晓日期应为闰三月十一日，据《国闻报》同日的报道，揭晓定于闰三月十二日⑤。参加会试并逗留在京的杨度、刘大鹏二人获知题名录，均在闰三月十二日⑥。由此可知，无论实际揭晓日期究竟在哪一日，天津两大报纸发表题名录的即时性极高。正如上引《直报》闰三月初五日报道说，"与试诸君，翘盼（盼——笔者注。以下同）泥金、捷报，虽一日之隔，未免望眼欲穿"，《国闻报》《直报》能快速报道题名录，让读者感到报纸更大的吸引力。

关于科举最后阶段的殿试，两报都有报道。比如闰三月十七日的《国闻报》刊载钦点阅卷大臣的上谕，翌十八日刊载准新贡士一体殿试的上谕⑦；《直报》早在会试发榜前的闰三月初九日，已经报道了礼部出示晓谕令应试举人"在京静候揭晓，以中式后恭应覆试、殿试"⑧，于同月十八日，与《国闻报》一样刊登让新贡士一体殿试的上谕⑨，于十九日、

---

① 《戊戌科会试题名录误字更正》，《国闻报》光绪二十四年闰三月十四日，第 2 册，第 178 页。
② 《电传戊戌科会试题名全录》，《直报》，天津古籍出版社 2010 年影印本，光绪二十四年闰三月十一日，第 8 册，第 2120 页
③ 《谢恩赴宴》，《直报》光绪二十四年闰三月十四日，第 8 册，第 2144 页；《叔侄同科》，《新贵联欢》，《直报》光绪二十四年闰三月十七日，第 8 册，第 2168 页。
④ 《先睹为快》，《直报》光绪二十四年闰三月初五日，第 8 册，第 2073 页。
⑤ 《示期揭晓》，《国闻报》光绪二十四年闰三月初五日，第 2 册，第 144 页。
⑥ 《杨度日记》，第 88 页；《退想斋日记》，第 84 页。
⑦ 《上谕恭录》，《国闻报》光绪二十四年闰三月十七日，第 2 册，第 189 页；《上谕恭录》，《国闻报》光绪二十四年闰三月十八日，第 2 册，第 193 页。
⑧ 《科场例案》，《谕候覆试》，《直报》光绪二十四年闰三月初九日，第 8 册，第 2104 页。
⑨ 《上谕恭录》，《直报》光绪二十四年闰三月十八日，第 8 册，第 2175 页。

二十一日两天,登载了戊戌科传胪礼节①。于同年四月二十六日,《国闻报》首先登载《电传鼎甲》,接着在三十日,最后刊载了新进士题名录《金榜题名全录》②。

在全体士绅中能应会试、殿试的人,毕竟是少数。《国闻报》《直报》还提供了与众多士绅有关的科举信息。对尚无功名的童生来说,通过童试成为生员,是其晋升过程中的第一道关卡。《国闻报》《直报》自然也很详细地报道了天津此年的考试过程。《国闻报》于四月二十八日报道天津县县试和岁试将于五月初七日开考,于五月初九日登载县试首场题目,十三日刊登县考正场榜和复试日期,十七日注销县试初复前十名名单,翌十八日刊登二复试题,于二十六日登载三复试题③。县试结束后,《国闻报》于六月十三日报道府试日期定于同月二十四日,于二十七日注销府考试题首题,于七月二十三日节录府考所取前数名名单④。关于童试最后阶段的院试,《国闻报》于七月十四日报道说学政自八月初开始按临⑤。《直报》也同样报道举办童试的经过,比如于五月初八日、初九日、初十日报道了县试首场题目和举办县试情况,于同月十八日登载县试二复题目,于二十七日注销三复试题⑥。关于府试阶段,于六月十二日报道府试

---

① 《胪传仪注》,《直报》光绪二十四年闰三月十九日、二十一日,第8册,第2183、2199页。

② 《电传鼎甲》,《国闻报》光绪二十四年四月二十六日,第2册,第344—345页;《金榜题名全录》,《国闻报》光绪二十四年四月三十日,第2册,第360—361页。

③ 《天津本地新闻·示期县试》,《国闻报》光绪二十四年四月二十八日,第2册,第353页;《天津本地新闻·丹梯甲乙》,《国闻报》光绪二十四年五月十三日,第2册,第414页;《本埠新闻·县试初覆》,《国闻报》光绪二十四年五月十七日,第2册,第438页;《本埠新闻·县试二覆》,《国闻报》光绪二十四年五月十八日,第2册,第446页;《本埠新闻·三覆试题》,《国闻报》光绪二十四年五月二十六日,第2册,第511页。

④ 《本埠新闻·府考在即》,《国闻报》光绪二十四年六月十三日,第3册,第100页;《本埠新闻·府考题目》,《国闻报》光绪二十四年六月二十七日,第3册,第213页;《本埠新闻·府考发榜》,《国闻报》光绪二十四年七月二十三日,第3册,第415页。

⑤ 《本埠新闻·文宗按临》,《国闻报》光绪二十四年七月十四日,第3册,第342页。

⑥ 《头场题目》,《直报》光绪二十四年五月初八日,第9册,第2331页;《性理题目》,《直报》光绪二十四年五月初九日,第9册,第2338页;《县试二纪》,《直报》光绪二十四年五月初十日,第9册,第2346页;《二覆题目》,《直报》光绪二十四年五月十八日,第9册,第2411页;《三覆试题》,《直报》光绪二十四年五月二十七日,第9册,第2483页。

日期，于同月二十五日、二十六日两天登载府试题目①。《国闻报》除了京津地区的新闻之外，还时常报道山东、吉林、奉天、营口等地，甚至南方城市的考试和学政的动静②。此种外地的信息，尤其试题、学政谕示等内容，对天津本地的士绅也无不有参考价值。

如上述，在《国闻报》《直报》上与传统科举有关的信息很具体，也很及时。在讨论报纸为何进入士绅阅读世界时，这一事实不可忽视。

三 《国闻报》《直报》有关科举改革的报道

《国闻报》《直报》并非只传达新知识，其报道内容还包含着官方政治新闻和与传统科举有关的信息。报纸的这一点性质，可以让不那么关注新知识的士绅，也开始接触作为新阅读对象的报纸。报纸的内容新旧参半，即使阅报士绅不那么关心新知识，新知识也会逐渐进入他们的视野，而且这种新知识，又与他们的实际利益有密切的关系。

维新运动时期清政府改革科举的措施有两大重点：一为开设经济科，二为废八股改试策论。关于中央高层讨论这两大措施的动静，《国闻报》和《直报》都在报纸上进行了详细的报道。光绪二十四年正月初六日，总理衙门应贵州学政严修的奏折奏请开设经济特科和常科，被清廷立即采纳③。只隔三天，《国闻报》就报道清政府此次决定的大致内容，并说"至其奏稿及详细章程，俟有续闻再行登告"④。清政府决定增开经济科，《国闻报》很敏锐地看出此举所具有的意义，尚未接到奏稿、章程等相关文件就先做了快报，将此次决定的要点与读者分享。《国闻报》在第二天

---

① 《府考有期》，《直报》光绪二十四年六月十二日，第9册，第2604页；《府试题目》，《直报》光绪二十四年六月二十五日，第10册，第2709页；《次场题目》，《直报》光绪二十四年六月二十六日，第10册，第2716页。

② 比如，《山东新闻·文宗谕示》，《国闻报》光绪二十四年正月十六日，第1册，第413页；《吉林新闻·府试将届》，《国闻报》光绪二十四年正月二十日，第1册，第429页；《东南各省新闻·文宗文告》，《国闻报》光绪二十四年正月二十一日，第1册，第434页；《奉天新闻·试题照录》，《国闻报》光绪二十四年三月十九日，第2册，第77页；《营口新闻·文宗按临》，《国闻报》光绪二十四年三月二十二日，第2册，第89页。

③ 朱寿朋编：《光绪朝东华录》，中华书局1958年版，第4册，第4024—4026页。

④ 《奏开西学科目》，《国闻报》光绪二十四年正月初九日，第1册，第385页。

和第三天登载相关的上谕和奏稿①之后，又继续刊登了中央有关经济特科的讨论②。关于改试策论，《国闻报》于五月初七日刊登五月初五日废八股改试策论的上谕③。接着于五月十四日，《国闻报》又登载了五月十二日的上谕。该日的上谕应宋伯鲁的奏折，称既然已经改试策论，理应将经济岁举（经济常科）和正科（传统的进士科）"并为一科考试，以免分歧"，并说"生童岁、科，著各省学政奉到此次谕旨，即行一律改试策论，毋庸候至下届更改"，而四天后的十八日，再登载宋伯鲁的原奏④。废八股改试策论这一措施意义重大，《国闻报》此后再次在《国闻录要》栏目中整理改革要点提醒读者⑤。湖广总督张之洞、湖南巡抚陈宝箴于六月初一日共同上奏的奏折，在维新运动时期有关科举改章的讨论中起了告一段落的作用⑥。《国闻报》自然很快就登载了相关的上谕和奏稿全文⑦。不仅上谕、奏折，《国闻报》还依次刊登有关科举改革的各种章程，如总理衙门所定《经济特科章程》、礼部所议《改试策论章程》等⑧，让

---

① 《上谕恭录》《京师新闻·贵州学政翰林院编修严修请开西学专科奏稿》，《国闻报》光绪二十四年正月初十日，第1册，第387—390页；《京师新闻·总理衙门会同礼部妥议奏覆请设专科折稿》，《国闻报》光绪二十四年正月十一日，第1册，第392—393页。

② 比如，《上谕恭录》，《国闻报》光绪二十四年正月三十日，第1册，第467页；《上谕恭录》，《国闻报》光绪二十四年二月初四日，第1册，第485页；《上谕恭录》，《国闻报》光绪二十四年五月二十七日，第2册，第517页；《上谕恭录》，《国闻报》光绪二十四年六月十二日，第3册，第107页；等等。

③ 《上谕恭录》，《国闻报》光绪二十四年五月初七日，第2册，第389页。

④ 《上谕恭录》，《国闻报》光绪二十四年五月十四日，第2册，第417页；《京师新闻·宋侍御奏请经济岁举归并正科并各省岁科试迅即改试策论折》，《国闻报》光绪二十四年五月十八日，第2册，第447页。此折是康有为代宋伯鲁草拟的，参见孔祥吉《康有为变法奏章辑考》，北京图书馆出版社2008年版，第282—284页。

⑤ 《国闻录要·策论先声》，《国闻报》光绪二十四年五月二十三日，第2册，第486页；《国闻录要·科场改制续闻》，《国闻报》光绪二十四年五月二十六日，第2册，第510页。

⑥ 关于这一奏折，参见茅海建《戊戌变法的另面："张之洞档案"阅读笔记》，上海古籍出版社2014年版，第354—365页；关晓红《科举停废与近代中国社会》，第44—46页。

⑦ 上谕见于《上谕恭录》，《国闻报》光绪二十四年六月初一日，第3册，第35页；奏稿见于《京师新闻·张制军陈中丞奏请妥议科举新章并酌改考试诗赋小楷折稿》，《国闻报》光绪二十四年六月初八日、初九日、初十日，第3册，第61—62、69、77—78页。

⑧ 《京师新闻·总理衙门遵旨议覆并议经济特科章程折稿》，《国闻报》光绪二十四年六月初二日，第3册，第13页；《京师新闻·总理衙门遵议特科章程》，《国闻报》光绪二十四年六月初三日，第3册，第20页；《京师新闻·礼部遵议改试策论章程》，《国闻报》光绪二十四年六月初四日、初五日、初六日、初七日，第3册，第29、38、45、53—54页。

阅报的士绅周知新考试的详细规定。

与《国闻报》一样，《直报》也报道与科举改革相关的信息，比如于五月初七日登上改试策论的上谕、同月十四日登上将经济岁举和正科一并考试的上谕、十八日登上宋伯鲁奏折、二十七日登上让京外大官推荐经济特科人才的上谕、翌二十八日刊登《改试策论章程》、六月初三日登载关于张之洞、陈宝箴科举新章奏折的上谕、同日又登上总理衙门提交《经济特科章程》的奏折、六月十四日刊登应御史郑思贤奏特科严禁滥保的上谕等①。如此，《国闻报》刊载的上谕、奏折，《直报》也大概都有登载。在天津两大报纸中，若能阅读其中一报，那么对当时在中央进行的有关科举改革的讨论和措施，可以说了如指掌。

不仅刊登了上谕、奏折等官方文件，《国闻报》和《直报》对科考都有更详细的报道。清政府于五月二十四日下谕令三品以上京官及各省督抚、学政，限于三个月内推荐经济特科人才，咨送总理衙门会同礼部奏请考试②。到底哪些人能被推荐为特科人才？在新的仕途刚刚被打开的这个时候，这想必是士绅很关注的问题。而且如果能让想学西学的士绅知道新的特科的确已经开始运作，肯定会给他们起到一定的鼓励作用。早在五月底的上谕下来之前，《国闻报》于闰三月十二日报道称，江苏有潘敦先、王荣保二人具备应特科的条件，因此湖北学政王同愈等"争先保荐"③。除此之外，张之洞也有保举特科人才的举动，《国闻报》于四月初九日报道张之洞保举黄绍箕等十七人的信息，并在同月二十五日，刊

---

① 《上谕恭录》，《直报》光绪二十四年五月初七日，第9册，第2321页；《上谕恭录》，《直报》光绪二十四年五月十四日，第9册，第2377页；《光绪二十四年五月十六日京报全录》，《直报》光绪二十四年五月十八日，第9册，第2412页；《上谕恭录》，《直报》光绪二十四年五月二十七日，第9册，第2481页；《礼部遵议改试策论章程》，《直报》光绪二十四年五月二十八日，第9册，第2489页；《上谕恭录》、《光绪二十四年六月初一日京报全录》，《直报》光绪二十四年六月初三日，第9册，第2531、2534页；《上谕恭录》，《直报》光绪二十四年六月十四日，第9册，第2619页。

② 《光绪朝东华录》，第4册，第4127—4128页。

③ 《东南各省新闻·苏省举应特科》，《国闻报》光绪二十四年闰三月十二日，第2册，第172页。

载实际被保荐的18人名单①。于上谕下来后的五月二十九日，《国闻报》报道说，除了张之洞以外，"奏举者甚属寥寥"，但"昨据京友告知，李苾园（端棻）侍郎于日前具折保举十五人"②。在约一个月后的六月二十日，《国闻报》又报道说，"今日保荐人才者纷纷"，广东学政张百熙等人各举人才，"济济多士，真极一时之盛矣"③，两天后的二十二日，再注销李端棻、张百熙等人保举的人才名单④。于七月十四日，《国闻报》又报道顺天府尹胡燏棻保举人才的信息，并登载了自六月二十二日以后获知的被举人才名单⑤。七月二十一日，《国闻报》称"经济特科现在各处所保送者，早满百人"，现已由原保大臣通知各员于过年前后到京赴总署报到待试，"特科试期必在明年正、二月间矣"⑥。各地大臣纷纷保送人才的六月、七月时，《直报》也曾报道过此种情形，称"谅不日即可集成百名，定期应试矣"⑦。

被推荐为特科人才，或许对一般士绅来说是很遥远的目标，但在更接近他们实际生活的话题中，也常出现科举新考试相关的信息。在上文已介绍过《国闻报》关于天津县县试过程的报道。其实在其报道中，也可以看到策论的影子。《国闻报》于五月十七日刊登县试初复题目时，同时报道知县的通知。此通知说二复将"添试策论"，在第二天登载的二复题目中，的确有"问时文取士源流利病"的策论题⑧。县试二复原无策论⑨，天津县知县添试策论显然是应对五月初五日改试策论上谕的措施，

---

① 《国闻录要·张香帅保举经济特科》，《国闻报》光绪二十四年四月初九日，第2册，第276页；《国闻录要·张香帅保荐经济特科名单》，《国闻报》光绪二十四年四月二十五日，第2册，第340页。
② 《国闻录要·保荐经济人才》，《国闻报》光绪二十四年五月二十九日，第2册，第534页。
③ 《国闻录要·经济人才》，《国闻报》光绪二十四年六月二十日，第3册，第156页。
④ 《国闻录要·新保待科名单》，《国闻报》光绪二十四年六月二十二日，第3册，第172页。
⑤ 《国闻录要·府尹保举经济人才》《国闻录要·新保待科名单》，《国闻报》，光绪二十四年七月十四日，第3册，第342页。
⑥ 《国闻录要·特科试期》，《国闻报》光绪二十四年七月二十一日，第3册，第398页。
⑦ 《人才济济》，《直报》光绪二十四年六月十八日，第10册，第2652页。
⑧ 《本埠新闻·县试初覆》，《国闻报》光绪二十四年五月十七日，第2册，第438页；《本埠新闻·县试二覆》，《国闻报》光绪二十四年五月十八日，第2册，第446页。
⑨ 商衍鎏：《清代科举考试述录》，生活·读书·新知三联书店1958年版，第5页。

而且在中央刚作出废八股决定的此时问时文"利病",重点自应不在"利",而在"病"。据《直报》五月二十八日的报道,天津的书院也"于六月初二日官课起,一体改试策论"①。

六月初六日《国闻报》的一则报道称,同月初一日上谕着浙江学政陈学棻来京供职,因其为去年"新命甫下"的学政,"中外揣测,莫识其由",招来了很多议论。但据"都中访事人来函",此事的原因在于陈学棻居然批评了改试策论的决定。陈学棻"于日前有折至京,其附片言,八股取士,虽系空论,而作法有一定之程序,则阅卷者之评校,可以按规矩而定去取。今若改试策论,则虽名为实学,其究与八股同是空谈,无甚区别,而失其作法,阅卷颇难。皇上阅折后谓枢臣曰,陈学棻既以为改试策论阅卷为难,可撤其回京,不必作此难事。故有改派唐景崧为浙学之谕"。《国闻报》评论此事说"皇上之锐意变法,以期薄海臣民讲求实学,共济时艰,真有出诸寻常意想之外者。海内人士有不喁喁向风,力图振作哉"?② 姑且不论撤回陈学棻的原因是否真是其反对改试策论,但可以从评论中看出,《国闻报》很赞同清政府此次决定,并试图通过自己的报道来制造士绅"喁喁向风,力图振作"的氛围。同类报道还有有关湖北学政王同愈的消息。王同愈跟陈学棻不同,是一个开明的学政。于六月初五日《国闻报》报道称,湖北学政王同愈在按临武昌府属时,竟以第一名录取一个善于算学、作论,但写不出四书文的童生入学③。《国闻报》在同月二十二日刊登王同愈按临时所出题目,内中有"算学""格致""律学""掌故"等题目,并说道"及考试兴国州文童正场时,已钦奉改试策论之旨,宗师即出示钦遵题为《兴国策》、《管商合论》"④。学政是掌管一省文衡的要职,其学术风格与生员、童生的晋升有密切的关系。反对策论的学政得罪皇上被撤职,另一个学政按照中央决策的方向认真供职。此种新闻无疑为阅报士绅的应试指明了方向。

---

① 《书院改课》,《直报》光绪二十四年五月二十八日,第9册,第2491页。
② 《国闻录要·浙学内召之由》,《国闻报》光绪二十四年六月初六日,第3册,第44页。
③ 《东南各省新闻·学使崇尚实学》,《国闻报》光绪二十四年六月初五日,第3册,第38页。
④ 《东南各省新闻·鄂省试题》,《国闻报》光绪二十四年六月二十二日,第3册,第174页。

作为培养新人才基地的学堂，也是与经济特科、改试策论离不开的话题，在《国闻报》和《直报》上当然常看到相关的报道，尤其是关于筹建京师大学堂的报道极其详细。比如，《国闻报》于五月十七日刊载清政府采纳总理衙门等所拟《京师大学堂章程》的上谕，然后自五月二十一日起，分四天连载《京师大学堂章程》①，此后也及时报道大学堂总教习、总办和提调等人选，管学大臣孙家鼐汇报筹办大学堂情形的奏折等信息②。同样，《直报》也详细报道有关上谕、章程以及大学堂人选等信息与读者分享③。除了大学堂以外，清政府还下谕决定将各地书院改作学堂，作为培养人才的基础。此道五月二十二日的上谕，《国闻报》于五月二十四日刊载④。清政府做此决定后，直隶总督荣禄自七月十二日起会同布政使裕长和各道员等人员会议讨论改建学堂事宜，决定将集贤书院改为高等学堂，问津书院改为中等学堂，会文书院改为小学堂。此等天津当地改革进展的情况，也可在《国闻报》《直报》上获知⑤。此外，《国

---

① 《上谕恭录》，《国闻报》光绪二十四年五月十七日，第2册，第437页；《京师新闻·京师大学堂章程》，《国闻报》光绪二十四年五月二十一日、二十二日、二十三日、二十四日，第2册，第471—472、479—480、487、495—496页。

② 《国闻录要·京城大学堂奏派总办提调名单》《国闻录要·京城大学堂拟请总教习》，《国闻报》光绪二十四年六月初三日，第3册，第21页；《京师新闻·孙中堂筹办大学堂实物折稿》，《国闻报》光绪二十四年六月初九日，第3册，第69页；《京师新闻·教育英才》，《国闻报》光绪二十四年六月十二日，第3册，第93页；《国闻录要·京城大学堂总办辞差》，《国闻报》光绪二十四年六月十五日，第3册，第116页；《上谕恭录》，《国闻报》光绪二十四年六月二十四日，第3册，第187页；《国闻录要·大学堂总教习改用洋人》，《国闻报》光绪二十四年六月二十五日，第3册，第197页；《京师新闻·孙中堂筹办大学堂大概情形折》，《国闻报》光绪二十四年六月二十八日，第3册，第221页；《京师新闻·续孙中堂筹办大学堂大概情形折》，《国闻报》光绪二十四年六月二十九日，第3册，第229页；等等。

③ 《上谕恭录》，《直报》光绪二十四年五月十七日，第9册，第2401页；《学堂章程》，《直报》光绪二十四年五月二十一日，第9册，第2434页；《学堂章程》，《直报》光绪二十四年五月二十三日，第9册，第2449页；《学堂章程》，《直报》光绪二十四年五月二十四日，第9册，第2457页；《学堂衔名》，《直报》光绪二十四年六月初三日，第10册，第2532页；《大学教习》，《直报》光绪二十四年六月初八日，第10册，第2571页；等等。

④ 《上谕恭录》，《国闻报》光绪二十四年五月二十四日，第2册，第493页。

⑤ 《本埠新闻·会议直隶全省改设学堂》，《国闻报》光绪二十四年七月十五日，第3册，第350页；《本埠新闻·改设学堂续闻》，《国闻报》光绪二十四年七月十九日，第3册，第383页；《改课定章》，《直报》光绪二十四年八月初三日，第11册，第2767页；等等。

闻报》时常报道全国各地学堂的信息①。此等信息告诉阅报的士绅，他们看到的情况并非只在当地才发生，而是全国范围内的共同发展趋势。

《国闻报》和《直报》刊发的论说也时常谈到科举改革。《国闻报》于三月二十四日发表了《废寺庙以兴学校论》，自五月十六日起分三天也连载了《论八股存亡之关系》②。其中《论八股存废之关系》一文说，"今者皇上发德音，下明诏，改八股为策论，薄海臣民固无不颂朝廷之名圣，即东西诸与国，亦莫不据此为维新伊始，而生其敬惮之心，诚千载一时之盛也"，"但恐非常之原，黎民所惧，必有不知朝廷之至计，私忧窃叹，以为教宗宜保，古制宜存，而以复用八股为望者。故为疏栉源流，明证积习，以见废八股者，正所以复古保教，庶于维新之政，未尝无一蚕一虻之劳焉"，然后再谈八股不得不废之理由，最后结论说"天下之事，利害相较而已。害多而利少，则不当为。害少而利多，则当为。改八股一事，但见其利不见害。非圣人，其孰能与斯哉"？《国闻报》对于科举改革，其旗帜非常鲜明，正代表着其作为维新派北方言论基地的立场。

《直报》也刊有几篇讨论科举改革的论说。比如五月二十九日的《赘言》一篇，肯定特科和改试策论的总方向后，再提出具体的建议③。六月十三日的《答客问改试策论》讨论在面对改试策论时的要点④。有意思的是六月十九日的《论读书当多阅报纸》一篇。此文说现在中国各地报馆林立，所出报纸"体例虽不同，要皆可以知今，可以达变，可以徧晓外情，于学问、经济大有裨益"。现在皇上深知科举积弊，因而"锐意维新，明降谕旨，改革科场积弊"。那么，应考士子该如何应对新考试？

---

① 比如，《东南各省新闻·南京民办西学堂》，《国闻报》光绪二十四年五月初九日，第 2 册，第 400 页；《东南各省新闻·江西倡办学堂》，《国闻报》光绪二十四年五月十四日，第 2 册，第 420 页；《东南各省新闻·苏省兴办学堂》，《国闻报》光绪二十四年五月十七日，第 2 册，第 440 页；《山西新闻·山西藩臬两司会详经济大学堂详稿》，《国闻报》光绪二十四年六月十六日，第 3 册，第 126 页；等等。

② 《废寺庙以兴学校论》，《国闻报》光绪二十四年三月二十四日，第 2 册，第 96 页；《论八股存废之关系》，《国闻报》光绪二十四年五月十六日、十七日、十八日，第 2 册，第 429—430、437—438、446 页。《论八股存废之关系》的作者是夏曾佑。

③ 《赘言》，《直报》光绪二十九年五月二十九日，第 9 册，第 2497—2498 页。

④ 《答客问改试策论》，《直报》光绪二十四年六月十三日，第 10 册，第 2611—2612 页。

《直报》的想法为,"惟报纸汇萃群书,择其有关时务者,录供众览,简而赅,约而精,随来而随阅,随阅而随记,其所获不已多乎?且泰西书籍最多,不啻汗牛充栋,若化学,若光学,若电学以及测量、绘画诸学,更仆数之而难终,无论融会贯通,才力将有所未逮。即逮矣,要皆已然之陈迹,终落人后尘,不如报纸之日新月异,类皆当前要务也"①。此一篇论说可谓是利用中央政治决定而做的宣传文字,虽然其议论本身也有一定的道理,但《直报》刊此一文与自家报馆经营上的考虑,应有一定的关系。在六月二十三日《直报》上郭骧撰的《难易解》,也算是借论说形式的宣传文字。该文以清政府"改《时务报》为官报,而天津、上海等处之报,亦择其有关时务者,一体进呈"的决定为背景,论道,若"有切于时事,深有裨益之说,合于宸衷者,虽韦布之士,未必不立蒙召见,明试以言,而量才擢用。斯报馆之文章,即登进之操卷,以视当日之徒见于言者,不得同日而语矣。易矣。然当日之徒见于言者,未尝无上达黼座,迭奉恩纶,则报馆直富贵、功名之捷径"②。

如上述,维新运动时期《国闻报》《直报》中有关科举改革的报道和论说都很详细且很全面,纸上洋溢着社会风气即将一新的氛围,为科举改革获得士绅舆论支持做出了贡献。

四 天津社会的反应

若要讨论《国闻报》和《直报》的报道在当时社会所发起的作用,读者阅读报纸后的反应自然很重要,但可惜笔者尚无充分的材料对此进行讨论。笔者在下面仅用两报所登载的书店等广告,说明此时社会氛围的一端。

书贾卖书的目的不外乎利益,如何刺激顾客购买欲是广告的意义所在。为了实现这个目标,书贾们也关注中央政府有关科举改革的措施,很及时地推出了新产品和新广告。

在三月初二日的《直报》上,可以看到经济书局推出的《经济分类

---

① 《论读书当多阅报纸》,《直报》光绪二十四年六月十九日,第10册,第2659—2660页。
② 郭骧:《难易解》,《直报》光绪二十四年六月二十三日,第10册,第2691页。

丛钞》的广告。这则广告说"本局所印《经济分类丛钞》，照经济科分为六门，曰内政，曰外交，曰理财，曰经武，曰格物，曰考工，都二百卷，订四十二本，装六函，六月出书，每部售洋十元"①。如引文所言，这套丛书完全按照经济特科所规定的六种专长来分类。因此可以说，这套丛书是为了对应经济特科的新举业书。再介绍一例应对特科的广告的话，还有京师总报局在《国闻报》上注销的《经世文新编》广告。此则广告说"此书为新会梁卓如（启超）孝廉所编。孝廉深于政学，海内共知，兹选此书，尤为宏富。现在新开特科，尤宜讲求时务，诸君子幸以先睹此书为快焉"②。

自改试策论的上谕下来以后，书贾们很快在策论上看出了商机。比如，天津北阁内延邵公所对门类类报馆，从五月初一日起每三天出一期《类类报》。此报"按经济六科分明分类"，很明显采用了应对经济特科的结构③。类类报馆在《国闻报》和《直报》登广告说"约看至四个月可成书七部。八股已改策论，此报洵（洵——引者注）属利器也"④。此则广告说，《类类报》是应对策论的利器，大概看了四个月可以成书，意思是要发挥作用的话，需要长期购阅，类类报馆试图通过此等广告词确保长期阅报的读者，手法可谓老练。逸云斋《石印时务策论总纂》的广告也强调此书的意义说，"洵资策论之实用，而时务之大观也"⑤。此类广告很多，实在不胜枚举。

在当时的天津最积极利用报纸进行推销的书贾是梁子亨经营的天津北门内府署东紫气堂。梁子亨在《国闻报》和《直报》上，几乎每一天都发广告，而且销售的报刊、西学书籍的种类，也大大超出其他同行⑥。紫气堂的广告技巧可谓五花八门，上述其他书店的各种手法也都用过。梁子亨见朝廷开设经济科、改试策论的决定，很敏锐地看出本来"甚迟"

---

① 《经济丛钞书票出售》，《直报》光绪二十四年闰三月初二日，第9册，第2052页。
② 《经世文新编》，《国闻报》光绪二十四年五月十五日，第2册，第427页。
③ 《直报》光绪二十四年五月初二日，第9册，第2286页。
④ 《三日一本石印类类报》，《国闻报》光绪二十四年五月十五日，第2册，第428页；《三日一本石印类类报》，《直报》五月十四日，第9册，第2383页。
⑤ 《石印时务策论总纂》，《国闻报》光绪二十四年五月十七日，第2册，第443页。
⑥ 比如，《国闻报》光绪二十四年五月十六日，第3册，第433页；《直报》光绪二十四年闰三月初三日，第8册，第2060页；等等。

的"北方风气"也会渐开,阅报一定会成为社会时尚,但"富者群报可览,出资有限贫士,阅各报多有不便之处",因此设立"经济各报总会"推广阅报①。以梁子亨为代表的书贾推广阅读报刊、西学书籍,固然是为了自家利益,但在朝廷推出改革政策的带领下,这种书贾的积极宣传和报纸的报道结合在一起,会形成一种创造氛围的巨大力量。在这样的氛围之下,不管士绅个人的思想倾向如何,都很难拒绝接触新的学术内容。

在这样的氛围中,士绅也主动寻找应对新考试的方向。由举人洪月般提倡的静致庐会课是其中规模较大的尝试。卢沛恩、王维翰等同人在《直报》自六月初十日起,在《国闻报》则自六月十三日起,开启静致庐会课的公启②。据此公启,他们于每月朔、望两日出一论一策的题目,在三日内交卷,然后评定甲乙。静致庐后来详定《会课章程》,规定同人互评策论,另拟选刻佳文③。静致庐会课可谓是传统文社的策论版。静致庐自七月初一日开始正式运作,在《国闻报》上发表了所出题目和优秀者名单④。浙江萧山人汤纪尚也与六月初五日在《直报》上登载广告说,他拟在天津设立显学书塾,"拟招学徒百人讲授策论文字。每人月修四元,每月两课,一策一论。届期到塾领题,三日缴卷,三日批改,取定甲乙榜示"⑤。有意思的是,显学书塾在广告中将学费交代清楚。在中国的传统社会中,士绅充当塾师获得收入是普遍现象。考试内容的变化自应威胁到传统塾师的生活,但与此同时,也会给能够讲授策论的人士提供新的生存空间,并在一定程度上提高了他们的社会地位。

---

① 《设立经济各报总会》,《国闻报》光绪二十四年六月初二日,第3册,第16页。
② 《朔望会课》,《直报》光绪二十四年六月初十日,第10册,第2589页;《静致庐会课》,《国闻报》光绪二十四年六月十三日,第3册,第105页。
③ 《本埠新闻·会课章程》,《国闻报》光绪二十四年七月十一日,第3册,第247页。
④ 《本埠新闻·以文会友》,《国闻报》光绪二十四年七月初二日,第3册,第247页;《本埠新闻·课题照录》,《国闻报》光绪二十四年七月十六日,第3册,第359页;《本埠新闻·互相滋养》,《国闻报》光绪二十四年八月初二日,第3册,第489页;《本埠新闻·静致会课》,《国闻报》光绪二十四年八月十六日,第4册,第11页。
⑤ 《显学书塾》,《直报》光绪二十四年六月初五日,第10册,第2552页。

五 结 语

在上面的讨论可知,维新运动时期的天津也与南方一样,报纸利用中央政府科举改革的政策向士绅宣传学习西学的必要,起到了改变社会风气、动员广大士绅的作用。19世纪末天津两大报纸中,《国闻报》对维新运动的态度很清晰。与此相比,《直报》在推广新知识、新学说上的贡献虽很可观,但其对维新运动最核心部分的态度,是不即不离的。从在《直报》上发表的论说可知,《直报》关于改革的报道,有时很露骨地利用科举改革而推销自家报纸。但尽管如此,《直报》营销味道如此浓厚的论说,从客观上看也给维新运动起到了推波助澜的作用。这一事实说明,在当时整体情况下,由于读者的兴趣、报馆经营上的考虑等原因,报道内容趋于革新是不可抵挡的趋势。此种趋势并非一朝而成,是从洋务运动时期开始,经过较长的时间逐渐形成的。维新派利用报刊的策略获得成功,也是以此种趋势为背景的。

清末直隶的庙产兴学运动

许效正

(安阳师范学院)

所谓庙产兴学，即各地绅士在官府的支持下，强行将各类庙宇的房屋、土地和资金等用于创办学堂、警察局、自治公所等新政机关的行为。这场运动发端于戊戌变法时期，在清末新政期间迅速风靡全国，民国初年继续发展。这场运动的猛烈发展虽然有力地推动了各项改革，但也严重损害了佛徒道众、传统绅士和普通民众的经济利益，伤害了他们的精神信仰，进而引发了旷日持久的社会冲突，并对中国社会的发展造成了严重的负面影响。直隶是京畿重地，首善之区，又是清末新政的样板地区，故其庙产兴学运动在全国具有重要的示范作用，对之进行研究，无疑具有重要的学术意义[①]。

一 清末直隶庙产兴学运动的缘起

清末直隶的庙产兴学运动是全国庙产兴学运动的一部分，这场运动之所以能得到猛烈发展，有其深刻的历史背景，具体来说，庙产规模庞

[①] 目前，学术界对庙产兴学的研究还没有专门著作，相关文章也只有20余篇，其中比较著名的有：梁勇的《清末"庙产兴学"与乡村权势的转移——以巴县为中心》(《社会学研究》2008年第1期)，徐跃的《清末四川庙产兴学及由此产生的僧俗纠纷》(《近代史研究》2008年第5期)、《清末庙产兴学政策的缘起和演变》(《社会科学研究》2007年第4期)，许晓明的《宗教文化大失忆：清末民初广西"庙产兴学"运动》(《南方论刊》2007年第12期)，邵勇的《清末庙产兴学运动与毁学民变》(《青海社会科学》2006年第3期)等。但这些成果关注的重点是对清末庙产兴学政策的演变以及东南地区的庙产兴学运动的研究，还没有人对直隶的寺产兴学运动有过系统研究。

大和改革资金严重不足是其经济原因,民族危机的空前严重和废淫祀的传统是其政治原因,西学的广泛传播和新式知识分子对传统文化的厌弃是其思想原因,佛徒道众素质的整体下降是其社会原因。①

(一) 清末直隶庙产兴学运动的政策依据

清末直隶庙产兴学运动的政策依据是光绪皇帝颁布的庙产兴学上谕、张之洞的庙产兴学方案以及清末新政期间清廷颁布的学堂章程、地方自治章程等。光绪二十四年五月(1898 年 7 月)下旬,在康有为等维新派的推动下,光绪帝谕令各地将现有之大小书院及义学、社学一律改为兼中学西学的学校,并特别强调:"至于民间祠庙,其有不在祀典者,即著由地方官晓谕民间,一律改为学堂,以节靡费而隆教育。"②戊戌变法失败后,这项政策也被暂时搁置起来了。1901 年清末新政开始后,清廷再次谕令各级官吏积极动员社会力量广兴学堂,先后颁布了《钦定蒙学堂章程》《钦定小学堂章程》(1902 年 8 月 15 日),以及《奏定初等小学堂章程》(1904 年 1 月 13 日),这些章程地方绅商创立各级学堂"均得借用地方公所祠庙,以省经费"③的规定。光绪三十四年十二月二十七日(1909 年 1 月 18 日),清廷又颁布了《城镇乡地方自治章程》,其中第十四条也明确规定:"自治公所,可酌就本地公产房屋或庙宇为之。"④ 在以上政策的推动下,庙产兴学运动便在各省陆续展开了。

清末直隶庙产兴学运动的具体方案是湖广总督张之洞在《劝学篇》里提出的。第一,明确庙产征收范围是祀典以外的所有庙产,即:"可以善堂之地、赛会演戏之款改为之""可以佛道寺观改为之""可以祠堂之费改为之";第二,明确征收重点是佛寺道观:"今天下寺观何只数万,

---

① 关于庙产兴学运动迅速发展的原因,笔者曾在《清末民初的庙产问题研究》(博士学位论文,陕西师范大学,2010 年)、《民国初年(1912—1916)上海庙产纠纷透视》(《史学月刊》2013 年第 9 期)和《试论清末民初(1895—1916)陕西的庙产兴学运动》(《西北大学学报》(哲学社会科学版)2013 年第 4 期)等文中有过系统分析。

② (清)朱寿朋编:《光绪朝东华录》(4),中华书局 1958 年版,总第 4126 页。

③ 《钦定小学堂章程》,朱有瓛主编《中国近代学制史料》(第 2 辑·上册),华东师范大学出版社 1987 年版,第 157 页。

④ 《城镇乡自治章程》,徐秀丽编《中国近代乡村自治法规选编》,中华书局 2004 年版,第 3 页。

都会百余区，大县数十，小县十余，皆有田产，其物业皆由布施而来。若改为学堂，则屋宇、田产悉具，此亦权宜而简易之策也。"第三，明确了提取比例："大率每一县之寺观，取十之七以改学堂，留十之三以处僧道；其改为学堂之田产，学堂用之七，僧道仍食其三。"第四，明确了鼓励措施："计其田产所值，奏明朝廷，旌奖僧道，不愿奖者，移奖其亲族以官职。"第五，明确了征收程序："若各省荐绅先生以兴起其乡学堂为急者，当体察本县寺观情形，联名上请于朝，诏旨宜无不允也。"[1] 光绪皇帝称张之洞的方案"持论平正通达，于学术、人心大有裨益"，并谕令"将所备副本四十部，由军机处颁发各省督抚、学政各一部，俾得广为刊布，实力劝导"[2]，张之洞的庙产兴学方案因此得以在各省普遍推广，直隶当然也不例外。

（二）清末直隶庙产兴学运动的物质基础

清末直隶庙产兴学运动迅速发展的物质基础是规模庞大的庙产，包括房屋、土地和资金等动产和不动产。那么，晚清的直隶省有多少座庙宇呢，尽管没有准确的统计数字，但我们也可以根据有关资料了解个大概。王庆成先生曾对晚清时期直隶的武清县、深州、青县、唐县、定县、望都县、延庆州、获鹿县八州县的庙宇进行过详细统计，具体数量是：武清县 958 个，深州 1811 个，青县 567 个，唐县 389 个，定州 1882 个，望都县 702 个，延庆州 489 个，束鹿县 1325 个[3]。以上 8 个县的庙宇总数多达 8123 个，平均每个县 1015 个。当时直隶下辖 12 府、23 州（6 个直隶州，17 个散州）4 厅，共 131 个县。如果按照这八州县的庙宇平均数计算，当时直隶全省的庙宇应该在 10 万座以上，如果每座庙宇平均拥有的房屋按 5 间计算，那么，直隶全省的庙宇所拥有的房屋将达到 50 万间，这无疑是一笔庞大的资产。

那么，清末直隶全省庙宇所拥有的资金和土地有多少呢？也没有准

---

[1] 张之洞：《劝学篇》，苑书义等编《张之洞全集》，河北人民出版社 1998 年版，第 9739—9740 页。

[2] 张之洞：《劝学篇一·上谕》，苑书义等编《张之洞全集》，河北人民出版社 1998 年版，第 9703 页。

[3] 王庆成：《北方寺庙和社会文化》，《近代史研究》2009 年第 2 期，第 4 页。

确的统计数字，我们还须根据有关资料进行推算。宣统元年（1909）"义州关帝庙有田产三百余亩"①；光绪三十二年（1906），天津县海光寺的庙地有二百余顷，这还不包括此前被住持僧悟明私自租给德人张姓的八顷九十五亩和美国人田某的一顷二十亩②。透过这些个案，我们可以知道，在晚清时期，直隶庙产的规模是很大的。另据1930年南京国民政府的统计，河北省的74个县共有资金2561490元，平均每个县34614元，14个县的庙地共23934亩，平均每个县1709亩。③ 如果按照晚清时期直隶的131个县计算，全省庙宇的资金应该是4534434元，全省的庙地应该是223879亩。但这个数字只是1929年的数字，也就是说，是经历了30年庙产兴学运动后剩下的资金和土地，如果我们不考虑民国初年直隶省的庙产征用情况，仅根据1898年张之洞制订的庙产兴学方案（"大率每一县之寺观，取十之七以改学堂，留十之三以处僧道；其改为学堂之田产，学堂用之七，僧道仍食其三"④）计算，晚清时期直隶省的庙产规模应该是：资金15114780元，土地746263亩。这无疑又是一笔庞大的资产。当时直隶省的财政已经严重入不敷出，宣统二年（1910），直隶"岁入银二千一百六十五万八千五百九十七两，岁出银二千三百五十七万四千一百三十九两，互计不敷银一百九十一万五千五百四十二两零"⑤。在这种形势下，规模庞大的庙产对于那些兴学经费不足的地方官绅来说，无疑具有很大的吸引力，难怪张之洞将提庙产办学堂称为"此亦权宜而简易之策也"⑥。

---

① 《僧人呈请退让庙产被斥》，《盛京时报》第1391号，1911年6月5日第5版。
② 袁世凯：《迅明私租庙地僧人悟明等分别拟办折》，廖一中、罗真容整理《袁世凯奏议》（中册），天津古籍出版社1987年版，第912页。
③ 内政部年鉴编纂委员会编：《内政年鉴》（四）《礼俗篇》，上海商务印书馆1936年版，第256页。
④ 张之洞：《劝学篇》，苑书义等编《张之洞全集》，河北人民出版社1998年版，第9739—9740页。
⑤ 《中国各省岁出入盈亏表》，《盛京时报》第986号，1910年1月16日，第6版。
⑥ 张之洞：《劝学篇》，苑书义等编《张之洞全集》，河北人民出版社1998年版，第9739—9740页。

二 清末直隶庙产兴学运动的特点

直隶的庙产兴学运动是全国的一分部，毫无疑问要受全国形势的制约，但直隶自身的情况不同，它的庙产兴学运动也具有明显特点。

（一）庙产兴学运动的全面展开早于其他省份

光绪二十六年十二月（1901年2月），逃亡于西安的慈禧太后就以光绪的名义发布了变法上谕，并任命荣禄担任督办政务处大臣，长达十年的清末新政由此拉开序幕。同年8月清廷又颁布了《钦定蒙学堂章程》，要求各省"所有府厅州县之各处乡集，应请于奉到章程之日予限半年，一乡之内先设蒙学堂一所，以后逐渐推广办理"，并规定"地方绅商得依小学堂章程立寻常小学堂、高等小学堂……均得借用地方公所祠庙，以省经费"①。戊戌年间的庙产兴学政策由此正式付诸实施。但在1904年以前，由于各地对广兴学堂重要性和紧迫性理解不足，绝大部分省份的兴办新式学堂的积极性并不高，故庙产兴学活动远未全面展开。正像《申报》所说的那样："自奉上谕各省开设学堂培植人材以备他日国家之器使，迄今历时已久，各省会大学堂虽已多办，而州县中小学他则多以经费难筹而徘徊观望。间有地方府县绅董知此举为万不可缓，竭力筹资设法兴办，然尚兴办者少而为观望者多。"②据笔者多年来对清末庙产兴学运动研究的体会而言，全国大部分省份的庙产兴学运动是在1904年之后全面展开的。

四川省的庙产兴学运动最早是在1903年展开的。"光绪二十九年（1903），张之洞主导制定的《奏定学堂章程》颁布，重提关于庙产兴学的举措。四川总督对提拨庙产兴学的态度较为积极，鼓励各地富厚丛林、僧人捐资办学，并多次为捐资办学的僧人请奖，以昭激劝。"③江苏省的庙

---

① 《钦定蒙学堂章程》，朱有瓛主编《中国近代学制史料》（第二辑·上册），华东师范大学出版社1989年版，第157—158页。
② 《拨寺观产业以开学堂说》，《申报》1902年5月14日第1版。
③ 徐跃：《清末四川庙产兴学及由此产生的僧俗纠纷》，《近代史研究》2008年第6期。

产兴学运动是在1904年全面展开的。据申报报道，光绪三十年九月（1904年10月），江苏巡抚光绪向各县发出札文："饬设立学堂，如实在款难筹画，准将寺田提拨，酌量办理。"①扬州府于光绪三十年九月（1904年10月）发出告示："查扬郡庵观寺院实甲于他处，如天宁、万寿、兴教、崇宁、高长等寺田产最多，遵即谕饬各该方丈将寺田自行禀报，以凭核办，俟报到另行榜示外，合先示验，为此，示军民诸色人等知悉……如见榜后知某寺田产确有隐匿，坐落何处，准许禀揭，一经查实，全数充公，以为隐匿者儆。然亦不得因所欲不遂任意诬指。"②光绪二十九年四月（1903年5月），上海县令王瑶廷"饬差传谕僧会、道会二司，将阖邑寺观若干查明禀覆"，并于四月初三向行动迟缓的道会司发出警告："从速开呈，如再迟延，定干未便。"③

浙江省的庙产兴学运动也是在1904年全面展开的。据《申报》报道，光绪二十九年闰五月（1903年7月），浙江宣平县县令杨葆光以"宣邑瘠苦万分，经费支绌……查学堂向来经费常年祇数百千文，现在需用繁多，不敷甚巨"为由，与绅董商议后做出决定："现拟各寺庙田在四十亩以上者，抽二成；将近百亩者，抽三成，化无益为有益"④；光绪三十年十二月（1904年1月），浙江省金华府武义县也邀集学绅议定，"将本邑寺观义田拨充学费，据绅董查明将城乡寺观田产照章分别留拨，共计三万五千亩"，会同绅董商议后，决定将其中的三成拨充学堂经费⑤。

与其他地区观望不前的情况不同的是，直隶的办学运动可谓雷厉风行。光绪二十七年十二月（1902年1月），直隶学政陈伯奎就"出示晓谕各属绅衿速设学堂，以收作育人才之效。直隶近在畿辅，自应为天下倡。著各府厅、直隶州设中学堂，各州县设立小学堂，仰各属士绅遵即前往，会同各该地方官妥筹的款，从速办理，并于各乡村镇多设蒙学堂，以佐官学之不及。所有办法就近禀呈地方官禀辕核夺，并候给予延师订课章程，以防歧误。其有捐资兴办蒙学堂者，由本部院会同督部堂奏请

---

① 《酌提寺产》，《申报》1904年10月10日第2版。
② 同上。
③ 《严查寺院》，《申报》1903年3月3日第3版。
④ 《抽租兴学》，《申报》1903年7月11日第2版。
⑤ 《纪武义寺僧抗拔寺产》，《申报》1905年正月二十三日第3版。

奖励，以为好义兴学者劝"。①在直隶学政的督促下，直隶各州县迅速兴起办学热潮，庙产兴学运动也随即全面展开。束鹿县县令针对县境内"不入祀典庙产所在甚多，有庙废产存久无住持者，有本庙无人而他庙僧道接二连三据为己有者，有本村牌甲提作村中迎神赛会一切无益之费者，更有无赖棍徒霸占私肥乡民不敢过问者。私典盗买弊卖丛生，名为庙产，实者讼根"的情况，"当经督饬公务局绅董邀集各村正副公同覆议，酌定暂行章程，其有庵观寺院产少僧多仅敷糊口，或地由住持积赀自置者概于免提，惟不得一处僧道兼管两三处田产，以杜弊混。其有早先典出者，或找价绝卖，或备价回赎，各听其便。如实系僧少产多，坐拥厚赀，蕴利生孽，绅富不免，况在僧道。即劝令酌量成数，拨助要需。各绅耆等意见相同，遂令分投乡村，妥速劝办"②。另据1902年5月的《申报》报道，"高阳（属保定府）则由绅士查出庙地四十余顷，饶阳（属涿州府）则由绅士查出庙地七十余顷，均提七成归入学堂，留三成为住持赡养之费"③。这就是说，这两个县的庙产兴学运动也是在1902年全面展开的。由此我们不难推断，直隶省的庙产兴学运动的全面展开要比四川早一年多，要比浙江、江苏等省早两年多。

另外，直隶省的办学效果也说明该省庙产兴学运动的起步较早。截至光绪三十二年六月（1906年7月），直隶就建成"北洋大学堂一所，高等学堂一所，北洋医学堂一所，高等工业学堂一所，高等农业学堂一所，初等工业学堂暨工艺局附设艺徒学堂二十一所，优等师范学堂一所，初等师范学堂及传习所八十九所，中等学堂二十七所，高等小学堂一百八十二所，初等小学堂四千一百六十二所，女师范学堂一所，女学堂四十所，官胥学堂十八所，此外尚有客籍学堂，图算学堂，电报学堂各一所。凡已见册报者，入学人数共八万六千六百五十二人，而半日、半夜等学堂不计焉。合诸武备、巡警等学堂以及册报未齐者，总数不下十万

---

① 《宗师兴学》，《申报》1902年1月18日第2版。
② 《束鹿县请将二月以前议提庙产拨充学费准照原议办理禀并批》，甘厚慈辑《北洋公牍类纂》卷11《学务二》，清光绪丁未年铅印本，第43—45页。
③ 《拨寺观产业以开学堂说》，《申报》1902年5月14日第1版。

人"。① 相比之下，安徽省的办学要差得多。据光绪三十一年二月十九日（1905年3月24日）的《申报》报道："皖省近年风气虽行渐开，而各厅县令能踊跃兴办学堂者尚鲜。去岁皖抚诚中丞特添设学务处，两次严催，各属始勉强举办，大半均系旧日书院改装门面而已。"②由于安徽省的庙产兴学运动展开的时间很晚，办学效果自然很差。截至1905年3月，全省设立的学堂其中高等学堂5所，中等学堂14所，小学堂44所，在校学生人数仅仅2606人。③这也从另一个侧面说明了直隶庙产兴学运动运动的全面展开，要比安徽省早得多。直隶辉煌的办学成果与庙产兴学运动的全面展开有直接关系，袁世凯曾直言不讳地说："直隶学务经臣竭力经营，现始稍有规模，但终限于财力，赖有不入祀典之庙宇，通融修改，早日告成。"④由此可知，直隶庙产兴学运动全面展开的时间要比其他省份早得多。

（二）政策连续性强于其他省份

庙产兴学运动是在民族危机空前严重、中国各项现代化改革全面展开的历史条件下开展的一场全国性的社会运动，其实质是社会精英对普通民众精神信仰的粗暴践踏和社会公共财产的大洗劫，因而遭到传统绅士、僧道和普通乡民的强烈反抗。日本政府为了扩张在华势力，乘机支持在华的东本愿寺僧人介入各地的庙产兴学运动。在这种复杂的形势下，清廷的庙产兴学政策出现了重大变化。但直隶的庙产兴学运动却在袁世凯的主持下，保持了基本稳定。

1. 清廷庙产兴学政策的重大变化

1904年，随着全国范围内的庙产兴学运动进入高潮，各地的反抗活动随之加剧。为了保全庙产，杭州的水陆寺、龙兴寺等36家寺院的僧人，竟然公开邀请在华的日本僧人进驻寺院，并在门口悬挂"日本东本

---

① 袁世凯：《缕陈直隶历年学务情形嗣后责成提学司续加推广折》，廖一中、罗真容整理《袁世凯奏议》（下），天津古籍出版社1987年版，第1337页。
② 《安徽全省学堂调查表》，《申报》1905年3月24日，第9版。
③ 《安徽全省学堂调查表》，《申报》1905年3月24日、25日、27日，第9版。
④ 袁世凯：《遵旨严禁刁绅蠹吏滋扰寺院并分别声明折》，廖一中、罗真容整理《袁世凯奏议》（下），天津古籍出版社1987年版，第1154页。

愿寺学校"匾额，有事请日本驻厦门领事馆出面交涉。而日本政府为了扩大在华势力，也积极支持日本僧人"保护"中国佛教寺院的行为，一时间，各地僧人纷纷投靠日本东本愿寺："闽之泉州，粤之廉州，以及湘苏赣等省劣僧亦皆怀依草附木之想。"① 日本佛教势力在快速扩张，引起了社会各界的广泛关注：《申报》《时报》《警钟日报》、天津《大公报》《东方杂志》等著名报刊纷纷发表评论；士绅、官员、留日学生团体纷纷表示担忧；肃亲王善耆、大太监李莲英在高僧虚云、寄禅等高僧的鼓动下建议慈溪太后保护佛教；闽浙总督魏光焘、直隶总督袁世凯、南洋大臣周馥、署两广总督岑春煊、山东巡抚杨士骧、江苏巡抚陆元鼎、江西巡抚胡廷干、浙江巡抚聂仲芳等地方大员纷纷呼吁清廷制止日僧在华传教的行为。在这种形势下，清廷外务部与日本驻华公使反复交涉，终于在1905年夏达成协议，日本僧人解除对中国寺院的保护协议，清廷承诺切实保护佛教。于是，光绪三十一年三月初八（1905年4月12日）清廷颁布保护寺产上谕："前因筹备捐款，迭经谕令，不准巧立名目，苛细病民。近闻各省办理学堂工厂诸端，仍多苛扰，甚至捐及外方，殊属不成事体。著各督抚令饬地方官，凡有大小寺院及一切僧众产业，一律由官保护，不准刁绅蠹役，藉端滋扰，至地方要政，不得勒捐庙产，以端政体。"②这是对戊戌年间庙产兴学上谕的公然否定，清廷的庙产兴学政策因此发生了重大变化。

2. 地方庙产兴学政策的改变

保护庙产上谕颁布后，全国僧道大受鼓舞，他们纷纷邀请当地政府归还被征用的寺产，在这种情况下，很多省份的政策出现重大变化。有的省份归还了被查封的寺院，如"江汉关道继莲溪素以兴学为急务，所有寺院分别改设学堂，如楼隐寺、大佛寺、甘露寺均已充公，方将筹款改造，不意保护寺院之上谕已颁，只得将充公各寺一律发还"。③广西巡抚也责成梧州将查封的庙产一并归还："西省梧州水井寺前经府宪庄蕴宽将该寺查封，该作学堂，并将所有产业拨作该学堂经费，也已定案，该

---

① 《饬地方官保护寺院感言》，《申报》1905年4月12日第1版。
② （清）朱寿朋编：《光绪朝东华录》（五），中华书局1958年版，总5321页。
③ 《充公寺产发还》，《申报》1905年4月23日，第4版。

寺住持今忽赴省上控，竟奉西抚批准，将寺产一并给还，并责成梧州府实力保护。"①两江总督札饬各属"办学不得再征庙产，札文通行后，凡庵产充公及借庙设学或寺僧呈明捐款各案均受影响，计徐属各州县于七月以后僧徒控翻前案者已数十起"②。浙江绍兴府"札县传知士绅不得轻动寺产，以安方外"。③安徽滁州的提取庙产行为被巡抚叫停："滁州开办中学堂将及两载，颇著成效。惟每年开支不下二千金，仅恃书院田租一项，甚觉不敷，故熊菊葆直刺查得城乡庵庙林立，半关淫祀，拟提产变卖以充学费。当详奉学务处批准造册照办，讵今忽奉大宪通饬，庙产宜一律保护，变卖之举顿成画饼，故该学堂有不可终日之势。"④山西巡抚指示各州县，凡是有僧道驻守的庙产均不得变价："至庙产变价一节，查现奉上谕地方要政不得捐勒庙产等因，自应钦遵办理。惟晋省各县社庙多而僧庙少，社庙并无僧徒，庙产皆村民经管，如丐处士民愿以庙产兴学，较用之迎神赛会，得失固自悬殊，是在地方官督同绅董等体察情形，分别办理。若如该县城隍庙等处既有僧徒，综计地止三百亩，房止五处，应即不必变价归公，仍留各该僧养赡。此后各州县议提庙产一节，即一律查照此次批示，酌量核办。"⑤庙产兴学政策的反复，不但使各项新政大受影响，而且也是各地的反对庙产兴学的活动陡然增加，这是清廷始料未及的。

3. 袁世凯拒不执行庙产保护上谕

清廷保护庙产上谕颁布后，直隶的不少州县也出现了僧道抵制庙产兴学的情况，地方官纷纷向袁世凯请示办法："卑县境内寺庙无僧道者居多，本无扰累之虞……孰料若辈误会其意，辄萌奢望，致有奸民从中勾串，希图翻覆，屡与村众龃龉。各绅耆等计无复出，纷纷请示，听之则效尤日众，禁之则借口为难……苟僧道亦系朝廷赤子，更应一视同仁，以示大公无私，无奈若辈妄生希冀，得陇望蜀。卑县如此，他县想亦不免，若不明定界限，不特于学界大生阻力，抑且于诸新政亦多窒碍。用

---

① 《西抚实力保护寺产》，《申报》1905年6月27日。
② 《僧徒认捐学款控翻前案之防维》，《申报》1910年1月25日第1张后幅3版。
③ 《寺僧禀求保护》，《申报》1905年5月21日第3版。
④ 《学堂难办》，《申报》1905年6月8日第10版。
⑤ 《晋抚批大宁县禀查官庙各地兴学由》，《时报》1905年5月27日，第6页。

敢于冒威严，沥情上达无合，仰恳宪恩俯察筹款为难，设法主持。"① 对于僧道抵制庙产兴学运动的情况，直隶总督袁世凯却毫不让步，他指示学务处："查民间祠庙不在祀典者，由地方官一律改为学堂，早经奉旨通饬在案，恭绎此次谕旨，系指确列祀典者而言，岂能任无赖勾串，妄生希冀！嗣后除载在祀典之庙宇及住持积资自置者不得侵占外，其余或淫祀本干例禁，私设庵院，律有明条，又绅民先曾布施，暨僧众情愿报效者应照旧筹办，以昭公允。仍禁止刁绅蠹役藉端滋扰，仰学务处查照办理。"② 有了直隶总督的明确指示，各州县地方官便有了主心骨，直隶的庙产兴学运动并未因为保护寺产上谕的颁布而发生明显变化。

不仅如此，袁世凯还上奏朝廷，建议废除保护庙产上谕："伏查民间神祠不在祀典者，由地方官晓谕民间，一律改为学堂，早经奉旨通饬在案。又恭读钦定学堂章程内载，创立中小学堂，得借用寺观公所等语。谨绎先后谕旨章程，是地方应行保护之庙宇，系指在祀典者而言，其未入祀典各庙宇，率由绅民禀请改设学堂，相安数年，也已允协，诚恐僧众误会圣意，纷起争端，藉开隐射之门，致坏已成之大局。臣惟兴学育才，为富强根本，军国大计无逾于斯，直隶学务经臣竭力经营，现始稍有规模，但终陷于财力，赖有不如祀典之庙宇，通融修改，早日告成，其或确载祀典及僧人手置产业，均不得稍有侵占，俾清界限。余如淫祀本干例禁，私设庵院，律有明条，又绅民先曾布施，原无殊于善举，或僧众情殷报效，未便令其相隅者，均由公正绅耆分投筹办，应请悉仍其旧，以昭大信。倘有刁绅蠹役藉端滋扰，遵旨从严禁办，不稍宽容。"③

袁世凯的用意很明确，第一，庙产兴学是朝廷的既定方针，如果现在保护寺院财产，就等于废除了上谕和钦定学堂章程，这显然有损于朝廷的声誉；第二，庙产兴学运动已推行多年，僧俗两界相安无事，如果保护所有庙产，势必引起很多争端；第三，办理学堂为当今中国的头等

---

① 《束鹿县请将二月以前议提庙产拨充学费准照原议办理禀并批》，甘厚慈辑《北洋公牍类纂》，清光绪丁未年铅印本，卷十一学务二，第43—45页。
② 《束鹿县请将二月以前议提庙产拨充学费准照原议办理禀并批》，甘厚慈辑《北洋公牍类纂》卷11《学务二》，清光绪丁未年铅印本，第43—45页。
③ 袁世凯：《遵旨严禁刁绅蠹吏滋扰寺院并分别声明折》，廖一中、罗真容整理《袁世凯奏议》（下），天津古籍出版社1987年版，第1154—1155页。

大事，庙产兴学是解决办学困难的主要方式，如果保护一切庙产，学堂等诸新政办就会成为无源之水；第四，淫祠和私建寺庵久干例禁，来办理学堂合情合理。袁世凯的陈述显然打动了慈禧和光绪，几天后，袁世凯的奏折就有了回音："奉朱批：知道了，仍遵前旨办理。"① 这里的"前旨"，显然就是指戊戌变法期间光绪皇帝颁布的庙产兴学的上谕，这就等于否定了一个多月以前颁布的保护寺院的上谕。有了朝廷的指示，直隶的庙产兴学运动就更加迅猛地发展下去了。

4. 袁世凯离开后的庙产兴学政策

光绪三十三年七月二十七日（1907年9月4日），袁世凯被任命为外务部尚书，但直隶的庙产兴学政策并没有发生丝毫变化。宣统元年二月十五日（1909年3月5日），天津县议事会拟定了《清理庙宇庙产办法》和《赡养僧道办法》。《清理庙宇庙产办法》的核心是将祀典以外的全部庙产作为地方公产，交由董事会管理，具体内容如下："一、各项庙宇庙产无论已占未占，均由董事会调查注册，并遵章备案。一、各项庙宇庙产已经各局所学堂占有者，仍照原案办理。一、已经占用之庙宇庙产如该局所学堂迁出不用时，应交董事会收管，不得由原占各局所学堂变卖或转租或转交他处。一、未经占用之庙宇庙产，非经议事会允许，无论何人不得占用。一、各项庙宇庙产已经因事充公者，仍照原案办理。一、各项庙宇庙产既充做自治经费，此后即应统由董事会管理，他处不得以该庙宇庙产充公。"②

从天津县议事会拟定的《清理庙宇庙产办法》可以看出，直隶省的庙产兴学政策并未因为袁世凯的离任而有所改变。天津县是当时直隶省地方自治的样板县，而这项办法又获得了直隶总督杨士骧的批准，因此，这项办法很快就推广到直隶全省。这就是说，尽管清廷的庙产兴学政策在1905年出现了重大改变，袁世凯也于1907年离开了直隶省，但直隶的庙产兴学政策并没有因此而发生明确变化。

---

① 袁世凯：《遵旨严禁刁绅蠹吏滋扰寺院并分别声明折》，廖一中、罗真容整理《袁世凯奏议》（下），天津古籍出版社1987年版，第1155页。
② 《天津县自治会禀督宪拟定清理庙产办法文》，甘厚慈辑《北洋公牍类纂续编》卷二《自治》，宣统二年刊本，第8页。

(三) 庙产冲突要弱于其他省份

中国民众历来信奉万物有灵，故城乡各地庙宇林立，尽管各类庙宇的社会地位不同，但都拥有众多的信徒，是人们敬神祈福的精神圣地、主要的经济交流场所和文化活动场所，在人们的日常生活中占据着不可替代的重要地位。而庙产兴学运动的猛烈发展，无疑是对普通民众精神信仰的粗暴践踏和公共财富的公开掠夺，因此当全国的庙产兴学运动进入高潮以后，各地的庙产冲突就不断发生。就全国而言，清末的庙产冲突大体经历了两个阶段。1905年保护庙产上谕颁布前，庙产冲突只是个别地区的偶发事件，而且均处于地方官府的可控范围内；1905年保护寺产上谕颁布后以后，各地的庙产冲突此起彼伏，成为一个日趋严重的社会问题。①

清末，各地的庙产冲突集中体现在暴力毁学事件上，而这些毁学事件大都与庙产兴学运动有关。我们从1904年12月《东方杂志》的一篇社论《劣僧亦思阻学务耶》即可看出这一点："自无锡毁学之事起，而江西平乐继之，四川夔州继之，广东又继之，今则山东沂州又有毁学之事矣。始者愚民毁学，今则劣僧亦思逞其蛮强之手段，以为学界阻力，斯真可异者矣。夫愚民毁学，大抵因加捐而起，犹可说也。彼僧人者，平日仰食社会，无所事事，欺骗财物，以供淫乐。然则毁寺没产，以为学堂，固至正之事也。顾乃不知让避，悍然出其盗贼之行，而与学堂为难倘不立置重典，将来阻碍学界之事，宁有止耶？"②然而尽管不断镇压僧人发动的毁学事件，但各地的庙产冲突却有增无减。据日本学者阿部洋的统计，辛亥革命前8年间，全国各地发生的毁学事件就多达120多起，以致有人哀叹"自正月内江苏宜兴县乡民误会调查户口始，调查员皆学界中人也，于是群起毁学。由是，无月无之，湖南饥民焚毁巡抚衙门，并及学堂。浙江之慈溪、绍兴、严州、台州、处州、嵊县、奉化、长兴，江苏之太仓、东台、镇江、扬州、淮安、海州或焚学十余校，或焚数十

---

① 许效正：《清末民初庙产问题研究（1895—1916）》，博士学位论文，陕西师范大学，2010年，第86—114页。

② 《劣僧亦思阻学务耶》，《东方杂志》第1卷第12期，1904年12月，第88页。

校，而直隶之易州、安徽之怀宁、广东之连州，无不有毁学之事"①。仅宣统二年（1910）一年时间，江苏省城乡就砸毁学堂50余所，自治公所18所。② 笔者曾根据《申报》《盛京时报》《东方杂志》等资料，共收集到清末由庙产兴学引发的群体性暴力事件41起。在这41起庙产冲突中，僧道与官府的冲突有13起，传统士绅与官府的冲突有9起，普通民众与官府的冲突有19起。从发生的地域来看，主要集中在浙江、江苏、安徽等南方省份，其中浙江有15起，江苏有8起，安徽有5起，广东有4起，而直隶只有2起；从发生的年份来看，在1906—1911年发生的就多达34起。③ 比较典型的庙产冲突如1910年浙江上谕县乡民毁学案和1911年江苏川沙县乡民毁学案。1910年三月，上谕县上虞县南乡十八、十九、二十都等共四十五村居民闻讯而起，"本月十五日晨鸣锣聚众，集四十五村之众三千余人，手持青柴棍各一，每村树旗一方，以为先导，竟将南门外已设备小学堂尽数捣毁，复将黄清渠旧宅拆为平地，其余办学数家亦被拆毁"。④ 宣统三年二月（1911年3月）初，江苏省川沙县的长人、高昌、九团、八团等四乡农民在三天内共砸毁学堂14所，还拆毁公所以及办学士绅住宅十多所。⑤

与南方激烈的群体性暴力事件不同，直隶的庙产冲突则表现为僧人的请愿与和平抗议。1905年，当南方僧人争先恐后加入日本东本愿寺的时候，直隶僧人释觉先却向北京学务处提出了设立中国佛教学务公所的请求并获批准。对此，当时上海《时报》有详细报道："有僧名觉先者，谓儒释之教中国并行，方今学界竞兴，佛教之人亦应振起。于是在北京学务处具禀，请设中国佛教学务公所，并开办佛教学校与贫民工艺院。旋奉学务处批示云：具禀已悉。该僧觉先游学日本，遍览彼国佛教，内设各种学校，知我国佛教之人之无学，洵为知本之论，该僧等拟于京师

---

① 蒋维乔：《宣统二年之教育》，《教育杂志》第3年第1期。
② 王树槐：《中国现代化区域研究：江苏省》，（台湾）近代史研究所1984年版，第389—391页。
③ 许效正：《清末民初庙产问题研究（1895—1916）》，博士学位论文，陕西师范大学，2010年，第86—114页。
④ 本段引文均出自《浙省乱耗汇纪》，《申报》1910年4月30日，第1张后幅2版。
⑤ 《大事记》，《教育杂志》第3年第3期。

社立中国佛教学务公所,推诸各省,由各寺住持公选有德僧人兴办学堂,愿宏大,殊堪嘉许。日僧小栗凄香顶所著北京兴学论,内有护法策十三条,所谓京师建大学林,各省建中学林,各县建小学林将以整顿缁流,昌明佛法,与改僧等用意正同,护法策内于我国僧人不学颇有微词藉彼药石,振我颓波,智知胥开,宗风斯鬯,谋教育之普及,期功德之宏施,毋托空言,终收效果,视倡议者之定力何如耳。据拟简章各条,于设立学校之外,并设立贫民工艺院,如从此着力,尤能造福地方,立见实效。惟办事须臻妥善周密,方能逐渐推行,应将详细章程妥议呈阅。所有选派监督一节,俟办有段绪,再行禀候核夺可也。"[①] 释觉先的建议获得学务处批准后,即到浙江等省宣传发动,从而开启了中国佛教现代社团的先声。

就在释觉先发起组织中国佛教学务公所的同时,北京龙泉寺、法源寺、观音寺的住持僧也向北京学务处提出了在全国各省建立佛学林的建议,对此《申报》进行了报道:"龙泉寺、法源寺、观音寺等僧递禀学务处,称在北京创设大学林,各府设中学林,各县设小学林,皆以僧人入学,一切教育皆仿日本本愿寺之法,并在京派总监督一名,咸谓此举实有暗中鼓动而阴握其权者,从此和荡和样之势力将日益扩张,是皆前降上谕保护寺产之力也。"[②] 此举得到北京学务处的批准,中国佛教界自办学堂的历程也艰难起步了。

对于直隶的一般僧人来说,他们的视野远没有释觉先等人开阔,但他们也没有像南方僧人那样以暴力毁学的方式发泄对庙产兴学运动的不满,而是采取和平请愿的方式保护自己的利益。光绪三十四年八月二十四日(1908年9月19日),直隶僧人为了抗议官府对其庙产的征用,趁达赖进京朝圣之际,环跪道边,向达赖请愿。对此,《盛京时报》报道说:"上月二十八日,达赖由晋入直,驻阜平县,时有赵州等处僧人约百余名,环跪道边,求见活佛。闻禀单内直隶全省僧众悉皆列名。略谓直省庙产全被官家索去,无以为生,情愿随同活佛赴藏归入喇嘛教,或于入京陛见时,向大皇帝前代为乞恩,将庙产全数发还云云。时阜平令纪

[①]《禀请设立佛教学务公所》,《时报》1905年6月23日,第6页。
[②]《僧侣禀设学林》,《申报》1905年6月11日第3版。

云鹏亲自弹压，欲令解散。而僧众环跪不起，并有恶僧多名，带有戒刀，势欲用武。幸达赖畏其纠缠，亦避不敢见。后经军队用强迫压力，始克驱散云。"[1] 尽管这次请愿运动没有成功，但也给直隶的庙产兴学运动造成了极大压力。

为了安抚僧道的不满情绪，宣统元年二月十五日（1909年3月5日），天津县自治会拟定了《赡养僧道办法》，规定那些庙产被征用的僧道可以领取一定数额的生活费：

> 庙宇庙产出租以每年所得租价支付僧道养赡费，应分围墙以内及围墙以外两种。其细数如左：
> 甲：围墙以内　收租价在一百元以内者养赡费给租价全数，一百元以外者给一百元，四百元以外者给一百二十元，六百元以外者给一百五十元，八百元以外者给一百八十元，一千元以外者给二百元，一千五百元以外者给二百五十元，二千元以外者给三百元。
> 乙、围墙以外　收租价在五十元以内者养赡费给租价全数，五十元以外者给五十元，二百元以外者给六十元，三百元以外者给七十五元，四百元以外者给九十元，五百元以外者给一百元，七百五十元以外者，给一百二十五元，一千元以外者给一百五十元，一千五百元以外者给一百八十元，二千元以外者给二百元。

其第三条还规定：

> 所有庙宇庙产，若有变卖时应给僧道之养赡费细数如左：收卖价在三百元以内者养赡费给卖价全数，三百元以外者给三百元，一千元以外者给三百三十元，一千五百元以外者给三百六十元，二千元以外者给四百元，二千五百元以外者给四百五十元，三千元以外者给五百元，四千元以外者给五百六十元，五千元以外者给六百元，六千元以外者给七百元，七千元以外者给八百元，八千元以外者给

---

[1] 《赵州僧众乞救于达赖奇闻》，《盛京时报》第591号，1908年9月25日第3版。

九百元，九千元以外者给一千元。①

此外，此办法还对僧道赡养费发放中的一些具体问题作了明确规定，确保僧道的赡养费能长期发放。由于天津县是直隶全省自治运动的样板县，《赡养僧道办法》又得到直隶总督的批准，故很快在全省得以推广。正是直隶省对僧道的日常生活作了妥善安置，才有效避免了大规模庙产冲突的发生。

总之，庙产兴学运动是清末民初发生的一场持续时间最长、波及地域最广、牵扯社会层面最多的社会改良运动。尽管庙产兴学运动有力地促进了各项新政的发展和社会风气的进步，但也严重损害了佛徒道众的利益，严重伤害了普通民众的信仰，引发了一系列社会冲突，对中国的现代化进程造成了广泛而又深远的影响。直隶是京畿重地、首善之区，它在清末的庙产兴学运动既是全国庙产兴学运动的有机组成部分，又对其他省份的庙产兴学运动产生了重大影响，既受全国形势的制约，又具有鲜明的地域特征：它的庙产兴学运动开始的时间最早，庙产兴学政策的稳定性最强，庙产冲突的激烈程度最弱。这些特征的出现，既与袁世凯的态度有关，又受多种社会因素的制约，是传统与现代、民主与专制，科学思想与传统意识激烈冲突的一个缩影，充分反映了清末新政对社会生活所产生的巨大影响。

---

① 《天津县自治会移董事会议定养赡僧道办法文》，甘厚慈辑《北洋公牍类纂续编》卷二《自治》，宣统二年刊本，第10页。

晚清教育转型与传统士子的调适及应对[①]

霍红伟

(河北师范大学马克思主义学院)

"教育"一词是清末从日本舶来的新词语。[②] 新词的出现往往是对新事物的称谓。"教育"一词在清末实指西方以政府为主导建立的培养国民的学校体制。因此，本文所说的晚清教育转型是指从中国传统的教化体系和科举制度转变到新式学校系统的建立，是一种整体性的制度变迁。这种变迁具体表现在以下两个方面：一是随着选拔统治人才的科举制度从局部调整到完全废止，中国原有的官办教育机构，作为中央官学的国子监进行了改制，作为地方官学的府州县学已是名存实

[①] 基金项目：国家社会科学基金项目（项目编号：12BZS052）；河北师范大学2011年度人文社会科学重点项目（项目编号：S2011Z06）。

[②] ［日］实藤惠秀：《中国人留学日本史》，生活·读书·新知三联书店1983年版，第332页。刘禾称此词为源自古汉语的日本"汉语"词语。(见《跨语际实践——文学，民族文化与被译介的现代性》，生活·读书·新知三联书店2002年版，第412页)"教育"一词最早见于《孟子·尽心上》，原文为："君子有三乐……得天下英才而教育之，三乐也。" (见杨伯峻译注《孟子译注》，中华书局1960年版，下册，第309页) 该词在此处为动词，其含义为教导、培育。笔者检索二十五史全文电子版，在《宋史》《金史》《元史》《明史》的24篇文献中检索到该词，在句中皆为动词，含义为教导、养育、培育，在《清史稿》的19篇文献中检索到该词，除了同前相同的用法外，还出现了新的用法，即用来指其他国家的学校教育活动，如"洎乎末造，世变日亟。论者谓科目人才不足应时务，毅然罢科举，兴学校。采东、西各国教育之新制，变唐、宋以来选举之成规。前后学制，判然两事焉"。(见《清史稿》卷106《选举志一》，中华书局1977年版，第12册，第3099页) 词义变化是事物本质变化的反映与体现。这说明，清末在教育方面出现了同传统意义上不同的教育现象与内容，《清史稿》中称为"学校新制"(见《清史稿》卷107《选举志二》，第12册，第3121页)。

亡，这意味着以选拔人才为主而施行的培育四民之首的士阶层的政教体系逐渐崩解；二是随着新式教育机构在中国从无到有的兴办与发展，各级各类学堂渐次开办，至壬寅、癸卯学制先后颁布，在全国建立完善的学堂系统的规划出台，因之而起的是在各地开始了兴办各级各类学堂的办学热潮。与新式学堂从无到有的建立相伴的，还有中国传统的教育机构，书院和私塾，通过改制和改良，成为新式学堂的组成部分。除此之外，晚清的奖励留学政策是清政府整个教育政策之一，使得大批士子由研求中国传统经典以索大义转赴海外寻求悉夷制器之良方。如此种种举措，使得中国近代出现了急剧的知识转换与教育制度转型。面对瞬息万变的新形势和目不暇接的新事物，传统士子只能调适自身，寻找新位置，扮演新角色，以求内心的安适和自我价值的实现。但由于各自所处的小环境及自身情形存在一定的差异，他们的反应并不完全一致。

一

对于近代以来新式教育的出现及其演进大势，《清史稿》记：

> 学校新制之沿革，略分二期。同治初迄光绪辛丑以前，为无系统教育时期；辛丑以后迄宣统末，为有系统教育时期。[①]

引起这一变化的原因是列强的入侵使得长期无外来威胁的清政府认识到，灵活适度的外交与先进强大的武备已成为维护自身利益与存亡的必需。然而，这恰恰是清王朝以往相对忽视的，如今不得不从头做起，兴办学堂以培养相应的外交与军事人才，于是遂有京师同文馆、上海广方言馆，福建船政学堂及南北水师、武备等学堂的创建。据统计，到戊

[①] 《清史稿》卷107《选举二·学校二》，第12册，第3121页。

戌变法之前，开办的各类洋务学堂计30余所。①

创建学堂，于国来说，是为培养急需之人才，对学生而言，则是求个人之出路。故与学生最有关系者为招生人数、资格及出路。此类学堂大都是办理具体事务所需而由大臣陆续奏请创办的，不成系统的学校体系，故招生往往并无固定的时间和频率，且一般人数无多。对于学生资格，大多要求文理明晰、身家清白之青少年，个别的以招录满蒙子弟为主。至于学生的出路，则在招录时已有了明确的趋向性，大都是担任某项具体事务中的技术人员或从事某项专门业务的专业人员，这从学堂的名称上就能看出。下面试举几例，以见其实际情形。

以最早创办的京师同文馆为例，根据同治元年（1862）所拟章程，首先由奕䜣等在八旗中挑取二十名，但第一次仅招录10名入学，其余人员等候传补入学，将来办有成效后，再逐渐增加人数，但不超过24名。既有挑取人员传补完毕后，再在八旗满蒙汉闲散内，择资质聪慧、现习清文、年在十五岁上下者，每旗各保送两三名，由总理衙门大臣等酌量录取，依次传补。至于学生出路，学习三年后，由总理衙门堂官考试，按照成绩等次，优秀者分别授予七、八、九品官，劣者分别降革、留学，考取七品官复考一等授为主事者，准其掣分各衙门行走，遇缺即补。②

又广东同文馆招录20名，其中旗人16名，汉人4名，年龄在14岁以上20岁以下。年过20岁之举贡生监及候补人员，愿意学习西洋语言文字的，可以由地方官绅保送入馆，伙食自备，限额10名。学习三年期满后，能将西洋语言文字翻译成书的，分别派充将军、督抚、监督各衙门

---

① 高时良、黄仁贤编：《中国近代教育史资料汇编（洋务时期）》，上海教育出版社2007年版。该书所录学堂有：京师同文馆、上海广方言馆、广州同文馆、新疆俄文馆、台湾西学馆、珲春俄文书院、湖北自强学堂、福建船政学堂、天津水师学堂、北京昆明湖水师学堂、广东水陆师学堂、江南水师学堂、广东黄埔鱼雷学堂、山东威海卫水师学堂、北洋旅顺口鱼雷学堂、天津武备学堂、江南陆师学堂、直隶武备学堂、湖北武备学堂、江南制造局附设的操炮学堂与工艺学堂、广东实学馆、福州电报学堂、天津电报学堂、上海电报学堂、金陵同文电学堂、台湾电报学堂、天津医学堂、山海关铁路学堂、南京陆军学堂附设铁路学堂、湖北矿务局工程学堂、南京矿物铁路学堂、江南储材学堂。这些学堂不包括戊戌前寓有普通学校性质的学堂。

② 陈学恂主编：《中国近代教育史教学参考资料》，人民教育出版社1986年版，上册，第27、29页。

翻译官,并准参加乡试。由翻译官出身者,以府经、县丞为升阶。旗员愿意就武职者,以防御为升阶。①

再上海同文馆招取年龄 14 岁以下,资禀颖悟、根器端静的文童 40 名,学习三年后,能翻译西书全帙且文理斐然成章者,经有关官员咨明学政,准作附生。经遴选,可充任通商、督抚衙门、海关监督翻译官。精通西文西语才能出众者,可由通商、督抚专折奏保,调京师考验,授给官职。不能翻译全帙者,准作佾生。②

由上可见,早期开办之学堂数量较少,有的是应对一时之需,而非长远发展之计,且招生人数有限,有的还有满汉之别,又多设在京师、沿海或边疆,因此可以吸纳的士子人数实属有限。尤为关键的是,此时之学堂只是对王朝原有人才选拔制度的小修小补,虽然在制度上为学堂学生之出路进行了规定,但只能解决其初步之科名,至于将来如何和原有之选拔制度接榫并无涉及,如无专门路径可通,学堂学生势必重回老路寻找进身之阶。既然这样,传统士子又何必先绕一段弯路呢？因此,对于志在科名,一心仕途通显的传统士子来说,即使学堂能够提供优渥的膏火,能够解决眼下的经济问题,但其吸引力着实有限。对于已经获得初级以上功名的士子来说,更不必舍彼而就此。所以,当同治六年,奕䜣等奏请在同文馆增设天文算学馆,拟招收满、汉举人,恩、拔、副、岁、优贡生,年在 20 岁以外者,并由此项正途出身五品以下之满汉京、外官,少年聪慧者,入馆学习,后又拟推广到翰林院庶吉士、编修、检讨,与五品以下进士出身之京、外各官,年在 30 岁以内者,③ 但投考人员仍较少。后世论者有将其中主要原因归于倭仁之反对,此虽为不可无视之一因,实则入馆学习对于已有正途科名者既无必要,亦乏内在之动力。实际结果是,虽经放宽资格,结果半年间报考的只有 98 名,实际参加考试的仅 72 名,录取 30 名,半年后因程度太差而退学者 20 名,余下

---

① 陈学恂主编:《中国近代教育史教学参考资料》,人民教育出版社 1986 年版,上册,第 61 页。

② 同上书,第 53—55 页。

③ 宝鋆等:《筹办夷务始末》(同治朝),卷 46,沈云龙主编《近代中国史料丛刊》,文海出版社 1966 年版,第 4419、4502—4503 页。

10 名并入旧有各馆。① 由此可见，新式学堂虽经建立，但是传统士子认识到其重要性并以此作为自己出路的实属寥寥。

那么，这一时期，选择到学堂学习，甚至是主动选择的是哪些人呢？从目前接触的材料看，主要有三种，以下分述之。

第一种是对鸦片战争之后的局势有所认识，意识到了时代变迁和知识转型即将到来，非舍旧而求新不足以应世局，因此主动求变，探求新知。这部分人是极少数，具有前瞻性思想，往往是官宦人家。如齐如山的父亲齐令辰是光绪甲午科进士，眼界开阔，看到国势危殆，认识到西方声光化电等学问之新、轮船火车枪炮之强，亦知八股不过是国家承平时代歌功颂德、润色太平的点缀品，实不能致国家富强，但是无力留学，京师同文馆又无门可入，遂只好在齐如山到学作八股文、试帖诗时，暂时令其仍走旧路。一旦机会来临，就让其子就读新式学堂，求取新知了。齐如山在回忆录中很生动地记述了当时的情形：

> 一次家兄竺山到北京考试，李文正公（鸿藻）见之，问先君曰："大世兄今年多大？"先君答以二十岁，文正公曰："不必再作八股了，入同文馆罢。"先君听到此话，高兴异常，当问以如何才能得入。文正公曰："容易。"次年春家兄便已进了同文馆。②

李鸿藻为军机大臣，一句话，就让齐竺山进入了同文馆。当时，齐令辰本有意让齐如山一同进入同文馆，但一则不好意思因此事再麻烦李鸿藻，二则齐如山年龄稍小，故而作罢。后来，齐如山由翁同龢介绍进入同文馆。③ 此时，齐如山已经初步完成了对于儒家经典的识记与理解，进行了科场应试八股文与试帖诗的训练，做好了应考的准备，并且参加了县考、府考，但是在确定可入同文馆后，决然放弃参加院考，即主动

---

① 苏精：《清季同文馆及其师生》，（台北）上海印刷厂 1985 年版，第 16 页。
② 齐如山：《齐如山回忆录》，宝文堂书店 1989 年版，第 27—28 页。
③ 同上书，第 37 页。

放弃了可以通过参加院考而获得生员这一初级功名的可能性机会。① 其时，具备同齐令辰一般思想认识的官绅虽不乏其人，但能够毅然让其子弟舍当前可行之固辄而就未来渺不可稽之新路，且恰有当朝大员愿为其子弟介绍的则尚属仅见之例。

第二种是因为家庭困难，急于解决生计和寻找出路的士子。这部分士子往往出身贫寒之家或落魄门第，如严复。同治五年（1866），严复父亲染病去世，剩下母亲、两个妹妹和他，家贫无计，只得搬回乡下居住，一家依赖母亲做女红度日。② 这一年，福建船政学堂招生。考取后，不仅供给饭食及医药费，而且每月发银四两补贴家用。每三月考试一次，列一等者赏洋银十元。五年毕业后，可以充任水师员弁。学成监工、船主者，令作监工、船主，每月薪水照外国监工、船主薪工银数发给。③ 严复以严宗光之名考试入学。和其一同入学的还有来自福建、广东及香港的贫寒子弟。

第三种是沿海开放较早的口岸，随着中西交往和贸易往来的增多，出现了一些新式产业和职位。为了培养所需的新式人才，一些地方建立了以学习外语和西方科技为主的学堂。如上海创建了中西书院。与洋务有关的官员士绅，希望借此培养所需的外交、铁路、海关、电报等方面的人才，从事中西贸易的商人买办，希望自己的子弟能够娴熟西文西语，继承他们获利丰厚的职业。因此，中西书院得到了官绅的支持和捐款，亦得到商人买办的拥护。第一年入学名额200多人，实际报考的有500人。④

这一时期，学堂在中国是新事物，而且是和西方联系在一起的，诚

---

① 齐如山：《齐如山随笔》，辽宁教育出版社2007年版，第11页。齐如山说当时未考原因有三：一是当时患病；二是其父与该科学政有旧谊，以免考中后招人非议；三是已有可入同文馆之确信，不愿再与同乡争功名，又可免考中后三年一应岁考之麻烦，同文馆的功课与应试所习风马牛不相及。

② 王栻、俞政：《严复》，江苏古籍出版社1984年版，第7页；孙应祥：《严夏年谱》，福建人民出版社2003年版，第13—14页。

③ 中国科学院近代史研究所史料编辑室、中央档案馆明清档案部编辑组编：中国近代史资料丛刊《洋务运动》（五），上海人民出版社1961年版，第28—29页。

④ 梁元生：《上海中西书院史略：一个教育理想的创建与幻灭》，《晚清上海——一个城市的历史记忆》，广西师范大学出版社2010年版，第141—172页。

心诚意进入学堂就读者极少。故而齐如山说,其兄竺山通过李鸿藻进入同文馆,"不但不算作弊,而且算是帮助同文馆","因为风气未开,无人肯入,大家以为学了洋文,便是降了外国。在汉人一方面,政府无法控制,招学生太费事,于是由八旗官学中挑选,虽然是奉官调学生,但有人情可托的学生谁也不去,所挑选者,大多数都是没有人情,或笨而不用功的学生……这些学生入了同文馆以后,亲戚朋友对于本人,因为他是小孩,还没有什么鄙视,对于学生们的家庭,可就大瞧不起了,说他堕落,有许多人便同他们断绝亲戚关系,断绝来往。甚而至于人家很好的儿媳妇,因她家中弟弟入了同文馆,便一家瞧不起这个媳妇,而且因之便受了公婆之气。社会的思想,对于这件事情看得这样的严重,大家子弟不但不愿入,而且不敢入,因之后来之招生就更难了"。[1] 尽管清政府对同文馆学生厚以廪粮,学成后优以官职,但在同文馆设立最初二十来年的时间,所有的学生都是由各旗强迫调来的八旗子弟。直到光绪中叶,风气才稍稍变化,汉人出现愿入同文馆学习者,经由馆中人员或教习,甚至资格较深之学生介绍,即可进入。[2]

较早主动进入学堂的,多是在通商口岸,和西方接触较多家庭的子弟,他们已经开始从事一些新的职业。考虑到就业所需的知识以及职业前景,他们更容易接受西方的知识,并以此作为自己先觉的优势。如在上海开办的中西书院的大部分学生来自商业阶层家庭,他们当中有些人宁愿付双倍的学费全天都学习英语基础入门,也不愿意花半天时间学习中文,当他们掌握一定的英语基础之后,一有获得中等收入的工作机会,他们就会不顾学校的反对和个人爱好决然而去。[3] 此外,一些官宦或富贵之家,敏锐地察觉到世风世运的流变,预知将来的动向,反而容易接受即将到来的冲击,面对难以抗拒的潮流,主动迎上去,接受新风。反而是普通人家,以及内地的士子,由于生活环境的凝固化、对个人前途的算计、信息传递的迟缓,往往表现出被动的一面。如刘大鹏所在的山西省,在光绪十九年时,即甲午战争前夕,仍是一种故步自封的状态,即

---

[1] 齐如山:《齐如山回忆录》,第28—29页。
[2] 同上书,第37页。
[3] 王国平等编:《东吴大学史料选辑》,苏州大学出版社2010版,第5页。

使是能够感受时代的变化,提倡和研究经世致用之学的士子已属罕见。①传统士子虽然被统治者寄予了谨守圣道、孝亲尊上、行为民范的期望,但是他们大多数往往一生行迹不出府县,齐家治国平天下的大义最多只是酒酣耳热之后的高谈阔论,清醒之后考虑的却是科第之名及升斗之利。他们首先是要满足自我需求,在此基础上,能够成为一乡之秀、模范村氓的已不多见。

二

近代以来,几次大的事变在知识阶层中引起了极大的震动,尤以甲午战争和庚子事变为巨。由于中日甲午战争的进程和结果远远超出了一般士大夫的预料,他们由此反躬自问,进而传统的思维和观念开始发生转变。在此之前,只有少数通商口岸或较多接触西方的士子感受到西方的富强,思想上产生了变化。一部分士大夫已经敏锐地感觉到世界的发展和实际情形已经超出了他们的传统认知。对于西方的富强之术开始认同,对于西方的科技开始信服,对于西学开始探求。梁启超说:"甲午丧师,举国震动,年少气盛之士,疾首扼腕言'维新变法',而疆吏若李鸿章、张之洞辈,亦稍稍和之,而其流行语,则有所谓'中学为体,西学为用'者,张之洞最乐道之。而举国以为至言。"② 光绪二十三年(1897),贵州学政严修奏请设立经济特科,分内政、交涉、理财、经武、格致、考工六门考试与选拔人才,获得批准。光绪二十四年(1898),张之洞的《劝学篇》发表,肯定了西学的使用价值。西学逐渐得到官方的

---

① 刘大鹏在日记中多有关于士风士习的记载,光绪十九年三月十八日记:"当今之世,士风甚坏,平日用功所读者,固是时文,所阅者无非制艺,而于经史子集不问者甚多,所以士林之内多浮文而少实行,则孝悌忠信礼义廉耻诸端,亦皆不讲……吾乡僻处偏隅,士人甚少,即游庠序者,亦多不用功,非出门教书而塞责,即在家行医而苟安,不特读书求实用者未尝多观,即力攻时文以求科名者亦寥寥无几……"五月初九日又记:"士风之坏未有甚于此时者也。诚心读书以求根底者固不多见,即专攻时文以习举业者亦寥寥无几……吾邑应桐封书院课者,生有三十余人,童二十余人,尽心作文者不过数人而已。或直录成文窃取奖赏、或抄袭旧文幸得膏火……"刘大鹏:《退想斋日记》,山西人民出版社1990年版,第20、21页。
② 梁启超:《清代学术概论》,《梁启超论清学术史二种》,复旦大学出版社1985年版,第79页。

认可与提倡。除了少数的顽固派以外，朝野对西方的认识发生了急剧的转变。

在此情况下，一部分督抚、学政开始对原有的书院进行改革和整顿，将算学、格致等西学知识纳入书院的考课范围，使得西学的内容逐渐进入原有之教育体系。如山西巡抚胡聘之于光绪二十二年奏请将省城令德书院变通章程，兼课天算、格致等学。[①] 一些学政在岁科考试中的经古考试中亦加入经世之学及西学内容，如张亨嘉在光绪十四年至光绪十七年任湖南学政期间，每试一地，经古一场分经史、小学、舆地、掌故、兵谋、算术、词赋等二三十门。[②] 又如光绪二十三年至光绪二十六年任湖北学政的王同愈亦在经古中考试算学题目。[③] 还有的学政改革书院，在书院中考课西学，如严修任贵州学政期间即在贵阳学古书院中考课算学。[④] 还有一些地方官员开始筹建新式学堂。如天津海关道盛宣怀于光绪二十一年创设头、二等学堂（天津中西学堂），光绪二十二年，又在上海创设南洋公学。又如湖南巡抚陈宝箴于光绪二十三年创设时务学堂。

戊戌维新期间，不仅书院改制和创建学堂得到进一步发展，光绪皇帝更果断地在文教方面采取了废除八股改试策论、建立京师大学堂、改书院为学堂等一系列的措施，极大地推动了向西学转向这一趋势的发展。虽然变法很快失败，有的政策又被收回，有些举措还未来得及推行，有的事业半途而废，但是时代发展的趋势并不因暂时的滞留而停下向前的脚步。

书院是传统士子攻读之所，学堂招收人数亦以生童为主。此一时期的书院改制和创办学堂，其面对的对象是原来攻读儒家经典、研求中国学术的传统士子，欲将其造就为中西兼通之人才。这就要求传统士子需要抛却故见，虚心讲求西学，不能不引起知识的变化和转型。此时，科举考试之旧途依旧，而新的趋势随着越来越多的地方官员及士绅在地方倡导和推行西学逐渐清晰化、明确化。面对此情境，传统士子如何应对

---

① 《胡中丞聘之请变通书院章程折》，《时务报》（光绪二十二年）第10册，第83—86页。
② 陈衍：《礼部左侍郎张公行状》，张戬编《京师大学堂首任总监督张亨嘉文集》，北京大学出版社2003年版，第247页。
③ 王同愈：《栩缘日记》，顾廷龙编《王同愈集》，上海古籍出版社1998年版，第281—283页。
④ 严修：《蟫香馆使黔日记》，《续修四库全书》第582—583册。

呢？以下对出现的情况进行分述。

第一种是主动求变以适应新趋势。如李鸿藻于甲午战后为其子李石曾兄弟聘请当时以兼通中西学术得名的齐禊亭主持家塾。齐所教内容，除国学外，兼授天文、地理、算学及其他科学。[①] 李鸿藻是朝中大臣，对于国势之理解自然较常人要清楚、透彻得多。其子孙更多的是生活在将来，那么早做打算以期未来能够应付裕如，自是最好的选择。况且，生于钟鸣鼎食之家，其子并无紧迫的生计需要考虑，亦不必非求科名以入仕，因为可以由荫生做官。[②] 世家子弟在这方面多了一份洒脱和宽裕。齐如山在回忆录中谈到这一时期同文馆的情形时说："到光绪戊戌，虽然变法未成功，但因政治的变动，于民智有了很大的影响，想入者更多，以后就非经考试不能入馆了。"[③] 齐如山所描述的戊戌前后的风气变化，由之前的被动入馆习西学到此时的主动入学求新知，说明了新学已经成为越来越多士子的主动选择了。

第二种是徘徊于科举与学堂之间。对于传统士子来说，这个时代是科举与学堂并存的时代，在原有的基础上又提供了另一种选择，但两者的方向并不一致，学堂是未来的发展趋向，科举则是现实利益的象征，两者都有足够的吸引力，如果能够找到一种最有利的方式，既可进，又可退，自然是理想的状态。当然，要两者兼顾，既需要时间和精力，也需要在中学和西学的学习中都能有所进展，这不是一般人可以轻易做到的。因此，在实际中，有些士子，如果不能两者得兼，那就只能有所侧重了。学堂功课门类较多，需要循序渐进，不能躐等，自学不易，而八股一旦完篇，即可自己作文，阅读闱墨，揣摩风气，且学堂学成在将来，而科考得中在眼前。因此，即使已入学堂作学生，而每逢考试而入场者仍多，以致逢岁科两试或乡试时，学堂学生往往告假而去，学生数量大为减少，甚至几近空无一人。这极大地影响了学堂的正常运转，使得学

[①] 李书华：《李石曾先生家世及少年时期》，朱传誉主编《李石曾传记资料》（一），天一出版社1979年版。

[②] 据李鸿藻之孙、李焜瀛之子李宗侗记忆，其父曾经学习八股，但是其祖父不让其父考试，因为可以由荫生做官，不必同读书人争地位。见李宗侗《李宗侗自传》，中华书局2010年版，第27页。

[③] 齐如山：《齐如山回忆录》，第37页。

堂难有成效，以致盛宣怀奏请今后新设各学堂、书院内之学生，如系生员（包括廪生、增生、附生），则免于参加岁科两试，以便其专心于新学。此奏得到允准。①

有的士子虽有应科举之行动，但不过告慰家人之期望，循例入场，并不以得第为念。如鲁迅在光绪二十四年先到水师学堂求学，后又转到矿路学堂，虽亦入场考试，且考的名次还不错，但并未参加复试。② 又如蒋维乔，20岁成为生员后，"益废弃八股，从事朴学，兼习算术舆地。偶应乡试，辄为弘博奇丽之文，列入堂备。而主考以其文太奇肆，屏之，遂未中式，先生亦不为意也。是时上海制造局译出科学书籍，先生见而喜之，从事研究，向者所好之小学词章，亦稍稍恝置矣"。③ 唯这部分心志已定、主见已明之士子人数无多。

第三种是仍旧沉湎于科举旧途之中，即使看到学堂之兴，认为其不过一时之举，难以长久，遂取视而不见之态度，甚有敌视并试图加以抵制者。如鲁迅回忆绍兴中西学堂开办时的情形说："那时全城所笑骂的是一个开得不久的学校，叫作中西学堂，汉文之外，又教些洋文和算学。然而已经成为众矢之的了；熟读圣贤书的秀才们，还集了'四书'的句子，做一篇八股来嘲诮它，这名文便即传遍了全城，人人当作有趣的话柄。"④

主讲保定莲池书院的吴汝纶在光绪二十四年春夏之间呼吁士子学习

---

① 《大理寺少卿盛宣怀片》（光绪二十四年四月二十四日），《戊戌变法档案史料》，中华书局1958年版，第252页。原折与朱批如下：再南洋公学内师范院诸生，多系举贡生监，而廪增附生为尤多，中上两院学生，亦不乏名列胶庠之士。学堂功课日计岁积，不容闲旷，惟学官弟子，例有岁科两试，若于试期相率而去，则师范院学堂几空。不特外院生教课乏人，即师范生籍隶数省，就试往返，远者动辄累月，近者亦须连旬，中西各课，精进难而荒废易，一暴十寒，卒业何日。窃惟国家立法之意，岁试以考学行，科试以备乡举，无非奖勤警惰，俾不至业荒于嬉。今诸生之在学堂者，日有课，月有稽，季有试，年终有大考，册报学政，按籍可稽。此项学生将来大抵皆应经济之科，乡试年分，学政照册报高等调取录送。至三年中岁科两试，似不同告朔饩羊，必当空存其礼。拟请嗣后新设各学堂、书院内学生，凡系廪增附生，一体免预岁科两试，使得专精新学，以仰副朝廷育才致用之至意。谨附片陈请，伏乞圣鉴训示。谨奏。光绪二十四年五月十八日奉朱批：着照所请。礼部知道，钦此。

② 鲁迅博物馆、鲁迅研究室编：《鲁迅年谱》第1卷，人民文学出版社1981年版，第55、59、60页。

③ 蒋维乔：《蒋维乔自述》，安徽文艺出版社2013年版，第3页。

④ 鲁迅：《琐记》，《鲁迅全集》第2卷，人民文学出版社1959年版，第265页。

西学，并拟招生20余人，请英国人讲授。光绪二十五年（1899）正月十七日，他修书一封，劝谕他曾任官冀州的士绅，为之讲解西学于国于己的价值，他说"救时之法，必以士大夫讲求西学为第一要义。使我国人人有学，出而应世，足以振危势而伐敌谋，决不似今日之束手瞪目，坐为奴虏，万一不能仕宦，而挟吾学术，亦足以立致殷富，自全于败乱之时"。他本希望依靠自己在冀州的声望，能够达到劝勉士子踊跃就学的效果，但是他提倡西学的热心并未得到传统士子的强烈回应，将近一月都没有得到回音，连他寄予厚望的朋友之子亦未曾来。他遂于二月十六日再次写信，再加劝导。到四月，在给好友贺松坡的信中说，自己劝励数月，才有20人，其中还以冀州人为多。① 直隶省府保定为畿辅重地，吴汝纶为桐城派中坚，提倡西学还要苦口婆心，费尽周折，由此可见当时直隶之士风士情。清末之直隶尚属开通之区，由此一斑而视全国，其余内地之情形更可想见了。

传统士子在旧时代居于四民之首，享有法律上的特权、经济上的优惠及社会上的尊敬。习惯了固有的生存状态，对于可能影响他们地位和生活的任何新变化，都会极度敏感。光绪二十二年四月，废学校、裁科考的谣言传到刘大鹏家乡，他在十日的日记中记下士林之反应和自己的感受："人心摇动，率皆惶惶。凡为士者竟有欲废读书而就他业之人。盖士子习业已久，一旦置旧法而立新功令，自有不知适从之势，谣之起真耶假耶，不得而知也，真令人二三其心。"② 因为变动的消息不仅仅是牵扯着他们的神经，更重要的是系乎其前途和利益。即使是传言，乃至谣言，亦足以掀起动荡，犹如在并不安分的水面投下一颗炸弹一样，激起层层涟漪，一浪一浪拍打着堤岸，久久不能平静。当山西巡抚胡聘之欲将原有书院之膏火减少，以节省之费以备聘请屠仁守教算学之用时，终于激起了在书院就读士子的强烈抵制，联合罢考。山西在办理开矿、修路、学堂等问题上落后于他省，巡抚胡聘之屡遭部责，欲请屠仁守教算学以敷衍塞责，却遭士子抵抗，遂怒不可遏，将为首之人监禁，以罢考

---

① 吴汝纶：《与冀州绅士》（正月十七日、二月十六日）、《与贺松坡》，《吴汝纶全集》（三），黄山书社2002年版，第229、233、249页。

② 刘大鹏：《退想斋日记》，第57页。

之例问罪。形势如此,一部分士子为了个人利益竟有如此之举,无怪乎胡巡抚之怒!无怪乎刘大鹏感叹:"读书原以求荣,今乃得辱!"①

甲午以来,虽然朝野之间发生了一些引人注目的变化,但是并没有通过制度的设计,架设一道连接培养人才的教育和选拔人才的科举之间的桥梁,一面是政府在逐渐提倡和创建学堂,而传统士子大都尚未从国家的层面上去认识和响应,只是以此作为谋取个人出路的最后一个选择而已。周作人描述这一时期的情形时写道:"前清时代士人所走的道路,除了科举是正路之外,还有几路可以走得,其一是塾师,其二是医师,可以号称儒医,比普通的医生要阔气些,其三是学幕,即做幕友,给地方官'佐治',称作'师爷',是绍兴人的一种专业。其四则是学生意,但也就是钱业和典当两种职业,此外,便不是穿长衫的人所当做的了。另外,是进学堂,实在此乃是歪路,只有必不得已,才往这条路走,可是'跛者不忘履',内心还是不免有连恋的。在庚子年的除夕,我们作'祭书神长恩文',结末还是说,'他年芹茂而樨香兮',可以想见这魔力之着实不小了。"② 而他自己"其时真是所谓低不就来高不凑,看着这几条路都走不来,结果便想到了学堂,那在当时算不得什么正路,但是没有别的法子,也就只有这最后的一着了"。③

三

光绪二十六年(1900),八国联军的入侵创巨痛深。西力之强使得中国社会对西方的认识发生了颠覆性的转变。海关的报道指出:"自义和团动乱以来,包括政府官员、知识界、绅士及商人阶级在内的人士,几乎普遍地确认,向西方学习是十分必要的,反对西方的人几乎不见了。"④ 孙中山也看到了这一变化:"从那次义和团失败以后,中国一般有思想的人,便知道要中国强盛,要中国能够昭雪北京城下之盟的那种大耻辱,

---

① 见刘大鹏光绪二十二年四月十三日、二十七日所记。《退想斋日记》,第58、59页。
② 周作人:《知堂回想录》,河北教育出版社2002年版,上册,第62页。
③ 周作人:《鲁迅小说里的人物》,河北教育出版社2002年版,第319页。
④ 徐雪筠等译编,张仲礼校订:《上海近代社会经济发展概况》,上海社会科学院出版社1985年版,第164页。

事事便非仿效外国不可，不但是物质科学要学外国，就是一切政治社会上的事都要学外国。所以经过义和团之后，中国人的自信力便完全失去，崇拜外国的心理，便一天高过一天。"①

内外的双重压力使清政府被迫下决心进行更深层次的变革。学校制度自然为变革之一大端，由此开始了新式教育的有系统发展时期。② 自光绪二十七年七月十六日至八月初二日，清政府先后发布了三道有关变革科举、建立学堂的诏令：

> 著自明年为始，嗣后乡、会试头场试中国政治史事论五篇，二场试各国政治艺学策五道，三场试四书义二篇、五经义一篇。考官阅卷合校三场以定去取，不得偏重一场。生童岁科两考，仍先试经古一场，考试中国政治史事及各国政治艺学策论，正场试四书义、五经义各一篇。考试试差、庶吉士散馆均用论一篇、策一道，进士朝考论疏、殿试策问均以中国政治史事及各国政治艺学命题，以上一切考试凡四书五经义均不准用八股文程序，策论均应切实敷陈，不得仍前空衍剽窃。
>
> 嗣后武生童考试及武科乡、会试著即一律永远停止，所有武举人、进士均令投标学习，其精壮之武生及向习武学之童生均准其应募入伍，俟各省建立武备学堂后再行酌定挑选考试章程以广造就。
>
> 除京师已经设大学堂应切实整顿外，各省所有书院，于省城均改设大学堂，各府厅直隶州均设中学堂，各州府县均设小学堂，并多设蒙养学堂。③

由此重新开启了两年前因戊戌政变而中止的改革进程。随着科举考试内容的改变以及新式学堂更多创办，学习的内容也逐渐发生了极大转

---

① 孙中山：《民权主义》，《孙中山选集》下卷，人民出版社1956年版，第724页。
② 《清史稿》卷107《选举二·学校二》记："学校新制之沿革，略分二期。同治初迄光绪辛丑以前，为无系统教育时期；辛丑以后迄宣统末，为有系统教育时期。"（第12册，第3121页）
③ 中国第一历史档案馆编：《光绪宣统两朝上谕档》，广西师范大学出版社1996年版，第27册，第152、175页。

变,"历代史鉴及中外政治艺学"成为学习的重要内容。传统的知识范围和体系瓦解了,新的知识需要从国外引进。许多士子正是在这个过程中实现了由传统士子到现代学堂学生的转型。

虽然两年前失败的维新变法已经预演过这样的改变,但是当变化一旦以上谕的形式下发,许多士子还是显得有些措手不及。在原有体系中自如之人,往往有天地转换、环境顿改之感,自身已处新世而心思智虑仍耽于往时,昔日之悠悠自如不再,不免有身心分裂之痛苦。原来如鱼在水中,今日忽如被置岸上,呼吸困难。夏丏尊回忆说:"这改革使全国的读书人大起恐慌。当时的读书人大都是一味靠八股吃饭的,他们平日朝夕所读的是八股,案头所列的是闱墨或试帖诗,经史向不研究,'时务'更所茫然。"他自己因为年龄较小,八股积习不深,对因政策突变而给自己带来的遭遇不曾感到很大的不平,但是,策论却要从头学起了,要从师也无师可从,只好把《大题文府》等类搁起,换《东莱博议》《读通鉴论》《古文观止》之类的东西来读,把白折纸废去,临摹碑帖,再把当时唯一的算术书《笔算数学》买来自修。①而对于那些着人先鞭的士子来说,策论恰恰是他们胜出常人的优势。如黄炎培于光绪二十八年(1902)到南京应江南乡试,因为传统士子中惯作八股的不会作散文,而南洋公学特班生在日常已有此训练,结果42名特班生有12人中举。江南乡试其中一道试题《如何收回治外法权?》又是其平时学习《万国公法》后了然于胸的,自然顺利考取。②

很明显,由于中西学地位变化而引致的知识转型最终必然使得国家取士标准发生根本变化。刘大鹏看到"国家取士以通洋务、西学者为超特之科,而孔孟之学不闻郑重焉。凡有通洋务、晓西学之人,即破格擢用,天下之士莫不舍孔孟,而向西学"。③这使得传统士子纷纷转向学堂,如夏丏尊的父母看到科举将废,须及早筹划将来,遂让其到上海就读,夏丏尊于是进入中西书院就读。18岁时,又听从朋友劝告,一同进入绍

---

① 夏丏尊:《中学校时代》,《夏丏尊文集》(平屋之辑),浙江人民出版社1983年版,第129页。
② 黄炎培:《八十年来》,中国文史出版社1982年版,第40页。
③ 刘大鹏:《退想斋日记》,第102页。

兴府学堂。期间，虽曾参加乡试，但可以看出，其重点已在学堂和西学。① 如原在南菁书院肄业之传统士子，在书院改学堂之后，开始补习理化、测绘、英文、日文、体操，以弥补原有知识体系之不足。②

科举仍然是国家选拔人才的主要渠道，也是士子谋取进身的途径，所以进入学堂之士子仍有相当之人参加科举。如蒋梦麟在家乡有院考时前去参加，考完后再回到浙江高等学堂，为代数、物理、动物学和历史等功课而忙碌。③ 虽然看似互相矛盾，但这就是那一时期相当数量传统士子的真实生活，因为他们处于一会儿是新、一会儿是旧的过渡时期。

光绪三十一年八月初四日（1905年9月2日），清廷颁发上谕："著即自丙午科为始，所有乡会试一律停止，各省岁科考试亦即停止。此次谕旨后，著学务大臣迅速颁发各种教科书以定指归而宏造就。并著责成各该督抚实力通筹，严饬府厅州县赶紧于城乡各处遍设蒙小学堂。"④ 这宣告了一个旧时代的结束，而新时代即将开始，为新教育的全面展开铺平了道路。由于国家政治权威的参预与运作，新教育顺其自然地替代了旧教育的权威地位。在此大环境下，旧事物面临两种命运的抉择：要么在顽抗中灭亡，要么浴火重生。

清政府为了减少这一政策对于传统士子的冲击，以维持政治稳定，采取了一系列的措施，来吸纳传统士子。由此，传统士子只能在新环境下重新寻找自己的位置了。

在晚清教育转型的过程中，作为四民社会之首的传统士子，并未在整体上实现自我的觉醒，转变世风世运，反而更多地呈现出在变革中的被动适应，除少数人先知先觉外，大多数传统读书人因其持守的儒家理念、生活场域与视野的局限，而对域外信息及时局转换的感受较为迟缓，加之对个人利益的优先考虑，使得传统士子在晚清大变局中主要呈现为随着清政府相关政策的调整而被动适应的整体情形。

---

① 夏丏尊：《中学校时代》，《夏丏尊文集》（平屋之辑），第120—132页。
② 蒋维乔：《蒋维乔自述》，第4页。
③ 蒋梦麟：《西潮·新潮》，岳麓书社2000年版，第55—63页。
④ 《光绪宣统两朝上谕档》，第31册，第115页。

有关东京同文书院

[日] 马场毅　李昱中　译
（日本爱知大学）

一　前　言

　　1898年东亚会与同文会合并为东亚同文会（会长近卫笃麿，干事长陆褐南），以反对分割中国，保全中国，在助中国之改善的同时也助朝鲜之改善为纲领。为此在调查研究中国、朝鲜时事的同时十分重视唤起舆论。

　　可见，明治维新后日本国内"脱亚入欧"风潮下，东亚同文会呼吁的则是亚洲主义。东亚同文会为实现上述目的，十分重视培养人才。尤其应该引起我们注意的是对于中日间人才的培养。在两江总督刘坤一的协助下，南京同文书院于1900年5月建校。6月20日前后的日本学生一起移至王府园设分院，招收了30名中国人。但6月清政府对义和团做出呼应，在北方对11个列强国家宣战。因担心义和团的行动会波及长江流域，东亚同文会关闭了中国人所在的南京分院，将书院迁至上海继续上课。之后1901年5月，作为培养日本方面的人才机构，在上海正式开设东亚同文书院。[①] 去日本留学的人的培养，由之前已经开设的东京同文书院负责。

---

　　① 大学史编纂委员会编：《东亚同文书院大学史——创立八十周年纪念志》，沪友会1982年，第76—77、79—80、82—84页。

有关东京同文书院，管见所及还没有正面的研究，阿部洋的研究①里，对东京同文书院有过简单的触及。除此以外，保坂治朗的研究②恐怕是唯一的正面研究，尤其是有关柏原文太郎、潘佩珠（Phan Bi Châu）等越南独立运动人士与东京同文书院的关系，以及和东京同文书院同时设立的目白学校教员方面的研究十分详细，此外目白中学后成为中央大学附属中学·高中的校史③中有关教员的内容也十分详细，可参考的地方很多。但不得不说所有研究都没有对东亚同文会的杂志、来校留学生、教授内容以及教员变化等做详细的分析和研究。

本文将阐述的内容有：从甲午战争后至辛亥革命为主的中日两国的关系，在此关系下东京同文书院清政府学生的教育问题，以及潘佩珠等越南独立运动人士和东京同文书院的关系。

二 清代中国学生的教育

（一）东京同文书院的设置，义和团事件的影响

甲午战争后，中国为向已经学习欧美文化并推进现代化的日本学习，留学日本的风潮渐盛。

东京同文书院设立契机如下，1899年1月近卫笃麿会长受湖广总督张之洞之托，把其孙张厚琨特别收入华族子弟学习的学习院，并腾出一间自己的贵族院议长官舍安置入住，还配置了一名学习院教官作为日常的监督，以及一名侍从④。之后东亚同文会于5月决定设置中国学生宿舍，规则以及学生监督办法等由柏原文太郎计划决定⑤。6月东亚同文会做出决定，设立东京同文书院，作为进入高等学校的预备学校，教授中

---

① 阿部洋：《在华教育态势的构筑——东亚同文会の中国人教育事业》，载阿部洋《"对支文化事业"の研究——战前期日中文化交流の展开と挫折》，汲古书院2004年版。
② ［日］保坂治朗：《目白にあった东京同文书院》，《同文书院纪念报》VOL 17，2009年。
③ 中央大学附属中学校·高等学校100周年记念校史编集委员会编：《中央大学附属中学校·高等学校"校史"——1909—2012》，中央大学附属中学校·高等学校2012年版。
④ 东亚文化研究所编：《东亚同文会史》，霞山会1988年版，第74页。
⑤ 《会报》，《东亚时论》第13号，1899年6月，第50页。

国留学生"日语及普通学"①。10 月与东亚同文会有关系的福州东文学堂（中岛真雄的渠道）的两名学生刘崇杰（18 岁）和林桀（19 岁），他们与四川提督丁鸿臣、福州船政局提调沈翊清等一同来日，学院受东文学堂的委托培养这两名学生。他们所住的牛込区山吹町 291 番地之后成为宿舍，东京同文书院也设立于此，中西重太郎为监督，教师 4 名②。这一时期，张之洞派遣的中国留学生在其幕僚湖北留日学生钱恂的带领下，第一批 46 人于 10 月、第二批 35 人于 11 月来日。其中程家桱（安徽人，24 岁）、权量（湖北人，23 岁）、王璟芳（湖北人，21 岁）、张鸿藻（湖北人，23 岁）、陆宗舆（浙江人，24 岁）因为是委托给东亚同文会，11 月入学③。1900 年 2 月又新接收了冯阅摸、徐家璘，当时在校生是以上 9 名④。随着留学生的增加，为扩大宿舍和教室，1900 年 6 月迁至牛込区中里 24 番地⑤。7 月，同是由钱恂带来的马肇烟（22 岁，来自两湖书院）、刘修鉴（18 岁，来自工艺学堂）、卢定远（16 岁，来自两湖书院）入学⑥。暑假期间的 7 月 15 日至 8 月 22 日，授课地点移至相模国三浦郡三崎町，夏季讲习的同时还学习游泳，这是当时中国人没有的习惯。返京后，又有在福州东文学堂日文学习结束后来的上海道台余联元之子余祖钧（湖北省孝感县人，25 岁）、余达（湖北省孝感县人，23 岁）入学东京同文书院甲部⑦。

如上所述，东京同文书院创立初期入学的中国留学生，一部分是与近卫有联系的湖广总督张之洞所派，另一部分与东亚同文会有关人士有关系的福州文学堂的学生。由此可见东京同文书院与中国政府关系比较

---

① 《会报》，《东亚时论》第 15 号，1899 年 7 月，第 60 页。
② 《会报》，《东亚时论》第 23 号，1899 年 10 月，第 54 页；《会报》，《东亚同文会报告》第 6 期，1900 年 5 月，第 24 页。
③ 《东亚时论》第 23 号，1899 年 10 月，第 46 页；《会报》，《东亚时论》第 23 号，1899 年 10 月，第 54 页；范铁权：《钱恂生平史事述论》，《河北大学学报》（哲学社会科学版）2010 年第 6 期，第 82—83 页。
④ 1900 年 2 月至 3 月考试成绩，第一学年分甲部和乙部各 9 名学生有记载。《会报》，《东亚同文会报告》第 6 期，1900 年 5 月，第 31—32 页。
⑤ 《会报》，《东亚同文会报告》第 7 期，1900 年 6 月，第 36 页。
⑥ 《会报》，《东亚同文会报告》第 9 期，1900 年 7 月，第 9 页。
⑦ 《会报》，《东亚同文会报告》第 11 期，1900 年 10 月，第 2—3 页。

密切,此外派来的人应该说是中国的预备精英队伍。

当时义和团在华北占领了天津、北京,6月清朝内部保守派借此向包括日本在内的11国列强宣战。但与东亚同文会关系较深的南方湖广总督张之洞和两江总督刘坤一没有遵从该决定,与上海各国领事签订了《东南互保条约》保护了列强的利益。在此背景之下张之洞之子张权来日时,东亚同文会于7月27日在东京芝公园红叶馆为张权和钱恂等6名中国人开了招待会①。

但在此期间,留学生相继回国,6月徐家璘、刘崇杰回国(11月刘再次来日),8月张之洞之孙张厚琨、刘修鉴随张权一同回国,另有日期不明但开学后很快就回国的余祖钧、余达兄弟②。转入上一级学校的情况也接连发生,9月以前陆宗舆转入东京专门学校,12月林棨也进入东京专门学校政治部,刘崇杰预定进入东京应用学校应用化学部(最终进入东京专门学校)。权量、张鸿薄(藻)两人于第二年3月进入高等商业学校预科③。就这样因回国或升学至其他学校,学生数量逐渐减少,12月前终于有新生廖世纶(上海文学社)、姚志光(上海中西学院毕业)、林资荃(道台学)、刘荃业(福州同文学堂)入学,到1901年3月,这次入学者中只有廖世纶还在学校,加上之前入学的马肇烟、程家柽、卢定远,只剩下4个人在校生。同年1月,学院移至创建后的第三个校舍赤坂桧町10番地④。

(二)新校舍开院典礼、章程和毕业典礼

到1902年入学者逐渐增加,1月东京同文书院在神田锦町盖建了第四个新校舍,近卫同文会会长邀请了中国的蔡和甫公使等众多来宾参加

---

① 《会报》,《东亚同文会报告》第9期,1900年7月,第11页。
② 《会报》,《东亚同文会报告》第9期,1900年7月,第8—9页;《会报》,《东亚同文会报告》第14期,1900年12月,第44—45页;《会报》,《东亚同文会报告》第11期,1900年9月,第3—4页;戴海斌:《庚子年张之洞对日关系的若干侧面——兼论所谓张之洞的"帝王梦"》,《学术月刊》2010年第11期,第147—148页。
③ 《会报》,《东亚同文会报告》第11期,1900年9月,第4页;《会报》,《东亚同文会报告》第17期,1901年4月,第6页。
④ 《会报》,《东亚同文会报告》第14期,1900年12月,第44页;《会报》,《东亚同文会报告》第17期,1901年4月,第6页。

开院典礼。当时在校生20人左右（从典礼后参加考试的人来看，在籍学生如表1所示。如后所述7月在校生有所增加，入学后所有学生马上都参加学期考试恐怕不太可能。虽然不能做出此表包括所有人的判断，但作为当时在校生的珍贵资料特此记之）。

表1	考生名单
1902年3月学期考试	东京别科生、廖世纶 第2学期生：尹援一、吴启孙、戴麒、孙庆沢、沈募周、高逸、曾沢霖、邢子襄、戴赞、张孝拯（仮编入） 第1学期生：李宜威、朱祖恂、郑炳、朱祖愉、郑礼融、张魁先、屠宽（回国探亲）、吴启（回国探亲）、吳龢（回国探亲）
7月第1学年考生	尹援一、邢子襄、戴麒、吴启孙、张孝拯、戴赞、沈募周（回国探亲）

《会报》，《东亚同文会报告》第29期，1902年3月，第16—18页；《会报》，《东亚同文会报告》第33期，1902年7月，第322页。

另外，确定了东京同文书院章程。根据该章程，东京同文书院直属于东亚同文会，其目的是"接受中国留学生并使其在应对的各专门学校接受预备学科之教育"，学习年限为2年，第1年科目除了"日语读法、会话、文法"等日语以外，还有"数学、英语"以及"修身"和"体操"。第2年除第一年科目外加有"翻译"和"理化学、地理、历史"（1900年9月"地理"是世界地理，"历史"是西洋历史[①]，估计一直沿用）。学生全部住宿，需付学费、住宿费、燃料费和伙食费。作为一个特色，假期除星期天，春、夏、冬假外，日中两国大的节日，包括祭孔时和开学典礼都会在校门口交叉日中两国国旗等，对中国人的风俗习惯给予了考虑和对应。

第一代院长是杉浦重刚，干事为田锅安之介，教头前田元敏，舍监兼教授水谷彬，还有园田竹熊、池田良作、唐泽佑庆、东贤隆、八田敏夫、北村和三郎6名教授[②]。学生的人数在7月达50多人，因校舍容纳不了，为救急用，当时设想在附近盖建可以供40人住的宿舍，让学生从

---

① 《会报》，《东亚同文会报告》第11期，1900年9月，第4页。
② 《会报》，《东亚同文会报告》第27期，1902年2月，第1—13页。

那儿去书院上学①。

当时文部省的规定是，进入直属学校需持各国公使的保证书。对申请进入成城学校学习军事的自费留学生，中国公使拒绝开保证书，由此发生了留学生与中国公使馆的对立，加上对要求学生提交这一保证书的文部省不满，发生了所有留学生计划回国的事件。东亚同文会副会长长冈护美出面与外务省协议，嘉纳治五郎负责的弘文书院，以及清华学校和东京同文书院这三个学校在学6个月以上，且来日本1年以上的学生，学校给他们担保，外务省对此证明，即使没有公使的证明，持此证明也可以进文部省直属学校。由此进入直属学校的路被打开，这个问题到9月前暂时得到解决②。也就是说，东京同文书院在对应日本文部省及外务省方面，帮助留学生解决了担保问题。这有可能是此后东京同文书院入学人数增加的原因。之后中国公使蔡钧被调走，1903年1月9名被担保的留学生进入成城学校，福岛安正回国后，陆军设立振武学校，成城学校的学生全部被他们接收，留学生方面的要求得到认可③。

1903年2月，东京同文书院干事在田锅安之介之后由宫崎民藏（宫崎滔天之兄）担任，教头前田元敏辞职。6月长冈护美就任第2届院长职位，废除了干事教头的体系，解除宫崎民藏的干事兼教头职务，新设的监督职位由十时弥担任，解除水谷彬舍监职务，由神谷愿担任。至当年5月学生人数达120人。

7月举行了第一届留学生毕业典礼，中国留学生总监督汪大燮列席下，戴麒（安徽省）等4人毕业④（此前没有毕业典礼的记录，留学生是结业或结业前就升入上一级学校则不明）。

1904年2月，因学生人数增加神田锦町的校舍不够用，学院把小石川目白台刚建成的十全医院全部租下来，并迁移至此。学生132人，其中

---

① 《会报》，《东亚同文会报告》第33期，1902年8月，第1页。
② 《会报》，《东亚同文会报告》第35期，1902年10月，第1—3页；《会报》，《东亚同文会报告》第38期，1903年1月，第5—6页。
③ さねとうけいしゅう：《增补版 中国人日本留学史》，くろしお出版1981年版，第460页。
④ 《会报》，《东亚同文会报告》第40期，1903年3月，第2页，有关长冈院长就职根据上述《东亚同文会史》，第75页。《本会记事》，《东亚同文会报告》第43期，1903年6月，第153页；《本会记事》，《东亚同文会报告》第44期，1903年7月，第89页；《本会记事》，《东亚同文会报告》第46期，1903年9月，第86—87页。

自费生106人，官费生26人，随着学生人数增加，自费留学生越来越多，学生开始不限于建立初期时的中国精英预备队伍，也扩展到了中坚骨干部分。3月新设副院长，之后柏原文太郎，这个给东京同文书院的运营带来很大影响的人就任。7月中国公使杨枢，各省留学生监督参加了第2届毕业典礼，地点是华族会馆，金曾澄等9人毕业①。

1905年1月，第3届毕业典礼清国公使馆参赞马廷亮，云南留学生监督袁嘉穀出席，在华族会馆石志泉等11人毕业，4月第4届毕业典礼上中国公使馆参赞马廷亮，江苏湖北江西留学生监督李宝巽参加典礼，华族会馆举行，林汝魁等12人毕业。

表2　　　　　　　　　　各届毕业生

第1届 1903年7月	戴麒（安徽省）　邢子襄（直隶省）　李（木）宜威（福建省）戴赞（安徽省）
第2届 1904年7月	金曾澄（广东）、王孝綱（福建）、阮明新（广东）、林先民（福建）、王琨芳（湖南）、王海铸（直隶）、李士熙（直隶）、阮福田（广东）、江尔鹗（福建） 在学优等生：林汝魁（第3班）、朱葆勤（第4班）、邓汝钦（第5班）、董恩禄（第5班）获奖状
第3届 1905年1月	石志泉等共计11人毕业、在学优等生第3班朱葆勤获奖状
第4届 1905年4月	林汝魁（32岁、广东、自费）、陈同纪（21岁、广东、自费）、赵建熙（23岁、湖北、官费）、江华木（21岁、湖北、官费）、吴湘（23岁、广东、自费）、李瑞萱（25岁、浙江、自费）、陈复（21岁、广东、自费）、唐书琦（18岁、江西、官费）、谭学徐（26岁、广东、官费）、蔡世浚（19岁、福建、自费）、黄德毅（18岁、广东、自费）、徐仁诚（23岁、直隶、自费）在学生第2班优等生朱葆勤获奖状

《会报》，《东亚同文会报告》第46期，1903年3月，第86页；《会报》，《东亚同文会报告》第47期，1903年10月，第106页；《本会记事》，《东亚同文会报告》第62期，1905年1月，第58—59页；《本会记事》，《东亚同文会报告》第65期，1905年4月，第40—41页。

---

① 《本会记事》，《东亚同文会报告》第52期，1904年3月，第104—105页，学生人数根据上述《东亚同文会史》，第75页。《本会记事》，《东亚同文会报告》第58期，1904年9月，第78—79页。

东亚同文会还计划了在满洲的教育，1月根津一干事长被派到满洲与奉天将军会面，建议在奉天普及教育并得到赞同后，决定首先从设置小学、师范、中学开始。计划还包括把东亚同文书院毕业生作为教习派到奉天。同时根津带了4名留学生回日本，让他们在东京同文书院就学，此后奉天将军决定派遣50名留学生，实际上都由东京同文书院接收了。

11月19日，在北丰岛郡落合村下落合盖建新校舍举办了成立典礼（宿舍设在高田）。中国公使杨枢也参加并祝词，公使馆参赞马廷亮，日本留学生监督李宝巽等中国方面人士出席，日本方面来宾中有大隈重信和犬养毅。这里可以容纳500名留学生，当时的学生人数是200人[①]。

（三）中国留学生管制问题

1905年，革命派在日本国内的留学生中已经有了一定影响。8月有1300名留学生参加了为孙文举办的欢迎大会，之后中国同盟会在东京成立。为防范之前就在加强势力的革命派留学生带来更大影响，中国政府要求日本政府进行管制，11月2日，文部省发放中国留学生管制规则。其中留学生们尤其认为有问题之处为，第1条，入学申请"需附有中国公馆之介绍信"，第9条对中国学生"让住寄宿舍或学校监督下的宿舍，管制在校外者"，第10条"不得接收其他学校品质欠佳或被开除者"。也就是说，中国公使馆的强化监督，公私立学校有责任管制在校外参加革命派集会的留学生，可以由校方任意理解的"品质不良"成了勒令参加革命派退学的好借口。

最初，中国留学生会馆留学生总会的干事们想通过，之后留学生们认识到这是日中两国政府共同策划，12月强硬派同盟开始罢课。另外因对《东京朝日新闻》12月7日报道的愤慨和抗议，同盟会会员陈天华在大森海岸自杀。还有部分强硬派回国。此后留学生之间发生了回国派和

[①] 《本会记事》，《东亚同文会报告》第62期，1905年1月，第58—59页；《本会记事》，《东亚同文会报告》第65期，1905年4月，第40—41页；《本会记事》，《东亚同文会报告》第68期，1905年7月，第45—46页；《本会记事》，《东亚同文会报告》第73期，1905年12月，第35—40页。

复学派的对立，1月13日停止同盟罢课复学①。

同盟罢课派和复学派对立时，东亚同文会会长青木周藏和细川护成副会长以及大隈重信、嘉纳治五郎等一同，在文部省和中国公使之间为调停奔走。东京同文书院原来是全日制寄宿制度，中国留学生管制规则的发布并未带来很大变化，学生中虽也有离校者，但较其他学校首先复学的人②以及参加运动的人都有。与中国政府关系密切的东京同文书院是怎样对待留学生参加革命派的，这一点尚不清楚，但从书院报刊来看并未言及留学生参加革命派。

（四）中国留学生人数的增加

1905年5月，日军联合舰队攻破波罗的舰队，9月《朴茨茅斯和约》签订，日俄战争日本胜利。这可能也是一个原因，此时中国留学生增至8000名③。当时为中国留学生升入上一级学校进行预备教育的有，军事方面的成城学校、振武学校，除此以外还有东京同文书院、东京大同学校（梁启超，1900年改为清华学校，1901年以后改称东亚商业学校）、实践女学校（下田歌子）、弘文学院（嘉纳治五郎）、东斌学堂（寺尾享）、成女学校、经纬学校（明治大学）、法政速成科（法政大学）和中国学生部（东京专门学校，后为早稻田大学）④。10月东亚同文会派柏原文太郎干事到奉天，继根津后再次和奉天将军于1月见面，在奉天新设师范学堂、中学堂、小学堂各一所。到12月来自满洲师范学科志愿的80名学生，实业家志愿的10名学生，以及将入学成城学校的10名学生即将到达，东京同文书院设师范科为他们做准备⑤。

中国政府想重建北洋、南洋舰队，但没有海军士官，1905年东亚同文会副会长兼东京同文书院院长长冈护美受中国南洋、北洋大臣之托，

---

① 中国留学生管制规则及反对运动，请参照上述《增补版　中国人日本留学史》，第461—494页。

② 上述《东亚同文会史》，第76页；《本会记事》，《东亚同文会报告》第79期，1906年6月，第89页。

③ 《本会记事》，《东亚同文会报告》第73期，1905年12月，第38页。

④ 上述《东亚同文会史》，第76页。

⑤ 《本会记事》，《东亚同文会报告》第74期，1906年1月，第21页。

尽力培养海军士官。首先由商船学校接收学习船舶知识，之后海军接管，带上军舰学习海军相关事宜。北洋、南洋共派来 75 人。此后商船学校毕业的 8 个人于 1909 年 11 月进入海军炮术学校学习，计划他们在那儿学习 6 个月然后在水雷学校再学习 6 个月，持海军少尉候补生的资格登上练习舰队，再经过 6 个月在中朝沿岸的航海实习后回国。东亚同文会希望他们能成为新建海军的骨干。当时商船学校 2 年级学生 22 人，1 年级学生 34 人，机关科有 32 名中国在校生，其中 2 年级 22 人，机关科的一部分人毕业后预定在日本海军学习①。

1906 年 6 月，东亚同文会副会长细川护成侯爵成为第 3 届院长，6 月 17 日就任辞，中国公使杨枢参加，朱葆勤为代表的高等科 3 人，章启祥等 5 届毕业生 19 人，谷钟琦等 6 届学生 3 人，殷汝骊为代表的第 7 届毕业生 10 人在书院校舍举办了联合毕业式②。

表 3　　　第 5 届、第 6 届、第 7 届联合毕业式（1906 年 7 月）

高等科	阮明新（广东）	阮福田（广东）	朱葆勤（广东）	
第 5 回	朱葆勤（广东） 王者师（广东） 金溥芬（广东） 李景渊（广东） 黄世芳（湖北）	章启祥（广东） 邓瑞盘（广东） 李杭文（湖北） 孙荫溪（直隶） 陈云五（湖北）	方宗鳌（广东） 霍颖西（广东） 金溥崇（安徽） 石德纯（广东） 李寿芬（云南）	卓冠英（广东） 陈应龙（湖北） 徐造凤（湖北） 祝长庆（湖北）
第 6 回	董恩禄（贵州）	谷钟琦（直隶）	黄昌骏（？）（湖北）	
第 7 回	殷汝骊（浙江） 章希平（江西） 陈兆雯（直隶） 授予优等生朱葆勤、章启祥、殷汝骊奖状奖品	程家颖（湖北） 郭诒青（湖北） 王自强（直隶）	吴荦（浙江） 郑礼铿（福建）	时功玖（湖北） 郝嘉福（云南）

《时报》，《东亚同文会报告》第 80 期，1906 年 7 月，第 67—68 页。

---

① 《本会记事》，《东亚同文会报告》第 68 期，1905 年 7 月，第 46 页；《本会记事》，《东亚同文会报告》第 103 期，1908 年 6 月，第 61 页；《时报》，《东亚同文会报告》第 120 期，1909 年 11 月，第 72—73 页；《本会记事》，《东亚同文会报告》第 121 期，1909 年 12 月，第 77 页。

② 《时报》，《东亚同文会报告》第 80 期，1906 年 7 月，第 67—68 页。

（五）速成教育与中国留学生的急剧减少

当时其他众多学校对在日本国内的留学生实施速成教育，东亚同文会对此一直持批评态度，并对东京同文书院实行的所有学生寄宿制度，对学生的严格监督，以及在教日语和旧式中学程度普通学上的一丝不苟是非常自信的。1906年12月，两年的课程延长至3年。这一时期在东京的中国留学生已达最高人数的1万人以上，但因中国政府下令给驻日公使禁止速成教育[①]，第二年在东京的留学生人数减至5000人[②]，众多接受速成教育的中国留学生急剧减少。

1907年5月，东京同文书院在中国代理公使的出席下，以黄绂为代表的第8届毕业生8人，徐存德等第9届毕业生7人，姜棋等第10届毕业生18人，为共计33名毕业生举行了毕业典礼。典礼上表彰了在校优等生何鸿熙、傅式说、许崇清[③]。

表4　　　第8届、第9届、第10届联合毕业典礼，1907年5月

第8届	黄绂（湖北）　宋任（浙江）　王观海（湖北）　黄如栋（江苏） 权道涵（安徽）　马志道（湖北）　赵世晋（江苏） 选科：赵宋卿（安徽）
第9届	徐存德（直隶）　王有庚（江苏）　黄卓（浙江）　李树铭（直隶） 王邵彬（广东）　陈再兴（湖北） 选科：吴锡忠（云南）
第10届	姜棋（浙江）　刘先骙（湖北）　黄直民（浙江）　徐陈冕（浙江） 崔瑞芝（直隶）　黄元蔚（直隶）　陈振洛（浙江）　李作宝（安徽） 陈干（浙江）　张万煦（湖南）　黄树民（浙江）　时功璠（湖北） 裴豫（安徽）　黎克翔（湖北）　陈纶（浙江）　赵翰恩（直隶） 选科：章任、叶大荣 毕业生总代表刘先骙 给在校优等生、何鸿熙、傅式说、许崇清发奖状奖品

《本会记事》，《东亚同文会报告》第90期，1907年5月，第60—70、73—74页。

[①]《本会记事》，《东亚同文会报告》第80期，1906年7月，第67—68页；《本会记事》，《东亚同文会报告》第86期，1907年1月，第63页。

[②]《本会记事》，《东亚同文会报告》第98期，1908年1月，第75页。

[③]《本会记事》，《东亚同文会报告》第90期，1907年5月，第69、73—74页。

文部省和中国公使协商，1908年转入高中以上学校者，文部省全部接收，寄宿制度等是以东京同文书院为模型，在文部省直属学校内设寄宿舍进行教育，一年接纳150—160名学生[①]。

1908年7月以后，原来在高田的寄宿舍迁至目白（落合村）的东京同文书院院内，建成了约300坪（约1000平方米）的宿舍，并设有食堂等附属设施，建筑总面积达350坪，在校生达200人[②]。在1907年以来留学生人数的剧减的大环境下，培养中国留学生的学校陆续关闭，13所学校减至5所，东京同文书院虽然作为少数留下来了，目白（落合村）新校舍可接纳500人，加上东游运动来日本的众多越南留学生回国，东亚同文会于1909年2月决定为日本学生开设中学，4月目白中学成立[③]（之后1922年东京同文书院废止后由柏原文太郎个人经营并留存）。

（六）辛亥革命以后

辛亥革命发生以后众多留学生回国。1913年学生人数再次增加，当时中华民国北京政府参谋长兼湖北都督黎元洪委托日本参谋本部，参谋本部把这些各省武官委派的学生交给东京同文书院学习普通学。入学从1月开始，至6月有98人入学，学生总数达272人[④]。12月东亚同文会秋季大会（12月18日召开）时武官委派的学生有92名，学生总数392人。在众多教普通学的学校纷纷关闭的当时，东京同文书院还能使留学生云集至此，并雇用24名教员对应[⑤]。该月，武官委派的学生90人毕业回国。

至1914年5月，教室增建两间，并购置村田步枪120挺，完善了机械和体操用具的设备，为今后武官学生的入学做了准备。当时学生人数是260人[⑥]。至1915年12月，学院开设以来入学人数近3000名，包括正式毕业在内的毕业人数达830人。但就在当年日本政府提出21条，因反

---

① 《本会记事》，《东亚同文会报告》第103期，1908年6月，第61页。
② 《本会记事》，《东亚同文会报告》第110期，1909年1月，第70—71页。
③ 《本会记事》，《东亚同文会报告》第103期，1908年6月，第60页；《本会记事》，《东亚同文会报告》第113期，1909年4月，第84页。
④ 《会报》，《支那》第4卷，1913年6月，第64页。
⑤ 《会报》，《支那》第5卷第2号，1914年1月，第76页。
⑥ 《会报》，《支那》第5卷第11号，1914年6月，第2页。

对该要求很多学生回国，在校生急剧减至 32 人[①]，此后也保持在二三十人没有再次增加。1922 年东京同文书院被废止[②]，培养中国学生的工作开始由中国上海的东亚同文书院中华学生部负责。

表5（1）　　　东京同文书院毕业学生人数（共计874名）　　　（单位：名）

年度	1901—1903	1904	1905	1906	1907	1908	1909	1910	1911
人数	49	21	31	28	48	114	61	91	75
1912	1913	1914	1915	1916	1917	1918	1919	1920	1921	1922
33	143	52	39	12	10	0	45	7	10	5

表5（2）　　　　　　　籍贯（共计856名）　　　　　　（单位：名）

广东	湖北	浙江	江西	湖南	四川	云南	广西	安徽
176	128	118	56	50	48	43	33	30
直隶	山东	奉天	贵州	吉林	江苏	福建	河南	陕西
23	19	18	15	12	39	38	5	5

资料来源：《东亚同文会史》，第78页。

上表中毕业生人数 1901—1903 年为 49 人，如上所述正式毕业的人即 1903 年第一届毕业生 3 人，49 人大概包括没有结束正式课程结业编入上一级学校的人数。其他年份也同样。另外 1901—1915 年数字合计为 785 人，与上述 1915 年末的 830 人有出入，另外毕业生及籍贯的合计人数也有出入。虽然存在以上问题，但由此可看出整体倾向。

三　潘佩珠（Phan Bôi Châu）的东游运动和东京同文书院

（一）潘佩珠和越南留学生的来日

1904 年在建立了越南独立维新会的独立运动家潘佩珠来日本寻求帮

[①] 《会报》，《支那》第7卷第1号，1916年1月，第103页。
[②] 上述《东亚同文会史》，第77—78页。

助，当时是日俄战争日本海海战就要开战的1905年4月。他来日本之后与在横滨的变法维新派梁启超见面，在梁的鼓动下写了向越南人发出呼吁的《越南亡国史》草稿，草稿交给梁启超后在日本发行。此后，潘经梁介绍给在野党宪政本党的大隈重信、犬养毅、东京同文书院副院长柏原文太郎，又通过他们认识了东亚同文会干事长根津一和一些日本军人。他开始时希望得到日本在武器上的支持，不能实现后，为促成独立运动让众多越南留学生来日本，开始了在日本学习的东游运动①。

此后一度回国的潘佩珠10月再次来日，越南国内各地维新会会员建立组织送留学生来日本。1906年1月，潘佩珠在犬养毅家商量留学生来日事宜，将陈有功（阮式庚）、梁立岩、阮典3人送到振武学校（校长福岛安正），梁毅卿到东京同文书院学习。他们也是越南最早在外国留学的人②。1906年4月，维新会会首越南王族畿外侯强柢和到香港迎接自己的潘佩珠一起在横滨登陆，潘佩珠把在横滨的寓所称为"丙午轩"，这里成了来日维新会会员们的据点。1906年7月潘佩珠为进口武器到中国广东、广西视察，还潜入越南，并在香港成立了为照顾留学生和传递经费文件的秘密办公室，第二年5月回到日本③。

1907年5月6日，潘佩珠带着16名越南留学生，自称是中国广东人姚成功，住在小石川区青龙馆，6月3日，搬到同区高田老松町的玉名馆，并把所有留学生送入东京同文书院的寄宿舍。当时入住的有汉世美、阮田之、阮祖之、陈有章、潘至宝、卿高吾、黄有文、潘美雪、陈至君、朱少郎、丁兴兼、阮赤心、卿田天、武王佐、阮正气、训启圣16人④（东京同文书院方面为让越南学生免受日本政府的镇压，均称中国人）。

---

① 葛生能久：《东亚先觉志士记传》，黑龙会出版社1935年版，第817—818页；潘佩珠《ヴェトナム民族运动史关系略年表》，长冈新次郎・川本邦卫编《ヴェトナム亡国史他》，平凡社1966年初版，第298—299页；潘佩珠：《狱中记》南十字星译，上述《ヴェトナム亡国史他》，第123—126页。

② 川本邦卫：《潘佩珠小史》；上述《ヴェトナム亡国史他》，第238页；上述《狱中记》，第132页。

③ 上述《ヴェトナム民族运动史关系略年表》，第300—301页。

④ 《安南人二就テ》，JACAR（アジア历史资料センター）Ref. B02032272700，佛国内政关系杂纂/领属关系/印度支那关系/安南王族本邦亡命关系　第1卷（A.6.7.9）（外务省外交史料馆）。

1908年，已有100名越南留学生来到东京，其中60人在东京同文书院学习。这里面有9人是儿童，小石川区表町的东亚商业学校（犬养毅、柏原文太郎参与学校的运营）的宿舍接收了他们，上了砾川小学①。

越南留学生在强柢和潘佩珠的领导下，从越南经由香港向日本汇款以及通信，为新越南宪法的制定和建立临时政府做准备。在学校之外他们自发组织，在维新会的指导之下，留学生于1907年9月已经建立公宪会，会长强柢，总理兼监督是潘佩珠，下面设经济部、纪律部、交际部、文书部和稽查局。每周日借练兵场做讲台召开全体会员大会，会长强柢和总理兼监督潘佩珠演讲后，会员自由发言，加强团结意识②。

东京同文书院像教中国留学生一样也教给他们日语和普通学，为进入上一级学校做预备教育。不仅是柏原文太郎，教头十时弥、难波田宪钦、庄辰三郎等也对越南学生十分关心和热情，日俄战争胸部受伤退役的难波田宪钦因留学生们对军事学习很热心，为此星期天他也去高田根生院上面空地指导学生军事训练③。

（二）日法协约缔结后的变化

就这样1907年至1908年众多越南学生来到日本，但是1907年6月日本政府与法国政府间结成日法协约，在中国的势力范围问题上和法国协商并确认了日本在朝鲜的优越地位，日本则承认法国在印支半岛的殖民地统治。就是从这一时期开始，因法国政府要求，日本政府加强了对越南独立运动的监视并开始镇压。在日维新会的呼吁下越南国内2月到5月发生了抗税运动，6月在河内的法军军营发生中毒事件，法国政府认定潘佩珠是主谋。在这种状态下东京同文书院抵抗日本政府的做法，1908年5月一段时间将潘佩珠藏在学生宿舍里④。

---

① 《安南人ニ就テ》，柏原文太郎《安南学生教育始末》，上述JACAR（アジア历史资料センター）Ref. B02032272700。
② 潘佩珠：《"自判"本文》，内海三八郎著，千岛荣一·樱井良树编《ヴェトナム独立运动家潘佩珠传——日本·中国を驱け抜けた革命家の生涯》，芙蓉书房出版1999年版，第272—273页。
③ 上述《东亚先觉志士记传》，第820页。
④ 长冈新次郎：《日本におけるヴェトナムの人々》，上述《ヴェトナム亡国史他》，第263—264页；上述《安南人ニ就テ》。

法国收买了一些越南人做密探，切断了留学生与家属间的资金与通信联系，让留学生不得不回国，并对东京同文书院进行镇压。1908年秋，授意于法国的日本内务省命令警察开进学院，集合越南学生，让他们写下真名和籍贯，并写信给老家。威胁不写的人将被送交法国大使馆。所有信件都被警察拿走，此后学生们收到从老家来的信，信上控诉"身受监禁之苦，只要你们回国自首家里所有人马上会得到释放"。日本政府9月对学生发出解散命令，潘佩珠十分吃惊找福岛安正和犬养毅寻求帮助，二人的回答是"这是内务、外务二省的命令，涉及外交我们无法论争，但这不过是一时的政策，诸位先分散于日本各地，1年时间一边劳作一边学习，之后再拟策略共商恢复之计"。潘佩珠把东京同文书院的留学生集中到自己家，劝说大家，但多数学生都希望回国，10月解散学生结束。12月留学生大规模回国[①]，东游运动失败。

潘佩珠相信福岛和犬养毅，而相信在此之上的劝说的留学生也是有的。据潘佩珠所言，南部人有陈文书、陈文安、黄某、黄伟雄、阮脉之，北部人有邓子敏、高竹海、黄廷珣（阮继之）、梁立岩、谭其生（谭国器），中部人有蓝广忠（武惯）、黄仲茂（阮德功）、陈有力（阮式唐）、阮琼林、黎求精、丁允济、范赉良[②]。

他们大多数人在经过困苦的生活后，几个月或一年后离开了日本。其中陈文书留在日本后来毕业于早稻田大学。黄廷珣（阮继之）通过和中国留学生的关系，经驻日中国大使（公使）介绍，加入广西省籍，作为官费生进入日本高中学习，5年后进入日本师范学校，毕业后成为北京中学教员和东亚同文报馆的编辑员。他精通日语、英语而且懂一点德语和法语。后来潘佩珠在北京和俄国公使馆加拉罕书记谈话时，就是借他的一臂之力。另外谭其生（谭国器）不接受东京同文书院发放的回国费用和生活费，除了潘佩珠写的《海外血书》《新越南》以外，把自己读的所有日本书籍都烧掉，离开东京去了地方的建筑公司，做了工作一天6钱工钱的泥工。在艰苦的生活下他积攒了半年工钱，在枪支商店私买了6

[①] 上述《"自判"本文》，第275页，第281页；上述《安南人ニ就テ》。

[②] 上述《"自判"本文》，第275—281页。潘记载为驻日大使，当时没有大使，应为驻日公使。

连发的手枪两把，1909年为呼应当时发生的暴动带着手枪潜入越南。另外，黎求精在学生解散后学习武器制造，造出了可以匹敌日本明治30年制造自动步枪的日式5连发手枪。后来潘佩珠经泰国向越南运送武器时，黎求精制造了秘密的箱子使该运送成功①。

接到日本政府的出境命令，潘佩珠1909年3月出国，之后在中国建立了越南光复会，强柢在日本隐藏了一段时间，11月离开日本②。东亚同文会、东京同文书院对越南独立运动的支援因法国政府授意日本政府而挫败。

四 结 语

最后笔者简单地概括一下。

1898年成立的东亚同文会，其纲领是反对分割、保全中国领土，帮助中国的改进并为此培养日中的人才。1900年成立的南京同文书院也想培养日中人才，因第二年成立的上海东亚同文书院初期只限定培养日本方面人才，对中国留学生的人才培养则由东京同文书院（1899—1922）担任了。

东京同文书院教中国留学生日语和旧教育制度中学程度的普通学，是为升学准备的预备学校。所有学生住宿舍，书院批评当时日本其他学校的速成教育，开始是2年制（1906年末改为3年制）。中国学生里希望接受短期速成教育的人很多，日本方面接收学校也是实施速成教育的多，1906年接到本国训令，中国公使禁止学生速成教育，这一年中国留学生由最多人数之后逐渐减少。

东京同文书院创立时期入学的学生，是张之洞派遣的留学生和东亚同文会有关人员经营的福州东文学堂学日语的学生，都是中国的精英预备。之后自费留学生加入了中坚队伍。表6是包括在之后入学，从东京同文书院毕业回国后成为官员的名单。

---

① 上述《"自判"本文》，第275—277、279页。
② 上述《ヴェトナム民族运动史关系略年表》，第302页。

表6　　清末民初东京同文书院毕业中国政府高管姓名及官职

陆宗舆	北京宪政编查官兼政府委员（清末）、后为驻日公使	萧楚璧	广东省海军副司长
刘崇杰	横滨总领事（清末）、驻日公使馆员	陈复	海军部视察
林棨	北京大学堂法政科学长（清末）、大理院推事、专门教育司司长	邓礼庆	海军部科长
王璟芳	北京资政院议员（清末）、审计处总办署理	金溥崇	外交部佥事
权量	北京大学堂商科学长（清末）、交通部佥事	欧阳启勋	参议院议员
张鸿藻	共和党评议员	殷汝骊	同上
王履康	内务部佥事	时以玖	同上
张孝栘	大理院推事	黄群	同上
陈芙昌	广东军司令部律师	曾嗟	同上
张考准	南京留守府军务处长 陆军少将	汪稣（？）芝	法制局参事
廖世纶	工商部佥事	刘蕃	总检查厅检查长理
林先民	工商部佥事	朱祖诚	大理院书记长
林汝魁	海军部科长	叶在昀（？）	京地方审判厅推事
王镇南	湖北高等检察厅检查长	但焘	国务院秘书
李作栋	湖北财政司长	赵世晋	外务部办事院
易恩侯	湖北高等审判厅长	徐挥	交通部佥事
江华本	湖北外交司长	何锡蕃	湖北水上警察总厅长 海军少将
黄如栋	江苏江浦民政长	高尚志	陆军中将
张昉	驻京湖北都督代表人	陈经	京师高等审判厅推事
李士熙	财政部参事	张映行	山东省议会长
王孝绸	盛京省参事	黄元蔚	吉林省秘书

出自《东亚同文会史》，第475页（原史料是《东亚同文会事业一览表》1910年6月调查，JACAR（アジア历史资料センター）Ref. B12081969100，东亚同文会杂纂 第二卷（B.3.10.2.13_002）（外务省外交史料馆））和《东京同文书院毕业支那高官一览》1913年3月，上述JACAR（アジア历史资料センター）Ref. B12081969100，制作。后者有关于531名毕业生的记述，这个数字估计不是狭义上的毕业生，大概包括陆宗舆、刘崇杰、林棨、权量等中途升学进入专门学校的人。

　　东京同文书院入学者的一个特点是，中国地方高级官僚派来的人很多。张之洞例外，1905年后，奉天为普及小学、师范、中学教育，奉天将军派来学生。此外1905年当时东亚同文会副会长兼东京同文书院校长周旋，为再建北洋、南洋舰队，培养海军士官，通过商船学校，派留学生在日本海军学习也是事实。如此中央地方政府的关系，辛亥革命后1913年武官作为各省委派的学生被派来学习。这些派遣都是为了实现中国的近代化。

东京同文书院、东亚同文会有关人士在中国公使馆、日本文部省和中国留学生发生对立时，就是1902年中国公使拒绝为申请进入成城学校的自费留学生提供保证书时和1905年文部省应中国政府要求，为排除革命派对留学生的影响，发布中国留学生管制规则时，在这一事件发挥了调节作用。

越南独立运动家潘佩珠能让东游运动时被派到日本的留学生进入东京同文书院入学，是因为通过梁启超、大隈重信、犬养毅等，由东京同文书院副院长柏原文太郎、根津一等的介绍。1906年1月最早的留学生进入东京同文书院，1908年东京大约100名留学生，其中60名已经入学，东京同文书院是接收越南留学生的主力。在东京同文书院，为躲避来自日本政府的弹压，他们谎称是中国人，作为升学前教育教他们日语和普通学，为准备越南独立斗争进行军事教育练习。在强柢和潘佩珠的努力下，制定了新越南宪法，为临时政府做准备。

但日本政府于1907年6月缔结了日法协约，回应法国政府要求，要将强柢和潘佩珠驱逐出境并解散留日学生团使其成员回国。那时东京同文书院把潘佩珠藏在寄宿舍里。但1908年秋，警察进入东京同文书院，越南留学生写信给父母，通过其父母发出留学生回国的申请，由此众多留学生回国。1909年，强柢和潘佩珠被驱逐出境，东游运动失败。

辛亥革命后，很多中国留学生回国，东京同文书院在学学生数量急剧减少，但1913年又开始了增加的趋势。但1915年因日本提出的"二十一条"日中关系恶化，来日本留学生大量减少。不同于清末，日本已经不是学习的对象了。1919年排日五四运动后东京同文书院学生减少，终于在1922年闭校，中国学生的教育转交给了在中国上海的东亚同文书院中华学生部。

日系在华中文报纸《顺天时报》的论说撰稿人浅析

[日] 青山治世　殷　晴 译
(日本亚细亚大学国际关系学部)

一　绪　言

《顺天时报》(1901—1930)是清末至"九一八"事变前夜这一中国社会变动最为激烈的时期中，由日本人在政治中心北京连续发行的中文报纸。清末民初，随着各项改革的进展，该报一度被视为推进中国富强的重要信息来源。但"二十一条"和五四运动后，伴随着中国对日认识的恶化，该报逐渐被视为"日本帝国主义宣传机关"，成为被打倒的对象。中国人对《顺天时报》评价的变化，也反映在该报社论的核心执笔者于20世纪10年代中期由中国人转变为日本人这一现象之中。

中国的新闻事业始于在华欧美人于通商口岸设立的西文报刊。19世纪70年代初期在上海创刊的《申报》等中文报纸，最初亦是由外国资本所设。甲午战争前，日本人在中国各地创设了《同文沪报》(上海)等报，但首都北京则由于清政府的规定，一直没有出现过近代意义上的中文报刊。此后，清廷在义和团事变中迁往西安避难，东亚同文会的中岛真雄和中西正树抓住这次机会，创办了北京的第一份中文日报。

19世纪末20世纪初在中国出现的日系中文报纸是鼓吹中日亲善、中日提携的日本对外宣传手段之一。《顺天时报》最初与《同文沪报》、《汉报》(汉口)、《闽报》(福州)等报一样，同属东亚同文会系报刊，但1905年，中岛真雄将该报出售给日本外务省(驻华公使馆)，《顺天时报》因此与日本政府的对华政策产生紧密关系。经过辛亥革命、袁世凯政权以及段祺瑞、张作霖等军阀政权后，国民党完成北伐，该报在高涨的排日运动中成为被攻击的目标。1930 年 3 月，作为滨口雄幸内阁（币原喜重郎外相）的财政紧缩政策及对华协调政策的一环，在外务省的方针下，《顺天时报》最终宣告停刊。

《顺天时报》由日本人在中国的政治中心北京发行，时间跨度达 30 年，拥有大量中国读者。虽然如此，日本研究者却鲜少把它视作新闻史的研究对象，仅在考察个别史实时将其作为补足资料加以利用。中国学术界中，对该报长达 30 年的历史进行通史性考察、充分利用日语资料的综合性研究也尚付之阙如①。

笔者在东京成立了"顺天时报研究会（顺天时报の会）"②，从多角度推进对该报的共同研究，同时组织编纂了该报创办至停刊期间的《社论、论说目录》③，并在编纂过程中考察了论说、社论执笔者阵容的演变。笔者希望能够从把握"通史"开始，通过《顺天时报》，以新的视角探讨

---

① 《顺天时报》相关研究中发表最早、概括性最高的研究为吴文星《顺天时报：日本在华宣传机关研究之一》，载"国立"台湾师范大学《历史学报》1978 年第 6 期。2000 年以后，中国大陆的相关研究亦有所进展，例如曹晶晶《早期〈顺天时报〉与清末立宪（1901—1911）》，博士学位论文，中国人民大学，2009 年；刘爱君《中日冲突漩涡中的〈顺天时报〉与〈盛京时报〉研究》（日文），博士学位论文，东北师范大学，2008 年；殷晴《帝国的眼光：〈顺天时报〉的中国论述》，硕士学位论文，北京大学，2013 年。基于通史性理解并广泛利用中日双方资料的综合研究尚处在起步阶段。此外，主要的个案研究如下所示：吴修申、王伟：《试论〈顺天时报〉的停刊原因》，《聊城师范学院学报（哲学社会科学版）》2001 年第 3 期；吴修申：《抵制〈顺天时报〉案》，《历史教学》2002 年第 11 期；邵加陵：《中岛真雄在中国是怎样办报的》，《新闻研究资料》1986 年第 3 期；李筱玲：《〈顺天时报〉与袁世凯之死》，《新闻知识》1995 年第 11 期；毛章清：《从"末次资料"管窥〈顺天时报〉案》，《新闻春秋（第三届世界华文传媒与华夏文明传播国际学术研讨会论文集）》，厦门大学出版社 2004 年版；刘爱君：《20 世纪在华日本报人与中日关系：以〈顺天时报〉为中心》，《贵州民族学院学报（哲学社会科学版）》2006 年第 2 期；杨早：《顺天时报的崛起：1916—1917 北京舆论状况》，《佛山科学技术学院学报（社会科学版）》第 24 卷第 5 期，2006 年 9 月；王润泽：《〈顺天时报〉停刊深层原因之探析》，《国际新闻界》2008 年第 8 期；涂鸣华：《抵制和迁都：再论〈顺天时报〉停刊的深层原因》，《国际新闻界》2010 年第 9 期；杨镓民：《中日谈判下的在华日人舆论与宣传：以〈顺天时报〉对中日二十一条交涉报导为例》，《暨南史学》第 17 号，2014 年 7 月。

② 关于本会的设立过程及活动内容，参见青山治世《日本における中国研究の机缘と奇缘：〈顺天时报〉と金崎贤》，载《中国研究月报》2016 年 1 月号；戴海斌《东京〈顺天时报〉研究会参加侧记》，载《新闻春秋》2016 年第 2 期。在此谨向介绍本会的戴海斌先生致以谢意。

③ 青山治世、关智英编，村田雄二郎监修：《〈顺天时报〉社论、论说目录》，东京：公益财团法人东洋文库 2017 年版。

20 世纪前半期日系在华中文报刊与中国新闻界及知识分子的关系。

二 《顺天时报》的组织及成员

作为对后文的参考，本节尝试对《顺天时报》的组织及成员进行简单梳理。首先，历任社长为以下五人：第一任中岛真雄（1901—1905）；第二任上野岩太郎（1905—1911）；第三任西村虎太郎（1911—1912）；第四任龟井陆良（1912—1917）；第五任渡边哲信（1917—1930）。

首任社长中岛真雄（1859—1943）是出生于山口县萩市的新闻记者。如前所述，他隶属于东亚同文会，于 1898 年在福州创办了《闽报》。1901 年创办《顺天时报》时，他得到了在福州结识的友人陈璧（时任顺天府尹）的帮助①。日俄战争结束前的 1905 年 7 月，中岛将该报出让给日本公使馆，随即在营口创办了《满洲日报》，后又于 1906 年 10 月在奉天创办了《盛京时报》②。

第二任社长上野岩太郎（1867—1925，号鞿羯）③ 是在熊本县出生的新闻记者，曾任东京《朝日新闻》初代北京特派员，因报道义和团事变和日俄战争而扬名。《顺天时报》被中岛出让给日本外务省后，上野被驻华公使内田康哉聘请为社长，同时兼任主笔。营业主任则由松岛宗卫（1871—1935，东京日日新闻北京特派员）担任④。1911 年春天，上野突

---

① 对支功劳者传记编纂会编：《对支回顾录》上卷，对支功劳者传记编纂会 1936 年版，第 717 页；中岛真雄：《不退庵の一生：中岛真雄翁自叙传》，东京：我观社 1945 年版，第 32—33 页。

② 此外，中岛真雄还作为《对支回顾录》《续对支回顾录》的编辑者而被人所知。关于中岛其人，除自传《不退庵の一生》之外，还可参考以下文章：桥川文三：《中岛真雄のこと》，载《桥川文三著作集》7，筑摩书房 1986 年版；李相哲：《营口〈满洲日报〉と中岛真雄：满洲における初の日本人经营の新闻とその创刊者について》，《マス・コミュニケーション》第 43 号，1993 年；中村义等编：《近代日中关系史人名辞典》东京堂出版 2010 年版，第 414—415 页；前引邵加陵《中岛真雄在中国是怎样办报的》。

③ 关于上野岩太郎，参见对支功劳者传记编纂会编《对支回顾录》下卷，对支功劳者传记编纂会 1936 年版，第 729 页。

④ 中岛真雄《不退庵の一生》，第 37 页。

然提出辞职①，卸任后回到日本，出任杂志《新公论》社长。日本公使馆决定聘请龟井陆良接任社长，但龟井此时正在欧洲游历，公使馆遂拜托刚刚辞任日本天津居留民团理事的西村虎太郎（生卒年不详）暂时代为经营。游欧归来的龟井在与北京公使馆协商后，决定暂时不就任社长，而是返回日本，为扩张该报规模向以外务省为首的各方面进行游说。在此背景下，应公使伊集院彦吉的请求，西村出任第三任社长②。1912年10月，龟井在完成了扩张《顺天时报》的准备后就任第四任社长，西村则转往该报新设的东京分社担任社长，直到1930年停刊③。

龟井陆良（1871—1923）出身大分县，为新闻记者及外交评论家，最初活跃于《时事新报》，1902年成为该报北京特派员，呼吁日本对俄开战。作为《顺天时报》社长，他最著名的"业绩"是以该报为阵地抨击袁世凯称帝，报纸销量因此大为增长。1917年6月，他对"西原借款"表示不满，辞职回国④。

第五任社长渡边哲信（1874—1957）是出生于广岛县三原的僧人（净土真宗本愿寺派，大谷光瑞之门下）、探险家。他于1917年6月就任，从1926年8月起同时兼任英文报纸 *The North China Standard*（《华北正报》）社长⑤。1930年因《顺天时报》停刊而辞职回国⑥。

---

① 据说，日本驻华公使伊集院彦吉厌恶上野，并且他认为《顺天时报》的经营已成为日本政府的负担，故有意将该报转让给天津《大公报》（日笠正治郎编：《国士龟井陆良记念集》，国士龟井陆良记念集编纂会1939年版，第273页；根据在其所载"座谈会"中的中岛真雄发言）。

② 西村虎太郎：《顺天社长龟井君と私》，载《国士龟井陆良记念集》，东京：国士龟井陆良记念集编纂会1939年版，第365—366页。

③ 西村虎太郎：《顺天社长龟井君と私》，第370页。

④ 黑龙会编：《东亚先觉志士记传》下卷，黑龙会出版部1936年版；原书房1966年复刻；前引《对支回顾录》下卷列传，第931—936页；前引《近代日中关系史人名辞典》第195—196页；《国士龟井陆良记念集》，国士龟井陆良记念集编纂委员会1939年版，参照。

⑤ 外务省情报部编纂：《外国に於ける新闻：昭和四年版（上卷）亚细亚の部》（藏于日本外务省外交史料馆，情_232)，第37页；收录许金生主编《近代日本在华报刊通信社调查史料集成（1909—1941）》，线装书局2014年版，第7册，第221页。关于此报，参见冯悦《〈华北正报〉服务日本外交的分析》，载《当代传播》2007年第6期。

⑥ 关于渡边哲信，参见白须净真《忘れられた明治の探检家 渡边哲信》，中央公论社1992年版；对支功劳者传记编纂会编《续对支回顾录》下卷，大日本教化图书1941年版，第733—738页；《近代日中关系史人名辞典》，第617页。

关于《顺天时报》的主笔，前半期的情况尚有许多不明之处。中岛任社长期间，东亚同文会出身的一宫房治郎曾担任主笔至1906年①，后追随中岛前往奉天，出任《盛京时报》主笔。上野社长时代，津田武于1909年前后至1911年、山田胜治于1911年至1913年担任主笔。龟井社长时代的主笔为平山武清及山川早水。渡边出任社长约半年后的1917年12月，平山因对报社方针不满而辞职回国②。此外，据渡边社长自述，他本人曾经从龟井任社长期间的1916年12月起亲自负责过"社论"③。

1919年3月，曾任《读卖新闻》主笔的金崎贤被聘为《顺天时报》主笔，连续工作11年，直至1930年3月该报停刊④。《顺天时报》停刊5年后，金崎贤曾以停刊时的情形为中心，撰文回顾自己任主笔时期该报的情况。这篇文章堪称《顺天时报》研究的必读文献，在以往的研究中却完全没有得到利用⑤。事实上，金崎贤这位《顺天时报》的末任主笔在中日学界几乎不为人知。或许正因为如此，关于该报的研究才主要集中在前期与中期，并且除《对支回顾录》外，日本方面的资料几乎未被使用。

至于《顺天时报》的主编，目前仅知道在该报后期任职的有留重利、胁川文近和佐佐木忠（1926—1930年在任）⑥，其他信息尚不得而知。最后一任主编佐佐木忠战后就职于日本放送协会（NHK），曾讲述过《顺天时报》末期的情况⑦。此外，可以确定姓名的日籍编辑有辻武雄（听花）、波多博、河合良朔、松浦嘉三郎、横山八郎、中江丑吉、桥川时雄、松村太郎。记录《顺天时报》末期人员状况的"社员异动录"曾由

---

① 吴文星《顺天时报：日本在华宣传机关研究之一》，第4页；《奉天に於る新闻计划》，载《东京朝日新闻》1906年9月11日。
② 吴文星《顺天时报》，第5页。
③ 渡边哲信：《入社之辞》，《顺天时报》1917年6月19日。
④ 金崎贤（1878—1962年），福井县出生的记者。东京帝国大学毕业后，历任大阪《朝日新闻》记者、政治部长。此后进入《读卖新闻》报社担任主编，1915年8月至1917年3月任该报主笔。《顺天时报》停刊后前往大连，以论说委员长身份进入日语报纸《满洲日报》（后改名为《满洲日新闻》）报社，随后出任该报主笔。
⑤ 金崎贤：《顺天时报废刊当时の想ひ出》，《支那》第26卷第10号，1935年10月。
⑥ 今村与志雄编：《桥川时雄の诗文と追忆》，东京：汲古书院2006年版，第386—387页。
⑦ 中下正治：《新闻にみる日中关系史：中国の日本人经营纸》，东京：研文出版1996年版，第237—240页。

佐佐木忠保管，在他去世后则转交给桥川时雄并一直保存至今①。

日籍员工外，根据吴文星的研究，也曾有中国人执笔过《顺天时报》的论说。

至于中国人为该报主持笔阵者，从"论说"署名中大致可得苍度公、亚维、鱼凫生、牟树滋等数位。另有湘南涵鉴居士者，在"顺天时报第一千号纪念文"②一文，亦提及"其主笔西蜀周孝廉，予亦近从友人赵君始识之"。不过前述诸人之本名出身则一时无法考出。③

不过，在编纂《论说、社论总目录》的过程中，笔者发现除上述吴氏所列举诸人之外，还有很多中国知识分子也参与论说的写作，他们的写作方式也随着时期的变化而有所不同。

三　前期中国撰稿人及其变迁

中国撰稿人的登场是前期（1904年8月—1912年7月）的特征之一④，而现有研究却基本未对此加以关注⑤。1904年8月至9月，"论说"栏得到固定并不断充实，署名论说的撰稿人如下表所示（标有●记号者为发表频率较高的撰稿人，（）内的数字为论说发表次数⑥）。

---

① 这份"社员异动录"收录于今村与志雄编《桥川时雄の诗文と追忆》，第383—389页。
② 《顺天时报》第1000号，1905年6月28日（光绪三十一年五月二十六日）。
③ 吴文星：《顺天时报》，第5页。
④ 虽然也有可能是日本人故意选择了中国式的署名，但细读后文所述的主要撰稿人的文章，其内容应为中国人撰写无误。
⑤ 如前所述，吴文星指出了这些中国撰稿人的存在，却并未详加考察。此后中国大陆学者的研究，如刘爱君《中日冲突漩涡中的〈顺天时报〉与〈盛京时报〉研究》一文，对于中国撰稿人大量出现的时期（1906—1913）并未提及，而曹晶晶《早期〈顺天时报〉与清末立宪（1901—1911）》在论述时未对具名论说和无署名论说加以区分，其中虽然部分提到了"牟树滋"执笔的论说（第159页），但其他部分则没有区别中国撰稿人的论说与日本人执笔的无署名论说，而将它们全部冠以《顺天时报》这一主语。
⑥ 对于连载论说，按发表期数计算，连载1次计为1篇。连载中途论说由具名变为无署名时，则将无署名篇数一并计算，列入（）内。所列人名按出现时间排序。此外需要指出的是，由于本文使用的《顺天时报》原始资料有缺号现象，故此表所示的结果只能表示一个大概倾向。

I	1904年8月20日—9月1日	剑雪生（群公剑雪生）(3)
II	1904年9月9日—17日	覃寿恭(2)
III	1904年10月17日—1905年4月16日	●苍度公（苍督公）[21 (22)]①，独醒(13)，亚雄[14 (22)]，大熊(1)，鱼鬼生(1)
IV	1905年6月28日—1906年9月30日	白龙生〈4〉，白简生〔来稿〕(3)，曾学仁(2)，蜀侨(5)，亚雄(1)，燕南公(2)，蜀僑〔来稿〕(1)，杨廷书[4 (8)]，燕少年[1 (5)]
V	1906年12月14日—1912年2月11日	●王荫南（荫南，荫南生）[86 (94)]，观风局客(1)，吴侨(1)，汉族之一人(1)，满族之一人(1)，留日学生之一人〔来稿〕(1)，璞翁(1)，●勿用子(51)，同文生(1)，醒亚(1)，●牟树滋（情佛，情憨，醒佛）[105 (106)]，王在棠(1)，法学生(2)，游瀛客(2)，醒淙(3)，移山人(1)，节山生(1)，郑君〔来稿〕(2)，健屠君〔来稿〕(1)，剑魂(1)，江子城〔来稿〕(3)，告天子(1)，不如归生〔来稿〕(3)，●公凼[25 (27)]，鹤天〔寄稿〕（天鹤）(2)，蜀山元(2)，壮韬(1)
VI	1912年2月14日—7月19日	●牟树滋（情佛，醒佛，醒）(36)，●刘佩珩（佩珩，佩）(28)，●李振铨（振铨，铨）(14)，●王荫楠（荫南，荫）(15)

根据"论说"每期刊载、署名文章时有出现这两个特征，可以将剑雪生、苍度公等撰稿人开始出现的1904年8月、9月到1912年2月13日的这11年间划分为一个时期。如果根据撰稿人的具体变化再加以区分，则可以将这一时期进一步划分为三个阶段，如上表Ⅲ—Ⅴ所示。时期Ⅲ中，继苍度公登场的"独醒"与"亚雄"发表论说的频率看似颇高，但实际上"独醒"所撰的《呜呼!!! 赌国 呜呼!!! 卖民》（1904年10月29日—11月23日）前后共分13次连载，"亚雄"的《裁并鄂粤滇三巡

---

① 如后文所述，1905年6月28日发表的《顺天时报第壹千号附张》中，《祝捷都踊歌为顺天时报千号祝典作并序》一文署名为"苍度公"。

抚问题》（1904年11月27日—12月25日）① 连载12次、《黄种共和联盟质疑》（1904年12月30日—1905年1月29日）则连载10次②，从文章数量来看并不算多（二人背景不详）。值得注意的是，亚雄撰写的《黄种共和联盟质疑》最初两次连载时有署名，此后的8次却未署名。目前尚不知道具体原因，但不能排除后面8篇论说是由苍度公、独醒、亚雄等人撰写的可能性。此外，苍度公的发表频率虽然最高，但大多也是以连载形式出现。

上述中国人撰写的署名文章之外，无署名"论说"中的大部分应当是由社长、主笔以下的日本人撰写、由中国人翻译，但一部分中国撰稿人应该也写过无署名"论说"。

时期Ⅳ的起点为1905年6月28日。《顺天时报》在这一天迎来了第1000期，除了正常版面外，还特地加印了《顺天时报第壹千号附张》，头版刊登了苍度公执笔的《祝捷都踊歌为顺天时报千号祝典作并序》，此外还发表了足立传一郎（北清新报记者）、志伊③、服部宇之吉（京师大学堂教习日本文学博士）、天津日日新闻社同人、"湘南涵鉴居士"等人的"祝辞"或"纪念文"。当日正刊的"论说"题为《报界新论衡》，再次宣告了《顺天时报》的报道态度，文章后半部分列举的对政府之希望包括"设报律"和"宣布政事"，即要求政府制定新闻法，对报社进行监督的同时也予以保护，同时改变秘密政治，将政治信息通过官报或各种报刊公布于众。

此后《顺天时报》不再刊登苍度公的署名论说。至1906年9月末，署名论说只有少数几篇，反复登载同一人论说的情况也没有再出现。不过，从《顺天时报第壹千号附张》在头版首要位置刊登苍度公文章一事，可以推测他应当在《顺天时报》中占据重要地位。因此，他很有可能在

---

① 1904年12月15日的"七续"为《裁并鄂粤滇三巡抚问题因述官制改革意见》，21—25日的"八续"—"十一续"的标题则改为《裁并巡抚问题因及官制改革意见》。

② 时期Ⅳ中，仅《论各省匪乱》（1906年5月10日）一文有署名。

③ 《顺天时报》1906年2月8日载有"白话记者杨廷书"的《补记杭州贞文女学校校长惠兴女杰历史》一文，夏晓红认为"志伊"即为此杨廷书（参见夏晓虹《晚清女学中的满汉矛盾：惠兴自杀事件解读》，载《二十一世纪》2000年12月号，（香港）中文大学中国文化研究所，第108—116页）。

此之后一直以不署名的方式继续发表论说。

时期Ⅲ与时期Ⅳ之间存在一段空白时期（1906年10月2日—12月13日）。在此期间没有论说，特别是10月2日—11月7日间，"论说"未有刊载，而是每天刊登在主题为"论中国宪法应如何制定"的"悬赏征文"中获选的文章。11月8日至12月27日期间，"悬赏征文"与"论说"并存。

在"悬赏征文"与"论说"并存的1906年12月14日，变化的苗头——署名为"荫南"的论说《论中国亟宜普及教育》（至18日为止分4次连载）——出现了。以此为开端，直到1907年11月6日署名为"勿用子"的文章发表为止，除李光珠、"观风局客""吴侨"等个案外，"荫南"的文章占据了署名论说的绝大部分，并且比此前"苍度公"的出现频率更高。1908年1月17日以后的论说中，"荫南"有时署名为"王荫南"。这位王荫南据推测应为直隶省故城县（今河北省衡水市东南部）人，清末至民国初年以担任学堂教员或家庭教师为生，1914—1916年曾在徐世昌（时任袁世凯政权国务卿）家做过家教，本名王在棠①，除此之外的履历则不得而知。荫南登场后，分期连载主要撰稿人长篇"论说"的情况减少，论说开始以每期一篇的"社论"形式刊载。从时期Ⅵ中出现有"荫"字这一署名可知，荫南（王荫南）已经作为《顺天时报》的论说撰稿人被读者所认识。

---

① 徐雁平整理：《贺葆真日记》，凤凰出版社2014年版，第112、126、128、134、139、199、254、271、339、355、424页。其中特别值得注意的是光绪三十一年六月四日（1905年7月6日）的记录："荫南，名在棠，故城人，家于石槽村，与余友善。"（第112页）此外，内蒙古学者、新中国成立后曾担任呼和浩特市副市长的荣祥（1894—1978）在随笔中写道，1914年在北京的中央政治学校学习时，琉璃厂浣花书局的牛宝璋（赞岑）曾向他介绍过王荫南，称"此人姓王字荫南，河北故城县人，前清保定莲池书院之高才生。张裕钊、吴汝纶之得意弟子也。现为国务卿徐世昌家塾教师。其人极谦虚和蔼，往见时不需礼仪"（荣祥：《二两白干拜高师》，载孔庆臻、耿鸿钧、李吉吾主编，内蒙古自治区文史研究馆编《穷庐谭故》新编文史笔记丛书第一辑，中华书局2005年版，第93—94页）。以上这些记录，与徐世昌本人在日记中提到的王荫南于1915年4月6日参加徐世昌主办之宴席的记述相吻合（徐世昌：《韬养斋日记》民国四年二月二十二日。参见王学斌《〈徐世昌年谱〉补正：兼论〈韬养斋日记〉的价值》，载《民国档案》2009年第4期，第72页）。以上所述《贺葆真日记》及荣祥随笔中关于王荫南的记述承蒙殷晴氏告知。又及，《顺天时报》1908年5月28日刊登的论说《永和小轮船颂》署名"中国王在棠叩"，这是他唯一一次在论说中使用本名。

一年后的1907年11月6日,"勿用子"这一新的署名登场。到同年12月中旬为止,署名论说大半由此人执笔,此后也保持了每月数次的发表频率。目前尚不清楚"勿用子"的本名及履历。1908年5月,署名为"情佛"的撰稿人出现。《论立宪须政府力任其难》(1908年5月5—7日)一文分三次连载,附记为"录情佛氏来稿"。也就是说,此文虽然作为"论说"刊载,但实际上属于"来稿"。接下来的5月14日与16日,署名为"情憨牟树滋"的"论说"《说憨》发表,并未被标记为"来稿"。在这之后,此人署名"牟树滋"或"情佛",与王荫南、勿用子等人共同成为《顺天时报》的主要论说撰稿人。1909年6月13日以后出现的"醒佛",以及1912年5月4日以后出现的"醒"等署名,应该与"牟树滋""情佛"为同一人,但也不能排除是他人的可能性,本文姑且将他们视作同一人物。这位牟树滋应当是山东省栖霞县(今烟台市西部)出生的牟圻(字树滋)。牟氏为栖霞世家,以"牟氏庄园"闻名,牟圻是初代先祖牟敬祖(元末明初)的十七世后人,为家中次子,幼年时父亲牟锡诰赴京任官,牟圻遂一同移居北京。他于光绪十一年(1885)考中岁贡生①,光绪二十三年(1897)考中优贡生,以拔贡朝考第一等第二名的身份被授予七品京官②,1902—1910年供职于邮政局③。牟圻与祖父牟所同为书法名家④。此外,华学澜所著《庚子日记》九月十六日(1900年11月7日)一条中曾提到他,称"其人通俄文而不善英文"⑤。牟圻的其他履历尚不得而知。

由以上论述可知,时期Ⅴ,亦即清朝最末期的1906年12月—1912年2月间,主导《顺天时报》社论的是王荫南、勿用子、牟树滋三人。当然,此时期也有很多无署名论说,其中亦包含不少直接反映日本外务

---

① 王功仁主编:《山东省科考名录汇编 清代下》,华文出版社2005年版,第587页。
② 牟日宝:《牟氏庄园故事》,中国文联出版社2002年版,第4、69页;俞祖华、王海鹏:《清代栖霞牟氏家族文化研究》,中华书局2013年版,第152页。
③ 台北"中研院"近代史研究所:《人名权威检索系统》(2017年2月25日阅览)。
④ 牟日宝:《牟氏庄园故事》,第67—69页;前引俞祖华、王海鹏《清代栖霞牟氏家族文化研究》第152页。
⑤ 中国社会科学院近代史研究所《近代史资料》编译室主编:《庚子记事》,知识产权出版社2013年版(1978年初版),第127页。以上所述,牟树滋履历亦承蒙殷晴氏赐教,在此一并表示谢意。

省（日本公使馆）意向的文章。但从王荫南与牟树滋所撰论说的标题来看，《顺天时报》刊登的论说可谓多种多样，绝不是所有论说、社论"都由外国人担任主笔，自编自写，不假手于华人"①。

接下来的重大变化则以"辛亥革命"为直接契机。不过，由于《顺天时报》在清廷所在地北京发行，1911年10月10日的武昌起义并未引起版面的显著变化。当然，起义前后（1911年9—12月）中，关于"民变""革命""防乱""戡乱""弭乱""川乱""鄂乱"等主题的论说为数众多，可以认为这反映了日本外务省（公使馆）抑制"革命"的意向②。此时期之前及之后署名论说数量较多，与此相对，这一时期的论说基本上均无署名，由此可见报社应对事态进展时的紧张感。此时期中，唯一以署名方式针对"民变"与"革命"发言的是牟树滋。特别是1911年12月末至清朝颁布《退位诏书》的1912年2月12日期间，他的论说尤为引人注目。

《退位诏书》刊载于《顺天时报》的日期为颁布次日的13日（第3006号）。在清廷所在地北京，这无疑是天翻地覆般的冲击性事件。《顺天时报》亦自1912年2月14日起出现重大变化，象征性事件是论说撰稿人刘佩珩的登场③。在随后到来的时期Ⅵ中，署名文章占据了"论说"的绝大多数，这在《顺天时报》的历史中实属罕见。特别是2月14日至4月3日期间，"论说"几乎由牟树滋与刘佩珩④二人交替撰写。其中刘佩珩的基本态度是支持以孙文为代表的革命势力与以袁世凯为代表的清朝势力携手建立联合政府。可以认为，正是因为受到《退位诏书》颁布、清政府下台这一戏剧性局势的影响，《顺天时报》才开始起用对革命派（共和派）有一定理解的刘佩珩撰写社论。不久之后，李振铨亦加入主要

---

① 方汉奇编著：《中国近代报刊史》，山西教育出版社1981年（第4刷，1991年），第40页。

② 参见吴文星《顺天时报》第14—17页；曹晶晶《早期〈顺天时报〉与清末立宪（1901—1911）》第7章；刘爱君《中日冲突漩涡中的〈顺天时报〉与〈盛京时报〉研究》第2章。

③ 刘佩珩的具体信息不明，但1904年初，他参加了《顺天时报》的有奖征文活动（题目为"东省善后策"）并获得第五等，应征文章得以发表（1904年4月13日）。紧接着，他撰写的《蒙古土尔扈特王条议书后》（1904年4月23日）作为该报的"论说"发表。

④ "刘佩珩"之外，亦有"刘佩珩""佩珩""佩珩""佩"等署名。

撰稿人阵营（1912年4月6日以后），论说由刘佩珩、牟树滋、王荫南、李振铨四人轮流撰写。

四　论说、社论形态的变迁：中、后期
（1912年7月—1930年3月）

由刘佩珩、牟树滋、王荫南、李振铨等中国撰稿人组成论说写作核心的状况仅维持了半年便迎来了终点。本文将此后的时期称为中期（1912年7月—1917年3月），这一时期的署名论说撰稿人如下表所示（标有●记号者为发表频率较高的撰稿人，（　）内的数字为论说发表次数）。

Ⅶ	1912年7月20日—1912年10月31日	●杞公（杞）（30），●牟树滋（18），铨（李振铨）（7），王荫楠（荫）（8），成都申祖荫（1），炎苍（11）
Ⅷ	1912年11月25日—1914年1月1日	炎苍（炎）（10），燕侠（4），弢叟（1），民（1），涿人〔寄稿〕（1），法学博士寺尾亨君（寺尾博士〔谈〕）（4），法学博士高桥作卫氏〔谈〕（2），法学博士立作大郎氏（1）①，振铨（2），狩野博士〔口述〕（1），社友王子隽〔寄〕（4），醉生（1）
Ⅸ	1914年3月9日—1917年3月14日	沪上社友〔投稿〕（8），剑堂〔寄稿〕（4），谢天祥（谢公〔投稿〕）（2），潘万天（2），昆仑（5），少昊（2），张继（2）

前期与中期的划分，以1912年7月20日"杞公"这一署名的出现为界线。在此之后，上述四位撰稿人的论说大幅减少。8月以后，"杞公"的论说占据绝大部分，王荫南的论说大约每周发表一次，偶尔分多

---

① 应为立作太郎（1874—1943，国际法学者、外交史家）。

期连载牟树滋的长篇论说①。比起刘佩珩、牟树滋、王荫南、李振铨等人所撰题目的多样性，"杞公"的文章只有政治类一种，所用标题、词汇的倾向性也与此前的中国撰稿人不同，其中有关中日关系的论说尤为醒目。由此可以推测，"杞公"或许是日本人。当时的社长是西村虎太郎，但论说版面的改革实际由谁主导尚不能确定。

同年10月，龟井陆良就任社长。11月1日，署名为"社长龟井陆良"的论说《办报刍言》发表，龟井在这篇文章中公开表达了自己的办报态度。此后，多年来持续撰写"论说"的牟树滋和王荫南从《顺天时报》的舞台上完全退出。这成为该报论说形态变迁中的一个分水岭（时期Ⅷ）。

《办报刍言》发表前的10月9日，署名"炎苍"或"炎"的撰稿人首次登场，发表了论说《论国民党注意于正式选举》。到11月24日的《为俄库协约敬告政府及国民》为止，他在《顺天时报》上共发表21篇"论说"，内容几乎与政治相关。很有可能"炎苍"就是刚刚出任社长的龟井陆良本人。11月26日以后，署名论说进一步减少，仅偶尔登载署名"燕侠""弢叟"的论说，其中"弢叟"所撰文章基本上都不是"论说"，而是属于1912年11月25日开始出现的新栏目"漫言"。

"漫言"栏目于每周一刊登，内容为以白话文或韵文写成的时评。《顺天时报》原为周一休刊，但自前一周（1912年11月18日）起，周一亦继续出报（前一周的"论说"栏中未发表文章）。从11月25日开始，直到末期的1929年6月24日，每周一以"漫言"代替"论说"成为定例。"弢叟"是"漫言"的初期撰稿人，一直写作至1913年7月14日。

此外，时期Ⅷ中，日本及欧美报刊上的论说、谈话有时会作为"译论""代论"或"论说"被翻译转载，其原出处多为《时事新报》《大阪朝日新闻》《国民新闻》《辽东新报》（大连）等报刊，撰稿人包括副岛

---

① 1912年5月14日，在发表了《五族国民合进会成立感言》一文后，刘佩珩的名字便从《顺天时报》上消失了。李振铨于8月27日、28日发表论说《论理财宜先振兴商务》后，也退出了主要撰稿人阵营。不过，李振铨在1913年7月19日、20日发表了题为《论总统府与国务院之权限亟宜区别》及《改组内阁之急务》的"论说"。

义一、寺尾亨、高桥作卫、立作太郎等国际法学者。这一变化应当归因于社长龟井陆良的报道方针。相比前人，龟井特别注重引进日本及欧美各国的政治行政等诸种制度，开始增加《顺天时报》上的此类主张。也正因如此，中国人执笔的"论说"才逐渐减少，最终从版面上消失。

1913年12月30日至1914年3月8日期间，"论说"全无刊载，取而代之的是"代论"，大部分既无署名亦不注明出处，其中时期Ⅷ的论说撰稿人"燕侠"为"代论"供稿的情况共有6例。这一时期，主笔或主要论说撰稿人或许有事外出。以此"代论"时期为过渡，随之而来的是"来稿代论"登场的时期（1914年3月9日—1917年3月14日）。此时期的开始阶段，绝大部分都是无署名"论说"，但也有作为"论说"发表的来自"沪上社友"和"剑堂"的"投稿"或"寄稿"，以及作为"代论"发表的来自黄遵楷（财政部币制顾问）、谢天祥（京张铁路职员）等人的"来稿"或"投稿"。除了后述"少昊"和张继的文章（1917年1—2月）外，中国人执笔的"论说"继谢天祥《论民国岁暮之心理》（1914年12月30日）后便无登载。

经过此过渡期，1915年4月27日、28日发表的文章《论今之所谓爱国心》并非以"论说"，而是以"来稿代论"这一栏目名称刊载。这篇文章虽然没有署名，但5月25日刊登的"来稿代论"《论中日和亲之必要》则署名"真逸"。此后，从前以"投稿"之"论说"或"代论"形式发表的谢天祥等人的文章，均作为"来稿代论"刊载（1915年4月27日—1917年3月14日，共刊登26次）。

"来稿代论"栏位于第二版，代替的是表达《顺天时报》主张的"论说"，与更靠后的版面上刊登的"来稿"（相当于现在的投书或寄稿）性质不同。除谢天祥之外，还刊载了署名为"天水李欣之""沧桑""健侠""燕赵侠客"的"来稿代论"，其中沧桑撰写的《中德断绝国交》（1917年3月14日）是最后一篇以"来稿代论"形式发表的文章。从文章内容来看，"沧桑""健侠""燕赵侠客"三人很可能是日本人。中国人署名的"来稿代论"在1916年8月22日、9月10日连载的《亟宜发阐共和之真理》后便再未出现。

前述1914年12月30日登载的谢天祥《论民国岁暮之心理》后，由中国人撰写的"论说"仅例外地出现过两次。一次是1917年1月11—12

日连载的"少昊"《论信教自由》，另一次则是同年 2 月 23 日、25 日连载的张继《中国应加入联合国之理由》。"少昊"的具体情况目前尚不清楚。张继（1882—1947）于 1899 年至 1903 年在日本留学，归国后创办了《国民报》《苏报》《新世纪周刊》等多种报刊，中华民国成立后于 1914 年出任参议院院长等职务，活跃于民国政界。他在北京结识龟井[①]，曾在龟井回国期间（具体时期不详）向其哭诉中国的现状和段祺瑞的蛮横，龟井亦有所回应[②]。张继的文章能够破例以"论说"形式发表于《顺天时报》，他与龟井的私人关系应当起了很大作用。

如上所述，1914 年 3 月至 1917 年 3 月，"中国人"从表达《顺天时报》主张的"论说""来稿代论"等版面中逐渐消失。众所周知，日本在此时期向中国提出"二十一条"要求，袁世凯在拒绝其中一部分之后被迫接受，中日关系进入前所未有的恶化时期。

最后整理一下后期（1917 年 3 月—1930 年 3 月）论说、社论的形态变化。1917 年 3 月 15 日以后，作为社论的"论说"（无署名）每期刊载。变化的主要原因在于渡边哲信的编辑方针。渡边自 1916 年 12 月起负责《顺天时报》的社论，以写作"论说"为工作重点[③]。1917 年 6 月，他代替因不满西原借款而辞职的龟井陆良出任社长。1919 年 3 月，前《读卖新闻》主笔金崎贤应渡边之邀出任《顺天时报》主笔。殷晴已研究过金崎任主笔期间的《顺天时报》论说[④]，笔者亦计划对这 11 年间的社论内容变迁做整体考察。在此，先引用金崎自述的"论说""社论"写作方式作为参考。

金崎在任的前半期，中江兆民（明治时期思想家）的长子、作为中国学学者而受到高度评价的中江丑吉（1889—1942）曾任职于《顺天时报》编辑部。1942 年中江病逝于北京，金崎撰写了追忆他生平的纪念文

[①] 1916 年黎元洪当选大总统，南北联立内阁成立后，龟井为北上的国民党员举办了欢迎晚会，张继和王正廷等一起出席（井坂秀雄：《龟井先生を忆ふ》，载《国士龟井陆良记念集》，第 351 页）。

[②] 渡边哲信：《稜々たる侠骨》，载《国士龟井陆良记念集》，第 404—405 页。这篇论说登载半年后的 1917 年 8 月，张继作为护法军政府驻日代表赴日。后来他历任国民党中央监察委员等职，到龟井纪念集出版的 1930 年代末期，他成为"排日的急先锋"（同，第 404 页）。

[③] 参考渡边哲信《入社之辞》（1917 年 6 月 19 日）的结尾部分。

[④] 殷晴：《帝国的眼光：〈顺天时报〉的中国论述》。

章,其中如此写道:

> 我因旅行等事外出时,由中江代写社论。有时我虽在报社,但碰到人手不足的情况,也会一周一次请他代写。中江原本见识高远,亦通晓现代中国的实际情况,且擅长写作,但偶尔会写些不易见诸报端的语句。我站在报纸的立场,尤其不得不对事关国际关系、日华外交的问题多加考虑,因此有时不得不删改他的文章,最甚时只保留他原文的三分之一,剩下的都由我改写。虽说有中江的署名,照原文刊登也无妨,但由于我须对社论负责,故而不按照自己的想法修改便不踏实。①

由此可见,金崎贤在任期间,绝大部分"论说""社论"都由他亲自撰写,另外一部分他人所写的文章也按照他的意思加以修改。此外,在回忆《顺天时报》时,他一方面承认在中国读者看来,该报关于中日关系的报道和论说是在"自吹自擂",但另一方面也评价称"其他方面的内容则公平、正确、广泛"②。当然,对于这种来自日方当事者的证言,我们必须有选择地接受,但和研究中国人经营的报纸一样,我们无疑也有必要从编辑"内部"出发,对《顺天时报》进行再探讨。

五 结 语

本文以表达报社主张的"论说""社论"之形态变迁为中心,爬梳了《顺天时报》30年间的历史轨迹。虽然没有考察"论说""社论"的具体内容,但笔者相信,从整体上把握其形态变迁,正是分析各时期"论说""社论"内容的基础。以下,将其整体倾向再次进行整理。

《顺天时报》的创刊与日本的大陆政策紧密相关,此后乘着义和团运动后中国新政改革的时机而发展壮大。因此从创刊伊始,该报便作为政

---

① 金崎贤:《云ひ知れぬ亲しさ:中江丑吉氏と私》(1942年8月26日执笔),载《中江丑吉という人:その生活と思想と学问》大和书房1979年版,第100页。
② 金崎贤:《顺天时报废刊当时の想ひ出》,第228—229页。

治外交性言论的发言机关，尝试刊载各种各样的"论说""社论"。然而，由于撰稿人阵容尚未就绪，无法做到每期都刊载多种多样的"论说""社论"。初期至前期的《顺天时报》在此困境中不断摸索，这些努力体现在"论说""社论"形态令人眼花缭乱的变化之中——一段时间内可以做到每期发表自撰"论说"，而另一些时间则不得不转载其他报刊的文章。为了摆脱无法持续发表独立社论的状态，《顺天时报》从来稿者中选择有前途的中国知识分子，将他们吸收进自己的撰稿人队伍，以追求论说"供给"的稳定化。1904年夏秋之际，这一目标得以实现（以上称为初期）。

中国撰稿人增加、"论说""社论"得以稳定刊载的这一时期，正与清末新政中立宪运动的推进期重合。中国朝野上下对日本的各项近代制度抱以极大关心，《顺天时报》因此被视为实现中国富强化的重要信息源。以此为背景，一部分中国知识分子将《顺天时报》作为自己的言论活动平台。其中，王荫南、勿用子、牟树滋三人于1906—1912年活跃于该报、发表了大量"论说"。1912年2月13日《顺天时报》刊载辛亥革命后清廷颁布的《退位诏书》以后，又有对革命派（共和派）表示一定理解的刘佩珩、李振铨等人加入。但是，这一状况并未持续太久。1912年7月之后，中国撰稿人逐渐从《顺天时报》的版面上消失了（以上称为前期）。

中国知识分子退出《顺天时报》主要撰稿人阵营的契机，是1912年7月署名为"杞公"的撰稿人的登场。虽然不能确定"杞公"的具体身份，但至少可以推断他是日本人。1912年11月末，牟树滋、王荫南等主要中国撰稿人完全退出了承担社论任务的"论说"栏。此后，署名"论说"日渐减少，少数几篇得以刊载的中国人所撰文章，也是在开头处被附记为"来稿"或"投稿"的前提下，以"论说"或"代论"的形式刊登。最后，"论说"被"来稿代论"栏目取代，日本人撰写的无署名文章占据了绝大部分。确定这一局面的，是1916年12月以后主导该报社论、此后成为社长的渡边哲信（以上称为中期）。

渡边哲信就任社长后，作为社论的"论说"开始以不署名的方式每期登载。1919年3月金崎贤出任主笔后即频繁发表"论说"（后改为"社论"），这一情况得以巩固，直至1930年3月该报停刊（以上称为后期）。

这种状态实际上与同时期在日本发行的主要报纸相同。根据时机选择不同题目的社论、以不署名方式每日刊登——这正是现代报刊的"常态"。从这个意义上来看，正是在上述时期中，《顺天时报》得以确立现代报纸的体裁①。换句话说，无法每期刊登社论、分多期连载长篇幅社论、刊登非自撰论说、发表大量署名论说等《顺天时报》的"恶习"，终于在这一时期得到"改善"。

但另一方面，从中国人的角度来看，《顺天时报》社论由此完全成为"日本人单方面"的言论发表机关。经过"二十一条"（1915）和五四运动（1919），中日关系不断恶化，《顺天时报》逐渐被勃兴的中国"爱国主义"视为"日本帝国主义宣传机关"，成为被攻击、被打倒的对象。20世纪10年代中期以后，该报"论说"的执笔阵容中心由中国人变为日本人这一状况，正与此时代变化一致。

总而言之，无论是作为"日本帝国主义宣传机关"的《顺天时报》，还是"都由外国人担任主笔，自编自写，不假手于华人"②的《顺天时报》，都是受到排日运动影响并最终走向停刊的该报中、后期的状态，把这种印象投影在该报长达30年的全部历史上，是背离真正的历史理解的。《顺天时报》在中日两国均经历激烈政治变动的时期中持续发行长达30年。对它进行研究，不仅需要彻底调查中日双方的相关资料，还要注意到不能以该报中、后期或者特定时期的言论、印象代替全体，而是应当在全面把握通史性变迁过程的基础上，理解各时期的内容。本文即是实现这项工作的其中一步。

---

① 关于这一点，有必要与中国国内的其他报纸进行比较。因此有必要将本文中所提及的各种分析应用于其他报纸。这种多角度的考察留待日后进行。

② 方汉奇编著：《中国近代报刊史》，第39—40页。

地方文化与传教运动:圣公会在山东历史探析[①]

胡卫清

(山东大学历史文化学院)

山东曾被来华传教士称为"圣省"(The Sacred Province),这里既是儒学创始人孔、孟的家乡,具有极为深厚的文化积淀,同时也是义和团的主要发源地,曾以激烈"排外"震惊世界。英国圣公会(SPG)自19世纪70年代进入山东后陆续开辟泰安、平阴等传教站,尤其是进入兖州府这一儒学世界的象征中心后传教事业遭遇到很大阻力。关于该会在山东发展缓慢的问题,教会方面曾将其归结为地方的保守和传教机构力量投入的不足,[②] 但这种基于传教视角所得出的结论太过笼统,似乎适用于任何地区和任何教会。本文试图从区域视角来考察地方文化生态对基督教发展的影响。

一 圣山脚下的福音

山东在中国的东部,儒学的创始人孔子及其重要传承者孟子分别诞生于该省曲阜和邹县,在省会济南的南面泰安府境内有泰山,泰山号称五岳之首,山上寺庙道观林立,历代许多帝王到此封禅,泰山是一座具

[①] 本课题的研究系教育部人文社科重点研究基地重大项目"山东基督教历史研究"(项目号:10JJD73005)的前期成果。

[②] G. F. S. Gray, *Anglicans in China: A History of Zhonghua Shenggong Hui* (*Chung Hua Sheng Kong Hsui*), The Episcopal China Mission History Project, 1996, p. 38.

有多重文化象征意义的圣山。① 由于山东在中国传统文化版图所具的核心地位，山东被有的传教士称为"圣省"。② 所以基督教的很多宗派都希望到山东开辟宣教区，早在 1650 年 10 月西班牙方济各会教士利安当（Antonio de Santa Maria Cabalero）就进入山东济南传教，后来该会的传教士陆续到泰安等地开辟传教区。当然，传教士无论是在济南还是在泰安都曾遭遇到强烈的挑战。③ 进入近代后，德国圣言会传教士安治泰（Jean Baptiste Anzer）更是将进入孔子的家乡视为传教成功的一种标志，并因此引发兖州教案。④

1862 年，大英教会（CMS）的包尔腾（J. S. Burdon）从香港来到北京开展传教工作。次年，英国圣公会⑤的医学传教士 I. A. Stewart 来到北京，协助包尔腾工作。不久，密会长（F. R. Mitchell）也加入其中。1864 年两人离开北京前往上海，⑥ 英国圣公会自此停止在华北的工作长达10 年之久。1872 年，该会获得一笔匿名捐款，每年提供 500 英镑，连续资助 5 年。1874 年该会派遣史嘉乐（C. P. Scott）会长和林披基（Melis Greenwood）会长来到山东烟台。两人在烟台学习汉语，同时也到邻近地区布道。1878 年两人汉语已较熟练，于是深入内地，到达山东泰安府的泰山，向登山礼佛的香客传道。当时，泰山上庙宇林立，每年春季"朝山进香者不下数十百万人"，史、林因此认识到"泰安府为传教要区"，于是将泰山脚下的泰安府城辟为传教站。⑦ 史、林二人还常到泰安府之西

---

① 令笔者感兴趣的是，一些来华传教士也将泰山称为"圣山"，在泰安地区传教的美以美会甚至称"泰山是世界最古老的圣山"，并以泰山为背景制作该会的公用信笺。参见 Perry O. Hanson to Frank, September 13, 1937, Reel. 3589 - 57。

② Robert Conventry Forsyth, *SHANTUNG, The Sacred Province of China*, Shanghai: Christian Literature Society, 1912.

③ 孟德卫：《灵与肉：山东的天主教，1650—1785》，潘琳译，大象出版社 2009 年版，第 29—34、78 页。

④ 廉立之、王守中编：《山东教案史料》，齐鲁书社 1980 年版，第 221—290 页。

⑤ 当时称"安立甘会"。

⑥ Alexander Wylie, *Memorials of Protestant Missionaries to the Chinese: Giving a List of Their Publications, and Obitary Notices of the Deceased, with Copious Indexes.* Shanghai: American Presbyterian Mission Press, 1867, pp. 265 - 267.

⑦ 1887 年成为常驻传教站。

约 80 公里的平阴县城寓店布道,只是当时"聚观者虽多,信从者则少"。① 平阴县在 1879 年也被辟为传教站。

  1878—1879 年,华北发生严重饥荒。在灾荒形势最严峻的几个月时间里,史嘉乐和其他传教士一起积极参与救济工作,分发救济金。其间,英国在前海军驻华海军司令赖德(Alfred Philipps Ryder)上将等人向英国国内友人呼吁,要求英国圣公会增强在华北的传教力量,督促差会在山东建立有常驻主教的传教机构。这一呼吁受到响应,获得一笔 10000 英镑的匿名捐款,用于华北教区的建设。1880 年,史嘉乐被祝圣为华北主教,慕稼谷(G. E. Moule)被祝圣为华中主教。同年 1 月,大英教会从北京撤出,结束其在华北长达 17 年的传教工作,英国圣公会接替了该会在华的工作。② 史、林二人在春、秋两季到平阴传道,夏天则返回烟台避暑。1880—1881 年,史嘉乐回英国休假期间,林披基为该会在烟台的第一名信徒施洗。③ 一直到 1887 年,平阴的传教工作主要由林披基负责,其间除了史嘉乐主教偶尔访问该传教站外,传教站由林披基和张会吏管理,1884 年平阴有了首批受洗的 2 名信徒。1887 年,卞方智(Rev. Francis H. Sprent)和伯夏理(Rev. Henry J. Brown)开始常驻平阴,1888 年他们租到一个院子,其中一座是两层楼房,用作住房,另一个是一个大房子,用作教堂。④ 最初信徒发展很慢,进入 19 世纪 90 年代受洗人数增长较快,其中 1891 年有 20 名,1892 年有 25 名,1893 年 24 名,1894 年 15 名,到 1895 年 8 月平阴县共有 98 名信徒先后受洗,其中有 6 人已去世,实有信徒 92 名。⑤ 此后,英国圣公会先后在威海卫(1901)、兖州

---

  ① 马焕瑞:《山东安立甘会》,《圣教会报》第 1 册第 1 号(1908 年 2 月),第 7 页。
  ② *The China Mission Hand-Book*, First Issue Shanghai: American Presbyterian Mission Press, 1896, p. 40.
  ③ C. P. S. "Melis Greenwood", *North China Mission*, Vol. Ⅷ, No. 2. (April, 1900), p. 10.
  ④ C. P. Scott, *Church Work in North China*, London: Society for Promoting Christian Knowledge, 1891, p. 84.
  ⑤ "Letter from Rev. G. D. Iliff", North China Mission, Vol. Ⅲ, No. 4. (January, 1896), pp. 73 – 74.

(1909)、东昌府（1915）和济南（1916）设立传教站。① 不过，英国圣公会在烟台和威海主要是为讲英语的西方侨民提供宗教服务，所以该会的传教中心是以泰安府为中心的周边地区。

英国圣公会在山东的传教区域基本位于鲁中山区和鲁西平原的交接区域，以泰安府为中心，以山东东路驿道、大运河以及20世纪初修筑的津浦铁路为纽带，纵贯南北形成该会传教的核心地区。这一地区既为传统儒学的核心地区，同时也是人口密集的区域，与直鲁交接地区、鲁苏交接的东部地区和鲁西南等三个反教势力最强大的区域相连。② 自1895年起，在新泰县，当地人开始"迫害"基督徒，并逐步发展成有组织的反教行动，在沟头也出现了反教行动。③ 在义和团运动时期，平阴县城周边有多股义和拳和大刀会组织，他们攻击基督教和天主教的乡村传教点。英国圣公会信徒的房屋被焚毁，其中一个教会堂点被打劫，并被夷为平地。④ 在这场运动中尽管多数信徒经受住了考验，仍一如既往地支持教会，但也有人背离教会。在肥城，一名教义宣讲人将大刀会带到教会，并焚毁了教会的一些家具。1899年12月30日，英国圣公会教士卜克斯（Sydney Malcolm Wellbye Brooks）由泰安府前往平阴县，准备协助平阴的马焕瑞（Henry Mathews）会长工作，途经肥城县张家店时，被一股约30名的义和拳民杀死。⑤ 新任山东巡抚袁世凯在处理案件时除将三名"要犯"处死外，并赔偿白银9000两（约合1500英镑）、地基5亩，用于建造教堂。⑥ 不过，袁世凯的做法并不令英国圣公会感到满意，史嘉乐就认

---

① 中华续行委办会调查特委会编：《中国基督教调查》上卷，蔡咏春等译，中国社会科学出版社1987年版，第516页。

② 狄德满：《华北的暴力和恐慌：义和团运动前夕基督教传播和社会冲突》，崔华杰译，江苏人民出版社2011年版，第4页。

③ "Letter from Rev. Henry J. Brown", North China Mission, Vol. VI, No. 1. (April, 1898), p. 9.

④ "Letter from Rev. Henry J. Brown", North China Mission, Vol. VIII, No. 3. (July, 1900), pp. 40, 42.

⑤ 袁世凯：《署理山东巡抚袁世凯奏报审明杀死洋人首从各犯按律定拟折》（1900年3月15日），载中国第一历史档案馆、福建师范大学历史系编《清末教案》，第二册，中华书局1998年版，第894—895页。

⑥ 袁世凯：《山东巡抚袁世凯奏报办结英教士被戕一案始末情形折》，载中国第一历史档案馆、福建师范大学历史系编《清末教案》，中华书局1998年版，第二册，第898—899页。

为，袁世凯基本是追随其前任对义和团采取的放纵政策，他拒绝逮捕义和团的首领或对他们采取任何严厉的措施，山东各地到处飘扬着义和团"助清灭洋"的旗帜。卜克斯事件发生后，鉴于局势的极不稳定，为了安全起见英国圣公会将平阴县的妇女信徒送往泰安。马焕瑞会长本人一度则不得不住进平阴县衙门。① 当义和团运动达到高潮时，马焕瑞和威廉姆斯（C. P. Williams）在1900年6月离开平阴，在7—8月几乎每一个布道点都受到义和团的攻击，每个基督徒受到各种形式的"迫害"，平阴南关的传教站先后受到清军和义和团的洗劫。水里铺（Shui Li Pu）教会和学校被焚毁。桥口（Ch'iao Kou）教会被抢劫，王庄教会两次被火攻，但因为用石材建筑，所以只是部分被毁。大官庄教会先遭洗劫，后来被改为关公庙。② 在整个义和团时期，泰安传教站的损失要比平阴轻微得多，虽然损失了一些家具财物，但教会建筑基本完好。③

伴随教会的发展，原来的华北教区在1903年被分为华北教区和山东教区，其中华北教区辖北京、天津和永清等牧区，山东教区辖威海卫、泰安和平阴牧区，艾立法被祝圣为山东教区主教。不过，两教区合组"华北山东差会执委会"（the Executive Committee of North China and Shantung Mission）。④ 1905年，泰安有信徒430名，平阴255名，烟台10名，威海卫12名，合计整个山东教区有信徒707名。⑤

1908年，艾立法主教专门到潍县考察美国长老会和英国浸礼会合办的广文书院（Union College），并希望加入学校的创办进程之中，不过该会在烟台的神学院仍继续开办。⑥ 1909年初，英国圣公会山东教区

---

① "Letter from the Bishop", *North China Mission*, Vol. Ⅷ, No. 2. (April, 1900), pp. 16 - 17.

② "Letter from Rev. Henry Mathews", *North China and Shantung Mission*, Vol. Ⅺ, No. 1. (April, 1903), pp. 18 - 19.

③ "Tai An and Ping Yin", North China Mission, Vol. Ⅺ, No. 1. (April, 1903), pp. 22 - 23.

④ "The Letter Issned by the Executive Committee of North China and Shantung Mission", *North China Mission*, Vol. Ⅺ, No. 2. (April, 1903), pp. 10 - 11.

⑤ D. MacGillivray ed., *A Century of Protestant Missions in China (1807 - 1907)*, Shanghai: The American Presbyterian Mission, 1907, p. 68.

⑥ "Letter from the Right Rev. Bishop Iliff", *North China and Shantung Mission*, Vol. ⅩⅦ, No. I. (January, 1909), pp. 17 - 19.

已明确加入广文的计划。2月份,英国圣公会有11名学生进入该院学习。① 1910年1月,艾立法主教在泰安府圣堂派席提摩太(永清)、高约翰(荣庆)、毕马提亚(承法)、冯便雅悯(杏春)4名为会吏,这是山东教会本地信徒最早获得圣品者。② 1913年高约翰、冯便雅悯升会长,孙雅各布布(长礼)、高鸿恩升会吏。本地人升任会长,在当时圣公会的其他教区应是平常之事,但对于当时山东教区而言则是"破天荒"的大事。③

二　到孔子家乡布道

1909年初,艾立法主教接到美国长老会在济宁传教士的书信,要求英国圣公会考虑是否接管该会在兖州府的工作,鉴于兖州府在山东的重要地位,而津浦铁路通车后,兖州的重要性将更加突出,但当地除了天主教会外,并无其他强大的传教力量,英国圣公会当时在山东只有泰安和平阴两个中心传教站,于是将在兖州设立传教站作为该会的战略性步骤加以考虑。④ 当年夏,马考文(B. M. McOwan)还专门到兖州府去游历,实地考察兖州府的传教条件。考察的结果似乎不容乐观,因为天主教圣言会在此的力量似乎很强大,无论城里还是府城所属地区该会都无所不在,英国圣公会在此设立传教站肯定会遭遇困难。不过艾立法相信老资格的传教士马焕瑞可以克服这些困难,并决定将建设兖州传教站的任务交给后者。⑤ 马焕瑞经过考察后认为,兖州府作为圣地的中心,这里

---

① "Letter from the Right Rev. Bishop Iliff", *North China and Shantung Mission*, Vol. XVII, No. 2. (April, 1909), pp. 75–76.
② 马焕瑞:《山东教会近况》,《圣教会报》第3册第6号(1910年6月),第7页。
③ 高鸿恩:《山东中华圣公会派立圣品记》,《圣教会报》第6册第7号(1913年7月),第15—16页。
④ "Letter from the Right Rev. Bishop Iliff", *North China and Shantung Mission*, Vol. XVII, No. 2. (April, 1909), p. 77.
⑤ "Letter from the Right Rev. Bishop Iliff", *North China and Shantung Mission*, Vol. XVII, No. 4. (October, 1909), pp. 137–138.

的人民即使不敌视外国人，也是相当保守的，① 但他对在此开辟传教站仍有信心。兖州府传教站的建设在购买房产方面比较顺利，但很快受到各种因素的影响，其建设速度远不如预期的快。② 在教育方面的进展尤其缓慢，经过两年的建设，也只有一所很小的走读学校。马焕瑞认为，这不是因为人们不清楚教会学校比公立学校质量更好，而是人们根本不重视教育自身的价值。无论在乡村还是在城市，父母根本不认为自己有义务教育子女，他们认为如果学生上学，政府能提供学生食物、课本的奖励乃至薪水，那么这就是西式教育的价值。③

1913 年，英国圣公会在兖州的医疗门诊部举行开办仪式，斐恩普（F. J. Griffith）会长和奥利佛（C. H. Oliver）医生将城内的头面人物、兖州知县④和当地驻军的将军都邀请到场，并请将军和知县发表演讲，将军在演讲中抨击了人们对于外国医学的错误认识，并对圣公会在兖州的医疗事业发展表现出很大的兴趣和支持，这使艾立法主教很受鼓舞，决定进一步发展该地区的医疗事业。⑤

1914 年，圣公会在兖州府的工作取得一些成效，有了不少问道者，同年艾立法主教为该地区第一名信徒施行坚振礼，当然在乡村也存在对基督教冷淡疏远的情景，不过艾立法认为，这可以理解，因为这个地区毕竟是孔子和古代圣贤生活过的地方。他认为，只要人们认识到"基督是来成全而不毁坏"，传教工作就会顺利成功。⑥

尽管兖州府城是本地区的中心城市，与孔子故里曲阜近在咫尺。不过，英国圣公会最希望进入的仍然是儒学的圣地曲阜城内，它将在曲阜

---

① "Letter from Rev. Henry Mathews", *North China and Shantung Mission*, Vol. XVIII, No. 1. (January, 1910), p. 19.

② "Letter from Rev. Henry Mathews", *North China and Shantung Mission*, Vol. XVIII, No. 4. (October, 1910), p. 115.

③ "Letter from the Rev. Henry Mathews", *North China and Shantung Mission*, Vol. XIX, No. 4. (October, 1911), p. 103.

④ 本年兖州废府改县，隶属济宁道。

⑤ "Letter from the Right Rev. Bishop Iliff", *North China and Shantung Mission*, Vol. XXII, No. 1. (January, 1914), p. 18.

⑥ "Letter from the Right Rev. Bishop Iliff", *North China and Shantung Mission*, Vol. XVII, No. 3. (July, 1914), p. 73.

城内建设常驻的传教站视为最重要的事情。① 在英国圣公会之前，天主教会和其他一些新教差会都曾试图开展曲阜城内传教工作，希望在城内找到立足点，但由于保守势力太强大，都失败了。美以美会本来已在五马祠街买地，但因本地绅商各界均反对，"而衍圣公尤甚，视之如仇敌一般"，美以美会见状只能放弃在城内建设教堂的尝试，改在城外西关建堂。② 英国圣公会在曲阜周边宣教时，曾遇到信徒反映向孔庙纳税的问题，这应是信徒耕种曲阜祭田的田租。对此传教士认为，这个问题虽然很难向国内的教友说明，不过可以用"凯撒的归凯撒"来解释，传教士对中国基督徒在这件事上的遭遇只能是同情和理解。③ 英国圣公会的传道人员也曾到该城访问，并受到很好的接待，但 1912 年一次访问就被守卫曲阜城门的士兵所阻止，这些士兵都是孔氏家族的成员。④

1914 年，在兖州城的东面靠近孔子诞生的地方，即曲阜坊上村，有一户人家希望成为基督徒，他是孔子第 72 代孙孔宪才（K'ong Hsien Ts'ai），属于林前户支派。⑤ 受基督教的影响尤深，成为慕道友，虽然他是穷人，但却愿意将家中的一块地献给教会，并希望教会在那里建筑房屋。不过，这块地受"孔公爵"（Duke K'ung）的控制，这位"孔公爵"就是第 31 代衍圣公孔令贻，后者不同意将这片土地转移给教会。斐恩普会长和高鸿恩会吏直接和孔令贻交涉，后者提出了貌似有理的意见，教会方面则给予反驳，各方各执一词，并无定论。至于孔令贻居住的曲阜城，虽然有多个差会的传教士试图进入，都因遭到他的强烈反对，没有成功。英国圣公会的传道人员在曲阜周边布道，有时也进入城内，但是找不到一个可供常驻的立足地。不过，传教士仍不愿意放弃，他们从邻近曲阜城的多个乡村据点发起"攻击"，这些乡村已有不少问道者，有一两个村

---

① "Shantung Diocese," *North China and Shantung Mission*, Vol. XXV, No. 1. (January, 1917), p. 33.

② 《曲阜县美以美会之状况》，《兴华》，第 21 卷第 16 期（1924 年 4 月），第 19—20 页。

③ "The Tax for the Confucian Tample", *North China and Shantung Mission*, Vol. XVI, No. 3. (July, 1908), p. 76.

④ "Letter from Mr. Henry Methews", *North China and Shantung Mission*, Vol. XXI, No. 3. (July, 1913), p. 78.

⑤ 《孔子世家林前户支谱》，第 18 页（印刷时间不详）。该谱蒙孔宪才之孙孔繁文先生惠允拍照，谨此致谢。

已有受洗的基督徒,传教士希望曲阜"这个中国'最后的禁城'在上帝的力量面前倒下"。后来孔宪才和妻子、孔宪才之父孔韶严和母亲以及两个儿子(孔庆顺、孔庆来)、两个女儿都接受了洗礼,另一个儿子孔庆昌也准备在1915年领圣餐。① 经过反复交涉,圣公会终于取得这片地产。1917年春,王明彰被派往该地主持修建教堂工作,并很快落成。5月11日,艾立法主教自新泰经泗水,到曲阜坊上村,在该村教堂行坚振礼,领者男女共6人,并将该堂祝圣献为主用。②

但是在曲阜城内教会的情况却不容乐观,尽管有不少人希望将地产房产卖给教会,但由于孔令贻的极力阻扰,卖主因为有可能遭受到迫害而大幅提高了价格,超出了教会的预期,所以在曲阜城内购地买房之事一直没有着落。不过,马焕瑞会长对于"孔子教会"(The Confucian Church)充满了想象和期待:

> 我们仍然希望教会不久后能在这座儒学的堡垒里建立一个传教站,从中国的角度想象一下就会清楚这件事具有何等的重要性。每年10月在这里举行"孔子教会"大会,来自全国各地的代表汇聚在这座美丽的庙宇里,他们在孔子的圣殿前,针对孔子学说发表演讲,各种风格和样式的基督徒聚集在一起。对于中国来说,曲阜就是麦加和凯西克(Keswick)的结合体。③

显然,马焕瑞的言论里包含了非常鲜明的宗教文化征服意识,这是帝国主义意识形态在宣教领域的自然反映。司塔克(I. J. Stocker)④认为,在兖州传教既要反对当地人对宗教的淡漠情绪,他们认为没有上帝他们也能过得很好,也要反对人民的墨守成规,战胜中国人的保守精神,

---

① "Letter from Mr. Henry Methews", North China and Shantung Mission, Vol. XXIII, No. 4. (October, 1915), p. 56.
② 《兖州圣公会近闻录 行坚振礼》,《中华圣公会报》第10册第7号(1917年10月),第50页。
③ "The Rev. H. Mathews sends us the following survey of the year's work in Yenchoufu", North China and Shantung Mission, Vol. XXV, No. 1. (January, 1917), p. 11.
④ 又名司图克。

他们崇尚古代,认为祖先已经树立了很好的榜样,足以供后代模仿学习,孔子的理想社会就是过去,中国人世代以他为典范。司塔克还专门去游览孔陵、孔庙。他还带着幻灯设备,造访曲阜城内的一名张姓富商,这位富商是衍圣公的好友。司塔克在富商的院子里演示了幻灯片,这些幻灯片一半是伦敦的风景,一半是有关耶稣的生平事迹。幻灯演示取得了很大的成功,约有160人观看了演示。可惜的是,当时衍圣公不在城内,没有出席。不过,这名富商给了一张他本人与衍圣公的合影给司塔克,并欢迎他再次前往。①

圣公会不仅关注曲阜,对孟子的出生地邹县同样也很关注,每周定期派出传道人员前往布道。②

尽管英国圣公会始终没有能够在曲阜城内建立传教站,只是在曲阜城周边建有外围布道站和聚会点,但教会方面一直对此抱有很高的期待。1924年,在中华圣公会妇女传道服务团的会议上来自山东的马太太③发表演说:

> 今天在座的诸君差不多都晓得"山东"这个名字,但山东并不是基督教最占势力的地方,这一省其所以出名的原因是因为中国最大的大圣人孔夫子正在这里降生。
>
> 但还有一个名字是我们今天早晨更加要纪念的,乃是一个女人的名字,这个女人也是中国女界历史当中顶有声名的一个,就是孟夫子的母亲,两千多年以前,他在一处很偏僻的乡村之内,很小心地将他的儿子辅[抚]养成人,现在离那里不远我们中华圣公会已经建立了一个小学校和一间小礼拜堂。
>
> 孟夫子在中国历史上虽说是个伟人,他的母亲虽说是位贤母,他们现在的势力到是很小的。他们在山东所发的光辉要莫是"与时俱逝"的。但是现在有一种新势力在那里运动。有一种生命在那里

---

① "The Rev. Ives Stocker Writes from Yen Chou Fu", *North China and Shantung Mission*, Vol. XXIV, No. 2. (April, 1916), p. 31.

② "The Rev. H. Mathews sends us the following survey of the year's work in Yenchoufu", *North China and Shantung Mission*, Vol. XXV, No. 2. (April, 1917), pp. 10 – 11.

③ 应为马焕瑞夫人。

激动山东省内那班妇女们狭隘可怜的生活。这个势力是从一本经书来的，这本经书比《孟子》还伟大些，他那伟大是世界上从来所仅见的，就是《圣经》，这个生命乃在孟夫子和他的母亲过去好久之后，在"伯列斯丁"Palestiane（即犹太圣地）出现过的。

但这个势力发展得很慢，他发的光也是时明时暗，那是因为我们经济状况很可怜的缘故。我实实在在可以说我们辖境里面大多数的中华圣公会会友都是营养不足的，当冬天里的冷风由北边扫下来的时候，他们身上只有单薄的衣服，只得拿皮肤和严寒去奋斗，这也难怪他们有时候因为需要日用粮食的缘故，以致眼睛蒙蔽，看不清那战胜魔鬼属灵的粮食了。

虽然如此，还是有好多妇人和女孩子，到我们这里来，有的进我们所办的学校，有的进我们所开查经班，这些年数以来，我们由我们的学校之内，可以为我们教士和牧师得许多贤内助，还有些女孩子继续求学的，就去练习教员、看证、医生，或女教士的功夫，我们很盼望由他们中间可以得着一班很有能力的人出来，充满了传道的精神，热心在教会里面服务。

在广东这里，我可以看见这许多兴旺的事业，这许多营养丰富，服装华丽的妇人和女孩子，我一回想我们那里那些贫苦的人，实在心里十分难过。但今天早晨在这里聚集的许多女孩子和妇人都是热心的基督徒，我不知不觉的胆气为之一壮，也希望照耀此地的光辉早就可以照遍，改变我们的辖境，谁人晓得不会有一日再有一个贤母教育一个伟人出来，不是一个孟夫子，乃是一个基督徒的领袖，他所发的光辉是历久不暗的。①

从马太太的讲话可以看出，尽管山东的传教环境尤其是信徒的经济状况很差，但她对于圣公会在山东妇女事工的期许还是非常高的，希望能造就超过孟子母亲的女性基督徒，培养出一个超过孟子的基督徒伟人出来。很明显，这是希望以基督教的符号替代儒教的符号，这种使命感在许多在山东传教的教会人士中都普遍存在。

---

① 《山东代表马太太演说》，《圣公会报》，第17卷第12册（1924年5月），第17—19页。

三 乡民的信仰

自 1912 年加入中华圣公会后，圣公会山东教区的发展仍然缓慢，各项事工均无显著成绩，甚至连中华圣公会总会给山东教区的年度分摊款项的筹集都发生困难。为此，主教只能派人到各地演讲教会"自立自养"的重要性，借以激发信徒的奉献热情。[①] 山东教区经济上的贫困自然会对事工产生深刻的影响。直到 1924 年，山东教区仍然没有自养的牧区，则"平信徒之不甚热情可知"。[②] 山东教区的发展参见表 1。

表1　1915—1936 年中华圣公会各辖境教会教友暨奉教者统计[③]（单位：人）

教区年度	江苏	港粤	浙江	华北	四川	鄂湘	山东	福建	湘桂	河南	皖赣	陕西	总计
1915	4086	2997	5842	1548	5190	8894	1732	12910	501	364	2231		46283
1925	8643	4134	6780	3545	8897	6481	2355	18710	1966	1904	5140	396	69191
1935	11671	4244	10426	5535	5660	7875	2925	15286	2236	2357	4839	475	77529

从表 1 中可以看出，山东教区不仅规模一直较小，仅仅比湘桂、河南和陕西教区规模略大，而且发展速度也远逊于江苏、华北、湘桂、河南等辖境。在平阴传教的周斐德（F. Jones）比较了圣公会在山东和其他省区的传教成效，认为该会在山东省传教进展缓慢，其原因一是山东地方社会顽固的偏见，二是地方人口稠密导致的普遍贫穷。他认为，山东是儒学和祖先崇拜的原产地，非常缺乏中国南方人所具有的进步精神，尽管中国人被认为是一个智慧的民族，但作为沿海口岸省份的山东人却对新思想没有表现出任何的敏锐性。[④] 不过，周斐德的说法尤其是第一点

[①] 王兴贵：《山东平阴榆山议会记略》，《中华圣公会报》，第 9 册第 3 号（1916 年 3 月），第 44—45 页。

[②] 《附录十三：教会情形常备委办之报告》，《中华圣公会总议会第五届报告书》（1924），第 176 页，上海市档案馆藏，档案号：U104 - 0 - 14。

[③] 1915 年、1925 年、1935 年《中华圣公会统计表》，上海市档案馆藏，档案号：U104 - 011。

[④] "Ping Yin Missionary District, 1912 - 1917," *North China and Shantung Mission*, Vol. XXVI, No. 2. (April, 1918), pp. 12 - 13.

很难经得起仔细推敲,根据《中华归主》1920年的统计,山东全省基督教受餐信徒为41821名,居全国第二,仅次于广东,山东一省受餐信徒占到全国总数的12%以上,①这说明基督教在山东的发展速度不仅不慢,反而是速度较为迅速的省份。

当然,周斐德说法的第二点还是有一定依据的,这与圣公会在山东的特定宣教区域有密切的关系。当时山东基督教信徒较为密集的地区为青州、潍县、青岛、登州、烟台等,这些不仅相对较为富庶,且多数属于沿海口岸城市。这些地区的传教主要由美北长老会、美南浸信会和英国浸礼会负责。②圣公会的传教区则属于山东的内陆地区,而尤为重要的是圣公会的教会带有特别浓厚的乡村教会特点。

尽管英国圣公会将教区中心设在泰安府城内,但伯夏理指出,"乡村工作是泰安府传教站的中坚",对于那些特别关注中国人皈依的传教士来说,在这里其工作热情不可能不受到鼓舞。在他看来,中国的城镇居民没有更高的精神追求,他们非常关注如何捞取不义之财,如何使生活变得奢华闲适。至于乡民,他们关注的是如何养家糊口,在小块土地上获得并不稳定的收成成为他们年复一年关注的问题。乡民的口头禅是"靠天吃饭",他们比城里人更愿意接受我们带给他们的福音信息。他说,在他所居住的泰安城内,有17年或18年内信徒人数一直在3名以内,而在同期内,乡村基督徒的发展却迅速,人数分布遍及近百平方公里的39个乡村。③他认为,英国圣公会在山东的传教区对于热忱的传教士来说是有特别的传教机遇的地区,这里人民天性就有宗教特性,他们恬静、爱家,并遵守法令,该会在山东的西南部有数以百计的男女信奉基督教,大多数信徒都分布在乡村,其中南王庄则是英国圣公会在泰安南面新泰的一个中心,信徒分布于周边13个乡村,其中受洗者78名,慕道友约30名。泰安的东部沟头则是最大的一个乡村教会中心,包括沟头在内周边共有15个乡村,1898年初各村的信徒人数见表2。

---

① 《1901—1920年中国基督教调查资料》(《中华归主》修订版)上卷,中国社会科学出版社1987年版,第527页。
② 同上书,第513、528页。
③ H. J. Brown, "Village Work in Shantung", Church of England Mission of North China, Leaflet, No. 6. October, 1897.

表2　　　　　　　泰安府沟头村及周边圣公会信徒情况①　　　　（单位：人）

村庄名	受洗者	慕道友	村庄名	受洗者	慕道友
沟头	37	16	姚庄 Yao Chuang	2	2
唐庄 Tang Chuang	3	4	马庄 Ma Chuang	0	6
于家庄 Yu Chia Chuang	1	1	谷贤庄 Ku H'sien Chuang	3	5
北山 Pei Shan	12	4	小夏庄 H'siao H'sia Chuang	3	3
曾家庄 T'sin Chia Chuang	18	0	索村 So T'sun	3	0
官庄 Kuan Chuang	13	0	施北庄 Shih Pei Chuang	1	0
小官庄 Hsiao-K-Chuang	3	2	朱家庄 Zu Chia Chuang	4	4
赵庄 Zo Chuang	6	0	合计	109	47

　　沟头教会在1911年前后还成立益善会，该会以"力求中华教会自立自养、并遣人往远方传道为宗旨"，主要筹募传教经费。经过3年发展，会员达30余名，筹集经费百余串。② 沟头教会此举在圣公会的乡村教会中可谓独树一帜。

　　英国圣公会的不少传教点都在乡村，如平阴县的大官庄（Ta Kuan Tswang）教会1891年设立，是英国圣公会在山东开办最早的乡村教会，也发展了一些基督徒，当地很早就建有简易的小教堂（chapel），并建有小学校。这些人中有不少是在平阴县城受洗的。③ 英国圣公会曾对它抱有很大的希望，认为它会成为一个完全的基督徒村，不过这一目标并没有实现，但该教会仍是乡村教会的一个中心。④ 在新泰县，有名的传教点有崔家庄、南王庄、灵查庄、莫庄，在兖州府则有沈官屯（滋阳县治）、坊上村（曲阜县治）、武家村（曲阜县治）。这些乡村传教点距离城市教堂

---

① "Letter from Rev. Henry J. Brown", North China Mission, Vol. VI, No. 1. (April, 1898), pp. 10-11.

② 马嘉乐：《山东泰安沟头益善慧序 附简章》，《圣教会报》第7册第1号（1914年1月），第25—27页。

③ "Letter from the Bishop. -Visting Tai-An-Foo", North China Mission, Vol. I, No. 1. (April, 1893), p. 9.

④ "Letter from the Right Rev. Bishop Iliff", North China and Shantung Mission, Vol. XV, No. 2. (April, 1907), pp. 38-39.

多在二十里以内，少数在三十里以内。

针对不少乡民喜欢敬神的"迷信"特点，圣公会的传道人在传教时采取分阶段，逐步由浅入深的传教方式来传教，希望他们由"迷信"转向"信"。通常的做法是：

> 第一步，给人解释，大凡人类俱有敬神之心，而神为必然有的，但神有真假之辨，何以见之？凡用物质及人造者统谓之假神，刮风，下雨，及掌管宇宙及人的生死祸福只有一位，就是真神活上帝（俗称老天爷）。第二步，既分别神有真假，就当着手施行弃假归真，认识上帝。第三步，解释基督教所办的及提倡的一切，与社会之潮流一律进行，并要改造社会成为高尚的。第四步，传扬主为死而复活的精神。人若真信耶稣必获永生。①

从上述步骤看，传道人系从自然现象和人生常识入手，以自然神学的观念先引入真神的观念，然后强调应信真神，进而讲解基督教的社会责任，最后以信仰获得永生的观念取代乡民的生死轮回的观念。不过，从传道人所列举的传教成功的案例看，真正吸引乡民注意的是，真神的能力远远超过假神和偶像的能力。这种能力集中表现在驱魔赶鬼和治病方面：

> 在岳家庄，有一人姓高，职业商，家道小康，其有一女不幸受魔鬼所伏，常使之如疯人，手舞足蹈，口吐凶言，颠倒是非，上墙爬屋，跑来跑去，耍刀弄戏，如此度有年余，其父母见光景不好，遂促其女出阁，及至其婆门后仍与前无异，如此，迭经数月之久，幸运主仆去传道数次，该女闻则喜于色，乐意信从，并立定主意施行排除偶像，于是就请布道员奉主名赶鬼，抬出偶像，该女全家始得全家真平安，此女又将所经过的一切述说给我们听，不但真信靠主，反为主亲口作证，承认蒙了上帝的恩典。

---

① 丁玉源：《新泰布道团工作》，《圣公会报》，第27卷第16、17期合刊（1934年8月），第11页。

在婆婆峪,有尹某,家道丰富,职业农,尹母为著名巫婆;出马珍病,其家供有神八位,计何老师,张天使,保甲仙等,前闻主道甚反抗,忽被灵感一心信主,于是求我侪奉主名赶鬼,排除神位,全家始得平安。①

新泰县各村村民的皈依故事,更能说明乡村基督教的特点:

新泰县西南乡四十五里,有张家村,四围多山,道路崎岖,传道者罕至其地。村人性情敦厚,风俗质朴,唯迷信甚切,各家敬神拜佛,供奉神龛牌位,焚烧纸马香锞。数年前屡遭匪患,蹂躏不堪,生命财产,损失甚巨,人民罹此浩劫,苦无所依。幸马庄公自东教友,与该村有戚谊关系,又是往来,作传福音之媒介,村人大悦,十分欢迎。于去年春,史主教亲至该村,村人望道者益众,新泰联合布道团去年春赴该村布道一星期,今春复布道两礼拜,先后弃假归真,记名望道者,合记附近村庄,共八十余名,多系全家。其中最著名者,有李君瑞昌,家道颇康,年近七旬,迷信最深,供奉牌位十二尊,时遭魔害,屡请女巫,烧纸焚香,每年费洋百余元,然常受病患,心中不安,自闻主道,立请传道士,将牌位尽皆除去,弃假归真,身安事顺。又王谭氏,系著名女巫,屡被恶魔所附,常出马看病,施行巫术,一闻真道,立即皈主,并诸传道士,将其神龛拆毁,靠主神恩,敌当三仇。又高李氏,年二十二岁,从为童女,被魔束缚,力量甚大,吃饭奇多,攀墙上屋,身体不顾,自其父母信主,多方为女代祷,鬼即被主赶出,现已身体复原,热心事主。②

乡村民众是很实际的,对于他们来说一个信仰"灵验"的故事往往会产生意想不到的效果。圣公会的传道人孙建润玖记载了这样一件事:

---

① 丁玉源:《新泰布道团工作》,《圣公会报》,第27卷第16、17期合刊(1934年8月),第12页。
② 石蕴升:《新泰张家村人皈主记》,第27卷第16、17期合刊(1934年8月),第12—13页。

山东东临道聊城县治，距城二十里，有李海务村。村中张大才夫妇年逾五旬，只一女存焉，爱之如掌上珠。不意前四年（时女十六岁）女忽患瘫病，久卧床褥，不能辗转，言语饮食，幸与常人无少异。百方治调，究不能发生效力。是名门之闺秀，直土木之偶人。伊父母之神伤，已达极点。今年（1922）四月十五日，余与吴君闻祥同往该村布道，张君之令侄长恭系热心教友，述其妹之病状，闻之不胜叹息。余当束手无策，再四思维，默念主耶稣在世时满具医病之能力，死者可使复活，何病而不可医，如诚求主指示，当有转机。伊即导余至其家，话毕，跪地切祷，冀我主耶稣大施怜悯，使病者得愈焉。当劝导彼等信主，并谓病之根源，皆由罪而出，遂选圣马可福音三章三节为题，切实讲解，以增彼之信心，庶能得救，随问病者能依靠主否，病者与其父母同声应云："我们切实相信，愿以身献主。"抚膺自思，默默中定有主之爱力助之也。病者竟于十六日早餐时披衣起用饭，不数日即能下床，若释重负，且能挪动行走，聊作生活。……附近邻村闻之，传为奇事，然无不归功与主。张姓全家，多深信不疑者，皆因此情事，有以致之也。三一后第四主日，余至该村聚会祈祷，男女三十余人，无不诚心悔改，祈求赦免，足征上帝怜恤我等之恩力溥也。①

显然，张女瘫病得愈的奇事被充分渲染后，已经显示她所信仰的真神的能力，这是村民走向基督教的重要动因。

在这类信仰见证的案例中，除了驱魔治病外，还有因反对基督教而招致上帝惩罚的故事，后者不仅展示了上帝的灵验，更展示了上帝的威严，因而对乡民也更有说服力。平阴县大官庄教会工作主要靠赵先生的（Mr. Chao）支持和维系。此前，赵先生的弟弟被林披基接纳为慕道友，但很快他就背弃了信仰，重新开始异教活动和偶像崇拜。1891年，赵先生的弟弟来访问平阴县教堂，在教堂内他使劲击打上帝在八福山上的画卷，同时说了许多攻击基督教的话语。几天后，他突然变成哑巴，很快

---

① 孙德润：《祈祷医病得愈记》，《中华圣公会报》第14册第23号（1922年7月），第18—19页。

就死了。据说，在死之前，赵先生的弟弟虽然不能说话，但一直用手指指向天，"努力准确呈现上帝的姿态，就像以前他侮辱的那幅画显示那样"。这件事件之后，赵先生马上决定成为基督徒。赵不仅是大官庄教会的负责人，同时还是走读学校的校长。①

不过，上述故事均是传道人讲述的成功案例，是否存在相反的事例，因为没有相关的记载，无从得知。但有一点可以肯定，就圣公会信徒的有限人数来看，这种灵验的事例不可能经常发生，即便偶有发生，其影响的范围也十分有限。

从宗教文化生态的角度看，圣公会传教士在山东乡村社会所面对的并非是一片等待基督教开垦的信仰空白地带，而是一个各种信仰杂糅、繁盛丰茂的宗教空间，基督教要在其中开辟自己的领地，其实并不容易。

山东乡村民间信仰甚多，其中大多并无艰深的教义，也无严格的教规仪式，信者随时敬拜，心诚则灵，有求必应，这种满足人们祈福消灾心理的宗教民俗活动参与人数众多，形式活泼多样，实际上大大挤占了制度化宗教的生存空间。以泰山信仰为例，本地民众对东岳大帝特别是对泰山奶奶的信仰就很虔诚，每年固定东岳庙会和其他时间的朝山敬拜早已成为本地民众沿袭久远的宗教民俗活动。② 除了前述每年登泰山敬拜的数以百万计香客外，在东阿县东门外也有一山，名为小泰山，上有一座大庙，每年春季该处香火大会二十余日，阴历四月初即开会，前来进香者不计本地外，有数十万，百里之外，莫不闻名前来。③ 而类似的寺庙和崇拜活动在各地还有很多。尽管圣公会也会乘机向香客布道，宣传真神。不过，比起规模庞大的香客来，该会所发展的信徒实在太少。

泰安府地区民间教门组织的广为存在，事实上也成为圣公会传教必须面对的问题。圣公会的传教士和本地布道员在新泰传教时发现，一些问道者和基督徒来自一个民间的秘密教门，他们的样子都极其消瘦，该教义禁止杀生（An off-shoot），主张吃素，显然有佛教的因素，但某些习

---

① "Rev. Henry J. Brown's Leeter from Tai An Foo," *North China Mission*, Vol. I, No. 1. (January, 1893), pp. 11–12.

② 刘慧：《泰山信仰与中国社会》，上海人民出版社 2011 年版，第 352—374 页。

③ 刘汝梅：《东阿县小泰山春季大会布道情形》，《圣公会报》第 28 卷第 14 期（1935 年 7 月），第 13—15 页。

俗和传说又似乎与古老的原始基督教有关。① 该秘密会社名叫离卦教，也叫金丹教（Chin Tan Chiao），或金丹道（Chin Tan Tao），该教门表面上是宗教团体，但实际上是一个人数众多的政治团体。② 伯夏理曾专门撰文介绍离卦教的情况：

> 我们教会的一些朋友可能对山东省内的教门（religious sect）组织很感兴趣，特别是在新泰县，他们中不少人成为了基督徒，严酷的反教活动已经见证他们的信仰，证明他们崇高而神圣的感召并非没有价值。
>
> 在中国最有影响和著名的会社是哥老会，其次是白莲教，后者又分离为白莲、蓝莲和青莲教，离教（Li Chiao），也叫吃素教派及八卦教。不过，在山东最有影响的是离卦教，我们从这个教派中已经发展了不少信徒。离卦教显然是在太平天国叛乱后不久开始出现和传播的，由一名前天主教徒（我忘记了他的名字）开始发起。这说明该教派与基督教有一些相似点。这个教派组织很健全，有各级头目，最高一级头目叫"总巡"（Tsung Shun），或者叫总管，次级叫副巡，第三级是传道师（minister）（在新泰有100多个传道师），再往下两级就协助传道师者，也叫"法官"。显然，这些总巡和副巡只有那些忠诚可靠的信徒才知道他们的身份。
>
> 洗礼是准许入会的最初仪式，将盆中的冷水倒在预备入会者的脑袋上。法官主持入会仪式，教导新会众信仰秘诀，教导他们背诵包括三种判决的戒条，或者"禁语"，如果泄露给教外人知道，就会面临可怕而阴毒的惩罚。
>
> 会众举办早晚祈祷的崇拜活动，根据聚会时的方位，背诵固定的话语和诗歌，包括上面提到的符号和禁语，在每月的初一和十五将祭品献给最高的创造者，也就是"先天老爷"（Hsien Tien Lao

---

① "Letter from the Bishop-Visiting Tai An Foo," *North China Mission*, Vol. Ⅰ, No. 1. (January, 1893), pp. 7–9.

② "Letter from Rev. H. J. Brown," *North China Mission*, Vol. Ⅱ, No. 4. (January, 1895), pp. 76–79.

Yeh)。这些祭品由3碗开水,10碗米饭或其他小瓶组成。此外,两月一次举行宴会,一年共有13个节日,会众需要上供额外的钱和物,6桌祭祀的肉由头目准备。应当注意的是,教首想要让愚昧的信徒相信,他们现在每献出1文钱,以后就会收回1万。这是不奇怪的,这种巨大骗局的主持天才自然希望安排很多的"额外"节日,要求信徒提供所费不赀的供品。

他们关于来世的思想多借用佛教作品,他们的热诚信仰者相信世人的罪恶在地狱洗涤干净后灵魂就可转世。地狱分为18层,每一层都有它的王,这些王受地藏菩萨的控制。他们关于天的看法极为模糊,很难说明。天被分为32重,每重天如何统治,对于信仰来说如何到达各重天,我都无法说清。他们笃信最终审判,认为审判后天与地都会消失,只留下一片新地,只有信奉离卦教的人才能居住在这片新地,换句话说,这是没有救主基督的千禧年。有一些证据无疑表明,这个教门的创始者掌握了部分基督教的知识和仪式,比如,他们在就餐前悄悄地谢饭祝福,两则寓言的口头表达与圣经里的麦子和稗子的比喻、10个童女的寓言是相同的,在世界末日时,在完全黑暗的40天里,给人们吃的石头都奇妙地变成面包;人们确信信徒最终会转入到新城(New City)的教导,这个新城悬在天地之间。

弄清这个会社的特性和品质是很困难的,它可能成为一种革命性的、反抗王朝统治的宗教。所有中国秘密会社的目标也许都相同,创设秘密会社的目的就是改变这个国家和人民的社会环境。所有的会社都可能腐败堕落,尤其那些素养很差、没有受过教育的人来担任这种运动的领袖更是如此,他们采用一种独裁和专断的方式约束和控制会众。在新泰县,有不少于30000人登记在这个教派里。毫不奇怪,我们听到和读到大量关于中国政府无能的说法。这股叛乱潜流和宗教狂热慢慢传遍整个国家,铺就一条走向分裂的道路,最终将是中华帝国的解体。[1]

---

[1] H. J. Brown, "Secret Societies," *North China Mission*, Vol. Ⅳ, No. 1. (January, 1896), pp. 15–17.

尽管圣公会的传教士清楚离卦教或金丹教的宗教特点和政治性质，但由于有条约体制的庇护，该会依然坚持从教门中发展信徒。该会在新泰县的皈依者大多来自金丹教（Chin Tan）和其他教门，他们有严格的纪律戒条，曾遭受很多的迫害和仇视，圣公会认为他们可能成为最有希望的基督徒。① 在新泰县南王庄，布道员董先生花费大量时间去拜访周边乡村，因为当地有许多教门和宗教会社。② 在莱芜县通过高先生（Mr. Kao）的努力，圣公会获得了稳定的立足点，许多问道者都是金丹教派（the Golden Pill）的成员，他们表现出希望了解福音真理的强烈兴趣。③ 在距离泰安 15 英里的崔家庄（Ts'ui Chia Chuang），这里有一家人绝大部分是基督徒，家长马孝廉（Mia Hsiao Lien）以前是金丹教的传道师，其妹由于这个教派的苦行主义而拒绝婚姻生活。④ 马家全家四代人，18 人中有 17 人已受洗，其中 10 人是领圣餐者，他们给乡村带来很好的影响，在周边乡民中口碑非常好。⑤ 只有马的一个儿媳因受到父母阻碍，暂未受洗。⑥ 除了发展金丹教的信徒皈依基督教外，对于山东地区广为存在的一贯道圣公会也给予重视，并发展一贯道的成员加入圣公会。⑦

应当指出的是，传教士从民间教门中发展信徒，在近代山东实为一普遍现象，美北长老会教士郭显德（Hunter Corbett）在金丹教首的协助

---

① "Rev. Henry J. Brown's Leeter from Tai An Foo," *North China Mission*, Vol. I, No. 1. (January, 1893), pp. 11–12.

② "Letter from Rev. Henry J. Brown, Feast of St. Luke, 1897," *North China Mission*, Vol. VI, No. 1. (April, 1898), p. 11.

③ "Geoffrey D. Iliff to Mr. Mackwood Stevens," *North China and Shantung Mission*, Vol. XII, No. 2. (April, 1904), pp. 31–34.

④ Rev. F. L. Norris, "Three Months in Shantung – 1896", *North China Mission*, Vol. V, No. 1. (April, 1897), p. 8.

⑤ "Letter from Rev. Henry J. Brown", *North China Mission*, Vol. V, No. 4. (January, 1898), pp. 58–59.

⑥ "Letter from the Rev. Francis H. Sprent, a Account of some Recent Baptisms", *North China Mission*, Vol. II, No. 3. (October, 1894), pp. 52–53.

⑦ "The Chinese Secret Regious Sect: the Li Kua Tao," *North China and Shantung Mission*, Vol. XXIII, No. 4. (October, 1915), pp. 62–65.

下，从该教中发展了不少信徒。① 美国公理会在庞庄传教时也曾吸收当地的离卦教首入教。② 不过，从山东各地的情况来看，尽管传教士一度对从民间教门和秘密会社发展信徒抱有很高的期待，教首们也一度对进入教会、寻求庇护表现出一定的兴趣，但实际的成效并不大。

对于讲求实际的民众来说，他们觉得更为熟悉亲切的还是本土宗教和民间信仰，本土宗教和信仰对于他们的深刻影响是基督教难以在短时间内轻易消除的。有的乡民仅仅因为听到"魔鬼"计划租屋，而一旦出租房屋就很难将魔鬼赶出去的谣言，就坚决不租屋给教会。③ 有的人因信仰基督教而产生难以承受的巨大心理压力，结果很快背弃基督教。1896年圣公会在泰安府学校的校长陈先生不仅背弃基督教信仰，而且访问村里的基督徒，努力向村民证明基督不是他们的主。而这位陈先生"以前是热忱的基督徒，一个了不起的学生，一个勤奋认真的校长"，可是这样一个人一夜之间突然就失去信仰，接下来的一段时间他似乎疯了，又号又跳。所有的基督徒都认为他是"邪神附体"，肯定他在精神和身体上都有病。不过，当陈相对安静时则显得很理性，他甚至当面向英国传教士指出：基督是一个冒名顶替者，新约圣经是虚构的。④ 类似的信徒公开背弃基督教的事例不少，有的是因为租种寺庙的土地却不用交租，有的是因为在道观里谋到一份教职，⑤ 还有的则是基于综合的现实考虑而宣布脱离基督教。⑥

除了来自本土宗教和信仰的挑战外，圣公会还要面对天主教方面的竞争压力。义和团运动后，周斐德发现一些圣公会信徒有意夸大损失数

---

① 魁洛梅：《掘地深耕：郭显德传》，小光译，（台北）改革宗出版公司2007年版，第149—150页。

② 路遥：《山东民间秘密教门》，当代中国出版社2000年版，第184页。

③ "How the women put their spoke in," *North China and Shantung Mission*, Vol. XXXIII, No. 4. (October, 1925), pp. 13 – 14.

④ F. H. Sprent, "Tai An Foo, *North China Mission*, Vol. IV, No. 1. (April, 1896), pp. 10 – 11.

⑤ "Letter from Rev. Henry Mathews, 24th October, 1902," *North China and Shantung Mission*, Vol. XI, No. 1. (January, 1903), p. 10.

⑥ "Letter from the Rev. Henry Mathews", *North China and Shantung Mission*, Vol. XVI, No. 1. (Jannuary, 1908), p. 26.

目，以便向政府索要更多的赔偿，但周斐德在估计赔偿数额的问题上非常坚定，坚决要求赔偿数额必须与实际损失数目相符，结果在信徒中间引起强烈反应，因为他们要求的数额被削减，而附近的天主教徒则全额得到他们所要求的赔偿，而这些要求无疑夸大了损失。① 圣公会在义和团运动后采取不再干预词讼的做法，也使那些希望借教会势力打赢官司的信徒改投天主教。② 圣公会在传教区的拓展过程中，多次与天主教会发生冲突。1908年该会在莱芜县庞家庄英的信徒与邻村的天主教会信徒发生多次冲突，冲突中圣公会的信徒被殴打，房屋被损毁。③ 在平阴县的水里铺（Shui Li Pu，又名孝里铺），英国圣公会的一些信徒改投天主教，后来这些人在富有传道经验的孙姓传道员劝导下又回到了圣公会，结果激怒了天主教徒，后者暴力迫害基督徒，直至殴打孙姓传道员。艾立法主教认为，这些冲突表明天主教会的确已成为英国圣公会传教工作的某种障碍，天主教会采取忽视英国圣公会工作的方式，他们将所有的人（包括圣公会的信徒）都吸纳进教会，并且给那些不可靠的本地工作人员太大的自主权，自然有些冲突就不可避免。④

四 结 语

英国圣公会选择开辟山东教区尽管带有一定的文化象征意义，该会个别传教士对于进入儒学的精神园区曲阜也的确一度抱有很高的期许，具有强烈的宗教文化征服意识，而圣公会在曲阜周边地区的传教活动确实也遭遇过曲阜孔氏家族的反对，但不可过分夸大这种儒耶冲突的影响。从圣公会在山东事工的发展来看，真正对传教活动构成影响的除了一般性的政治局势外，地方性的政治、经济因素和独特的宗教民俗文化可能

---

① "Letter from the Bishop, 30th June, 1902," *North China and Shantung Mission*, Vol. X, No. 4. (October, 1902), p. 8.

② "Letter from the Right Bishop Iliff, 30th October, 1907," *North China and Shantung Mission*, Vol. XVI, No. 1. (January, 1908), pp. 22 – 24.

③ "Letter from the Rev. B. W. McOwan", *North China and Shantung Mission*, Vol. XVII, No. 4. (October, 1909), pp. 141 – 143.

④ "Letter from the Right Rev. Bishop Iliff", *North China and Shantung Mission*, Vol. XX, No. 1. (January, 1912), pp. 19 – 20.

是更为重要的因素。就前者而论，圣公会山东教区主要分布在人口稠密、经济落后、社会动荡的鲁中山区和鲁西平原，强烈的乡村教会色彩实际上很大程度上影响了圣公会各项事工的发展取向、速度和规模。就后者而论，圣公会所选择的宣教地区内宗教文化尤其是民间信仰的发达，从某种意义上说才是真正限制基督教发展空间的重要力量。对于讲求实际的乡民来说，基督教驱魔治病的灵验故事对他们中的一些人固然有一定吸引力，但相对于每年固定时期动辄数十万、上百万人参加的宗教民俗活动，这种灵验故事的影响几乎可以忽略不计。对于乡民而言，他们更为熟悉亲切、自然也更为灵验的当然是本土的宗教和民间信仰，加入基督教对其中一些人来说会造成巨大的心理和现实压力，因此背弃基督教信仰的事自然会时有发生。对于圣公会而言，山东地区复杂多样的宗教文化生态及其所展现的巨大影响力构成了该会传教的巨大挑战。

性别与生活

中国"性伦文化"研究述评

梁景和

（首都师范大学历史学院）

中国改革开放以来，一些学科诸如社会学、伦理学、心理学、法学、文学、医学等开始关注并研究"性"的问题，史学虽然对此相对涉及较晚，但也逐渐了解和关注这一领域，认识到研究这一问题对于民生的重要意义。本文仅以首都师范大学社会文化史研究中心的学术实践即学术活动为例，来扼要介绍和评述二十多年来国内有关"性伦文化"的研究状态，这可以从某个侧面反映国内性伦文化的研究片段。

一 概念的提出与初始研究

1991年梁景和在关注社会文化史并重点研究社会生活这一新视域的同时，开始设计与撰写博士学位论文《近代中国陋俗文化嬗变研究》，论文第五部分为"性伦卷"，是探讨陋俗文化中的"性伦文化"问题，所以从历史学科的视角提出了"性伦文化"这一概念，认为"性伦文化是指反映异性间诸多联系的某种功能性模式"。[1] 后来作者对这一概念作了一个字的修改，指出"所谓性伦文化是反映两性间诸多关系的某种功能性模式"，[2] 并进而解释说，"两性间诸多关系即以两性为核心，或者由两性引发的，或者涉及到两性的一系列相关的问题；模式即关于两性关系在

---

[1] 梁景和：《近代中国陋俗文化嬗变研究》，首都师范大学出版社1998年版，第263页。
[2] 梁景和：《重视研究五四时期的性伦文化》，《光明日报》1999年8月20日。

价值观、道德观、行为方式、心理趋向等方面于广大的人群中流行的标准或样式；功能性即这种标准或样式对社会和人生发挥着怎样的作用与效能"。① 根据这样一个界定，梁景和开始初步涉足"性伦文化"的讨论，其博士论文的"性伦卷"主要探讨了近代中国特别是五四时期"男女社交公开思潮""贞操观批判"和"性教育论"三个方面的问题。在"男女社交公开思潮"中重点讨论了"男女之大防""新时代的男女社交观""关于'男女社交公开'的大论战"和"迈出社交自由的第一步"几个问题；在"贞操观批判"中重点讨论了"贞操观的历史演变""五四思想界对贞操观的批判""贞操习俗的变革及其局限"几个问题；在"性教育论"中重点讨论了"传统中国社会与西方社会的性教育""五四时期的性教育思潮"等问题。② 2010年出版的梁景和的《五四时期的社会文化嬗变研究》一书，有五个专题涉及性伦文化，主要包括"生育节制思潮""男女社交公开思潮""思想界对贞操观的批判""性教育思潮""关于性伦文化"等。③ 2013年出版的梁景和等人合著的《现代中国社会文化嬗变研究（1919—1949）》一书，其中第五部分为"性伦卷"，主要讨了性教育问题，包括"20世纪上半叶中国性教育的兴起""20世纪上半叶教育界对性教育的讨论与实践""进步知识分子的性教育文化观""现代性教育兴起的二重归因和性话语的三重解析"。④ 在上述几本专著出版的前后，梁景和还公开发表了几篇"性伦文化"的论文，包括《五四时期"生育节制"思潮述略》，⑤《论五四时期的"男女社交公开"思潮》，⑥《五四时期思想界对"贞操观"的批判》，⑦《二十年代关于"废

---

① 梁景和：《重视研究五四时期的性伦文化》，《光明日报》1999年8月20日。
② 参见梁景和《近代中国陋俗文化嬗变研究》，首都师范大学出版社1998年版，第263—319页。
③ 参见梁景和《五四时期社会文化嬗变研究》，人民出版社2010年版。
④ 参见梁景和等《现代中国社会文化嬗变研究（1919—1949）》，社会科学文献出版社2013年版，第373—450页。
⑤ 《史学月刊》1996年第3期。
⑥ 《史学月刊》1998年第1期。
⑦ 《首都师范大学学报》1998年第2期。

婚"的论战》，①《五四时期的"废婚主义"》，②《重视研究五四时期的性伦文化》，③《五四时期的"性教育"思潮》，④《五四时期的"性伦"文化观》，⑤《论五四时期的"性伦"文化》，⑥《新中国三十年的性教育（1949—1979）》，⑦《1949—1979：三十年性伦文化的误区》，⑧《1949—1979：三十年性伦文化的政治批判与文化围剿》，⑨《1949—1979：男女社交与贞操文化的演变及历史局限》⑩ 等。

以上论著是在"性伦文化"概念下的一个初步的研讨，问题意识与传统史学关系密切，还是关注一般观念的变化以及带来的某些生活的变化，缺乏从更加独特的角度研究问题，对深刻的历史文化缘由虽有思考，但对"性伦文化"与政治和权力的关系问题还缺乏研讨。这些研究只是为后来深入探索做了一个前期的铺垫。

二　学位论文与《婚姻·家庭·性别》辑刊

首都师范大学历史学院"中国近现代社会文化史研究中心"培养的研究生，先后有几名学生是以"性伦文化"和"性伦理"为主题进行学术研究并撰写硕士学位论文的。主要有2001级硕士生李巧玲、2008级硕士生廖熹晨、2009级硕士生王唯、2012级硕士生李琳等人的学位论文。

李巧玲的硕士论文《新中国三十年的性伦文化（1949—1979）》一文，认为共和国成立的30年间，有很多观念与行为方面的误区。当年如果男女两性热情交往、紧密接触、甚至正常谈恋爱、女性被恶人骚扰等，都会被视为"流氓""破鞋""作风问题""乱搞两性关系""贱货""不

---

① 《光明日报》1998年8月14日。
② （香港）《二十一世纪》1999年6月。
③ 《光明日报》1999年8月20日。
④ 《山西师范大学学报》2000年第3期。
⑤ 《首都师范大学史学研究》第2辑，中国文史出版社2004年版。
⑥ 《文史哲》2005年第1期。
⑦ 《晚清以降的经济与社会》社会科学文献出版社2008年版。
⑧ 《中国女性文化》第9期，首都师范大学出版社2008年版。
⑨ 《中国女性文化》第10期，首都师范大学出版社2009年版。
⑩ 《中国女性文化》第11期，社会科学文献出版社2009年版。

正经"等。一些民众会用警告、跟踪、监视、汇报、揭发等方式来关注人们的两性交往和两性关系。这种观念与行为的误区，导致一些恶劣的后果发生，诸如断送当事人的前程、当事人遭受处分或判刑、性压抑导致性放纵和性犯罪。论文认为当年对"性伦文化"的政治批判主要集中在批判"破鞋"、批判"资产阶级思想和作风"、批判"男女交往过密"等方面，而文化围剿主要是对描写爱情的小说、剧本、电影、歌曲进行的批判。如对小说《苦菜花》《新儿女英雄传》《洼地上的"战役"》《在悬崖上》《红豆》《第二次握手》的批判，认为这些作品描写的爱情，是在散布消极、动摇、绝望的思想感情，散步抽象的人性伦理；如对电影歌曲《上甘岭》插曲的批判，认为"姑娘好像花儿一样"是"资产阶级黄色歌曲"，而被禁唱。论文还对共和国30年的性教育问题进行了讨论，强调性的"人格"与人的"中性"教育。同时论文还研讨共和国30年男女社交与贞操文化的演变及历史局限。论文最后讨论了这一时期性伦文化变革的特征及其历史的经验教训。这是一篇较早探讨"性伦文化"的学术论文，当时没有太多参考的学术成果，也很少可资借鉴的研究方法和路径，在资料的搜集方面也有较大困难，所以作者为了寻求更有分量的史料，开始进行访谈工作，这在21世纪之初要采访"性"的话题，而且面对的受访者主要是20世纪30年代至50年代出生的人群，所以采访也是有一定困难的。这篇论文虽然只是一般性的宏观叙述，但开创之功不应小觑。

廖熹晨的硕士论文《新中国初期北京地区性伦文化研究（1949—1966)》一文重点研讨了三个方面的问题，第一个问题是"新中国的国家环境与性伦文化的变革"，这里作者从"执政党与性伦文化的变革""性伦文化与社会稳定""苏联性伦文化对新中国的影响"等几个问题，说明了新中国国家内部、外部环境的变化，对新中国初期性伦文化的变革产生的深刻影响。国家执政党阶级性质的变化、社会安定本身的需要以及苏联性伦文化的外部辐射，共同决定了新中国初期性伦文化的变革和发展方向。第二个问题是"新中国成立初期北京地区性伦文化观念的变革"，作者重点探讨了从男尊女卑到男女平等这一作为传统社会两性关系基石的变化；"以阶级斗争为纲"这一性伦文化价值观的变化以及贞操观的变化。第三个问题是"新中国成立初期北京地区性伦文化的'新气象'",作者是从妇女解放、婚姻关系中的性伦文化、非婚性关系的性伦文化、色情淫秽文化和性禁忌、性教育等方面来讨论北京性伦文化"新气象"的。作者最后从社会主义性伦文化的建立、性伦文化观念变革的意义与局限、性伦文化变化的历史规律、性伦文化建构的启示等方面来提升该文论证的主旨的。这篇论文是一篇较为典型的历史学"性伦文化"的研究，论文在问题意识和理论探索方面也下了一定的功夫，虽然论文也是一篇初步的探讨。

王唯的硕士学位论文《北京地区性伦理探索（1966—1976）》是研讨北京"文化大革命"时期性伦理问题的论文。论文首先界定和探索了一些学术定义和理论概念，认为性伦理是社会规约与"性"有关的一系列功能性模式；认为性伦理具有"阶级性与历史性的统一""社会性与私人性的统一""他律性与自律性的统一""感性与理性的统一"；认为性伦理的功用体现在"社会功用"与"个体功用"上。论文还讨论了"文化大革命"时期性伦理的特征，即性伦理的政治化、性伦理的身份化、性伦理的禁欲化、性伦理的"去私化"等，进而说明"文化大革命"时期，性伦理是规训和惩罚的载体以及实施政治策略的手段。论文进一步讨论了"文化大革命"时期性伦理特征的形成因素，主要是从政治因素、传统文化因素、当代思想文化因素等方面进行讨论的。论文最后论述了"文化大革命"性伦理的当代启示，重点论述了当代对性权利的合理诉求以及性伦理与性教育的关系问题。这篇学位论文是早期运用跨学科的方法来进行"性伦理"问题的研究的，首先该文是以伦理学为本位进行性伦理研究，所以论文的理论性较强；其次该文借鉴历史学的方法来研究"文化大革命"这一历史时期的性伦理问题，所以论文查阅了相关的史料作为史实的佐证；最后该文也同时借鉴社会学的访谈法来搜集并运用相关的资料，使论文生动有趣、逼真形象。该文为伦理学与史学的交叉互动研究做了一个有意义的尝试。

李琳的硕士学位论文《20世纪90年代中国性伦理嬗变研究》一文是以20世纪90年代性伦理的相关史实为背景，讨论我国社会转型时期性伦理的趋势化演变。论文运用伦理学和历史学、社会学以及心理学等学科的研究方法，试图对90年代性伦理演变的特征予以整体的把握，追寻社会变革时期经济、历史、思想文化对性伦理观的深刻影响。论文第一部分分别从不同学科的视角对"性"与"性伦理"进行了界定,归纳出性伦理的基本特征。论文第二部分结合个案及相关调查数据,以微观和宏观两个角度切入,分别从性教育、性观念、性关系以及性交往模式四个方面对20世纪90年代的性伦理的嬗变特征进行了概括分析。其中性教育的嬗变主要呈现为内容上渐趋完善,性教育体系初步形成、范围更加广泛以及性教育方法的多渠道、多样化特点;性观念的嬗变则具体表现为传统与开放并存、泛自由化的倾向以及女性性观念的觉醒;性关系的嬗变主要表现为婚外性关系的扩大化、商业化以及性对象的多元化;性交往模式的嬗变体现为由现实到虚拟的演变趋势。论文第三部分针对上述得出的性伦理特征,结合20世纪90年代的社会发展状况,分别从经济因素、历史因素和社会文化因素三方面来分析其嬗变的成因。论文第四部分针对当前性现状,从20世纪90年代性伦理的演变中汲取经验和教训,得出性观念的转变具有长期性,性伦理的构建具有复杂性,现行的性教育模式有待转型的结论,力图为构建社会主义新时期性伦理规范提供借鉴意义。

以上硕士学位论文主要探讨性伦文化的时期,是共和国最初的五十年间,所以能够反映出中国特定历史时期性伦文化的独特历史特征,这种研讨虽然还是宏观视角一般意义上的探索,但具有一定的学术前沿性,故值得肯定和关注。

首都师范大学历史学院"中国近现代社会文化史研究中心"从2012年开始陆续编辑出版《婚姻·家庭·性别》辑刊,至今已经出版了四辑。[①] 本刊是以婚姻、家庭、性别问题为重点研究的学术辑刊,平均每年出版一辑。它的编辑出版有如下特征:一是录用研究性学术论文;二是论文篇幅长短不限,可以收录长篇幅的学术论文,亦不弃短篇幅的学术论文;三是以发表20世纪婚姻、家庭、女性、男性、性伦问题的学术论文为主,兼及其他历史时期。该辑刊既可推进中国社会文化史的研究,特别是要在中国婚姻、家庭、女性、男性、性伦研究方面做一些有益的工作,同时也可以为今天和未来的生活提供借鉴和启发,鼓励人们去创造新的生活方式,因而也具有较强的现实意义。以上李巧玲的论文已在

---

① 社会科学文献出版社2012年1月、2012年5月、2013年3月、2014年9月版。

《婚姻·家庭·性别》第一辑中发表，廖熹晨的论文已在第二辑中发表，王唯的论文已在第三辑中发表，李琳的论文将在第五辑中发表。该辑刊将继续发表有关"性伦文化"内容的学术论文。

三 学术会议与《社会生活探索》辑刊

首都师范大学历史学院"中国近现代社会文化史研究中心"自2009年开始连续编辑出版《社会生活探索》辑刊，至今已经出版了五辑，[①] 平均每年出版一辑。本刊的主要栏目有：理论卷、婚姻卷、家庭卷、性别卷、性伦卷、综合卷等，其中"性伦卷"是本辑刊的一个重要的学术栏目。"研究中心"从2011年以来连续五年组织召开了五届"20世纪婚姻·家庭·性别·性伦学术研讨会"[②]，每次会议都有一部分研究"性伦文化"的学术论文在会议上发表，其中绝大部分"性伦文化"的论文均在《社会生活探索》辑刊中发表。《社会生活探索》第一辑中发表"性伦文化"的论文有9篇，第二辑中发表"性伦文化"的论文有10篇，第三辑中有4篇，第四辑中有5篇，第五辑中有5篇，一共已经发表了33篇，很多篇论文都是很有分量的学术论文。这些论文可以大致分为五大类别，下面按类别作以简要的介绍。

其一，关于"性伦文化"的理论探讨。王小平的《叙事自我视角："性"的解释功能》一文，是对个案的剖析，然后得出一个理论的认同，即认为"性"不单单是生理问题，更多的是能够从个体或群体的性经验中解读当时社会政治、经济及文化背景。作者指出，我们可以通过现在的"我"的"性"的叙述，即日常生活实践中的具体"经验事实"折射叙述者所在那个时期社会的文化及文化背后的经济、政治背景。作者进而认为，性取向及我们对性的态度整体上出现了高速流动性的特点，即非固定化、漂移不定性。观念的变化实际上源于实践与体验，但那要回

[①] 首都师范大学出版社2009年7月、2010年6月、2012年9月、2013年7月、2014年12月版。

[②] 分别于2011年3月、2012年3月、2013年3月、2014年3月、2015年3月召开。

到"性快感"这个个体内心的渴望,然其也需要建立在"爱"的基础之上。① 安云凤的论文《论性道德教育的基本理念》是对性伦理的理论探讨。论文指出,经济全球化背景下的性道德教育,要求教育工作者确立与现代社会发展以及人的全面发展相适应的现代教育理念,即道德调控的理念、以人为本的理念和终身教育的理念。所谓道德控制是指通过宣传教育,确立关于性关系、性行为的是非善恶标准,明确社会性道德的原则规范,用以指导规约人们思想行为的调控方式。以人为本的理念源于性与人类社会、性与人性以及人的全面发展的密切关系之中。以人为本的理念要求性道德教育必须体现人文主义的伦理关怀,促进人的全面自由发展。以人为本的理念要求性道德教育与性生理、性心理、性安全教育密切结合,促进人的性生理、性心理健康,实现性别人格的健全与发展。终身教育的理念是现代性道德教育的新理念,它是性生长发育规律的客观要求,是性道德动态发展的客观要求。②高永平的两篇论文《人的身体能出租吗》和《母亲们开始罢工了》表现了对新理论领域的一种探索。第一篇文章指出,所谓人体出租,就是一个人将自己的身体出租给他人,用自己身体的全部或者一部分来实现承租人的某种目的。与此同时,身体的出租者从承租人那里获得经济报偿。目前最常见的身体出租行为有三种,一是卖淫,二是代孕,三是当奶妈。作者首先对这三种身体出租现象的负面、恶果和阴暗面做了分析,然后又论及了它们的合理性与积极性。作者没有给出最后的结论,只是说明对于人类身体的出租行为,争论还在继续,即便是政府最终立法或者禁止这种行为,争论都不会停息,因为这是一个聚集如此之多的人类情感的领域。③ 第二篇文章是作者在分析不同国家的一些女性为何选择了罢工而不愿意再去生育,这将给社会的健康发展带来灾难性的影响之后,作者给出建议,即政府必须出资"购买孩子",也就是购买未来的社会成员。虽然购买孩子的钱仍然是公民的税负,虽然羊毛出在羊身上,但是,只有政府有权力这样

---

① 《社会生活探索》第四辑,首都师范大学出版社2013年版,第277—282页。
② 《社会生活探索》第一辑,首都师范大学出版社2009年版,第235—244页。
③ 同上书,第302—307页。

做，因为人口越来越将成为一种社会的"公共品"。①

其二，研究近代文化精英们的性伦文化观。文化精英鲁迅、潘光旦、张竞生等是20世纪上半叶中国文化界"性伦文化"先驱者中的杰出代表，对他们的"性伦文化"观进行研究，会使我们深刻地认识和理解中国"性伦文化"在近代的变革。王家平撰写了《鲁迅的情爱思想与性学思想研究》②，吕文浩撰写了《潘光旦的"贞节"新解与五四后性道德的探讨趋势》③，王雪峰撰写了《张竞生与20世纪上半叶的性教育》④、《潘光旦与张竞生：道德之辩还是知识之争？》⑤《鲁迅的性观念与性教育思想——近代性伦理思想解放的一个个案》⑥。这几篇论文对鲁迅、潘光旦和张竞生等人的一系列性伦主张和实践进行了阐述，包括对传统贞节观的批判、对虚伪性道德的批判、对性隔离习俗的批判、对国民性幻想、性变态心理的揭示、对"贞"与"节"的重新解释、倡导新的性道德、强调性教育的重要性、重视性审美、躬行性教育实践等。从中可以看到文化精英对中国近代性伦文化的变革所做的积极努力和特殊贡献。

其三，探讨传统性道德及其在近代的变革。余华林的论文《现代性爱观念与民国时期的非婚同居问题》⑦，重点讨论了现代性爱观念的具体内涵、前后变迁及其对当时婚姻生活的实际影响。论文是从"友谊与性欲""'新性道德'与'性交自由'""废除婚制与非婚同居""性解放与社会解放"四个方面进行阐述，指出当时社会出现了悲剧性问题，认为这是新旧性道德过渡时期不可避免的阵痛，它提醒人们应该对近代中国的现代性追求进行多角度的反思，注意反观其多元性和复杂性。王雪峰的论文《西学东渐与中国近代性教育的兴起》⑧指出，古代的性知识、性观念和性技巧教育并非科学意义上的性教育，科学的性教育出现在近代，完成于西学东渐的过程之中。从西学东渐的视角研究和解释近代的性教

---

① 《社会生活探索》第一辑，首都师范大学出版社2009年版，第227—232页。
② 同上书，第269—288页。
③ 《社会生活探索》第二辑，首都师范大学出版社2010年版，第339—345页。
④ 同上书，第376—386页。
⑤ 《社会生活探索》第五辑，首都师范大学出版社2009年版，第229—239页。
⑥ 《社会生活探索》第二辑，首都师范大学出版社2010年版，第387—395页。
⑦ 同上书，第346—365页。
⑧ 同上书，第366—375页。

育和性文化,显得尤其重要。作者在文中重点探索了西学东渐与性教育的兴起,近代性教育的特点及原因,指出性教育的兴起反映的是时人思想与心态的更动,亦折射出知识与教育观念的变化。

其四,探讨"性"与社会变革的相互关系。张弛的论文《民国医药广告中的性——以〈益世报〉(1915—1925)为例》①一文既是如此。作者首先介绍了民国四大报之一《益世报》的基本情况,指出1925年《益世报》的广告篇幅比例已经占到62%,作者统计其中医药广告占到一半,而性的广告又占医药广告的一半。作者在大量介绍性广告形式、语言、功效、个案分析之后,重点阐述了半殖民主义与性的焦虑,认为性的毛病成为百病之源,性病成为一种社会病,而这正与当时的殖民主义的社会大环境有关。西方男性总是以一种伟岸高大、强健有力的姿态出现,而中国男性的形象总是和病人相似,不是佝偻脊背便是头晕眼花,或是瘦小枯干、猥琐不堪。殖民主义与"现存西方的性原型"正好相符,这一原型所带来的文化共识是:政治和社会经济的占领象征着男性和男性气质对女性和女性气质的支配。所以,殖民占领浸透着"性"的含义,由是,作为政治权力暗喻的男性气质和作为性权力的男性气质被混合在了一起。作者最后得出结论:"后五四"时代已被广泛接受的"化我"②趋势,使得中国男性在性实现方面受挫之后,无法跳出西方的话语逻辑,仍然沿着西方预设的殖民语境加速了东方男性气质向西方转化的进程。而"性"作为两种男性气质的最根本之不同,也被视为是这一转变的关键所在,性能力强弱也决定了性实现的可能与否,更能进一步反映民族国家在"性"甚至肌体方面的健康与否。因此,作为一种"欲望的想象"的商业广告,其反映的"性"的焦虑正是在半殖民主义的影响下,中国社会在对西方文化的向往和对自身文化的彻底否定之后,催生的最为剧烈敏感的焦虑。

---

① 《社会生活探索》第二辑,首都师范大学出版社2010年版,第320—338页。
② 文学批评家张宇红提出了晚清和"五四"之间的明显区别:即晚清用西方文化来"我化"(我转变,适应西方文化),而"五四"则用西方文化来"化我"(西方文化来改变我)。这种区分不仅指出了中国遭遇西方过程中能动性的减少,同时也强调了"五四"在全新基础上(即西方)重塑自我的渴望。参见[美]史书美《现代的诱惑:书写半殖民地中国的现代主义(1917—1937)》,江苏人民出版社2007年版,第146—147页。

其五，关于"女性性犯罪"与"地下性文学"的研究。艾晶的论文《民国初年女性的教育问题与女性性犯罪探悉》[①]一文从"良好教育的缺失"和"教育缺失促发女性性犯罪"两个方面探究了女性教育与女性性犯罪问题。文章认为，民国初年虽然在一定程度上赋予了女性以一定的受教育权利，但很显然这种权利只是上层社会的部分女性所享有。因为缺乏教育尤其是职业教育，降低了女性在社会上生存的能力，而对法律知识的缺乏，便使得很多女性即使犯罪也不知道自己的行为触犯了法律。缺乏教育，尤其是职业教育，既不能适应社会供给的需要，必不能有相当职业，于是又会因贫穷而增加犯罪的危险。而王唯的《抑不住的悸动："文革"时期"性伦"文化探微——以"文革"时期"手抄本"现象为例》[②]一文指出，"文化大革命"时期主流的"性伦"文化是禁止"性"的，禁止与性有关的任何形式的表达。"手抄本"是"文化大革命"中产生的一个新的文学类别，用以填补那一段书籍遭禁毁、作家被歧视和匪夷所思的文化生活需求的一种新类型的文学作品，其中就有性文学的"手抄本"，诸如《少女的心》《曼娜回忆录》等。"文化大革命"时期的"手抄本"现象反映了"文化大革命"时期人们内心的真实渴望，表达了"文化大革命"时期"性伦"文化两极化倾向和人们面对"性"的迷惘与矛盾。

《社会生活探索》所刊载的有关"性伦文化"的论文，反映了研究"性伦文化"的角度和问题域的新颖和多元化，从一定程度上也反映了前一阶段国内"性伦文化"研究的某种状态和研究水平。

四 学术讲座与《社会·文化与历史的思想交汇》辑刊

首都师范大学历史学院"中国近现代社会文化史研究中心"自2008年6月以来为了开阔学术视野和丰富学术滋养，每月举办一次学术讲座

---

① 《社会生活探索》第四辑，首都师范大学出版社2013年版，第212—221页。
② 《社会生活探索》第三辑，首都师范大学出版社2012年版，第277—282页。

与沙龙活动,① 邀请国内外历史学、文学、哲学、经济学、法学、教育学、伦理学、社会学、政治学、艺术学、管理学的专家学者作为主讲,至今已经举办了82次。我们把主讲的内容编辑成书,以《社会·文化与历史的思想交汇》的辑刊形式出版发行,至今已经出版了两辑,第三辑即将出版。在讲演中也有探究性伦文化问题的讲座,诸如李银河的《女性主义性政治》、余华林的《新思想旧道德:民国时期女性形象塑造之反思》、艾尤的《当代台湾女性小说的身体书写与女性欲望表达》、俞莲实的《民国时期城市知识妇女与生育节制》、方刚的《性人权与性多元》、蔡鑫的《我国已经进入婚姻困境集中出现期》、夏吟兰的《婚姻家庭法的伦理性及其立法延展》、佟玉洁的《中国女性主义视觉经验史》、王栋亮的《五四时期关于"爱情定则"的讨论》等。

李银河的讲演《女性主义性政治》表明,一个社会的女性的权力与男性的权力越接近,女性就享有越多的性自由;一个社会中女性权力越小,她的性行为越受到禁制。因此,女性的性自由是女性权力的一个重要标志;女性主义性政治的一个基本目标就是扩大女性的性自由权力。女性主义的性政治经历了一个从反性到性自由的过程,其中的一个过渡阶段是以女同性恋取代异性恋的政治实践阶段。也可以这样说,在女性主义性政治中,存在着这样几种政治力量,一种是反性派女性主义,另一种是性自由派女性主义,女同性恋女性主义是一个特例,是介于二者之间的一个特殊政治群体。② 这个讲演从女性的性、女性的自由、女性的权力分析了彼此的关联,把女性的性状态视为女性权力大小的一个标志,展现了理论的深度。

余华林《新思想旧道德:民国时期女性形象塑造之反思》的演讲,讲述了1928年发生在上海的马振华和汪世昌事件。从马振华和汪世昌公开交往、自由恋爱、婚前性行为来看,马振华身上无疑具有新女性的某些特征,但是马振华之所以自杀是因为所谓"天字第一号"的处女问题,是汪世昌事后怀疑马振华不是处女,马振华由此认为自己贞操既已被其

---

① 这是学术讲座与学术沙龙互动的学术活动,在讲座的基础上,展开广泛和自由的议论。
② 《社会·文化与历史的思想交汇》第一辑,社会科学文献出版社2011年版,第134—143页。

破坏，清白又受到侮辱，决意自杀。马振华之死是死于自己的"新思想旧道德"，是死于"新文化新得不彻底，旧道德旧得不彻底，是死于新旧相混中"。① 这个讲演意在揭示在性伦文化变革的过程中，人们的观念和行为往往具有新旧兼具的特性，这也是历史变革过程中一种过渡时期的一般性特征。

艾尤《当代台湾女性小说的身体书写与女性欲望表达》的讲演是从女性身体的"物化"与"反物化"、女性服饰的"取悦"与"自娱"两个角度，探讨了身体之于女性欲望表达和女性身体建构的独特意义。所谓"女性欲望"，就是指女性的自然欲望和社会欲望，是女性作为人的一种欲望，包含了女性自我对生存、安全、爱、自我实现等的一种本能以及文化的需要，是女性特有的不同于男性欲望的欲望。然而，在男权社会中，女性欲望总是被压抑而无以表达。男性总是想当然地认为女性没有欲望，或排除心理与情感的因素而以利益来定义女性的需要，只强调女性的妻性、母性等社会性的一面，却忽视了其作为人的自然本性、生命本真的一面。作者认为，女性身体虽说不是男权社会中性别歧视运作的唯一场域，但却是极具代表性的一个场域。从女性写作的角度来看，对女性身体的书写本身就已经包含着对男权性禁忌的彻底解构，是对女性欲望的一种张扬。② 这个演讲虽说是对台湾女性小说的一种解读，但所揭示的主旨则是对男权压抑女性自然欲望的一种反抗和抨击。

方刚《性人权与性多元》的演讲强调人权是与生俱来的人人平等的权利，性是人权，应该充分全面的发展，只要不侵害他人即可。每个人在做事的时候，不能侵害别人的权益，每个人维持人权的时候也不能侵犯他人的人权。性人权的核心是性自由权、性平等权和追求性福的权利。性自由权就是每个人有自由做其想做的性，按其喜欢的方式去做爱；性平等权是指这样做或那样做，无论怎么选择怎么做，人人都是平等的，比如异性恋的、非婚性行为的、婚前性交的、性行为方式都是平等的；性福权是指每个人都有追求性的享受、性的高潮、性的幸福的权利。性革命

---

① 《社会·文化与历史的思想交汇》第一辑，社会科学文献出版社2011年版，第156—169页。

② 同上书，第201—214页。

不是淫荡、不是混乱、不是艾滋病,不等于性的传播疾病、不等于伦理道德的败坏,性革命仅仅是要革掉那些反人权势力的命,性自由仅仅是要找回自己身体决定权的自由。性革命最明显的标志是:性的公开表达;婚前性行为大量增加;同性恋浮出水面;女性性自主权的伸张;传统性法律的改良。最后方刚表示:第一,在性的领域没有一个普世的性道德,用多数人的性道德作为标准压制少数人是最不道德的;第二,性人权应该成为我们判断一个人的性行为选择是好还是坏的标准,只要没有侵犯到别人的性人权,就是他自己的性人权,就应该支持,侵犯了别人的性人权,就要反对,就要打击;第三,性革命,性自由不是坏事,它们是人类思想史上一次重要的革命,它总是和进步的势力结合在一起,它是让我们找到自己身体的自主权的革命,不是所谓性淫乱,不是所谓艾滋病泛滥的罪魁祸首。[①] 这个演讲告诫人们,性人权作为人权的内容之一,它是每个个体的自由权、平等权,也是每个个体追求享乐的权利。

以上这些演讲反映了多学科,包括社会学、历史学、文学等学科领域都在从各自学科的领域和视角关注着"性伦文化"的问题,并在"性伦文化"的学术领域,从事探索和研究,且有着各自的学术成果和学术贡献。这些学术观点,可以进一步讨论和争辩,文化总是应该处于不断发展和变化的过程当中,只有不断地探索,解放思想,生活方式才能摆脱愚昧而更加文明。也只有不断地探索,才能让真理放射出自己独特的光芒。

五 结 语

本文仅从一支学术队伍多年来从事学术活动所涉及的有关"性伦文化"的问题,作一个简单的介绍和评述,它的确只是一个侧面,而且只是侧面中的一个片段,但是从我们的学术实践活动中仍然有一些自己的学术体会。

其一,百年来中国性伦文化的演变有一条大致的发展线索。近百年

---

① 《社会·文化与历史的思想交汇》第二辑,社会科学文献出版社2013年版,第238—257页。

来中国性伦文化演变呈现出一条基本的发展脉络，即从批判传统的性伦文化观，到主张与传统相悖逆的性伦文化观，再从谈性色变到开放前卫的性伦文化观这样一个基本的发展脉络。批判传统的性伦文化观主要指一部分文化精英对传统性伦文化观的批判，是文化精英最早意识到中国性伦文化的诸多问题，进而开始批判中国传统的性伦文化，诸如鲁迅对中国节烈观的批判、胡适对贞操观的批判、沈雁冰对"男女之大防"的批判，周建人对传统性禁忌的批判，等等，不一而足。主张与传统相悖逆的性伦文化观主要指一部分文化精英提出的与传统的性伦文化观相悖相反的性伦文化的主张，这是中国历史上具有革命意义的性伦文化主张，诸如以上文化精英在批判中国传统性伦文化的同时所主张的新式贞操观、主张男女社交公开、主张科学的性教育、主张科学的节制生育等。而开放前卫的性伦文化观主要指一部分文化精英彻底砸碎以往人们固有的传统封闭的性伦文化观，这是中国当今社会最具革命意义的性伦文化主张，提出了具有人权意义的性伦文化观。中国百年来之所以出现这么一条性伦文化的演变脉络，与中国经济的发展、科技的进步、西方文化的影响等诸多因素紧密相连。这种发展变化脉络的本质是对传统正统的性伦文化的否定，是一种文化某领域的颠覆和否定，或曰是一种文化的再造。否定和再造的意义都很重大、难度亦大。

其二，研究性伦文化的意义和价值。在一些学科，尤其在史学界，研究性伦文化还是一个较新的领域，被重视的程度并不大，当然学术研究呈现的这种状态实属自然与正常，它有一个对于这一问题逐渐认识的过程，同时对于任何一个重要的学术领域来说，也不必大帮哄似的扎堆搞研究。不过，人们还是要认识从事性伦文化研究的意义和价值，它绝不是猎奇，不是要吸引读者的眼球。"饮食男女，人之大欲存焉。"对于食，人们并不讳言，可以大谈食什么、怎么食、以往我们有哪些误区、应当怎样去纠正、今天我们增加了哪些新知识、怎样运用新知识。性亦如此，也可以讨论怎样进行性活动、如何从事性活动、与谁进行性活动、以往有哪些文化方面的误区、怎样去纠正、今天我们有了哪些新知识、如何改变我们的行为方式。从传统看，食色相比，食是外显的、公开的、较少回避的，性是内隐的、秘密的、是要尽量回避的。之所以如此，是因为这与生理结构有关、与文化有关。食色之于人，目的是要生活、生活得更好、要享受生活、提高生活质量。所以建立新的知识系统、改变影响人们生活质量的文化观念，就显得尤为重要，正是从这个意义上说，研究性伦文化与研究饮食文化有着同等的价值和意义。两者之于人，犹如车之两轮、鸟之双翼，缺一不可。

其三，史学应当进一步加强开展性伦文化的研究。从史学的视域来研究性伦文化尤显重要，它会让人透彻地认识和理解我们为何会有这样的性伦文化观念，它的价值和误区是什么，有什么需要继承，有什么需要改变，怎样去改变，等等。史学研究性伦文化要注意它与政治统治的关系问题，传统社会的政治统治与性伦文化有着密切的联系，从传统统治者的角度看，统治的稳固与禁锢型的性伦文化是相辅相成的，能把人性最活跃的性欲望控制在最低水平上，再控制其他也就不会是非常棘手的事而令人犯难了。所以控制"性"的本身可视为一种传统的统治术，社会越传统，"性"的控制越严厉。史学研究性伦文化也要注意它与社会治理的关系问题。社会需要稳定与和谐，这涉及的相关因素自然很多，同时也包括性伦文化的因素，性资源的分配和性伦文化的导向将在社会稳定与和谐方面发挥着重要的作用，所以要着重研讨社会治理与性伦文化的问题。史学研究性伦文化还要注意它与婚姻家庭的关系问题，性与婚姻家庭在何种条件下是统一的，在何种条件下是非统一的，婚姻的本质与性伦文化的关系如何，历史的经验和教训是什么，这也是性伦文化需要探讨的重要问题。可见，性伦文化的问题既是政治问题、社会问题，也是婚姻家庭问题，千万不可小觑，所以史学显得更有责任和义务来认真从事性伦文化的研究工作。

从事实别居到法律别居：
清朝到民国时期夫妻别居的权利和义务

——以近代北京地区案例为视角

李红英

（河北大学政法学院）

别居，在当代中国更多的称为分居，是婚姻关系的一种非正常形式，是指夫妻免除同居义务，但仍然保留夫妻关系的一种制度。我国现行婚姻法没有明确的夫妻别居规定，但是在现实中存在着别居的事实，又由于"因感情不和分居满二年的"是为准予离婚的条件之一，这就涉及夫妻别居期间的权利和义务等一系列问题。于是有学者提出应设立别居制度，一可作为离婚的缓冲期，在此期间可以相对理性地处理婚姻问题，从而可以避免草率离婚，在保护婚姻家庭和社会的稳定具有积极意义；二对于现实中存在的事实别居进行法律确认，解决离婚中因事实别居而产生的诸问题。时至今日，能否设立别居制度仍是困扰学界的一个问题，因此不妨从历史的维度考察对这个问题的处理方式，或许有所裨益。

一　问题的提出

在讨论别居问题之前，先要澄清两个概念：事实别居和法律别居。事实别居是未经法律或法院的直接认可或判决，主要是由于主观原因造成的事实上别居的行为，不包括由于工作、求学等客观因素所造成的两地分居。而法律别居是经法律或法院直接认可或判决的别居行为，而并非只是法律中明文规定的内容，因此在民国时期民法中虽无明文规定别居的权利,但是在判例解释例及法院实践中普遍存在着别居诉讼的要求,因此可把法院的认可或判决看成是法律别居。从清代到民国时期一直存在事实别居,只有民国时期存在法律别居。

关于清代到民国别居方面的研究主要有黄宗智先生在《清代的法律、社会与文化:民法的表达与实践》和《法典、习俗与司法实践:清代与民国的比较》中提到事实别居的变迁:在清代,对于受虐待的那些"不幸"妻子以娘家为避难所,长住娘家,形成了事实上的别居。虽然丈夫能够通过"背夫在逃"起诉妻子,但并不能无条件地强制妻子回家。到了民国时期,民法中的"同居"条款封死了妻子回娘家长住的事实别居的道路,但法律本身并不能强制同居。[1] 白凯先生在《妇女与法律:民国时期的离婚现象》中谈到,民国时期最高院和司法院通过判例解释例规定,丈夫纳妾被视为通奸行为,通奸是妻子提出别居的合法理由,妻子却"不能直接挑战丈夫和妾的关系,只能自己选择离开丈夫,以离婚或别居相威胁"。这样一来,"最高院和司法院在提供给妻子有限保护的同时,却保护了妾的许多权益"[2],黄宗智和白凯先生由于著作主题所限并没有对清代和民国的别居的性质等问题进行详尽论述。

而研究民国时期别居的学者有的认为别居是"维持婚姻与终止婚姻的过渡环节",并把别居看成是暂时脱离夫妻关系。[3] 或者认为别居看成是解除婚姻关系的方式之一[4]。这些观点或者是混淆了别居和离婚,或者

---

[1] 此文在写作中得到黄宗智老师、白凯老师和程瑶瑶、孟凡壮、王祎茗、范依畴、张译文、景风华、颜丽媛、徐鹤涛、蒋正阳等同学的帮助,在此一并谢过。但文责自负。

黄宗智:《清代的法律、社会与文化:民法的表达与实践》,上海书店出版社2007年版,第25页;黄宗智:《法典、习俗与司法实践:清代与民国的比较》,上海书店出版社2003年版,第152、163—164、183页。

[2] Kathryn Bernhardt, "Women and the Law: Divorce in the Republican Period," in Kathryn Bernhardt and Philip C. C. Huang, eds., *Civil Law in Qing and Republican China*, Stanford University Press, 1994, pp. 212–213.

[3] 郑全红、纪芸:《略论南京国民政府亲属法对传统婚姻制度的改造》,《天津商学院学报》2005年第1期,第63—67页;李文海主编:《民国时期社会调查丛编·婚姻家庭卷》(二编),福建教育出版社2009年版;柳岳武:《抗战前十年国民政府别居案件审理研究》,《史学月刊》2013年第4期,第71—79页。

[4] 郑全红、纪芸:《略论南京国民政府亲属法对传统婚姻制度的改造》,《天津商学院学报》2005年第1期,第63—67页。

把别居看成了向离婚的过渡阶段,把别居直接等同于离婚,但离婚是指脱离夫妻关系,别居是夫妻关系仍然存在的前提下暂时或永久脱离同居关系。

本文在黄宗智和白凯先生研究的基础上,在查阅了清代和民国法律以及宝坻、北京档案馆的有关别居、同居的案例后,论证别居应是婚姻关系的一种非正常形式,是选择别居的妻子基于生存压力、社会压力或自身利益无奈的积极的或消极的选择,其选择的积极性主要体现在民国时期妻子通过诉讼别居的方式维护自己的妻子身份、获得生活费用及与子女共同生活的权利。别居并没有脱离夫妻关系,不是一种解除婚姻的方式,也不是一个向离婚过渡的阶段。

二 从清代到民国事实别居的权利和义务的变化

从清代到民国均存在着大量的女方"自主"的事实别居(回娘家)的现象,在清代和民国这表明那些不幸的妻子事实上享有别居的权利,但民国法律明确提出夫妻互负同居之义务,妻子的事实别居权利受到了威胁,事实别居权利开始萎缩,同居义务法律化。

清代,官府和民间事实上认可了妻子事实别居的权利。黄宗智先生在《清代的法律、社会与文化:民法的表达与实践》中涉及宝坻案例的6个"背夫在逃"都是清代的事实别居。由于清代法律中并不禁止回娘家长住,丈夫主要通过起诉妻子"背夫在逃"等罪名,迫使妻子回家与之同居。[1] 如道光十七年(1837)宝坻县"陈和呈控寇福霸留伊儿媳李氏不容归家"一案中,事实上是李氏由于不能做重活,丈夫和婆家时常打骂折磨,在一次丈夫陈六的打骂后,跑到奶奶家躲避,并非起诉中所称寇福之女勾其逃跑[2]。除此之外还有两个案例:一是张玉仁以岳父嫌贫霸婚

---

[1] 黄宗智:《清代的法律、社会与文化:民法的表达与实践》,上海书店出版社2007年版,第25页。

[2] 《道光十七年厚俗里马营庄民人陈和呈控寇福霸留伊儿媳李氏不容归家卷》,1837年,中国第一历史档案馆:宝坻档案。(黄宗智老师收藏)

为由，提起诉讼，实质问题在于妻子长住娘家，并且岳父不许其接回[①]；一是岳父不允妻子住家（婆家）为由起诉，在起诉状中丈夫以"与胞兄分居各灶"及"父母均皆年老无人扶持"为由，要求接回长住娘家的妻子，刚开始遭到岳父的拒绝，最终送回。[②] 法庭对这样的案件虽没有完全给出明确的别居权利和义务的划分，一般是留给社区或亲族来调解，但无论是社区或亲族调解还是法庭判决，结果大都是妻子回到婆家，同时婆家也大都作出积极的表示[③]。如上述道光年间的案子中，陈李氏的甘结中保证回到婆家"听翁姑并夫之教训，不敢有违"，而公公陈和与丈夫陈六保证"将李氏领回教训并不折磨滋事"。[④] 这表明官方和民间一方面有限度认可了别居事实，使得妻子事实上享有了别居的权利，另一方面又在夫家保证妻子不受虐待的情况下，以实现家庭和睦的状况。

到了民国时期，一方面，那些不幸的或不满意丈夫或夫家的妻子仍然循着旧有的习俗惯性，不顾丈夫的反对跑回娘家居住来维护自己的权利。在北京市档案馆 207 个由丈夫提出以"同居"为案由的诉讼档案中的案例则印证了至少在结案前事实别居现象的普遍存在，如 1943 年，李钟氏由于不堪夫家虐待，回到娘家居住[⑤]。1947 年史全有诉张德鸣（系原告岳父）案中，由于妻子长住娘家不回婆家，于是史全有要求岳父、岳母将妻子史张氏交出送回夫家同居安度[⑥]。在农村社会也存在着事实别居现象，尤其是当妾受宠时，"丈夫分给妻子一点财产，让她住在别处。妻子向丈夫请求回娘家"，从而形成事实上的别居。在这种情况下大多数妻子可以带着孩子走，丈夫反对则不带走。别居的妻子无论住在哪里都

---

① 《光绪十二年居仁里孝新庄民人张玉仁控靳永城嫌贫霸婚卷》，1875 年，中国第一历史档案馆：宝坻档案。（黄宗智老师收藏）

② 《嘉庆十九年好礼里闫各庄刘振魁禀伊岳父张七因不容伊女住家反将伊母打嘴巴一个并将伊头颅砸破卷》，1837 年，中国第一历史档案馆：宝坻档案。（黄宗智老师收藏）

③ 黄宗智：《法典、习俗与司法实践：清代与民国的比较》，上海书店出版社 2003 年版，第 163—164 页。

④ 《道光十七年厚俗里马营庄民人陈和呈控寇福霸留伊儿媳李氏不容归家卷》，1837 年，北京历史第一档案馆：宝坻档案。（黄宗智老师收藏）

⑤ 《李钟氏诉李鸿志不堪同居案》，1943 年，北京市档案馆藏诉讼档案，卷宗号：J065 - 019 - 06863。

⑥ 《史全有诉张德鸣妨碍同居案》，1947 年，北京市档案馆藏诉讼档案，卷宗号：J065 - 023 - 04458。

是夫家的成员，享有妻子的地位和身份。别居妻子的丈夫如果死了，妻子可以回家，但丈夫的财产由孩子继承，这样就使母亲享有了事实上的家庭财产管理权①。

另一方面，立足于男女平等的法律明确规定夫妻有"同居"的义务，从而使得妻子事实上别居的权利大大缩小，同居义务进一步加强。这时候的部分丈夫不用再找任何借口可以直接通过法律请求回娘家的妻子履行同居的义务。正如黄宗智先生所说的把"娘家作为避难所"逃避不幸的方法被"同居"条款所威胁。作为丈夫现在获得了以前不曾有的逼使妻子回家的一个法律武器②。笔者以"同居"案由查到北京市档案馆所藏北京地方法院的379个"同居"诉讼档案，经过梳理，把同一原告被告的案件进行合并处理最后得到295个案例，其中除了非以夫妻为中心的同居案件8件和要求脱离同居关系3件外，其他都是夫妻间的同居纠纷问题，其中丈夫直接向妻子提出同居要求的有191件，女婿诉岳父、岳母要求与妻子同居的有16件，加在一起由丈夫提起诉讼的共有207件；妻子直接诉丈夫的有74件，儿媳妇诉公婆要求与丈夫同居的有3件，这样妻子提起的同居诉讼共为77件，比较之下，由丈夫提出的同居诉讼是妻子诉求的近3倍。由此可见，在司法实践中，虽然司法院并不赞同强制执行夫妻同居义务，但大多数情况下"同居义务"的法律规定成为男方应对妻子回娘家长住的合法有效的手段③。如1942年汪德荣由于妻子汪胡氏回娘家居住不回家，于是要求法院调解庭调解回家同居，调解结果是汪胡氏回汪德荣家中同居，届时由汪德荣到胡袁氏（系汪的岳母）家中将妻子接回，胡袁氏愿对汪胡氏、汪德荣善言督劝，以免再生纠纷，汪德荣亦愿尽婿礼，不再有任何恶言。但是汪德荣往接两次不回，于是要求法院调解庭执行。具体执行过程不得而知，但执行的结果是令汪胡氏随汪德荣回家，汪胡氏表示首肯遂由汪德荣将其接回同居。④ 1943年王贵

---

① 郑全红：《中国家庭史·民国时期》，广东人民出版社2007年版，第147—148页。
② 黄宗智：《法典、习俗与司法实践：清代与民国的比较》，上海书店出版社2003年版，第183页。
③ 同上书，第184页。
④ 《汪德荣诉胡袁氏妨碍同居案》，1942年，北京档案馆诉讼档案，卷宗号：J065-018-02387。

诉王傅氏要求同居案件，判决结果是"婆母王龚氏五日内将王傅氏接回家中度日，俟后不得虐待"。① 可见这些具有法律效力的判决或调解结果给予事实别居中的妻子以很大的压力，事实上的别居权利往往受到来自法律上的同居义务的威胁和侵凌，这时有些妻子为了捍卫自己的别居权利，开始利用法律手段，请求别居的权利的实现。这将在下文详细讨论。

这里也不能忽视妻子利用"同居义务"条款防止丈夫可能的遗弃，这在北京档案馆中有多个案例可以证明，例如1943年王傅氏诉丈夫王贵和婆母王龚氏要求同居案中记载，婆母王龚氏早已蓄意让王傅氏与王贵离婚。丈夫和婆家将休书缮齐，勒令王傅氏母亲傅张氏签字，并讲好所有离婚条件将王傅氏之妆奁物件搬出放在村中大道上由王傅氏母亲再为搬取，将王傅氏所穿婆家之衣物等如数交回，各不准相找。可见丈夫蓄意抛弃妻子，婆母蓄意抛弃儿媳，于是王傅氏提起诉讼，经法庭调解结案，要求丈夫、婆母接回王傅氏，王傅氏用法律维护了自己的同居权。②

虽然从清代到民国时期均存在着事实别居的现象，但分析原因，表面的说辞大多是婆家或丈夫的虐待，但深层次又有所差异或侧重，在清代，法律赋予妇女的只是从属的地位，只有在几种特殊的情况下妇女才可能有提出离婚的权利。③ 离婚对于清代的妇女犹如天上的星星难以企及，加上女子很难独立生存，选择"回娘家"是一种无奈的但现实的途径。而民国时期，法律赋予了男女平等的离婚权，清代离婚的法律限制不存在了，对于缺乏足够经济来源而又不能与丈夫相处的妻子来说，生存压力和自身的利益更加凸显，现实生存压力下和自身的利益，加上传统的习惯使得与夫家不能相处的妻子仍以娘家为避难所，从而形成事实上的别居。

---

① 《王傅氏诉王贵、王龚氏妨碍同居案》，1943年，北京档案馆诉讼档案，卷宗号：J065-019-07019。

② 同上。

③ 清律规定：一个女人只有当她被丈夫离弃三年以上（例116—1），或强迫她与人通奸（律367），或把她卖于别人（律102），或将她牙齿、手指、脚趾或四肢打断（律315），才允许同丈夫离异，至于公婆虐待，她必须受"非理"毒打致残（律319）。转引于黄宗智《清代的法律、社会与文化：民法的表达与实践》，上海书店出版社2007年版，第25页。

三 民国时期法律别居的权利和义务的扩大和明确

虽然南京国民政府1930年的《中华民国民法》中并没有明确规定别居制度，但是在其第1001条夫妻互负同居之义务，但有不能同居之正当理由者，不在此限。因此在丈夫运用法律维护自己的同居权利致使妻子事实别居权利萎缩之时，有些妻子也开始利用法律的"但书"[①]主张别居、返还妆奁等特有财产及其生活费、抚养费的法律权利并使对方承担别居的义务，使得别居的权利进一步扩大，但只有少部分妻子的诉求获得法院的支持。为了应对比较多的别居案件，司法院和最高法院，通过判例和解释例对别居的正当理由作出解释：为不堪同居之虐待［十八年（1929）上字第2129号］，妻之受夫之家属虐待［十八年（1929）上字第2641号］，妻受姑之虐待［二十九年（1940）上字第254号］，夫之纳妾［二十一年院（1932）院字第770号、二十三年（1934）上字第1061号］，离婚原因［二十一年（1932）院字第770号］等[②]，这样通过判例解释例就把离婚的原因视同为别居的理由。而判决离婚的条件在民法第1052条规定："一、重婚者；二、与人通奸者；三、夫妻之一方受他方不堪同居之虐待；四、妻对于夫之直系尊亲属为虐待，或受夫之直系尊亲属之虐待致不堪为共同生活者；五、夫妻之一方以恶意遗弃他方在继续状态中者；六、夫妻一方意图杀害对方者；七、有不治之恶疾者；八、有重大不治之精神病者；九、生死不明已逾三年者；十、被处三年以上徒刑或因犯不名誉罪被处徒刑者。"[③] 使得别居诉讼有了相应的法律依据。

通过梳理北京市档案馆藏的60余件别居案件，笔者发现并非所有妻子的别居请求和要求支付抚养费都会获得法院的受理。如果未能交付足够的诉讼费用或调解费用的，一般裁定撤销起诉，如王傅晶茹并小女晓娥诉王少畬别居案的驳回理由时王傅晶茹起诉时没有缴纳审判费用，亦

---

① 1930年的《中华民国民法》第1001条夫妻互负同居之义务，但有不能同居之正当理由者，不在此限。载吴经熊《袖珍六法全书》，会文堂新记书局1935年版，第108页。
② 史尚宽：《亲属法论》，中国政法大学出版社2000年版，第525页。
③ 吴经熊：《袖珍六法全书》，会文堂新记书局1935年版，第112—113页。

没有经北京地方法院裁定于七日内补正。① 即使交足了费用，且证据充足，并有相应的判例解释例为依据，也难以保证案件的胜诉。如判例解释例中有"妻之受夫之家属虐待［民国十八年（1929）上字第2641号］，妻受姑之虐待［民国二十九年（1940）上字第254号］"②的正当别居的理由，但是在实践中如果只有虐待或遗弃，一般法庭认为，"夫妻之间偶因家庭细故发生口角以致互殴，此乃人之常情，本不能谓为虐待"。③大多数情况下驳回诉讼。更不用说缺失虐待、遗弃证据的情况，别居的权利更难以实现。如杨焦氏因与公婆不和，且公婆视若"眼中钉"，初则，夫妇二人与公婆别居，各租一房，其后她的丈夫杨洪钧把她送回娘家，并将原租住之房屋辞退和其父母合居一室，杨焦氏认为，其丈夫意胁制她不能返回婆家，置之不理，逼使离婚。而法庭认为杨焦氏只是以杨鸿钧将其送回娘家久不与其见面为唯一之理由，其非正当，故驳回诉求④。尽管法律上规定的但书，判例解释例给出了别居的正当理由，但是在现实中，作为被虐待或遗弃的妻子希望通过法律和法院寻求安宁和有保障的生活，仍是困难重重，结果或继续留在娘家或要忍受虐待。

如果男方有纳妾或通奸的情况，法庭一般都会支持妻子别居的诉求。这是与清代的一个很大的差异，因为清代及之前的法理是"男尊女卑""夫为妻纲"，丈夫纳妾是合理合法的，妻子应当容忍，作为"七出"之一的"妒忌"是丈夫休掉妻子的法定理由。到了民国时期，由于西方国家法理的传入，法律提倡男女平等，一夫一妻制，不承认妾的存在，纳妾成为妻子提出离婚或别居的法定条件。民国二十六年3月到11月（1937年3月到11月），成都10件别居案中，其中5件是经判决而别居的，而此5案中的判决理由均为丈夫纳妾或重婚⑤。在北京地方法院案卷

---

① 《王傅晶茹并小女晓娥诉王少畲案》，1943年，北京市档案馆诉讼档案，卷宗号：J065-019-05042。
② 史尚宽：《亲属法论》，中国政法大学出版社2000年版，第525页。
③ 《朱吴慧民诉朱世杰别居案》，1942年，北京市档案馆诉讼档案，卷宗号：J065-018-06153。
④ 《杨焦氏诉杨鸿钧等请求别居事件》，1942年，北京市档案馆诉讼档案，卷宗号：J065-018-04730。
⑤ 萧鼎英：《成都离婚案分析》，载李文海主编《民国时期社会调查丛编·婚姻家庭卷》（二编），福建教育出版社2009年版，第412页。

亦是如此，如高刘氏因其丈夫高荣于数年前结识妓女张凤桐，纳妓女为妾，并虐待高刘氏，高刘氏以此为由要求别居并请求生活费。1942年，北京地方法院按夫妻一方与他人通奸时，他方精神上自有不堪忍受之痛苦，应认为具有不堪同居之正当理由，但不考虑虐待的问题。① 再如1947年刚裴氏因其丈夫刚振芳宠妾并时常虐待刚裴氏，夫妻势难同居，故请求别居并立有别居协议，并请求生活费。法庭承认其别居协议的有效性，并根据"妻有不能同居之正当理由与夫妻别居后，其生活费用即家庭生活费用若妻无财产或虽有财产而夫有能力无须妻来负担时，均应由夫支付之"的法律规定，并结合丈夫的经济能力支付每月国币30万元的生活费。② 但在法庭调解和私下的调解则突破了这种情况。如徐永春与妻子徐李氏协议别居案就是一例③。

在别居胜诉或调解别居或和好的案件中，妻子通过法律明确和维护了自己的妻子身份权利，避免了离婚的结果。清代回娘家的妻子，大多说辞是避免丈夫或夫家的进一步虐待，实际上可能只是夫妻不和，如上述宝坻县的刘振魁之妻张氏，回家后"寻死觅活"，不安生度日，显见为了有一个较好的生存条件。而在民国时期的别居案例中，除了社会下层的妻子仍在考虑生存问题外，有些妻子也考虑到自己的身份地位问题。除上述朱刘氏案外，再如范黄铭新诉范德兴一案中，多次提到范德兴逼其离婚的情况，范黄铭新不同意离婚，不得已只能提出别居诉求，最后结果是双方悔悟，恢复同居和好如初④。

部分案例中别居妻子获得了生活费或抚养费的权利。在上述1947年刚裴氏诉刚振芳别居并请求生活费一案中，法院判决别居并给付刚裴氏原告每月生活费国币30万元的生活费用（一年别居期限共国币360万元）。在1948年徐李氏与徐永春别居和解案件中，徐永春情愿给付妻子

---

① 《高刘氏诉高荣别居及支付生活费案》，1942年，北京市档案馆诉讼档案，卷宗号：J065-018-01824。

② 《刚裴氏诉刚振芳给付生活费并居案》，1948年，北京市档案馆诉讼档案，卷宗号：J065-023-05462。

③ 《徐李氏诉徐永春别居案》，1948年，北京市档案馆诉讼档案，卷宗号：J065-024-05964。

④ 《范德兴诉范黄铭新请求别居给付生活费返还存款及存款单据并履行签字义务案》，1942年，北京市档案馆诉讼档案，卷宗号：J065-018-06503。

徐李氏法币 5000 万元作为徐李氏零星费用，至于其一切生活费用仍由丈夫负责，徐李氏则仍回徐永春之父徐俊家中居住①。在成都 1937 年的 5 件法院判决别居的案件中，妻子均获得了赡养费或生活费。几乎可以说这是一种对"元配"的补偿。这是因为夫妻别居只是解除了夫妻同居的义务，丈夫对妻子的抚养义务犹在，依解释"至妻别居后之生活费用，即家庭生活费用，若妻无财产或有财产而无民法第 1026 条、第 1037 条、第 1047 条第二项、第 1048 条②之情形，均由夫支给之。［民国二十一年（1932）院字第 770 号］""给养之程度依判例应准民法第 1119 条，按妻之需要与夫之经济能力及身份定之。［民国三十年沪上字第 150 号］"。③相对别居而言，离婚的女方虽然在法律上规定也能获得相应的赡养费，但是条件比较严格④，所以实践中获得赡养费的并不是很多。

法律别居也维护了妻子和子女共同生活的权利。这一点在法律上并没有明确规定别居后子女的监护问题。但习惯上男主外、女主内，孩子的教养是母亲的职责，因此在涉及孩子的抚养问题上，尤其是有未成年子女，提出别居诉讼中有的妻子自己或者与孩子联名请求给付孩子生活费和教养费，一般法庭对孩子跟母亲生活并无异议，即使父亲提出孩子应当随父生活请求，仍然倾向于母子共同生活。如范黄铭新诉范德兴请求别居给付生活费返还存款及存款单据并履行签字义务案比较典型。范黄铭新在诉讼中提到自己与子女四人生活教育出嫁各费数的负担问题。虽然法庭驳回了这一部分的上诉，但并没有否定子女与母亲生活的权利，这比之离婚后"关于子女之监护由夫任之"（《中华民国民法》1051 条），"但法院得为其子女之利益酌定监护人"（《民法》第 1055 条）要宽容得

---

① 《徐李氏诉徐永春别居案》，1948 年，北京市档案馆诉讼档案，卷宗号：J065 - 024 - 05964。

② 民法第 1026 条规定：家庭生活费用，夫无支付能力时，由妻就其财产之全部负担之。第 1037 条规定：家庭生活费用，于共同财产不足负担时，妻个人亦应负担。第 1047 条第二项：夫妻因家庭生活费用所负担之债务，如夫无支付能力时，由妻负担。第 1048 条规定："夫得请求妻对于家庭生活费用，为相当之负担。"载吴经熊《袖珍六法全书》，会文堂新记书局 1935 年版，第 110—112 页。

③ 史尚宽：《亲属法论》，中国政法大学出版社 2000 年版，第 526 页。

④ 第 1057 条规定夫妻无过失之一方，因判决离婚而陷于生活困难者，他方纵无过失，亦应给予相当之赡养费。载吴经熊《袖珍六法全书》，会文堂新记书局 1935 年版，第 113 页。

多。这可能是妻子选择别居而不是离婚的理由。

四 别居现象与妇女权利的关系

选择事实别居或别居诉讼的妻子，并不一定是有意识地维护自己的法律上的权利，而更多的是一种从自身的生存压力、社会压力及维护自身利益的角度所作出的理性选择。

(一) 生存理性与妇女权利

一般来讲，妇女权利是在生存问题解决前提下才能实现，这决定了基于生存压力的妻子面临离婚和别居的选择时，选择别居而非离婚。当然也可能与女方和当时社会对于所存婚姻的认知有关。虽然有条件纳妾的丈夫多是经济条件较好的，但这并不等于妻子就必然具备独立的经济能力。这是因为依照1932年的民法典第1058条规定，夫妻离婚时，无论其原用何种夫妻财产制，各取回其固有财产。如有短少，由夫承担。但其短少系由非可归责于夫之事由而生者不在此限。[①] 一般情况下，妻子离婚的固有财产仅限于结婚时的妆奁、自己的衣饰，有职业的包括自己的职业所得，拿经济条件比较好的北京的黄铭新的妆奁合计费用1000元为例，尚不足维持黄铭新及4个子女的一年的生活。如果离婚后子女随父生活，黄铭新能够找到原来的职业，每月30元，也仅仅能够维持自己的基本生活。[②] 更不用说经济条件比较差的家庭的妻子了，由此，主动提出离婚的妻子是很难获得赡养费的。不论经济条件如何，作为原配选择离婚很难说是对其最有利，对于上了年纪的女子尤其如此。

妇女社会职业的尚未普及化，是大多数女子缺少独立的经济来源、面临生存压力的主要原因。早在19世纪70年代，近代妇女职业就开始出现了，但是直到民国时期，社会职业仍然以男子为主，家庭事务是女子的主要工作，仍然是男主外、女主内的生活方式。依靠娘家或丈夫生活

---

① 吴经熊：《袖珍六法全书》，会文堂新记书局1935年版，第113页。
② 《范德兴诉范黄铭新请求别居给付生活费返还存款及存款单据并履行签字义务案》，1942年，北京市档案馆诉讼档案，卷宗号：J065-018-06503。

是这一时期大多数妇女的选择。

在近代华北农村,无论是经营式农场还是家庭式农场的主要劳动力基本上是成年男子,山西乡村中的男权意识较为严重,女子只为男子的附属品,帮助男子在农田中工作颇为罕见。[①] 妇女和儿童只做一些辅助性的工作,"即使下地帮忙,却仍须在家生火做饭,收拾庭院,照顾小孩,喂饲牲畜。至于掐穗推磨,灌园摘菜,也是不出门院或即在宅边"。[②] 在20世纪40年代的鲁西北高唐县祁寨村,"村中上等收入阶层的妇女一般不纺织或只为家庭消费而纺织,但其他的妇女差不多都终年纺织,织出比自家需要高过几倍的布来帮助维持家庭生计"。[③] 但是这并不意味着妇女职业的独立,因为家庭手工业必须以家庭农场劳作为支撑,两者相互结合,才能维持一个家庭的生活费[④]。同样在中国的南方情况亦大体类此。以1939年湖南省新宁白杨乡的男女职业的对比可见一斑,常住人口中13—69岁男子有4382人,职业人数最多的是农业,有3382人,占其总数的77.17%;女子总人口为3699人,职业人数最多的是人事服务有3016人,占81.5%。人事服务又称家庭服务,如做饭洗衣、纺织缝纫、照看小孩等。[⑤] 同时女子和男子一样下田工作。但大体上仍是男主外、女主内。而农村的财产是与女儿无关的,分家时不分给女儿土地、财产[⑥],土地所有权属于男子所有,又为男子继承,因此"家内的经济大事仍操于丈夫之手"[⑦],农村妇女在生活上只能依靠娘家或丈夫。于是在民国时期有的妻子利用别居诉讼维护自己的家庭经济权利或生活费势在必然。如1943年董宜芬诉刘宝齐、刘李氏别居案中,婆母刘李氏唆使丈夫刘宝

---

① 武寿铭:《太谷县贯家堡村调查报告》,载李文海主编《民国时期社会调查丛编·乡村社会卷》(二编),福建教育出版社2009年版,第275页。
② 黄迪:《清河村镇社区——一个初步研究报告》,载李文海主编《民国时期社会调查丛编·乡村社会卷》(二编),福建教育出版社2009年版,第39页。
③ 黄宗智:《华北的小农经济和社会变迁》,中华书局1985年版,第200—201页。
④ 同上书,第202页。
⑤ 湖南省立衡山乡村师范学校第一二五班编:《新宁白杨乡社会概况调查》,载李文海主编《民国时期社会调查丛编·乡村社会卷》(二编),福建教育出版社2009年版,第967—968页。
⑥ 郑全红:《中国家庭史·民国时期》,广东人民出版社2007年版,第245页。
⑦ 黄迪:《清河村镇社区——一个初步研究报告》,载李文海主编《民国时期社会调查丛编·乡村社会卷》(二编),福建教育出版社2009年版,第42页。

齐不与董宜芬同居一室，婆母每年零碎出售地亩，售得地价用作刘宝齐嫖赌吸食鸦片烟，并唆使刘宝齐用烟卷烫伤刘李氏，并将食粮锁闭婆母屋内，婆母及丈夫不在家就无饭可吃，恐再同居有生命危险，迫不得已刘李氏只得回娘家居住，再查夫家尚有田地五十余亩，恐被婆母零碎出售，浪费殆尽。要求刘氏母子到案调解酌核给付董宜芬抚养费田地十余亩以维生命。经过两次调解，刘宝齐、刘李氏母子允赠董宜芬村南地五亩，村西地八亩，董宜芬仍回刘宝齐家中与之同居共灶和好如初①。再如，刘韩氏诉刘玉山别居案的调解笔录中刘韩氏称："请求别居，他没心要我了，我现在没吃的，所以请求十年的生活费，等我孩子大了就成了。"当问到刘韩氏"请求离婚还是别居呢"，刘韩氏说："离婚也成，须给我这生活费。"② 再如因丈夫叶荫华娶有侧室并生有二子，对正妻叶曲氏虐待再三，叶曲氏的诉讼中要求离异或别居，并要求母女生活有着落③。从上述案例可以看出别居诉讼的目的更多的不在于别居本身，而在于妻子生活费或抚养费的保障。

在城市中，妇女的职业主要仍限于家庭生活中，天津市的妇女中有职业的仅占30.3%，无职业的占69.7%。而1928年的广州，全市人口共811751人，但有职业的妇女却仅有55422人，只占总数的6.83%。④ 大多数城市的妇女没有家庭之外的职业无法独立生活，仍然是依靠娘家或是丈夫生活。如王连奎、王周氏夫妇别居的案件中，提到别居十年，"所有周氏及幼子二人衣食费用均由周氏父兄抚养，连奎不负养赡义务，惟连奎果于别居期间事实证明有力赡养家口，即应接妻子同居团聚"⑤ 的协议中反映了典型的妇女无法独立生活的问题。据张宁、王印唤的研究称，

---

① 《董宜芬诉刘宝齐、刘李氏等别居案》，1943年，北京市档案馆诉讼档案，卷宗号：J065-019-09152。

② 《刘韩氏诉刘玉山别居案》，1944年，北京市档案馆诉讼档案，卷宗号：J065-020-02103。

③ 《叶曲氏、叶明珠诉叶荫华离异或别居案》，1945年，北京市档案馆诉讼档案，卷宗号：J065-021-03013。

④ 李文海主编：《民国时期社会调查丛编·婚姻家庭卷》，福建教育出版社2005年版，第500、450页。

⑤ 《北京地方法院民事裁定（民国三十一年度非自第40号）》，1942年，北京市档案馆档案，卷宗号：J065-018-07348。

在大多数妇女离婚后,无处可去,无以谋生,往往请求政府予以安置。①同样说明了这一问题。

即使有职业的女性,由于女性工资收入普遍比较低,生存问题依然存在。在昆明调查的 101 名职业女性中,46 名收支相抵,收入不足 27 名,收大于支的仅 14 名,而这 14 名中多半因为有其他的收入。② 可见部分女性维持生活尚有困难,因此在结婚之后往往回归家庭,如上述案件中的范黄铭新就是一例,范黄铭新在婚前,在上海伯特利医院学习产科及医护,"月入二十元",而在邮局工作的丈夫在结婚后"每月二百多元至多三百元",丈夫的收入至少是妻子的 10 倍,而在别居诉求中请求范黄铭新及 4 个子女的"生活费"共一百元,男方没有异议,这说明请求的数额应当比较合理。如果工资和生活费用一直没有改变的话,范黄铭新的工资仅仅够支付自己的生活费用③。

独立的经济来源是妇女实践法律上平等权利的支撑,由于在现实中大多数女子社会职业的缺失,即使曾有过谋生职业,但由于收入相对较低,仍然无法维持自己的生活,在婚姻关系上出现问题之时,部分女性选择了事实别居或法律的别居。只有进入当代社会后,由于女子经济地位的独立,生存压力下的别居才基本消失。

(二) 别居与离婚的利益比较

除了生存问题这一考虑因素外,部分妻子依旧选择别居而非离婚,更多的是基于利益的考虑。

民国时期建立在男女平等法理上的婚姻法律的制定,尤其是离婚方面的法律规定上赋予了男女平等的提出离婚的条件,这也是自民国以来,出现了女性提出离婚诉讼的问题,学界大都认为这是妇女维护权利的例证。据金陵女子文理学院社会学系的调查,在解除婚姻关系

---

① 张宁、王印唤:《民国时期北京婚姻家庭中妇女的地位》,《北京社会科学》2008 年第 6 期,第 47 页。
② 李文海主编:《民国时期社会调查丛编·婚姻家庭卷》,福建教育出版社 2005 年版,第 500 页。
③ 《范德兴诉范黄铭新请求别居给付生活费返还存款及存款单据并履行签字义务案》,1942 年,北京市档案馆诉讼档案,卷宗号:J065 – 018 – 06503。

的离婚、别居、撤销婚姻三种形式中,别居案能占十分之一左右①。但统计北京市档案馆关于以离婚、别居与同居为案由的案例,离婚案件1168件、别居案件64件、同居案件379件,如果离婚案件由妻子提出的占一半,则与同居、别居案件之和大体相当。可见并非都如立法者所愿,妻子可以以离婚来维护自己的权利。实践中部分妻子选择了别居诉求。可能更多是考虑分居后的生活问题。因为按照当时法律规定,离婚系夫妻关系的终止,权利分割比较清晰,但获得相关经济补偿比较困难,虽然法律规定在因判决离婚,致使无过失一方生活困难时,即使对方无过失,亦应给予相当之赡养费,但是在实践中,据白凯先生估算"在20世纪40年代的离婚案件中,仅有19%的女性原告会不畏艰难,提出赡养费的要求"②。尤其是自愿离婚时,没有请求赡养费的权利,使得女方失去要求男方提供经济支持的权利。而且离婚后关于子女的监护主要"由夫任之",特殊情况下可以"双方约定"或由"法院判决"(民国民法第1051条、1055条),③一般情况下,妻子失去了对子女的监护权,失去了子女,如果不再婚的话,也就失去了后半生的生活保障。

别居则因夫妻关系尚存,夫妻除同居之外的权利义务仍然存在,并且纠葛不清,存在双方讨价还价的空间,一般男方仍承担着家庭生活费的义务,但女方仍然拥有获得抚养费或生活费用及与子女共同生活即子女的监护方面的权利。在民国时期获得生活费或抚养费方面虽也困难重重,但一般在付得起诉讼费和没有生活来源的情况下,或多或少都能获得。并且在协议别居之时,仍能通过诉讼请求抚养费或生活费并能获得法院的支持。如1948年徐李氏和徐永春和解别居,并且徐永春负担徐李氏的生活费用和零用钱。④

---

① 郑全红、纪芸:《略论南京国民政府亲属法对传统婚姻制度的改造》,《天津商学院学报》2005年第1期,第63—67页。
② 郭贞娣:《配偶的经济权利和义务:民国赡养案件中的婚姻概念(1930—1949)》,载黄宗智、尤陈俊《从诉讼档案出发:中国的法律、社会与文化》,法律出版社2009年版,第303页。
③ 吴经熊:《袖珍六法全书》,会文堂新记书局1935年版,第112、113页。
④ 《徐李氏诉徐永春别居案》,1948年,北京市档案馆诉讼档案,卷宗号:J065-024-05964。

而对于有一定经济能力的妻子,则可能考虑更多的是其自身的身份权益问题。如 1945 年查谭明治诉查季杨别居案中,因丈夫查季杨生活作风不好,与妻子查谭明治的侄女同居,并虐待妻子,鉴于已结婚 19 年,在和解中除了由查季杨给付国币 13 万元作为抚养生活费和给付家具外,最重要的是维护妻子的名分①。再如 1949 年朱刘氏诉朱作亭别居案中,经法庭调解、民事审判,最终在庭外经双方亲戚马树萱调解达成协议,并申请撤诉。协议内容为:"议定将家中过日经济权交(朱刘)氏主持,一切行常琐事由崔氏(妾)商承办理,倘仍愿别居时所有生活费用由朱作亭先期充裕给付,不准违延。双方协意履行。"② 在这个案件中妻子朱刘氏取得了双赢的结果,通过别居诉讼一方面维护了妻子的身份和过日的经济权,另一方面如果别居,亦可获得生活费的权利。再如在王傅晶茹并小女晓娥诉王少畬别居案中,从诉求中可以看出,除了别居后的生活费外,还要求把自己的商号之股份、财物等私有财产归还自己保管,为了防止联合财产的流失,主张"夫妇二人联合财产中提出四五十万元(尚不足四分之一)交付(王傅晶茹)氏以为其母女二人将来生活费之保障,并为小女教育妆奁等费"。并将前已赠予该母女二人所有房屋两所(坐落本市皇城根 40 号、41 号)赎回返还。③ 可见王傅晶茹所说的为了丈夫与商号的名誉并非虚言。

在子女的监护权方面,由于夫妻关系尚存,子女的教养传统上由母亲承担,法官可能认为这并不是一个问题,虽然有的父亲在诉讼上争夺子女的监护权,但是法官对之视而不见,认为母亲与子女共同生活是理所当然的。这就使得别居的母亲事实上享有了对子女的监护权,同时也获得了后半生生活的保障。

---

① 《查谭明治诉查季扬别居案》,1945 年,北京市档案馆诉讼档案,卷宗号:J065 - 021 - 02231。
② 《朱刘氏诉朱作亭等别居案》,1948 年,北京市档案馆诉讼档案,卷宗号:J065 - 024 - 07959。
③ 《王傅晶茹并小女晓娥诉王少畬案》,1943 年,北京市档案馆诉讼档案,卷宗号:J065 - 019 - 05042。

（三）事实别居与法律别居的比较

事实别居是清代之前女性离婚困难，又面对生存压力在不能忍受不愉快的婚姻状况下的无奈的选择，但同样对女方产生很大压力，娘家的颜面（社会压力）和与娘家兄弟相处的复杂人际关系，同时对男方的颜面和婚姻状况造成了实质损害，于是男方会利用"背夫逃亡"的罪名迫使妻子回到夫家。到了民国时期生存压力仍然存在，加上地方习俗的作用，部分妻子仍然选择回娘家的事实别居，但是男方可以利用这一时期的法律维护自己的面子和婚姻同居权利。但也有丈夫宠妾使妻别居的现象。法律别居，是由法律明确规定，或由法院作出的认可或判决，解除了夫妻同居的义务，更有利于女方在婚内家庭权利主张的保障，也可"正当"避免女方经济上的困境和维护自己和子女联系的权利。由于法律别居只在民国时期存在，与清代事实别居相比，民国法律别居更加有利于妻子婚姻权利的维护。

五 结 论

从清代到民国时期的别居现象的产生与男权是分不开的，"背夫在逃"规定的法律用意不是取缔事实别居，而是禁止妻子与别人逃离。但在实践中使得丈夫找到了限制妻子回娘家（事实别居）的法律依据。现实中不幸或与丈夫不和的妻子在经济不能独立的情况下，依靠娘家或丈夫生活仍是一种无奈的选择。从清代民国时期实践中女性消极自主的事实别居（回娘家）到民国时期更加积极地选择用法律手段维护自己别居的权利，尤其是后者，不失为一明智之举，有意无意之中维护了女方的生存权利，保全和维系了自己的家庭和婚姻状况，选择别居而非离婚是更为现实的做法。当然丈夫一方也应承担相应的义务。针对这一现象，民国时期的政府当局也承认法律别居有利于家庭和社会的稳定，因此，虽在民法中没有规定别居问题的情况下，通过一系列的判例、解释例，认可了这一问题的存在，并成为地方法院受理和判决这类案件的依据。

随着社会政治、经济、文化的发展，女子普遍获得经济上的独立，别居的生存压力色彩已大为减淡，但是事实别居依旧存在，使得别居相关法律问题也愈加复杂化了。

战争、国家与性别：
抗战时期的妇女节纪念

任祖凤

（西南财经大学人文学院）

一 国家与性别：抗战背景下
妇女节纪念主旨的调整

随着1937年抗战的全面爆发，当国家、民族陷入生死存亡的危机时刻，妇女节再次与现实政治紧密结合。当时著名的妇女运动者都强调妇女节具有动员妇女参加抗战、增强抗战力量的重要意义。时任全国妇女指导委员会委员的史良在纪念节日的相关文章中强调，如果政府不发动妇女参加抗战，中国就会损失将近一半的抗战力量。① 何香凝则认为在争取民族解放的关键时刻，妇女节应成为一个斗争节、动员节。② 此外在官方散发的妇女节宣传大纲中，随处可见"动员妇女参加抗建工作""争取抗战民族的最后胜利""打倒日本帝国主义"③ 等标语口号。一时间，发动妇女支持抗战已成为妇女节的首要任务。

为了配合节日主旨的上述转变，时人通过相关理念阐释为妇女参与抗战提供了正当性理由。当时最常见的思路是强调妇女作为国家的一员，

---

① 史良：《今年"三八"纪念中的特殊任务》，《新华日报》1938年3月8日第4版。
② 何香凝：《纪念三八节》，《新华日报》1938年3月10日第4版。
③ 《"三八"国际妇女节宣传大纲》，1942年，重庆市档案馆藏，档案号0053-0004-00170-0000-087-000，第3—4页。

理应承担起相应的责任,甚至借由传统观念资源,提出"天下兴亡,匹妇有责"的新口号。① 于是,凸显妇女对国家的责任成为动员其参加抗战外,妇女节纪念的另一宣传重点②,"坚持抗战、保卫国家,争取民族独立"被界定为妇女应尽职责。③

可是在这样的语境下,妇女群体的特殊性被取消,无差别的国民身份彰显。妇女节的原有主旨——妇女解放与妇女利益,在国家、民族危机前似乎已含有"一己之私"的意味。那么,它们在节日纪念中该处于何种地位,如何呈现？事实上,所有的节日纪念组织者都认为二者相辅相成,并非对立。宋美龄曾谈到英国妇女获得参政权,是由于第一次世界大战时期她们对国家尽责尽力,因此抗战期间是中国妇女争取自身权利的最好时机。④ 在立足国家利益的政府宣传中,依据责任与权利相互关联的认识,强调妇女对国家尽责,将有助于达成自身的权利诉求。由此,妇女参加抗战建国工作可实现自身解放的逻辑关系,顺理成章地建立起来。⑤

与上述由国家而妇女的利益关注顺序不同,更多的声音是以从妇女到国家的思路进行言说,他们充分强调节日原有主旨对宣传动员新任务的辅助、促进功效。例如新运妇女指导委员会（战时妇女运动的总机构）散发的节日传单中就要求政府实现职业、教育上的男女平等和改善妇女生活,只是这些工作是为了更有效地动员妇女。⑥ 也有运动者建议政府如果要发动农村妇女参加抗战,就必须提高她们的待遇,改善她们的生活,减轻她们的负担。⑦ 媒体则呼吁只有缓解劳动妇女的生存压力,才能帮助

---

① 《三八妇女节瞭望》,《大公报》1942年3月8日第1页第2版。
② 《妇女节日敬告女同胞》,《大公报》1942年3月8日第1页第4版。
③ 《"三八"妇女节宣言》,1941年,重庆市档案馆藏,档案号：0053-0004-00170-0000-068-000,第1页。
④ 《如火如荼的"三八"纪念》,《新蜀报》1939年3月9日第2页。
⑤ 《"三八"国际妇女节宣传大纲》,1941年,重庆市档案馆藏,档案号：0053-0004-00170-0000-064-000,第4页。
⑥ 《为庆祝抗战后第四个三八妇女节给全国各妇女团体的公开信》,1941年,重庆市档案馆藏,档案号：0053-0004-00170-0000-067-000,第1页。
⑦ 卢兰：《从川北农村妇女说起》,《中央日报》1941年3月4日第4版。

她们摆脱家庭的束缚来关注国家与民族。① 虽然三者的说辞大同小异，但关注重心还是有所不同，妇女运动者侧重妇女权利，而另外二者则突出动员效果。正是这种差异使得一些妇女运动者的言说，仍旧与众不同。例如著名的妇女运动领袖李德全就指出："抗战的烽火也为我们中国妇女烧断了几千年来束缚着的铁链，照亮了争取解放的光明前路。……（中国妇女）她们不仅被抗战改变了，而且她们也改变了几千年来顽固的人们对她们的种种轻蔑观念。"② 抗战成为工具性的存在，女权主义仍旧是终极关怀。尽管如此，我们必须承认的是，在战争使得女性与国家较之以往更为紧密地联系起来的背景下，支持抗战是争取妇女权利与解放的有利契机是妇女运动者的主流认识。

总之，抗战时期妇女节将妇女运动与战争、国家民族的未来联系在一起，此时的节日内涵较之以往更为丰富。节日在原有宗旨的基础上，新加入了动员妇女支持抗战，强调女性对国家、民族的责任这两点内容。在抗战的特殊条件下，新加入内容的重要性已经超越了原有宗旨。对于这一变化，妇女运动者主要是持肯定的态度，认为参与抗日救亡的工作有利于改变社会对女性的看法，事实上抗战在某种程度上也确实促进了妇女的解放。

二 妇女节的纪念仪式与主旨表达

抗战时期，与节日主旨的改变相呼应，政府较多地介入节日庆祝的组织、策划，以期充分展现节日意涵、实现理念传播，受此影响，节日纪念仪式趋于成熟。

此期间纪念仪式的变化主要体现在如下两点。一方面，节日的纪念活动由固定的机构——"三八"妇女节筹备会负责，其成员主要来自各个妇女团体及有关机关、社团、学校等。③ 以陪都重庆的筹备会为例，它

---

① 《纪念"三八"与妇女动员》（社论），《大公报》1939年3月8日第1页第2版。
② 《李德全先生今日对苏播讲中国妇运》，《新华日报》1941年3月8日第1版。
③ 《关于颁发"三八"妇女节纪念办法及宣传要点》，1941年，重庆市档案馆藏，档案号：0051-0003-00275-0000-001-000，第1页。

的任务包括：确定每年纪念活动的中心工作，筹集活动经费，将工作人员分成总务、宣传、游艺、动员四组并明确各组人数、任务，决定开会地点、大会名称、主席团成员等。① 正是在妇女节筹备会的组织、策划，将不同性质的妇女团体及其他社会力量整合在一起，从组织上保证了节日纪念由分散走向统一。

另一方面，节日的指导性纪念办法由国民党中央宣传部负责统一拟定，具体内容大概包括：一、召开"三八"妇女节纪念会；二、举行音乐、游艺、歌咏表演或妇女工作成绩展览会；三、出版各种纪念刊物；四、慰问出征军人家属；五、发起妇女工作竞赛；六、其他宣传工作。此外，官方还颁布了节日的宣传要点，致力于对宣传内容的规范、控制。② 上述规定中前三项在1937年以前就曾出现过，而四、五两项则是抗战时期的特殊产物，这显示了当时官方纪念办法力图在继承与调整结合基础上，创立节日纪念的规范化流程。

由于抗战局势的危机，加之节日筹备和运作皆受政府管控，抗战主题在具体纪念仪式中得到集中、程序化的呈现，下面以具体事例对此加以说明。1938年长沙纪念会场贴满的各种抗战标语，四周悬挂的大幅壁报、宣传画，共同营造出庄严肃穆的氛围。参加此次纪念会的有女学生、女职员、家庭妇女及难民代表共两千余人。大会开始前，与会者高声唱着抗战歌曲，歌声中的激昂情绪让列席的记者感叹有点像"马赛大革命"。随后，各机关代表、妇女运动者相继演说，他们都勉励妇女担负起救亡图存的责任，争取国家民族的自由独立。最后还表演了话剧。会后记者乐观地评价道，这次大会让之前不明了节日意义的妇女认识到节日与她们有关，也与抗战有关。③ 同年，在敌机轰炸后的浙江萧山，全城已是一片废墟，但这里仍举行了"三八"节纪念大会。参加者都是罹难同胞遗孀，她们对侵略者的愤怒使大会带有强烈的抗战色彩，全场高呼

---

① 《关于报告陪都各界纪念"三八"妇女节筹备大会会议经过情形上重庆市政府的呈》，1943年，重庆市档案馆藏，档案号：0053-0004-00170-0000-114-000，第1—2页。

② 《关于颁发"三八"妇女节纪念办法及宣传要点》，1941年，重庆市档案馆藏，档案号：0051-0003-00275-0000-001-000，第1页。

③ 《各界妇女昨日热烈庆祝妇女节》，《大公报》（长沙版）1938年3月9日，第3版。

"打倒日本帝国主义"的口号，让闻者为之动容。①

除文字记录外，当时留下的照片也颇能反映出纪念大会庄严隆重的氛围。1939年的西安，虽有日军空袭的危险，但妇女节纪念大会仍如期举行，且盛况不亚于陪都重庆。从图1中可见会场上出现了空中机群下女性振臂高呼的宣传画，它鲜明直观地表达出抗日救亡的主题。

图1　1939年西安妇女节纪念大会②

从当时留下的史料可看出，这一时期的妇女节纪念大会多按照既定的程序举行，首先由主席致辞，接着各来宾相继发言，最后致敬蒋介石及抗战将士或是表演游艺节目，会后有些地方还组织游行。③ 概括说来，在统一的办法、固定的组织、既定的程序三者综合作用下，妇女节的纪念仪式比抗战前更具有规律性。

抗战期间每年例行举办的妇女节纪念仪式产生的效果如何？如同所有集会纪念都具备的一般性影响是，在每年的纪念仪式上，不同年龄、职业的妇女聚集在一起，相互交流，塑造、凝聚着群体的认同感。而有规律的纪念活动及对主旨的反复言说，则将妇女解放的理念传递给每一

---

① 《各地热烈举行"三八"纪念节》，《新华日报》1938年3月9日，第2版。

② 《中国妇女之觉醒：西安举行之妇女节纪念大会，因防日机空袭故改在晚间举行》，《良友》1939年第141期，第5页。

③ 关于这一点，除了上文的介绍外，笔者还通过历年妇女节纪念大会的新闻报道归纳得出，具体可见《中央日报》每年的报道。

位参与者。① 时人对此就曾评价说:"使妇女感觉到自身存在之价值,而且对人类社会能作有价值的贡献,'三八'对此实有无比的功绩。它曾经播下了妇女解放的种子,如今它又是一条鞭子,鞭策着十万万女性向求全人类的自由平等幸福的道路迈进。"②

至于抗战宣传动员,也在一定程度上得以实现。借由仪式营造出的浓厚抗战氛围,国民政府向妇女宣扬国家、民族意识,勉励其担负起对国家的责任,而妇女们也在仪式中受到感染,并通过种种实际行动表达支持抗战的决心。例如1941年重庆的妇女节纪念会举行抗战募捐活动,与会妇女积极响应,其中豫丰、裕华纱厂,申新纺织厂女工的捐款总数都在千元以上。在媒体记者看来,这意味着虽然生活艰辛,但女工仍然尽力支持抗日救亡的工作,表明她们已经走出家庭的小圈子,来关注更大范围的国家、民族利益。③

三 妇女节的基层宣传与社会动员

上文探讨的是材料相对丰富的大城市,为了获得对此期间妇女节更为全面的认知,接下来笔者试图勾勒基层妇女节的纪念状况。

妇女节原是从国外传入,与中国社会本无多少联系,基层民众对它不甚了解,也很少参与。这一情形在抗战时期有所变化。受节日纪念官方化影响,当时大后方的各级政府多按时举行纪念活动,并发动妇女会会员和女学生走进城乡、扩大节日宣传。在官方层面的主持下,妇女节得以在内地、基层、非知识女性这样更广的范围内传播。

那么,节日纪念的推广依靠的是怎样的具体措施?在召开妇女节纪念会时,为了能让更多的家庭妇女、劳动妇女参加,国民政府要求各保甲长、警察挨家挨户进行动员,有时甚至硬性摊派参会人数。如1940年,

---

① 法国学者莫娜·奥祖夫对现代性纪念日的功效曾有精彩论述,她认为革命节日在现代、世俗、自由的世界诞生之际把权利、自由和祖国捆在一起,它们并没有马上被拆散。把神圣性转移到政治和社会价值上的工作至此完成了,从而定义了新的合法性以及一种迄今不可侵犯的遗产。见[法]莫娜·奥祖夫《革命节日》,刘北成译,商务印书馆2012年版,第404页。

② 寒波:《说三八》,《中央日报》1943年3月8日第5版。

③ 《陪都妇女界昨热烈纪念三八节》,《新蜀报》1941年3月9日第3页。

重庆市政府命令"各保长会同所居各甲长挨户催促，务求全体妇女参加"。① 1942年长沙的妇女节筹备会也请各保、甲长动员辖区内妇女到场。② 1944年，重庆各区上报出席的人数有90—200人，第六区甚至要求每个镇至少有50人参与大会。③

一些县、乡镇也有类似规定。例如四川黔江县要求城内年满12岁以上的女性都出席大会。④ 重庆北碚澄江镇通知每户至少派一位妇女参加纪念。⑤ 重庆巴县蔡家乡也有动员家庭妇女的规定。⑥ 经过上述努力，出席纪念大会的妇女来自各个阶层，突破了之前多为知识女性的局限。如1939年重庆的纪念会上，"除了各机关妇女工作队，妇女团体女学校外，许多家庭妇女也参加了……许多衣衫褴褛的老婆婆、小女孩也参加了"。⑦ 虽然是官方强制要求，家庭妇女、劳动妇女被迫卷入，但在客观上有利于妇女节的进一步传播。

除政府对参与人员制度化的规定外，还有其他一些灵活的宣传方式使妇女节在空间维度上得以拓展。首先是在节日当天组织者都会散发大量的传单，其中多带有鲜明的女性意识，将妇女解放、新女性的塑造与国家、民族联系起来。例如四川新繁县号召"妇女界的同胞一致奋发起来参加抗战，分担男同胞的工作"。⑧ 永川县要求妇女牢记自身解放是民族解放的一环，妇女要想获得真正永久的自由平等，就应争取国家、民族的独立解放。⑨ 绵竹县则推广新女性的标准是积极奋斗、努力学习充实

---

① 《关于发动各区镇妇女参加"三八"妇女节纪念大会给各区署的训令》，1940年，重庆市档案馆藏，档案号：00610015000300000026000，第1页。
② 《发动全体妇女参加纪念"三八"》，（长沙）《大公报》1942年3月6日第2版。
③ 《关于准时参加"三八"妇女节纪念大会及报送参加会议情形的呈、训令》，1944年，重庆市档案馆藏，档案号：00610015035860200131000，第1—6页。
④ 《四川省部分县市政府呈报举办"三·八"妇女节情形与省府社会部代电》，1945年，四川省档案馆藏，档案号：民186-01-0302，第81页。
⑤ 《关于在北碚管理局澄江镇举行"3·8"妇女节并派妇女参加致北碚管理局澄江镇第一保保长办公处的通知》，1944年，重庆市档案馆藏，档案号：00810010000840000152000，第1页。
⑥ 《关于翻印巴县蔡家乡各界妇女庆祝三八妇女节筹备会议记录致豫丰机器厂的通知》，1944年，重庆市档案馆藏，档案号：020900050000081000，第1—2页。
⑦ 《纪念妇女节》，《大公报》1939年3月9日第1页第3版。
⑧ 《四川各县县报三八妇女节遵办经过情形及加强统制同业公会组织情形》，1943年，四川省档案馆藏，档案号：民186-02-0245，第62页。
⑨ 同上书，第82页。

自己、服务社会、具备国家民族观念。① 可见这一时期的妇女解放思潮带有混合包容的特性，即将妇女群体的独特要求与国家、民族的普遍利益结合在一起。

在基本的文字宣传之外，还有口头宣讲。当时基层社会识字率低，口头宣讲无疑是向民众进行宣传教育的有效方式。在口头宣讲中，妇女会会员和女学生扮演着重要角色，她们积极组成演讲队，分赴各地演说。例如重庆忠县女中的宣传队在附城一带讲演，她们以乡贤秦良玉（明末抗清女将）为模范，号召妇女积极抗日。② 四川什邡县的妇女会会员则于3月9日（9日为当地赶集日，便于宣传）在城厢内外讲述妇女节的意义，接着她们又连续三天到附近乡镇宣讲。据说此次宣传效果不错，演讲吸引了大量民众，气氛热烈。③

其他有效的宣传方式还有广播。抗战时期，每年的妇女节都会有相关的广播节目播出。例如1942年的节目是妇女问题座谈会，国民党的妇女运动者沈蕙莲、刘蘅静、张默君等人相继演讲，内容涉及民族、国防、经济、科学、教育、文学创作、职业平等等方面。④

此外，为进一步发挥动员功效，有些地方还自行创造节日纪念歌曲。如四川大竹县自创的妇女节歌《三八纪念歌调》，歌词中有"我们要争取国家的独立、领土的完整、民族的生存，就要靠我们自己"。歌词简单直白，曲调激昂，颇能增强节日的感染力。⑤

上述几种宣传方式在基层社会中的实行、落实情况如何？四川省档案馆馆藏的1943年四川部分县上报的妇女节纪念情形的文书⑥，为我们提供了基层社会中节日的传播方式及社会效应方面较为全面的信息，现整理列表如表1所示。

---

① 《四川各县县报三八妇女节遵办经过情形及加强统制同业公会组织情形》，1943年，四川省档案馆藏，档案号：民186-02-0245，第90页。

② 《四川省部分县市政府呈报举办"三·八"妇女节情形与省府社会部代电》，1945年，四川省档案馆藏，档案号：民186-01-0302，第38页。

③ 同上书，第51页。

④ 《今日妇女节》，《中央日报》1942年3月8日第3版。

⑤ 《四川各县县报三八妇女节遵办经过情形及加强统制同业公会组织情形》，1943年，四川省档案馆藏，档案号：民186-02-0245，第51页。

⑥ 同上书，第1—105页。

表1　　1943年四川省妇女节纪念大会与宣传动员方式概况

县名	参加大会人员及人数	宣传动员方式
梓潼	机关、团体代表，学校女生及女工、农妇共1000余人	由乡村妇女工作队组织与会妇女游行，散发纪念特刊，张贴标语，绘制壁报，并举行话剧义卖
庆符	机关、学校、妇女团体的代表共500余人	遵照宣传要点宣传，各学校同时举办母亲联欢会
彭山	女学生及全市妇女2000余人	举行游行、张贴标语、壁报，散发告妇女书，下午在省女师举行游艺表演
合江		遵照指示办理
自贡	各界妇女及各校女职员、女生500余人	妇女会组织10个宣传队分赴市区宣传及慰问征属，下午举行妇女座谈会，讨论妇参政、职业、健康等问题
江安	1000余人	分组出发宣传、发行周刊及特刊，绘制壁报，散发标语、传单，慰问抗属，晚上在女中举行游艺表演
开县	1000余人	召开母教座谈会，表演音乐话剧
古兰	各界妇女500余人	绘制壁报、漫画，妇女会组织宣传队沿街宣传
乐山		仅举行纪念大会
南部		扩大宣传
中江		举行座谈会，讨论妇女问题。会后表演抗战游艺节目以激发妇女的抗战激情，是日全城各处悬挂国旗，并张贴标语、散发传单。女工休息一日，工资照发
荣县	妇女会成员及各界妇女代表	编发纪念特刊，绘制漫画
宣溪	1000余人	民教馆编发纪念特刊和画报，妇女会组织宣传队宣传
纳溪	妇女会成员及各界妇女代表200余人	印发漫画、壁报特刊
璧山	女职员、女教师、女学生、家庭妇女1000余人	举办各种球类比赛、音乐话剧表演、演讲竞赛，绘制壁报、漫画，张贴标语
叙永	动员附城、乡镇妇女及机关团体女职员一律参加	举行演讲比赛、扬琴表演、散发标语、绘制壁报
长宁		按照宣传要点逐项办理
井研	男女100余人	沿街张贴壁报、标语、漫画，召开妇女问题座谈会

续表

县名	参加大会人员及人数	宣传动员方式
新津		在城乡各地广泛宣传
资阳		召开妇女问题座谈会、表演音乐剧，组织宣传队宣传
沐川		令各乡镇及中心校分别举办
盐亭		中小学女生举行爬山越野及球类比赛，县宣传委员负责绘制纪念壁报与漫画，妇女会召开妇女问题座谈会，讨论妇女职业、参政、生产及妇女在战时的责任
剑阁	700余人	散发标语、绘制壁报
大竹	妇女会会员200余人	组织宣传队宣传，印发宣言、特刊，张贴标语
峨边	由保甲鸣锣通知各家庭妇女200余人参加纪念	绘制壁报、举行母教运动座谈会，是首次纪念妇女节
奉节		除遵照宣传要点宣传外，各学校还举办母亲联欢会，健全妇女组织
温江	700余人	举行演讲比赛、座谈会，散发100余张标语，印发漫画特刊、绘制一巨幅壁报
新繁		举行演讲比赛，优胜者给予奖励，是第一次纪念妇女节
阆中	各界妇女900余人	分中、小学及民众3组举行演讲比赛；由妇女会领导女学生分成5个宣传队沿街宣传；绘制壁报、漫画
大足	各机关、团体代表、妇女会会员及各界妇女500余人	遵照宣传要点宣传，并令各乡镇举行纪念
通江		遵照纪念办法及宣传要点切实办理
巫溪	妇女会会员、女学生及各界妇女代表	各中、小学举办母亲联欢会
南江		举行母亲联欢会，发行纪念特刊
永川		举行游行、散发纪念宣言，并令各乡镇分别办理纪念
雷波		遵照纪念办法及宣传要点办理
绵竹	3000余人	举行座谈会，表演音乐话剧，绘制纪念壁报、漫画，印发大会宣言3000张，标语800份
邻水		举办妇女工作成绩展览会、妇女运动座谈会，表演音乐话剧，举行演讲比赛，绘制纪念壁报与漫画，印发纪念特刊

续表

县名	参加大会人员及人数	宣传动员方式
郫县	女生、家庭妇女500余人	由女生组成5个宣传队分组宣传，绘制纪念壁报5幅，散发标语200份，举办音乐会
简阳	机关代表及学校师生3000余人	举办母教运动座谈会
犍为		令妇女会、新闻社、各学校、乡镇遵照要点办理

从表1可看出，各县在妇女节当天基本都举行了隆重的纪念会，有些县的出席人数甚至多达千人。除召开纪念会外，各县大多有文字及口头宣传，部分县还举办妇女运动座谈会、游艺表演、演讲比赛、体育竞技等活动来吸引妇女参加，烘托节日气氛，以便达成动员广大妇女支持抗战的目的。值得注意的是，有些县是在抗战时期才首次纪念妇女节，甚至重庆也是如此①，政府的推动使得妇女节分布空间得以扩大。就社会反响而言，档案显示的情况是四川各地的妇女节纪念大会"会场情绪颇为浓厚"，②"一般妇女……极感兴奋"。③游行宣传时"观者如堵，途为之塞"，④"情绪热烈异常"。⑤虽然言辞中难免有夸大成分，但也表明国民政府在基层社会中的抗战动员取得一定成效。

四川的妇女节纪念并非个案，因为国民政府每年都会颁发节日的纪念办法令各地照办。例如1940年江西全省的妇女节纪念情形是：各县均召开纪念大会，其中有14个县举办游艺会，8个县组织妇女义卖，4个县发起妇女献金运动，4个县慰问出征军人家属，还有1个县安抚难民。在文字宣传方面，有13个县发行纪念特刊，20个县绘制节日壁报。此外全省有20个县发起"三八战地大慰劳"活动，即组织农村妇女到前线去慰

---

① 《重庆妇女界庆祝一九四九年国际妇女节大会宣言》，1949年，重庆市档案馆藏，档案号：00640008026800000029，第1页。
② 《四川各县县报三八妇女节遵办经过情形及加强统制同业公会组织情形》，四川省档案馆藏，档案号：民186-02-0245，第76页。
③ 同上书，第39页。
④ 《四川各县县报三八妇女节遵办经过情形及加强统制同业公会组织情形》，四川省档案馆藏，档案号：民186-02-0245，第32页。
⑤ 同上书，第89页。

问抗敌将士。① 可见江西的纪念情形与四川有一定的相似性，表明大后方的妇女节纪念已实现了常态化。

不过，真正能够说明宣传效果的既不是节日纪念气氛，也不是节日的常态化，而是妇女为抗战做出的实际贡献。抗战期间，妇女群体为抗日救亡做出的贡献有目共睹。一篇妇女节纪念文章就指出：

> 在大时代的巨轮中，中国女性以新的姿态为国家尽着最大的努力，她们一方面尽着家庭的使命，另一方面更分担抗战建国的任务。她们的足迹踏遍了前方与后方：或救护伤兵，或慰劳战士，或制寒衣，或募恤金，或教养难童，或动员群众。其勋劳的事绩，实为抗战史中最光荣的一页。②

《大公报》也曾评论道："女同胞为抗建大业出的人力财力物力确是空前的，妇女本身的进步已紧密地与民族战争凝结在一起。"③ 我们可能很难明晰地判断不同的女性是因何种具体原因，自愿、无意识甚至不情愿地"分担抗战建国的任务"④，其接受国家动员宣传的渠道也不止妇女节一途，但是，节日的相关纪念活动肯定扮演着相当重要的作用。上述时人的评论出现在妇女节这一天，虽有塑造、宣传妇女进步与民族战争凝结在一起这样认识的意图，却也表达了公众对妇女贡献的肯定，呼吁社会的重视。

尽管应当肯定妇女节在宣传动员中的价值，不过若着眼于全体女性，具体情况其实很不一样。当时战争给中国社会带来巨大冲击，许多下层妇女不得不在越来越残酷的生存环境中苟延残喘，努力挣扎着活下去，对她们来说既无力也无暇参加抗日救亡的工作。⑤ 上文我们提到妇女节在

---

① 《去年"三八"在各地》，《江西妇女》1941年第5卷第1期，第16—17页。
② 《纪念三八妇女节：大时代中的中国女性》，《良友》1940年第153期，第9页。
③ 《三八妇女节瞭望》，《大公报》1942年3月8日第1页第2版。
④ 由于战时物资的需求、男性的大量应征入伍，大后方的生产建设中妇女较之以往承担了更多的责任，这使她们或自愿或被迫走出家庭，从而对传统的性别分工格局形成了冲击。从这一层面上来说，抗战虽然给女性带来诸多磨难，也有力地推动了妇女解放运动的发展。
⑤ 李丹柯：《女性、战争与回忆：三十五名重庆妇女的抗战讲述》，香港中文大学出版社2013年版，第179页。

空间上的拓展有利于节日内涵的传播，但并不能据此对妇女节纪念效果过分乐观，实际上理念接受程度存在较大差异。例如1939年桂林的妇女节纪念会上，一位炸年糕的老太太表示她知道"三八"节是妇女的节日，但不明白节日的意义。她认为这是知识女性的节日，因为会场里几乎是女学生，都是"有学问"的人，而像她一样的劳动妇女是不敢来参加的。① 这位老太太的经历表明，妇女节的知识性、政治性特征不仅很难被传统妇女理解，还会使她们感到局促不安。同样的经历也发生在重庆一位普通老太太身上，媒体描述了她在1945年被动员参加妇女节纪念大会的情况。据报道，当天开会时她一直站着，又累又饿，也听不懂台上嘉宾的演讲，感觉十分烦闷。她想回家，却发现会场大门已锁，无奈之下只有继续站到大会结束。老太太是靠苦力生活，收入是按天计，因参加纪念大会她浪费了一天时间，不仅受了累，还耽误了生计，最终给她造成了负担。②

自身不应参与、主旨深奥难懂，甚至会场上的烦闷感，一起构成了两位下层老年女性对妇女节的真实体验。我们有理由相信，这样的认知在下层劳动妇女中具有一定的共通性。面对政府强制推行的现代节日，传统妇女很难作出自主的选择，她们只能以各自方式消极地加以应对。显然，妇女群体并非无差别的统一体，受过现代教育的女学生是在其他女性眼中是如此的"特别"，而节日传播的理念还在进一步彰显、扩大这种差异。

如何在传统女性中推广妇女节，塑造更多对自身、对国家民族拥有共同认同的妇女群体，延安边区政府的纪念方法显然更有成效。例如1945年边区政府要求各根据地不拘于时间、地点、形式，凡受传统妇女欢迎的集会庙会、看病就医、纺织表演、说书唱戏、展览会等都可利用来举行纪念活动，以期提高她们参与节日的积极性。③ 相比之下，国民政府的纪念办法则显得过于上层化、官方化、形式单调乏味、脱离下层妇女，不利于节日真正深入民众。

---

① 《"三八"在桂林》，《妇女生活》1939年第7卷第3期，第10—11页。
② 《开啥子纪念会，白糟蹋一天工夫》，《新华日报》1945年3月14日第3版。
③ 《陕甘宁边区妇联会决定纪念三八节办法》，《新华日报》1945年3月7日第2版。

四 妇女节纪念的社会生活面向

妇女节除了具有宣传教育功能，它还为人们提供休闲庆祝活动，这也是其亲近民众的一面。受近代生活方式变迁的影响，妇女节有着不同于传统节日的休闲庆祝模式，这套模式在抗战时期逐渐形成并固定下来，作用于人们的日常生活。

妇女节的休闲庆祝形式，首先是节日当天女性享有休假的权利。1937年以前妇女节并不放假，抗战后这种情况有所改变。1939年，重庆市社会局通知所有女职员、女学生及女工放假半日，以便参加妇女节纪念大会。这其中政府有政治上的考虑，即通过举办热烈隆重的节日活动来向国际争取援助。① 之后放假规定的政治色彩逐渐淡化，而社会生活的属性则越来越明显。1941年，妇女节的假期延长到一天，而且女工可以带薪休假。② 这种新的放假办法不仅在大城市中出现，还在一些中小县城里推行，如表1所示，四川中江县的女工就享受这种待遇。1946年，行政院在全国范围内重申了带薪休假的命令，还特别强调它符合《工厂法》的相关规定。③ 如此一来，至少在制度上女性在节日当天拥有休假的权利。抗战以前，国民政府公布的假期都是政治性纪念日和传统节日，现在社会群体性纪念日也包括在内，这体现出官方对后者的重视，客观上也为更好地宣传动员、妇女广泛参与纪念提供了条件。

节日的庆祝活动还包括一些娱乐场所对女性实行优惠。如节日当天，重庆各大影院或免费或半价招待妇女。④ 这种优惠很受女性欢迎，据记者

---

① 《重庆市社会局关于饬知1939年3月8日放假半日所以女生应列队参加妇女节纪念会的训令》，1939年，重庆市档案馆藏，档案号：01530001200000022000，第1页。

② 《关于请转饬重庆市各机关、团体、商店、工厂在妇女节给女性职员、学生、店员等休假一日及领取薪工者照常发给的训令、函》，1941年，重庆市档案馆藏，档案号：00860001002660000022，第6页。

③ 《关于指示三八妇女节工厂女工放假工资发给办法给四川省第三区行政督察专员公署兼保安司令部的训令》，1946年，重庆市档案馆藏，档案号：00560002001070000028000，第1页。

④ 《关于转饬重庆市各影院、剧团、书场在"三八"妇女节上演抗建影片、妇女献身救国运动戏剧、歌词并折半收费的训令、通知、函》，1941年，重庆市档案馆藏，档案号：00600014000850000019，第1页。

报道，各娱乐场所都挤满了女性观众，① 甚至开会前人们仍津津有味地讨论着与电影有关的话题。② 其中有部分妇女一早就从郊区赶来观看电影，而那些错失机会的家庭妇女则深表惋惜，③ 可见优惠观影颇能增加节日对普通妇女的吸引力。这些影片多与抗战有关，国民政府希望能寓教于乐，借此动员妇女支持抗战。各商店、书店也对女性顾客实行打折促销。如上一节所引，节日打折最初出现于20世纪30年代，抗战时期已成为惯例。如1943年的妇女节，重庆各大商店均对妇女实行优惠。④ 在物价飞涨的战争年代，商品打折的吸引力可能较之以往更大。此外，还有一些其他相关活动也值得留意，如妇女工作者一般会在节日当天慰问出征军人家属，向她们赠送礼品。⑤ 有些工厂则是自行组织一些娱乐节目来代替放假，如重庆印刷厂为女工举办游艺会，还放映电影。⑥

上述休闲庆祝活动表面上看来似乎会侵蚀节日的主旨，实际上无论是实现战时动员的临时功能性目的，还是关于妇女节本身，这些活动至少有五个层面的价值。第一，如同纪念大会一样，休闲庆祝活动造成的人员聚集，能够拉近妇女之间的联系，具有凝聚群体认同意识的功能。第二，相关休闲庆祝活动大多具有不同程度的教育目的，例如放假便于人们参加纪念，观影则旨在寓教于乐，动员抗战。第三，从节日传播角度来看，休闲庆祝能增进妇女节对民众的吸引力，有利于其在社会上的传播，而一些相关行业，如电影业、零售业通过打折促销活动也参与到妇女节的纪念中，虽然他们可能不了解、关心节日的意义，但至少使节日被更多的人所知晓，影响人群得以扩大。第四，休闲庆祝活动的社会生活面向，在一定程度上使得节日成为现代化新型生活方式（如看电影）的有效传播途径之一。第五，从当时整个的节日体系来看，政治性纪念日仅召开庄严的追悼仪式或革命史演讲会，传统节日则只作为人们的休

---

① 《如火如荼的"三八"纪念》，《新蜀报》1939年3月9日第2页。
② 《热烈庆祝"三八"节陪都妇女界盛会》，《新蜀报》1942年3月9日第3版。
③ 《三八花絮》，《新华日报》1943年3月9日第3版。
④ 《陪都妇女界纪念三八》，《中央日报》1943年3月9日第3版。
⑤ 《渝市妇女界今热烈纪念三八节》，《新蜀报》1939年3月8日第3页。
⑥ 《今日妇女节女工增产不放假》，《大公报》1944年3月8日，第1张第3版。

闲、庆祝时间。① 与之相较，妇女节与女性群体紧密结合，不仅传播理念，还融入休闲庆祝活动，形成了区别于政治性纪念日、传统节日的独特节日模式。既面向政治目标，又兼及社会生活，也是群体性纪念日之所以值得重视的原因。

概括说来，抗战期间妇女节不仅是专属于女性的社会时间点，还是动员妇女参与抗战的特殊场域。此时节日纪念主旨于女性群体自身诉求外，加入了动员妇女支持抗战、宣传女性国家民族责任感等新内容。伴随着节日意义上升到关乎国家、民族，政府介入节日庆祝的组织、策划，从而推动纪念仪式的成熟，影响空间的扩大。面对政府的宣传，尽管群体内部因知识水平、社会阶层的不同反响各异，却也激励了相当数量女性投入救亡工作，在她们看来即便立足于妇女权益，支持抗战也是争取妇女解放的有利契机，两者相辅相成。由于节日纪念的普及，政治功能外的社会意义也有一定呈现。纪念仪式及相关象征符号，持续地向人们传递现代化的政治、社会理念，而为增强节日吸引力而举办的种种休闲庆祝活动，也在潜移默化中提升了妇女的群体认同意识，传播了现代性的生活方式。

---

① 《国旗・国歌・国庆——近代中国的国族主义与国家象征》，第271页。

会议综述

"华北城乡与近代区域社会"暨第六届中国近代社会史国际学术研讨会综述

肖红松　杨　豪

（河北大学历史学院）

2015年9月19—20日，由中国社会科学院近代史研究所与河北大学共同主办的第六届中国近代社会史国际学术研讨会在河北保定隆重举行。本次研讨会以"华北城乡与近代区域社会"为主题，吸引了来自中国大陆各高校、科研单位，以及日本、澳大利亚和中国台湾等国家和地区的近百位学者参会，收到论文72篇，研究主题涉及区域社会史研究理论方法、社会经济、社会生活、社会文化、华北区域史等多方面。这些论题既注重实证研究，又关注理论探讨，既强调宏观思考，又提倡微观视角，在较大程度上代表了目前中国近代社会史研究的新趋势与新动态。

一　探索区域社会史研究理论方法

自20世纪80年代以来，历史学研究领域的一个重要转向是社会史研究的兴起与兴盛，中国的社会史研究在学科建设、理论方法、专题研究等方面均取得了明显的发展，然而理论与方法的更新是推动史学发展的恒久动力，本次研讨会多位学者对区域社会史的理论方法和发挥史学研究的现实功效进行了新的探讨。

中国社会科学院刘志琴从宏观着眼，呼吁学者们重视地方志在史学研究中的重要价值，在《地方志与中国史学》中指出中国史学始于地方志，方志具有海量资料、施政参考、文化遗产荟萃、纠补正史不足、体现一地精神等价值，发挥了正史不可取代的作用。改革开放后，由于思想解放运动的影响和文化史、社会史的复兴,"史学走向民众"的方向性大转移为提升地方志的价值提供了新的发展机遇。

中国台湾"中研院"刘石吉的《社会经济史课题方法理论的反思：从现代化到区域研究》对现代化理论、西方社会经济史三大学派的理论方法作了反省,探讨了新左派（新马克思学派）的学术主张对近代中国区域社会研究的意义,指出强调区域发展和地域社会的特征及歧异性是当前社会经济史研究的主要取向,区域经济史和地域社会文化史,以致庶民社会及大众文化的研究蔚为热潮,逐渐成为当前学界主要关注的课题。日本金泽大学弁纳才一基于多年来对华北农村经济的调研,尝试用新的分析方法重新研究近现代中国农村经济,在《有关近现代中国农村经济发展的新模式》中介绍了其建构新模式的初衷、思维路径,提出在重构近现代中国农村经济新模式时需从"时系列"角度考察,探讨零星农化之意义,同时把握各地区差异和特征,从整体上探讨近现代农村经济发展的方向。

"京津冀一体化"（或称"京津冀协调发展"）是最近国家发展战略中提出的一个新的区域发展规划,并已开始快速推进实施。京津冀现状是由历史演变而来的,因此摸清京津冀区域关系的历史脉络,考察各方面的历史积淀,揭示历史演变与当今现状的联系及其影响,是现实向历史学研究者提出的一个新的紧迫的课题。与会学者们对此高度关注,并进行了热烈的讨论。中国社会科学院李长莉建议从"社会文化生态"的新视角对近代京津冀区域开展研究,富有学术启发性。她在《京津冀区域：近代社会文化生态考察》中考证京津冀区域具有一体化的历史渊源,特别是1870—1949年河北省会在保定、天津、北平（京）三地间频繁流转,资源共有,构成近代京津冀区域社会生态的基础,省会流转及各种资源的变动配置,对区域文化生态产生重要影响。近代京津冀区域具有跨省市、首都中心等特点,而对这一区域的特点及近代社会文化生态变化加以考察,将有助于观察这一特殊区域社会文化生态的历史变迁过程及其机制、特点,对于认识和处理当今京津冀一体化的现实课题会有所帮助。天津社会科学院张利民的《南北方比较：中国近代华北地区社会经济发展的特点》则从经济区域的视角总结了近代华北社会经济发展有别于江南的两个特点,其一是近代华北交通运输方式发生了变革,交通环境的变革为社会经济的发展提供了条件；其二是政治因素较为凸显，对华北区域发展、经济格局和经济中心的推进或制约作用也不同于南方。文章充分肯定区域发展的积极意义，认为目前京津冀一体化发展规划应该是区域经济发展的前奏、前期保障，随着制度的创新和市场的完善，将会迎来跨行政建制的区域经济协调发展的新局面。

中国社会科学院赵晓阳的《寻找中国社会生活史之途：以燕大社会调查为例》着力探讨从社会调查出发研究生活史的路径，认为社会调查是从数量众多的普通人民的琐碎生活中发现规律，它在中国的运用和推广意味着向传统思维方式及生活习惯的挑战，而社会调查的特殊性致使国人目光向下，关注平民生活，以"到民间去"为志向，由此实现了社会的改造，因此，对中国这样一个注重"精英文化"的国家而言，实地调查的意义非同小可。

宗族研究一直是学界的热点话题，以往学者多选择江南、华南区域作为研究领域，而北方宗族的研究在较长时间内处于边缘化状态。山西大学张俊峰、李佩俊的《聚焦山西：中国宗族史研究的新区域》经过梳理学术界宗族研究动态，认为近年来北方宗族问题引起学者关注，山西宗族研究形成了学术热点，其建议从水利的立场出发，研究山西区域的大姓望族、商业性宗族，努力提出黄土高原的本土化宗族概念、类型。

泰山信仰礼俗是关联近代中国政治与社会两个层面的重要生活现象，近代以来经历了曲折而复杂的变化。中国社会科学院李俊领的《90年来近代华北泰山信仰礼俗研究的回顾与思考》回顾了1990年以来中外学界对近代华北泰山信仰礼俗研究的重要成果，如泰山香会、泰山信仰中的国家和社会、泰山信仰与民众生活等方面，反思相关研究的进步与局限，指出在未来的研究中，社会文化史视角应成为探究新角度，继续拓展新领域，在不断推进实证研究的基础上积极尝试诠释体系的建构。

二 探究社会经济变迁的多重面相

近代以降社会经济发生最显著、最深刻的变迁，其相关研究是历史学界的热门领域，学术成果斐然，本次会议学者们探究了农业、交通、水利、商业、财政金融及乡村社会问题等诸多领域，众彩纷呈，讨论热烈。

农业方面,学者们关注了著名农业经济学家卜凯的农场管理学和近代土地占有变化趋势。河北大学杨学新的《卜凯农场管理学研究的主要内容与方法》指出卜凯将农场管理学作为独立学科看待,内容涉及家庭农场经营的方方面面;卜凯认为研究农场经营普遍采用记账法、调查法,两种方法各有优劣,文章肯定了卜凯农场管理学在中国农业经济学建立和发展过程中的重要作用,也分析了其不足。杨学新、王晶还探讨了卜凯所主持的河北平乡152户农家经济及社会状况调查情况。

土地是传统中国乡土社会的基础,土地问题也一直是学界讨论的热点问题,地权分配是土地问题研究的重要主题之一,其中又以地权分配的均与不均、集中还是分散的讨论尤为激烈,而关于土地零碎化的问题日益受到关注。山西大学胡英泽的《土地"零碎化"问题的反思》利用咸丰年间山西永济县西敬村土地册,细致考察了该村的土地、地权分配、家族土地等状况,认为土地零碎化包含两方面内容,一是某一地块被分割成多个面积较小的田块,二是同一业户的田块分散在不同的地块且距离较远。该份地册显示,村庄业户的田块确有土地零碎化特征,但从田块位置的空间分布来看,有些业户田块数量较多,却集中分布在某一地块,又呈现出连片化特征。

交通方面,安阳师范学院潘崇探讨了清末新政时期的东北铁路建设问题,在《中外博弈与央地歧异:清末边疆新政视野下锡良东北铁路建设计划》论述了锡良任东三省总督期间筹维息、借美款修筑锦瑷铁路计划及其实施的过程,作者认为导致计划受阻乃至失败的原因,就外力而言,日本要求加入借款国之列,俄国要求须经其同意后方能实施;就清政府内部而论,中枢机构邮传部、外务部、度支部之间以及三部和东北地方政府之间,对锦瑷路事的认知也存在诸多差异。

海河治理及水运、水利与华北社会经济变迁之互动关系成为本次会议研讨的焦点。关于海河治理方面,河北师范大学徐建平的《北洋政府时期海河河道管理权争夺案研究》梳理了北洋时期海河工程局、顺直水利委员会、直隶省政府等部门围绕海河河道管理所发生的系列水案,指出多头管理和相互推诿导致该问题得不到妥善解决。直隶地方政府做出了巨大让步,采取了较为得力的措施,北洋政府则通过顺直水利委员会加强了对海河河道的管理，然而京直对水资源的利用、监督和协调未能达到较理想的状态。河北大学吕志茹的《"根治海河"运动中民工出工状况探析》则关注了1965年至1980年海河治理中的民工问题，认为在这场大型群众性治水运动中，每年冬春都有几十万民工被组织起来到海河各河道施工，民工的出工动机非常复杂，既有自愿的因素，也有被迫的成分，且前期和后期有较大差别。

河南大学蔡禹龙的《近代华北内河水运与城镇经济的变迁》指出华北的内河水系勾织着庞大城镇网络，内河水运在沿岸城镇经济的发展中发挥了重要作用，尤其促进了城镇与乡村、内陆与沿海的经济互通及人口流动；华北内河水运及沿岸城镇经济的兴衰，沿岸城镇资源流向渤海湾的港口城市，体现出华北经济重心东移特点。水利在内蒙古地区从游牧社会到农耕社会的历史转型中扮演了重要角色，内蒙古大学田宓的《从"大草原"到"洋烟地"——土默特平原的水利与社会》指出康雍乾时期，土默特平原上的水利开发取得了跨越式发展，水权开始出现，并呈现出日益明确化、复杂化、细密化的趋势。晚清民国时期，由于罂粟的广泛种植，激发了人们兴修水利的热情，地方政府在水利事务中也扮演了比以往更为积极的角色，土默特平原上的水利运作机制不断呈现新的发展动向。

近代商业方面，学者们探究了商人群体、商业组织和商业制度等诸多问题。湖北大学李灵玢的《论近代山西茶商在鄂南的活动模式及其影响》初步考察了山西茶商在羊楼洞春来秋去，以雄厚的资金、先进的技术和垄断性的茶路运输与当地绅商合作开庄收茶并设厂制茶的经营活动，带动了当地茶地大规模开发、财富积累及绅商竞建行屋，为同光时期"洞商"形成打下了基础。华中师范大学魏文享的《"讨价还价"：天津的同业公会与日用商品之价格管制（1946—1949）》分析了抗战胜利后天津市政府与同业公会联控的限价体系及其命运，认为同业公会受政府委托，承担议价与限价的重要职责，但令政府不胜其烦的是同业公会频繁提出涨价呈请，以集体议价的方式提升本业价格水平；同业公会与政府之间的"讨价还价"，体现着政府管制与市场供需之间的内在矛盾，在限价政策之下，涨价主要是以同业公会的集体提价的路径达成突破；在货币严重超发的情况下，限价体系无法遏制通胀和物价飞涨，国统区的生产体系和消费市场也走向崩溃。南开大学李小东博士就高阳商会的成立、商会网络的构建及其与区域经济关系进行了梳理。

近代商业制度方面，学者们探索了学徒制和牙税制的具体形态。东北大学秦皇岛分校卢忠民的《民国旅京冀州五金商人的学徒制浅探》指出北京五金商铺对学徒的选择多着眼于籍贯、年龄、文化程度、家境出身等方面，五金商铺招收学徒较普遍，学徒待遇低下、生活穷困，学徒制有利于商铺节省管理成本、培养与储备管理人才的积极作用，但也有消极影响。河北省社会科学院张彦台的《20世纪前期北方地区牙税制度研究》涉及了牙税的制度沿革、税额估计、解交使用等内容，指出北方牙税制度有四种形式，牙商将应付税负交与各县税务联合征收局或牙税稽征所，再转交县政府，牙税除汇解省财政部门外留拨部分作为地方经费。

近代财政方面，华东师范大学周健从19世纪中期清代漕运制度变革中深究户部推行改革的初衷与绩效，在《仓储与漕务：道咸之际漕粮海运的展开》分析了道光二十七年、咸丰元年，中央政府迫于仓储、库储之压力推动江苏漕粮海运的过程，认为筹办之初，户部将河运浮费转化为正项之初衷大致得以实现；至咸丰三年以降，由于太平天国战争的影响，海运基本丧失了筹补仓储、库储之机能；另外，漕务最基本的环节——州县一级的收支未能厘清与规范，故以海运革除漕弊之设想也难有成效。无论是仓储抑或漕务层面，道咸之际的漕粮海运均未产生实质性的影响。

无论是传统型经济还是现代经济，金融在其中都起着重要的作用。高利贷是一种重要的金融现象，在以往的学术研究中，高利贷几乎在所有的层面都被视为一个极端负面的形象。南开大学李金铮的《释"高利贷"：基于中国近代乡村之考察》重新阐释乡村高利贷现象，给人耳目一新的印象，指出真正能够反映民间生活世界的高利贷概念，应该是指超出社会广泛认可或比较流行的借贷利率，它是一个随着时代变迁而有所变化的动态利率；超出社会认可的借贷利率，就是对债户非常苛刻的高利贷陋俗，它们大大超过了社会上流行的平均借贷利率；仅仅对高利贷进行道德谴责是不够的，也要考虑其所以长期存在的理由，即借贷供求关系的不平衡。内蒙古大学牛敬忠的《察哈尔兴业银行始末——兼论晚清至民国时期察哈尔地区的金融》考证察哈尔兴业银行成立于1916年12月25日，从晚清至民国时期该地区金融经历了从混乱到逐步统一的过程，指出金融现代化需要有强有力的中央政府以及稳定的政治、社会秩序的保证。

还有学者关注了近代乡村变迁中的人口、游民、地域暴力性习俗等问题。内蒙古工业大学于首涛考察了近代绥远地区的人口问题，得出该地区蒙旗人口变动幅度不大，基本保持在30万人左右，农业区市县局的人口变化剧烈的结论。太原理工大学渠桂萍的《试述清末与民国前中期的乡村游民及其治理》认为乡村游民成因复杂，清末与民国前中期的乡村游民数量激增，游民已成为社会问题而引发关注，政府始终把对于游民的抵制与取缔作为施政方向，采取一定措施予以惩处；同时在乡村社区内部，传统的以习惯为主要内容的约束机制也发挥着一定的约束功能。复旦大学刘平、上海理工大学刘振华、刘平的《民国时期豫西的械斗、打挈与蹚将》论述了清末以来豫西"械斗""打挈""蹚将"等暴力性习俗，指出这一习俗的形成与豫西社会特殊的自然条件、社会秩序失衡、社会结构畸变相关，豫西闭塞的社会风气、落后的文化教育进一步推动了这些暴力行为的增长。

三 关注近代社会生活

社会生活是人类历史的重要组成部分，近代以来中国社会结构的转型也推动了社会生活发生深厚宽阔的变革。社会生活内涵丰富，本次会议学者们围绕民众日常生活、慈善救济等问题开展探究交流。

日常生活方面，中国社会科学院李学通的《悔携破砚上长安：清末京官王庆云的"北漂"生活》和唐仕春的《出仕与担保：明清同乡京官印结》两文从不同侧面探究了京官生活具象。前文以《荆花馆日记》为核心，考察清末京官王庆云的日常生活，颇有价值，文章指出王庆云虽官至户部侍郎，但其京城生活并不理想：入不敷出，经常举债；租房而居，七年八迁；每天驽马破车，早出晚归；人际交往圈子也限于老乡同事，时常聚会；个人心态始终处于漂泊状态，做梦也想回乡与亲人团聚。后文考察了同乡京官印结在任官资格的获取、官员选任与日常管理等方面的作用,认为借助该印结保障政治制度的运行至迟在明中叶已经开始,它不是明清易代的产物,也不是到清代才出现;该印结发挥作用的领域弥散于政治制度运作的众多领域,而这种弥散反映了同乡观念和同乡群体的勃兴。

婚姻家庭方面,学者们探讨了财礼习俗和夫妻别居问题。中国社会科学院王康的《财乎?礼乎?清代民间财礼习俗初探》认为历代统治者对婚姻礼仪规定的焦点在于对财礼进行限制,但民间婚嫁的财礼数额往往突破礼法,清代财礼数额与女性劳动生产力、生育力、相貌、主婚人与女性的关系、婚嫁形式等因素有关,财礼高低的分布还呈现出一定的地域性特征。河北大学李红英的《从事实别居到法律别居:清朝到民国时期夫妻别居的权利和义务》提出清代、民国时期北京地区存在大量的女方"自主"的事实别居(即回娘家)现象,这些妻子享有事实别居权利,但民国法律规定夫妻互负同居义务,使妻子权利受到威胁,于是部分妻子通过法律手段谋求别居,表明与离婚相比,妻子的别居诉讼当是一个更好的选择。

日常的娱乐和消费方面。湖北大学郑维维的《民国时期的汉剧票友与"玩票"》认为推动汉剧繁荣的不仅有汉剧艺人,还有十分活跃的票友们及其玩票活动;票友们同声相求,在票社内切磋技艺,在舞台上自娱自乐,且积极参加义演等社会活动,从而构成武汉近代市民生活的面相之一。河北大学陈娜娜的《日常生活史视阈下的民国社会变迁——从理发谈起》从日常的理发出发,通过从业者、消费者的经历、体验及感受的角度书写理发,试图探究所谓的历史大事件是怎样融入于民众的日常生活之中的,社会变迁是怎样变迁于民众之日常的。

慈善救济从传统向近代的转型是近代社会生活变迁的重要组成部分,因此,有关华北红卍字会及其慈善救助活动、政府与慈善团体关系及特殊群体救助等问题也成为本次研讨会的重要议题。

世界红卍字会是影响深远的大型慈善组织,在中国近代史上影响甚大,有两位学者探究该团体在华北地区的分会建构和慈善救助活动。复旦大学刘平的《民国时期北京红卍字会研究》认为北京红卍字会,和其他各地红卍字会一样,都是以绅商为主体、以社会救助为使命的社会救助组织。以熊希龄为代表的北洋政界人物加入该会,说明这些人士服膺道院信仰，把社会救助作为修行方式，也说明红卍字会的发展壮大得到了社会名流的鼎力支持。红卍字会各类社会救助所展现的自发性、组织性、公益性、实效性，也说明民国时期社会救助领域有"公共空间"的存在。湖南师范大学曾桂林的《共赴国难：卢沟桥事变后平津地区的慈善救助》指出卢沟桥事变发生后，世界红卍字会中华总会联合北平、大兴、天津三处地方分会迅速地在平津地区进行慈善救助。世界红卍字会虽是一个秉持救灾恤患宗旨的中立性慈善团体，而在民族危亡之秋，也基于民族主义情怀，共赴国难，慨然担当，积极开展战地慈善救助，为抗战贡献了一份力量。

日本御茶之水女子大学大江平和通过梳理北平社会局与香山慈幼院、龙泉孤儿院的往来文件，阐释了政府部门与慈善团体及慈善事业的复杂关系，在《1928—1937年北平市社会局与慈善事业》指出北平市社会局的成立意味着摆脱以往传统的慈善救济事业，承认其公共责任，并将慈善事业转移为由社会积极铺垫组织和财政基础的社会事业。该局针对民间的慈善机构的工作重点与其说援助或保护，不如说根据新颁行的《监督慈善团体法》等法规反复向民间慈善机构施压，强化其监督与管理职能。

中央党校齐小林关注了国家对娼妓群体的救济，在《国家救济、妓女应对与社会制约：清末民初北京救济娼妓活动新探》中指出，清末民初国家实行公娼制度的同时，设立济良所对娼妓进行救济，但是在国家对社会控制弱化的情况下，国家救济不能为被救济的妓女提供良好的出路，大多数妓女逃避甚至拒绝接受国家的救济，使得清末民初北京济良所的救娼活动难有成效。

民国时期，西方卫生知识在华传播愈加广泛，各地相继推广卫生实验区建设，河北大学范铁权、单伟彦的《民国河北卫生实验区研究》探究了政府和民间组织在河北探索卫生实验区的历程和经验，认为国民政府卫生部把创建卫生实验区当作部门既定工作，为地方建设卫生实验区做了导引和示范；平教会和燕京大学社会学系各自创建了卫生实验区，对改良学校卫生、妇婴卫生、乡村环境卫生等做出了积极的贡献。

四　社会文化史研究

中国本土的社会文化史研究经过二十余年的提倡、摸索，近年来一些实证研究沿着社会与文化互动的路径探索，取得了引人注目的成绩。梁景和、小田等学者的参会论文显示着社会文化史的新进展。

首都师范大学梁景和的《中国"性伦文化"研究述评》介绍了其所带领的"中国近现代社会文化史研究中心"学术团队开展"性伦文化"研究实践活动和系列成果，并对中国"性伦文化"的研究进行了述评，认为近百年来中国性伦文化演变呈现出从批判传统的性伦文化观，到主张与传统相悖逆的性伦文化观，再到开放前卫的性伦文化观的发展脉络，指出性伦文化的问题既是政治问题、社会问题，也是婚姻家庭问题，因此从史学的视域来研究性伦文化尤显重要。

妇女观念方面，学者们专题探究了20世纪二三十年代知识界关于妇女观、女性贞操观的演变问题。中国社会科学院吕文浩多年来致力于著名社会思想家潘光旦研究，在《个性解放与种族职责之间的张力——对潘光旦妇女观形成过程的考察》指出潘光旦的妇女观具有两重性：一方面他承袭新文化运动的精神，控诉传统社会对于女性的摧残，提出了给予女性同样的教育权、就业权和参政权以及尽量充分发展女性个性的要求；另一方面，研习优生学与性心理学的经历则使他将女性应当承担的传统社会职责置于优先考虑地位。20世纪30年代初期与妇运人士的多场激烈论辩，促使潘光旦调整论述策略，以兼顾个人生活与社会生活的"两纲六目论"来调和女性的个性解放与种族职责。首都师范大学余华林的《论1910—1930年代知识界新式贞操观的演进》认为自新文化运动以来，贞操问题成为聚讼纷纭的热议话题，人们普遍要求打倒旧式的片面的贞操，同时又认为贞操不可彻底废除，主张建立新式的贞操观。新式贞操观的内涵不断发生变化，先是将贞操与婚姻相联系，认为贞操就是对配偶保持忠诚；后来将贞操与恋爱相联系，认为离婚无损于贞操，贞操就是对恋人保持专一；最后将贞操的人身依附性完全去除，贞操只与恋爱相关，而且与恋爱互为表里，这种贞操观在二三十年代取得了广泛的认同。

近代教育转型是中国社会变迁的重要侧面，由此引发的历史具象颇值得研究。河北师范大学霍红伟的《晚清教育转型与传统士子的调适及应对》认为在晚清皇朝政教体制向现代教育体系演进的过程中，少数传统士子对趋势的迁转流变生发了顺昌逆亡的感悟，遂有自我调适以应变局之举，但大多数读书人对域外信息及时局转换的感受较为迟缓，加之对个人利益的优先考虑，使得传统士子在晚清大变局中主要呈现为随着清政府相关政策的调整而被动适应的整体情形。安阳师范学院许效正的《清末直隶的庙产兴学运动》总结出清末直隶的庙产兴学运动具有开始时间最早、政策最稳定，所引发的社会冲突的激烈程度最弱等特征，指出这些特征的出现既与袁世凯的态度有关，又受多种社会因素的制约，充分反映了清末新政对社会生活所产生的巨大影响。浙江大学张立程的《黄炎培与民国时期的华北职业教育（1917—1937）》认为黄炎培通过全国教育联合会、中华教育改进社、中华职业教育社等教育团体，调动相应的社会资源，考察华北各省职业教育及社会经济状况，制订职业教育计划及实施、改进方案，对华北职业教育直接统筹规划、提出建议，促进了华北职业教育的长足进步。

两位日本学者关注了近代报刊问题。台湾慈济大学八百谷晃义在《维新运动时期〈国闻报〉〈直报〉关于科举改革的报道》探究晚清维新运动时期天津报纸的舆论动员功效，指出报纸利用中央科举改革政策宣传西学之必要，起到了改变社会风气、动员广大士绅的作用，推动了维新运动，说明当时的报纸报导内容趋于革新是不可抵挡的趋势。日本亚细亚大学青山治世对日本在华中文报纸《顺天时报》不同时期的论说形式和撰稿人身份进行了初步梳理，提议对该报进行更深入的研究。

近年来，近代社会变迁背景下的宗教与民间信仰研究成为社会文化史研究的热点问题，本次会议多位学者聚焦特定区域的基督教传播与民间信仰实况，讨论热烈，推进了相关研究的深入。

宗教团体研究方面。苏州大学小田的《社会福音与乡民文化》以中国基督教青年会苏州青年会唯亭山服务为案例考察民国乡村改进运动，认为西方社会福音与乡土中国文化的冲突与调适贯穿整个乡村改进过程，苏州青年会以其特殊的旨趣和行事创新面对社会福音与乡民文化之间的异质关系，诠释了乡村改进的青年会式。青年会式服务将基督人格的灌注作为乡村改造的基石，以朝气蓬勃的乡里领袖作为乡村改进的先锋，以宽容之爱驱动乡村改进。地方文化生态对于在华基督教的发展有着至关重要的影响，山东大学胡卫清的《地方文化与传教运动：圣公会在山东历史探析》梳理了圣公会在山东地区的传教活动，认为真正对传教活动构成影响的除了一般性的政治局势外，地方性的政治、经济因素和独特的宗教民俗文化可能是更为重要的因素，山东地区复杂多样的宗教文化生态及其所展现的巨大影响力构成了圣公会传教的巨大挑战。那么，经济因素对来华基督教发展又起何种作用呢？中国社会科学院张德明的《自养与本色之深入：1929年世界经济危机冲击下的华北基督教》关注1929年西方经济危机对华北基督教所造成的影响及其所做出的针对性调整，考察其增进教会自养与本色的具体措施，认为此次经济危机有利于增强中国教会及教会机构的自养，为促进中国教会本色化的积极探索，但不能从根本上从摆脱对西方经费的依赖。河北大学崔军锋简要介绍了英国长老会医务传教士马士敦在福建漳浦、永春行医传教及任职北京协和医科大学的工作生活，探究他为中国妇产科学的奠基与发展所做出的贡献。

民间信仰方面。日本长崎县立大学祁建民根据《华北农村惯行调查》资料，对于20世纪30年代的民间信仰进行了初步考察，认为近代华北民间信仰与日本的传统地域信仰共同体不同，组织性极低，信仰复数神仙，村民参加信仰活动完全自愿，信仰活动的组织者也不固定；民间信仰强调个人的救赎，与国家观念意识有相通之处。河北省社会科学院张静关注近代保定城市信仰空间问题，指出保定传统信仰与西方宗教信仰之间相互冲突与融合，体现在这些信仰所代表的实体空间即书院、寺庙道观与教堂之间的博弈与重构之中，呈现出一种空间性的整合过程。

五　华北区域史研究

本次会议学者们热议的第五个主题为华北区域史的实证研究，主要涉及城市史研究和抗日根据地、解放区及沦陷区研究两个领域。就第一方面而言，学者们就京津两市的城市管理、市政建设、消防卫生、社区自治等多侧面的探索与交流，较大程度地丰富了华北城市史研究的内容，得出了一些新的见解。

中华书局潘鸣的《北平设市的历史考察》认为自晚清至北京政府时期，作为首都的北京在城市管理制度上经历了急剧的现代化转型，但其实质是由中央政府派出机构直接管理市政的模式，至1928年国民政府接收北京后将其创建于广州的市制系统用于北京，北京在失去首都地位并改名为北平后终于成为独立的城市型行政区。河北大学刘志琴的《清末民初天津、保定市政建设及其城市变迁》通过分析天津的租界建设与保定城的军校、公园等市政建设，探讨两座城市变迁的内涵，揭示近代中国城市衍变的规律性。江西科技大学刘静则分析了近代保定衰落的原因及在当今"京津冀一体化"战略下的复兴契机。

公共卫生、消防安全与市民生活息息相关，相关管理均是城市管理的重要内容。天津社会科学院任吉东的《从方便到不方便：近代城市粪溺处理与社会生活演变——以天津为中心的考察》借助天津城市粪溺处理这一特定对象，解读其所包含的粪溺经济、卫生行政、行业变迁及居民惯习等相关内容，诠释"方便"概念是如何具有世俗和超凡的意义，指出近代以来随着西方公共卫生观念的传入和卫生行政的建立，粪溺处理逐渐制度化、规范化，同时开始大规模建立公厕和实行粪业革新，这些新生事物与粪溺的经济属性、卫生的殖民属性及居民的惯习行为等多种因素交织在一起，造成近代城市生活方便的"不方便"。北京联合大学李自典的《警察与近代北京消防安全管理述论》认为近代北京警察对在城市消防中担当重要角色，基本形成一套消防管理机制，为保护民众生命财产安全发挥了积极作用，警察注重预防为先，遇警全力救助为上，注意与其他救火组织及社会力量协作等工作模式，为消防工作取得很好的成绩提供了前提，也为当今消防工作提供了借鉴。

社区自治是城乡基层社会管理的一种形式，中共福建省委党校徐文彬的《近代城市社区自治组织的地域性差异》选取近代城市社区自治组织的两个典型代表即福州救火会与苏州市民公社，通过比较剖析两者异同的关键所在，凸显近代社会转型过程中此类组织兴起的时代性与必然性，彰显榕苏两地的区域特性与独特的发展脉络。澳大利亚昆士兰大学杨彦哲的《集团生活与新礼俗——卢作孚与梁漱溟乡村基层自治模式之辨》认为梁漱溟在邹平以"新礼俗"为方向的实验与卢作孚领导下的北碚实验区，以不同理念和手段推动乡村基层自治的变革，但两者都面临着纵横两方面的难题，未能对基层自治形态和变革路径给出完满答案。

今年是纪念世界反法西斯战争暨中国人民抗日战争胜利70周年，国内外学界掀起抗战史研究的新热潮，华北抗战在中国抗战史上具有特殊而重要的地位，故而华北根据地、解放区及沦陷区研究成为本次会议的焦点问题之一，推进了中国抗战史研究的深入。

有趣的是，学者们关于根据地、解放区及大后方抗战史研究多聚焦于社会动员的方面。首都师范大学韩晓莉的《从分立到融合——从华北根据地、解放区公历新年看中共的基层动员》以华北根据地、解放区的公历新年为考察对象，探讨中共政权如何借用现代节日符号密切与基层社会的关系，以及乡村民众如何改变态度、参与到新年活动中，进而从社会生活层面展现了中共政权与基层社会从疏远到亲密，从分立到融合的关系变化，阐释了中共从文化入手动员基层社会的历程与经验。抗战勤务是抗战时期中共动员根据地人民支持抗战的又一种重要方式，河北省社会科学院把增强的《硝烟背后：中共抗日根据地的抗战勤务及其实施》以晋察冀抗日根据地为中心探究了抗战勤务的政策流变、动员实施等方面，认为抗战勤务在赢取抗战胜利的过程中做出了卓越贡献。中共高度重视抗战勤务工作，制定了较完备的动员办法和条例，多措并举宣传动员，根据各地实际情况认真核算并组织实施，但各地不同程度地存在一些问题。中国社会科学院任祖凤的《战争、国家与性别：抗战时期的妇女节纪念》则分析了抗战期间国家利用妇女节纪念动员妇女参与抗战的活动，认为此时节日纪念主旨在女性群体自身诉求外加入了动员妇女支持抗战、宣传女性国家民族责任感等新内容，使节日意义上升到关乎国家、民族，政府介入节日庆祝的组织、策划，激励了相当数量女性投入救亡工作。

河北大学杨豪等的《另类行为的另一种解读：华北解放区土改运动中乡村党员的"贪污浪费"行为》意识到华北解放区的乡村党员在土改运动中表现出了明显的差异性，部分乡村党员一度出现了"贪污浪费"的行为。文章认为，对于这些"贪污浪费"行为不能一概以所谓"作风问题"而论，这种另类行为的出现跟华北解放区果实分配制度的困境、干部薪酬制度的模糊以及农村财政制度的混乱均存在一定的关联。此外，山西大学岳谦厚关注了晋西北抗日根据地的特货贸易问题，指出该根据地特货的种植与贸易是特定生存环境下的无奈选择，边区政府严格执行种禁（即种植与禁止吸食）分离、统购统销、重惩走私的政策，既保障了整个财政金融体系得以运行又使百姓免遭烟毒之害；同时，据实证明陕甘宁边区并非像某些学者所描述得那么"阴暗"或"到处都是罂粟花"。

近年来沦陷区的研究呈现出了一种新气象，即开始转向日伪政权控制下的地方社会，进而探讨日伪政权控制下的城乡各异的社会实态，此次会议学者们关注了沦陷时期天津文化统制、烟毒及民众抗争等问题。天津社会科学院任云兰的《沦陷时期日伪政权对天津的思想文化统制与重构》指出日伪政权首先在思想文化领域制定了亲日媚日政策，通过推崇孔教，强化同文同种的观念，宣传反共灭党、"中日提携"，排斥英美影响；其次，进行奴化教育，重构殖民教育体系，强化中日交流，以培养亲日感情；最后，通过成立机构，颁布规则，监控传媒与娱乐场所，禁锢思想自由与文化传播，企图在殖民城市天津重构亲日媚日的思想文化体系。河北大学肖红松、吕天石的《沦陷时期天津烟毒问题研究》则考察了天津沦陷期间日本侵略者有计划推行的毒化活动，指出天津日伪政权通过操纵禁烟局，统制鸦片的生产、贩售、吸食各环节，对毒品走私制贩则一贯放纵，结果使天津的烟毒愈加猖獗，成为远东闻名的"海洛因中心地"。该文通过颇具代表性的沦陷期间天津毒品问题，呈现日本毒化罪行与中国受害之惨烈情形，深刻揭示日本侵华战争罪责。天津社会科学院丁芮的《沦陷区另一种形式的抗争：以1939年董毅日记为中心的分析》以一部私人日记为基础窥探沦陷区青年学子隐蔽在思想与日常行为方面的反抗，力求将渗透在大多数普通民众日常的反抗研究提升到一个相当的高度，认为在长达八年的沦陷区内，大多数的普通民众极少能够从事公开的、有组织的反抗行动，他们更多地选择了日常生活中隐藏的、象征的，甚至附带性的抗争行动，他们的这种抗争可以称为"非正式的抗争"。

其他方面。日本爱知大学马场毅阐述了清末民初日中关系激变背景下的东京同文书院中国留学生的教育问题，认为书院设立之初由清政府地方官僚派遣至该院留学者很多，辛亥革命后很多留学生回国导致书院学生剧减，1913年人数增加，但受中日关系不断恶化的影响留学生减少，至1922年该书院闭校。北京社会科学院钟少华考证了"社会""社会学""社会主义"等概念的引入与内涵变迁。日本关西大学马成芬、年旭分别考察了江户时代文征明书法及发帖的受容、清越边境李扬才之乱与清日琉球归属之争等问题。军事史方面，华北电力大学赵鲁臻对天津小站练兵中的身体规训及其社会影响进行了研究。河北省社会科学院杨艳君梳理了近现代河北工业发展脉络，提出了今后河北工业发展的对策。

综上所述，本次研讨会汇集了学术界有关华北城乡与近代区域社会研究的前沿性成果，为中外学者提供了学术交流的高端平台，促进了学术界对近代华北社会的认识与理解，为中国近代社会史的学科建设开拓出更为广阔的学术空间。具体来说，本次研讨会有五个比较突出的创新点。第一，华北是中华文明的发源地，也是中国的政治、文化、经济中心，本次研讨会以"华北城乡与近代区域社会"为研讨主题，参会论文也大都为有关华北城乡与近代区域社会的最新学术成果，折射出当前史学界的研究热点与发展趋势。第二，会议主题聚焦华北区域，响应国家京津冀协同发展战略，呼吁史学界服务当代社会，本次研讨会的主办方——河北大学华北学研究的蔚然兴起也正是基于这种学术诉求与学术脉络，从历史的逻辑中为国家战略建言献策。第三，青年学者是学术研究的后备军与生力军，培育和提携青年学者甚为重要，本次研讨会即充分尊重青年学者，让青年学者担任评论人，给青年学者以更多的机会，海内外老中青三代学者同堂深度讨论的会议模式也得到了与会学者的广泛认同。第四，新资料的搜集、整理与研究是历史学发展的主要动力，这一点在本次研讨上也得到充分的体现，反映诸多历史细节的社会调查、地方档案、个体资料是绝大多数参会论文所依据的主体资料。第五，本次研讨会所提交的参会论文在学术观点、研究方法的创新上也班班可考，例如：对于诸如高利贷等传统社会经济问题的重新解读、对于诸如社会文化生态等新研究方法的运用等。在本次研讨会期间，中外学者就区域社会史理论方法、社会经济、社会生活、社会文化、华北区域史等方面展开热烈讨论，广泛交流，并在加强新理论新方法的探索与应用、加强地方性资料建设、深化和细化华北区域研究、聚焦京津冀一体化历史脉络等问题上达成了共识。本次研讨会的成功召开，表明华北城乡与近代区域社会的学术研究已走向多元化和国际化之路，也必将推动中国近代社会史研究的深入与发展。